身近な司法

利用者の期待に応える司法の充実を目指して

2015（平成27）年度法友会政策要綱

東京弁護士会法友会

2015（平成27）年度法友会政策要綱発刊にあたって

身近な司法 ～利用者の期待に応える司法の充実を目指して～

相川泰男　法友会政策委員会委員長

1　身近な司法の実践

　弁護士自治や弁護士の職責は市民から負託されたものであり、その基盤が市民の信頼にあることを絶えず自覚しなければならず、司法が信頼されるためには、弁護士が市民に一層身近な存在となることが必要である。その思いから、市民に身近で信頼される司法を目指して、弁護士及び弁護士会が率先して進めてきた今次の司法改革により、司法の容量を拡大し、司法が国民にとって利用しやすく、頼りがいのあるものとなるよう、様々な改革が進められ、一定の成果を挙げてきた。

　改革は、歩みを止めることなく、着実に進化を遂げているのであり、この1年間を見ても、諸手を挙げてとはいかないまでも、また、議論の分かれるところはあるものの、これまでの地道で献身的な努力は確実に実を結びつつある。例えば、2014（平成26）年4月には、「少年法の一部を改正する法律」が成立し、従来、重大事件に限定されていた少年審判における国選付添人制度の対象事件が長期3年を超える懲役・禁錮の罪の事件まで拡大され、これにより身体拘束事件の8割以上がその対象とされることとなった。7月には、法制審議会「新時代の刑事司法制度特別部会」における結論が要綱としてまとめられ、被疑者国選弁護制度の勾留段階全件への拡大や、裁判員裁判対象事件と検察官独自捜査事件について原則として全過程の録音・録画が義務付けられることなどが盛り込まれ、次期通常国会に、刑事訴訟法等の改正案として提出される運びとなった。9月には、誰にでも身近で利用しやすい民事司法とするために、日弁連と最高裁との間で、基盤整備、証拠収集手段の拡充、判決・執行制度の拡充、子どもの手続代理人制度の充実について、それぞれ部会を設けて協議が開始されている。また、2015（平成27）年1月からは、弁護士費用保険（権利保護保険）を拡充する見地から、プリベント社が実施する「初期相談」を東京弁護士会において受託し開始することとなっている。

2　更なる領域拡大に向けて

　もっとも、司法制度改革審議会意見書では、「法の支配」を全国あまねく実現するため、弁護士の地域的偏在の是正が必要であるとともに、弁護士が、公的機関、企業、国際機関等社会の隅々に進出して多様な機能を発揮する必要があるとされたが、現時点で、その広がりはいまだ限定的といわざるを得ない状況にあるとの指摘がなされている。

　そこで、法曹（有資格者）の活動領域の更なる拡大を図るため、日弁連において、2014（平成26）年2月に、法律サービス展開本部が設置され、国、地方自治体、福祉等の分野、企業の分野、海外展開、国際業務分野での弁護士等法曹有資格者の活躍を推進すべく、様々な取組みが行われている。また、東京弁護士会においても、中小企業法律支援センター、行政連携ＰＴを相次いで立ち上げたほか、9月には、弁護士の活動領域の拡大を推進させる目的で、弁護士活動領域拡大推進本部を発足させ、新たな業務領域への進出を目指して活発な行動を開始している。

　このような種々の取組みは、決して新人弁護士の就職対策や若手の業務対策にとどまるものではなく、法の支配を貫徹し、身近で利用しやすい司法を実現するための活動であることは言うまでもない。

3　「アウトリーチ」の必要性

　また、司法制度改革審議会意見書では、法曹の役割として、国民の置かれた具体的な生活状況ないしニーズに即した法的サービスを提供することが必要であるとしていたが、現在においても、例えば、ＤＶ・ストーカー等の犯罪被害者や、自己が法的問題を抱えていることを認識する能力が十分でない高齢者・障がい者、法的問題が同時多発的に発生する大規模災害の被災者などには、司法アクセスが必ずしも十分に確保されて

いないという指摘もある。

このような司法，そして弁護士へのアクセス障害を解消するため，総合法律支援法の一層の整備が求められると同時に，近時，「アウトリーチ」の必要性が説かれており，被災地支援分野や高齢者・障がい者分野などを中心として，弁護士の間でも，この「アウトリーチ」に相当する活動が広がってきている。「アウトリーチ」は，当事者の法的ニーズ・問題にアクセスするだけではなく，当事者の法的問題を含んだ生活課題全般の解決を視野に入れながら実施していかなければならないものであるから，こうした活動には，弁護士のみならず，自治体や福祉関係諸機関とも十分に相談・協議を行い，協働していく必要があるとされている。

こうした「アウトリーチ」の必要性は，福祉の分野に限られるものではなく，弁護士に相談することに心理的な抵抗がある人や，法律問題に直面してもそれが法律問題だとは思わない，あるいは法律問題だと思ってもそれを弁護士に相談しようとは思わない人は，中小企業事業者や自治体に相談に訪れる人々の中にも往々にして見られるところである。司法へのアクセス障害は，制度的・物理的側面にとどまらず，心理的な側面も大きく影響しているのであって，こうした障害を除去するために，様々な分野で，関係機関と連携した「アウトリーチ」の手法は有用である。

加えて，司法へのアクセス障害を解消するために，どうすればそれが法律問題だということを広く伝えることができるのか，法教育の充実も欠かせないところである。

4 利用者の期待に応える司法の充実を目指して

東京弁護士会法友会は，約7,200名の弁護士を擁する東京弁護士会にあって2,600名を超える弁護士が所属する団体であり，法友会では，政策委員会を設置し，毎年同委員会が中心となって政策要綱を取りまとめている。

この政策要綱は，弁護士及び弁護士会が取り組んでいる分野，取り組むべき課題を抽出して検討・討議し，提言するという政策の要綱であり，毎年全項目について，見直し改訂している。また，新しい課題については，会内で議論し，書き下ろしている。

本年度は，今次の司法改革が一定の成果を挙げつつある今，さらに身近で利用しやすい司法を一層充実させるために，刑事司法の改善，民事司法のアクセス拡充を始め様々な取組みがなされている点に焦点を当てているが，もちろん，法曹養成制度改革への取組み，憲法と平和をめぐる問題，東日本大震災被災者・原発事故被災者の救済や復興支援問題，人権保障の充実と制度改革に向けた取組みなど重要課題についても，現下の状況を踏まえた渾身の書き下ろしがなされている。

弁護士及び弁護士会は，今後も，利用者の期待に応え，法の支配を社会の隅々に行き渡らせるべく，司法の役割を大きくし，司法アクセスを改善し，活動領域拡大に向けた取組みを一層推進していくべきである。そのためには，弁護士は法律専門職として高い識見を持ち，すべての法律分野に精通したうえ，多様化する社会のニーズに応えていくべく，弁護士自身の不断の研鑽も不可欠である。本政策要綱がそうした問題意識について，活発な議論の端緒となれば望外の喜びである。

最後に，執筆者をはじめ本政策要綱作成に関わられたすべての方々と，無理なスケジュールの中発刊にこぎつけていただいた出版社の方に，心からの感謝を申し上げる次第である。

2014（平成26）年12月

2015(平成27)年度法友会政策要綱発刊にあたって
身近な司法——利用者の期待に応える司法の充実を目指して　iii

第1部 司法制度改革の到達点と新たな課題

第1 司法制度改革の経緯と現状 …………2
1　司法制度改革の背景　2
2　司法制度改革の経緯　3
3　司法制度改革の現状　4

第2 「法の支配」の実現と法曹の使命 …………5
1　問題の所在　5
2　「法の支配」と司法改革　5
3　「法の支配」の意義　5
4　「法の支配」と法曹の使命　6
　1）「法の支配」の担い手としての法曹有資格者　6
　2）法曹有資格者の使命の共通項　6
5　法曹の使命と法曹倫理　6
　1）「法の支配」に必要な法曹倫理　6
　2）法科大学院における法曹倫理教育の重要性　6
　3）法曹としてのアイデンティティー　7
6　法曹の実質的資格要件と法曹倫理の司法試験科目化　7
　1）法曹の実質的資格要件　7
　2）法曹倫理を司法試験科目化する必要性　7
7　「法曹倫理教育に関する委員会」の設置　7

第3 司法制度改革の新たなステージ …………8
1　司法制度改革における法曹人口問題・法曹養成制度改革問題の位置付け　8
2　日弁連の司法改革宣言から「司法制度改革審議会」設立までの経緯　8
3　「司法制度改革審議会」意見書の理念と「司法制度改革推進計画」の閣議決定　9
4　「司法制度改革推進計画」閣議決定後の10年の現実とその「検証」　10
　1）顕在化しない法的需要　10
　2）法科大学院制度の理念と現実　11
　3）この10年間の検証　11
5　「法曹の養成に関するフォーラム」から「法曹養成制度検討会議」，そして新たな検討のステージへ　11
　1）法曹養成に関するフォーラム　11
　2）法曹養成制度検討会議　12
　3）法曹養成制度改革推進会議　12
　4）日弁連の対応　13

第2部 弁護士をめぐる司法制度の現状と展望

第1 弁護士制度の現状と展望 ………16
1　弁護士制度改革　16
　1）戦後司法改革による「弁護士法」制定の歴史的意義　16
　（1）弁護士法の制定　16
　（2）弁護士の法律専門職としての地位の確立　16
　（3）「市民の司法」を目指すに当たって　17
　2）弁護士制度改革の目標・理念　17
　3）司法制度改革推進本部と日弁連の対応　17
　4）弁護士制度改革実現における課題とその到達点　18
　（1）法曹人口問題　18
　（2）ロースクール問題　18
　（3）弁護士の社会的責任（公益性）の実践　18

- (4) 弁護士の活動領域の拡大　18
- (5) 弁護士へのアクセス拡充　18
- (6) 弁護士の執務態勢の強化・専門性の強化　19
- (7) 弁護士の国際化／外国法事務弁護士等との提携・協働　19
- (8) 弁護士会のあり方　19
- (9) 隣接法律専門職種の活用等　20

2　法曹人口問題をめぐる現状と課題　21

1) 法曹人口問題の従来の経緯　22
- (1) 日弁連の司法改革宣言の意義　22
- (2) 政界・経済界からの規制改革・自由競争の要請と日弁連への批難　22
- (3) 司法制度改革審議会における議論と経済界・政界の動き　23
- (4) 日弁連の対応　23
- (5) 現在までの法曹人口の増員の状況　23

2) 法曹人口問題に関する現在の課題　24
- (1) 司法修習生及び新人弁護士たちの「質」について　24
- (2) 新しい法曹養成システムが成熟途上であることについて　24
- (3) 法曹人口増員に対応するための司法基盤の整備　24
- (4) 日弁連の「当面の法曹人口のあり方に関する提言」の公表　26
- (5) 法曹人口政策会議による提言の公表　26

3) 弁護士会のとるべき対応　27
- (1) 日弁連としての対応　27
- (2) 弁連や各弁護士会の動向について　27
- (3) アジア諸国の状況と弁護士会等以外における法曹人口問題の認識　27
- (4) 検証の問題と弁護士会としての対応について　28
- (5) 法友会の対応について　29

3　法科大学院制度と司法試験制度の現状と課題　30

1) 法科大学院を中核とする法曹養成制度の理念と概要　30
- (1) 法科大学院制度創設の理念　30
- (2) 法科大学院制度の特徴　30
- (3) 法科大学院のカリキュラム　30
- (4) 司法試験の位置づけと概要　30
- (5) 予備試験の位置づけと概要　31
- (6) 司法修習の位置づけ　31

2) 法科大学院を中核とする法曹養成制度の成果と課題　31
- (1) 成果　31
- (2) 課題　31

3) 法曹養成制度改革の取組み　33
- (1) 日弁連における取組みの経緯　33
- (2) 政府における取組みの経緯　33
- (3) 法曹養成制度改革推進会議等の発足　33

4) 法科大学院制度改革の課題　34
- (1) 法科大学院を中核とする法曹養成制度の維持発展を　34
- (2) 検討会議取りまとめとこれを受けた政府の検討状況　34
- (3) 入学定員削減と統廃合の促進について　35
- (4) 「加算プログラム」について　36
- (5) その他　36

5) 司法試験・予備試験制度改革の課題　37
- (1) 検討会議取りまとめとこれを受けた政府の検討状況　37
- (2) 司法試験の基本的な在り方について　37
- (3) 受験回数制限の緩和について　37
- (4) 司法試験科目の改変について　37
- (5) 司法試験の運用改善について　38
- (6) 予備試験の在り方について　38

4　司法修習制度の現状と課題　39

1) 司法修習の現状　39
- (1) 新司法修習の実施と修習生の数　39
- (2) 司法修習の概要　39

2) 司法修習の課題　40

3) 給費制をめぐる動向　41

5　若手法曹をめぐる現状と課題　42

1) 若手弁護士をめぐる現状と支援策　42
- (1) 若手弁護士をめぐる現状　42
- (2) 若手弁護士に対する支援策　43

2) 新人弁護士と採用問題　44
- (1) 新人弁護士の登録状況と採用問題　44
- (2) 新人弁護士採用問題の現状　45
- (3) 日弁連や単位会の取組みについて　45

6　弁護士へのアクセス拡充　46

1) 弁護士へのアクセス保障の必要性と現状　46
- (1) 弁護士過疎・偏在対策の経緯　46
- (2) 弁護士過疎の現状と原因　47

2) 法律事務所の必要性と役割　47
- (1) 法律相談センターの役割　47
- (2) 日本司法支援センターの役割　47
- (3) 弁護士偏在解消のための開設資金援助や定着支援対策　47
- (4) ゼロ・ワン地域解消型法律事務所の課題　47
- (5) 都市型公設事務所等拠点事務所の役割　48
- (6) 女性弁護士の偏在問題　48
- (7) 全会員による支援・人材の確保・経済的支援　48

3) アウトリーチの必要性と実践　48
- (1) さらなる司法アクセス改善の必要性　48
- (2) アウトリーチとは　48
- (3) ソーシャルワークの一環としての「アウトリーチ」　49

4) これまでの法律相談センターと今後のあり方　49
- (1) 司法アクセスの確保と法律相談事業　49
- (2) これまでの東京における法律相談センターの推移　50
- (3) 相談件数の激減と収支の赤字化　50
- (4) これからの法律相談センターの在り方　51
- (5) 今後の法律相談センターのあり方に関して検討すべきこと　52
- (6) 法テラスとの連携　53
- (7) 自治体との連携　54

- (8) 弁護士紹介センターの発足と今後の課題　54
- 5）東京23区における地域司法計画　55
  - (1) 東京23区における第2次地域司法計画が法律相談について指摘した内容　55
  - (2) 東京23区における法律相談の現状と課題　55

7　弁護士自治の課題　56

- 1）弁護士自治の維持・強化　56
  - (1) 弁護士自治の歴史　56
  - (2) 司法制度改革と弁護士自治　56
  - (3) 綱紀・懲戒制度の運営　57
  - (4) 弁護士自治の強化　57
- 2）弁護士倫理（弁護士職務基本規程）と今後の課題　58
  - (1) 弁護士職務基本規程の制定と運用　58
  - (2) 弁護士倫理研修の重要性　58
  - (3) 今後の課題　58
- 3）債務整理問題　59
  - (1) 「債務整理事件処理に関する指針」の採択　59
  - (2) 「債務整理事件処理の規律を定める規程」の制定　59
- 4）裁判所の処置請求に対する対応問題　60
  - (1) 「裁判所の処置請求に対する取扱規程」制定の意義　60
  - (2) 処置請求に対しての弁護士会の対処及び調査機関について　60
  - (3) 調査機関としての法廷委員会とその諸規則改正について　60
  - (4) 処置請求の事例——オウム真理教松本被告弁護団への処置請求　60
- 5）ゲートキーパー問題　63
  - (1) マネー・ローンダリングとFATFによる勧告　63
  - (2) 我が国におけるマネー・ローンダリング規制の法整備　64
  - (3) FATFによる新「40の勧告」の制定　64
  - (4) 日弁連の対応　64
  - (5) 金融庁から警察庁へのFIUの移管と日弁連の対応　65
  - (6) 犯罪収益流通防止法案に対する弁護士会の対応と同法律の成立　65
  - (7) FATFの対日審査とその後の情勢　66
  - (8) 日弁連による規程の全面改正と規則の制定　66
  - (9) その後の動き　66
  - (10) 日弁連及び弁護士会に求められる対応　67
- 6）隣接士業問題と弁護士制度　67
  - (1) 隣接士業問題とは　67
  - (2) 弁護士の法律事務独占との関係　67
  - (3) 弁護士自治との関係　68
  - (4) 弁護士人口との関係　68
  - (5) 司法制度改革審議会意見書の立場　69
  - (6) 隣接士業の権限拡大措置の実施　69
  - (7) 司法書士，行政書士，社労士のさらなる権限拡大要求　69
  - (8) 今後のとるべき政策　69
- 7）弁護士の不祥事とその対応　70
  - (1) 現状　70
  - (2) 問題の所在　70
  - (3) 日弁連の不祥事対策（第1次提言）　70
  - (4) 日弁連の不祥事対策（第2次提言）　70
  - (5) 第2次提言を受けての日弁連の活動　72
  - (6) 東弁の不祥事対策　72

8　弁護士と国際化の課題　73

- 1）国際化に関する現代的課題　73
  - (1) はじめに——国際化への基本的対応　73
  - (2) 国際化による弁護士制度・業務への影響　74
  - (3) 日弁連の対応　76
- 2）外国弁護士の国内業務問題　76
  - (1) 外弁法改正の経緯　76
  - (2) 今後の展望　77
- 3）国際司法支援　77
  - (1) はじめに　77
  - (2) 日弁連による国際司法支援の基本方針　77
  - (3) 日弁連及び弁護士の法整備支援活動の経緯と展開　77
  - (4) 日弁連による支援体制整備　80
- 4）国際機関への参画　81

第2　日本司法支援センター　82

1　日本司法支援センターの設立　82

2　日本司法支援センターの業務内容　82

3　組織　82

- 1）組織形態　82
- 2）具体的組織　83
  - (1) 本部　83
  - (2) 地方事務所等　83
  - (3) 地域事務所　83
  - (4) 東日本大震災被災地臨時出張所　83

4　今後の課題　84

- 1）組織・運営　84
  - (1) 理事等，地方事務所所長人事　84
  - (2) 地方事務所の活用問題　84
- 2）情報提供業務　84
  - (1) コールセンター（CC）の情報提供数　84
  - (2) 仙台コールセンター　84
  - (3) LA制度　84
  - (4) 多言語対応　84
  - (5) 震災関連電話相談　85
  - (6) CCと地方事務所との連携　85
  - (7) 弁護士会側の受け皿対応　85
- 3）民事法律扶助業務　85
  - (1) 民事法律扶助対応のさらなる充実　85
  - (2) 民事法律扶助制度のさらなる改革の必要　85
  - (3) 東日本大震災法律援助　86
  - (4) 初回相談の無料化（初期相談）　86
- 4）国選弁護関連業務　86
  - (1) 国選弁護報酬増額問題　86
  - (2) 国選弁護報酬算定センター構想　87
- 5）司法過疎対策業務　87

- (1) スタッフ弁護士の確保と配置　87
- (2) スタッフ弁護士の処遇　87
- (3) スタッフ弁護士の役割　87
- 6) 犯罪被害者支援業務　88
  - (1) コールセンターと地方事務所の連携　88
  - (2) 精通弁護士の紹介体制の充実　88
  - (3) 被害者参加国選制度への対応　88
  - (4) DV・ストーカー等被害者保護の拡充　88
- 7) 法律援助事業　88
  - (1) 法律援助事業と法テラスへの委託　88
  - (2) 本来事業化への取組みと財源の確保　88
  - (3) 援助事業の本来事業化　89

第3 裁判官制度の現状と展望　90

- 1 裁判官制度改革の成果と今後の課題　90
  - 1) 法曹一元の理念と司法制度改革審議会意見書　90
  - 2) 具体的課題の実現状況と今後の課題　90
    - (1) 下級裁判所裁判官指名諮問委員会制度の概要　90
    - (2) 現在の課題　91
    - (3) 裁判官人事評価制度　92
    - (4) 地裁委員会・家裁委員会　92
    - (5) 判事補が他の法律専門職を経験する制度（他職経験制度）　92
    - (6) 最高裁判所裁判官の任命に際しての諮問委員会設置　93
    - (7) 簡易裁判所判事の任命手続の透明化　93
    - (8) 裁判官増員の必要性　93
- 2 弁護士任官への取組み　94
  - 1) 弁護士任官制度の意義　94
  - 2) 弁護士任官制度の経緯　94
  - 3) 弁護士任官状況　94
  - 4) 日弁連・東弁の取組み　95
  - 5) 法友会の取組み　95
  - 6) これまで提起された課題について　95
    - (1) 公設事務所の活用等について　95
    - (2) 短期任官及び専門的分野の任官の柔軟化について　95
    - (3) 手続の簡素化について　95
    - (4) 審査基準の明確化について　96
    - (5) 非常勤裁判官の処遇について　96
    - (6) 地道な発掘作業について　96
  - 7) 今後の取組みについて　96

第4 司法の人的・物的拡充の必要性　97

- 1 利用しやすい司法のための諸施策　97
  - 1) 司法ネットの整備とIT基盤の確立　97
  - 2) 利用者の立場に立った裁判所及び裁判官等の配置と運営　97
    - (1) 裁判所施設の適正配置　97
    - (2) 施設のあり方と運用　97
    - (3) 人的基盤の整備　97
    - (4) 裁判所支部の充実　97
  - 3) 検察庁の施設と利用しやすい運営のあり方　98
  - 4) 弁護士過疎・偏在の解消　98
- 2 新宿での現地調停と地域司法　98
  - 1) 司法アクセスの充実のために　98
  - 2) 簡易裁判所の統廃合　98
  - 3) 民事調停規則9条に基づく現地調停　99
  - 4) 現地調停の実施状況と今後の課題　99
- 3 e裁判手続について　99
  - 1) アメリカ合衆国連邦裁判所でのe裁判の施行　99
    - (1) 事件管理システムの導入　100
    - (2) 電子的文書管理　100
    - (3) 電子的情報提供と情報公開　100
  - 2) ファイリング手続　100
  - 3) 問題点　100
    - (1) 本人確認の電子署名　100
    - (2) e裁判の徹底の難しさ　101
    - (3) 裁判の公開原則に対する考え方　101
  - 4) e裁判等に関する制度の検討　101

第3部 弁護士業務改革と活動領域拡大に向けた現状と展望

- 1 弁護士業務改革の今日的課題　104
  - 1) 司法改革推進上の業務改革の意義　104
  - 2) 審議会の要請とその実現　104
    - (1) 総論　104
    - (2) 各論　104
  - 3) 政府のもとの有識者懇談会等における議論の状況　106
    - (1) 政府のもとの有識者懇談会等の設置とその特徴　106
    - (2) 有識者懇談会における議論の進捗　107
    - (3) 国・地方自治体・福祉等分科会の進捗　107
    - (4) 企業分科会の進捗　107
    - (5) 海外展開分科会の進捗　108
  - 4) 日弁連における法律サービス展開本部の設置と活動の状況　108
  - 5) 東京弁護士会の活動領域拡大に向けた取組み　109

- (1) 活動領域拡大を推進する組織の新設　109
- (2) 弁護士活動領域拡大推進本部の活動計画　109
- (3) 活動領域拡大に向けた今後の活動　109

2 弁護士と法律事務の独占　110

1) 法による弁護士の法律事務独占と非弁行為の禁止　110
- (1) 非弁活動とはどのようなものをいうか　110
- (2) 非弁行為の取締り　111

2) 非弁行為の実態　111
- (1) 非弁行為の事例　111
- (2) 非弁活動取締りの実態　111
- (3) 日弁連の非弁対策の活動　112

3) 隣接士業問題　112
- (1) 隣接士業とは　112
- (2) 司法制度改革審議会の意見書　113
- (3) 隣接士業問題の本質　113
- (4) 弁護士の法律事務独占との関係　113
- (5) 弁護士自治と隣接士業に対する行政庁の監督権　114
- (6) 司法書士会の権限拡大要求　114
- (7) 行政書士法の改正と日本行政書士会連合会の権限拡大要求　115
- (8) 行政書士問題に対する日弁連の基本姿勢　116
- (9) 社会保険労務士法の改正と全国社会保険労務士会の権限拡大要求　116
- (10) 土地家屋調査士法の改正　116
- (11) 弁理士法の改正　116
- (12) 隣接士業問題に対する今後の方針　116

4) ADRに関する問題　118
- (1) ADR法の制定　118
- (2) ADR手続代理　118
- (3) これからの課題　118

5) サービサー問題　119
- (1) サービサー法の成立，施行　119
- (2) サービサー法の改正　119
- (3) サービサー法の再改正問題　119
- (4) サービサーによる自治体債権の取扱問題　120
- (5) 弁護士会の取組み　120

6) 市場化テスト法の施行による公的資金の回収について　120

7) 非弁提携問題　121

8) 信託の活用　121
- (1) 新信託法の意義　121
- (2) 福祉型信託に対する取組み　121
- (3) 遺言信託業務に対する取組み　121

3 法律事務所の多様化と隣接業種との協働　122

1) 総合的法律・経済関係事務所　122
2) 法律事務所の複数化　123

4 その他の領域への進出　124

1) 外部監査人制度への進出　124
- (1) 現状と問題の所在　124
- (2) 弁護士会の取組み　124
- (3) 今後の取組みと提言　125

2) 会社法上の社外取締役等への進出　125
- (1) 現状と問題の所在　125
- (2) 弁護士会の取組み　126

3) 日弁連中小企業法律支援センター　127
- (1) 設置の経緯　127
- (2) 全体像　127
- (3) ひまわりほっとダイヤルの運営　127
- (4) 広報活動　127
- (5) 中小企業向け及び弁護士向けの各DVDの制作　128
- (6) 全国一斉無料相談会・講演会　128
- (7) 中小企業関連団体との意見交換会　128
- (8) 中小企業のニーズに応えられる弁護士の育成　128
- (9) 中小企業の海外展開支援活動　128
- (10) 中小企業庁及び支援諸団体との連携　128
- (11) シンポジウムの開催　128
- (12) 今後の課題　128

4) 東京弁護士会中小企業法律支援センター　128
- (1) 設立の経緯　128
- (2) 中小センターの組織　129
- (3) 中小センターの仕組み・活動実績　129
- (4) 今後の課題　131

5) 行政分野への取組み　131
- (1) 国会と弁護士　131
- (2) 行政と弁護士　131
- (3) 国家公務員と弁護士　131
- (4) 地方自治体と弁護士　131
- (5) 日弁連の取組みと今後の展望　133

5 組織内弁護士について　133

1) 組織内弁護士の現状と課題　133
- (1) 組織内弁護士人口　133
- (2) 組織内弁護士の意義と問題の確認の必要性　134
- (3) 弁護士会の問題点　135

2) 「任期付公務員」について　136
- (1) 総論　136
- (2) 法規・会規上の問題点　136
- (3) 取り組むべき課題　138

6 弁護士専門認定制度の意義と課題　138

1) その必要性と今日的課題　138
2) 外国の実情　139
3) 医師における専門性との類似性　139
4) 弁護士会での議論の推移　139
5) 日弁連での現在の議論状況　140

7 専門的知見を要する事件への対応　140

1) 長期間を要する審理　141
2) 弁護士の研鑽と情報ネットワーク　141
3) 専門委員制度の導入と鑑定制度の改善　141
- (1) 専門委員制度の導入　141

(2) 鑑定制度の改正及び改善 141
(3) まとめ 141

8 弁護士研修制度の拡充 142
1）研修の必要性と弁護士会の役割 142
2）新規登録弁護士研修 142
3）継続的弁護士研修 142
(1) 倫理研修 142
(2) スキルアップ研修 143
(3) 研修義務化について 143
(4) 今後の研修方法について 143
(5) 研修の運営面に関する工夫 143
4）クラス別研修制度 144
(1) クラス制の目的 144
(2) クラス制の概要 144
(3) 検討事項 145
(4) 総括 146

9 弁護士への業務妨害とその対策 146
1）弁護士業務妨害をめぐる最近の情勢 146
2）弁護士業務妨害対策センターの活動状況 146
(1) アンケートによる実態調査 146
(2) 積極的対策 146
(3) センターの設置と運用 147
(4) 研究活動 147
(5) 「ハンドブック」の作成配布 147
(6) 支援要請の実情 147
3）業務妨害根絶に向けて 147

10 権利保護保険（通称「弁護士保険」） 148
1）権利保護保険の内容と必要性 148
2）外国及び国内の状況 148
3）日弁連の動き 148
4）制度の現状 148
5）この制度の問題点と育成 149

11 弁護士広告の自由化 150
1）広告の自由化と不適切な広告に対する規制 150
2）弁護士及び弁護士法人並びに外国特別会員の業務広告に関する指針 151
3）弁護士業務広告の実態 151
4）これからの弁護士の広告の在り方 151

12 弁護士情報提供制度 152
1）弁護士会の広報としての役割 152
2）個々の弁護士にとっての位置づけ 152
3）今後の課題 153

13 弁護士報酬支払いのクレジットカード利用と懲戒問題 153
1）経緯 153

2）日弁連弁護士業務改革委員会でのカード支払いを認める決議 153
3）現在の日弁連の意見 153

第4部
刑事司法の現状と展望

1 刑事司法改革の視点 156
1）憲法・刑事訴訟法の理念から乖離した運用 156
2）出発点としての死刑再審無罪4事件 156
3）改革の方向 157
4）司法制度改革審議会意見書及び刑事司法改革の法案化について 157

2 裁判員裁判導入の成果と課題 158
1）裁判員裁判導入の意義 158
(1) 裁判員制度の開始までの経緯と検証 158
(2) 意義 159
2）裁判員裁判の現況と成果 159
(1) 裁判員裁判の現況 159
(2) 裁判員裁判導入の成果 160
3）裁判員制度の課題 160
(1) 部分判決制度 160
(2) 裁判員選任手続 160
(3) 説示や評議のあり方 160
(4) 被告人の防御権の観点 161
(5) 公判審理 161
(6) 裁判員が参加しやすい環境の整備と市民向けの広報 161
(7) 少年逆送事件 162
(8) 外国人事件 163
(9) 被害者参加と弁護活動への影響 164
(10) 量刑データベースの創設への取組み 164
(11) 一審裁判員裁判事件の控訴審の問題 165
(12) その他の裁判員制度自体の問題点 165
4）今後の弁護士・弁護士会の活動 165
(1) 裁判員裁判の改善にむけた検討 165
(2) 弁護士会内の研修体制 166
(3) 裁判員裁判に対応する弁護体制の構築 166

3 公判前整理手続と証拠開示 167
1）公判前整理手続の概要 167
(1) 公判前整理手続の目的と対象事件 167
(2) 公判前整理手続の進行 167
(3) 被告人の出席 167
2）証拠開示の概要と問題点 168
(1) 証拠開示の目的 168
(2) 類型証拠開示 168
(3) 主張関連証拠開示 168
(4) 証拠開示請求に対する裁判所の裁定 168

- 3）現時点の運用状況　168
  - (1) 第1回打合せ期日の早期化　168
  - (2) 東京地裁における運用の評価　168
- 4）任意開示の活用　169
  - (1) 一定の類型該当証拠の早期開示　169
  - (2) 裁判員対象事件以外の事件における任意開示　169
- 5）法制審議会特別部会における成果　169
  - (1) 証拠の一覧表の交付制度の導入　169
  - (2) 公判前整理手続の請求権の付与　169
  - (3) 類型証拠開示の対象の拡大　169
- 6）今後の課題　169
  - (1) 手続・運用に習熟すること　169
  - (2) 立法過程への提言　170
- 4 開示証拠の目的外使用問題　170
  - 1）証拠開示の拡充と適正管理義務・目的外使用の禁止規定との関係　170
  - 2）目的外使用の禁止をめぐる日弁連の活動の経緯　170
  - 3）「開示証拠の複製等の交付等に関する規程」の制定　171
  - 4）今後の課題　171
  - 5）新たな展開　171
- 5 取調べの可視化　173
  - 1）自白偏重の現状　173
  - 2）密室の取調べについての最近の冤罪事件　174
    - (1) 鹿児島志布志事件　174
    - (2) 富山氷見事件　174
    - (3) 障がい者郵便悪用事件　174
    - (4) 布川事件　174
  - 3）可視化の必要性と国際的動向　175
  - 4）裁判員制度との関係　175
  - 5）日弁連の活動　175
  - 6）検察庁による一部録音・録画の実施　176
  - 7）検察における全過程の録音・録画の試行の開始　176
  - 8）法制審議会特別部会での審議結果について　178
  - 9）国会の動向　178
  - 10）警察庁の動き　179
  - 11）期待される今後の取組み　179
- 6 人質司法の打破と冤罪防止　180
  - 1）勾留・保釈に関する憲法・国際人権法上の5原則　180
  - 2）人質司法の実態　180
  - 3）冤罪防止と充実した裁判員制度実施のために　181
- 4）最近における運用変化の兆しと弁護人の対応　181
- 5）実現すべき改革と弁護士会の今後の取組み　181
  - (1) 日弁連の意見・提言　181
  - (2) 日弁連の新たな意見書　181
  - (3) 法制審議会での審議への対応　182
  - (4) 国際社会からの勧告の活用　182
  - (5) 保釈保証保険制度等の導入　182
  - (6) 保釈請求励行の運動の展開　183
- 7 伝聞法則の徹底　183
  - 1）直接主義・口頭主義の徹底　183
  - 2）伝聞法則の厳格化　184
  - 3）検察の在り方検討会議での議論　184
  - 4）法制審議会の特別部会での議論　184
- 8 接見交通権の確立　185
  - 1）接見交通権をめぐる闘い　185
  - 2）違憲論の再構築へ向けて　185
  - 3）法友会の取組み　186
  - 4）志布志事件での接見妨害　186
  - 5）検察庁通達の活用　186
  - 6）今後の課題　186
- 9 国選弁護制度の課題　189
  - 1）被疑者国選における弁護人の弁護活動　189
    - (1) 弁護士側の接見態勢　189
    - (2) 被疑者弁護における接見　189
  - 2）国選弁護制度の正しい運用について（岡山での水増し請求の反省を踏まえて）　190
  - 3）当番弁護士活動の成果としての被疑者国選弁護制度　190
  - 4）日本司法支援センターの業務と弁護士会の役割　190
  - 5）国選弁護人契約締結，国選弁護人候補指名についての弁護士会関与　191
  - 6）「法律事務取扱規程」の制定と弁護士会関与　191
  - 7）国選弁護人報酬の算定基準について　191
  - 8）当番弁護士制度・被疑者弁護援助制度の存続と次の展開　191
    - (1) 当番弁護士制度の存続　191
    - (2) 刑事被疑者弁護援助制度の存続　192
    - (3) 当番弁護士，被疑者弁護援助制度の財源　192
    - (4) 第3段階そして第4段階の国選弁護制度へ　192
  - 9）弁護の質の向上（被疑者，被告人とのアクセスの拡充を中心に）　192
    - (1) 接見室の増設　192
    - (2) 東京拘置所での夜間・休日接見　193
    - (3) テレビ電話によるアクセス　193
    - (4) ファックスによるアクセス　193

- 10） 今後の課題 193
  - (1) 対応態勢について 193
  - (2) 国選弁護人割当制度の改革 193
  - (3) 継続受任問題 194
  - (4) 触法障がい者への対応 194
- 10 未決拘禁制度の抜本的改革 194
  - 1） 拘禁二法案反対運動の経緯とその後の状況 194
  - 2）「刑事施設及び受刑者の処遇等に関する法律」の成立・施行と今後の課題 195
  - 3）「刑事施設及び受刑者の処遇等に関する法律の一部を改正する法律」の成立・施行 195
  - 4） 被拘禁者処遇法の課題 195
  - 5） 未決拘禁制度の抜本的改革に向けて 196
- 11 共謀罪の創設とその問題点 197
  - 1） 共謀罪の提案に至る経緯と共謀罪の概要 197
  - 2） 共謀罪の問題点 198
  - 3） 法案をめぐる最近の情勢と求められる日弁連及び弁護士会の活動 198
- 12 検察審査会への取組み 199
  - 1） 検察審査会法の改正とその施行 199
  - 2） 改正検察審査会の概要 200
    - (1) 検察審査会の議決に基づき公訴が提起される制度及び指定弁護士制度の新設 200
    - (2) 検察審査会が法的な助言を得るための審査補助員制度の新設 200
    - (3) 検察審査会数の見直しと統廃合 200
  - 3） 弁護士会に期待されている役割 200
- 13 法制審議会特別部会の検討結果 202
  - 1） 特別部会設置に至る経緯 202
  - 2） 特別部会の設置とその議論状況 203
  - 3） 特別部会における議論状況 203
  - 4） 基本構想について 203
    - (1) 取調べの過度の依存からの脱却と証拠収集の適正化・多様化 203
    - (2) 供述調書への過度の依存からの脱却と公判審理の更なる充実（公判段階） 204
  - 7） 今後の課題 205
- 14 新たな刑罰（一部執行猶予制度等の導入） 206
  - 1） 一部執行猶予制度等の導入について 206
  - 2） 一部執行猶予制度のメリットと課題について 206
  - 3） 保護観察の特別遵守事項の追加について 207
  - 4） 薬物使用等の罪を犯した者に対する刑の一部執行猶予制度について 208
  - 5） 日弁連及び弁護士会の対応について 208
- 15 刑事弁護と福祉手続の連携 208
  - 1） 高齢者・障害者の刑事問題が取り上げられる経過 208
  - 2） 高齢者・障害者の刑事問題に取り組む理念・財政的意義 209
    - (1) 憲法上の理念 209
    - (2) 財政的意義 209
  - 3） 弁護士の具体的な支援の在り方について―入口支援と出口支援 209
    - (1) 高齢者・障害者が支援を必要とする理由 209
    - (2) 出口支援 209
    - (3) 入口支援 209
  - 4） 今後の取組み 210
    - (1) 弁護士会内の横断的な連携の必要 210
    - (2) 個々の弁護士の研修等を通じたこの問題の理解 210
    - (3) 関係各機関との連携の必要 210
    - (4) 福祉関係者の費用の問題 210

第5部 民事・商事・行政事件の法制度改革の現状と課題

第1 新たな民事司法改革のグランドデザイン 212

1 司法制度改革から10年で何が変わったか 212
- 1） 司法制度改革審議会意見書 212
- 2） 司法制度改革推進本部 212
- 3） 民事司法分野の積み残しと大きな歪み 212

2 今、なぜ民事司法改革か 212
- 1） 民事裁判制度の利用しやすさと利用満足度 212
- 2） 民事訴訟件数は、国際比較でも極端に少ない 213
- 3） 最近10年間日本の訴訟は、過払いを除き横ばいかやや減少している 213
- 4） 低額な司法予算（裁判所予算）と増えない裁判官 213
- 5） 訴訟件数が増えないのは、文化的原因（日本人の訴訟嫌い）ではなく、制度的原因にある（現在の通説的見解） 213

3 法友会での取組み 214

4 日弁連での取組み 215
- 1） 民事司法改革推進決議と民事司法改革推進本部の設立 215

2）民事司法改革グランドデザイン 215

5 東弁での取組み 215
1）民事司法改革実現本部の創設 215
2）民事司法改革実現本部の取組み 215
3）第26回司法シンポジウム・プレシンポの開催 216

6 「民事司法を利用しやすくする懇談会」の発足 216
1）設立目的とメンバー——各界からなる民間懇談会 216
2）中間報告書 216
3）最終報告書 216

7 重要な改革課題 217

8 日弁連と最高裁との民事司法に関する協議の開始 217
1）民事司法改革課題に取り組む基本方針 217
2）最高裁との協議スキーム 217

第2 民事・商事諸制度の現状と課題 220

1 民事訴訟の充実と迅速化及び民事司法改革 220
1）改正法の定着 220
2）審理の充実 220
3）計画審理 220
4）文書提出命令等の情報・証拠の開示・収集の制度 220
5）弁護士会照会制度の運用の厳正化と同制度の実効化 220
6）裁判の迅速化 220
7）判決履行制度 221

2 家事事件手続法 221
1）非訟事件手続法の改正と家事事件手続法の制定 221
2）家事事件手続法制定の経緯 221
3）理念・特徴 222
4）課題 222
　(1) 適切な運用 222
　(2) 家裁調査官の体制の充実 222
　(3) 当事者の利用しやすさ 223
　(4) 事件処理体制の整備 223

3 国際民事紛争解決制度 223
1）訴訟と仲裁 223
2）ハーグ国際私法会議における条約案作成作業 223
3）ハーグ条約（国際的な子の奪取の民事面に関する条約） 223

4 裁判外紛争解決機関（ADR） 224
1）ADRの必要性 224
2）ADR利用促進法の制定 225
3）ADRと弁護士法72条 225
4）ADR機関の評価 225
5）原子力損害賠償紛争解決センター 225

5 仲裁法 226
1）仲裁法制定 226
2）仲裁法の構成・概要等 226
　(1) 構成 226
　(2) 概要 226
3）これからの課題 226

6 知的財産権にかかる紛争解決制度の改革 227
1）知的財産権紛争の動向 227
2）近時の実体法改正の動向 227
　(1) 特許法（2011〔平成23〕年改正，2014〔平成26〕年改正） 227
　(2) 商標法（2011〔平成23〕年改正，2014〔平成26〕年改正） 227
　(3) 不正競争防止法（2009〔平成21〕年改正，2011〔平成23〕年改正） 227
　(4) 著作権法（2012〔平成24〕年改正，2014〔平成26〕年改正） 228
3）紛争解決制度の充実に向けて 228
　(1) 日弁連知的財産センター 228
　(2) 日本知的財産仲裁センター 228

7 債権法改正 229
1）債権法改正作業のこれまでの経過 229
　(1) 研究者有志による研究会等の活動 229
　(2) 法制審議会民法（債権関係）部会の設置とこれまでの会議の状況 229
　(3) 法友会や弁護士会等の取組みの状況 229
2）債権法改正のあるべき方向性 230
　(1) 債権法改正の必要性に関する議論 230
　(2) 経済的合理性偏重の抑止の必要性 230
　(3) 使いやすい民法という観点の重要性 231
3）要綱仮案における個別の重要論点の検討 231
　(1) 履行障害法に関する改正 231
　(2) 債権者代位権，詐害行為取消権に関する改正 232
　(3) 保証契約における個人保証人の保護 232
　(4) 債権譲渡に関する改正 233
　(5) 契約の基本原則に関する規定の新設について 233

8 会社法改正の成立と今後の課題 233

1) 会社法改正の成立の経緯 233
2) 企業統治の強化 234
　(1) 社外取締役の選任推進と独立性の強化 234
　(2) 支配株主の異動に対する株主への通知と株主総会の承認 234
3) 親子会社の規律の見直し 234
　(1) 多重代表訴訟 234
　(2) 重要な子会社株式の譲渡に対する株主総会の特別決議 234
4) キャッシュ・アウトに関する規定の整備 234
5) 詐害的な会社分割における債権者の保護 235
6) 今後の取組み 235

9　労働法制に対する改革 235
1) はじめに 235
2) 労働契約法の改正 235
3) 労働者派遣法の改正 235
4) 労働紛争解決制度の充実 236

10　独占禁止法制の改革 236
1) 改正法の概要 236
　(1) 審判制度の廃止・排除措置命令等に係る訴訟手続の整備 236
　(2) 排除措置命令等に係る意見聴取手続の整備 237
2) 日弁連の意見 237
3) 法改正後の動向 238

11　弁護士による企業の内部統制システム構築・CSR活動推進の支援等 238
1) 内部統制システム構築 238
2) 企業の社会的責任（CSR） 239
3) 企業等不祥事と第三者委員会 239

第3　行政に対する司法制度の諸改革 240

1　行政手続の民主化 240
1) 行政の透明化と市民参加 240
2) 行政手続法の施行状況 240

2　公務員制度の適正化 241
1) 実態と問題点 241
2) 提言 242

3　行政訴訟改革 242
1) はじめに 242
2) 行政事件訴訟の改正と改正後の運用 242
3) 積み残し課題に関する改革の具体的方策 244

4　行政不服審査法 245
1) はじめに 245
2) 改正経緯 245
3) 提言 245

第6部　憲法と平和をめぐる現状と課題

1　はじめに 248

2　集団的自衛権行使容認の閣議決定（いわゆる「解釈改憲」） 249
1) 憲法解釈変更の閣議決定までの経緯 249
2) 閣議決定による憲法解釈の変更 250

3　憲法改正問題 251
1) 各界の動き 251
　(1) 政党の動き（自民党の「憲法改正草案」を中心に） 251
　(2) 財界の動き 252
　(3) 新聞社の改憲論 252
　(4) 市民の動き 252
2) 憲法改正論に対する対応 253
　(1) 憲法の基本原理と改憲論 253
　(2) 鳥取人権大会宣言 254
　(3) 富山人権大会宣言 254
　(4) 広島人権大会宣言 254
　(5) まとめ 255

4　憲法改正手続法の問題点 255
1) 憲法改正手続法の施行に至る経緯と問題点 255
2) 今後の対応 256

5　平和主義の理念から問題となる諸立法について 256
1) 憲法上問題となる防衛関連諸立法と自衛隊海外派遣 256
2) アメリカとの協働態勢 257
3) 防衛関連諸立法に対する弁護士会の対応 258
　(1) 防衛関連諸立法に対する日弁連，弁護士会の対応 258
　(2) テロ対策特措法，イラク特措法に基づく自衛隊の海外派遣について 259
　(3) 有事関連立法等について 259
　(4) 海賊対処法等について 259
　(5) 国家安全保障会議設置法の改正について 260
　(6) 国家安全保障基本法案について 260

6　日の丸・君が代について 260

1）国旗・国歌法について 260
2）自民党改正草案での日の丸・君が代 260
3）公立学校における国旗・国歌問題 260
　(1) 学校行事における国旗・国歌の強制について 260
　(2) 最高裁判決とこれに対する日弁連会長声明 261
　(3) 大阪府条例について 261
　(4) まとめ 261

7　一人一票の実現 262

8　表現の自由に対する抑圧について 263
1）ビラ投函問題 263
2）新聞記者個人攻撃問題 263

9　知る権利や取材・報道の自由に対する制限について 264
1）かつての国家秘密法案に対する日弁連の動き 264
2）最近の政府の動き 264
3）法案提出とその成立並びに施行に向けた動き 265
4）特定秘密保護法案の問題点 265
5）日弁連・弁護士会の対応 265

10　国民の管理・統制の動き（共通番号制度）について 267
　(1) 立法に至る経緯 267
　(2) 共通番号制度の問題点 268

11　教育基本法改正問題 269
1）教育基本法「改正」問題への取組みと成果 269
2）「改正」後の課題と取組み 270
　(1) 教育三法改正問題 270
　(2) 全国学力調査に関する問題 270
3）人権擁護大会における「子どもの尊厳を尊重し，学習権を保障するため，教育統制と競争主義的な教育の見直しを求める決議」の採択と組織的対応の必要性 270

12　核兵器廃絶に向けて 271

第7部
東日本大震災と弁護士

1　東日本大震災の被害状況と弁護士に課せられた使命及び復旧復興支援活動を行うに当たっての視点 274
1）東日本大震災の被害状況と弁護士に課せられた使命 274
2）復旧復興支援活動を行うに当たっての視点（被災者に寄り添うために）275
　(1) 被災者の中へ飛び込む 275
　(2) 被災者の身になって 276
　(3) 被災者，被災地支援の担い手を作る 276
　(4) 行政機関，民間団体等や他士業との連携とワンストップショップの実現に向けて 277
　(5) 将来の災害への対応を 277

2　復興まちづくりに対する支援 277
1）復興計画について 277
2）住いの再建について 278
　(1) 住いの再建についての各事業の概況 278
　(2) 用地取得の迅速化の必要性 279
　(3) 用地取得の加速化に向けた国の対応 280
　(4) 立法の必要性について 280
3）仮設住宅について 281
4）住宅再建支援制度の拡充と制度間格差の是正並びに各支援制度の利用促進 281

3　被災ローン減免制度の現状と方向性 282
1）被災ローン減免制度の導入とその現状 282
2）被災ローン減免制度の利用が進まない原因と改善の必要性 282
　(1) 制度の周知不足と周知徹底の必要性 282
　(2) 制度及び運用の問題点と改善の必要性 283
3）今後の震災対策も含めた立法の必要性 285

4　被災中小企業の支援体制の拡充 285

5　原子力損害賠償の問題解決に向けて 286
1）原子力損害賠償に係る紛争解決状況 286
2）被害者救済の担い手の確保 286
3）原子力損害賠償について 287
　(1) 原子力損害賠償実体法の観点から～中間指針に対する批判的姿勢の保持～ 287
　(2) 原子力損害賠償手続法の観点から 288
　(3) 原子力発電所事故被害者への啓発活動の観点から～権利行使のさらなる促進，適正な賠償の実現を～ 288
　(4) 原子力発電所事故被害者の生活保障の観点から～被害者の生活再建のためのアプローチ～ 288
4）退任調査官の処遇について 289

6　災害関連死の認定問題 289
　(1) 認定の不均衡 289
　(2) 不均衡の是正策 290
　(3) 審査委員会の問題 290
　(4) 災害弔慰金額の算定の問題 290

第8部
人権保障制度の現状と課題

第1 各種権利保障の在り方の改革 ……294

1 子どもの人権 294
1) 子どもの人権保障の重要性 294
2) 少年司法制度をめぐる問題 294
　(1) 少年司法制度の目的 294
　(2) 全面的国選付添人制度実現へ向けた運動 295
　(3) 少年矯正制度の改革 296
3) 学校内の子どもの人権 297
　(1) いじめ 297
　(2) 体罰 298
　(3) 教育基本法「改正」 298
4) 家庭内の子どもの人権〜児童虐待〜 298
　(1) 児童虐待防止法の成立 298
　(2) 児童虐待防止法制定による効果と課題 299
　(3) 児童虐待防止法の改正 299
　(4) 親権制度の見直し 299
　(5) 未成年後見制度の改善 299
　(6) 司法面接制度の導入の必要性 300
5) 児童福祉施設内の子どもの人権 300
　(1) 児童福祉施設の現状 300
　(2) 施設内虐待 300
6) 子どもの権利条約 301
7) 子どもの権利に関する自治体の取組みと条例の制定 301
8) 子どもの問題専門の法律相談窓口 302
　(1) 東京弁護士会「子どもの人権110番」 302
　(2) 子どもの人権110番の拡張 302
　(3) 民間組織との連携 302
　(4) 子どもに対する法律援助 302
9) 子どもの代理人制度 303
　(1) 自主的な取組みとしての子どもの代理人活動 303
　(2) 家事事件手続法の子どもの手続代理人 303
10) 民法成年年齢見直しの動き 303

2 高齢者の人権 304
1) 基本的視点 304
　(1) 高齢者問題の現状 304
　(2) 高齢者の権利擁護と基本的視点 305
2) 成年後見制度の活用 305
　(1) 成年後見制度の利用促進 305
　(2) 親族後見人等による権利侵害への対策 305
　(3) 弁護士後見人等への信頼の確保 306
3) 高齢者虐待 306
4) 認知症高齢者の医療をめぐる問題点 306
5) 消費者被害 307

3 障がい者の人権 307
1) 基本的視点 307
2) 障害者自立支援法から障害者総合支援法へ 307
3) 障害者差別解消法の成立 308
4) 障害者虐待防止法の実効性確保 309
　(1) 障害者虐待防止法の概要 309
　(2) 養護者による虐待に関する弁護士の役割 309
　(3) 施設従事者による虐待に関する弁護士の役割 309
　(4) 使用者による虐待に関する弁護士の役割 310
　(5) 3年後の見直しに向けて 310
5) 罪を犯した知的・精神障がい者の支援 310
　(1) 刑事手続の中での支援 310
　(2) 刑務所等を出るときの支援 310

4 両性の平等と女性の権利 311
1) 基本的視点 311
2) 婚姻制度等の改正 311
　(1) 選択的夫婦別姓 311
　(2) 婚外子差別の撤廃 312
　(3) 婚姻適齢の平等化 312
　(4) 再婚禁止期間と無戸籍の子 312
　(5) 養育費の算定 312
　(6) ドメスティック・バイオレンス，ストーカー，リベンジポルノ 313
　(7) セクシュアル・マイノリティ 314
　(8) その他の問題 314
3) 女性の労働権 314
　(1) 基本的視点 314
　(2) 性別を理由とする昇進及び賃金における差別の禁止 315
　(3) 労働者派遣法改正案の問題点 316
　(4) マタニティー・ハラスメント（マタハラ） 316
4) 法曹界における問題点 317

5 外国人の人権 317
1) 入管行政の問題 317
　(1) 新たな在留管理制度の施行 318
　(2) 外国人の出入国・在留に関する監視を強化する体制の構築 319
　(3) 難民問題 320
　(4) 入管収容施設内での処遇問題 322
　(5) 弁護士会の取組み 323
2) 外国人の刑事手続上の問題 324
　(1) 刑訴法と入管法の調整不備 324
　(2) 身体拘束をめぐる問題点 325
　(3) 通訳人をめぐる問題点 325
　(4) 取調過程の可視化の必要性 326
　(5) 今後の方針 326

6 犯罪被害者の保護と権利 326
1) 犯罪被害者支援の必要性 326

2) 犯罪被害者支援をめぐる立法の経緯 327
3) 日弁連の取組み 327
4) 犯罪被害者と刑事司法 327
    (1) 犯罪被害者等基本法 327
    (2) 被害者参加制度 328
    (3) 国選犯罪被害者参加弁護士制度 328
    (4) 損害賠償命令制度 329
5) 犯罪被害者給付金制度 329
6) 日本司法支援センターにおける取組み 329

7 冤罪被害者の保護と権利 330
1) 冤罪被害者に対する補償の意義 330
2) 冤罪被害者に対する補償の現状 330
3) 被疑者補償法の制定を 330
4) 非拘禁者補償法の制定を 331
5) その他の課題 331

8 死刑の廃止問題 332
1) 死刑制度の是非について 332
2) 死刑をめぐる内外の状況 333
3) 我が国の死刑判決及び死刑執行の状況 333
4) 我が国の死刑制度に対する国際評価 333
5) 我が国の死刑制度に対する弁護士会の対応 334
6) 現在の日弁連の取組み 334
7) おわりに 335

9 犯罪報道と人権 336
1) 犯罪報道上の問題点 336
2) 犯罪報道被害の現状 336
3) マスメディアの自主的努力の必要性 336
4) 弁護士・弁護士会の取組み 337

10 警察活動と人権 337
1) 拡大する警察活動について 337
2) 警察活動に対する内部的な統制について 338
3) 警察活動に対する監視・是正のあり方 339

11 民事介入暴力の根絶と被害者の救済 339
1) はじめに 339
2) 民事介入暴力の現状 340
3) 民事介入暴力対策の整備 340
    (1) 民事介入暴力被害者救済センター 340
    (2) 研修会の実施 340
    (3) 他の諸機関との連携 340
4) 今後の課題 340

12 患者の人権（医療と人権） 340
1) 患者中心の医療の確立 341
2) 医療基本法の制定にむけて 341
    (1) インフォームド・コンセント 341
    (2) 診療記録開示請求権 341
    (3) 医療基本法制定の必要性 341
3) 医療事故の再発防止と被害救済のために 342
    (1) 医療事故防止対策の現状と課題 342
    (2) 医療被害救済の現状と課題 342
4) 医療訴訟の充実 342
    (1) 医療訴訟の現状と課題 342
    (2) 公正中立な鑑定のために 343
    (3) 医療界と法曹界の相互理解の促進 343
5) 弁護士・弁護士会としての取組み 343
    (1) 専門弁護士の養成 343
    (2) 医療ADRのより一層の充実 343
    (3) 医療部会の委員会化 343
6) 脳死臓器移植 343
    (1) 改正までの論議 343
    (2) 2009（平成21）年改正法 344
    (3) 改正法施行後の状況 344
7) 生殖医療と法律問題 344

13 消費者の人権 345
1) 消費者の権利の重要性 345
2) 消費者問題の現状 345
    (1) 悪質商法 346
    (2) 金融商品取引 346
    (3) ネットによる消費者被害 346
    (4) 深刻な多重債務問題 346
    (5) その他の被害 346
    (6) 食の安全・製品の安全 346
3) 消費者行政の充実の必要性 346
    (1) 消費者庁及び消費者委員会の創設 346
    (2) 新組織の位置付け及び消費者安全法 347
    (3) 消費者行政の現状と今後の課題および地方消費者行政の充実の必要性 347
4) 消費者の権利擁護のための諸立法および今後の展開 347
    (1) 消費者基本法 347
    (2) 割賦販売法・特定商取引法改正 347
    (3) 貸金業法及び出資法改正 348
    (4) 金融商品取引法・商品先物取引法 348
    (5) 消費者団体訴訟制度 348
    (6) 債権法改正・消費者契約法の実体規定改正 348
    (7) 消費者裁判手続特例法および違法収益の吐き出し 349
    (8) 不当景品類及び不当表示防止法改正 349
5) 消費者が主役の社会へ─「消費者市民社会」の実現 349
    (1) 「消費者市民社会」の実現 349
    (2) 消費者教育の実施，充実 349
    (3) ネットワークの構築 350

14 貧困と人権 350
1) 我が国における「貧困」の拡大の現状 350

2）我が国の「貧困」の背景と原因 351
  (1) 「貧困」拡大の要因 351
  (2) 「日本再興戦略」に基づく労働法制の規制緩和の動き 351
  (3) 各種社会保障制度の実情と，生活保護制度改悪の動き 351
3）貧困問題の解決への施策と弁護士の関与 352
  (1) 基本的人権の侵害 352
  (2) 労働法制の規制緩和に関する政府や地方公共団体に対する働きかけ 352
  (3) 生活保護制度の改悪に関する政府や地方公共団体に対する働きかけ 353
  (4) 奨学金問題 353

15　環境と人権 353
1）総論 353
2）地球温暖化問題―排出量取引制度 354
3）エネルギー政策―再生可能エネルギーへの転換 354
4）まちづくりと環境 355
  (1) まちづくりの重要性 355
  (2) 自治体と条例 356
  (3) 住民の役割 356
  (4) 司法による救済 356
5）環境訴訟制度の拡充 357
  (1) 具体的権利性の確立 357
  (2) 市民参加 357
6）東京弁護士会をめぐる状況 357
  (1) 環境宣言 357
  (2) 弁護士会の取組み 357
  (3) 環境マネジメントシステムの導入について 358

16　情報公開法・公文書管理法 359
1）情報公開法 359
  (1) 情報公開法の成立 359
  (2) 情報公開法の問題点 359
2）公文書管理法 360
  (1) 公文書管理法の成立 360
  (2) 公文書管理法の問題点及び見直し 360

17　個人情報保護（自己情報コントロール権の確立）361
1）自己情報コントロール権とは 361
2）個人情報保護関連法の問題点 361
3）住民基本台帳ネットワークシステム（住基ネット）の問題点 362
4）「税と社会保障共通の番号」（共通番号）制度の問題点 362
5）自己情報コントロール権の確立に向けて 363

第2　人権保障制度の提言 364

1　国内人権機関の設置 364
1）国内における動きと勧告 364
2）日弁連・弁護士会の取組みと課題 364
2　国際人権条約の活用と個人通報制度の実現に向けて 365
1）国際人権条約の積極的な活用 365
2）個人通報制度 365

第9部　弁護士会の機構と運営をめぐる現状と展望

第1　政策実現のための日弁連・弁護士会の組織改革 368

1　司法改革の推進と弁護士改革実現のための方策 368
1）中・長期的展望をもった総合的司法政策の形成 368
  (1) 総合的司法政策の必要 368
  (2) 継続的な調査研究 368
  (3) 政策スタッフの充実強化と政策プログラムの策定 369
2）会員への迅速かつ正確な情報提供の確保 369
3）市民との連携と世論の形成 370
  (1) 市民的基盤の強化 370
  (2) 市民向け広報の充実 370
  (3) 世論形成のための迅速・的確な行動 370
4）立法，行政機関等への働きかけ 371

2　弁護士会運営の透明化 372
1）司法制度改革審議会の求めるところ 372
2）弁護士自治との関係 372
3）東京弁護士会の制度 372
4）会員にとっての透明化 373

3　日弁連の機構改革と運営改善 373
1）会長選挙の在り方の検討 373
  (1) 直接選挙制の在り方 373
  (2) 当選要件の問題 373
3）政策実施の体制の整備 375
  (1) 財政基盤の確立 375
  (2) 執行体制の強化 375
  (3) 大規模会と中小規模会 375
4）適切な会内合意のあり方の検討 376
  (1) 総会 376
  (2) 代議員会 376
  (3) 理事会 376

- (4) 正副会長会 376
- (5) スタッフ部門 376
- (6) 委員会の機能 377

4 日弁連の財務について 377
- 1）会員増加と財務問題 377
  - (1) 会員の増加と収入の増加 377
  - (2) 適切な予算配分の必要性 377
  - (3) 委員会費の支出に関する問題 377
- 2）少年・刑事財政基金と法律援助基金特別会計の財源問題 377
  - (1) 法テラス委託援助事業と特別会計 377
  - (2) 特別会費の徴収 378
  - (3) 特別会費徴収期限の延長 378
- 3）東日本大震災への対応 378
- 4）その他の主な議論状況 378

5 公益財団法人日弁連法務研究財団 378
- 1）日弁連法務研究財団の公益認定 378
- 2）財団の組織 379
- 3）財団の活動 379
  - (1) 研究事業 379
  - (2) 法科大学院適性試験事業 379
  - (3) 法科大学院の認証評価事業 379
  - (4) 法学検定試験・法科大学院既修者試験 380
  - (5) 情報収集提供事業 380
  - (6) 研修事業 380
  - (7) 隣接業種向けの研修・弁護士法5条研修 380
  - (8) 紀要・叢書の発行 380
- 4）財団の課題 381

6 関東弁護士会連合会の現状と課題 381
- 1）関弁連の現状 381
  - (1) 関弁連の組織 381
  - (2) 活動 381
- 2）関弁連の課題 382
  - (1) 東京三弁護士会とその他の関弁連所属の単位会の関係 382
  - (2) 日弁連と関弁連との連携の強化 382
  - (3) 東京三会の関弁連理事長候補推薦のあり方 382
  - (4) 関弁連の理事長選出会の決め方 383
  - (5) 関弁連管内各弁護士会訪問等 383
  - (6) その他の諸活動における参加・連携 383

第2 東京弁護士会の会運営上の諸問題 384

1 会内意思形成手続の課題 384
- 1）問題提起 384
- 2）諮問の理由 384
- 3）諮問の背景 384
- 4）諮問の結果 384
- 5）今後の取組み 384

2 役員問題 385
- 1）はじめに 385
- 2）副会長の人数 386
  - (1) 増員論 386
  - (2) 現状維持論 386
- 3）東弁副会長の職務 387
- 4）対策案 387
  - (1) 執務時間の軽減 387
  - (2) 嘱託弁護士の活用 387
  - (3) 執行力の強化 388
  - (4) 役員の任期 388
- 5）むすび 388

3 委員会活動の充実強化 388
- 1）委員会活動の重要性 388
- 2）委員会活動の充実強化 389
- 3）委員会活動円滑化のための条件整備 390

4 事務局体制 390
- 1）事務局体制の現状とコンピュータ化 390
- 2）今後の課題 391
  - (1) 基本的な視点 391
  - (2) 窓口業務のオンライン化とキャッシュレス化 391
  - (3) サーバーの有効利用及びデータのバックアップ 392
  - (4) 会員の電子メール利用の促進 392
  - (5) グループウェアの完全導入 392
  - (6) 2011（平成23）年7月のシステム完全稼働とその検証 392

5 弁護士会館の今後の課題 393
- 1）現状と課題 393
- 2）対策 393

6 会の財政状況と検討課題 396
- 1）一般会計の現状 396
- 2）一般会計について検討すべき事項 396
  - (1) 事務局職員の給与、賞与及び退職金 396
  - (2) OAシステムの改修費等 396
  - (3) 大規模災害等に備えた積立ての要否 397
- 3）特別会計について検討すべき事項 397

7 選挙会規の問題点 397
- 1）東京弁護士会選挙会規の大改正 397
- 2）選挙規則の制定 397
- 3）郵便投票制度 397
  - (1) 制度導入に向けた動き 397
  - (2) 郵便投票制度の概要 398
- 4）今後の課題 398
  - (1) 選挙運動の方法の制限に関する検討 398
  - (2) 同姓同名の場合 398
  - (3) 多摩支部会館での投票の実施について 398

- (4) 公聴会の立候補者参加義務と，東弁ホームページにおける公聴会の放映 398

8 会員への情報提供（広報の充実） 399
- 1) 情報提供の重要性 399
- 2) 情報提供の現状（会報，ウェブサイト，メールマガジン，メーリングリスト等） 399
- 3) 情報提供の方策（メール，ウェブサイトの利用） 399

9 福利厚生 400
- 1) 補償制度の廃止 400
- 2) 各種保険，協同組合の充実 400
- 3) 東京都弁護士国民健康保険組合 400
- 4) 健康診断の実施 400
- 5) メンタル相談 400
- 6) 国民年金基金 400

10 出産・育児支援について 401
- 1) 出産や育児の負担を抱える弁護士の現状 401
- 2) 日弁連の取組み 401
- 3) 弁護士会の取組み 402
- 4) 出産・育児支援の意義 402
- 5) 今後の検討課題 402
  - (1) 研修等の際の弁護士会館での一時保育の実施 402
  - (2) 雇用保険の加入の奨励 403
  - (3) 産休・育休ガイドラインの作成 403
  - (4) インターネット配信による研修のさらなる充実，スカイプ等の利用による会務参加 403
  - (5) 会員ネットワークのサポート 403

11 合同図書館の現状と問題点 403
- 1) 図書館における正職員及び非正規職員について 403
  - (1) 図書館職員（正職員）について 403
  - (2) 非正規職員に関する問題について 404
- 2) 書架スペースの不足問題について 404
- 3) 合同図書館におけるサービスの拡充について 404
  - (1) 会館の大規模修繕について 404
  - (2) 若手会員対策について 405
  - (3) まとめ 405

12 多摩地域・島嶼地域における司法サービス 405
- 1) 多摩地域・島嶼地域の現状 405
  - (1) 多摩地域の現状と裁判所 405
  - (2) 島嶼地域の現状と裁判所 405
- 2) 多摩地域における今後の司法及び弁護士会の課題 405
  - (1) 東京地方・家庭裁判所立川支部の物的設備・人的規模の拡充と「本庁化」問題 405
  - (2) 弁護士会多摩支部の本会化 406
  - (3) 多摩地域の司法拠点の複数化 407
  - (4) 八王子の旧弁護士会館の処分・利用問題 407
  - (5) 被疑者国選制度及び裁判員裁判制度並びに少年事件全件付添制度への対応 407
  - (6) 多摩地域における弁護実務修習問題 408
- 3) 島嶼部偏在対策 408

第3 会内会派としての法友会の存在意義と組織強化のあり方 409

1 会内会派としての法友会 409
- 1) 法友会，会内会派の概要 409
- 2) 法友会の組織構成 409

2 法友会の存在意義 409
- 1) 弁護士自治の基礎単位としての法友会 409
- 2) 法友会の政策提言機能 410
- 3) 人材給源としての機能 410

3 法友会に求められる組織強化 411
- 1) いわゆる会務ばなれと多重会務問題 411
- 2) いわゆる無所属会員の増加問題 411
- 3) 法友会に求められる取組み 411

2015（平成27）年度政策要綱執筆者・見直し担当者一覧 414

編集後記 415

(4) 会務の処理体制の構築と、事務センターへ
　　情報の集中　398
8　会員への情報提供（広報の充実）　399
　1) 情報提供の重要性　399
　2) 情報提供の現状（会報、ウェブサイト、
　　ーチングバン、メーリングリスト等）　399
　3) 情報提供の方法（メール、ダウンロード
　　利用）　399
9　福利厚生　399
　1) 相談窓口の充実　400
　2) 各種保険、損同傷害保険の充実　400
　3) 家庭裁判所調停員の健康保険加入　400
　4) 慶弔関係の実施　400
　5) メンタルヘルス　400
　6) 国民年金基金　400
　7) 国民健康保険　
10　出産・育児支援について　401
　1) 出産・育児状況の調査及び会員等の現状
　　　401
　2) 具体的支援策　401
　3) 司法修士会の取組み　402
　4) 出産・育児支援の意義　402
　5) 今後の検討課題　402
　　(1) 調査委員の出産とその臨床での実践　402
　　(2) 費用負担の加入の問題　402
　　(3) 連携・協力ネットワークの構築　402
　　(4) インターネット環境による情報のさらなる
　　　　活用の検討による支援について　403
　　(5) 会員メンバーネットワーク　403
11　合同図書館の設置と問題点　403
　1) 図書館設置による正職員及び準正職員に
　　　ついて　403
　　(1) 図書職員（正職員）について　403
　2) 事務スペースの不足問題について　404
　3) 合同図書館によりおこるサービスの変化につ
　　いて　404
　　(1) 会員の共用管理について　404
　　(2) 会員の負担問題について　405
　　(3) まとめ　405

12　本部組織・各種機関設備における司法サー
　　ビス　405
　1) 各都道府県・高等裁判所の設置　405
　　(1) 本部長官の役割と責任　405
　　(2) 事務局との連携と協力関係　405
　2) 各裁判所における全会の司法及び法律士会
　　の問題点　405
　　(1) 本部長との本部長の司法を利用する当事者の
　　　応接、マナーを問うこと、作業、 相関事項
　　　について、 対応化、協力化　406

第3　会内会減として法友会のあり
　　方事務と組織機能のあり方
　　　　　　　　　　　　　　406
1　会内会減としての法友会　409
　1) 法友会、会内会減の概要　409
　2) 法友会の組織構成　409
2　法友会の存在意義　409
　1) 弁護士自治と法律職立法としての法友会　409
　2) 法友会の組織運営機能　410
　3) 入会指導としての法友会　410
3　法友会に求められる組織機能化　411
　1) 分野会を取り巻く主要会員体問題　411
　2) トトルを補助する会員の増加問題　411
　3) 法友会に求められる目的化　411

2015（平成27）年度規則変更規定等・規則改正
出席一覧　413
藤業後記　416

第1部
司法制度改革の到達点と新たな課題

第 1 司法制度改革の経緯と現状

1 司法制度改革の背景

　正義の仕組みとしての司法は，正義があるべき内実と態様をもって実現するようこれを保障するためのものである。その改革が課題となるのは，現にある正義があるべき質と量に達していないという認識が社会的に共有されるときである。

　司法制度の改革は，正義に関する社会の需要に司法が応えるために，その機能（実務のあり方）を革めようとするものである。戦後司法改革（1948〔昭和23〕年）であろうと，臨時司法制度調査会の意見書（1964〔昭和39〕年）であろうと，司法制度改革審議会の意見（2001〔平成13〕年）であろうと，その点については，異ならない。

　それでは，21世紀冒頭の司法制度改革は正義に関する社会のいかなる需要に対応しようとしたのか。実のところ，その需要の何たるかについては，当時，司法制度改革を唱道していた人びとの間でも，十全な共通認識は生まれていなかった。司法制度改革審議会の委員を例にとれば，ほぼ全員が，90年代に圧倒的な影響力を誇示していたネオ・リベラリズム（neo liberalism）の政治経済理論を意識しながらも，その論理に全面的に乗ることには躊躇を覚えていた。どの委員も極端な規制改革論者やリバタリアン（libertarian）とは一線を画していた。むしろ，いずれかといえば，従来型の，福祉国家の政治経済理論であるニュー・リベラリズム（new liberalism）のアプローチに親和的な発想を抱きながら，各委員は，それぞれの見解をもって審理に臨んでいた。多様な見解が併存し，当然，正義のあり方に関し社会が何を求めているかの捉え方も完全には一致していなかった。それでも，社会の動的な定性を保持するものとしての正義の実現という限りでは，共通の了解があったといえる。

　グローバルな奔流に一国の政治・経済・社会が投げ込まれて翻弄される——これは現代の国家・社会に不可避な現象である。動的でない社会など望むべくもない。動的と安定とは相容れないものがあるにしても，抗争と分裂を避け，社会の平和と統合を保持しなければならない。どうすればよいか。激動する社会を自動車に喩えるなら，その自動車は窓から人びとを振り落とさんばかりに疾走している。現に振り落とされた人びとを車内へ拾い上げつつ（社会への再包摂），車内での公正な競争と共生，運転の適正さ，他の自動車との競争と協調などを下支えし，助成し，そして，保障すること——それが，公共のものたる国家に向けられた要請である。要請先は，国家であっても，かつては政府・行政であった。そのベクトルが変わり，要請先が司法とされたところに，今回の司法制度改革の特徴がある。なぜ，司法なのか。国家（政府・行政）の規制から脱して自由な経済活動を求める立場（ネオ・リベラリズムに親和的）は，市場の攪乱者へは，市場そのものの力と事後的な制裁や救済をもって対処せよ，その役割は司法が担うべきだ，と説いた。これに対し，政府・行政による人びとの権利保護が不十分であるとの認識をもつ者（ニュー・リベラリズムに親和的）は，司法的救済を通して，そうした政府・行政のあり方を変えるべきだと説いた。これらとは別に，一方での国家の公共性の衰退，他方での個人の公共性の未確立という二つの公共性の不全を日本社会の根本的な課題と捉え，これの統合的な克服を志向する者（仮に公共主義と呼ぶ）は，公共性の確立のために司法による統御と支援を拡充すべきであるとした。21世紀の日本国家を展望するこれらの文脈の異なる声が，司法の役割の拡充という課題設定において交差したのである。

　社会の動的な安定性を保持するための正義とは，人びとの自由な活動を正義・公平に適うものになるように公共的に支援することを通して導かれる，ユニークさと普遍性とが統合された正義のことである。それは，人びとの自由な活動を重視する社会の正義ではあっても，ネオ・リベラリズムが好んで説く，「過度の事前規制・調整型社会から事後監視・救済型社会への転換」というスローガンに含意されている正義とは異なる。もともと，「過度の」と書けば，ネオ・リベラリズムならずとも，それを望ましい社会のあり方とはいわないだろう。かといって適切な「事前規制・調整」まで否定すべき理由はない。また，「事前規制・調整

型社会」に対置されるものは，必ずしも「事後監視・救済型社会」ではない。ネオ・リベラリズムは，単に「事前規制・調整」を取り払って「事後監視・救済」の仕組みを整えるだけで正しく豊かで質の高い社会がもたらされるかのごとく説くが，未だかつてそのような社会が実現した試しはない。自由な活動が正しく豊かで質の高い社会を生み出すには，「事前」と「事後」の間の過程（プロセス）の適正さが保たれなければならない。「事前規制・調整」に置換されるべきは，自制的（自律的）な過程における正義・公平を保障しうる公共的な支援である。これを「自制的過程・公共支援」というなら，これがあってはじめて「事後監視・救済」による正義の実現も実効性をもちうる。かくして，何れも正義のための，「自制的過程・公共支援」と「事後監視・救済」との二つの機構を整備・拡充することが，そして，両機構の担い手として司法を位置づけることが，多様な立場の間で了解された。社会の動的な安定性を保持するための正義は，ここに成立するわけである。司法制度改革審議会の意見の根底にあるのはこの考え方である。

2　司法制度改革の経緯

1999（平成11）年7月から審議を開始した司法制度改革審議会は，同年12月21日の「論点整理」において，司法の問題状況を次のとおり整理した。「……『司法は，国民に開かれておらず，遠い存在になっている』，『弁護士も裁判所も敷居が高く，温かみに欠ける』，『司法は分かりにくく国民に利用しづらい制度となっている』，『社会・経済が急速に変化する状況のなかで，迅速性，専門性等の点で，国民の期待に十分応えられてない』，『行政に対するチェック機能を十分果たしていない』等々，司法の機能不全を指摘する声も少なくない。端的に言えば，一般に，我が国の司法（法曹）の具体的な姿・顔が見えにくく，身近で頼りがいのある存在とは受けとめられていない」と。「機能不全」に陥った司法への嘆きは，今般の司法制度改革の前史ともいうべき従来の変革運動の中で繰り返し人びとの口から発せられてきたものである。もっとも，その原因たる疾病の理解は改革を唱える者の中でも必ずしも一致していなかった。ある者は裁判所の官僚制的傾向（官僚性批判）に，またある者は民主主義的な要素の脆弱さ（非民主性批判）に，そして，別の者は司法（法曹）界の権威性・閉鎖性・特権性（ギルド性批判）に，それぞれ重きを置いて司法の問題状況を論った。出されてくる処方箋は，官僚性を払拭し，民主化され，ギルド性を抜け出した司法を志向するものであった。

官僚性批判や非民主性批判は，政治経済理論としては，等しくニュー・リベラリズムに立脚する従来型の司法制度改革論に繋がっていた。両者は，戦前からの大陸法的制度に現行憲法によって英米法的制度が接合されたという日本の司法制度の特色を反映した議論であり，改革の方向づけも，大陸法的制度の洗練化に力点を置くものと英米法的制度への転換に力点を置くものとがあった。総じて改革の相対的な重点は，裁判官および裁判所制度の改革と司法参加の拡充にあったといえよう。

これに対し，ギルド性批判は，伝統的なプロフェッショナリズムを動揺させながら，社会の需要から司法や法律家を再定義する視点を提供し，ネオ・リベラリズムや公共主義に親和的な見地からの司法改革論と結びついていった。両改革論は，その間に根源的な哲学の相違を抱えてはいたものの，司法制度改革の処方箋においては共同歩調をとることとなった。上述の「自制的過程・公共支援」と「事後監視・救済」のシステムを担うには，司法は，"法廷の内から外へ""事後処理からプロセス支援へ""ルールの適用から創造へ"と変革されなければならず，そのためには，司法全体の機能とその人的資源の拡充が急務であるとされた。

このように哲学の異なるさまざまな改革論が改革案策定の事業に流入したわけであるが，実現した司法制度改革はパッチワークの代物ではない。それ自身において固有の理念と体系をもつ。改革案として最初に提起されたものと最終的に採択されたものとは大なり小なり異なっている。それでも，「司法制度をより利用しやすく，分かりやすく，頼りがいのあるものとする。」「質量ともに豊かなプロフェッションとしての法曹を確保する。」「国民が訴訟手続に参加する制度の導入等により司法に対する国民の信頼を高める。」の三

つの柱からなる司法制度改革審議会の改革メニューは，従来の改革論からも，新しい改革論からも，ともに同意できる——あるいは，少なくとも否定しえない——ものであった。もとより，そのことは，今回の司法制度改革を支えた各々の改革論の基礎にある哲学，例えば，ニュー・リベラリズム，ネオ・リベラリズム，公共主義の対立が止揚されたことを意味しない。哲学の違いは依然として存在する。それらの改革論の次元での統合は，改革諸施策の総体としての運用をとおして達成されるべき課題となったのである。

3　司法制度改革の現状

2001（平成13）年の司法制度改革は，それを具体化する幾つもの法制度が作られ稼働している今日，いわば司法の普段の風景の一部となっている。改革が制度に転化した時点——最終的には，2009（平成21）年の裁判員制度の実施——で，司法制度の改革は，司法の実際のありようをより良いものにするための運動へと再び立ち返ったといえよう。かくして司法制度改革の現状とは，司法，すなわち，日本社会における正義を実現する営為（administration of justice）とその変革の取り組みの動態的な実情のことである。

司法制度改革の現状は，2011（平成23）年3月11日の東日本大震災で目撃されたさまざまな事象にも投影されている。被災者支援に多くの弁護士会と弁護士が立ち上がり献身的な活動を展開した姿は，集団として歴史的に育まれてきたプロフェッショナリズムの現状を示すものといえる。とはいえ，法的救済を必要とする被災者のすべてに寄り添い持続的に支えて行くだけの司法アクセスの資源があるかとなれば，現状は甚だ疑問である。福島第一原子力発電所の事故からは，原子力発電所の安全性神話に寄りかかってこれを容認し続けてきた司法判断の現状を垣間見ることができる。被災自治体の再建，法制度の整備，復興のための諸種の計画の立案に，法曹の関わりが少ないのも，地域社会や自治体との関係での法曹の存在性の希薄さという現状の反映といえる。

ここで司法制度改革の現状を捉える観点をいくつか整理してみよう。

第1に，司法・弁護士の機能の本質的な定義は見えてきているか。公衆衛生分野の概念を借用すれば，（法的）疾病の治療から（法的）疾病の予防と（法的）健康増進までを射程に入れた機能定義が求められる。そうした機能を果たすには，弁護士は，プロフェッショナルな法のストラテジスト（strategist）たるべきであろう。弁護士が構築するのは，事件・事故という非日常的な出来事の法的な事後処理のためのストラテジーに留まらない。日常的な対人活動（事業・業務・組織活動その他）の健全性を法的に保障するストラテジーにも及んで然るべきである。

第2に，司法・弁護士がその実現を担うべき正義の統合的な定義は確立してきているか。司法・弁護士は，個別具体的な正義の実現を図るとともに，日本社会が将来に向かって拠って立つべき普遍的な正義の姿を描く責任をも自覚的に引き受けていかなければならない。

第3に，司法・弁護士と市民の結びつきの定義は誕生しつつあるか。アクセスは双方向であるべきだ。さらには，尊厳ある生のためのライフライン——法のライフライン——として，司法・弁護士と市民は，常時，繋がっていなければならないのではないか。常に繋がっている中で，一人ひとりが懸命に生きる，その過程（プロセス）が，正義・公平に適うとともに，理不尽な扱いや不正義によって損なわれないようにすること——法の支配が行き渡るとはそういうことである。

第4に，司法・弁護士の役務は，法の領域以外の公共的な役務との連携性をもって定義されようとしているか。人びとが求めているのは，司法・弁護士のそれをも組み込んだ包括性のある公共的な役務の提供を受けることではないのか。プロバイダーたる司法・弁護士の都合や関心に合わせて人びとの期待や需要を切り取るようなアプローチは見直しを要する。

目ざすべきは，正義に基礎づけられた豊かな社会である。法・正義は，人びとが分裂を乗り越えて互いに結びつき共生する基盤である。そうした法・正義の実現を保障する社会的な機構が，司法であり，弁護士である。上記の四つの観点は，かかる発想に基づく。司法・弁護士は，これら観点の指し示す方向に進まざるをえない。現状は，その方向への歩みが始まった段階といえよう。

第2 「法の支配」の実現と法曹の使命

1 問題の所在

　今次の司法改革（2011〔平成13〕年6月12日の司法制度改革審議会意見書）における「弁護士」の活動領域拡大の課題は，その後「法曹有資格者」という新しい概念が登場し，「法曹有資格者の活動領域拡大」として拡張した形で課題設定されるようになった。現在，法務省に「法曹有資格者の活動領域拡大に関する有識者会議」が設置されて，法曹養成制度改革の中心テーマの1つとして具体的な推進策の検討が始められた。

　「法曹有資格者」とは司法試験合格者のことである。司法修習を終了していない司法試験合格者も含まれる。この新概念登場の背景には，裁判実務の専門性は必ずしも必要ではないこと，若い人材をより早く採用することなど採用する側（官庁，企業）の要請があり，併せて，裁判実務を中心とする従来の法曹像の変革を求める主張がなされている。またすでに，司法試験合格者を直ちに国家公務員として採用するルートが制度化されている。

　弁護士及び法曹有資格者の活動領域拡大は，さらに推進される必要があるが，法曹三者の枠を超えた法曹有資格者が今後，増加されることが予測されることから，例えば，司法試験合格者が，行政官（官庁），行政職員（自治体），企業などに就業する意義はどこにあるのか，公務員採用試験ルートで公務員となった者と何が違うのか，「法の支配」の実現を目的とした司法改革とどのように関係するのかなど，司法と行政の在り方，在るべき法曹像など今後の司法の在り方を左右する極めて重要な課題があることを認識するべきである。

　そして，「法の支配」の担い手たる弁護士に必要な能力とはどのようなものなのか，その能力がどのように培われていくのか，法曹養成制度と司法試験の在り方にもつながる問題である。

2 「法の支配」と司法改革

　司法改革では，「法の支配」が指導理念とされ，「法の支配」の実現が司法改革の根本課題（＝目的）とされている。そして，法曹は，「法の支配」の実現の担い手とされており，したがって「『法の支配』を実現すること」は「法曹の使命」というべきである。

　ところで，「法の支配」とは何か，「法の支配」を実現するとは具体的にはどういうことか，については必ずしも共有化されていない。司法改革を真に成功させるためには，「法の支配」の理念的意義を明らかにし，その実現のための法曹の在り方について，共通の理解を持つことが必要である。

3 「法の支配」の意義

　「法の支配」の核心的な意義は次の3つに要約することができる。
① 目的としての人権保障，法による権力の規制（⇒立憲主義）
② 制度としての司法・裁判所・法曹の役割の重視（⇒司法の優越）
③ 法の内容的正当性・適正手続きの要請（⇔法治主義）

　「法の支配」は，憲法の基礎理念の1つとされ，憲法の多くの規定で制度化されている。「法の支配」は，「憲法の理念による支配」と同義といってよい。

　「法の支配」の実現とは，憲法理念の実現を意味する。

4 「法の支配」と法曹の使命

1)「法の支配」の担い手としての法曹有資格者

　法曹有資格者の活動領域拡大は，司法改革の一環として実施されるのであるから，法曹有資格者も「法の支配」の実現を使命とするものでなければならない。したがって，法曹は従来，法曹三者を意味するものと解されていたが，これからは，法曹有資格者も含めて「広義の法曹」として考えるべきである。

　「広義の法曹」（法曹三者及び法曹有資格者）の使命は，立場の違いはあっても，「法の支配」を社会の様々な分野で実現することである。

　裁判官及び検察官は，司法官として，「法の支配」を実現することが使命である。弁護士の使命は，弁護士法第1条で基本的人権の擁護と社会正義を実現することと定められているが，このことは「法の支配」を実現することを弁護士の職務に即して表現したものと解すべきである。

　弁護士は，弁護士会に登録したまま，企業，官庁，自治体等に就業する場合もあれば，登録をしない場合もあるが，いずれの場合も法的専門性を生かす業務に就業する限り，法曹としての使命を担うと考えるべきである。

　法曹有資格者については，官庁，自治体，企業，国際機関などの様々な分野に進出する意義が問われなければならない。高度の専門性により，行政，組織に貢献する価値とともに，「法の支配」の実現という使命を果たすことに根本の意義がある。

2）法曹有資格者の使命の共通項

　「法の支配」の実現，すなわち「法曹の使命」の在り方や具体的な中味については，法曹の立場，職責の違いに応じて，今後，検討されるべき課題である。

　弁護士の場合，その使命の在り方は，「在野精神」という概念で表現されてきた。しかし，弁護士の活動領域拡大に伴って，「在野精神」だけではその使命の在り方の全てを表現することができなくなってきた。国，自治体，企業に就業した弁護士の使命は，例えば，「遵法精神」（＝違法，不正，権限濫用を許さない）と表現できる。また，刑事裁判官，検察官については，「無辜の者を罰してはならない」「凶悪を眠らせない」などと言われてきた。法曹有資格者について，その立場に応じて，その使命である「法の支配」の実現とは何かが問われるが，なかなか困難な課題である。

5 法曹の使命と法曹倫理

1)「法の支配」に必要な法曹倫理

　司法改革の目的である「法の支配」の実現を達成するためには，その担い手である広義の法曹が「法の支配」を実現することを共通の使命とすることが不可欠である。

　法曹が，活動領域拡大により，多様化する中で，共通の使命を持つことは，法曹のアイデンティティーを確立し，維持することである。

　法曹の使命，すなわち「法の支配」の実現は，成文規範による制度的保障（「弁護士職務基本規程」「検察の理念」）とともに，法曹倫理を法曹自身が内在化（内面化）すること及び法曹が社会の多様な分野で活躍することが重要である。

2）法科大学院における法曹倫理教育の重要性

　法曹倫理の内在化は，出発点として，法科大学院における法曹倫理教育が担うべきである。法曹倫理教育によって，法曹倫理の基礎が内面化され，将来の法曹としての精神的基盤が醸成される。法曹倫理教育は，その前提となる法曹倫理の探求とともに，今日までなおざりにされてきた。しかし，法曹養成問題の中で最も心を砕く必要があるのが「人を育てる」という視点であり，法曹倫理教育はその重要な役割を担うことができる。法曹倫理教育の充実・強化は，司法の将来に関わる喫緊の重要課題である。

3）法曹としてのアイデンティティー

戦後の司法改革で現行弁護士法が制定され，弁護士法第1条に弁護士の使命が明示された。弁護士が，この使命を共有することによって，弁護士のアイデンティティーが形成され，維持・強化された。弁護士の使命規定は，弁護士の統合理念として機能し，戦後半世紀以上にわたり弁護士の活動を支える確固たる精神的基盤を形成してきた。使命規定は，宣言的規定ではあるが，その果たしてきた役割は極めて大きい。

法曹の多様化が想定される今日，法曹が共通の使命を見出し，法曹が共有する精神的基盤（アイデンティティー）を確立する意義は，今後の司法の在り方にとって計り知れないほど重要である。

6 法曹の実質的資格要件と法曹倫理の司法試験科目化

1）法曹の実質的資格要件

法律形式上は，原則として，司法試験に合格し司法修習を終了することによって，法曹資格を取得することになるが，法曹の実質的な資格要件は，職業的専門性と職業的倫理性を備えることである。専門性と倫理性は法曹の実質的資格要件の車の両輪であり，いずれが欠けても真の法曹とは言えない。

2）法曹倫理を司法試験科目化する必要性

法科大学院では法曹倫理が必修科目となっており，予備試験では法曹倫理が出題されている。また，ほとんどの欧米諸国では，法曹倫理が司法試験の科目とされている。

現行の司法試験では，法曹倫理が試験科目化されておらず，法的専門性のみを問うものであるが，法曹の実質的資格要件に照らせば，明らかに不十分である。早急に，法曹倫理の司法試験科目化の実現を図るべきである。

法曹倫理の司法試験科目化については，法曹倫理の研究レベルが未成熟（スタンダードとなる基本書がないこと，法曹倫理の通説が確立していないことなど）であることなどを理由に，消極論がある。しかし，戦後，司法研修所を中心とする新しい法曹養成制度が発足し，既に半世紀以上も経過しているにもかかわらず，研究レベルの未成熟を根拠に試験科目化に消極的姿勢をとることは本末転倒というほかない。

真に司法改革を成功させるために，法科大学院における法曹倫理教育をさらに強化し，より多くの優れた法曹を養成することが根本課題である。法曹倫理の強化，確立に向けたあらゆる努力を尽す必要がある。

7 「法曹倫理教育に関する委員会」の設置

上記で記述した政策を実現するため，関東弁護士会連合会では，平成26年度執行部において，「法曹倫理教育に関する委員会」（以下「委員会」とする）を設置し，活動を開始した。

委員会は，法科大学院，大学学部等の法曹を志す者を対象とした法曹倫理教育の充実を目的として，具体的には①法科大学院等における法曹倫理教育の実状調査，②法曹倫理及びその教育方法を研究する学術団体（仮称「法曹倫理教育学会」）の設立，③法曹三者及び法曹三者以外の法律専門職に関する倫理並びにそれらの者に共通する倫理，使命の研究，④法曹倫理の司法試験科目化の検討，⑤法曹倫理教育の充実・強化のための教材作成（例えば，再審死刑無罪事件などのテキスト化）などの活動に取り組む予定である。

第3 司法制度改革の新たなステージ

1 司法制度改革における法曹人口問題・法曹養成制度改革問題の位置付け

　司法制度改革の問題は，我々弁護士の間においては，弁護士制度改革の問題，すなわち法曹人口問題や法曹養成制度改革の視点から論じられることが多い。

　しかし，日弁連が唱えた「市民のための司法改革」のコンセプトは，「司法の規模容量の拡大」と「官僚的司法から市民の司法への質的転換」の2つが柱であったものであり，弁護士が自らの実践を通じて広く社会の理解と共感を得ることを通じて，司法を市民のものとするための取組みであった。そのような日弁連の活動が，当番弁護士制度の全国展開を通じて被疑者国選弁護制度を実現させ，全国の法律相談センター・公設法律事務所の実践と，各分野における人権擁護活動を通じて，日本司法支援センターの発足と国の責務に基づく法律扶助制度の整備・拡充へと発展し，また，全国の裁判傍聴運動や模擬陪審運動を通じて裁判員制度の創設につながっていったのである。

　もちろん，各制度の課題や民事司法制度の改革が遅れていること等残された問題も多く，本政策要綱の該当項目で個別に論じられているように，これからも司法制度の利用者である市民の視点から，不断の検討が必要であろう。

　そして，司法制度改革の中で，この10年間の改革が最も議論を呼び，各界の様々な観点から制度の改善や修正が議論されているのが，法曹人口問題（需要と活動領域の問題を含む）と法曹養成制度改革の問題であろう。詳しい議論は，これも各該当項目の個別の論述に譲るが，この10数年の間に弁護士になった若い世代の会員たちのためにも，本稿では，それらの問題がこれまでどのような経緯と内容で検討され議論され，現在どのような新たなステージにあるのか，その流れを俯瞰的に説明することとする。

2 日弁連の司法改革宣言から「司法制度改革審議会」設立までの経緯

　日弁連は，1990（平成2）年5月に最初の司法改革宣言「国民に身近な開かれた司法をめざして」を発表したが，それは当時，「2割司法」（弁護士や司法制度による解決が必要と思われる事案の内，実際には2割しか弁護士や司法制度を利用できていない）と言われた現状を打破し，「司法の容量を拡大することによって司法を国民に身近なものにして行こう」「そうすることによって国民の法意識も変わっていき，官僚的司法を打破して国民の司法参加や法曹一元制度を実現していくことができる」という理念のものであった。

　そこで言う「司法の容量の拡大」とは，第一に司法制度の担い手である裁判官・検事・弁護士の法曹人口そのものを総体的に増やすことを前提にしていたが，それだけではなく，裁判所・検察庁の体制拡充と全国整備，訴訟制度や実体法・訴訟法の見直し，法律扶助（援助）制度の充実等が眼目となっており，その後も日弁連は様々な角度から数回にわたり司法改革宣言を行っている。

　他方，前述の「第1　司法制度改革の経緯と現状」でも述べられているとおり，当時の社会情勢においては，同じように法曹人口の拡大を求めながらも，日弁連とは異なる視点，例えば規制緩和論の立場から「裁判のコストとアクセスの改善のために，参入規制を緩和して法曹人口を拡大すべき」との考え方も経済界の一部に強くあった。

　そのような中で，逆に日弁連内部においては，「弁護士需要は増えておらず，弁護士人口が増大すれば弁護士の経済的基盤を脆弱なものにし，弁護士の公共的使命を果たすことができなくなる」とのいわゆる「弁護士経済的自立論」が一部でかなり強く主張されるようになり，司法試験合格者の増員に反対する動きに繋がって行った。そして，1994（平成6）年12月の日弁連臨時総会において，当時すでに外部の有識者の間では司法試験年間合格者を1,000～1,500名とすることが

前向きに検討されていたにもかかわらず,「合格者を相当程度増員すべき」としながら「今後5年間は年間800名以内とする」旨が決議されるに至った。

しかし,この1994（平成6）年12月の日弁連決議は,外部の有識者や各界に受け入れられなかったばかりか,当時のマスコミ・世論から「司法制度改革つぶし」「日弁連は既得権益のためにギルド化」「自治能力が疑われる」等の強い批難を受ける羽目となり,結果として,司法制度改革についての日弁連への信頼を大きく揺るがし,日弁連の影響力を大きく減じる結果となってしまった。翌1995（平成7）年11月には,日弁連は上記決議を「1999（平成11）年から合格者は1,000名とする」と変更したが,もはや「法曹界には任せておけない」という流れは変わらず,その年1996（平成8）年12月には,総理府内の行政改革委員会の中の規制緩和小委員会で「中期的には合格者1,500名程度」という数字が打ち出され,その後も自由民主党・司法制度特別調査会や経済団体連合会等が,法曹人口の増大とともに弁護士法72条と弁護士自治の見直しを検討事項に含める等,法曹人口問題は法曹界の枠に納まらない政治問題に発展していった。

このように,「市民の司法」の実現を目指す日弁連の司法改革運動や,法曹人口を巡る論議,内外の情勢や社会構造の変化に伴い司法の機能強化を求める各界からの意見の広がりなどの中で,1999（平成11）年7月,法曹人口問題のみならず刑事司法制度やその他の裁判制度,裁判官制度や市民の司法参加の制度など様々な課題を含む司法制度改革の全般的な問題を検討するために,13名の有識者（法曹三者は3名のみ）により構成される「司法制度改革審議会」が内閣に設置されるに至った。

3 「司法制度改革審議会」意見書の理念と「司法制度改革推進計画」の閣議決定

司法制度改革審議会では,精力的に様々な課題が検討され,2001（平成13）年6月にはその意見書が公表された。その詳しい内容については,本書内の各制度について詳述された箇所の記載に譲るが,法曹界（特に弁護士）にとって最も大きな改革と言えたのが,「10年後の2010（平成22）年頃に司法試験合格者3,000人達成を目指す」とした法曹人口の大幅増加の方針と,「大学院レベルでの法理論教育と実務教育の実践」のための法科大学院制度を中核とする法曹養成制度への改革であろう。

各制度の具体的な経緯と現状の問題についての記述は,本書内の各該当項目の記載に譲るが,当時の司法制度改革審議会意見書の理念は,「国民生活の様々な場面における法曹需要は,様々な要因から量的に増大するとともに,質的にもますます多様化・高度化することが予想されることから,国民が必要とする質と量の法曹の確保・向上こそが本質的な課題」というものであり,その要因として,①経済・金融の国際化の進展や,人権・環境問題等の地球的課題や国際犯罪等への対処,②知的財産権・医療過誤・労働関係等の専門的知見を要する法的紛争の増加,③「法の支配」を全国あまねく実現する前提となる弁護士人口の地域的偏在の是正の必要性,④社会経済や国民意識の変化を背景とする「国民の社会生活上の医師」としての法曹の役割の増大,が挙げられていた。

そして,法曹がそのような増大する法的需要に応えるためには「大幅な法曹人口増員と多様化・高度化する質の向上が必須」とされ,2010（平成22）年頃に司法試験合格者3,000人という目標と,大学という学術環境の下で,法曹という専門家養成に資する本格的かつ実践的教育を行う場として法科大学院構想が打ち出されたのである。

この「2010（平成22）年までに年間3,000人」という合格者数目標は,当時の日弁連にとっても重い数字であったが,当時の政界や経済界の一部に「2010（平成22）年までに法曹人口5万人～9万人実現（年間4,000～8,000人増加）」などという極端な急増論がある中で,国民各層・各界の有識者13名による「司法制度改革審議会」が,多くの団体や国民各層から意見聴取を行った上で打ち出した目標数値であり,そうであればこそ日弁連も,2000（平成12）年8月のプレゼンで「審議会が国民各層・各界の意向を汲んで出した数字である以上,日弁連としても積極的に取り組んでいく」と受け入れたものである。

そして、2000（平成12）年11月1日の日弁連臨時総会において、日弁連は「法曹一元制の実現を期して、法の支配を社会の隅々にまでゆきわたらせ、社会の様々な分野・地域における法的需要を満たすために、国民の必要とする数を、質を維持しながら確保するよう努める」と決議し、司法制度改革審議会の「司法試験合格者年間3,000人目標」という方向性も真摯に受け止める、と表明した。また、法曹の質の確保のために、法科大学院・新司法試験・司法修習というプロセスによる新たな法曹養成制度への変革も打ち出した。

こうして、日弁連も受け入れた司法制度改革審議会意見書の各方針は、2002（平成14）年3月19日に、ほぼ同じ内容で政府の「司法制度改革推進計画」として閣議決定されるに至った。

4 「司法制度改革推進計画」閣議決定後の10年の現実とその「検証」

1）顕在化しない法的需要

司法制度改革審議会意見書の法曹人口増員の理念は、従前の法的紛争の事後解決業務（裁判、交渉等）の隠れた法的需要に応えるということのみならず、法曹の役割自体をもっと積極的なものにし、裁判業務のみならず国際取引や企業内業務、行政あるいは立法の場にも弁護士が活躍の場を広げることにより、「法の支配」を社会の隅々にまで行き渡らせようというもので、その理念自体は何ら否定されるものではなく、そうであればこそ日弁連も、2001（平成13）年11月の臨時総会でこれを受け入れ、むしろ積極的に取り組もうとしたのである。

しかしながら、2002（平成14）年3月の「司法制度改革推進計画」の閣議決定後、法曹需要をめぐっては、必ずしも司法制度改革審議会意見書が予測したような状況には至っていないのが現実である。

司法試験合格者数は、2001（平成13）年までは約1,000名であったが、2002（平成14）年と2003（平成15）年には約1,200名余、2004（平成16）年～2006（平成18）年は約1,500名前後、2007（平成19）年からは一気に2,100名前後となって、それ以降2013（平成25）年に至るまでほぼ同様の数で推移し、それに伴って弁護士人口も約3倍まで増加している。

しかし、それだけ弁護士数が増えているにもかかわらず、訴訟事件数は一時期の過払金返還訴訟を除けばこの10年で目立った変化はなく、公的な法律相談施設での法律相談数はむしろ減少傾向にある。また、知的財産権・医療過誤・労働関係等の専門的知見を要する法的紛争についても、それ程の増加傾向は見られない（新制度である労働審判は利用されているが）。企業や行政・立法内あるいは国際的な弁護士の活躍の場も、着実に増えて来てはいるものの、司法制度改革審議会意見書が予測したほどの量でもペースでもない。

それらの原因は、長引く経済不況や、紛争や訴訟沙汰を嫌う国民性や地域社会の因習（なお、このような見方の当否については、第5部第1「新たな民事司法改革のグランドデザイン」参照）、都会における法的需要と地方における法的需要の質及び量の違い、多様で多数に及ぶわが国の隣接士業による法律業務への浸食等が言われることが多いが、そもそも司法制度改革審議会の意見書でも、新しい法的需要が生まれれば当然に弁護士や司法制度の利用につながるとしていたものではなく、司法基盤の整備（裁判所の物的・人的体制の充実、法律援助等の司法予算の増大、司法を利用しやすい法制度の整備等）や法曹の活動領域拡大のための条件整備（企業や行政・立法・国際分野等の分野で活躍する弁護士の養成システムの未成熟等）など、市民と弁護士を結ぶ多様な仕組みの整備が不可欠とされていたのであり、そのような基盤整備や条件整備が未だ不十分であることが、法的需要予測の誤算にも影響しているものと思われる。

そして、そのような法的需要の顕在化や新しい分野への弁護士の進出が現実には滞っている状況の中で、前述したように司法試験合格者数だけが増え続けた結果、大幅に増えた新人弁護士を既存の法律事務所が吸収しきれなくなる事態が生じ（新人弁護士の就職難）、オン・ザ・ジョブ・トレーニング（OJT）不足による法曹の質の低下が懸念される事態となっている。

詳しいことは第2部第1の2「法曹人口問題をめぐる現状と課題」の論述に譲るが、このような事態が生じていることを受け、「果たして司法制度改革審議会が予測したような法的需要の増大化・多様化が、本当

に適切な予測であったのか，見直すべきである」という声が日弁連の内部のみならず外部有識者からも挙がるようになり，検証が求められるようになった。

2）法科大学院制度の理念と現実

また，法科大学院制度も，「大学院レベルでの法理論教育と実務教育の実践」という理念と，「法科大学院・司法試験・司法修習というプロセスによる法曹教育により法曹の質を高めていく」という法曹養成の在り方は，従前の法曹養成が司法試験受験までの段階は全て受験生側の自己責任・自己研鑽とされ，そのために受験予備校を利用した知識詰め込みや受験技術の偏重が1990年代にはピークに達していた観があったことからすれば，司法試験受験の段階から「法理論教育と実務教育の実践」を大学院という組織で制度的に行うことは，従前の司法試験及び法曹養成の是正策としては十分是認できるものであった。法曹になるまでに一定の時間と費用の負担はかかるものの，法科大学院で充実した法曹養成教育を受けることを前提に法科大学院修了者の司法試験合格率は当初構想では70～80％が目標とされていたことから，様々な分野から有為な人材が新たに参入してくるものと期待されていた。

しかしながら，いざ2004（平成16）年度に法科大学院制度が始まってみると，20～30校程度が適切との指摘がある中で実際には74校もの法科大学院が濫立する状態となり，教員やプログラム等で法科大学院間に大きな質的格差が生じる事態となった。そして，法科大学院全体の総定員数が想定外に多くなり（初年度は5,590名，2005（平成17）年度から2007（平成19年度）には最大の5,825名），必然的に司法試験受験者数も想定外に多い人数となったが，他方，受験生（法科大学院修了生）の法的知識・能力の全体的レベルは想定された程には向上せず，そのため司法試験の年間合格者数も当初3,000名目標実現の年とされた2010（平成22）年以降も，2013（平成25）年に至るまで2,000名余に留まっている。

その結果，司法試験合格率も単年度では当初の制度構想（70～80％）を遥かに下回る20～30％台の事態となり，法科大学院にかかる時間とコスト及び前述した新人弁護士の就職難の状況とも相俟って，現在では法曹志望者が激減する事態に陥り，それが悪循環する負のスパイラルとなっている。

3）この10年間の検証

このような，2002（平成14）年以降の約10年の現実の状況を踏まえ，日弁連は，これまでの司法制度改革の検証をして，修正すべき点があれば修正すべきことを提案するに至った。具体的には，2011（平成23）年8月19日付「法科大学院教育と司法修習との連携強化のための提言」，2012（平成24）年3月15日付「法曹人口政策に関する提言」，2012（平成24）年7月13日付「法科大学院制度の改善に関する具体的提言」等である（具体的な内容については，各該当項目を参照）。

そして，政府内においても，法務省及び文部科学省において，2010（平成22）年3月，法科大学院を中核とした新たな法曹養成制度の問題点・論点を検証し，これに対する改善方策の選択肢を整理するため，各省の代表者と法曹三者及び学者の委員で構成される「法曹養成制度に関する検討ワーキングチーム」が設置され，法科大学院・司法試験・司法修習の現状の問題点が検討・指摘された。

その上で，上記ワーキングチームの検討結果（とりまとめ）を受けて，2011（平成23）年5月に，法曹養成制度全般の在り方を検討するための組織として新たに政府が設置したのが，「法曹の養成に関するフォーラム」であった。

5　「法曹の養成に関するフォーラム」から「法曹養成制度検討会議」，そして新たな検討のステージへ

1）法曹養成に関するフォーラム

「法曹の養成に関するフォーラム」は，内閣官房長官・総務大臣・法務大臣・財務大臣・文部科学大臣・経済産業大臣が共同して開催するものとされ，有識者委員として13名の各界の代表者が参加したが（弁護士を代表する立場の有識者は1人のみ），日弁連はオブザーバーという立場で意見を述べた。

このフォーラムでは，まず当時喫緊の課題となって

いた司法修習生の経済問題について、すでに法的に制度化されていた貸与制を止めて従前の給費制に戻すことの是非が討議されたが、日弁連の主張（給費制維持）は各界の有識者にあまり理解されず、貸与制を前提とした制度設計が容認された。その後、「在るべき法曹像」の議論から、「法曹有資格者の活動領域の在り方」「今後の法曹人口の在り方」「法曹養成制度の理念と現状の乖離」「法科大学院」「司法試験」「司法修習」について検討されたが、14回の議論を経て、2012（平成24）年5月に、各制度において現状に改革すべき問題点があるとの論点整理の取りまとめを行った。

また、上記フォーラムと並行して、総務省による法務省及び文部科学省に対する「法曹人口の拡大及び法曹養成制度の改革に関する政策評価」も別途行われ、2012（平成24）年4月には「①司法試験の年間合格者数に係る目標値の検討、②法科大学院における教育の質の向上、③法科大学院の入学定員の更なる削減」等を求める勧告が両省に対してなされた。

しかし、司法制度改革については前述したとおり、2002（平成14）年3月19日に「司法制度改革推進計画」が閣議決定されており、その閣議決定の変更を含めて具体的な現状対策を取るためには、上記フォーラムのような組織では足りず、内閣に直結する組織での検討及び提言が必要であった。そこで、2012（平成24）年8月21日、法曹の養成に関する制度の在り方について検討を行うため、内閣に新たに法曹養成制度閣僚会議を設置することが閣議決定され（構成員は内閣官房長官、法務大臣、文部科学大臣、総務大臣、財務大臣、経済産業大臣）、さらにその閣僚会議が「学識経験を有する者等の意見を求めるため」に、閣僚会議の下に新たな有識者による組織として「法曹養成制度検討会議」が設置されたものである。もっとも、その「法曹養成制度検討会議」のメンバーは、前組織である「法曹の養成に関するフォーラム」の有識者委員13名が全員留任し、それに新たな委員4名が加わるという構成であった。

2）法曹養成制度検討会議

「法曹養成制度検討会議」においては、「法曹有資格者の活動領域の在り方」「今後の法曹人口の在り方」「法曹養成制度の在り方」について16回の議論を経て、2013（平成25）年6月26日に取りまとめがなされた。

そして、「現時点において、司法試験の年間合格者数を3000人程度とする数値目標を掲げることは現実性を欠く」として、2002（平成14）年3月の「司法制度改革推進計画」の閣議決定の見直しを求め、また司法修習生に対する経済的支援や司法試験制度の改革（回数制限の緩和、試験科目の見直し等）を提言しているが、他方、その他の検討課題については、問題点を指摘するだけでその具体的な解決策については、「新たな検討体制の下で検討すべき」とするにとどめた（詳しい内容については、第2部第1の3「法科大学院制度と司法試験制度の現状と課題」を参照）。

そして、2013（平成25）年7月16日に「法曹養成制度関係閣僚会議」において、「法曹養成制度検討会議」の取りまとめの内容が是認され、法科大学院を中核とする「プロセス」としての法曹養成制度を維持しつつ、質・量ともに豊かな法曹を養成していくために、「新たに内閣に関係閣僚で構成する会議体を設置し、その下に事務局を置いて、2年以内を目途に課題の検討を行う」とされた。

3）法曹養成制度改革推進会議

さらに、2013（平成25）年9月17日には閣議決定で、上記「法曹養成制度関係閣僚会議」決定を受けて、法曹養成制度の改革を総合的かつ強力に実行するために内閣官房長官・法務大臣・文部科学大臣・総務大臣・財務大臣・経済産業大臣を構成員とする「法曹養成制度改革推進会議」を開催することが決められ、その事務局として「法曹養成制度改革推進室（法務省・文科省・日弁連からの出向者で構成）」が置かれることとなった。そして、その推進室に専門家の立場から意見を具申する検討機関として、「法曹養成制度改革顧問会議」が新たに設置された。

この「法曹養成制度改革顧問会議」は、法曹関係者ら6名で構成され、法曹養成制度の改革を推進するために講ぜられる施策に係る重要事項について、「法曹養成制度改革推進室」から検討状況の報告を受け、意見交換を行いながら審議し、推進室長に意見を述べるものとされている。そして、2013（平成25）年9月24日の第1回会議を皮切りに、2014（平成26）年12月16日までに14回の会議が行われ、主に以下のようなテーマが検討されている。

① 大学という学術環境の下での法曹という専門家養

成教育をしっかり行うことの大切さについてのコンセンサスの確立。

② その上で，教育に質を高める観点から，法科大学院の統廃合・適正配置・社会人などの多様性配慮などの観点を前提に，適正規模化の実現。

③ 法科大学院教育・司法試験・司法修習の連続性・連携確保のための関係者のコンセンサスの形成。

④ その視点からの司法試験の見直し（予備試験を含む。）。

⑤ 実務修習が中核であるとの視点から，法科大学院教育との連携を踏まえつつ，司法修習の整備充実。

⑥ 司法修習の位置付け，法曹有資格者となった司法修習生の地位等の整備を含め，修習生の経済的処遇の見直し，給費制の復活，当面の更なる経済支援。

⑦ 法曹人口の在り方を決する仕組みの整備，当面する合格者数についての方向付け。

⑧ 弁護士の活動領域拡大に向けた日弁連の組織的取組の強化。

この「法曹養成制度改革推進室」と「法曹養成制度改革顧問会議」の検討は，2015（平成27）年の春頃までに一定の方向性を打ち出すことが予定されており，それを受けて同年7月までには，政府の「法曹養成制度改革推進会議」において新たな法曹養成制度改革の指針が決定されるものと思われる。

4）日弁連の対応

日弁連においては，前述の「法曹養成制度検討会議」の議論に対応するために，日弁連内に各関連委員会の委員から成る「法曹養成制度改革実現本部」を設置し，そこで日弁連の資料作成や対応策を練ってきた。新たにできた政府の「法曹養成制度改革推進会議」及びその下にある「法曹養成制度改革顧問会議」と「法曹養成制度改革推進室」に対する対応も，引き続きこの日弁連「法曹養成制度改革実現本部」において法曹養成・法曹人口・司法修習等について各検討チームを作り行っており，この実現本部で日弁連としての考え方をまとめ，あらためて意見や情報を提示していくことになるが，日弁連内部には現在様々な意見や考え方が錯綜しており，まず内部において日弁連の考え方や戦法を一致させていくことが重要であろう。

その前提として，司法制度改革審議会意見書が予測した新たな法的需要について，司法基盤整備も含めて改めての検証が必要であろうが，問題は，検証という時に，「我が国に法的支援の需要，法律家により権利を擁護する需要，あるいは法律家の参加によって社会運営を改善していく需要が，そもそも乏しいのか」，あるいは「その必要性はあるが，それと法曹の活動とをリンクする制度面や財政面を含む仕組みが乏しいのか」，「その他社会の側の認識対応の問題や，法曹自身の自己改革の必要がさらにあるのか」といったことそのものが，まず検証されるべきであろう。

我々弁護士が自治権を有し，権力に支配されず自由に活動できるのは，市民の信頼があればこそである。しかしながら，我々弁護士が自らのステイタスや経済的安定に固執し，市民から見て自らの「既得権益」擁護者と見られれば，その信頼は瞬く間に崩れ去るであろう。理念と現状に齟齬が生じたからといっていたずらに過去の制度にこだわるのではなく，時代と共に常に変化していく市民の要請に応えていくために，法曹の質と量において常にベストな方策を追求していくことこそが，我々弁護士にとって必要であろう。

第2部
弁護士をめぐる司法制度の現状と展望

第1 弁護士制度の現状と展望

1 弁護士制度改革

> 弁護士・弁護士会の自己改革は，第一次司法改革宣言（1990〔平成2〕年5月）に謳われ，2001（平成13）年6月の司法制度改革審議会意見書に至るまで，公設事務所・法律相談センターの拡充・地域司法計画の策定など不断の努力を続けてきた。そして，意見書において諸々の具体的な制度改革の指針が示された。
> 　弁護士制度改革は多方面にわたり，弁護士法の一部改正などにより制度として実現されたが，今後とも司法の一翼を担う弁護士の役割・機能を抜本的に拡充・強化する必要がある。そのためには我々弁護士・弁護士会が法曹の数と質の確保に主体的・積極的な役割を担うとともに，法的サービスを利用する市民の側に立って大胆な自己改革を図っていく必要がある。
> 　弁護士人口の大幅増員に伴う業務基盤の不安から，とかく内向きの議論に傾きがちな昨今の流れは，弁護士の意識改革，自己改革が道半ばであることを示している。調和のとれた司法改革の実現に向けて，新たな道筋を描きながら不断の努力を続けていく必要がある。

1）戦後司法改革による「弁護士法」制定の歴史的意義

(1) 弁護士法の制定

新憲法の制定に伴い1949（昭和24）年，新弁護士法が制定された。弁護士法の制定は，次のとおり，内閣，司法省その他行政官庁，裁判所，GHQの強い反対に遭ったにもかかわらず，先輩弁護士の獅子奮迅の活躍によって勝ち取られた。

内閣は政府法案として上程することを拒み，議員立法として衆議院に提出され，参議院で大学教授の弁護士資格について修正された。しかし，衆議院で再議決されて成立した。

司法省その他行政庁は，自治を認めること，弁理士・税理士業務を当然行えることに強く反対した。裁判所は憲法77条を根拠に「弁護士に関する事項」は最高裁規則に定めるべきであると主張し，法案成立に反対した。GHQは日弁連への強制加入制に難色を示した。

弁護士法による弁護士制度の骨子は次のとおりである。

①【弁護士の使命】1条に弁護士の使命が宣明されたこと。

②【弁護士自治】諸外国に例を見ない，ほぼ完全な自治権が保障されたこと。

③【強制加入制】全員加入制の全国統一組織として日弁連の設立がなされたこと。

④【統一修習】判検事と弁護士の官民を区別した二元的法曹養成を一元化したこと。

⑤【法律事務独占の強化】非弁護士の法律事務の取扱いに関する取締法規を弁護士法の中に規定し法律事務独占を強化したこと。

(2) 弁護士の法律専門職としての地位の確立

弁護士の法律事務独占制は1933（昭和8）年の旧弁護士法成立時に「法律事務取扱ノ取締ニ関スル法律」により獲得されたものであり，戦前弁護士の血のにじむような努力の成果である。これにより弁護士の法律専門職としての地位が確立した。

強制加入制は弁護士自治の制度的保障である。強制加入制の前提を欠けば弁護士自治は成り立たない。

日本の弁護士自治及び強制加入制は，米・独・仏などと比較すると際立った特徴をもつ。

日本の弁護士は，単位会に入会し同時に日弁連の会員となる。日弁連は各単位会と各弁護士が会員となる

（弁護士法47条「弁護士、弁護士法人及び弁護士会は、当然、日本弁護士連合会の会員となる」）。いわば二重の会員資格・強制加入制であり、自治権も二重構造となっている。

米・独・仏では日本の単位会に当たる各地弁護士会への強制加入制となっているが（米国は州ごとに異なり任意加入制の州もある）、日弁連に当たる全弁護士を会員とする強制加入制の全国的な統一組織はない。

米・独では任意加入制の弁護士の全国的組織（米のABA、独のドイツ弁護士協会）はあるが、弁護士の加入率は約50％である（日弁連弁護士業務改革委員会21世紀の弁護士像研究プロジェクトチーム『いま弁護士は、そして明日は？』〔エディックス、2004〔平成16〕年〕290頁以下）。

全弁護士を会員とする全国統一組織である日弁連の存在は、我が国の誇るべき特徴である。

(3)「市民の司法」を目指すに当たって

弁護士法成立により、弁護士の地位の飛躍的な向上が図られ、弁護士使命の明示が弁護士の統合理念として機能し、戦後半世紀以上にわたる弁護士活動を支えた制度基盤の確立がなされたと言える。

我々は、四面楚歌の中で弁護士法制定を見事に成し遂げた先輩弁護士の激闘の歴史を忘れてはならない。今次の司法制度改革による「市民の司法」を目指すに当たって、将来のあるべき司法を創り上げる決意で司法改革の成功と改革に伴う諸課題の克服に立ち向かいたい。

2）弁護士制度改革の目標・理念

司法制度改革審議会意見書（2001〔平成13〕年6月12日。以下「意見書」という。）は、今般の司法改革の理念と方向性について、「法の精神、法の支配がこの国の血となり肉となる、すなわち、『この国』がよって立つべき、自由と公正を核とする法（秩序）が、あまねく国家、社会に浸透し、国民の日常生活において息づくように」することにあるとした。

日弁連は、1990（平成2）年以降、数次にわたって司法改革に関する宣言を行い、法曹一元、陪参審を基軸とする「市民の司法」、「市民のための司法」の実現を目指してきた。意見書が示した司法改革の理念と方向性は、表現の仕方こそ違え（「法の支配の貫徹」と「市民の司法」）、日弁連のそれと軌を一にするものであって、高く評価し得るものである。

意見書は、法曹の役割について、「司法の運営に直接携わるプロフェッションとしての法曹がいわば『国民生活上の医師』として、各人の置かれた具体的な生活状況ないしニーズに即した法的サービスを提供すること」にあるとした。

そして、弁護士の役割については、「『国民生活上の医師』たる法曹の一員として『基本的人権を擁護し、社会正義を実現する』（弁護士法1条1項）との使命に基づき、法廷の内と外とを問わず、国民にとって『頼もしい権利の護り手』であるとともに『信頼しうる正義の担い手』として、高い質の法的サービスを提供することにある。」とした。

今般の弁護士制度改革は、意見書の理念と方向性に沿って、弁護士の役割・機能を充実・強化するための方策を講じたものと言える。

3）司法制度改革推進本部と日弁連の対応

意見書の提言する改革を実現するため、2001（平成13）年11月に成立した司法制度改革推進法に基づき、同年12月、内閣に司法制度改革推進本部（以下「推進本部」という。）が設置された。そして、推進本部は、同年同月、司法制度改革に必要な法律案の立案等の作業を行うため、学者、実務家、有識者等から成る10の検討会を設け（後に知的財産訴訟検討会が設置され、推進本部に設けられた検討会は11となった。）、弁護士制度改革は「法曹制度検討会」で検討された。

政府は、2002（平成14）年3月、「司法制度改革推進計画」（以下「推進計画」という。）を閣議決定して、司法改革の全体像を示すとともに、推進本部の設置期限（2004〔平成16〕年11月30日）までの間に行うことを予定するものにつき、措置内容、実施時期、法案の立案等を担当する府省等を明らかにした。

日弁連も、同年同月、推進本部に「日本弁護士連合会司法制度改革推進計画―さらに身近で信頼される弁護士をめざして」（以下「日弁連推進計画」という。）を提出して、意見書が提起した諸改革を、その確実な実現に向け、積極的にこれに取り組む旨宣明し、日弁連が取り組むべき改革諸課題につき、その取組み等の内容を明らかにした。

弁護士制度改革は、2003（平成15）年通常国会において弁護士法の一部改正として成立した。具体的に

は，①弁護士の公職就任，営業の自由化，②弁護士報酬の自由化，③綱紀審査会の新設，④弁護士法72条但書改正（法律事務の弁護士独占の範囲の明確化），⑤特任検事，司法試験に合格している企業法務担当者，国会議員らへの資格付与，などである。

4) 弁護士制度改革実現における課題とその到達点

推進本部は，2004（平成16）年11月30日，設置期限満了に伴い解散した。意見書は，弁護士制度改革の柱として，①弁護士の社会的責任（公益性）の実践，②弁護士の活動領域の拡大，③弁護士へのアクセス拡充，④弁護士の執務態勢の強化，⑤専門性の強化，⑥弁護士の国際化，⑦外国法事務弁護士等との提携・協働，⑧弁護士会の在り方，⑨隣接法律専門職種の活用等の課題を掲げて，改善の方向と具体的な方策を示していた。

以下，意見書が掲げた弁護士制度改革における課題が，どのような形で実現されたかを一瞥することとする。

(1) 法曹人口問題

推進計画では，法律家の数を大幅に増加させるため，2010（平成22）年には司法試験の合格者数を年間3,000人程度とすることを目指すこととし，推進本部設置期間中は現行司法試験の合格者数を，2002（平成14）年に1,200人程度に，2004（平成16）年に1,500人程度に増加させることとし，法務省において所要の措置を講ずる，としていた。2007（平成19）年には弁護士の就職問題，質の問題等が議論され，弁護士人口問題が表面化し，推進計画の見直しをめぐって大きな争点となっている。

法曹人口問題については，第2部第1の2「法曹人口問題をめぐる現状と課題」において詳述する。

(2) ロースクール問題

2002（平成14）年10月開催の臨時国会において，法科大学院関連三法の成立により法科大学院の創設及びこれに伴う所要事項，新司法試験，修習期間等についての法整備がなされ，法科大学院は，予定どおり2004（平成16）年4月から開校した。2014（平成26）年度現在，全国で73校（国立23校，公立2校，私立48校，総定員4,261人）が開校している。ロースクールは，法曹の質を維持しつつ，量的拡大を図ることを

目途として構想されたものであり，今回の司法改革の目玉の一つであった。ロースクール修了者に受験資格が付与される新司法試験は2006（平成18）年から始まった。

ロースクールの問題については，第2部第1の3「法科大学院制度と司法試験制度の現状と課題」において詳述する。

(3) 弁護士の社会的責任（公益性）の実践

意見書では，弁護士の公益活動については，その内容を明確にした上で弁護士の義務として位置付けるべきである，公益活動の内容について，透明性を確保し，国民に対する説明責任を果たすべきである，としていた。日弁連において2004（平成16）年までに所要の取組みを行うということになっていた。

東京弁護士会は2003（平成15）年12月16日開催の臨時総会において，「公益活動に関する会規」を改正して，公益活動の内容を委員会活動，法律相談活動等に限定した上，これを義務化し，義務を履行しない場合に勧告・指導，公表する制度を導入した。

後記「弁護士職務基本規程」には，8条に「弁護士は，その使命にふさわしい公益活動に参加し，実践するよう努める。」との規定が設けられている。

今後，弁護士が自ら積極的に公益活動に参加する施策が必要である。

(4) 弁護士の活動領域の拡大

2003（平成15）年の通常国会において，弁護士法の一部改正等を内容とする「司法制度改革のための裁判所法等の一部を改正する法律」が可決・成立した。

この法律の成立により，弁護士法30条は，①報酬ある公職の兼職禁止規定を廃止する，②常勤の公職在職者の弁護士職務への従事禁止を廃止する，③営業の許可の制度を届出制にする旨改正された。

これに伴い，日弁連は2003（平成15）年11月12日開催の臨時総会において，東京弁護士会は同年12月16日開催の臨時総会において，会則・会規について所要の改正を行った。これらの法整備により，弁護士業務に対する規制が大幅に緩和された。今後，弁護士が多方面に活躍の場を広げ，公正な社会をつくることに寄与することが期待される。

(5) 弁護士へのアクセス拡充

❶ 法律相談センター，公設事務所

1999（平成11）年12月の日弁連臨時総会において

日弁連ひまわり基金を充実させるため毎月1,000円ずつ5年間，特別会費を徴収することが決議され，法律相談センターへの資金援助，公設事務所の設置，弁護士の定着支援等がなされてきた。その結果，弁護士のゼロ・ワン地区は1996（平成8）年の78ヶ所から2004（平成16）年には57ヶ所に減少し，2008（平成20）年4月，遂にゼロ地区は解消された。また2007（平成19）年，ゼロ・ワン地区のみならずその外周をカバーすべく，偏在解消の為の経済的支援（5年間で10億円）策を実施し，着々とその成果を挙げている。

ところで，2004（平成16）年5月，「民事，刑事を問わず，あまねく全国において，法による紛争の解決に必要な情報やサービスが受けられる社会を実現する」ことを基本理念とする総合法律支援法が成立し，2006（平成18）年10月から日本司法支援センターが活動を開始した。同センターは国選弁護，民事法律扶助事業を核としつつ，司法アクセスポイント，司法過疎対策，犯罪被害者支援活動をも行うこととされている。

❷ **弁護士報酬規程の透明化・合理化**

弁護士報酬の問題は，前記司法制度改革関連法による弁護士法の改正となって結実した。これに伴い，日弁連の会則・会規，東京弁護士会の会則・会規も所要の改正がなされた（2003〔平成15〕年11月12日の日弁連総会，同年12月16日の東弁総会）。これにより弁護士報酬は自由化され，今後は，個々の弁護士が顧客との信頼関係に基づき，自由に報酬額を決めることになった。

❸ **弁護士情報の公開**

弁護士情報の公開については，弁護士広告が2000（平成12）年10月から原則自由となったが，日弁連推進計画では情報公開を一層推進することとし，2007（平成19）年11月には，市民がインターネットを通じて取扱業務等から弁護士を探せる弁護士情報提供サービスである「ひまわりサーチ」が全国的に実施された。

また2008（平成20）年12月5日の日弁連臨時総会において市民からの懲戒の有無の照会に対し，一定の条件のもと弁護士会が回答する制度が導入された。

(6) 弁護士の執務態勢の強化・専門性の強化

意見書は，法律事務所の共同化・法人化，専門性の強化，協働化・総合事務所化等を推進するための方策を講じるべきである，弁護士の専門性強化等の見地から，弁護士会による研修の義務化を含め，弁護士の継続教育を充実・実効化すべきであるとしていた。

この課題については日弁連において所要の取組みを行うこととしており，日弁連業務改革委員会等において検討中である。なお，法人化についてはすでに立法化されており，2002（平成14）年4月1日から施行されている。

(7) 弁護士の国際化／外国法事務弁護士等との提携・協働

意見書は，

① 弁護士が国際化時代の法的需要に十分対応するため，専門性の向上，執務態勢の強化，国際交流の推進，法曹養成段階における国際化の要請への配慮等により，国際化への対応を抜本的に強化すべきである。

② 日本弁護士と外国法事務弁護士（外弁）等との提携・協働を積極的に推進する見地から，例えば特定共同事業の要件緩和等を行うべきである。

③ 発展途上国に対する法整備支援を推進すべきである。

としている。

この課題についても日弁連が所要の取組みを行うことを日弁連推進計画において明らかにしている。

②に関しては，前記司法改革関連法による外国弁護士による法律事務の取扱いに関する特別措置法の一部改正により，弁護士と外弁の共同事業の解禁，外弁による弁護士の雇用禁止の撤廃等の改正がなされ，施行されている（日弁連は会規等の改正を2004〔平成16〕年11月に行った。）。

(8) 弁護士会のあり方

日弁連推進計画では，①弁護士会運営の透明化を図るため，必要な態勢の整備をなすこととし，必要な検討を経たうえ，逐次所要の取組みを行う，②弁護士への社会のニーズの変化等に対応し，弁護士倫理の徹底・向上を図るため，その自律的権能を厳正に行使するための態勢の整備を行うこととし，必要な検討を経たうえ，所要の取組みを行う（2003〔平成15〕年），③綱紀・懲戒手続の透明化・迅速化・実効化に関し，必要な検討を経たうえ，所要の取組みを行う（2003〔平成15〕年），④依頼者の利益保護の見地から，弁護士会の苦情処理制度の適正化に関する諸方策については，全国

における苦情相談窓口の一層の整備を図るため，所要の取組みを行う（2002〔平成14〕年），⑤弁護過誤に対する救済の強化，弁護士賠償責任保険の普及等の方策に関し，逐次所要の取組みを行うとしていた。

①に関しては，2003（平成15）年11月12日開催の日弁連総会の会則・会規改正により，日弁連総会及びその議事録が公開されることになった。また2003（平成15）年末，「日弁連市民会議」が発足し，有識者の意見を会務にとり入れより透明化する試みが実施され，東弁でも，翌年，市民会議が発足した。

②に関しては，2004（平成16）年11月10日開催の日弁連総会に「弁護士職務基本規程」が上程され，可決された。これにより弁護士の職務に関する基本的な倫理と職務上の行為規範が整備されることになった。

③に関しては，司法改革関連法による弁護士法の一部改正，2003（平成15）年11月12日開催の日弁連総会における関連会則・会規改正により，日弁連に綱紀審査会を新設する等の措置が講じられ，所要の改革が実現した。

(9) 隣接法律専門職種の活用等

意見書は，隣接法律専門職種の専門性を活用する見地から，①司法書士に，信頼性の高い能力担保措置を講じた上で，簡易裁判所の訴訟代理権等を付与すべきである，②弁理士に，信頼性の高い能力担保措置を講じた上で，特許権等侵害訴訟における訴訟代理権を付与すべきである（弁護士が訴訟代理人となっている事件に限る），③税理士に，税務訴訟における補佐人として，弁護士である訴訟代理人と共に裁判所に出頭して意見を陳述する権限を付与すべきであると提言していた。

司法書士については，2002（平成14）年4月の司法書士法の改正で，弁理士については，同年同月の弁理士法の改正で，税理士については，2001（平成13）年5月の税理士法改正で，意見書の提言に沿った形でそれぞれに新たな権限が付与された。

推進計画では，①ADRを含む訴訟手続外の法律事務に関して，隣接法律専門職種等の有する専門性の活用を図ることとし，その関与の在り方を弁護士法72条の見直しの一環として，個別的に検討した上で，遅くとも2004（平成16）年3月までに，所要の措置を講ずる（本部及び関係府省），②弁護士法72条について，隣接法律専門職種の業務内容や会社形態の多様化などの変化に対応する見地からの企業法務等との関係も含め検討した上で，規制対象となる範囲・態様に関する予測可能性を確保することとし，遅くとも2004（平成16）年3月までに，所要の措置を講ずる（本部及び法務省），③いわゆるワンストップ・サービス実現のための弁護士と隣接法律専門職種などによる協働の推進について，必要な対応を行う，としていた。

①に関しては，2004（平成16）年12月，「裁判外紛争解決手続の利用の促進に関する法律」が成立した。同法は，裁判外紛争解決手続について基本理念を定めるとともに，民間事業者が合意による紛争解決の仲介を行う手続（いわゆる調停・あっせん）の業務に関し認証制度を設け，これを利用する紛争当事者の利便の向上を図ることを内容としている。

②に関しては，司法改革関連法による弁護士法の一部改正により，72条ただし書中「この法律」の次に「又は他の法律」を加えることになり，一応の決着をみた。

③に関しては，第3部3「法律事務所の多様化と隣接業種との協働」参照。

2 法曹人口問題をめぐる現状と課題

　日弁連は,「法の支配」を社会の隅々にまで浸透させ,一人一人の市民が自律的存在となって公正で活力のある社会を構築していくための要となる「市民のための司法」を実現することを目指し,司法改革を推進してきた。

　その司法を運営する役割を担う法曹について,質を維持しつつ,市民が必要とする数を確保していくための法曹人口の大幅増加は,司法改革を支える基底的要素であり,司法制度改革審議会意見書および2000（平成12）年11月1日の日弁連臨時総会決議が共に指摘した将来法曹人口5万人規模という指標は,基本的に今後も堅持されるべきである。

　しかしながら,急激な弁護士数の増加が,司法の制度的基盤整備の不十分さ,法科大学院や司法修習制度における新しい法曹養成の未成熟,弁護士会側の受け入れ態勢の遅れ等の要因に伴い,様々な「ひずみ」を生じさせていることも事実である。

　日弁連は,2009（平成21）年3月18日に「当面の法曹人口のあり方に関する提言」を発表し,2011（平成23）年3月27日,「緊急の対策として司法試験合格者の相当数減員」を求める中間取りまとめを発表した。そして,2012（平成24）年3月15日には,「司法試験合格者数をまず1,500人にまで減員し,更なる減員については法曹養成制度の成熟度や現実の法的需要,問題点の改善状況を検証しつつ対処していくべきである。」との最終提言を発表した。

　一方,政府においても2011（平成23）年7月,各省庁も参加する形で法曹養成フォーラムが立ち上げられ,司法修習生の給費制,法曹養成,法曹人口等について議論がなされた。その後,2012（平成24）年8月21日に法曹養成制度関係閣僚会議が閣議決定により設置され,その下に法曹養成制度検討会議が置かれて,引き続き法曹養成,法曹人口等について議論された。同会議は2013（平成25）年6月26日,最終取りまとめを発表し,「全体としての法曹人口を引き続き増加させる必要があることに変わりはないが,現時点において司法試験合格者数を年間3,000人程度とすることは現実性を欠（く）」として,司法試験合格者数を状況に応じて変動させる方向性を示した。

　これを受けて,政府は2013（平成25）年7月16日,司法試験合格者数を年間3,000人とする目標を正式に撤回した。

　そして,2014（平成26）年の司法試験合格者は2,000人を割り込む1,810人であった。

　このような状況で,法友会としては,「法の支配」を社会の隅々にまで浸透させるという司法改革の目的を達成し,多くの有為な人材を法曹界に迎え入れる体制を維持しつつも,充分に顕在化していない法的需要と増員ペースの不均衡が生み出す問題点を直視し,これを適切に調整して弁護士の質を維持し向上を図りながら,特に若い世代の弁護士が社会のあらゆる分野で存分に活躍できるような制度設計と具体的な諸方策を研究・提言していく必要がある。

1）法曹人口問題の従来の経緯

(1) 日弁連の司法改革宣言の意義

　法曹人口問題について，日弁連が司法改革において目指した趣旨は，あくまで「法の支配」を社会の隅々にまで浸透させるために，その担い手となる法曹を増やさなければならないということであった。そのためには，裁判官・検察官を増やすことも当然であるが，市民の最も身近にいるべき法曹である弁護士が，もっと質量ともに増えていかなければならないというのが「法の支配を社会の隅々に」という理念の根幹であった。

　1990（平成2）年の初めての日弁連の司法改革宣言の時に，「2割司法を打破し国民に身近な開かれた司法をめざすために，司法の容量の拡大が必要」というスローガンが掲げられた。その趣旨は，「本来，司法や弁護士の助けを借りて解決すべき社会的紛争は数多くあるのに，実際には，近くに弁護士がいない，いても紹介者がいなくて相談できない，何となく敷居が高くて相談しづらい，相談しても小さい事件では引き受けてもらえそうにない，弁護士に依頼する費用が払えない等の理由で，一部の人しか弁護士に相談したり，司法制度を利用した解決ができず（2割司法），多くの紛争が埋もれたまま不当な解決や泣き寝入りを強いられている。そのような，弁護士過疎・弁護士アクセス障害・リーガルエイド等司法援助システムの社会基盤整備の不十分等の要因により法の支配の救済を受けられない人をなくすためには，法曹人口をまずは大幅に増やす必要がある」というものであった。

　日弁連が主導する司法改革の源流はまさにこの宣言にある。

　もちろん，弁護士が増えただけでそれらの問題がすべて解決するわけではなく，特に埋もれた事件の多くが弁護士にとって経済的にペイしない事件であろうことを考えれば，司法援助システムの社会基盤整備の充実は欠くことのできない前提条件ではあるが，それらの条件整備を待つのではなく，並行して，あるいは先んじて，まずは担い手となる法曹・弁護士の数を増やそう，それによって市民の理解と信頼を得て，司法援助システムの社会基盤整備を促そう，というのが，司法改革宣言の本来的な趣旨であった。

(2) 政界・経済界からの規制改革・自由競争の要請と日弁連への批難

　しかしながら，1990年代半ばより政界・経済界を中心に巻き起こった規制改革の議論は，別の角度から法曹人口問題を直撃した。すなわち，「日本の法曹人口が少ないのは毎年の司法試験合格者の数を不当に制限しているからで，法曹業界による参入規制であり，この規制を撤廃して法曹人口を大幅に増やし，自由競争によって質を高めユーザーに使いやすいものにすべき」という一方的な意見が，政界・経済界の一部で声高に主張され，これに反対する勢力として日弁連が批判の標的にされたのである。

　加えて，日弁連が1994（平成6）年12月の臨時総会で，司法試験合格者について「合格者を相当程度増員すべき」としながら，「今後5年間は800名を限度とする」旨の関連決議をしたことが，マスコミ等から「改革つぶし」「既得権益を守るためのカルテル組織」「ギルド化」等と批判を浴びることとなった。特に，「弁護士は基本的人権を擁護する崇高な使命を有しており，そのためには経済的基盤の確保が必要であり，そのためには人口の大幅増加は認められるべきではない」という論理が強く批判された。日弁連は，翌年の1995（平成7）年11月の臨時総会で1年前の臨時総会決議を変更し，「1999年から合格者を1,000名とする」という決議を行ったが，時すでに遅く，同年11月に発表された法曹養成制度等改革協議会意見書では「中期的には合格者は1,500名程度」とされ，日弁連の意見は少数意見とされた。そのため，またも日弁連はマスコミ等から「ごね得狙いに反対者の巣窟」「日弁連は自治能力を疑われている」「議論を第三者に任せるべき」と批判される事態となった。

　そして，これ以降，法曹人口問題については，もはや法曹三者間だけで協議することは困難な状況となり，1999（平成11）年7月，内閣に「司法制度改革審議会」が設置され（法曹三者から各1名，学者5名，経済界2名，労働界2名，市民団体1名，作家1名の計13名。なお当初の構想は法曹三者が委員からはずされていた。），法曹人口問題は法曹三者に各界代表者が加わって決定されることとなったのである（以上の経緯につき，第1部第3も参照）。

(3) 司法制度改革審議会における議論と経済界・政界の動き

司法制度改革審議会では、法曹人口について、1999（平成11）年11月の審議で「合格者3,000人」論が初めて出され、以後はこれを軸に議論されるようになった。

2000（平成12）年2月の審議では、弁護士会からの委員である中坊委員から「あるべき弁護士人口試算」のレポートで5～6万人という数字が示された。

また2000（平成12）年5月には自民党・司法制度調査会が意見書で「一定期間内に先進諸国で最も少ないフランス並み（5万人）の法曹人口を目指すべき」と主張、同年7月には民主党が「司法改革意見書」で「法曹人口を10年後（2010年）に5万人にするべき（合格者は年間4,000～5,000人が必要）」と提言された。このように、5万人という数字については、徐々にコンセンサスが出来てきた。

一方、合格者数について、司法制度改革審議会では3,000人論を主張する労働、消費者からの委員、中坊公平委員、佐藤幸治会長らと、2,000人に抑えるべきとする経団連、商工会議所からの委員、竹下守夫委員、最高裁、検察庁からの委員らで議論が続いたが、結局、2000（平成12）年8月、「フランス並の5～6万人の弁護士人口を目指すとすれば、年3,000人としても実現は2018年になる」として、「年3,000人の合格者で概ね一致」と公表するに至った。

(4) 日弁連の対応

このような状況の中で、2000（平成12）年8月29日の司法制度改革審議会における日弁連のプレゼンテーションにおいて、当時の久保井一匡日弁連会長は、合格者年間3,000人について意見を聞かれ、「3,000人という数字は日弁連にとって重い数字だが、審議会が国民各層・各界の意向を汲んで出した数字である以上、反対するわけにはいかない。積極的に取り組んでいく」との意見を表明した。

そして、日弁連は、わずかその2ヵ月後の2000（平成12）年11月1日の臨時総会において、「法曹人口については、法曹一元制の実現を期して、憲法と世界人権宣言の基本理念による『法の支配』を社会の隅々にまでゆきわたらせ、社会のさまざまな分野・地域における法的需要を満たすために、国民が必要とする数を、質を維持しながら確保するよう努める」との決議を圧倒的多数により採択した。

この決議は、日弁連が法曹人口の在り方について「国民が必要とする数を、質を維持しながら確保するよう努める」とした点において、法曹三者の協議を通じて合格者数を決定してきた従前の日弁連の姿勢を大きく転換したものであり、また「年間3,000人程度の新規法曹の確保を目指していく」とした司法制度改革審議会のとりまとめを、同会の最終意見に先んじて、日弁連の会員の総意としても支持することを意味した点において、社会的にも大きな注目を集め、以降、被疑者国選弁護制度、市民の司法参加、法律扶助制度の抜本的見直しと拡充による法テラスの創設など日弁連主導による様々な司法改革を実現する契機となり、弁護士の公益性、活動領域の拡大を位置づけ、弁護士自治に対する市民の理解を深めることとなったのである。

そして、司法制度改革審議会が2001（平成13）年6月の最終意見書において、法曹人口問題につき「法科大学院を含む新たな法曹養成制度の整備の状況等を見定めながら、平成22（2010）年頃には新司法試験の合格者数年間3,000人達成を目指すべきである」「このような法曹人口増加の経過により、おおむね平成30（2018）年頃までには、実働法曹人口は5万人規模に達することが見込まれる」と提言したことを受けて、日弁連は「同意見書の改革方針を支持し尊重する」旨の会長談話を公表した。

(5) 現在までの法曹人口の増員の状況

司法制度改革審議会意見書の提言を踏まえ、それまで約1,000名だった司法試験合格者は、2002（平成14）年から約1,200人（2002〔平成4〕年1,183人、2003〔平成5〕年1,170人）、2004（平成16）年から約1,500人（2004〔平成6〕年1,483人、2005〔平成7〕年1,464人）に増加した。法科大学院が創設され、2006（平成18）年から新司法試験が開始されることによって、新旧司法試験の併存期間が始まり、2006（平成18）年の合格者は1,558人（新試験1,009人、旧試験549人）、2007（平成19）年は2,099人（新試験1,851人、旧試験248人）、2008（平成20）年は2,209人（新試験2,065人、旧試験144人）、2009（平成21）年は2,184人（新試験2,043人、旧試験141人）、2010（平成22）年は2,133人（新試験2,074人、旧試験59人）、2011（平成23）年は2,069人（新試験2,063人、旧試験6人）（注：旧試験は口述試験のみ）となった。な

お、この間、新旧司法試験合格者の修習期間が異なる関係で、2007（平成19）年登録の新旧60期修習修了者は約2,300人、新旧61期から63期がそれぞれ約2,200人となった。そして旧試験が終了し新司法試験のみとなった2012（平成24）年は2,102人となり、そのうち58人が予備試験からの合格者であった。2013（平成25）年は、法曹養成制度検討会議が司法試験合格者の人数目標を固定化しない方針を発表した後の合格発表であったが、合格者は2,049人と微減にとどまった。ただし、その中で予備試験からの合格者が120人に増加した。そして2014（平成26）年は、8年ぶりに合格者が2,000人を割り込み、1,810人となった。このうち予備試験からの合格者は163人であった。

2）法曹人口問題に関する現在の課題

(1) 司法修習生及び新人弁護士たちの「質」について

司法試験の年間合格者の増加に伴い、司法修習生の考試（いわゆる二回試験）において、2006〔平成18〕年の59期以降、100人前後の大量の不合格者が毎年出る事態となっている。また、最高裁の報告書によれば、法科大学院出身・新司法試験合格者が大部分となっている現在の司法研修所の修習生の現状について、「大多数は期待した成果を上げている」としながらも、一方で「実力にばらつきがあり下位層が増加している」「最低限の能力を修得しているとは認めがたい答案がある」「合格者数の増加と関係があるのではないか」と指摘されている。

多数の二回試験不合格者が出たからといって、合格した者までが、法的基本知識能力のみならず法曹としての質全般に問題があるかのように言うのは根拠のないことである。新人弁護士たちの法曹としての質に問題が発生しているか否かの判断は、今後数年間の経過観察と検証を経なければならない。

しかし、少なくとも現時点において、司法修習生の法的基本知識の修得に懸念が生じているのであれば、そのような法曹養成の現場の声を考慮し、その対策を考える必要がある。

(2) 新しい法曹養成システムが成熟途上であることについて

法科大学院を中核とする新しい法曹養成制度は、法的知識偏重の旧司法試験制度の行き詰まりを打破し、併せて、法曹を大幅に増加させながら質を維持・向上させて多様な人材を育成するプロセス教育として導入された。すなわち、国民の様々なニーズに応え得る制度として構想されたものである。そして、この法科大学院においては、「法理論の基礎知識」と「実務法曹としての基礎能力」を修得することが本来求められるのである。

しかしながら、この制度は、「法曹の質」を担保する制度としては、未だ成熟途上にあると言わざるを得ない。各法科大学院によって指導体制・カリキュラムの内容等の差異が大きく、実務法曹としての基礎能力の修得もままならぬまま、各法科大学院の合格率にも大きな差が生じている。各法科大学院の定員数削減が限定的に実施されているが、実務法曹の養成にふさわしい教育内容を確保しつつ合格率を高めるためには、なお一層の削減が必要となる。ただし、近年は法科大学院の受験者が減少し、定員割れの末に他校との統合や廃校、新規学生募集停止となる法科大学院も出てきており、必然的に淘汰が始まっている。文部科学省も2013（平成25）年11月6日、法科大学院を5段階にランク分けして補助金を傾斜配分する方針を発表し、法科大学院の淘汰、統合を積極的に促し始めた。

日弁連・弁護士会としても法科大学院の在り方を検討しつつ、法科大学院制度の成熟を図っていくべきである。

(3) 法曹人口増員に対応するための司法基盤の整備

❶ 新人弁護士の勤務先採用難とOJT問題

弁護士の法曹倫理を含む実務法曹としての能力は、法科大学院や司法研修所の教育のみで養われるものではなく、これまでは、勤務弁護士として、あるいは先輩弁護士との事件を通して経験により修得されてきた面が大きい（いわゆるオン・ザ・ジョブ・トレーニング〔OJT〕）。

ところが、司法試験合格者が2,000人を超え、毎年多数の新人弁護士が誕生するようになった2007（平成19）年頃から、司法研修所を卒業しても法律事務所への採用が困難となり、やむを得ず最初から独立したり（即独）、他の弁護士事務所に席だけ置かせてもらう（ノキ弁）新人弁護士が少なからず存在するという指摘もあり、今後はその傾向が一層強くなることが予想される。

そして2009（平成21）年までは日弁連における様々な施策が奏功していたものの、2010（平成22）年の

新63期司法修習生の一括登録時には200人を超える未登録者が発生し，その後は毎年，一括登録時に400人を超える未登録者が発生している。これらの未登録者は数ヶ月後には半数以下に減少しているが，このような傾向は当分続くものと思われる。

これまで日弁連等で試みられている，即独立をする新人弁護士のための技術支援としてのeラーニング研修や，支援チューター制度，支援メーリングリスト等の制度は，今後もさらに実践・推進されるべきである。東京弁護士会でも新65期から新規登録弁護士をクラス編成して一定期間チューターを配置する制度を始めている。

だが，それだけでなく，最も効率の良いOJTである勤務弁護士としての経験を多くの新人弁護士たちが享受できるような，例えば現在一人事務所の会員が新たに新人の勤務弁護士を採れるようにするための方策を，日弁連（若手法曹サポートセンター）は現実問題として検討すべきである。

❷ 裁判官・検察官の増員と適正配置

司法制度改革審議会意見書は，法曹人口増加について，弁護士だけでなく，裁判官・検察官についても大幅に増加させることを提唱していた。弁護士が増加して市民が弁護士に法的紛争の解決を依頼しやすくなっても，司法制度を担う裁判官・検察官が不足していては，司法制度を十分に活用することができないからである。

ところが，2001（平成13）年から2009（平成21）年の増加状況は，弁護士新規登録者数が11,705人であるのに対し，裁判官は886人，検察官は770人となっている。国の司法予算の制約や，物的施設の収容能力等の問題，あるいは弁護士任官が予想以上に少ないという事情があるにせよ，裁判官・検察官の増員がこのように少ない状況では，司法試験の合格者の9割が志望する弁護士だけが増えても，司法制度の実際の利用は進まないという極めて歪んだ司法環境になりかねない。したがって，裁判官や検察官そして職員のさらなる増員を図る必要がある。

そして，昨今の支部統廃合により司法アクセスに大きな障害を生じている現状には改善の必要があり，「適正配置による増員」が不可欠である。

❸ 国選弁護等報酬問題

被疑者国選事件の完全実施や，裁判員裁判への十分な対応体制の構築，そして少年事件全件付添人の完全実施のためには，相当数の弁護士が必要となる。現在は弁護士数も増加し，これら制度への対応は概ね充足しつつあるとされ，法曹人口増員のペースを多少緩和しても支障となるものではない。しかし，現在の国選弁護報酬は一定の改善が図られてはいるが，まだまだ少額に過ぎ，少年付添における報酬もいまだ労力に比して少額である。刑事司法の充実を目指す今次の改革を担う多くの弁護士が十全な刑事弁護の職責を果たすためにも，日弁連は，さらなる国選弁護報酬や少年付添報酬の抜本的引き上げの運動を，これまで以上に精力的に政府及び関係諸機関に対して行なっていくべきである。

❹ 法律扶助（リーガル・エイド）の脆弱さ

以前の財団法人法律扶助協会による法律扶助のシステムに比べれば，司法改革の一環としての日本司法支援センター（法テラス）創設，民事法律扶助予算の増大は，大きな進歩であった。しかしながら，現在の法律扶助の予算金額はまだまだ欧米諸国に比べて大幅に少なく，未だ市民が身近な法律問題についても容易に弁護士を利用するような段階には至っていない。

市民が司法を身近に利用するためには，法曹人口が増えて，物理的な距離の点でアクセスが容易であることももちろん必要であるが，経済力がない人や係争額が小さい事件についても容易に弁護士に依頼して司法制度を利用できるよう，法律扶助の対象事件の範囲及び予算を飛躍的に拡大させることが必要である。それとともに法律扶助の報酬が一般的な受任事件と同等程度に引き上げられ，法律扶助事件を専門として経済基盤が成り立つ弁護士が大勢増えてこそ，市民の中の潜在的法的需要を顕在化させることができるものである。

❺ 市民・事業者等の潜在的法的需要に応えるための体制の整備について

市民や事業者・中小企業等の中に，まだまだ隠れた潜在的法的需要があることは，近年日弁連が行った法的ニーズ調査報告書中の中小企業アンケートや市民アンケートでも明らかである。

しかしながら，法曹人口が増え始めたこの10年間でもさほど民事訴訟の事件数は増加しておらず，そのような潜在的法的需要に我々弁護士が応えられていない実情がある。それら潜在的法的需要に応えるために

は，弁護士の数を増加させることはもちろん必要であるが，それだけでは足らず，前述した法律扶助の範囲及び予算の飛躍的拡大以外にも，弁護士の側で，それらを顕在化させ，仕事として受けられる体制作りが必要である。

具体的には，保険会社等とタイアップした権利保護保険の確立と拡充，少額訴訟への弁護士会としての対応（会が窓口となり新人弁護士等に受任してもらうシステム），全国津々浦々で身近な場所で法律相談が受けられる体制の拡充，日弁連中小企業支援センターの活動，中小企業等の海外進出の支援，成年後見人への積極的な取組み，遺言・相続問題への態勢整備，CSRやコンプライアンスについての弁護士の関与，弁護士情報の開示（「ひまわりサーチ」システムの構築がなされた。）などの制度が次々に発足し，発展が期待されるとともに，費用設定の明確化，弁護士会及び個々の弁護士の広報の充実による「敷居の高さ」の克服，ホームロイヤー制度の普及等についても引き続き努力を続けていくべきである。

❻ 企業・官公庁等の弁護士需要について

21世紀の弁護士像として，弁護士がこれまでの職域にとどまらず，企業や官公庁等にスタッフとして入り，その専門的知識を生かして活躍していくことが展望されており，司法制度改革審議会意見書においても，法曹人口増加の需要として指摘されている。また，これらは単に弁護士の職域確保にとどまらず，国家公務員制度改革，地域主権改革，企業統治の明確性などに資するものとして，法の支配を推進する上で大きな意味を持っている。

しかしながら，現状においては，企業・官公庁における組織内弁護士への需要は，最近増加しつつあるものの，まだ予測されたほどの数まで伸びてはいない。近時，日弁連・弁護士会は，求人求職情報システムを構築して官庁等に働きかけ，また積極的に中小企業庁・経団連，地方自治体と連携を図って需要提起の着実な成果を挙げているが，その顕在化はまだまだ不十分であり，そのための対応策を打ち出す必要がある。

(4) 日弁連の「当面の法曹人口のあり方に関する提言」の公表

日弁連は，2008（平成20）年7月，「法曹人口問題に関する緊急提言」を公表して，「2010（平成20）年頃に合格者3,000人程度にするという数値目標にとらわれることなく，法曹の質に十分配慮した慎重かつ厳格な審議がなされるべきである」との表現で，当面の法曹人口増員についてのペースダウンを求める方針を明らかにした。

そして，日弁連内の「法曹人口問題検討会議」の2009（平成21）年2月の意見書を受け，日弁連は，同年3月，改めて「当面の法曹人口のあり方に関する提言」を公表した。その中で，「司法を担う法曹について，質の維持・向上を図りつつ，市民が必要とする数を確保するべく，法曹人口5万人規模の態勢整備に向けて，引き続き最大限の努力を行う」としながら，「新たな法曹養成制度は未だ成熟の途上にあって，新規法曹の質の懸念が各方面から指摘されている」「法曹の質の確保，法的需要の動向，財政措置を含む司法の制度的基盤整備の状況など，司法を取り巻く環境の変化は，この間の弁護士人口増加の状況に比して，当初の想定に沿った進展に至っていない」として，「諸課題の改善・改革にはなお一定の年限が必要とされる状況に鑑みれば，2009（平成21）年度以降数年間は，司法試験合格者数について，現状の合格者数（2007年度は新1,851人・旧248人の計2,099人，2008年度は新2,065人・旧144人の計2,209人）を目安としつつ，慎重かつ厳格な合否判定によって決定されることが相当である」と提言している。

なお，これらの提言の影響を受けたものかどうかはともかく，2008（平成20）年の新司法試験合格者数は2,065名，2009（平成21）年が2,043人，2010（平成22）年が2,074人にとどまっている。ちなみに司法試験委員会の合格者の目安は，2008（平成20）年は2,100～2,500名，2009（平成21）年は2,500～3,000名とされていた（なお，近年の実際の合格者数については前記1)(5)参照）。

(5) 法曹人口政策会議による提言の公表

日弁連は，「当面の法曹人口のあり方に関する提言」を前提に，2011（平成23）年6月に各地の弁護士会会長や各弁連推薦等の委員約140名で構成される法曹人口政策会議を組織し，司法試験合格者数についての具体的な提言を協議した。

そして，ますます悪化する司法修習生の就職難に対する危機感等を背景とした法曹人口政策会議の中間取りまとめを受け，日弁連は2011（平成23）年3月27日，「当面の緊急対策として，司法試験合格者を現状

よりさらに相当数削減」することを求める「法曹人口政策に関する緊急提言」を採択した（その後の2011〔平成23〕年新司法試験合格者は2,063名）。

法曹人口政策会議ではその後も最終提言に向けて議論を重ね、各弁護士会への意見照会、各地でのシンポジウムなども踏まえつつ、2012（平成24）年2月に最終的な意見の取りまとめを行い、これに基づいて同年3月15日、日弁連は「法曹人口政策に関する提言」を公表した。この提言で日弁連は、市民に信頼され、頼りがいのある司法を実現するために弁護士の質の確保が必要であるところ、新人弁護士の就職難、OJT不足が質の低下の懸念を招き、また法曹志望者の減少も引き起こしているので、「2010（平成22）年ころに司法試験合格者3,000人を目指す」との2002（平成14）年の閣議決定を見直し、法曹養成制度の成熟度、現実の法的需要、司法基盤の整備状況などとバランスの取れた弁護士増員ペースをとる必要があるとして、「司法試験合格者数をまず1,500人にまで減員し、更なる減員については法曹養成制度の成熟度や現実の法的需要、問題点の改善状況を検証しつつ対処していくべきである。」と具体的な数字を挙げた意見を述べた。

3）弁護士会のとるべき対応

(1) 日弁連としての対応

法曹人口の大幅増加は、今回の司法改革をその人的基盤において支えるものであり、数多くの質の高い法曹を社会に送り出すことを通じて我が国社会に法の支配を確立するという改革理念の正当性は、今日においても何ら失われていない。

しかしながら、他方で、前述のような諸問題が発生し、急増化のひずみが顕在化しつつあることも事実である。

このような状況を踏まえるならば、日弁連が推進してきた司法改革の基本を堅持しつつも、急激な弁護士数の増加に伴い懸念されているひずみについて、適切に対処することがやはり必要であり、「法曹人口政策に関する提言」が法曹養成制度の成熟度、現実の法的需要、司法基盤の整備状況にあわせて適切な増員ペースを保つために合格者数を年間1,500人程度とすべきと述べたことは、弁護士会が提案すべき当面の方策として適切と考えられる。

今般、政府も法曹養成制度検討会議の提言を踏まえて司法試験の合格者数を年間3,000人とする目標を撤回し、法曹人口についての必要な調査を行い、2年以内に発表することとした。今後とも弁護士会は、司法の現場を担う専門家の立場から、弁護士会の提案について市民の理解を得られるよう、努力すべきである。

(2) 弁連や各弁護士会の動向について

一方、前述したような現在の「ひずみ」の諸問題への懸念を背景に、2010（平成22）年以降、毎年の司法試験合格者の人数を具体的に主張する決議を行い、公表する弁護士会、弁連が出てきている。現在までに公表されている決議をまとめると、群馬県、山形県、新潟県、静岡県、沖縄県が合格者1,500人、埼玉県、栃木県、中部弁連、兵庫県、長野県、千葉県、大分県、四国弁連、青森県、三重県が合格者1,000人となっている。

また、2010（平成22）年度の日弁連会長の選挙では、合格者を1,000人から1,500人とする宇都宮健児候補の主張が会員の支持を集めて当選した現実を率直に踏まえる必要もある。

しかし「ひずみ」に関する諸問題はいずれも重要かつ深刻ではあるが、その解決策として、合格者1,000人というような「大幅な合格者数削減」という結論を、性急にしかも短期間に実現すべしと弁護士会が主張することは、司法改革の後退を対外的にイメージ付けることになるとともに、現実に司法改革の進展を遅らせることとなり、法科大学院や受験生たちに与える影響も大きく、市民の理解と共感は得られにくいと思われる。

(3) アジア諸国の状況と弁護士会等以外における法曹人口問題の認識

❶ アジア諸国の弁護士人口等

中国では1993（平成5）年から毎年司法試験が行われるようになったが、その後の急速な経済発展に合わせて20年足らずの間に20万人近い弁護士が誕生しており、その増加ペースは著しい。現在では毎年2万人前後の司法試験合格者を出している。もちろん、13億人という人口と比較すればまだ日本の弁護士人口よりも少ないかもしれないが、近い将来、人口比でも日本の弁護士数を上回る可能性がある。また、経済活動だけでなく、日本と異なる政治制度の中で、行政権に対する市民の権利保護に努めるような、人権擁護活動に熱心な弁護士も増えているようである。

また、韓国では日本と同様に1990年代から法曹養成や裁判制度についての司法改革の議論が続けられ、2009（平成21）年から3年制の法科大学院制度がスタートしている。韓国の法科大学院は、法学部を持つ大学約90校のうち、25校に限定して設置を許可し、総定員を2,000名とした。そして法科大学院を設置した大学は法学部を廃止し、法学部以外から3分の1以上、他大学から3分の1以上を入学させる制度として、必然的に多様な人材が法科大学院に集まるようにしている。ただ、新たな司法試験で定員の70〜80％を合格させる予定とのことで、その合格者は人口比で日本の現状を大きく上回ることになる。

タイの弁護士は約5万人おり、国民は約7,000万人なので人口比でも日本より多い。相当高度な弁護士自治があるようだが、半数程度は弁護士業務を行っておらず、また首都バンコクに集中しているようである。

その他のアジア諸国でも、日弁連がJICAの協力を得てカンボジアの弁護士養成を支援したり、ベトナム、インドネシア、モンゴル、ラオスなどの司法制度の整備や信頼性向上を図る支援を行ったりしており、経済発展や経済のグローバル化に対応して、従来多くなかった弁護士を増やし、司法基盤を整備する過程にあると言える。

❷ 一方、政府は、2002（平成14）年3月になされた、2010（平成22）年までに司法試験合格者数年間3,000人を目指すとの閣議決定以来、2010（平成22）年が過ぎてもこの方針を原則論として堅持していたが、2011（平成23）年6月に設置された法曹養成フォーラムでは2012（平成24）年5月10日の「論点整理」において、法曹人口問題につき、「努力目標として、一定数の法曹人口の増加を視野に入れながら、様々な政策を考えていくことは必要であるが、一定の時期を限って合格者数の数値目標を設定することに無理がないか検討すべき。」とされた。

そして、この「論点整理」の内容を踏まえつつさらに検討を行う組織として2011（平成24）年8月21日設置された法曹養成制度検討会議では、2013（平成25）年6月26日の最終取りまとめにおいては「数値目標を掲げることは現実性を欠く」とされ、ついに2013（平成25）年7月16日、政府は3,000人目標を正式に撤回した。

（4）検証の問題と弁護士会としての対応について

弁護士会は、法曹人口の大幅増加を通じた司法改革の推進という施策を、増加する弁護士の業務基盤を確保しつつ推進していくため、以下のとおり、適切な検証を踏まえた具体的対応を尽くす必要がある。

❶ 弁護士人口増加の影響に関する検証について

まず、法曹人口の大幅増加を通じた司法改革の推進という施策が、増加する弁護士の業務基盤を確保しつつ実現していくためには、法曹人口、とりわけ弁護士人口増加による影響の実証的な検証が不可欠である。

この点、日弁連（法曹人口問題検討会議）は、2010（平成22）年3月5日、「適正な法曹人口は、何を基準としてこれを定めるべきか。その基準として考慮すべき対象と検討の方法」についての提言を行っている。

ただ、未だ日弁連内部に検証のための専門機関が設置されておらず、また、法曹養成や司法基盤に関する諸事情が変化する中では、検証がなされるまで行動を控えるのではなく、検証しつつ具体的な提言等を行うべきである。2012（平成24）年3月15日の法曹人口政策に関する提言も、このような趣旨でまとめられたものである。

❷ 弁護士人口の増加と弁護士会としての制度的対応策

他方、弁護士人口の増加に伴い新人・若手を中心とした個々の弁護士に生じるおそれのある負の影響を最小限に抑制するとともに、増加する弁護士の質を適切に確保し、弁護士増加を司法アクセスの改善ひいては法の支配の確立に結びつけていくための弁護士会としての制度的な対応が必要である。

この点についても、日弁連の若手法曹サポートセンターが中心となって就職説明会の実施、就職担当窓口の設置、就職先未定者等に対する相談会の実施、全国採用問題担当者連絡協議会の実施、ひまわり求人求職ナビのバージョンアップ、経済団体や官公庁・自治体との採用拡大に関する協議や啓蒙活動の実施、即独弁護士を対象とした独立開業支援チューター制度の創設やeラーニングの実施など、様々な方策が実施に移されているが、これら諸制度の一層の充実・発展がはかられる必要がある。ことに即独弁護士に対応するOJTの充実は必須である。また、新たに導入された新人弁護士を対象としたクラス制研修も研修の充実と弁護士自治の見地から重要である。

また、いわゆる社会人経験者については、その能力にもかかわらず、その年齢が就職に不利に働く現状にあることから、社会人経験の能力が弁護士業務に付加価値を与える具体例を会員に広く広報するなどの取組みも有益であろう。

さらには、増加する弁護士と隣接法律職との関係をどのように整理するかは今後の課題であるが、これら隣接法律職の職務分野を基本的に弁護士が担っていく方向で業務を拡大し、他方で、隣接法律職資格と弁護士資格をどのように整理していくかを検討することは、法の支配の確立という観点からも重要な意味を有する。

このような認識に立ち、専門研修の一層の充実等、これを可能にする具体的な条件整備についても弁護士会として真摯に検討していく必要がある。弁護士会としては、諸外国や隣接法律職の実情等の調査を踏まえ、上記諸課題への対応に向けて全力を尽くす必要がある。

さらに、これら具体的方策とともに、弁護士会は、若手弁護士が将来に対する希望を持てるような、また、多くの有為な人材が弁護士を目指そうという志を持てるような、弁護士人口大幅増加後の弁護士・弁護士会の在り方を具体的に提示する不断の努力をすべきである。

❸ 若い世代の弁護士たちの育成・支援のための具体的方策の検討

❷で述べたような制度的対応策を施すとしても、その効果は一朝一夕に現れるものではなく、制度改革の狭間で、特に若い世代において、法曹として十分な経験や能力を取得できる機会に恵まれなかったり、経済的に苦境に陥ったりする弁護士たちも生じ得る。そのような若い世代に対しては、日弁連・弁護士会として、より直接的な育成・支援策を検討することも必要であろう。

議論されている課題としては、若い世代の会員の弁護士会費（日弁連を含む）のさらなる見直し、1人事務所で初めて勤務弁護士を受け入れる事務所への財政的支援、若手弁護士の複数事務所による共同雇用のビジネスモデルの作成、会員から募集・集積した事件・仕事の弁護士会による若手弁護士への配点等であり、これらについて前向きに検討・検証することも必要であろう。

この点、若手法曹サポートセンターでは、開業・業務支援、組織内弁護士の促進、さらには大規模事務所によらない若手の海外進出など、様々な試みが実施されており、大いに期待したい。

(5) 法友会の対応について

法友会は、数年前より司法試験合格者数を現状維持又は漸減する方向性を打ち出してはいたものの、昨年まで合格者の具体的な数を明示した意見を述べていなかった。これは、合格者数を何人にするべきかについて実証的な合理的根拠が見当たらないことが主な理由であった。

しかしながら、当面、弁護士の増員ペースを緩和させなければ新人弁護士の就職難、OJT不足から生じる弁護士の質の低下の懸念、さらには法曹志望者の減少などの「ひずみ」が増幅することは明白と思われる現状に鑑み、法曹人口政策に関する日弁連からの意見照会（2011〔平成23〕年12月）に対する東京弁護士会の意見のとりまとめを行う際、法友会でも議論の末、司法試験合格者1,500人を目指すとの意見を採択した。

そして、上記のとおり、日弁連は各弁護士会からの意見も踏まえて法曹人口政策に関する提言を行ったが、その後の2012（平成24）年の司法試験合格者は予備試験からの合格者58人を含めて2,102人、2013（平成25）年は予備試験からの合格者120人を含めて2,049人であり、日弁連の提言の趣旨が司法試験合格者数に影響を与えているとは言い難い状況にとなっている。

一方、政府が設置した法曹養成フォーラムは2012（平成24）年5月10日に「論点整理」のとりまとめを行い、法曹人口に関しては「社会の各分野における法曹の役割の拡大」「これまで法曹が活躍してこなかった分野に法曹需要は多数存在する」という見解と、「社会における法曹の役割は隣接法律職の存在も含めて再検討すべきである」「審議会意見書が予測した法曹需要の増加は根拠が無く、既に弁護士の供給過剰が生じ、質を確保する上でも問題がある」との見解が両論併記されていた。

そして2012（平成24）年8月21日に設置された法曹養成制度検討会議が法曹養成フォーラムの論定整理を踏まえてさらに検討し、2013（平成25）年6月26日付取りまとめを発表した。それによると、「法曹有資格者の活動領域は、広がりつつあるものの、その広がりはいまだ限定的といわざるを得ない状況にある」

という認識が示され，その上で，「更なる拡大を図るため」「新たな検討体制の下，各分野の有識者等で構成される有識者会議を設け，その下に企業，国・地方自治体，福祉及び海外展開等の各分野別に分科会を置くべきである。」とされた。そして，2013（平成25）年9月17日の閣議決定で，法曹養成制度改革推進会議を開催することが決まった（詳細は第1部第3の5参照）。

法友会は，従来からの主張である司法改革の理念に基づく司法基盤，特に民事司法基盤の一層の整備・拡大を推進していくべきであり，今後は新たな検討体制の下での各分科会の活動を注視し，必要に応じて提言していくべきである。

一方で市民が必要とする弁護士の質と量を検討・検証し，これに到達するために必要充分な毎年の合格者数，法科大学院教育の向上による卒業者の「質」の確保，司法修習生の就職難とこれによるOJT不足から生じる新人弁護士の質の低下の懸念を回避するために適切な合格者数，などをバランスよく考慮し，真に市民が利用しやすい，頼りがいのある司法の実現に向けて努力していくべきである。

3 法科大学院制度と司法試験制度の現状と課題

1）法科大学院を中核とする法曹養成制度の理念と概要

2004（平成16）年4月の法科大学院制度創設から間もなく10年となる。法科大学院を中核とする法曹養成制度は，一定の成果を生み出しつつも，様々な深刻な課題に直面している。以下では，法科大学院を中核とする法曹養成制度の理念と到達点を確認した上で，現在直面する課題と対応策を明らかにする。

(1) 法科大学院制度創設の理念

司法制度改革審議会意見書（以下「司改審意見書」という。）は，法曹を，「国民の社会生活上の医師」の役割を果たすべき存在と規定し，そのような質を備えた法曹を，国民が求める数，確保すべきとした。

そして，従来の司法試験という「点」のみによる選抜から，法学教育，司法試験，司法修習を有機的に連携させた「プロセス」としての法曹養成制度を新たに整備すべきとし，この新たな法曹養成制度の中核を成すものとして，法曹養成に特化した教育を行うプロフェッショナル・スクールとして法科大学院を創設すべきと提言した。法科大学院制度創設の理念は，ここに集約される。

(2) 法科大学院制度の特徴

法科大学院制度は，従来の法学教育制度に比して，次のような特徴を持った制度として創設された。

第1に，理論と実務の架橋を理念とした教育を行う点である。

第2に，少人数による双方向・多方向的な密度の濃い授業を行う点である。

第3に，弁護士を中心とする実務家教員を一定数配置するとともに，主としてこれら実務家教員によって担われる法律実務基礎科目群をカリキュラムに配置している点である。

第4に，他学部出身者，社会人経験者など多様なバックグラウンドをもった学生を受け入れるとともに，訴訟を中核とする紛争解決業務にとどまらない，多様な法的ニーズに応え得る法曹（「国民の社会生活上の医師」）の養成を目的に掲げた点である。

(3) 法科大学院のカリキュラム

法科大学院のカリキュラムは，93単位が修了までに必要な最低単位数とされている。科目は，基本六法と行政法の分野である「法律基本科目群」，法曹倫理，民事訴訟実務の基礎，刑事訴訟実務の基礎，法情報調査，法文書作成，ロイヤリング，模擬裁判，クリニック，エクスターンシップなどの「法律実務基礎科目」，外国法，法社会学，法と経済学，政治学などの「基礎法学・隣接科目群」，知的財産法，労働法，少年法，IT法などの「展開・先端科目群」の4分野に分類されており，93単位のうち法律基本科目群に54単位，法律実務基礎科目群に10単位，基礎法学・隣接科目群に4単位，展開・先端科目群に25単位を配分することが事実上のガイドラインとして定められている。

(4) 司法試験の位置づけと概要

法科大学院制度創設後の司法試験の在り方について，司法制度改革審議会は，「法科大学院教育をふま

えたものに切り替える」としており，これを踏まえて司法試験の基本的在り方について検討した。

新司法試験実施に係る研究調査会報告書（2003〔平成15〕年12月11日）では，司法試験は法科大学院の教育課程履修を前提に実施するものであり，司法試験の科目と内容だけでは法曹に求められる能力を判定できないことに留意すべきとした。

司法試験は短答式，論文式が実施され，口述試験は実施されない。短答式の科目は公法系（憲法，行政法の分野），民事系（民法，商法，民事訴訟法の分野），刑事系（刑法，刑事訴訟法の分野）の3科目（実質7科目）であり，論文式はこれに選択科目が加わる。選択科目は，倒産法，租税法，経済法，知的財産法，労働法，環境法，国際関係法（公法系），国際関係法（私法系）の8科目から1科目を選択する。

(5) 予備試験の位置づけと概要

司改審意見書は，「経済的事情や既に実社会で十分な経験を積んでいるなどの理由により法科大学院を経由しない者にも，法曹資格取得のための適切な途を確保すべきである」として予備試験制度の創設を提言した。予備試験は，法科大学院修了と同等の能力を判定する試験（司法試験法5条1項）と位置づけられているが，法科大学院というプロセスによって養成された能力と同等の能力を点（試験）によって判定するという原理的な矛盾を抱えている。予備試験の制度趣旨は司改審意見書のとおり明確であるが，受験資格は制限されず（立法技術的な事情と説明されている），法制上は誰でもが受験できる試験となっている。

予備試験は短答式，論文式，口述の各試験が実施される。短答式の科目は憲法，行政法，民法，刑法，商法，民事訴訟法，刑事訴訟法，一般教養の8科目，論文式は短答式科目に法律実務基礎科目が加わった9科目，口述試験は法律実務基礎科目1科目が実施される。

(6) 司法修習の位置づけ

法科大学院制度の創設に伴い，司法試験の位置づけが大きく変化したのに比べ，司法修習の変化は大きなものではなかった。もちろん，修習期間が1年4ヶ月から1年に短縮されたこと，前期集合修習が廃止され，新60期を除き，いきなり実務修習から修習が始まることになったこと，選択型実務修習が導入されたことなど，修習の内容には大きな変化が生じた。しかしこれらは，基本的には修習生の増加に伴う，いわばやむを得ざる変更であり，法科大学院制度の下での司法修習の位置づけに関する自覚的な議論は乏しかったといえる。最高裁司法修習委員会は，新しい司法修習の在り方に関する検討結果として「議論のとりまとめ」（2004〔平成16〕年7月2日）を公表しており，ここでは法廷活動に限られない幅広い法的ニーズに対応する修習として，「法曹としての基本的なスキルとマインド」を養成する修習を行うとしたが，選択修習の一部カリキュラムなどを除き，現在の修習に同理念の積極的な具体化をみることは困難といえる。

2) 法科大学院を中核とする法曹養成制度の成果と課題

以上のような内容をもって始まった法科大学院を中核とする法曹養成制度は，一定の成果を挙げつつも，様々な課題に直面している。

(1) 成果

法科大学院を修了して法曹資格を取得した者の人数はすでに約1万5000人に達し，法曹全体の3分の1を超えている。法科大学院修了法曹に対しては，従来の法曹に比べて，多様なバックグラウンドを有している，コミュニケーション能力，プレゼンテーション能力，判例・文献の調査能力に優れているといった面において積極的な評価が得られている。実際，これらの特徴を活かして，従来の法曹に比べ，社会のより幅広い分野において多様な活躍を展開しているとの評価も見られる。

(2) 課題

このような成果の一方で，法科大学院を中核とする法曹養成制度に対しては，様々な問題点が指摘されるに至っている。

❶ データにみる状況の推移

① 司法試験・予備試験

司法試験の合格者数と合格率（対受験者）は，初年度である2006（平成18）年の1,009人，48.25％から，2007（平成19）年1,851人，40.18％，2008（平成20）年2,065人，32.98％，2009（平成21）年2,043人，27.64％，2010（平成22）年2,074人，25.41％，2011（平成23）年2,063人，23.54％，2012（平成24）年2,102人（内予備試験ルート58人），25.06％，2013（平成25）年2,049人（同120人），26.77％，2014（平成26）年1,810人（同163人），22.58％と推移している。

司法試験合格率は初回司法試験以降一貫して低下を続けてきたが，法科大学院の入学定員削減などの影響から2011（平成23）年を底に，上昇に転じ始めた。2014（平成26）年は，受験回数を5年3回から5年5回に緩和する改正司法試験法が成立し，受け控えをする必要がなくなったことから一時的に低下したが，来年以降は再び上昇することが見込まれる。また，2012（平成24）年からは予備試験ルートからの司法試験合格者が出ている。

2014（平成26）年試験結果をみると，予備試験ルートからの163人を除いた法科大学院修了合格者である1,647人のうち，既修者1,121人（68.1%），未修者526人（31.9%）。既修者合格率が32.8%に対し，未修者合格率は12.1%と，両者には倍以上の差がある。

2011（平成23）年から開始された予備試験は，2011（平成23）年受験者数6,477人，合格者数116人，2012（平成24）年受験者数7,183人，合格者数219人，2013（平成25）年受験者数9,224人，合格者数351人，2014（平成26）年受験者数10,347人，合格者数356人と推移している。

合格者のうち24歳以下の割合は2011（平成23）年に34.5%だったのが，2014（平成26）年には57.3%に，合格者のうち学部生と法科大学院在学生と法科大学院修了生（出願時データ）だった者の割合は2011（平成23）年55.2%が2014（平成26）年には88.2%に，それぞれ大幅に上昇している。経済的事情等により法科大学院を経由しない人のための制度だった予備試験が，学部生と法科大学院生によって席巻され，制度趣旨とは明らかに異なった方向で運用されている実態が明らかになっている。

ただし，これまで毎年大幅に増加を続けてきた予備試験合格者数が，2014（平成26）年は，前年比5人増にとどまり，合格者のうち24歳以下の割合および学部生と法科大学院在学生と法科大学院修了生の割合も前年並にとどまった。これは，予備試験合格者数の増加傾向を憂慮する法曹養成制度改革顧問会議の議論などが影響したものと思われ，2015（平成27）年以降の動向が注目される。

② 法科大学院

法科大学院の志願者総数を比較的正確に現していると推測される適性試験受験者数をみると，初年度の2003（平成15）年度に35,521人であった受験者が，2014（平成26）年度には4,091人にまで減少している（2003〔平成15〕年度は大学入試センター，2013〔平成25〕年度は適性試験管理委員会による数値）。

法科大学院の入学定員は，2006（平成18）年度に5,825人でピークを迎えた定員数が，その後の文科省の定員削減策の影響もあり，2014（平成26）年度には3,809人に減少した。2015（平成27）年度には3,175人にまで減少することが見込まれている。実入学者数でみると，2006（平成18）年度に5,784人でピークを迎えた入学者数が，2014（平成26）年度には2,272人とピーク時の約4割に減少している。

また，この間，姫路獨協大学が法科大学院を廃止，大宮法科大学院大学，明治学院大学，駿河台大学，神戸学院大学，大阪学院大学，東北学院大学が学生募集を停止，島根大学，大東文化大学，信州大学，東海大学，関東学院大学，新潟大学，龍谷大学，久留米大学，鹿児島大学，香川大学，広島修道大学，獨協大学，白鴎大学，東洋大学，静岡大学が学生募集停止を発表した。廃止した法科大学院と学生募集を停止または停止の発表をした法科大学院をあわせると22校に及んでいる。

入学者のうちの社会人経験者の割合は，初年度である2004（平成16）年度には48.4%であったのが，2014（平成26）年度には18.6%に，他学部卒業者の割合は，2004（平成16）年度には34.5%であったのが2014（平成26）年度には15.2%となっている。

法科大学院は，志願者数の観点からも，（統廃合・定員削減政策の結果であるにせよ）学校数，定員・実入学者数の観点からも，多様性の観点からも，縮小してきている。

❷ 養成される法曹の質をめぐる課題

養成される法曹の質をめぐっても，この間，様々な問題点，懸念が指摘されている。その原因については，法科大学院教育の質の格差のほか，法曹志望者の減少に伴う志望者の質の問題，司法試験合格者の増加に伴う養成対象人数の増加，修習期間の短縮と前期修習の廃止という各要因が関係しているが，新たな法曹養成制度によって養成された人材に対しては，法律基本科目の知識，理解が不十分な者，論理的表現能力が不十分な者が一部に存在するという指摘等がなされるほか，法曹志望者の減少傾向が続くなか，今後法曹の質が低下していくのではないかと懸念する議論が広がっている。

❸ 制度的な課題

制度的な課題については様々なレベルの課題が存するが，根本的な問題点は，法曹志望者の減少傾向に歯止めがかからない点に集約される。その原因としては，司法試験の合格率の低迷，法律事務所の就職難と法曹の活動領域が未だ十分な拡大をみせていないこと，そのような状況の下で法曹資格取得までの時間的・経済的負担感が増大していること（また，司法修習の貸与制への転換によって負担感の増大に拍車をかけていること）が挙げられる。

また，合格率が低迷する中で，法科大学院を修了しながら最終的に法曹資格を取得できない者が大量に発生しており，これら法務博士への対応も様々な意味において重要となっている。

3）法曹養成制度改革の取組み

法科大学院を中核とする法曹養成制度について改革を図るべき問題点が存するという認識は，創設初年度である2004（平成16）年の後半から，新司法試験の合格者数と合格率の問題をめぐって一部で指摘され始めていた。しかし，政府レベルにおいて改革に関する本格的な検討が始まるのは，2008（平成20）年度に入ってからである。

(1) 日弁連における取組みの経緯

日弁連は，2009（平成21）年1月「新しい法曹養成制度の改善方策に関する提言」において初めて法曹養成制度全体に関する改革提言を行ったが，その後，2011（平成23）年3月「法曹養成制度の改善に関する緊急提言」，同年8月「法科大学院教育と司法修習との連携強化のための提言」，2012（平成24）年7月「法科大学院制度の改善に関する具体的提言」と，情勢に応じた制度全体にわたる提言を積み重ねてきており，同提言に基づく取組みを続けている。

(2) 政府における取組みの経緯

政府における本格的な提言は，2009（平成21）年4月，中教審法科大学院特別委員会が「法科大学院の質の向上のための改善方策について」を取りまとめたのがその最初である。

その後，法務，文科両副大臣主宰の下に設置された「法曹養成制度に関する検討ワーキングチーム」が2010（平成22）年7月に取りまとめた「法曹養成制度に関する検討ワーキングチームにおける検討結果（取りまとめ）」は，法科大学院を中核とする法曹養成制度について，全体を見通した改善方策の選択肢を取りまとめた最初の提言であった。同提言を受け，内閣官房長官，総務大臣，法務大臣，財務大臣，文部科学大臣，経済産業大臣の6大臣申し合わせに基づき設置された「法曹の養成に関するフォーラム」が，2012（平成24）年5月に「法曹の養成に関するフォーラム 論点整理（取りまとめ）」において改善方策に関するより具体的な論点整理を行い，同フォーラムに4名の委員を追加して閣議決定に基づき設置された「法曹養成制度検討会議」（検討会議）が，2013（平成25）年6月，「法曹養成制度検討会議取りまとめ」において，法曹養成制度全般に関する改革案を取りまとめた。ただし，同取りまとめが提案した改革案は，なお具体的な検討が必要な課題，今後の検討に委ねられた課題も少なくなかった。

(3) 法曹養成制度改革推進会議等の発足

法曹養成制度検討会議の取りまとめを受け，これを実行する組織として，2013（平成25）年9月，政府に法曹養成制度改革推進会議が発足した。同会議は内閣官房長官を議長，法務，文科両大臣を副議長，財務，総務，経産各大臣を議員とする会議である。

同会議の下に事務局として法曹養成制度改革推進室（推進室）が設置された。推進室は法務省，最高裁，文部科学省，日弁連からの出向者によって構成される官僚組織である。形式的には官邸の下に設置されるが，推進室長を初めとした主要ポストは法務省出向者によって構成されている。

他方，推進会議の下に，法曹養成制度改革顧問会議が設置された。納谷廣美前明治大学総長を座長とし，橋本副孝元日弁連副会長（2014（平成26）年4月までは宮﨑誠元日弁連会長）を含む6名で構成される同会議は，公開の有識者会議である。

また，法務省の下に，法曹有資格者の活動領域の拡大に関する有識者懇談会が設置された。同懇談会は活動領域拡大に関する取組状況について必要に応じて推進室に報告するものとされている。同懇談会の下には，企業における法曹有資格者の活動領域の拡大に関する分科会，国・地方自治体・福祉等の分野における法曹有資格者の活動領域の拡大に関する分科会，法曹有資格者の海外展開に関する分科会の3分科会が設置され，これらの分科会において，活動領域の拡大方策

に関する試験的かつ実践的な取組みを企画，立案，実施するものとされている。

これらの会議はいずれも2015（平成27）年7月15日が設置期限とされており，この体制の下，法曹有資格者の活動領域拡大を含む法曹養成制度改革に関する政策が進められている。

4）法科大学院制度改革の課題

(1) 法科大学院を中核とする法曹養成制度の維持発展を

このような状況の下，一部には，法科大学院制度を廃止すべき，あるいは，法科大学院修了を原則的な司法試験受験資格とする現行制度を改め，法科大学院を修了しなくとも，誰もが司法試験を受験できるようにすべきであるとの議論も存在している。

しかし，法曹志望者に対して法曹養成を目的とした教育を基礎から施し，同教育を経た者を原則的な法曹有資格者とするという現行制度は，法曹養成に特化した教育を行う制度であるという点において原理的な正当性を有するのみならず，法曹と比較されることの多い専門職である医師養成との対比においても，また，法曹養成制度の国際比較の点においても，維持されるべき制度である。

法科大学院制度の廃止あるいは司法試験の受験資格制限撤廃という議論は，法曹養成制度の出発点を司法試験合格時点として，法学部教育によっては到達しない司法試験合格までの過程を，受験予備校による教育と自学自習という個人の努力に委ねるという旧司法試験制度の状況に回帰することを意味するものであり，支持し得ない。現行制度を維持しつつ，その問題点を解決するというのが改革のアプローチであるべきである。

なお，現行制度に必然的に伴う時間的，経済的負担の点については，早期卒業，飛び入学制度の活用，合格率の抜本的向上と就職状況の改善，法科大学院及び法科大学院生と修習生に対する国の財政支援の拡充などの総合的施策によって改善を図っていく必要があることは言うまでもない。

(2) 検討会議取りまとめとこれを受けた政府の検討状況

法科大学院制度改革について検討会議取りまとめにおいて提言された施策と，これを受けた政府の検討状況は次のとおりである。

❶ 入学定員の削減と統廃合の促進

第一に，法科大学院の入学定員の削減と統廃合の促進である。この施策を通じて法科大学院の教育力の向上をはかるとともに，当初予定されていた7～8割の司法試験合格率を実現し，司法試験の合格見通しを制度的に高めることが目的とされている。

具体的には，この間実施してきた，課題が深刻な法科大学院に対する，補助金等の財政支援の削減策（公的支援の見直し策）の強化と派遣裁判官教員，派遣検察官教員の引き上げを初めとした諸施策を実施した上で，それでも効果が十分でない場合には，統廃合を強制的に促進するための「法的措置」を実施することとされた。

この検討会議取りまとめを受けて文科省は，司法試験合格率，未修者の直近合格率，定員充足率，他学部，社会人割合，地方，夜間開講などの要素について基準を定めて法科大学院をグループ分けし，下位グループについては大幅な財政支援の削減を図るとともに他法科大学院との連合を促すという政策を発表した。2014（平成26）年度の入学状況と司法試験結果を受けて，同年9月，第1類型13校，第2類型30校（A 7校，B 5校，C 18校），第3類型7校が公表された（学生募集の停止及び停止表明した22校と国からの公的支援を受けていない公立法科大学院2校を除く）。財政支援の削減は，2015（平成27）年度予算から実施される。

❷ 「加算プログラム」の実施

定員削減と統廃合という，いわば締め付けの施策の一方で，検討会議は，司法試験合格率以外の指標で法科大学院を積極評価して支援するという施策についても提言した。

同提言を受けて文科省は，国際化対応，法曹の活動領域拡大に繋がる教育プログラム，継続教育プログラムなど，法科大学院創設の理念に沿った取組みや，上位校が中位，下位校を支援するプログラムに対して財政支援の加算を行うという施策（いわゆる「加算プログラム」）を実施した。すでに各法科大学院からのプログラムの申請とこれをふまえた審査委員会における審査は実質的に終了しており，積極評価されたプログラムについては，2014（平成26）年中または2015（平成27）年早々には公表される予定である。

❸ 共通到達度確認試験の導入

さらに検討会議は，法科大学院の客観的かつ厳格な進級判定の仕組みとして，全ての法科大学院において共通して実施する共通到達度確認試験の導入を提言した。検討会議では，未修者の2年次進級時おける同試験実施を決定するとともに，これを既修者も含めた3年次進級時にも実施し，その際には同試験の成績に応じて司法試験の短答式試験を免除する方向で検討することが提言された。

同提言に基づき，その後，同試験の制度設計が中教審法科大学院特別委員会において進められ，2年次進級時における同試験は，憲法，民法，刑法を試験科目とし，短答式の方式で実施するといった方向性が示された。2014（平成26）年度中には同試験の第1回試行が実施され，試行結果を踏まえて検討が続けられることとなっている。

❹ 法学未修者教育への対応

また，他学部出身者，社会人経験者については，いわば入口における多様性が確保されている一方で，司法試験合格率において苦戦している状況があることから，これらの者を想定しつつ，法学未修者が法科大学院において法律基本科目をより重点的に学ぶことを可能にする仕組みを検討すべきことが，検討会議取りまとめにおいて提言された。

これを受けて文科省は，未修者については1，2年次においてより多くの法律基本科目を学べるようにすること，一定の実務経験を有する社会人経験者については，展開・先端科目群の必要履修単位数を減らし，その分，法律基本科目群の履修可能単位数を増加できるようにすることなどの改革を実施した。

(3) **入学定員削減と統廃合の促進について**

以上のような政府の検討状況に対してどのように対応すべきであろうか。

❶ 法的措置と前段階としての公的支援見直し強化策

まず，入学定員の削減と統廃合の一層の促進は，教育の質を向上させ，合格率を制度的に高めるために不可欠である。

文科省の公的支援見直し強化策は，この間，入学定員削減と統廃合の促進に一定の効果を発揮した。しかし，同施策のみによって，3,175人（平成27年度入学定員見込み数），52校（学生募集停止または停止の発表を行っていない法科大学院数）という現状に対し，より抜本的な定員削減と学校数の削減を実現することは困難というべきである。

したがって，検討会議提言に基づき，2015（平成27）年7月の法曹養成制度改革推進会議の設置期限内に，強制的な統廃合に向けた「法的措置」の具体的な制度設計を着実に実施し，一定期間内に抜本的な定員削減と学校数の削減が実施されない場合には，法的措置を導入できるよう準備を進める必要がある。

❷ 地方，夜間校への配慮

ただし，統廃合に向けた取組みに際し，法科大学院の地域適正配置，夜間開講法科大学院への配慮の観点は十分に踏まえられる必要がある。

地方法科大学院の存在は，同地域の法曹志望者の法曹を目指すための諸負担を大きく軽減させるのみならず，司法過疎の解消，地域司法の充実・発展への寄与，地方自治・地方分権を支える人材育成という観点からも重要な役割を担っている。また，学生の多様性確保のための一つの制度的対応として，働きながら学ぶことができる夜間開講法科大学院の存在は，とりわけ職を辞して法曹を目指すことが容易ではない現状の下においては極めて重要である。

近時，地方法科大学院の学生募集停止の発表が相次ぎ，合格率の低迷など夜間開講法科大学院を巡る状況も厳しいものがあるが，上記観点に立った対応が進められる必要がある。

❸ 大規模校の定員削減

現状において，課題が深刻な法科大学院を対象に統廃合と定員削減を進めるだけでは，7～8割という合格率が制度的に見通せる総定員数とすることは不可能である。また，2014（平成26）年度の入試競争倍率は，最大規模の定員を擁する上位校においても，2倍を大きく割り込み，また，早稲田大学（定員270人），慶應大学（同230人）の実入学者も200人を下回るなど，現在の志願者総数の下において大規模校が現状の定員数を維持することは現実的にも困難になりつつある。

したがって，定員削減については，大規模校を含めた削減が不可欠といえる。

❹ 認証評価制度の在り方

現在の認証評価制度に対しては，法科大学院の教育改善に効果を発揮しているとの評価の一方で，適格認定を受けた法科大学院について司法試験合格率が著しく低い状況が改善しないなど，果たして適格認定機関

としての役割を果たせているのかという批判も存在する。

このような状況の下，中教審法科大学院特別委員会では，認証評価基準の客観化などを内容とする認証評価基準の厳格化が提言されており，各評価機関では同提言を踏まえた評価基準の改訂作業が進められている。認証評価制度については法的措置のあり方との関係でも注目を集めつつあるところであり，現行制度自体の改革の必要性も含めた検討が必要である。

(4)「加算プログラム」について

法科大学院制度の改革のためには，定員削減，統廃合等のいわゆる締め付け策や，教育内容・方法等の地道な改善に向けた取組みだけでなく，法科大学院進学によって司法試験合格にとどまらない付加価値が得られるという取組みが不可欠である。そのような取組みが広く社会に認知されることが，法科大学院の志願者増加，予備試験ルートに対する「競争力」の強化にも繋がる。その意味で，そのような取組みに対して財政的支援を行うという文科省の「加算プログラム」に関する施策は評価できる。間もなく公表される積極評価を受けた各法科大学院の加算プログラムの内容に注目するとともに，その実施について弁護士・弁護士会としても必要な協力，支援を行っていくことが求められる。

(5) その他

❶ 共通到達度確認試験

共通到達度確認試験のうち，2年次進級時の試験については，未修者が進級に際して1年次の学習範囲を真摯に総復習する契機となること，2年次で既修者と共に学習するために最低限必要な基礎力をチェックする必要性は存することなどから，その実施には一定の意義が認められる。ただし，学生が試験対策に追われ，試験によって法科大学院教育が歪められるといった本末顛倒の事態に陥ることにならないよう，その制度設計と出題の在り方については細心の配慮が必要である。

2年次進級時の試験については，中教審法科大学院特別委員会における検討結果を踏まえて検討会議で検討し，導入を決定したものであるが，これに対し，3年次進級時の試験に関する検討は極めて不十分である。2年次進級時に比べて3年次進級時点に備えておくべき能力の線引きが困難であることに加え，3年次進級時試験の成績によって短答式試験を免除することが事実上セットで想定されていることを考えるならば，同試験対応のために法科大学院教育が歪められる危険性は2年次進級時試験に比べてより大きいと思われる。したがって，3年次進級時試験については，2年次進級時試験の試行の状況を踏まえ，これを実施するか否かについては慎重に検討すべきである。

❷ 通信制法科大学院の検討

法科大学院の地域適正配置は，地方在住者に対する法曹養成教育の機会均等という観点からも重要な意義を有するが，すべての都道府県に法科大学院が存するわけではない現在の法科大学院の状況を踏まえるならば，地域適正配置のみによって法曹養成教育の機会均等という理念を実現することはできない。同理念を具体化する上で，通信制法科大学院に関する検討を進めるべきである。

通信制法科大学院について，司改審意見書は，「通信制法科大学院を整備すべきである」と提言しており，中教審においても継続的な検討課題と位置づけられている（中教審「法科大学院の設置基準等について（答申）」〔2002〔平成14〕年8月5日〕）。

また，今般公表された中教審法科大学院特別委員会「法科大学院教育の抜本的かつ総合的な改善・充実方策について（提言）」（2014〔平成26〕年10月9日）では，ICT（情報通信技術）を教育連携，教材開発を行うことが提言されており，上記の問題意識を踏まえた検討を開始する環境が整いつつある。通信制法科大学院が実現すれば，法科大学院が存しない地方在住の法曹志望者を，予備試験ではなく通信制法科大学院に誘導することも可能になる。成蹊大学法科大学院では，キャンパスのある吉祥寺と丸の内のサテライト・オフィスとの間で，また，九州大，熊本大，鹿児島大，琉球大の4法科大学院のキャンパス間で，高速通信情報網を用いた遠隔授業が実施されていることや，島根大学と静岡大学との間で遠隔授業を前提とした広域連合法科大学院構想が検討されてきたことなどからすれば，通信制法科大学院はすでに実現可能性のある検討課題となっているといえる。

5）司法試験・予備試験制度改革の課題

(1) 検討会議取りまとめとこれを受けた政府の検討状況

司法試験・予備試験について，検討会議取りまとめにおいて提言された施策と，これを受けた政府の検討状況は次のとおりである。

❶ 受験回数制限の5年5回への緩和

検討会議取りまとめは，多くの受験生がより多くの回数受験することができるものとすることを求めていることを理由として，受験回数制限を5年5回に緩和することを提言した。これをふまえ，2014（平成26）年5月に司法試験法が改正され，2015（平成27）年司法試験実施の時点で修了後5年を経過していない者には受験資格が与えられるものとされた。

❷ 司法試験について

① 司法試験科目の改変

検討会議取りまとめは，法科大学院教育との連携を図る観点，司法試験受験者の負担軽減を考慮する観点から，司法試験の短答式試験科目について憲法，民法，刑法の3科目に限定することを提言するとともに，論文式試験科目の削減について，選択科目の廃止を含めて検討することとした。これをふまえ，上記改正司法試験法において，2015（平成27）年司法試験から短答式試験科目が3科目に削減されることになった。

また，推進室は第2回顧問会議（2013〔平成25〕年10月）に論文式試験の選択科目を廃止する提案を行ったが，これについては顧問会議の内外で反対意見が相次ぎ，事実上棚上げ状態となっている。

② 司法試験の運用改善

検討会議取りまとめは，司法試験の方式・内容，合格基準・合格者決定の在り方について，司法試験委員会の下に検討体制を整備することが期待される旨提言した。同提言を受けて司法試験委員会は同委員会の下に幹事会を設置し，2014（平成26）年1月からこれら課題を検討している。

❸ 予備試験について

① 予備試験の在り方

検討会議取りまとめは，予備試験の在り方について，必要なデータの収集を継続した上で，見直すかどうかについて2年以内に検討して結論を得るべきと提言した。予備試験を制限的にすべきとの立場，積極的に評価すべきとの立場を両論併記した上で，事実上の先送りを図ったものと言える。背景には，法科大学院制度に否定的で，予備試験を積極的に評価すべきとする一部政治家への配慮があったものと推測される。

② 予備試験科目の改変

上記のとおり，検討会議取りまとめでは予備試験について何ら具体的な提言が行われなかったにもかかわらず，その後，推進室は，第2回顧問会議に（a）予備試験の短答式科目について，憲法，民法，刑法，一般教養の4科目に削減する，（b）予備試験の論文式試験に選択科目を追加する，（c）予備試験の一般教養科目について，論文式は廃止し，短答式は大学卒業程度で試験免除とする，という案を提示した。しかし，司法試験論文式試験の選択科目とセットとして提案されたこともあり，同提案についても事実上棚上げ状態となっている。

(2) 司法試験の基本的な在り方について

司法試験の基本的な在り方については，養成されるべき法曹像や法曹の活動領域拡大の要請等を踏まえた継続的な検討が必要な課題である。求められる法曹像が，法廷実務を中核とする紛争解決実務を担う法曹から総合的な課題解決型に広がりつつある中において，司法試験の在り方をどう考えるべきかについては，幅広い観点からの継続的な検討が必要である。

その意味では，今回の推進室・顧問会議における司法試験に関する検討課題は，当面の実務的な課題と言える。

(3) 受験回数制限の緩和について

現状の低合格率の下において，受け控えという不正常な事態が生じていることなどに鑑みると，受験回数制限の5年5回への緩和は適切な法改正であった。同改正によって2014（平成26）年試験から受け控えの必要がなくなり，受験者が増加した結果，単年度の司法試験合格率が低下したが，同低下は今年限りのものであり，これによる負の影響は限定的といえる。

(4) 司法試験科目の改変について

短答式試験の科目削減については，受験生，とりわけ未修者の過度な負担を軽減しつつ，基本的な法律科目をより重点的に学ばせるという趣旨の改正として妥当であった。

他方，選択科目の廃止については，未修者の負担軽減という効果は短答式試験科目削減に比べると遙かに限定的であること，他方で，現在の低合格率の下にお

いて選択科目を廃止することは、多様な、専門性を持った法曹の輩出という要請に逆行することなどから、慎重な検討を要する事項と言える。

(5) 司法試験の運用改善について

司法試験の運用については、方式・内容、合格基準・合格者決定の在り方などが検討事項とされており、これらのほか、共通的到達目標との関連付け、論文式試験の出題内容、採点基準、採点方法、また、合格基準を外部から検証可能とするための方策などが検討課題と考えられる。考査委員経験者を含めた弁護士会の知恵を集約して対応する必要があろう。

(6) 予備試験の在り方について

❶ 現状

予備試験については受験者・合格者の増加、予備試験ルートからの司法試験合格者の増加と高合格率、そして、予備試験受験者・合格者の中の若年者、学部生・法科大学院生、法科大学院修了生の割合の急増など、データを見る限り、その運用状況は制度趣旨とは乖離した方向に向かっており、法科大学院を中核とする法曹養成制度の根幹を脅かしつつある。

「予備試験合格者に占める本試験合格者の割合と法科大学院修了者に占める本試験合格者の割合とを均衡させる」との閣議決定（「規制改革推進のための3か年計画」〔2007〔平成19〕年6月22日閣議決定〕。2008〔平成20〕年の「改定」、2009〔平成21〕年の「再改定」も同内容）が存在しており、現状では予備試験ルートの司法試験合格率が遙かに高いことから（2014〔平成26〕年の司法試験では予備試験ルートの合格率66.7％に対し、法科大学院ルートの合格率は21.2％）、今後さらに予備試験ルートが拡大していくことが予想される。

このような状況の下、法曹を志望する法学部生の多くが一次的には予備試験合格を目指すとともに、そのために受験予備校を利用するということが一般化しつつあり、旧司法試験時代に大きな問題とされた、いわゆるダブルスクール現象が再現しつつある。

また、いわゆる上位校においては、法科大学院在学生の相当数（法科大学院によっては半数以上とも言われる）が在学中に予備試験を受験しており、予備試験ルートで司法試験に合格した在学生が大量に中途退学するといった事態も一部で生じている。

2014（平成26）年は予備試験合格者数が前年比5人増にとどまったが、上記のような傾向の進行に歯止めがかかったかは未だ予断を許さない状況である。また、現在の予備試験をめぐる状況が、法科大学院を中核とする法曹養成制度を維持、改善する観点から、許容できる範囲にあるのか自体も予断を許すものではない。

❷ 予備試験制度検討の基本方針

このような現状をみると、予備試験が制度趣旨に沿った、法科大学院を中核とする法曹養成制度の下における、ごく例外的な法曹資格取得ルートとして運用されるためには、以下のような改革が必要である。

① 受験資格制限

予備試験の受験資格を制限する方法について、推進室は、現時点で直ちに受験資格制限を導入することは妥当ではないとの立場に立ちつつ、顧問会議（第8回・2014〔平成26〕年5月）において、資力要件、社会人経験要件を設ける案（A案）、一定以上の年齢であることを受験資格とする案（B案）、法科大学院在学中の者には受験資格を与えない案（C案）の3案を論点整理として提示した。

このような受験資格制限については、公明党、東大・京大・一橋大・早大・慶大・中大の六法科大学院長、法科大学院協会などがその実施を積極的に支持する意見書を公表する一方、複数の弁護士会からは、受験資格制限を行うべきではないとの意見も表明されている。

しかし、予備試験がその制度趣旨に沿って運用される状況を実現するためには、運用上の工夫のみによっては限界が存在するとの懸念は理由のないところではない。受験資格制限を実施することによって法曹志望者が減少する結果を招かないか、仮にその懸念があるとすれば、そのような弊害を生じさせないためにどのような制度的対応が必要かなどの点にも考慮しつつ、受験資格制限の可能性と具体的内容について、検討を進めるべきである。

② 試験内容—法科大学院修了と同等の能力判定ができる内容に

また、現在の予備試験の試験科目と試験内容は、法科大学院修了と「同等の学識及びその応用能力並びに法律に関する実務の基礎的素養を有するかどうかを判定する」という予備試験の目的（司法試験法5条1項）との関係で、果たして適切かという観点

からの検討も必要である。

予備試験に選択科目を追加する必要はないか、追加するとして1科目で良いか、法律実務基礎科目について、「法律に関する実務の基礎的素養（実務の経験により修得されるものを含む。）についての科目」（司法試験法5条3項2号）という定義に照らし工夫の余地はないか、口述試験でより厳格に審査することは考えられないか等の論点が顧問会議においても提示されている。また、推進室からも予備試験の試験科目に展開・先端科目を追加する案（D案）が論点整理として提示されている（推進室自体は受験資格制限と同様、現時点での実施には消極の立場）。

なお、この点については、予備試験制度が、プロセス養成で修得されるものと同等の能力を試験で判定するという原理的矛盾を抱えているにもかかわらず、法科大学院修了者と同等の能力を図る試験に向けた制度改変を行うことは、結果として予備試験ルートを拡大することに繋がらないかとの慎重論も存するところである。

このような懸念への対応も含め、制度趣旨に沿った予備試験制度の改革に向けた検討が必要である。

4 司法修習制度の現状と課題

1) 司法修習の現状

(1) 新司法修習の実施と修習生の数

2006（平成18）年秋から、法科大学院を修了し、新司法試験に合格した者に対する新司法修習が開始された。この新司法修習及び現行司法修習と呼称された従来型の修習（以下「旧司法修習」という。）が併行して実施されていた期間において、旧司法修習との関連性を明らかにするため、新司法修習の第1期生から第6期生までは、新60期ないし新65期と呼ばれていた。しかし、2012（平成24）年に現行65期をもって旧司法修習が終わり、旧司法修習と新司法修習との併行期が終了したことから、2012（平成24）年11月末に開始された66期以降は、「新」の冠がとれて単なる「司法修習」と呼ばれることになった。

これまでの新司法試験の合格者及び修習生の人数は、以下のとおりである。

2006(平成18)年	合格者1,009名	新60期修習生991名
2007(平成19)年	合格者1,851名	新61期修習生1,812名
2008(平成20)年	合格者2,065名	新62期修習生2,044名
2009(平成21)年	合格者2,043名	新63期修習生2,021名
2010(平成22)年	合格者2,074名	新64期修習生2,039名
2011(平成23)年	合格者2,063名	新65期修習生2,001名
2012(平成24)年	合格者2,102名	66期修習生2,058名
2013(平成25)年	合格者2,049名	67期修習生1,975名
2014(平成26)年	合格者1,810名	68期修習生1,787名

参考までに、旧司法試験の合格者は、2006（平成18）年が549名、2007（平成19）年が248名、2008（平成20）年が144名、2009（平成21）年が92名、2010（平成22）年が59名、2011（平成23）年が6名（前年度口述試験不合格者に対する口述試験のみ実施）である。

(2) 司法修習の概要

上述したように、旧司法修習は2012（平成24）年に終了し、2013（平成25）年度以降、司法修習とは新司法修習のみを意味することとなったため、「新」という冠がとられることとなった。以下、67期までの司法修習（＝新司法修習）の概要を前提としつつ、68期からの変更点についても言及する。

❶ 修習期間の短縮

修習期間は、1年間である（68期からの各実日数は、導入修習15日、分野別実務修習38日×4、選択型実務修習30日、集合修習30日）。

❷ 前期修習のない司法修習→68期から修習開始直後に導入修習を実施

修習生は法曹養成に特化した法科大学院において実務導入教育を受けているとの前提から、新61期だけは前記修習を簡略化した導入研修（約1か月間）が実施されたものの、新62期からは司法研修所において前期修習なくして直ちに実務修習から司法修習を開始した。しかしながら、いきなり実務修習から始まると、実務修習の実効性が上がらないとの声が多方面から出るようになり、68期からは、修習開始直後に司法研

修所において全修習生に対し（ＡＢ班同時に）3週間（実日数15日）の導入修習が実施されることとなった。

❸ 出張講義→68期から導入修習の実施にともない廃止

新62期〜67期までは，新61期のみ実施された導入研修も廃止されたため，これに代わるものとして，司法研修所教官が実務修習地に出張して講義をするという出張講義の制度が実施されたが，68期からの導入修習の実施にともない，出張講義は廃止されることとなった。

❹ 選択型実務修習

選択型実務修習とは，分野別実務修習の各分野（弁護・検察・民裁・刑裁）を一通り修習（68期からは実日数38日×4）した後に，修習生各自が，その実情に応じて，主体的にプログラムを選択，設計する実務修習である（68期からは実日数30日）。修習生は，弁護修習で配属された法律事務所をホームグラウンドとし，弁護士会，裁判所，検察庁において用意された個別修習プログラムや全国型プログラムの中から自ら修習したいプログラムを選択して修習計画を立てるというものである（自ら修習先を開拓することも認められている＝自己開拓プログラム）。分野別実務修習の深化と補完を図るとともに，分野別実務修習では体験できない領域の修習に取り組むことができる。

❺ 集合修習

司法研修所における集合修習は，旧司法修習における後期修習に該当するものとして，分野別実務修習が終わった段階で実施される（68期からは実日数30日）。新61期以降は，修習生全員を研修所に集合させることが物理的に不可能であるため，修習生を，8月・9月に集合修習をするＡ班（東京・大阪等の修習地）と，10月・11月に集合修習をするＢ班（Ａ班以外の修習組）の2つに分けて実施される。すなわち，8月・9月は，Ａ班が司法研修所で集合修習，Ｂ班は実務修習地で選択型実務修習，10月・11月は，Ａ班が選択型実務修習，Ｂ班は集合修習と交替することになる。二回試験は，11月下旬に実施される。

❻ クラス編成

研修所のクラス（1クラス75名程度）は，1〜3箇所の実務修習地単位で編成されている。

❼ 二回試験（考試）

二回試験は，修習期間の最後の1週間に5科目の筆記試験という形で実施される。

60期以降，追試制度は廃止され，二回試験に合格できなかった修習生は，その後に実施される二回試験を再度受験することになる。なお，2009（平成21）年度以降，二回試験の受験回数は3回までに制限されることとなった。

不合格者の割合は，年によって異なるものの，最近は概ね3％程度で，やや減少傾向にある。

2）司法修習の課題

現在の司法修習制度は，21世紀の司法を支えるにふさわしい質・量ともに豊かな法曹を養成するとの理念に基づき，法曹養成に特化した法科大学院による法学教育と司法試験との有機的な連携を前提とする「プロセス」としての法曹養成制度の一環としてスタートした。司法修習は，司法修習生の増加に実効的に対応するために，法科大学院での教育内容を踏まえ，実務修習を中核として位置付け，修習内容を適切に工夫して実施すべきものとされてきた。その結果，司法修習は，法科大学院における法理論教育と実務導入教育を前提として，各2か月の分野別実務修習から開始し，その後に交替制で司法研修所における集合修習（2か月）と実務修習地における選択型実務修習（2か月），最後に二回試験を受けるという1年間の修習として構成されてきた。

このような司法修習については，従前から，分野別実務修習の各期間が2か月では教育期間として短すぎるのではないか，選択型実務修習は二回試験準備期間になってしまうのではないか（とりわけ二回試験の直前に選択型実務修習が予定されているＡ班の修習生について）等の意見もあった。

昨今では，司法修習の実施に伴う問題として，①司法修習生の質が低下しているのではないか，②修習期間が1年間に短縮され，前期修習も行われなくなったにもかかわらず，法科大学院における法律実務基礎教育の内容にばらつきがあるため，司法修習（実務修習）に期待される充実した教育を実施することができていないのではないか，③現在の司法修習が法廷実務を修得することを主たる内容としており，多様な法律家を養成するという理念に沿わないものとなっているのではないか，等が指摘されている。

上記①については，主として実体法の基本的理解の

曖昧さが挙げられるが，これは，現行法曹養成制度下におけるトレーニング不足という要因が大きいように思われる。すなわち，法科大学院のカリキュラム上の問題（法律基本科目の単位が少ないことなど）や司法試験の内容上の問題（短答式試験の範囲の広さなど）から，司法試験の合格に至るまでに，法律基本科目の習得に充てられる時間が不足しているように思われるからである。

そこで，実体法の基本が修得できるような仕組みへの改善が検討されるべきであろう。法廷実務家に限られない多様な法律家の養成という理念の下にあっても，法の支配の実現を担う専門家としての法律家が，実体法の基本を理解すべきは当然だからである。法曹養成制度検討会議において，司法試験における短答式科目を憲法・民法・刑法の3科目に削減することが打ち出されたのは，上記①の問題の解決に資するものであるが，法科大学院のカリキュラム編成の再検討なども急ぎ取り組まれるべき課題である。

上記②については，司法修習生の一部に，実務に関する基礎的な知識を欠いた者や，基本的な法律文書（訴状や答弁書など）を起案した経験がない者がいることは事実である。このような事態となった原因としては，法科大学院が負担すべき実務導入教育の内容について，法科大学院関係者と司法修習に関係する法曹関係者の間での認識にギャップがあったこと，また，法科大学院側での共通の理解も不十分であったため，法科大学院によって実務基礎教育の内容に大きなばらつきが生じたことなどが考えられる。これを改善するため，関係者間の協議により，法科大学院が担うべき実務導入教育の内容を明確にする必要があろう。ことに，法科大学院出身者は，調査能力と発言能力は高いが，論理的文章を書く能力が十分ではないと指摘されて久しいのであるから，この対策は急務である。

また，司法修習に関わる法曹関係者から，司法修習の中核である実務修習を有意義なものとするために，実務修習開始前に導入的研修をすべきであるとの意見が多くなっていたところ，平成26年春には，最高裁の修習委員会において各分野別修習の実効性を高めるためのガイドラインがまとめられ，また，68期からは修習開始直後に司法研修所で実日数15日間の導入修習が実施されることとなった。これらによって司法修習の実効性が高まることを期待したいが，より根本的には，分野別修習期間が短いことに伴う問題が残されている（例えば，民事裁判事件においては，2か月弱の修習期間中に1期日しか入らないことも多く，生の事件の展開を学ぶことができないことなどが指摘されている。）。

上記③は，新しい法曹養成制度は法廷実務家に限られない幅広い法曹の活動に必要とされる能力の習得を目指すべきであるとの観点から，これまでの法廷実務を中心とした司法修習のあり方に再検討を求めるものである。選択型実務修習において，企業法務等，訴訟実務以外の分野における修習も行われているが，多様な法律家を養成するという観点から十分なものかどうかは検討の余地があろう。

しかし，多様な法律家の養成という理念の下にあっても，法の支配の実現を担う専門家としての法律家が実体法及び法廷実務の基本を理解すべきは当然である。この基本が理解されていないならば，法廷以外の場面においても，法曹有資格者として活動することは困難であろう。また，法曹有資格者は，法廷実務を理解するがゆえに，法廷以外において有用であるとも言える。修習期間が1年となり，前期修習がなく実務修習から開始される現在の司法修習について，実務修習の実効性を高める必要があるとの問題意識が持たれ，上述したような対策が取られている現状に鑑みれば，ある程度は法廷実務を中心とする教育とならざるを得ないのは，やむを得ないことと思われる。限られた時間の中で，法廷実務の基本が十分に理解されていないのに，修習対象を拡大し薄められた内容のカリキュラムを増やしても，司法修習の実を上げることはできないと思われるからである。

さらに，上記③に関して，「各分野の法曹としての専門教育は，法曹資格取得後の継続教育に委ねるべきである」との意見が強調さることにより，統一修習制度意義が薄れ，実質的に分離修習を容認するものに変容してしまうのではないかと危惧する声もある。

3）給費制をめぐる動向

2004（平成16）年12月，裁判所法の改正により，司法修習生に対する給費制が廃止され，貸与制が導入されることとなり，改正法の施行日が2010（平成22年）11月1日とされたことから，同年11月に採用される新64期の司法修習生から貸与制に移行する予定

となっていた。

これに対し、日弁連は、昨今の法曹志望者が置かれている厳しい経済状況に鑑み、また、社会的・公共的な使命をもって活動する法曹は国費によって養成すべきであるとして、給費制の存続を強く求め、市民集会やパレードも全国規模で展開され、議員への働きかけも粘り強く続けた結果、2010（平成22）年11月、議員立法により裁判所法が改正され、貸与制の実施時期は1年延期された。

しかし、翌年、政府内の「法曹の養成に関するフォーラム」において貸与制に移行すべきであるとの見解が示され、新65期からは貸与制が実施された。新65期に対するアンケートの結果によれば、貸与制下における司法修習制度の必要性に疑問を呈する声も挙げられているが、上述したとおり、「プロセスとしての法曹養成制度」が必ずしも十分に機能していない現状において、問題をはらみつつも現在の司法修習制度が果たしている役割は大きい。

今後も、給費制が復活できるよう、粘り強く取り組んでいく必要がある。

5 若手法曹をめぐる現状と課題

1）若手弁護士をめぐる現状と支援策

(1) 若手弁護士をめぐる現状

司法制度改革の一環として実施されている法曹人口の増大政策により、弁護士人口は毎年飛躍的に増加し、過去5年間で約1万人増え、弁護士人口35,000人を超える状況に至った。

弁護士人口の増大を背景に、ひまわり基金法律事務所や法テラス4号事務所の展開などによって弁護士ゼロ地域の解消、被疑者国選弁護の拡大、国選付添人制度の実現、組織内弁護士の増加といった成果が実現し、2011（平成23）年3月に発生した東日本大震災後の対応として、法律相談や被災者の代理人としての活動を中心とする震災復興支援、原子力損害賠償紛争解決センター（原発ADRセンター）への人材輩出等を実現することができた。これらの成果及び活動の多くが若手弁護士によって担われている。

他方、社会の法的サービスに対する需要は、現状において弁護士人口の増加に見合うほどには増加せず、弁護士を取り巻く環境は年々厳しくなっている。それに応じ、新規登録弁護士の採用問題（司法修習生の就職問題）も年々深刻の度を増し、就職難に加え、登録と同時に自宅等を事務所として開業する（いわゆる「即独」）弁護士の増加、就業条件の悪化等も看過し難い。開業弁護士もまた、弁護士1人当たりの相談件数、裁判・調停の受任件数は全体的には減少しており、殊に、即時・早期に独立する弁護士のみならず、業務基盤の弱い若手弁護士に対する影響が、上の世代の弁護士に比べ顕著であると窺われる。さらに、法科大学院の学費負担とともに、司法修習が給費制から貸与制へ移行したことにより、奨学金や貸与された資金の返済義務などの多額の債務を負って業務を開始する若手弁護士の数が増加することは確実である。

以上の若手弁護士が置かれた現状は、遠くない将来における司法の担い手である若手弁護士が疲弊し、また、弁護士活動に対する夢の喪失を招くといった事態を生じさせている。このような現状が改善されなければ、弁護士会内において世代間対立を生むと同時に、さらなる法科大学院受験者数の減少に伴って法曹界に輩出される優秀な人材が減少していくことも危惧されるところであり、現状を放置することにより生ずる悪影響は計り知れない。

法曹人口の増大政策は、日弁連の総意として受け入れられたものであって、現状の若手弁護士の苦境について、中堅、ベテラン弁護士はその改善に取り組む責任を認識し、痛みを分かち合って支援を行なっていかなければならない。

弁護士会は、このような認識を踏まえ、厳しい環境下にある若手弁護士に対する支援策として、後記のとおり、弁護士の活動領域の拡大、若手弁護士の業務基盤の確立等にも資する諸施策の採用、実施に取り組んでいくべきである。この点、東京弁護士会（東弁）においては、2014（平成26）年9月、弁護士登録5年以内の弁護士会員の業務を総合的に支援することを目的として「若手会員総合支援センター」が設置された。今後、同センターによる具体的かつ効果的な支援策の検討・実施が期待される。

(2) 若手弁護士に対する支援策

❶ 弁護士の就業等支援

日弁連及び各弁護士会は，法律事務所による若手弁護士採用の拡大を図るための積極的な施策を実施すべきである。

また，法律事務所による採用のほか，組織内弁護士としての活躍の場を拡大するために企業や国，地方公共団体への弁護士の就業を短期間で実現するための対策を立案し，実行すべきである。そのためには，弁護士の活躍が要請された場合に適時，適切な能力を有する弁護士が就業できる環境を整えなければならない。研修等によって適切な知見を獲得することができる制度を構築することはもちろん，法律事務所から組織内への移籍前，及び組織内から法律事務所への復帰の際の支援も必要不可欠である。

❷ 弁護士の活動領域の拡大

今後も一定期間は弁護士人口が増加することが予想されるなか，2013（平成25）年9月，政府は内閣の法曹養成制度改革推進会議において，「法曹有資格者の活動領域に関する有識者会議」を設置し，「自治体等（福祉分野を含む）」「企業」「海外展開（民間・公的機関）」の三分野ごとに分科会を設けた。これを受けて日弁連は，各分科会に応じ，法律サービス展開本部（自治体等連携センター，ひまわりキャリアサポートセンター，国際業務推進センターの3つのセンターから成る。）を設けた。また，東弁も，活動領域拡大推進本部を設け，それぞれ活動領域の拡大を検討しているところである。活動領域拡大のためには，若手弁護士のみならず，知識経験ともに豊かな弁護士が自ら積極的に関与してニーズを発掘していくことが重要である。そのうえで，若手弁護士に対する充実したOJTを実施して後進の育成を図ることにより，弁護士全体の活動領域の継続的な拡大が実現できるであろう。

❸ 若手弁護士の活動機会の拡大

① 東京弁護士会の法律相談制度の活用による支援

東弁が関わっている法律相談制度については，法律相談センターのあり方を中心に会内でも議論の深まりがみられるところであるが，若手支援という観点からは，若手弁護士のOJTの機会提供と業務基盤の一助となりうる側面を有していることを重視すべきであり，より充実させていくべきであるといえよう。積極的広報や他機関との連携，インターネットを利用したシステムの導入，積極的なアウトリーチの実践など抜本的改革を行い相談件数の増加を図るとともに，OJT等による相談の質の確保に配慮しつつ，司法修習終了後10年以内の弁護士の優先担当枠を設定する等の制度についても東弁の関連委員会において早急に検討する必要がある。

② 東弁委員会活動についての支援

東弁の委員会活動への参加を積極的に希望する若手弁護士は少なくない。若手弁護士が入会を希望する委員会においては，これらの委員会ごとに5～10年ごとの期別の委員構成率を調査し，その結果，若手弁護士の比率が低い場合には，委員会定員数の増加や，委員会活動の継続性に配慮しつつ実働していない長期継続委員の交替を図る運用などを検討する必要がある。

③ 管財人等の就任機会の増大による支援

破産管財人，民事再生委員，特別代理人，相続財産管理人等の選任に当たっては，選任手続等の実態を把握の上，弁護士会が裁判所に対し新たな名簿（管財代理名簿を含む）の作成や登録者の公募制の導入を求める等して，若手弁護士が就任することのできる機会の拡大を図ることが検討されるべきである。同時に，若手弁護士の就任を可能ならしめるため，弁護士会が研修制度やベテランのサポート体制の充実を図り，業務の遂行に不安が生じないような対策を行うことが要請される。また，成年後見人等，他士業が進出している分野については，弁護士の就任拡大のため日弁連及び各弁護士会による裁判所への働きかけや広報を行う必要がある。

④ OJTの機会の拡充

法友全期会は，即時・早期に独立するなどの理由により十分なOJTの機会を受けられない法友全期会会員である若手弁護士向けに，2009（平成21）年度から，全期世代の指導担当弁護士と共同受任して案件を遂行するメンターシップ制度を実施している。同制度を利用した若手弁護士の100％に近い者から肯定的評価を受けているところであるが，提供される案件が少なく，若手弁護士のニーズを充足していない。

東弁においても，法律相談において若手弁護士が中堅，ベテランの弁護士とペアで相談を担当して指導を受ける機会を拡充して，若手弁護士が，具体的

な相談や事件を先輩弁護士と共同で受けられる機会を増やすべきである。

東弁が2012（平成24）年10月1日に開設した蒲田法律相談センターでは、東弁の弁護士登録5年未満の会員が予約により利用できる共用執務室を設け、同執務室を利用する若手会員に対し、蒲田法律相談センターで行われる面接相談に同席すること、電話ガイドの内容を同席して聴取すること、事件担当弁護士と共同で事件を受任することが認められている。このような制度は、弁護士登録5年未満の会員にOJTの機会を提供するものであり、さらに推進されるべきである。

また、法律相談から受任する事件に限らず、裁判所から破産管財人、成年後見人等として選任された弁護士と若手弁護士とが共同して事件に当たる制度など、若手弁護士が先輩弁護士の指導を受けつつ実際の事件に関与することができる制度の創設も検討されるべきである。

⑤ 勤務弁護士の待遇の改善のための支援

勤務弁護士の就業条件（給与や勤務時間など）が相当程度悪化していることが窺われることから、弁護士会は勤務弁護士の労働実態調査や情報収集に努め、勤務弁護士の待遇について問題例を周知し、経営弁護士に自発的な改善を促すなど、問題点の発見と改善のための対策を行う必要がある。

⑥ 継続教育の充実

弁護士としての深い教養の保持と高い品性の陶冶に努め、市民に対してより質の高い法的サービスを提供すべく、司法修習終了・弁護士登録後の継続教育も一層充実されるべきである。

上記の取組み（とりわけOJTの機会の確保、拡充）は、この継続教育の充実という観点からも強く要請されるものである。

また、若手弁護士からは、研修制度の充実を求める声も強く上がっている。東弁の研修制度は相当に充実したものとなっているとはいえ、さらなる改善は可能か、絶えず検討されることが求められる。

例えば、東弁でも、新規登録弁護士向けのクラス別研修制度が65期の新規登録弁護士に対して、2013（平成25）年1月から実施されたところである。登録直後、具体的な事件を直接取り扱うようになって初めて直面する疑問や課題等について、同じ目線、立場にある新人弁護士同士で検討、意見交換し合う機会を設けることは、弁護士としての成長にとって有益であり、司法修習等の教育効果の偏りの修正、新人弁護士相互の人間関係の醸成や弁護士会への帰属意識の向上に資することを期待することができる。（なお、クラス別研修制度は、多数の新人弁護士の生の意見や問題意識を汲み取ることができる格好の場であり、若手弁護士に対する支援策を検討するにあたっては、同制度が有効に活用されるべきである。）

また、いくつかの法科大学院においては若手弁護士を対象としたリカレント教育が実施されており、これを弁護士会としても広く周知し後援していくことが望まれる。

2）新人弁護士と採用問題

(1) 新人弁護士の登録状況と採用問題

司法制度改革の一環として実施されている法曹人口の増大政策により、60期以降弁護士の新規登録者は急増し、毎年ほぼ2,000名以上が司法修習を修了しているが、現・新65期について言えば、二回試験合格者2,080名のうち、任官・任検者が計164名であるところ、一括登録時点での弁護士登録者が1,370名であり、うち253名が東京弁護士会に登録している（なお、2013〔平成25〕年10月30日時点では、弁護士登録者が1,861名に増加している）。

新人弁護士の採用問題については、新聞等マスコミでも大きく取り上げられるようになっており、法曹界のみならず、裁判員制度がスタートし国民の司法に対する意識が高まる中、世間一般からも一定の関心を引いている。それは一方では、弁護士の採用問題、裏を返せば司法修習生の就職問題が、OJTによる訓練とスキルの伝承という弁護士の質の問題、弁護士のあり方、ひいては弁護士の利用者である国民の受ける法的サービスのあり方、国民の信頼に直結する重要な問題であると同時に、他方では、司法制度改革が目指した法曹人口の増大政策と、その前提としての新規合格者の増加政策について、裏付けとなる法曹界の受け入れ態勢やその容量に疑問が生じていること、さらにはその前提としての司法に対する需要について、想定との間に離齬が生じている可能性があるからである。

(2) 新人弁護士採用問題の現状

新人弁護士の採用問題（司法修習生から見れば就職問題）に関しては，以下のような問題が生じている。

❶ 採用先がない

新人弁護士の供給に需要が追いついておらず，修習終盤になっても就職先が決まらない傾向が強まっており，状況が深刻化さを増している。

日弁連の調査によると，修習終了3ヶ月前の9月時点における就職先未定率は，新62期が約12%，新63期が約23%，新64期が約35%と，近年悪化の一途を辿っており，新65期についても約32%と高止まりしている。新66期については9月時点の調査が行われていないが，7月時点で未定率が約33%となっており，依然高水準ではあるが，若干の改善を見たとも考えられる。

また，現・新65期において，弁護士一括登録時に弁護士登録しなかった者が546名存在することが判明しており，これは新63期の際の212人に比べて倍以上，新64期の際の400人に比べてもさらに大幅な増加である。これら未登録者の中には，弁護士登録せずに大学関係や出身元企業に進む者も一定数存在するとは思われるものの，意に反する「就職浪人」が現実のものとなり，さらに増加し続けていることは憂慮すべき事実である。

さらには弁護士登録した者の中でも，事務所内独立採算型弁護士（いわゆる「ノキ弁」）となる者，登録と同時に自宅等を事務所として開業する者（いわゆる「即独」），さらには弁護士登録後早期に独立する者が増加している。

一方，企業や自治体等の組織内弁護士についても，近年ようやく本格的な増加傾向がみられるものの，新人弁護士ではなく弁護士として一定の職務経験者を望む企業も多く，新人弁護士に対する企業側の需要は未だミスマッチといえる状態が続いている。

❷ 就業条件の悪化

このような状況下で，新人弁護士の就業条件を見ても，初任給は低下傾向にある。日弁連の調査によれば，59期の段階では，年俸換算で500万円以下の層は7.6%に過ぎず，500万円超〜600万円以下の層が35.2%，600万円超の層が57.2%を占めていたのに対し，60期以降の新人弁護士は次第に条件が悪化し，新62期では500万円以下の層が27.7%に増加し，600万円超の層の24.3%を上回った。そして現・新65期では条件がさらに悪化し，480万円以下の層が54.5%と過半数を占めるようになり，従前の司法修習生の給費よりも明らかに低水準の300万円以下も8.7%存在し，さらに低い条件の者も散見されるなど，もはやワーキングプアと表現しても差し支えないような劣悪な条件での就業が現実のものとなりつつある。

先述のノキ弁，即独弁護士のみならず，固定給はあっても，歩合給との併用との条件で勤務している半独立歩合給併用型とでも言うべき弁護士，あるいは相対的に低い固定給の下，個人事件の受任も許されず，厳しいノルマ等を課されて長時間の執務を強いられている弁護士も増加していると言われており，新人弁護士の経済的状況はますます厳しいものになっていると考えられる。

❸ ミスマッチ

就職先を見つけることが困難なため，自分の希望する職務内容や就業条件での就職ができず，あるいは弁護士登録後，当初聞いていた職務内容や就業条件と乖離した就業環境に置かれて，早期に事務所を辞める者，事務所を異動する者が増加傾向にあるとの指摘がある。事務所内の弁護士との人間関係，就業環境，就業状況との不適合，自分の目指す弁護士業務と実際の業務とのずれにより，雇用主弁護士とトラブルになる者，当初の志を失い，法曹としての廉潔性を失っていく者や，廃業せざるを得ない者などが増えるのではないかとの危惧がある。

❹ 弁護士倫理や弁護士自治への悪影響の懸念

新人弁護士，勤務弁護士を取り巻く就業環境，経済状況の悪化やOJTの機会の欠如から，弁護士にとって必要な職業的倫理観，リスク管理の能力を身につけることができないまま，非弁提携や弁護士報酬等に関するトラブルの増加が懸念され，また直截に依頼者に対し，一定の水準に達した代理人活動，弁護活動を行うことができない者が増加する懸念が生じている。

また，委員会活動等への参加の機会，事務所の先輩弁護士や弁護士会等から指導を受ける機会が減少することに伴い，弁護士会等への帰属意識が薄れ，やがては弁護士自治に対する重大な危機が生じるとの指摘もある。

(3) 日弁連や単位会の取組みについて

新人弁護士の採用問題に関しては，日弁連がひまわ

り求人求職ナビを開設しており，各弁護士会等においても，採用情報説明会などの取り組みが行われている。しかし，ひまわりナビにせよ，説明会にせよ，実際に採用を予定する事務所等の参加数が求職側の人数に比べて極端に少ないという事態が生じている。

求人／求職の需給バランスが崩れた結果，1名の新人を採用しようとする事務所に対しても，いったんひまわりナビに求人を登録するやいなや，100名単位での応募が殺到するという事態が知られている。そのために，実際に新人採用を考えている事務所も，公式に求人することを見合わせ，口コミ等でしか新人の募集を行わないというネット時代以前の状態に逆行している状況も生まれており，現状では日弁連も単位会も有効な解決策を提示できていない。

採用問題に関しては，需給バランスが崩れているという根本的な問題があるため，弁護士会側の対策には限界があることも事実であるが，弁護士の活動分野の拡大の観点からも，一般の法律事務所に加え，広く企業や自治体の組織内弁護士への採用の呼びかけを，より一層広げるべきである。

また，上述のように，近年の傾向として，司法修習修了直後までに就業先が見つからない者が増加しているが，彼らを単に未登録者のままにしてしまうと弁護士会側では状況の把握も困難になり，有効な対策も取り得なくなる。修習修了時点で就業先が未定であった者の多くが修了後6ヶ月程度の期間で就業先を得ている状況からすれば，弁護士会が，司法修習を修了後一定の期間在籍できるような受入事務所を開設するような施策も検討すべきである。

6　弁護士へのアクセス拡充

1）弁護士へのアクセス保障の必要性と現状

(1) 弁護士過疎・偏在対策の経緯

2011（平成23）年の東日本大震災においては，被災者の多くが弁護士過疎地に居住しており，「いつでも，どこでも，だれでも良質な法的サービスを受けられる社会」が実現できていなかったこと，過疎対策の重要性が改めてクローズアップされた。

1964（昭和39）年の臨時司法制度調査会意見書は，「弁護士の大都市偏在化を緊急に是正しなければ，国民の法的水準向上はもとより，裁判の適正円滑な運営すら阻害されるおそれがある」と指摘していた。1993（平成5）年の日弁連弁護士業務対策シンポジウムにおいて，「弁護士ゼロ・ワンマップ」が公表された。1996（平成8）年の日弁連定期総会において，「弁護士過疎地域における法律相談体制の確立に関する宣言」（名古屋宣言）を採択し，すべての地方裁判所支部の管轄区域に法律相談センターを設置することを決めた。さらに1999（平成11）年に，日弁連は，東弁からの司法改革支援金1億円及び日弁連創立50周年記念事業特別基金からの繰入金等を財源とする「日弁連ひまわり基金」を創設し，同年12月の臨時総会において，公的資金による解決を志向すべきものであるとしつつ，「自らの負担により活動を展開しなければならない」と決議し，弁護士過疎・偏在対策の活動資金に充てるため，全弁護士から特別会費を徴収することとした。2000（平成12）年の定期総会において，「司法サービスの全国地域への展開に関する決議」を採択し，公設事務所・法律相談センターの設置にさらに取り組むことを決めた。そして，2012（平成24）年の定期総会において，「より身近で頼りがいのある司法サービスの提供に関する決議―真の司法過疎解消に向けて―」（大分決議）を採択して，地方裁判所支部単位に限らず，アクセスの不便性や具体的ニーズを考慮して必要性が高いと判断される地域に必要な法律事務所の設置を進め，日本司法支援センターや地方自治体等と連携しつつ，法律相談センターを始めとする法的サービスの提供態勢を更に整備していくべきことを確認した。

2006（平成18）年10月に開業した日本司法支援センターは，過疎地における法律事務所（司法過疎対応地域事務所）の設置を始めた。2007（平成19）年12月の日弁連臨時総会において，弁護士偏在解消のための経済的支援に関する規程を採択し，2010（平成22）年4月にひまわり基金による弁護士定着支援制度を統合し，過疎地域・偏在地域への弁護士定着を促進するとともに，そうした弁護士を養成する拠点事務所の設

置と支援に取り組むこととした。

(2) 弁護士過疎の現状と原因

全国に存在する253ヶ所の地方裁判所の本庁及び支部のうち，その管轄地域に弁護士が0又は1人しかいない，いわゆるゼロ・ワン地域は，2010（平成22）年1月時点でゼロ地域は解消し，2011（平成23）年12月18日にはワン地域もいったん解消した。その後2012年（平成24）年になって再びワン地域が発生したが，これは2013（平成25）年11月に解消した。さらに，2014年（平成26）年3月，再度にわたってワン地域が生じるに至っている。

過疎・偏在地域で弁護士が独力で開業しない原因は次のとおり考えられている。①経済活動や文化活動が充実している都市部の魅力，②配偶者や子，親との関係，教育環境，③事件の多様性，④需要の有無，⑤縁故の有無，⑥裁判所への距離といった理由があげられる。しかし，ひまわり基金事務所や法テラス地域事務所の経験からみて，かえって過疎・偏在地域の方が事件の種類も雑多であり，同地域での弁護士活動には十分な魅力があるとの指摘もなされている。

2）法律事務所の必要性と役割

(1) 法律相談センターの役割

過疎地における法律相談センターの役割として次の2点が考えられる。①弁護士常駐の法律事務所を開設するまでの間の法律支援の必要がある，②法律事務所の法律支援を補完するため，法律相談センターを開設・維持する必要がある。

法律事務所を開設するほどの需要が見込めるかどうか，その一方で法律相談センターという「ハコモノ」を開設した場合の費用対効果，これらを考慮しつつ市民の司法アクセスの拡大に努めなければならない。

(2) 日本司法支援センターの役割

総合法律支援法が制定され，2006（平成18）年4月から日本司法支援センター（以下「法テラス」という。）が開設され同年10月に業務を開始して，法テラス事務所の常勤スタッフ弁護士は法律扶助の必要な市民の相談や刑事弁護活動を行っている。法テラスでは同法30条1項4号に規定する司法過疎対応地域事務所を2014（平成26）年8月末までに33ヶ所設置した。さらに，一部地域ではスタッフ弁護士が巡回法律相談を実施している。実質的な法律援助過疎地の解消のために日弁連・弁護士会と法テラスとは連携・協力して，弁護士過疎地域の解消と市民の司法アクセス障害の解消のための取り組みを行うことが望まれる。

(3) 弁護士偏在解消のための開設資金援助や定着支援対策

すべての市区町村には必ず複数の法律事務所が必要である。日弁連の担当委員会では，当面，弁護士1人当たりの市民人口を3万人以内とする目標を掲げて対策を講じることとした。そして，5年間に偏在解消対策地区に200名の弁護士の定着を目指すこととした。そのために10億5,000万円を投入する複数の支援策を用意し，連合会に拠点事務所（養成事務所）を10ヶ所設置するものとした。2012（平成24）年6月末現在，弁護士ゼロの人口3万人以上地区が54ヶ所残っており，その解消を目指さなければならない。

偏在解消対策地区に赴任する弁護士を養成する事務所に対する支援策として，開設支援，拡張支援，養成費用支援という経済的支援策がある。また，偏在解消対策地区で開業する弁護士や弁護士法人に対する支援策として，定着等準備支援，独立開業支援，常駐従事務所開設支援，特別独立開業等支援という経済的支援策がある。

修習生の修習地の拡散，配属人数の増大は修習地での就職の拡大要因となっており，偏在解消地区での開業に結び付くことが期待される。

(4) ゼロ・ワン地域解消型法律事務所の課題

2014（平成26）年9月1日時点で，ひまわり基金事務所は累計113ヶ所開設され，そのうち弁護士が定着した事務所は48ヶ所である。この類型の事務所の課題として，以下の3点が挙げられる。

1点目として，赴任・交替する弁護士の確保と養成の問題がある。新規登録弁護士が増大するに伴い過疎地での法律支援の担い手となる新人弁護士は数多く誕生している。この流れを維持するように受験生や修習生に対する必要性の周知を欠かすことができない。同時に，新規登録弁護士に対し多種多様な法律事務を習得させる養成事務所と，ひまわり基金法律事務所や4号業務地域事務所から任期明けに帰還する弁護士を受け入れる法律事務所を確保しなければならない。

2点目として，事務所開設・運営資金の問題がある。過疎地に赴任を決断した弁護士には開設資金・運営資金についての不安がある。日弁連は2007（平成

19）年12月にひまわり基金の設置期間を3年間延長する決議を行い，2009（平成21）年12月には特別会費を700円に，2012（平成24）年12月には600円に減額して継続して徴収することとした。過疎・偏在地域が解消しても運営資金援助の必要性はなくならないので，何らかの形式で特別会費の徴収は継続していく必要がある。

3点目として，ゼロ・ワン地域においては利益相反の問題がある。先んじて相談に訪れた市民は弁護士による支援を受けられるが，相手方は弁護士に委任しにくくなっている。この問題を解消するために複数事務所を実現しなければならない。

(5) 都市型公設事務所等拠点事務所の役割

都市部においては弁護士も法律事務所も多数存在するが，市民のアクセスが容易かというと必ずしもそうではなかった。都市型公設事務所が開設され，地域の市民の相談にあずかるだけでなく，過疎地に赴任する弁護士の養成と任期明け後の帰還受け入れ，被疑者・被告人国選弁護等刑事裁判への集中審理対応，任官弁護士のための受け入れ，判事補・検察官の他職経験の場，リーガルクリニックの実施を担うことなどが期待されている。

東京弁護士会は，これまで4ヶ所（池袋，北千住，渋谷，立川）での都市型公設事務所を開設した。上記目的にかなう機能の発揮・充実をさらに期待したい。

(6) 女性弁護士の偏在問題

弁護士の絶対数が確保されたとしても，残る問題として過疎地域における女性弁護士不足がある。2012（平成24）年7月1日時点で，地裁支部管内に女性弁護士がいない地域は全国に67ヶ所ある。アンケートによると，期間限定，所得保障，研修体制，出産育児時期における支援，セキュリティ面の充実などがあれば過疎地での業務に取り組む意欲が認められる。DV，離婚，子ども虐待，高齢者への虐待，性犯罪等に対して女性の視点が必要不可欠である。

また，地域の各種委員にも女性の参画が必要である。女性弁護士の偏在解消のために，女性弁護士や女性修習生の望む改善策と工夫を行う必要がある。

(7) 全会員による支援・人材の確保・経済的支援

若手弁護士が過疎解消型事務所に赴任して市民のアクセスを保障しようという意欲は旺盛である。経験豊富な弁護士はこうした若手弁護士に対して多様な支援に努め，これからもその意欲を減殺することなく発展させるための協力を惜しんではならない。

若手法曹の指導のために，都市型公設事務所や拠点事務所に常在する中堅以上の弁護士を確保することが重要な課題となっている。中堅以上の弁護士には，都市型公設事務所や拠点事務所に赴任することに，経済的な課題と任期明けの不安から躊躇する傾向が認められる。こうした課題の解決に取り組み，単位会を超えての人材確保に努力しなければならない。

3）アウトリーチの必要性と実践

(1) さらなる司法アクセス改善の必要性

現在，我が国において，高齢者の占める割合は約25パーセントとなっている。その上，近時の厚生労働省研究班の報告においては，認知症高齢者が約462万人にも及ぶとの推計もなされている。そして，超高齢化社会を迎え，今後，認知症高齢者の人口，割合は増加していくものと見込まれる。

さらに，障がいをもつ人となると，身体障がい約393万7,000人，知的障がい約74万1,000人，精神障がい約320万1,000人（いずれも2014〔平成26〕年版障害者白書の概数による）となっている。

(2) アウトリーチとは

このような，認知症その他の精神障がい，知的障がい等をもつ当事者にとっては，司法アクセスが極めて困難ないし不可能となってしまっている現状がある。すなわち，このような当事者の多くは，以下のような要因によって，司法へのアクセスがほぼできない状況にある。

・被害意識がない，もしくは乏しい。
・意思疎通が困難である。
・物理的に移動できない，ないし移動困難である。
・弁護士が何をする人なのかを理解できない，ないし理解困難である。
・精神障がい等によって誤解に基づいた支援拒否をしている。

このような当事者が司法アクセスできるようにするべく，近時，「アウトリーチ」の必要性が弁護士の間でも議論されるようになってきた。「アウトリーチ」とは，「被援助者が相談者のところへ来訪するのを待つのではなく，相談者の側から被援助者のところへ赴き，相談に乗ること」を言う。この単語は，古くから

ある福祉用語であり，福祉関係者の間ではかなり前から使われてきたものであるが，近時，日本司法支援センターの常勤弁護士が使い始めたのを契機として，弁護士会関係者の間でも使われるようになってきた。被災地支援分野や高齢者・障がい者分野などを中心として，弁護士の間でも，この「アウトリーチ」に相当する活動が広がってきているものと言える。

もっとも，「アウトリーチ」は，弁護士の職域拡大の側面のみを強調すると，他の関係者からの信頼を損ないかねない側面をもっている。とくに，高齢者・障がい者の案件にあっては，当事者が抱えている法的問題のみを切り取り，そこだけを強引に解決しようとすると，法的側面だけは解決したものの当事者のその後の地域生活にはまったく役立たない，ということが往々にして生じ得る。例えば，当事者の判断能力の低下が見られるために金銭管理がうまくできず，多重債務に至った案件において，自己破産や任意整理といった多重債務に対する処理をするだけでは不十分であるといえる。すなわち，それだけでは多重債務に至る根本原因を取り除くことができていないので，再び当事者が多重債務状態に陥ることを許してしまう。このような案件では，社会福祉協議会の日常生活自立支援事業や成年後見，保佐，補助といった各制度を活用するとともに，介護保険法や障害者総合支援法上の各種サービス利用にもつなげることによって，経済面でも安定した地域生活を実現させていく必要がある。また，その際には，弁護士のみならず，行政や福祉サービス提供事業者といった福祉関係諸機関とも十分に相談・協議を行い，協働していく必要がある。

このように，「アウトリーチ」は，当事者の法的ニーズ・問題にアクセスするだけではなく，当事者の法的問題を含んだ生活課題全般の解決を視野に入れながら実施していかなければならないものである。

(3) ソーシャルワークの一環としての「アウトリーチ」

「ソーシャルワーク」とは，社会福祉援助の実践や方法の全体をいい，福祉関係の行政機関やサービス提供事業者が日々行っている活動の多くが「ソーシャルワーク」に当たる。例えば，生活上の困難を抱えている当事者に対して，援助者が，様々な社会福祉サービスなどを活用し，当該当事者の主体的な生活を実現していく活動などがこれに当たる。

先に述べたとおり，弁護士が「アウトリーチ」をするに際しても，当事者の抱えている生活上の課題・問題がどのようなものであるのかを十分に把握し，当事者の生活の中で，法的問題がどのような位置を占めるものなのかを吟味した上で，適時・適切に法的問題解決を図っていく必要があるが，これは，ソーシャルワークの一環としての位置づけになるものと言える。

しかしながら，現在，弁護士がソーシャルワークに当たる活動を行っても報酬等が得られることは多くない。そのため，弁護士のソーシャルワーク的な活動を広げていくためには，民事法律扶助制度の中で「ソーシャルワーク加算」などの報酬体系を新たに創設し，弁護士の間においても，ソーシャルワーク的な活動が広がっていくように制度構築をしていく必要もある。

4) これまでの法律相談センターと今後のあり方

(1) 司法アクセスの確保と法律相談事業

❶ 法律相談事業の目的

東弁は，これまで，弁護士と接点を持ち得ない市民が多数存在している事実を重く受け止め，いつでも，どこでも，誰でもリーズナブルな価格で，容易に，適切な法律相談が受けられ，必要があれば弁護士の斡旋を受けられることを目的として，法律相談センターを設置し，法律相談事業を運営してきた。近時では，法律相談センターの存在意義として，このアクセス障害の解消に加えて，若手会員に対する指導の場として機能していること，さらには，相談担当の結果として会員に対する業務提供の場となっていることを指摘する意見がある。

東弁が提供する法律相談サービスの内容としては，一般相談，クレサラ相談，家庭相談のほかに，消費者問題，医療問題，労働問題等があり，事案の特殊性・機動的対応等の要請から適宜特別相談を実施し，また，民事介入暴力センター，子どもの人権救済センター，外国人人権救済センター等でも法律相談・事件斡旋を行っている。

❷ 日弁連の司法アクセス拡充の動きとの関係

一方，日弁連においても，1996（平成8）年5月の定期総会で「弁護士過疎地における法律相談体制の確立に関する宣言」を採択して以来，日弁連公設事務所・法律相談センター委員会を中心として，弁護士過疎地域における常設法律相談所の開設運動を推進する

一方，2011（平成23）年3月7日付で「最終意見書」を取りまとめた。同意見書は，法律事務所設置と法律相談センターの展開に関する基準を提案し，法律相談センターに関しては，第1種弁護士過疎地域（地裁支部管内事務所数3以下の地域）では，原則としてひまわり基金型センターを維持して，市民の法的需要に応えていくべきとしている。

日弁連の活動は，弁護士過疎・偏在対策を中心とする内容であり，東京都内の大部分の相談事業には直接的に当てはまるものではないが，市民が司法に容易にアクセスできる社会の実現をめざすもので，東京弁護士会の活動と目的を同じくする。日弁連委員会の動向には常に注目し，人的にも財政的にも積極的に協力していく必要がある。

(2) これまでの東京における法律相談センターの推移

❶ 外部相談センター設置とその拡大

1995（平成7）年，新会館移転に伴い，霞が関の会館内相談は，東京三会が法律扶助協会東京支部と共同して，新会館1階に各相談の振分けを実施する総合受付を設け，扶助協会にその運営を委託してきた。その後，2004（平成16）年8月からは，一弁が開設していたBカウンターを東弁・二弁運営のAカウンターに統合して三会共同で有料相談の窓口を設けて法律相談を実施してきた。

この間，新会館移転にあわせて，東京三会統一のクレジット・サラ金問題法律相談窓口が設置され，クレサラ処理に関して三会統一基準が策定・運用されるようになると，相談件数が飛躍的に増加して相談室が満杯状況となった。そのため，東京三会では，需要を捉えるため，相談事業は会館に止まらず積極的に外部に打って出る施策に転じ，三会共同で，当時全相談の約3分の1を占めるに至ったクレサラ相談を専門に取り扱う相談センターとして，1998（平成10）年9月に「四谷法律相談センター」，1999（平成11）年9月に「神田法律相談センター」の各外部相談センターを設置した。さらに，三会共同で，2002（平成14）年3月には一般相談から離婚・相続等家事問題を分離して「家庭法律相談センター」を設置し，2003（平成15）年12月に「錦糸町法律相談センター」を設置している。

また，過疎地対策の一環として，三会の共同で，2003（平成15）年6月に「小笠原法律相談センター」を，2004（平成16）年4月に「大島法律相談センター」を開設し，現在隔月又は毎月1回の法律相談を実施している。

一方，東弁においては，池袋，北千住，渋谷の各公設事務所（パブリック法律事務所）に併設して，それぞれ東弁独自の法律相談センターを開設している。

❷ 外部相談センターの再編

2006（平成18）年10月から法テラス東京事務所が四谷に開設するのに合わせて，同じ建物内に弁護士会相談センター（LC四谷）を開設してLC四谷を法律相談センターの中枢とする再編成を行い，霞が関の会館内には小規模の法律相談機能のみを残すことになった。相談件数は，センター開設以来増加を続け，LC四谷開設時の2006（平成18）年度は三会共同のセンター（交通事故相談，多摩地域を含む）で約44,500件までになった。

しかし，これをピークに以後減少に転じ，特に，クレサラ相談は2002（平成14）年の19,000件をピークに，以後相当数の相談件数で推移したが，2010（平成22）年6月改正貸金業法の実施により，多重債務者が減少し，相談件数の減少が顕著になったため，2011（平成23）年8月に四谷（クレサラ）相談センターをLC四谷に統合し，2012（平成24）年6月に神田相談センターを廃止した。

一方で，東京弁護士会では，法的サービスの需要を考慮して，2012（平成24）年10月に大田区蒲田地区に蒲田法律相談センターを開設し，一般相談，クレサラ相談，生活保護相談を実施している。このセンターは，その後，一弁，二弁が参画し，現在では東京三会共同運営をしている。また，2013（平成25）年10月，東京パブリック法律事務所三田支所に併設して，東京三会で外国人法律相談センターが開設されたが，相談需要が小さいことから2014（平成26）年度中に廃止の予定である。

2014（平成26）年3月，法テラス東京事務所が四谷から西新宿に移転したため，これに伴い，LC四谷と家庭相談センター統合し，従来の家庭センターの設置場所（新宿三丁目）において，総合法律相談センターを開設した。両センターの相談体制は基本的にはそのまま維持して相談者に対する法的サービスを減ずることなく，事務局体制の合理化が図られることになった。

(3) 相談件数の激減と収支の赤字化

❶ 最近の相談件数と収支の状況

相談件数の落ち込みについてはすでに触れたところであるが、現在、落ち込みは東弁の財政上看過できない程度の状況にまで陥っている。

最近の東弁の担当者による相談件数（多摩支部運営の八王子、立川、町田は除く）を見ると、2009（平成21）年度は20,002件、2010（平成22）年度は17,310件、2011（平成23）年度は13,998件、2012（平成24）年度は13,136件、2013（平成25）年度は12,144件と減少の一途をたどっている。ただし、その減少率は下げ止まっており、一定程度の相談需要が存在していることが見てとれる。それでも、東弁の法律相談事業特別会計の収支差額は、2009（平成21）年度は64,384,519円、2010（平成22）年度は19,180,721円、2011（平成23）年度は5,477,309円と減少し、ついに2012（平成24）年度は－31,464,553円と赤字に転落し、さらに2013（平成25）年度は－54,432,758円と赤字幅を増大させている。ピーク時の収支差額は153,090,759円の黒字であった。

なお、相談件数の減少傾向は全国的な問題であり、近時、日弁連においても相談件数減少問題を重要問題としてとらえて検討され、相談センターの存在意義について再確認をするとともに、相談料によるアクセス障壁の解消、開かれた専門相談の導入、効果的な広報の工夫等として議論されている。

❷ 件数激減の原因

相談件数の減少の原因は、改正貸金業法の実施により過払金返還請求を含むクレサラ事件が激減したことのほかに、弁護士の人数が大幅に増加したこと、インターネット等による弁護士の業務広告が飛躍的に普及したことによるアクセス向上、インターネット検索で容易に高度な法律知識を得られることになったこと、さらに、2006（平成18）年10月から法テラスが相談業務を開始したことなどが挙げられる。なお、減少の原因として、さらに隣接士業や自治体の相談の拡充が挙げられることがあるが、現在ではこれらの相談の件数も落ち込み傾向にあることを指摘しておく。

❸ 今後の改善可能性

相談件数の減少の原因からして、減少傾向は容易に改善をなし得るものではなく、それに伴い、このままでは、収支の赤字はさらに拡大していくものと予想される。なお、LC四谷と家庭相談センター統合により、2014（平成25）年度には、LC四谷の家賃・人件費合計年間2200万円余りに相当する経費削減が実現できることになるが、これだけでは到底現状の赤字を解消する決め手となるものではない。

（4）これからの法律相談センターの在り方

❶ 検討の必要性

相談件数の激減、それに伴う相談事業の赤字の拡大という現下の状況において、今後の法律相談センター事業の在り方について鋭意検討を行い、有効な対応策を直ちに実施することが急務といえる。

確かに法律相談センターは市民の司法アクセス障害の克服を使命とするものであり、また、近時はこれに加えて、若手会員に対する指導をも目的としており、相談担当の結果として会員に対する業務提供の場となっていることの存在意義も認識され、ある程度の赤字はやむを得ないといえる側面もある。しかしながら、このまま何も改革を行わずに赤字を巨額化させては、事業の存立そのものが危ぶまれることとなり、相談センターの存在意義の実現そのものが途絶えてしまいかねない。2013（平成25）年度の赤字幅は、東弁の財政上容認できないレベルにまで達しており、それくらいの危機感をもって臨むべき状況といえるのである。

こうした危機的な認識から、東弁は、2014（平成26）年11月開催の臨時総会において、法律相談事業について、次の基本方針を採択した。

① 法律相談事業の収支を改善するため、時機を失することなく的確・適切な改革を実行すること。

② 法律相談事業の目的・機能を踏まえつつ、法律相談センターの廃止・移転を含め、法律相談センターの在り方を見直すこと。

③ 中長期的観点から法律相談事業の運営改善策を検討する組織を新設すること。

❷ 赤字の解消・軽減のための施策

そこで、まず、赤字の解消もしくは軽減という観点から、今後の法律相談センター事業のあり方について検討する。

① 支出の抑制策

支出を抑制する方法として、以下の方策があり得る。

　ⅰ）外部相談センターの縮小ないし廃止

　ⅱ）センター職員の削減、公設事務所への業務委託費（池袋センターは東京パブリック法律事務所に、渋谷センターは渋谷パブリック法律事務所

に業務を委託をしている）の削減等による人件費の削減

　　　ⅲ）弁護士日当の削減ないし廃止
② 収入の増加策
　一方，収入を増加する方法として，以下の方策があり得る。
　　ⅳ）納付金の料率の引き上げ
　　ⅴ）法テラスの受任事件に納付金を課す
　　ⅵ）相談件数を増やす
③ 検討
　まず，このうちⅵ）相談件数の増加は決して簡単なものではないが，これは現下に限らず，相談センター事業を継続する以上，常に努力すべき課題である。これについては後述する。

　赤字の拡大という現下の状況において，これを削減するために直ちに取り得る方策としては，ⅲ）日当の削減・廃止，ⅳ）納付金の納付率の引き上げがある。ただし，これらは相談担当者に負担を強いるものであり，とくに若手会員にとってはその負担感はかなり重いものと思われる。また，一・二弁よりも負担が大きいということになれば，今後の東弁入会者の減少にも繋がりかねない。

　そもそも，赤字の発生・拡大は相談件数の激減によるものであることからすれば，本来的には，これまで相談件数の増加に併せて拡大してきた外部相談センターを見直し，これを適正に配置することこそ先ずは手をつけるべきといえる。その結果，ⅰ）外部相談センターの縮小・廃止という結論も十分あり得よう。たとえば，錦糸町センターでは相談室を9室設置しているが，現在使用しているのは4室のみであり，しかもその稼働率は25パーセントに過ぎない。北千住センターでは相談室を8室設置しているが（他に法テラス用に2室あり），現在使用しているのは概ね2室にとどまり，その稼働率は37パーセントに過ぎない。池袋センター，渋谷センターも稼働率は3割程度である。いずれも，相談件数の現状にそぐわない過大な規模になっているといわざるを得ない。こうした外部センターの見直しをせずして，これらを維持したまま，日当・納付金による赤字対策を行うことは本末転倒であり，会員の理解を到底得られるものではないと思われる。

　前記のとおり，2014（平成26）年11月開催の東弁臨時総会において，法律相談事業の運営改善策を検討する組織の新設が決まったが，外部相談センターの見直しは，相談センターを抱えている各公設事務所の経営に影響するところであり，相談センターの移転縮小はとくに初期コストの面から東弁の財務に影響するところであるから，新組織は，公設事務所，財務委員会，法律相談センター運営委員会等のメンバーを中心として直ちに立ち上げ，外部相談センターの適正配置の議論を早急に進めるべきである。ここでは，公設事務所併設センターにつき，都市型公設の公益性を再度確認の上，ある程度の赤字は会員から容認されるのか，どの程度の赤字であれば容認されるのかを検討する必要があろう。また，適正配置との関連で，ⅱ）人件費の削減も当然議論することになる。なお，この適正配置の議論においては，一方で，各外部相談センターが現状において担っている役割，たとえば，相談件数が減少しているものの，錦糸町相談センターでは東京東部地区や千葉方面の年間約2000件の需要を吸収していること，また，池袋相談センターでは特別相談・夜間相談を実施するなどの努力により未だに年間2000件近い相談があることなどを忘れてはならない。

　ただし，新組織による検討や検討結果に基づく改革の実行には，ある程度中長期的な視野をもって臨む必要があり，その間巨額の赤字をそのまま放置することは現実的ではない。そこで，検討結果に基づく適正配置の実行により赤字が相当程度緩和されると見込まれる期間に限って，上述の日当の廃止・納付金の料率の引き上げを実施することは，やむをえないと言えよう。なお，ⅴ）法テラス受任事件に納付金を賦課することは，日当・納付金と同様の問題があるほか，日本司法支援センターや一・二弁との関係が別途問題となりうる。

(5) 今後の法律相談センターのあり方に関して検討すべきこと

直接的な赤字の解消・軽減の方策以外にも，今後の法律相談センターのあり方に関しては，以下の点を中長期的に検討する必要がある。

❶ コストのかからない外部相談センターの設置

これまで渋谷相談センター，北千住相談センターを除く外部相談センターは，いずれも賃貸物件を利用しており，家賃が大きな負担となっていた。相談事業の

収支が悪化している現状を踏まえると，今後は，外部相談センターを設けるにしても，無償で相談場所を確保できるよう，たとえば自治体（とくに直接市民向けに法律相談を行っていない都など）やショッピングモールなどに対して働きかけをすることも必要であろう。

❷ 箱物によらない法律相談

また，そもそも箱物による相談方法を脱却する方策の検討も必要である。弁護士派遣型相談，事務所待機型相談などを新設する方法もあり得るが，まずは従前から実施している弁護士紹介制度の活性化に取り組むことが急務と考えられる。弁護士紹介センターでは，後述のとおり，平成26年4月から一般事件の紹介を実施しており，10月までの6ヶ月間で約70件の一般相談を紹介している。

❸ 相談件数を増加させるための取り組み

相談件数を増加させるための施策として，以下の取り組みが重要課題としてあげられる。

① 効果的な広報

限られた広報予算を効果的に用いる必要があることはいうまでもないが，費用対効果の測定が十分に行われていないのが現状である。今後は専門業者によるコンサルタントの導入も検討課題となる。

また，外部相談センターの改変，統廃合を繰り返す中で，市民にその情報を知ってもらうための広報の充実も欠かせない。東弁ホームページは2011（平成23）年3月に改訂され，ここでは法律相談の広報も充実されたが，センター移転，統廃合に合わせて，法律相談センター独自のホームページや広報用パンフレットの改定，自治体（その支所も含む）その他の公私の団体への地道な連絡・広報活動，各自治体のホームページへのリンク等，その広報活動に十分な意を払うべきである。

② 相談の無償化

法律相談の無償化は，相談センターの最大の広報になるといわれており，相談件数の大幅な増加が見込まれる。実際，札幌弁護士会では2013（平成25）年10月から全面無料化に踏み込んだが，一般相談の相談件数は，同年度の上半期に比べ，下半期は3倍に増えている。東京とは相談センターを取り巻く状況に違いがあるとはいえ，十分参考になろう。無償化により自治体や官公庁との連携が容易になるという効果も期待できる。

ただし，一方で，会員である弁護士の業務との競合が顕在化し，会員に対して，業務として行っている法律相談を無償とすることを強いる結果となりかねない。

無償化に関しては，十分に会員の意見に耳を傾けながら検討する必要がある。

③ 電話相談の拡充

蒲田センターで実施されている電話相談では，1ヶ月間に800件以上の相談があり，そのうちの一定数が面接相談に繋がっている。法律相談事業のフロントラインとして，電話相談の拡充を検討する必要がある。

④ ネット予約

現在，ネット予約システムは大阪弁護士会で導入されているが，東京三会でも，三会共同のすべての相談センターを網羅した法律相談のネット予約システムの設置を準備しており，2014（平成26）年度内には導入予定である。多摩地区のセンターも含まれる予定である。これにより，弁護士会の法律相談センターの認知・利用が向上することが期待される。ただし，各会単独のセンターに関しては導入が見送られる見込みであり，市民アクセスの観点から，今後，各会単独センターをも網羅した予約システムの構築が臨まれる。

(6) 法テラスとの連携

2006（平成18）年4月に民事法律扶助，法律相談を含む数多くの業務を扱う日本司法支援センター（法テラス）が設立され，同年10月よりその業務が開始されている。法テラスは「いつでも，どこでも，誰でも良質な法的サービスを受けられる社会」の実現を目指すものであって，弁護士会が法律相談その他長年にわたって取り組んできた活動と方向性を同じくする。弁護士会の法律相談事業は自主性・独立性を保ちつつ，法テラスと協働して相互に充実させていくことが必要なことはいうまでもない。

すでに述べたとおり，法律相談センターの相談件数は大きく落ち込んでいるが，法テラス東京の相談件数は近年ほぼ横ばいで推移している。法的救済を求める市民は潜在的にはまだまだ存在することの現れであり，こうした潜在的な法的需要に応えるためは，法テラスとの連携が不可欠である。

法テラスは，全国的にアクセスポイント（相談窓口）のネットワーク化が図られ，弁護士会の相談センターも1つのアクセスポイントに位置づけられて，その結果，相談センターとしては法テラス案内の相談者も相当数にのぼる。

また，弁護士会は，法テラスに消費者相談等の特別相談の相談員や審査委員を推薦し，相談センターの相談担当員には扶助持込を推奨していることから，その利用も相当数存在する。

他方，法テラスで法律援助を受けるには資力要件があるため，法テラスで相談を受けながら，資力要件超過で，制度上受任事件が法テラスの管轄外となる私選受任事件について，法テラス東京と東京三会との間で，2013（平成25）年2月，弁護士会が事件管理を行うものとする私選受任に関する覚書が締結された。2014（平成26）年3月以降，両相談所の場所的なワンストップは失われても，相談者に遺漏のない適切な法的サービスを提供する制度が設けられたといえる。

(7) 自治体との連携

❶ 自治体法律相談との連携の現状

区役所等の自治体の相談室では常設無料法律相談が行われており，地域に密着し市民が訪問しやすい相談の場として重要な役割を担っているが，行政サービスとしての限界があり，直接受任が制度として禁止されているなど，紛争解決機能までは果たし得ていない。弁護士会も市民へのアクセスの窓口を拡げ，市民サービスの拡充を図るため，自治体法律相談に積極的かつ主体的に関与していくべきである。

しかしながら，現在，一般法律相談については，中央区，葛飾区，板橋区，大田区及び足立区の自治体相談に弁護士会が関与している程度である。弁護士会の自治体相談への関与の方法としては，相談担当者を派遣する中央区方式の他に，従前から区民サービスに寄与してきた地区法曹会の役割を尊重して弁護士会が自治体相談に関与する葛飾方式，板橋方式など様々な方式がある。

なお，特別相談については，現在，新宿区，荒川区，千代田区のクレサラ相談や新宿区の消費者相談，足立区の交通事故相談に，弁護士会が相談担当者を派遣している。

❷ 弁護士会の取り組み

2011（平成23）年2月には東弁内に司法アクセス協議会が設置され，東京三会法律相談センター運営委員会協議会と協議しつつ，自治体相談への弁護士会の関与，直接受任の制度化に向けて，調査研究や地区法曹会との協議会が持たれるようになった。

また，東弁では，区の法律相談担当職員との交流を目的に，1993（平成5）年以降毎年1回，区の施設を利用して「一斉無料法律相談」を行い，一定の成果を上げており，最近では年に1度，東京三会と区の法律相談担当職員との懇談会が友好的に持たれ，自治体法律相談の実態等につき意義のある意見交換がなされている。

(8) 弁護士紹介センターの発足と今後の課題

❶ 弁護士紹介制度の創設

東弁は，2007（平成19）年4月から弁護士紹介センターを立ち上げた。弁護士紹介センターでは，外部団体主催の法律相談への弁護士派遣や顧問弁護士紹介制度は従来どおり維持して運営するとともに，新たに，事業者や公共団体等向けの紹介制度（特定部門紹介制度）と特定分野弁護士紹介制度（特定分野紹介制度）を設けた。

特定部門紹介制度は，①行政法務部門，②セクハラ防止部門，③公益通報部門，④独禁法部門，⑤労働法務部門，⑥多重債務防止教育部門，⑦中小規模倒産再生部門，⑧会社法務部門が設けられ，専門的知識・経験を有する弁護士を紹介する制度を設けて，事業者，地方公共団体等のニーズに応えようとするものである。

特定分野紹介制度も，①建築紛争分野，②税務訴訟分野，③投資・投機的取引分野，④高齢者財産管理分野，⑤知的財産・ライセンス契約分野，⑥インターネット法分野，⑦遺言信託分野が設けられ，特に専門性の高い法律相談について，法律相談センターでの法律相談というプロセスを省略して，専門的知識・経験のある弁護士を紹介し，一般市民，事業者等のニーズに応えようとするものである。

❷ 弁護士紹介制度に対する評価と今後の課題

急速な社会の複雑化・多様化によって，特定の分野について専門的知識・経験を有する弁護士が多数求められ，また，事業者や公共団体等から，特定の部門について法律家による法的処理の必要性が要請されている。他方，弁護士人口の増加に伴い，専門的知見や経験を備えて社会的ニーズに応えようとする弁護士会員

が増加している。したがって，弁護士会が，かかる社会のニーズと弁護士会員の要請に応えようと弁護士紹介制度を創設した目的は時宜にかなったものであった。

しかし，特定分野・部門のみに限った弁護士紹介制度は市民に認知度が高いとはいえず，また，市民の弁護士紹介のニーズと必ずしも一致しているとはいえないようである。そのため，年間を通してまったく申込みがない分野・部門が多数存在し，紹介センター取扱案件の全体の申込件数も，設立以来，毎年約100件前後でしか推移していなかったが，2013（平成25）年度には，これがさらに78件と落ち込んでいる。

東弁としては，市民からの弁護士紹介の要望・ニーズに率直に耳を傾け，ニーズのある部門・分野の弁護士紹介を拡充し，ニーズのない部門・分野の統廃合を検討すべきである。さらにそれにとどまらず，今後は，箱物による相談を補完するものとして，特定分野・部門に限らず一般相談についても弁護士紹介を拡大し，紹介センターの広報を強力に推し進めることを検討すべきである。東弁では，2014（平成26）年4月から1年間，試行として一般相談分野に関しても弁護士紹介を行っており，10月までの6ヶ月間で約70件の一般相談を紹介している。その推移が見守られるところである。

❸ 紹介センターのその他の事業

LAC（権利保護保険）の相談及び直接受任の運営，ひまわり中小企業支援センターの運営を紹介センターで実施し，相談・推薦が行われている。

なお，2014（平成26）年4月から，東弁内に中小企業支援センターの設置がなされたが，紹介センターの業務との競合部分があるので，両センターの業務の棲み分けには留意を払う必要がある。

5）東京23区における地域司法計画

(1) 東京23区における第2次地域司法計画が法律相談について指摘した内容

2010（平成22）年9月13日，東京三会は東京23区における地域司法計画＜第二次計画＞（以下「第2次地域司法計画」という。）を策定し，弁護士会として考えている東京23区における司法制度の改善点として，以下の4点について指摘した。

① 裁判所のあり方
② 法律相談の充実
③ 新たに事案増加が見込まれる分野への取組の拡大
④ 法教育の拡大・充実

上記改善点の②「法律相談の充実」に関し，第2次地域司法計画は，「23区の住民への相談対応の問題点と課題」（第2次地域司法計画36ページ）として，2010（平成22）年9月時点の東京23区の法律相談の現状について，「区の法律相談は，現在，葛飾区と板橋区は会を通じて直接受任ができ，また，新宿区と荒川区では，クレサラ事件など一部の事件に限り，直接受任できることになっているが，その他の区については，自治体の実施事業となっているため，相談者からの事件を直接受任することは禁じられている。」と紹介した上，「司法改革の理念である司法アクセスの充実のためには，様々な法律相談業務に対応できる弁護士を全ての自治体に万遍なく配置し，自治体での法律相談においても，直接受任を認めることにより，利用者にワンストップ・サービスを提供できるような制度設計が必要である。」と指摘した。その上で，法律相談の充実のための具体策として，「特に地区法曹会とも協議を開始し，23区の法律相談を直受（直接受任）できる体制に改善すること」を指摘した。

(2) 東京23区における法律相談の現状と課題

第2次地域司法計画が策定された後，2011（平成23）年12月に足立区が東京三会と協定を締結し，直接受任システムを導入した。しかし，それ以外の区では進展がみられない。

東京弁護士会では，東京弁護士会の司法改革総合センターと法律相談センター運営委員会の委員から選任されたメンバーによって構成された東京23区司法アクセス協議会が，東京23区の自治体法律相談への区民の司法アクセスの充実に関する事項についての調査・協議・提言を行う目的で活動しており，一部の地区法曹会の会員と意見交換を行うなどして，23区の法律相談を直接受任できる体制に改善するための活動方針を検討している。

23区の法律相談を直接受任できる体制にするためには，区を説得する必要があり，区を説得するためには地区法曹会と協力して区に働きかける必要がある。東京弁護士会が各区の地区法曹会との協力体制を構築

するために各区の地区法曹会との協議を進め，直接受任システム導入に向けて協力できる地区法曹会を増やしていくことが必要である。

7 弁護士自治の課題

1）弁護士自治の維持・強化

> 我が国では人権保障が十全でなかった歴史に鑑み，我々弁護士の使命である基本的人権の擁護のためには，強制加入制を一内容とする弁護士自治を，堅持し強化しなければならない。そのためには質の高い職務を実践し，また，綱紀・懲戒事案の適切な処理，不祥事の根絶によって，個々の弁護士及び弁護士自治を含む弁護士制度が国民から信頼され支持されることが必要である。それと同時に，法曹人口が増加する中において，我々弁護士が弁護士自治を堅持する姿勢が重要である。

(1) 弁護士自治の歴史

弁護士自治の意義は，弁護士の資格審査や弁護士の懲戒を弁護士の団体のみが行い，それ以外の弁護士の職務活動や規律についても，裁判所，検察庁又は行政庁の監督に服せしめないことである。弁護士自治の内容として理論上，①弁護士会による弁護士資格試験の実施，②弁護士会による弁護士養成，③弁護士会による弁護士資格の付与，④弁護士会による弁護士に対する指導・監督，懲戒，⑤弁護士会に対する強制加入が挙げられる。現行弁護士法は③ないし⑤をほぼ採用している。

我が国における弁護士自治は，戦前において，正当な弁護活動が制限され，国民の人権擁護が十分になされなかった経験に基づき，日本国憲法の下，人権擁護を十全なものとするために，弁護士法により認められたものである。日本国憲法77条1項では，弁護士に関する事項については最高裁判所規則で定める旨規定しているが，弁護士法で定めることは憲法に違反しないのみならず，憲法の定める人権擁護のためには弁護士自治を憲法が要請していると解する余地がある。

このような歴史的経緯に加え，法曹一元が実現していない日本においては，裁判所が官僚化（行政官化）するおそれがあり，裁判所に弁護士をコントロールさせるのは不適切であるとの判断から，我が国における弁護士自治は，諸外国に比して，より完全な国家権力からの独立性が確保されている。個々の弁護士が日常業務において弁護士自治を意識する場面は少ないが，基本的人権の擁護者としての弁護士の役割と弁護士自治がそのために認められていることは常に心に留めておくべきである。

かかる弁護士自治は，絶えず他の国家機関等と緊張関係にあったし，現在も同じ状況である。過去の大きな案件を取り上げるだけでも，臨時司法制度調査会意見書，東大裁判と弁護士懲戒事案，弁護人抜き裁判特例法案，外国弁護士への監督権を日弁連が持つかが問題になったことなど，弁護士自治は幾多の試練を経ている。この間，弁護士が弁護士自治は必ず堅持するという強い意志を持ってきたからこそ，現在まで弁護士自治制度が存続できたのである。我々弁護士は，今一度，人権擁護のためには弁護士自治が必要であるという原点に立ち戻って，弁護士自治の意義を再認識しなければならない。

弁護士人口が増加し，弁護士自治の意義を理解しない弁護士が増えれば，弁護士自治は危機に瀕する。つまり，弁護士自身が油断すれば，瞬く間に弁護士自治は失われるおそれが存するのである。

(2) 司法制度改革と弁護士自治

司法制度改革審議会や司法制度改革推進本部の法曹制度検討会での議論の場でも，弁護士自治そのものを改変すべしとの意見はなかった。しかしながら，今次

の司法制度改革で弁護士自治が変更の必要なしとされたことに安住してはならない。弁護士自治に対する最も強烈な批判は，弁護士が身内だけで独善的な運用をしているというものである。

その意味で，近時頻発する弁護士による不祥事は，弁護士会による綱紀懲戒制度が機能不全に陥っているとされるおそれがある。そこで，弁護士及び弁護士会としては，客観的に公平で且つ透明性のある会務運営をする必要があるし，市民の意見に耳を傾けて制度運用を行うことが重要である。

(3) 綱紀・懲戒制度の運営

1999（平成11）年から2000（平成12）年にかけて，規制改革委員会（当時）では，規制緩和の観点から，強制加入制の廃止が議論され，それに関連して，懲戒請求人に対する司法審査請求権の付与，綱紀委員会・懲戒委員会における外部委員の過半数化などの意見が出現した。

最終的に，2003（平成15）年6月の弁護士法改正においては，日弁連綱紀委員会の法定委員会化，綱紀委員会参与員の廃止と外部委員の導入，弁護士以外の者のみによって構成される綱紀審査会を日弁連に設置するなどの内容を柱とする制度改革が行われた。

この間，会内においては，当時の制度は十分に適正な制度であって，そもそもなぜ改革が必要なのか，綱紀審査会の結論に拘束力を認めることは，仮に限定されたものであっても弁護士自治の原則に反するとの意見も多く出された。しかし，国民の理解を得られず旧制度の維持を図ることはできなかった。

議論の前提として忘れてならないことは，不祥事，ことに重大事案が毎年かなりの数で発生していること，処分までの期間が長時間を要しており，事案の増加がこれに拍車をかけているということである。

それに加えて，そもそも弁護士自治において市民の意見を反映するということは，適正な制度運営として極めて重要なことである。したがって，綱紀審査会のように弁護士以外の者の意見を反映するための制度改革は，弁護士自治の後退ではなく，弁護士自治の不備を補い，制度の存続を図るための改革であったと理解することができる。さらに言えば，近時頻発する弁護士不祥事は，弁護士による綱紀懲戒の実効性に疑問を投げかけざるを得ない事態と言える。すでに制度改革を済ませておいたことは，現在の状況においては良いタイミングであったと評価できる。

(4) 弁護士自治の強化

現在弁護士人口が飛躍的に増大しており，過当競争により弁護士の収入が減少するのに伴い，市民に弁護士は依頼者ではなく弁護士自らの利益を図っているとの認識が一般的に浸透したときに，弁護士自治は危機に瀕するであろう。すなわち，自己の利益の擁護しか考えていない弁護士に自己規制を求めることは出来ないとされかねない。そうすると，英国の法律サービス委員会（Legal Services Board）が法律専門職の監督を行うとされたのと同様に，弁護士会の持つ利益代表機能と自己規制機能を分離すべきであると主張されるおそれがある。また，弁護士自体からも，弁護士人口の増加に伴う弁護士業の商業化や綱紀・懲戒事案の増加に伴う負担の増加により，弁護士自治の意義に疑問が呈される可能性がある。

我々弁護士は，そもそも基本的人権の擁護者という公益性の高い職責を担っていることから弁護士自治が認められたことに想いを致すべきである。そして戦前様々な人権抑圧がなされたことや，第二次世界大戦時には，軍部の専制を阻止できずに国家国民を挙げて戦争遂行体制を築いたという我が国の歴史に鑑みると，人権擁護のために弁護士自治が必要であることは，弁護士法制定当時も現在においても全く変わることがない。

例えば，中央官庁が多大な権限と重要な情報を持っていることや，秩序を好む国民性から少数者を排除しやすい土壌があることは何ら変わっていない。さらに言えば，超巨大企業の出現等，国家以外に強大な組織・団体が出現していることから，弱者救済の必要性は高まっているとも言える。今後も，弁護士自治の担い手である弁護士会や弁護士において，基本的人権を擁護しているという自負心を持ち続け，また弁護士が自らの私益ではなく広く公の利益を図る職責を担っていると自覚することが肝要である。

2）弁護士倫理（弁護士職務基本規程）と今後の課題

> ・弁護士人口が増加し，弁護士の活動領域が広がり，弁護士の役割がますます高まる中において，弁護士が社会や国民から信頼されるには，弁護士としての誇りと自覚をもって弁護士自治をより強固にする必要があり，弁護士一人一人が弁護士職務基本規程を実践することが極めて重要となる。
> ・弁護士職務基本規程の今後の運用に関しては，弁護士倫理に関する議論を深化させるとともに，弁護士倫理研修への理解と積極的な協力支援が重要である。

(1) 弁護士職務基本規程の制定と運用

現行の弁護士職務基本規程は，弁護士自らが拠るべき倫理規範と行為規範として，2004（平成16）年11月10日の日弁連臨時総会で制定され，2005（平成17）年4月1日から施行された。なお，旧弁護士倫理は「宣明」にすぎないが，弁護士職務基本規程は「会規」として制定されたため，行為規範に違反する場合，会規違反として懲戒事由ともなり得るものとなっている。

現在，弁護士人口の増加に伴い，弁護士の活動領域が広がり，弁護士の役割がさらに高まることが予想される反面，弁護士のアイデンティティを確立し，矜持と名誉を保ち，社会や国民の信頼を獲得し，弁護士自治をより強固にするためには，弁護士職務基本規程の適切な運用及び各弁護士による規程の遵守，弁護士倫理の実践が極めて重要である。

ところが，昨今の懲戒事例を見るに，必ずしも弁護士職務基本規程の遵守，弁護士倫理の実践が適切になされているとは言えない。しばしば見受けられる懲戒事例としては，①事件を受任しながら長期間報告せずに放置した事例（「自由と正義」2011〔平成23〕年1月号154ページ），②遺言執行者に選任されながら相続人の一方による遺留分減殺請求調停に対し相手方の代理人として活動を行った事例（2011〔平成23〕年7月号136ページ），③貸金請求事件に非弁護士の介入を容認し報酬の一定割合を支払う旨の合意をした事例（2011〔平成23〕年8月号111ページ）などが挙げられる。

(2) 弁護士倫理研修の重要性

このような弁護士の懲戒事例をめぐる昨今の状況からみても，弁護士倫理研修の果たす役割が極めて重要であり，現在，日弁連及び各単位会は，会員弁護士に対し，倫理研修を義務付けている。東弁の倫理研修は，新規登録弁護士倫理研修（以下「新人研修」という。）と登録5年，10年，以降10年ごとの一般会員倫理研修（以下「一般研修」という。）が設けられている。また，今年度からは，登録後3年，15年，以降10年ごとの会員を対象とした倫理研修も実施された。

現在，東弁では，新人研修，一般研修のいずれも弁護士倫理上の問題を含んだ事例につき，参加者が20名程度のグループで討議するかたちでの研修が中心となっている（バズ・セッション方式）。また，今年度から開始された倫理研修ではパネルディスカッション方式を採用している。

(3) 今後の課題

このように倫理研修の内容は充実しているものの，関係委員会から派遣される協議員数も多数にならざるを得ず，その確保に苦慮している。加えて，新設の倫理研修は，主として倫理委員会の委員が中心となっているため，倫理委員会の負担はさらに加重されている。今後，バズ・セッション方式，パネルディスカッション方式の倫理研修を維持するためには，協議員数等の十分な確保が必要であり，法友会においても，倫理委員会等の関係委員会への人材の輩出を積極的に行うなど，倫理研修の重要性に対する理解と積極的な協力支援が必要である。

特に，いわゆる即独弁護士にとっては，先輩弁護士からの指導助言の機会は乏しく，弁護士倫理を実践的に学ぶ機会としては，弁護士会の倫理研修がほとんど唯一のものと言える状況にあることも重視すべきである。

弁護士が社会や国民の信頼を獲得し，弁護士自治を確保するためには，弁護士倫理に関する議論を深化させ実践することと並び，弁護士倫理に関する弁護士全

体のレベルアップを図ることが肝要であり，これに対する法友会の積極的な協力支援が必要である。

3）債務整理問題

> 債務整理事件に関連して適当でない事件処理が行われ，市民からの苦情も多い。日弁連では，2009年（平成21）年7月17日の理事会で「債務整理事件処理に関する指針」を採択し，さらに2011（平成23）年2月9日の臨時総会で「債務整理事件処理の規律を定める規程」を制定した。これらが実効性のある規律となること，他方で弁護士の職務の自由を必要以上に覊束しないこと，の両面を注視していくべきである。

(1)「債務整理事件処理に関する指針」の採択

日弁連では，2009年（平成21）年7月17日の理事会で「債務整理事件処理に関する指針」を採択した。指針は，債務整理事件を受任する弁護士による不適切な事件処理を防止することを目的としている。指針によると，弁護士は，債務整理事件を受任するに際しては，①例外的な場合を除き，委任者である債務者と直接面談を行い，債務の内容，生活状況等を聴き取り，債務者の現状を十分に把握した上で事件処理についての見通し等を説明すること，②「家を残したい」「民事法律扶助制度を利用したい」等の債務者の意向を十分に考慮し，リスクの告知を行うこと，③債務者が他に債務を有していることを認識しながら，合理的理由なく，過払金返還請求事件のみを受任するということをしないこと，④事件処理の進行状況に関する報告を適宜行うことを，弁護士が事件処理をする際の配慮義務としている。

これらは，弁護士が事件処理をする上で通常行うべき実務であると理解してきたが，債務整理事件処理の過程でそのような実務をしていない事例が散見され，会員に対する弁護士会への苦情も増加し，社会問題化していることから，指針を作成し執行した経緯がある。

ところで，この指針に違反した場合に，どのような是正措置ができるかが検討課題であり，早急に具体的措置を検討する必要があった。特に，指針違反が弁護士職務基本規程違反となる場合，それが懲戒事由となり得るかという点について検討することが求められた。東弁でも指針違反が弁護士職務基本規程違反となる場合について弁護士倫理委員会，懲戒委員会を中心に懲戒事由となり得るかという点について検討がなされた。

(2)「債務整理事件処理の規律を定める規程」の制定

日弁連では，そのような状況を踏まえて2011（平成23）年2月9日の臨時総会で「債務整理事件処理の規律を定める規程」を制定した。これには，従来の行為規制の他に，過払金報酬の上限を25％（裁判外の回収では20％）と定めるなど，報酬規制も盛り込んだ。報酬規制については，独占禁止法違反の懸念もあったが，公正取引委員会に相談した結果，違反とはならないとの意見を得たとのことであった。

他方，多くの弁護士が債務整理を扱っていることから，その活動の過度の行為規制となったり，弁護士活動への委縮効果を生じたりするような事態とならないように，規制の実施に当たっては，①繰り返し違反をしている事案について監督権を行使する，②監督権の行使にあっても当初は注意をし，次に警告をするなど段階的な措置を実施する，③綱紀事案とする場合には迅速な手続による解決を図る，などの措置を検討すべきである。

4）裁判所の処置請求に対する対応問題

> ・東京弁護士会では，法廷委員会を処置請求の調査機関とし，2006（平成18）年，必要な規則の改正を行った。
> ・2006（平成18）年9月25日，東京高等裁判所から日本弁護士連合会に対して行われた，オウム真理教（現Aleph〔アレフ〕）元代表松本智津夫（麻原彰晃）死刑囚の控訴審を担当した弁護人2名に対する処置請求について，日本弁護士連合会は2007（平成19）年2月に処分せずの決定を出した。
> ・その後，2007（平成19）年3月，東京高等裁判所事務局長名で2人の所属弁護士会に，1970（昭和45）年以来の懲戒請求が申し立てられた。仙台弁護士会及び第二東京弁護士会では懲戒委員会の審査を経て，2008（平成20）年9月，2009（平成21）年7月に当該弁護人2名に対する処分が決定した。

2005（平成17）年11月に施行された刑事訴訟法等の一部を改正する法律（平成16年法律第62号）により，法律に根拠をもつ処置請求が制度化された。これを受けて，2006（平成18）年3月3日の日弁連臨時総会において，刑事訴訟法278条の2第5項，同法295条3項，刑事訴訟規則303条に定める処置請求が裁判所より行われた場合の弁護士会及び日本弁護士連合会の会内手続を整備するものとして，「裁判所の処置請求に対する取扱規程」（以下「本規程」という。）が制定された。

その後，本規程の第1条（目的）が2009（平成21）年12月4日に改正されている。

(1)「裁判所の処置請求に対する取扱規程」制定の意義

刑事訴訟法改正前から存在した訴訟遅延行為に関する処置請求（刑事訴訟規則303条2項）に加え，上記処置請求が制度化されたことから，今後は裁判所からの処置請求事案が増えることが予想されていたため，規程を整備する必要があったが，実際は数件請求されているのみで，ほとんど利用されていない。処置請求がなされた場合，弁護士会としても処置請求の原因となった裁判所の訴訟指揮の適正さを吟味し，処置請求の対象となった当該弁護人の弁護権の保障について最大限配慮するとともに，調査の公正さや対処結果の適正さに差異が生じないよう，適正手続保障の観点からも配慮する必要がある。本規程の制定には，そのような意義がある。

また，本規程9条において，処置又は処置しないことについての結果について，裁判所にその旨を文書により通知しなければならず，必要と認めるときは，裁判所の訴訟指揮につき是正を求める意見その他の意見を付することができる（本規程9条2項）とされており，処置請求に対して弁護士会が対応することに積極的な意義がある。すなわち，裁判所の行う処置請求に対応し，その結果について裁判所に通知し，さらには，裁判所の訴訟指揮につき是正を求める意見を付することができると規定されていることは，処置請求に対応する過程において，法廷における裁判所の訴訟指揮権の適正な行使を弁護士会が監視し，行使内容を判断できる機能を有するということであり，かかる機能からすると，処置請求に対する取扱規程を定めることに積極的な意味がある。この意味では，裁判の公開が有する裁判監視機能を補完するものとして位置づけることができるのである。

(2) 処置請求に対しての弁護士会の対処及び調査機関について

処置請求への対処としては，単位弁護士会が行うものと日弁連が行うものと2つの手続がある。弁護士会に処置請求がなされた場合には，原則として弁護士会自らが処置請求に対処するものとし（本規程2条1項），日弁連が処置請求に対処することが相当と認めたときには，弁護士会から日弁連に事案を送付し（本規程2条2項），日弁連が処置請求に対処するものとした（本規程6条3項）。また，弁護士会は，日弁連から事案の送付を受けた際には，処置請求を調査することが定められている（本規程2条3項，同6条1項）。

このうち、日弁連が調査する場合には、処置請求に関する処置委員会が行うこととされている（本規程7条）。

ところで、弁護士会が処置請求に対処する場合の調査機関は一律ではなく、各弁護士会の定めるところにより常議員会又は弁護士会の役員若しくはいずれかの委員会で調査しなければならず（本規程3条1項）、弁護士会において調査機関に関する規則を定める必要がある（本規程10条）。

(3) 調査機関としての法廷委員会とその諸規則改正について

東京弁護士会における調査機関としては法廷委員会が相当であるが、法廷委員会を処置請求への対応を行う調査機関とした場合、これに必要な諸規則を改正する必要があった。

東京弁護士会内に法廷委員会が設置されたのは1964（昭和39）年11月9日のことであり（法廷委員会規則、1960〔昭和35〕年11月9日施行）、以来、法廷委員会は、期日指定、訴訟指揮、弁護人の辞任、傍聴制限をめぐる裁判所と弁護人が対立した多くの事件に関して調査報告を行なっている。

しかしながら、近年の法廷委員会は、持ち込まれる事件の減少に伴い、委員数も数名に止まっている。これでは、事件によっては、処置請求がなされた際に委員数の不足のおそれもあり、委員枠の拡大も必要不可欠である。法廷委員会の委員定数は35名のところ、2014（平成26）年9月時点での委員数は15名である。

法廷委員会と同様の機能をもつ日弁連の「処置請求に関する調査委員会」については、2006（平成18）年に施行された処置請求に関する調査委員会規則がある。

東京弁護士会は、2005（平成17）年の常議員会において、本規程を会規で定めることに賛成する旨の意見書を可決し、2006（平成18）年3月の日弁連総会においても会として議案に賛成し、処置請求に対応する調査機関設置の必要性を認めている。

これを踏まえ、東京弁護士会では、2006（平成18）年10月に法廷委員会規則を改正して（同年12月6日に改正され、日弁連の承認を得て公示日の2007〔平成19〕年3月15日から施行）、処置請求された場合の調査及び情報の収集を行うこと並びに調査に基づく処置についての意見をとりまとめ、会長に報告することを同委員会の職務に加えた。その後、2007（平成19）年3月の臨時総会において、法廷委員会は、裁判所からの処置請求に対する調査機関と正式に認められた。現在は、担当事務局として司法調査課が受付のみを行ない、取扱は法廷委員会が担当している。

(4) 処置請求の事例―オウム真理教松本被告弁護団への処置請求

裁判所から弁護士会への処置請求がなされた事例は、本規程制定以前には、確認されたもので1952（昭和27）年以降、「刑訴規則303条2項による処置請求」は、平成元年までに全国の弁護士会に出されたものを合わせて5件ある。その他、昭和34年に東京弁護士会宛に請求された刑事訴訟規則303条2項による処置請求だったと思われるものがあったようである。この他に処置請求という手続をとらず、裁判所から弁護士会に対し「善処方」を求めるという方法も多くとられてきた。

本規程制定後の処置請求の事例として、2006（平成18）年9月25日に東京高等裁判所から日弁連に対して行なわれた、オウム真理教（現Aleph〔アレフ〕）元代表松本智津夫（麻原彰晃）死刑囚の控訴審を担当した弁護人2名に対する処置請求がある。これは、松本被告弁護団が期限内に控訴趣意書を提出しなかった行為が訴訟の進行を妨害したとして、刑事訴訟規則に基づいて処分を求める処置請求を行ったという事例である。

処置請求を受けた日弁連では、原則として3ヶ月以内に当該弁護士らに対し懲戒手続や勧告、処分しない等の対応を求められた。

本件は、異なる弁護士会に所属する2名の会員についての案件であり、日弁連が自ら対応するものとされ、また、裁判所が弁護士の処分などを請求するものでは1989（平成元）年以来17年ぶりのことであり、日弁連の対応が注目されていた。

これに対し、日弁連は2007（平成19）年2月15日決定で「処置請求は審理中の裁判を迅速に進めるために助言や勧告をする制度で懲戒請求とは異なる。裁判が終わった後に訴訟を遅らせた制裁として請求するのは不適法」として処分しない決定をした。

東京高裁は、「日弁連は弁護士の遅延行為についての判断を回避した。同様の行為を阻止するためにも処置請求は必要で、今回の判断は極めて遺憾」とし、

2007（平成19）年，東京高裁は2人の所属弁護士会に改めて懲戒請求を申し立てる意向を示し，同年3月東京高裁事務局長名で「審理の迅速な進行を妨げ，被告人の利益を著しく損なった」として懲戒が申し立てられた。

懲戒を申し立てられた仙台弁護士会綱紀委員会では，2007（平成19）年10月17日に，懲戒委員会の審査に付するのを相当とする旨決議した。同弁護士会綱紀委員会が「期限までに控訴趣意書を提出せず，弁護人の職責に反した」とした「懲戒相当」の議決を受け，同弁護士会懲戒委員会で審査を進めていたが，2008（平成20）年9月24日に，「弁護人としての基本的かつ重大な職務に反するもので，弁護士としての品位を欠いた」とする処分理由のもと，当該弁護士を戒告の懲戒処分にした。なお，当該弁護士は処分を不服として，日本弁護士連合会に審査請求していたが，日本弁護士連合会は当該弁護士の審査請求を棄却して戒告のままの処分とした。

一方，第二東京弁護士会では，2008（平成20）年5月19日付で同弁護士会綱紀委員会において懲戒相当の決議があり，同弁護士会懲戒委員会で審査を進めていた。その後，2009（平成21）年7月27日付処分として，当該弁護士を業務停止1月の懲戒処分とした旨が同年7月30日に報道された。この際の処分理由は，「期限内に控訴趣意書を提出しなかったことは，弁護士としての品位を失うべき非行にあたる」というものである。当該弁護士も日弁連に審査請求していたが，業務停止1月から戒告とする処分変更がなされた。

なお，東京弁護士会に対しては，日弁連「裁判所の処置請求に対する取扱規則」（2006〔平成18〕年9月15日制定），東京弁護士会「裁判所の処置請求に対する取扱会規」（2007〔平成19〕年3月12日制定）がそれぞれ制定された後は処置請求はなされていない。

5）ゲートキーパー問題

　2007（平成19）年3月，犯罪による収益の移転防止に関する法律（犯罪収益移転防止法）が成立したが，弁護士会の強い反対運動により，同法には依頼者の疑わしい取引の報告義務は盛り込まれず，本人確認義務と記録保存義務については，司法書士などの他の士業の例に準じて日弁連の会則で定めるところによると規定するにとどまった。

　同年3月に実施されたFATFの第3次「40の勧告」に対する相互審査の結果が2009（平成21）年10月に公表されて，弁護士を含む法律専門家については，勧告への不適合（NC，ノン・コンプライアント）という評価が下された。

　政府は，顧客管理措置について，これを強化する内容の犯罪収益移転防止法の改正案を2011（平成23）年の通常国会に提出し，改正案は，同年4月27日に成立し，改正犯罪収益移転防止法は，2013（平成25）年4月1日から施行されている。

　これに対応するため，日弁連は，2007（平成19）年3月1日に制定（同年7月1日から施行）した「依頼者の身元確認及び記録保存等に関する規程」を2012（平成24）年12月に全面改正して「依頼者の本人確認事項の確認及び記録保存等に関する規程」を制定するとともに，併せて「依頼者の本人確認事項の確認及び記録保存等に関する規則」を制定し，2013（平成25）年3月1日から施行している。

　政府は，その後も，第3次FATF勧告についての相互審査のフォローアップを続けているが，特に顧客管理措置について不十分であるとして対策を求められている。そのため，警察庁は有識者を集めて，マネー・ローンダリング対策等に関する懇談会を，2013（平成25）年6月12日から開催し，同年中に一定の結論を得て，再び，犯罪収益移転防止法の改正案を，2014（平成26）年の通常国会に提出する見込みである。

　日弁連としては，この法案の内容を精査して，弁護士に対する影響を考慮し，「依頼者の本人確認事項の確認及び記録保存等に関する規程」等に対する改正の要否を慎重に検討すべきである。

　疑わしい取引の報告義務を弁護士に対しても適用しようとする動きは依然として続いており，今後その動きが強まることが予想されることから，日弁連及び弁護士会は，今後も警戒を緩めることなく，新たな事態に即応できる体制を準備しておく必要がある。

(1) マネー・ローンダリングとFATFによる勧告

　マネー・ローンダリング（Money Laundering,「資金洗浄」）とは，違法な起源の収益の源泉を隠すことを意味しており，例えば，麻薬密売人が麻薬密売代金を偽名で開設した銀行口座に隠匿したり，いくつもの口座に転々と移動させて出所を分からなくしたりするような行為がその典型とされている。このような行為を放置すると，犯罪収益が将来の犯罪活動に再び使われたりするおそれがあること等から，マネー・ローンダリングの防止が重要な課題となっている。

　1989（平成元）年7月，アルシュ・サミットにおける合意により，金融活動作業部会（FATF）が設立され，FATFは1990（平成2）年4月にマネー・ローンダリング対策の国際基準ともいうべき「40の勧告」を提言した。「40の勧告」においては，麻薬新条約の早期批准やマネー・ローンダリングを取り締るための国内

法制の整備，顧客の本人確認及び疑わしい取引報告の金融機関への義務づけ等が提言されている。

その後，1995（平成7）年6月のハリファクス・サミットにおいて，国際的な組織犯罪全般を防止する対策として，重大犯罪から得られた収益のマネー・ローンダリングについても防止措置を講じる必要があるとされ，FATFは，「40の勧告」を一部改訂し，マネー・ローンダリング罪成立のための前提犯罪を，従来の薬物犯罪から重大犯罪に拡大すべきだとした。

(2) 我が国におけるマネー・ローンダリング規制の法整備

我が国では，前記のような国際的動向を踏まえて，1992（平成4）年7月，「国際的な協力の下に規制薬物に係る不正行為等を助長する行為等の防止を図るための麻薬及び向精神薬取締法等の特例に関する法律」（麻薬特例法）において，金融機関に薬物犯罪収益に関するマネー・ローンダリング情報の届出を義務づける疑わしい取引の届出制度が創設された。

2000（平成12）年2月，「組織的な犯罪の処罰及び犯罪収益の規制等に関する法律」（組織的犯罪処罰法）が施行され，疑わしい取引の届出の対象となる犯罪を，従来の薬物犯罪から一定の重大犯罪に拡大するとともに，マネー・ローンダリング情報を一元的に集約し，整理・分析して捜査機関に提供する権限を，金融庁長官に付与していた。

その後，2002（平成14）年6月，「公衆等脅迫目的の犯罪行為のための資金の提供等の処罰に関する法律」が可決・成立し，同法の施行（同年7月2日）に伴って，組織的犯罪処罰法が一部改正され，テロリズムに対する資金供与の疑いがある取引についても疑わしい取引の届出の対象とされている。

2003（平成15）年1月6日，「金融機関等による顧客等の本人確認等に関する法律」が施行され（同法は，預金口座等の不正利用を防止するため，2004〔平成16〕年12月に改正され，表題が「金融機関等による顧客等の本人確認等及び預金口座等の不正な利用の防止に関する法律」に改められている。），金融機関等による顧客等の本人確認，本人確認記録・取引記録の作成・保存が義務付けられている。

(3) FATFによる新「40の勧告」の制定

FATFは，2001（平成13）年9月11日のアメリカ合衆国における同時多発テロの発生後，テロ資金対策もその活動範囲に加える決定をするとともに，テロ資金対策の国際的な基準というべき「8の特別勧告」を提言した。

また，FATFは，犯罪技術が精巧に複合化してきたことに注目し，これまでの「40の勧告」の再検討を行い，2003（平成15）年6月，非金融業者（不動産業者，貴金属・宝石等取扱業者等）及び職業的専門家（法律家・会計士等）に対する適用を盛り込んだ，新「40の勧告」（第3次）を制定した。

本勧告は，弁護士や会計士等の職業的専門家が金融取引の窓口（ゲートキーパー）となることに着目して，不動産の売買，依頼者の資産の管理，銀行預金等の口座の管理等の取引を実施する際に，顧客の本人確認義務及び記録の保存義務を負わせるとともに，これらの業務を行う際に，その資金が犯罪収益またはテロ関連であると疑わしい取引について金融監督機関（FIU）に報告する義務を負わせるものである。

日弁連は，本勧告が出される前に，ABA（アメリカ法曹協会）やCCBE（ヨーロッパ法曹協会）など海外の弁護士会と連携し，弁護士に対する適用に強く反対してきた。

このような反対運動の成果として，FATFは，職業的専門家については，守秘義務又は依頼者の秘密特権の対象となる状況に関連する情報が得られた場合には報告義務を負わないという例外を認めるとともに，守秘義務の対象についての判断は加盟国に委ね，さらに，疑わしい取引の報告先については，自主規制機関（弁護士の場合には弁護士会）に委ねることもできることを認めた。

なお，FATFは，2012年2月，「40の勧告」とテロ資金対策である「8の特別勧告」を統合・整理した新たな「40の勧告」（第4次）をまとめている。

(4) 日弁連の対応

日弁連は，かねてから，ゲートキーパー規制に対しては強く反対してきた。日弁連の理事会が承認した2003（平成15）年12月20日付意見書「ゲートキーパー制度に関する今後の日弁連の取り組みについて」は，「日弁連は，弁護士に対し依頼者の疑わしい取引・活動に関する報告義務を課す制度については，今後も，このような制度が市民の弁護士に対する信頼を損ね，司法制度の適正な運営を阻害しかねないという問題があることを広く市民に訴え，その制度化に強く反対す

る。」とする基本的姿勢を明らかにしていた。

ところが，政府の国際組織犯罪等・国際テロ対策推進本部は，2004（平成16）年12月10日，「テロの未然防止に関する行動計画」を決定し，その中で，「FATF勧告の完全実施に向けた取組み」が掲げられ，その実施についての法整備の必要性を検討することを定めた。

FATFの新「40の勧告」がテロ対策も含んでいたことから，上記行動計画は，FATF勧告の完全実施を掲げ，その結果，弁護士などの専門職を含む非金融機関に対する横並びの法規制がなされる可能性が極めて高まった。

(5) 金融庁から警察庁へのFIUの移管と日弁連の対応

2005（平成17）年7月29日，国際テロ対策推進本部幹事会は，弁護士を含む法律専門家及び非金融機関に対する顧客の本人確認義務，取引記録の保存義務及び疑わしい取引の報告義務とその遵守のための制裁措置の導入について，単一の法律を制定する方針を決めた。

その後，同年11月17日，政府の国際組織犯罪等・国際テロ対策推進本部は，FATF勧告を実施するために必要となる法律の整備について，その法律案の作成を警察庁が行い，施行体制につき，疑わしい取引の報告先として，FIU（金融情報機関）として我が国において金融庁に設営されていた「特定金融情報室」を，組織・人員ごと警察庁に移管すること，FATF勧告を実施するために必要となる法律を2006（平成18）年中に作成し，2007（平成19）年の通常国会に提出することを決定した。

この決定に対し，日弁連は，同年11月18日，「弁護士に対する『疑わしい取引』の報告義務の制度化に関する会長声明」を出し，「警察庁への報告制度は，弁護士・弁護士会の存立基盤である国家権力からの独立性を危うくし，弁護士・弁護士会に対する国民の信頼を損ねるものであり，弁護士制度の根幹をゆるがすものである。したがって，日弁連としては，今回の政府決定は到底容認できないものであり，国民各層の理解を得る努力をしつつ，諸外国の弁護士・弁護士会と連携し，反対運動を強力に展開していくことを決意する。」との決意を表明した。

これを受けて，全国の弁護士会において，ゲートキーパー問題に対する対策本部を設置して活動を行っている。東京弁護士会においても，2006（平成18）年1月15日にゲートキーパー立法阻止対策本部を設置して，国会議員への要請や広報等の活動を活発に展開してきた。

(6) 犯罪収益流通防止法案に対する弁護士会の対応と同法律の成立

警察庁は，金融機関，非金融機関（クレジットカード業，ファイナンス・リース業，宝石商・貴金属商，不動産業），法律・会計等の専門家（公認会計士，行政書士，弁護士，司法書士，税理士）を対象として，テロ資金その他の犯罪収益の流通防止に関する施策の基本を定めること，義務対象事業者の義務を規定すること等により，テロ資金供与防止条約等を的確に実施し及び正当な社会経済活動が犯罪収益の流通に利用されることを防止することを目的とする「犯罪による収益の流通防止に関する法律案」を作成し，2007（平成19）年の第166回通常国会に提出することを計画していた。

その中には，弁護士も，本人確認，取引記録の保存及び疑わしい取引の届出の措置を講ずる責務を有することを定めるとともに，弁護士については，その措置の内容を，他の法律・会計等の専門家の例に準じて，日弁連の会則により定めること，弁護士による疑わしい取引の届出は日弁連に対して行うことなどが規定されようとしていた。

これに対して，日弁連では，本人確認及び取引記録の保存について会則を新設するとともに，疑わしい取引の届出の措置については，会則等で自主的に定めることについても強く反対することを表明した。

日弁連は，2007（平成19）年3月1日の臨時総会において，「依頼者の身元確認及び記録保存等に関する規程」を可決して成立させ，同年7月1日から施行している。この規定は，弁護士職務基本規程の特別法として位置づけられ，違反した場合には懲戒処分も可能な内容となっている。

このような動きを受けて，政府は，「犯罪による収益の移転防止に関する法律案」の提出の段階において，弁護士を含む士業について，「疑わしい取引の報告義務」を課さないことにするとともに，弁護士についての本人確認義務及び記録保存義務については，特定事業者の例に準じて日弁連の会則で定めるところによることとされ，法律で直接規制されることは免れること

になった。同法律は2007（平成19）年3月31日に成立した。弁護士等やそれ以外の特定事業者がとるべき各種の義務に係る部分は、2008（平成20）年4月1日から全面的に施行されている。

(7) FATFの対日審査とその後の情勢

第3次「40の勧告」についてのFATFの日本に対する相互審査が2008（平成20）年3月6日から同月21日まで実施され、その際に日弁連に対するヒアリングも実施された。

同年10月に公表された対日相互審査報告書において、弁護士を含む職業専門家については、勧告への不適合（NC, ノン・コンプライアント）という評価が下された。日弁連の「依頼者の身元確認及び記録保存等に関する規程」については、非対面取引について日弁連のガイダンスが不十分である、身元確認義務の除外範囲が不明確である、一定の金額以下の取引を除外しているなどが指摘され、2011（平成23）年10月までに改善措置をとることを求められた。

犯罪収益移転防止法を所管する警察庁は、我が国がマネー・ローンダリング対策の基本的な柱である顧客管理措置を履行していないとの評価を受けたことを受けて、「マネー・ローンダリング対策のための事業者による顧客管理の在り方に関する懇談会」を開催し、2010（平成22）年7月20日に報告書を発表した。

報告書は、顧客管理情報の取得、継続的な顧客管理、リスク・ベース・アプローチの採用、内部管理態勢の構築、本人確認書類及び本人確認方法、FATF勧告の履行に問題がある国・地域との取引など、FATF勧告で履行を求められている諸論点について検討し、高齢者などいわゆる証明弱者を含む顧客や事業者の負担の軽減にも配慮しつつ、法令で義務付けることが適当であると提案している。

政府は、この報告書を受けて、顧客管理措置について法改正を含む対策を検討し、2011（平成23）年3月11日、犯罪収益移転防止法改正案を閣議決定し、通常国会に提出した。

同改正案は、同年4月27日に成立し、同月28日に公布され、2013（平成25）年4月1日から施行されている。

改正犯罪収益移転防止法においては、弁護士に関する改正として、改正前の同法8条の規定が11条に移された上で、同条1項及び2項のうち「本人確認」との表現が「本人特定事項の確認」と改められたが、その内容に本質的な変更はない。

ただ、司法書士等の士業に対しては、①相手方が、関連する他の取引の際に行われた確認時（以下「関連取引時確認」という）に顧客等又は代表者等になりすましている疑いがある取引、②関連取引時確認時に、確認事項を偽っていた疑いがある顧客等との取引、③犯罪による収益の移転防止に関する制度の整備が十分に行われていないと認められる国又は地域に居住し又は所在する顧客等との取引をそれぞれ行う場合には、本人特定事項の確認をとらなければならないこと、その確認は、関連取引時確認を行った際に採った方法とは異なる方法により行わなければならないこと、確認した本人特定事項等に係る情報を最新の内容に保つための措置を講ずるものとするほか、使用人に対する教育訓練の実施その他の必要な体制の整備に努めなければならないことが、それぞれ新たに課せられた（改正犯罪収益移転防止法4条）。

(8) 日弁連による規程の全面改正と規則の制定

犯罪収益移転防止法は、弁護士の義務については、司法書士等の士業の例に準じて、日弁連の会則で定めることとされていることから、日弁連は、改正犯罪収益移転防止法の施工に向けて改正された省政令の内容を踏まえて、弁護士の日常業務への影響を考慮しつつ、日弁連が2007（平成19）年3月1日に自主的に制定（同年7月1日から施行）した「依頼者の身元確認及び記録保存等に関する規程」について改正の要否及びその内容について慎重に検討を重ねてきたが、2012（平成24）年12月8日の臨時総会において、「依頼者の身元確認及び記録保存等に関する規程」の全部改正が決議されるとともに、同年12月20日の理事会において、「依頼者の本人確認事項の確認及び記録保存等に関する規則」が承認され、いずれも2013（平成25）年3月1日から施行されている。

(9) その後の動き

第3次「40の勧告」についての相互審査について、政府は、その後もフォローアップを続けているが、特に顧客管理措置について不十分であるとして対策を求められている。

そのため、警察庁は、有識者を集めて、マネー・ローンダリング対策等に関する懇談会を、2013（平成25）年6月12日から開催し、2014（平成26）年7月17

日に報告書を得た。そして、疑わしい取引の判断方法に関する規定の整備等を内容とする犯罪収益移転防止法の改正案を、2014（平成26）年の通常国会に上程し、同法律は可決成立した。

日弁連としては、犯罪収益移転防止法の上記改正や今後の改正案の内容を精査して、弁護士に対する影響を考慮し、「依頼者の本人確認事項の確認及び記録保存等に関する規程」等に対する改正の要否を慎重に検討すべきである。

(10) 日弁連及び弁護士会に求められる対応

警察庁は、かねてより、弁護士に対して、依頼者の「疑わしい取引」の報告義務を課すことを虎視眈々と狙っている。

したがって、弁護士がマネー・ロンダリングに関与したり利用されたりすることがないように、弁護士会が自主的かつ実効的に規律している実績を示すことは重要であり、日弁連が定めた「依頼者の本人確認事項の確認及び記録保存等に関する規程」及び同規則を、会員に対してより周知徹底するとともに、同規程が適正に運用されている状況を作り、依頼者の疑わしい取引の報告義務を日本で導入する立法事実がない状況を作っていくことが求められる。

日弁連及び弁護士会としては、依頼者の疑わしい取引の報告義務は、依頼者に告げないで、捜査機関に対して依頼者の秘密情報を提供することが求められる密告義務であり、弁護士と依頼者との信頼関係を根底から破壊するものであって、弁護士にそのような義務を課すことだけは絶対に認めることはできないのであり、今後、疑わしい取引の報告義務が弁護士に課されることがないように、不断にその動きを注視する必要がある。

今後、その動きが強まることが予想されるところ、弁護士に対する疑わしい取引の報告義務を課す法改正の動きが起きた際には、依頼者である国民に広く理解を求め、世論を味方につけて、弁護士が依頼者の疑わしい取引の届出を行う制度の法制化を阻止するような強力な反対運動を、弁護士会を挙げて全面的に展開していく必要があり、警戒を緩めることなく、その準備をしておく必要がある。

6) 隣接士業問題と弁護士制度

(1) 隣接士業問題とは

隣接士業とは、一般に公認会計士、土地家屋調査士、司法書士、行政書士、社会保険労務士、弁理士、税理士の7士業を指す。

その中で、弁護士と司法書士、行政書士、社労士、弁理士、税理士の各士業との関係をどのように考えるかを包括的に「隣接士業問題」という。

隣接士業問題は、職域問題、業務問題とも関わるが、弁護士の法律事務独占、弁護士自治、法曹人口、司法制度改革とより深く関係する弁護士制度問題であるところにその本質がある。なお、詳細は、第3部2を参照されたい。

(2) 弁護士の法律事務独占との関係

弁護士人口が不足していると言われた時代には問題とならなかったが、弁護士人口の大幅増が図られたことから、弁護士が業務権限ないし資格を有する5つの隣接士業（司法書士、行政書士、社労士、弁理士、税理士）についても、本来、弁護士がその業務を担うべきではないかとの問題提起がなされている。

我が国では弁護士の法律事務独占制（弁護士法3条、72条）が採用されてはいるが、沿革的には従来から市民への法的サービス提供が司法の担い手たる弁護士と行政補助職としての隣接士業によってなされてきた。

そして、沿革的には隣接士業の行う法的サービスは特定分野に限定されることから、弁護士と隣接士業のある程度の棲み分けが成立していた。

もとより、今次の司法改革における弁護士人口の大幅増員政策は、法的サービス提供の担い手は司法の担い手である弁護士であるべきとの考えに基づく。法の支配を社会の隅々にまでいきわたらせるには、司法の担い手たるにふさわしい資質と能力を有する者が、社会の隅々における法的サービスの担い手として活躍すべきだからである。そして、今時の改革により、司法の担い手たるにふさわしい教育として法科大学院教育が構想されたのであり、その到達度を測る試験として司法試験が存在している。したがって、法科大学院教育を受けておらず（それに代わる予備試験に合格しているわけでもなく）、司法試験にも合格していない隣接士業は、本来、司法の担い手となることは適切でない。また、後述(4)の弁護士自治とも関わるが、法の支

配を実現するためには，ときに行政庁と闘わなければならないのであって，行政補助職として行政庁の監督下に組み込まれている隣接士業には，原理的に司法の担い手たることが相克を生む。

とはいえ，司法制度改革審議での議論がなされていた当時，社会の隅々に法の支配を及ぼすには弁護士人口が少ないという現実があったために，弁護士人口の増員が達成されるまでの過渡的・応急的措置として，従来から法的サービス提供の担い手として存在する隣接士業に，一定の法律事務についての権限拡大を認めることとした。このことにより，弁護士の法律事務独占についての例外が，隣接士業を規律する各法律によって広範囲にわたって認められるようになり，事実上，本来の弁護士による法律事務独占が崩れつつある。

日弁連・弁護士会としては，法律事務独占の理念は原則として堅持しつつ，弁護士人口の増加が相当程度実現したことを前提に，隣接士業の法律事務への進出に対しそれが制限的・抑制的になるように対処する具体的な政策が問われている。

(3) 弁護士自治との関係

弁護士と隣接士業の決定的差異は，行政による指導・監督の有無，すなわち自治権の有無にある。

弁護士自治の根拠については，自治が定められた新弁護士法制定の経過及び立法趣旨から，一般に「弁護士の使命が法案一条（編者注：「法案」は現在では「弁護士法」と読み替えるべきであろう）に示された『基本的人権を擁護し，社会正義を実現する。』ことにあるのであれば，時には，裁判所，検察庁その他の国家機関の非違を是正すべき職責を有するものである。それが国家機関によって，その職務の遂行に関して監督を受けるということであっては，十分にその責務を果たすことは困難とならざるをえない道理である。かような弁護士の職能の特殊性に鑑みて，国家機関のいずれからも監督を受けることがあってはならないとの結論となった」（福原忠男『弁護士法』〔第一法規出版，1976年〕28頁）と説明されている。

行政庁その他国家機関を相手方とする隣接士業の業務については，隣接士業が自治権を持たず行政庁の監督を受ける立場にあることから，市民（依頼者）の真の利益を守ることに欠けるのではないかという問題がある。

中でも，税理士（国税庁が監督庁）が特に問題である。税務当局（国家権力）を相手とする業務でありながら自治権を有しないからである。税理士は，戦費調達を図る目的で戦時立法として税務代理士法（1942〔昭和17〕年）を起源とし，戦後，弁護士法（1949〔昭和24〕年），税理士法（1951〔昭和26〕年）の制定の経過においても，税理士業務は本来，弁護士が行うべき性質のものであるとの議論が展開されている。現在は廃止されているが，税理士の報酬基準は減税額によらず，納税額によっていることにも，依頼者のための専門職というより行政補助職としての性格が色濃く現れている。諸外国では税理士業務は弁護士により担われていることが多い。

また，近時，行政書士，司法書士等により行政不服審査における代理権付与の立法化要求がなされているが，行政庁の監督を受ける立場の者が行政庁を相手とする業務を行うことは，行政庁と闘ってでも市民（依頼者）の権利・利益を適正に守るということが期待できないという原理的・制度的な問題がある。

特に行政出身者が大部分を占め，行政の監督に服する行政書士が行政不服審査手続の代理権獲得へ向けた運動を進めているが，このようなことが認められるとするならば，利用者の権利保護の要請からもゆゆしき問題となる。しかしながら，このような問題意識に基づく日弁連等の反対運動も功を奏さず，2014（平成26）年6月にその代理権を認める行政書士法が改正された。

(4) 弁護士人口との関係

第1点は弁護士人口の国際比較の論点である。法曹という役割を離れ，国民に対する法的サービスの提供者という観点に着目して隣接士業を含めて国際比較すべきという立場がある。この立場からすると，司法書士，行政書士，税理士の合計人口は140,328人（2014〔平成26〕年4月又は9月1日現在）であり，弁護士人口35,007人（2014〔平成26〕年9月1日現在）を加えると合計175,335人となる。日本人の総人口127,135,773人（2014〔平成26〕年4月1日現在）であるから，法的サービスの提供者の1人当たりの国民数は約725名となり，アメリカ（279人），イギリス（442人），ドイツ（535人）に次ぐ。フランス（1,235人）の約2分の1強となる（外国例は2010〔平成22〕年度，日弁連『弁護士白書2009年版』86頁）。司法制度改革審議会意見書（以下「司改審意見書」という。）

は司法試験の年間合格者3,000人，弁護士人口5万人という目標数値を立てる際，フランス並みとなることを目指すとしたが，隣接士業を含めた法的サービスの提供者の人口は，すでにフランスの2倍を超えている。もっとも，この比較には外国の弁護士である法曹以外の法的サービスの提供者の職種の調査が十分でなく，それが含まれていないという限界を指摘する声もある。

いずれにしろ，単純な比較だけを根拠に適正な人口を確定できるわけではなく，その意味では，我が国の実情をより具体的に検証し，より総合的な見地から検討すべき事項である。現実には，司改審意見書の法曹人口を毎年3,000人ずつ増加させるという目標値根拠はすでに失われており，法曹養成制度検討会議の最終取りまとめを受け，政府が2013(平成25)年7月16日，ついに3,000人という目標値を撤回するに至った。

第2点は，「法の支配」ないし「法的サービス」の担い手の問題である。司法改革の目的を「法の支配」の徹底と考え，「法の支配」の担い手は法曹たる弁護士に限るべきで，隣接士業は含めるべきでないとの考えから，法曹人口に隣接士業を含めない考えがある。この考えからは，隣接士業を法曹人口に含めて国際比較をして法曹人口の増大を抑止しようとする立場を採りながら，隣接士業からの権限拡大要求を否定することは矛盾であるとの批判がある。

他方，隣接士業による法的サービスの提供の現実があることから，法曹ないし弁護士の適正人口を考える場合に隣接士業人口を含めるべきだとの考えもある。論理的に言えば，仮に，隣接士業を除外して弁護士人口を数えるのであれば，弁護士は権限・資格を有する隣接士業の業務を担っているのでなければならないはずである。

第3点は権限の問題である。弁護士は法律事務に関するオールマイティーの権限があるが，隣接士業は一部の専門分野に限られている。隣接士業の存在をもってしては弁護士に代替し得ないと主張される。

(5) 司法制度改革審議会意見書の立場

弁護士と隣接士業の関係についての司改審意見書の立場については，第3部2を参照されたい。

(6) 隣接士業の権限拡大措置の実施

司改審意見書に盛り込まれた隣接士業の権限拡大措置はそのほとんどが実行された。

このことを契機に，隣接士業はさらなる権限拡大（＝職域拡大）の立法化要求のロビー活動を活発化させた。中には，行政書士の不利益行政処分における弁明・聴聞手続代理権の付与など，著しく不合理な内容の権限拡大が政治圧力によって実現している。

(7) 司法書士，行政書士，社労士のさらなる権限拡大要求

上記3士業連合会，その政治連盟及び規制改革会議の第3次答申（2008〔平成20〕年3月22日）等は，弁護士が権限がありながら十分に責任を果たしていないこと，市民の利便性，ニーズに応えること，士業間の規制緩和を推進すべきことなどを理由に更なる権限拡大の立法化要求を掲げている。なお，詳細は第3部2を参照されたい。

(8) 今後のとるべき政策

隣接士業の法改正に基づく権限拡大要求は極めて大きな政治的圧力となっている。また，法改正に先行して法律の拡大解釈等運用による既成事実化により，権限の事実上の拡大も日々進行している。弁護士の法律事務の独占は事実上，例外の範囲が拡大し，法曹ではない法的サービスの担い手とされる隣接業種により浸食されている。本来法曹が担うべきとされる裁判所における業務についても，司法書士の権限が認められている事態に立ち至っている。

これらは司改審意見書の立場からも，弁護士人口の増加が行われるまでの当面の措置であったはずであるが，相当程度人口増が実現した現在，今後どのような方向性を求めるのか極めて重要な課題である。

この点について，司改審意見書では，将来「各隣接専門職種の制度の趣旨や意義」「利用者の利便」「利用者の権利保護の要請」等の視点から，法的サービスのあり方を改めて総合的に検討することとされていた。

当時の「将来」がすでに「現在」の課題となり，当時の制度設計は見直されるべき時期にきている。ところが，当時は応急措置とされたはずの隣接業種の拡大された権限が，事実上後戻りの極めて困難な既成事実と化してしまっている。この問題の総合的な検討は，我が国の「法の支配」をどの担い手によってどのように進めていくかというに極めて重要な政策課題であるが，理念上の政策だけで現実を無視して実現が可能なわけもなく，極めて苦しい対応を迫られ続けている。

当面とるべき対応についての詳細は，第3部2を参

照されたい。

7）弁護士の不祥事とその対応

(1) 現状

2011（平成23）年ころからテレビ・新聞等で，①預り金や仮処分保証金名目で預かった4億7000万円を着服したとして，業務上横領や詐欺罪で有罪判決の出た福岡県弁護士会々員のことや，②依頼者からの預り金等を着服して，その被害総額が9億円を超えた岡山弁護士会々員，さらには③成年後見人の地位を利用して4200万円を横領した当会元副会長等々，弁護士不祥事に関して多数の報道がなされた。

これら新聞等のマスコミからは，「（市民からの苦情・相談が少なからず弁護士会に寄せられていたのだから）弁護士会がもっと早く動いていれば，こんなに被害が広がらなかった」「弁護士会は身内に甘い」等の批判がなされた。

(2) 問題の所在

たて続けに報道されている弁護士の預り金に関する業務上横領・詐欺事案は，当該依頼者のみならず，社会の弁護士に対する信頼を揺るがす背信的行為であり，ひいては「弁護士自治」に深刻な打撃を与えかねない重大な問題である。

もとより，依頼者の事件処理における預り金の適正管理は，弁護士の職務において基本中の基本であり，弁護士は，これらを規定する弁護士職務基本規程を遵守し，弁護士の社会的使命と責任を自覚しなければならないことは当然のことである。

他方，弁護士会の「市民窓口」には，市民からの種々の苦情，相談等が寄せられているところ，それらの情報を有効かつ適切に活用できれば，会員の非行を探知する契機ともなり，早期に重大な不祥事々案の芽を摘むことも可能となろう。

弁護士会としては，市民窓口に寄せられる種々の苦情・相談等に関する情報について，市民窓口と執行部とで適切に共有する等の工夫をし，会員の不祥事防止の観点から市民窓口（委員会）の強化を図っていかなければならない。

ただし，弁護士不祥事防止の観点からの市民窓口（委員会）の強化といっても，全国的な視点で各弁護士会の活動を見るならば，常時市民窓口として活動し，年間1000件を超える市民からの苦情・相談を受付けている東京三会や大阪弁護士会等の大規模会と，月に数件の苦情を弁護士会事務局や理事者が受付ける小規模会とでは，できうる範囲に，自ずと差が生じるのはやむを得ないことである。

(3) 日弁連の不祥事対策（第1次提言）

2012（平成24）年10月，日弁連では，「市民窓口及び紛議調停に関するワーキンググループ」内に，弁護士不祥事対策検討プロジェクトチームを設置し，不祥事対策に本格的に取り組んだ。そして，同プロジェクトチームは，集中的な検討を行い，2013（平成25）年1月に「不祥事の根絶をめざして－市民窓口機能強化等の提言－」（以下「第1次提言」という）を取りまとめ，日弁連に報告した。

第1次提言では，ア）非行を探知する方策として，市民窓口における情報の積極的活用（①苦情情報の分類・整理 ②役員への報告，③複数回の苦情があった場合の通知），市民窓口の機能強化（①担当者向けマニュアルの作成 ②担当者の研修・意見交換会等），紛議調停における情報の活用を，イ）非行による被害拡大を防止する方策として，弁護士会懲戒請求手続の整備（会長の判断で立件できる専決処分的な扱いを認める），事前公表制度の適時の運用を，ウ）非行の発生自体を阻止する方策として，預り金管理規程の制定，弁護士相談窓口の整備（うつ病をはじめとするメンタルヘルスの対策を講じるとともに，公私の悩み事の相談の窓口を設け，その機能強化を図ること），会員に対する研修制度の強化を求めた。

その後，同プロジェクトチームが提言，立案した「預り金等の取扱いに関する規程」は全国の弁護士会，日弁連関連委員会の意見照会を経て，2013（平成25）年5月の日弁連総会で可決され，8月1日に施行された。

またこれに伴い，2013（平成25）年6月に上記規程に関する解説書が発刊された。

それにもかかわらず，弁護士会の規模に関わりなく弁護士の非行は後を絶たず，マスコミをはじめとする世論は，弁護士に対して厳しい自己規律と弁護士会による非行防止策の早急な実施を強く求めた。

(4) 日弁連の不祥事対策（第2次提言）

❶ 非行原因の分析

2013（平成25）年6月，上記プロジェクトチームの後継組織として，弁護士不祥事の根絶のための総合的

な施策の立案等を目的とする「弁護士職務の適正化に関する委員会」が発足し，非行の原因はどこにあったか，効果的な非行防止策はどのようにすべきか等について，ハイピッチながら充実した審議を行った。

その結果，2013（平成25）年12月に「不祥事の根絶をめざして・その2－弁護士への信頼確保のための非行防止策の提言」（以下「第2次提言」という）を取りまとめ，日弁連に報告した。

第2次提言では，①最近における弁護士の重大非行について，その非行がどのような経緯・原因で発生したのか？当該非行の背景事情は何か？弁護士会に非行防止策の不備があったか？を検討したうえで，②重大非行の再発を阻止するために日弁連を含む弁護士会は何をすべきか，③不本意にも，重大な非行が発生した時に弁護士会はどのように行動すべきか，④非行による被害者に対して弁護士会は何をすべきか，ということに検討を加えた。

重大非行の発生原因については，必ずしも統一的な見解がもたらされたものではないが，

① 一時的に使込みをしても，別件の弁護士報酬で穴埋めができるという規範意識の薄弱化

② 資金繰りを含む法律事務所のマネジメントに周到な計画性がなく，また，いつまでも元気に仕事ができるとの幻想を持ち，リタイヤの時期や方法を真摯に考えず，事務所のマネジメントや人生設計ができていないこと

③ 事件処理の懈怠や過誤について，小さな嘘をついてその場しのぎをし，やがて大きな嘘をつかざるを得なくなった。

④ ストレスからの精神疾患にかかりながらも，メンタルヘルスを疎かにし，また他人に弱みを見せたがらない。

という原因ないし背景事情がうかがわれた。

かような検討を前提に，まず非行の覚知について，

① 弁護士の職務を行う過程で知り得た他の弁護士の非行情報の通報制度も検討したが，現時点では通報義務を明文で規定するまでのコンセンサスは得られていないとして，採用されるには至らなかった。

② 会費滞納者の中には，何らかの非行が背景になっている場合があるので，会費滞納情報を弁護士会役員が共通に知っておく必要があること。

が確認された。

❷ 非行防止策について

市民窓口に対して相当数の苦情が寄せられている多重苦情対象弁護士について，弁護士会による特別の指導・監督権の行使が問題になった。

弁護士会の指導・監督がどこまで許されるかについては弁護士の「職務の独立性」との関係が問題になるところであるが，少なくとも，苦情の対象となった法律事務の方法等について，弁護士会の会長またはその授権を受けた者が適切なアドバイス（助言）を行うこと，アドバイスを受けた後に実際にとった措置を弁護士会に報告させることは可能であり，このような指導・監督方法は許されるものと思料した。

次に，弁護士会として，相談相手がおらず孤立化して非行に陥る会員に対して非行防止策として相談窓口を強化すべきであることが議論された。

業務や人間関係に関わる「会員サポート窓口」，新人に対するチューター制度，さらにはストレスから来るうつ病等の精神疾患に対するメンタルヘルスも重要であり，かような相談窓口の強化は全国展開する必要があることが確認された。

さらに，資金繰りを含む事務所経営や人生設計・将来設計に関するマネジメント研修は，事務所として攻勢に出る場合だけでなく，逆境に陥った時の身の処し方，即ち非行防止策としてのマネジメント研修の積極的導入が図られるべきであることが確認された。

❸ 重大非行に対する弁護士会の対応

① まず，重大非行が発生した場合に，弁護士会として，どのような基準で調査委員会を組成し，どのような調査をすべきかについて検討したが，ⅰ）多数の被害者を出す等非行の被害が大きいこと，ⅱ）弁護士会の懲戒手続を待っていたのでは混乱が解消できないこと，ⅲ）弁護士会に何らかのガバナンス上の問題があることが要件になること。すなわち，調査委員会による調査の目的は，非行の事実認定ではなく，非行の原因と弁護士会のガバナンスに関する検討を行い弁護士会による再発防止策を策定することである。

したがって，以上の点を十二分に検討したうえで調査委員会を設置すべきであり，元裁判官・検察官や大学教授等の第三者委員は必ずしも必須なものではない。

② 次に、被害者側からの弁護士会に対する指導・監督義務違反による損害賠償請求は避けられないものとして、弁護士会は責任追及された場合の備えをしておくべきである。具体的には弁護士会の責任追及がなされた事案の検討、弁護士会内部の指導監督体制のチェックと不備の解消などが要請される。

③ 第1次提言でも指摘したところであるが、迅速な懲戒権の発動は必要であり、また適時に懲戒請求の事前公表がなされる等その運用の適正化が図られるべきである。

④ 弁護士会は、被害の救済あるいは弁護士会への責任追及等利害得失を総合的に判断して、非行を働いた弁護士の刑事告発、滞納した会費請求権を原因とした破産申立の可否を検討すべきである。

⑤ 被害救済策として、被害者説明会が考えられるが、弁護士が主催することは当該非行弁護士との一体性を示しがちとなるので回避すべきであろう。有志が組織した被害者救済弁護士団を紹介するのにとどめるべきである。

⑥ また、弁護士会の被害者救済策として、その経済的損失を如何に填補するかという点については、アメリカの救済基金制度や弁護士会損害賠償保険はじめその方策の検討が必要である。

以上のことが確認された。

(5) 第2次提言を受けての日弁連の活動

日弁連は、上記第2次提言を受け、「弁護士職務の適正化に関する委員会」を中心に、

① 2014（平成26）年8月27日に全国から単位会の役員・担当者を集め「懲戒手続運用等に関する全国連絡協議会」を開催し、会請求や事前公表制度について経験交流をするとともに弁護士成年後見人の不祥事対策についての質疑応答を行った。3時間に亘る会議であったが、非常に好評であった。

② また、非行被害者の経済的損失填補対策として依頼者保護制度検討ＰＴ、非行防止策としてのマネジメント研修の企画・実施をめざすマネジメント研修ＰＴを立上げた。いずれのＰＴも年度内に一定の検討結果を成果として公表すべく活動中である。

③ 非行防止策としての弁護士相談窓口については、2014（平成26）年12月12日に行われる「市民窓口及び紛議調停に関する全国連絡協議会」で全国の各単位会にアンケートをとり、弁護士相談窓口の全国展開を要請していく。

という活動を行っている。

(6) 東弁の不祥事対策

東弁においては、以下のとおり総合的な不祥事対策を行っている。

❶ 預り金等の取扱いに関する会規の制定（2013（平成25）年6月20日施行）

① 会による照会・調査ができる場合を拡大し、迅速な調査が可能になった。

② 会員は、会の照会・調査に対して、依頼者の意向にかかわらず、書面で回答し調査に協力しなければならなくなった。

❷ 市民窓口の機能強化

① 苦情情報の分析

年間1800件余の苦情情報を文書・データ化し、苦情内容を分析するとともに担当理事者が検討し、迅速な対応を可能にした。

② 苦情情報の積極的活用

ⅰ）非弁提携弁護士対策本部への情報提供

ⅱ）市民窓口委員会調査チームによる調査等を含め苦情情報の活用により弁護士の非行を防止する

③ 多重苦情対象弁護士（1年以内に3名の申出人から苦情）への通知

❸ 紛議調停における情報の活用

❹ 会費滞納情報の活用

❺ 弁護士倫理研修の強化

① 中間倫理研修の開始

② 倫理研修のさらなる強化・活性化の検討

❻ 弁護士相談窓口の充実

① 会員サポート窓口

事務所の開設・閉鎖、病気や精神疾患による休業・会費免除、利益相反事件、事務所経営等の業務に関する相談

② 弁護士業務妨害対策センター

③ チューター制度

新規入会登録3年以内の即独、早期独立、事務所内独立採算弁護士等に対し、1年間にわたり事件処理から事務所経営までアドバイス

④ 若手相談室（新進会員活動委員会）

登録5年目までの若手会員の悩み事相談

⑤ こころの相談「ほっと」ライン
心理カウンセラーによる電話・WEB・面談によるカウンセリング なお、東京都弁護士国民健康保険組合によるメンタルヘルスカウンセリングもある。
⑥ 東弁ウェブサイトの「ご意見・ご要望」への投稿の活用

その他、2013（平成25）年から、綱紀・紛議調停、非弁提携弁護士対策本部、法律相談センター、高齢・障害者、業務改革および市民窓口等弁護士不祥事関連委員会による意見交換会が不定期であるが催され、情報の共有化が図られるとともに、各担当理事者による情報交換会が月一度のペースで開かれ、弁護士不祥事に対応している。

8 弁護士と国際化の課題

> 我が国の弁護士制度・弁護士業務は、諸外国の法曹制度や国際社会の動向と密接な関係を有するに至っている。我々は、WTO等における弁護士業務の自由化等の論議や動向を注視しつつ、我が国の弁護士会全体の問題として、我が国の弁護士制度・業務の国際社会における在り方・国際的なルール作りへの対応につき、早急に総合的な対策を講じる必要がある。
> 外弁法が2003（平成15）年7月に改正され、①弁護士と外国法事務弁護士の共同事業（外国法共同事業）の解禁、及び②外国法事務弁護士による弁護士の雇用が認められることになった。同改正法は、2005（平成17）年4月1日に施行され、前年11月の臨時総会で可決・成立した日本弁護士連合会の会則・会規も施行された。現在、混合法人を認める外弁法改正が予定されており、真の弁護士の国際化とその方法を真剣に議論すべきである。

1）国際化に関する現代的課題

(1) はじめに—国際化への基本的対応

従来、弁護士業務の国際化は国内の業務とかけ離れ、主に渉外弁護士の世界の問題であると認識されていた。しかし、今、世界では、外国の弁護士に対する市場の開放、隣接業種との提携の推進など弁護士業務の「自由化」の議論が盛んになされている。また、広告制限・弁護士報酬規制などの弁護士会の内部規則を撤廃し、法律サービス市場に競争原理を導入するべきであるという主張もされている。WTOのGATS交渉では、専門職のライセンス及び資格の自由化について討議され、同様の議論が米国やEUとの二国間交渉のなかでもされている。さらに、証券取引法や独占禁止法などの「法制度の急激な世界標準化」の流れも感じることができる。

こうした弁護士職に関連する世界における動きは、司法改革の議論の中で、そのまま我が国に影響を与えている。

2001（平成13）年6月12日に発表された司法制度改革審議会意見書でも、我が国の法曹も、弁護士が国際化時代の法的需要に十分対応するため、専門性の向上、執務体制の強化、国際交流の推進、法曹養成段階における国際化への要請への配慮等により、国際化への対応を強化すべきであり、また日本弁護士と外国法事務弁護士等との提携・協働を積極的に推進する見地から、特定共同事業の要件緩和等を行うべきであると述べられている。こうした意見は大いに傾聴するに値するもので、弁護士は臆することなく国際化に乗り出すべきである。しかし、他方、グローバルスタンダードが特定の強国のスタンダードとならないように慎重に見極めるべきであり、我が国独自の文化や社会制度にも配慮したバランスのとれた国際化を目指すことが望まれる。

他方、弁護士の「コアバリュー（根源的価値）と直

接相克する制度の導入」も実施されている。依頼者の秘密保持義務に関わるマネー・ローンダリング規制がその典型であり，現在の法律では弁護士に疑わしい取引の報告義務を課されてはいないが，今後，再度議論される可能性があり，今後の動向を注視する必要がある。さらに，英国では弁護士への苦情の増大を背景に「弁護士団体の自治への警鐘」となるようなクレメンティ報告が政府に提出され，2007（平成19）年には弁護士に対する苦情処理などの機能を弁護士会から独立の機関に移す法律サービス法が成立し，弁護士の懲戒権を弁護士会から独立したリーガル・サービシーズ・ボード（LSB）に帰属させた。

こうした世界及び国内の動きを，間近に感じるときに，私たちが取り組むべきいくつかの課題が見えてくる。

第1に，弁護士業務の国際化に迅速に対応することである。国際社会において弁護士業務の自由化をめぐる流れは，WTO体制の下で急速に進展している。自由化の行き着くところ，相手国で与えられた資格を自動的に自国でも有効なものとして認めるという「相互承認」の原則がとられ，外国で得た弁護士資格を我が国において自動的に認めなければならないという事態になる可能性さえある。現在，WTO交渉はとん挫しているが，交渉が進展することになれば，我が国の弁護士制度・業務に大きな変革を迫ってくることが予測される。他方で，法律サービスはFTA等の二国間の貿易交渉の中でも取り上げられ，FTA交渉で後れをとっている我が国において，法律サービスの面でも却って国際競争力を減殺されてきつつある。我々はこのような問題に関し弁護士会全体として危機意識を持ち，情報を共有化する必要がある。日弁連では2011（平成23）年に中小企業海外展開ワーキンググループを立ち上げて海外に進出する中小企業に会員が助言する制度を立ち上げた。また，2012（平成24）年には関係省庁も参加している海外展開総合支援協議会を通じた弁護士の海外展開も検討を開始した。

第2に，弁護士の多様な国際活動の支援を強化することである。外務省などへの任期付公務員制度の推進，国際機関への就職の斡旋，法整備支援に関わる弁護士の育成などをさらに充実させていくことが必要である。世界の国々には，未だ法の支配（Rule of Law）が十分機能していない国や貧困問題から司法へのアクセスの実現にほど遠い国も多い。このような中で，日本の弁護士が積極的に国際協力や支援活動に参加し，現場でこれらの実現に貢献することが望まれる。

第3に，弁護士が法の支配に奉仕するプロフェッションとしての存在であることを再確認することである。社会の隅々まで弁護士のサービスが行き渡り，司法へのアクセスが容易になることを実現するために，さらに努力する必要がある。

第4に，情報の収集と効果のある施策を実行するために，外務省・法務省等とも連絡を密にし，弁護士の独自性等の観点から自由化の内容を合理的なものにする努力を展開し，米国法曹協会（ABA），欧州弁護士会評議会（CCBE），国際法曹協会（IBA），ローエイシア等の内外の法曹団体とも協力をはかっていくべきである。

最後に，国際問題が国内問題に直接影響するという意識をもって，弁護士の自治を強化し，弁護士が社会からより信頼されるように努力することが必要である。例えば，事後規制の世の中にあって，弁護士の綱紀懲戒事案や紛議調停事案をどれだけ迅速かつ公正に処理することができるかが課題である。さらに，弁護士の専門化・多様化のニーズにどれだけ応えることができるか，弁護士会として取り組むべき施策を早急に構築し実施する必要がある。そして，日本司法支援センターを充実，発展させるなどして弁護士の公益活動を推進し，法の支配に奉仕する弁護士がより増えるための取組みも積極的に行う必要がある。

以下，関連する具体的な問題について述べる。

(2) 国際化による弁護士制度・業務への影響

ここでは，国際化のもたらす弁護士制度・業務への影響に関する問題点として，①世界貿易機構（WTO）等における自由職業サービスの国際的規制緩和の問題，②主に巨大国際会計事務所との提携を問題点とする異業種間共同事業（Multidisciplinary Practiceor Partnership，いわゆるMDP）の問題，及び③新事業体（Alternative Business Structure，いわゆるABS）の問題を取り上げて論じる。

❶ WTO等における国際的規制緩和

国境を越えたサービス業へのニーズが著しく増加したことから，1986（昭和61）年に始まったGATTウルグアイ・ラウンドでは，従来の関税等の物の取引に関する障壁の撤廃にとどまらず，弁護士業務を含む

サービス関連業も自由化交渉の対象に追加し，サービス貿易を国際的な共通ルールで規律するための条約として，GATS（サービス貿易に関する一般協定）が1995（平成7）年1月に発効した。我が国が同年に外弁法を改正して強制的相互主義を任意的相互主義に改めたのは，最恵国待遇を基本とするGATSの原則に合致させるためであった。

サービス貿易を含む貿易を律する法的な拘束力を持つ新たな国際機関である世界貿易機構（WTO）の下で，弁護士業務はGATSに組み込まれ，その自由化交渉はGATSを枠組みとして進められることになった。GATSは多国間条約であるので，WTO加盟国はGATSの改正など新たな協定が締結された場合にはその内容と異なる法令（例えば弁護士法や外弁法など）を改正すべき国際的な義務を負うことになる。このように，WTO体制は，従前のGATT体制と比してその法的重みを著しく増しているといわなければならない。

WTOの現在のラウンドは，2001（平成13）年11月にドーハで開催された閣僚会議で開始が宣言されたドーハ・ラウンドと呼ばれているが，そのドーハ・ラウンドではサービス貿易一般協定（GATS）によるリーガルサービス貿易を含むサービス貿易のいっそうの自由化を求めている。

WTOの自由職業サービス作業部会（WPPS）は，国際化が最も容易な会計サービスの分野から着手し，1997（平成9）年5月に「会計分野の相互承認協定又は取決めの指針」（資格の相互承認ガイドライン）を，1998（平成10）年には，「会計分野の国内規制に関する法律（多角的規律）」を採択した。この規律は現時点では法的拘束力はないが，新ラウンドの終結までに，自由職業サービス全般の規律とともにGATSの一部として法的拘束力のあるものにすることが合意されている。1999（平成11）年4月に開催されたWTOのサービス貿易理事会は，自由職業サービス全体の規律作成作業を急ぐため，自由職業サービス部会を発展的に解消し，新たに「国内規制作業部会（WPDR）」を設置した。同作業部会はサービス全体に関わる資格要件・手続，免許要件・手続，技術上の基準の規律などを作成する任務が与えられている。したがって，2000（平成12）年からのドーハ・ラウンド終了後には，我が国の弁護士を含む自由職業を拘束する自由職業サービスの国内規制に関する法律が作成される可能性が高い。

新ラウンドは，2005（平成17）年1月に終結する予定であったが，多くの国が反対したことから未だ終結しておらず，2006（平成18）年11月のAPEC首脳によるWTOに関する独立宣言で交渉再開を求めたことを契機に，ラミー事務局長がジュネーブにて事務レベルでの交渉再開を宣言したが，農業問題を中心に妥結にいたらず，現在も交渉中である。

❷ MDP－巨大国際会計事務所の法律業務への進出

巨大国際会計事務所が本来の会計監査や税務監査からコンサルティングへと範囲を広げ，MDPを通じて，法律サービスの分野に進出し，各国弁護士会にとって大きな脅威となっている。我が国では，弁理士，税理士，司法書士などの隣接業種との異業種提携の動きが見られるが，国際的には巨大国際会計事務所がその組織力・資金力・政治力・ネットワークなどを駆使して次々と弁護士事務所を買収しその傘下におさめ，MDPを通じて法律業務を行うという現象が起きた。

MDPの問題点は，①弁護士倫理上，弁護士は独立であるべきであるが，大資本を背景とした巨大国際会計事務所との共同化によりこの独立性が損なわれるおそれがあること，②会計事務所は，透明性の確保から一定の依頼者の業務について開示することを前提とした業務を行うのに対し，弁護士は依頼者の秘密を厳格に守らなければならない義務を負っていること，③会計事務所の利益相反基準が弁護士のそれより緩やかであり両者はなじまないこと等があげられており，いずれも重要な論点である。また，巨大国際会計事務所が法曹の市場に参入した場合，急激に多くの弁護士を雇用することが予想され，そうした弁護士の雇用市場への影響も懸念されるところである。

以上の問題を解決しない限り，MDPを認めることは原則としてできないと考える。ただし，実際に税理士，弁理士及び司法書士との事業の共同化を様々な形で行っている弁護士事務所があり，こうした現象には，その認められる範囲を限定するなどの処置が必要である。

もっとも，エンロンなどの一連の会計事務所の不祥事事件が起きて以降，MDPに対する規制緩和の動きは下火になっている。

❸ ABSは，法律サービスについて他の事業体の資本参加（所有）を認めようとするものである。英国の

法律サービス法は非法律家が法律事務所の25％までの所有を認め，2011（平成23）年後半には完全な所有の自由も認めようとしている。例えば，スーパーマーケットが法律事務所を所有して，各店舗で法律相談をすることが議論されている（テスコというスーパーマーケットが設置している）。このような法律事務所の所有の自由化は，オーストラリアでも解禁されている。

これに対して欧州の弁護士会（CCBE）は，弁護士の独立や守秘義務・利益相反などの点から否定的な見解を発表しているが，そうした点については所有者の利益に優先するという制度を保障することで対応できるとする意見もある。法律事務所の所有の自由化の問題は，実際の事業を共同化するMDPと並んで，世界の弁護士会が考えなければならない問題である。

(3) 日弁連の対応

日弁連では，弁護士の国際化の問題は主に外国弁護士及び国際法律業務委員会を中心に議論されているが，2011（平成23）年度には，国際パートナーシップ（International Partnership）の是非を主に議論する国際法律業務の発展及び在り方に関する検討WGが設置されて弁護士が外国の法律事務所のパートナーになることができるか，外国の弁護士が日本の法律事務所のパートナーになることができるか，という論点を議論するとともに，これからの国際法律業務の在り方について議論を重ねている。

2）外国弁護士の国内業務問題

(1) 外弁法改正の経緯

2001（平成13）年6月に発表された司法改革審議会意見書で，「日本弁護士と外国法事務弁護士等との提携・共同を積極的に推進する見地から，例えば特定共同事業の要件緩和等を行うべきである」との意見が提起された。

これ以前にも，例えば2001（平成13）年3月30日に閣議決定された規制改革推進3カ年計画で，日本法及び外国法を含む包括的，総合的な法律サービスを国民・企業が受け得る環境を整備する観点から，外国法事務弁護士と弁護士との包括的・総合的な協力関係に基づく法律サービスがあらゆる事案について提供できるように検討することとされ，2002（平成14）年中に結論を出すこととなっていた。また，2001（平成13）年10月の日米規制改革および競争政策イニシアティブに基づく米国からの要望も，①外国弁護士と弁護士との提携の自由化，及び②外国弁護士による弁護士の雇用解禁に的を絞る内容となり，さらに同時期に出された欧州委員会からの対日規制改革優先提案でも上記①及び②を強く求める内容となった。こうした背景が，それまで司法制度改革審議会でそれほど議論されていなかった外弁問題が同審議会意見書に盛り込まれた由縁であると推測できる。

以上の状況下にあって，政府の司法改革推進本部における国際化検討会の議論も2002（平成14）年初頭から始まり，上記の①及び②の問題について精力的な議論がなされた。国際化検討会では，渉外的または総合的（M&A，プロジェクトファイナンス，証券化等）な法律サービスを，外弁の専門性を生かしてユーザーに使いやすくすべきであり，また雇用問題については共同事業の緩和は当然に外国法事務弁護士による雇用に結びつくという意見が強かった。日弁連は，当初特定共同事業（外国法事務弁護士事務所と弁護士の事務所を分離して共同化を認めた制度）を行うことのできる事業目的の緩和で臨もうとしたが，その意見が通ることはなく，また外弁による雇用禁止だけは確保しようとしたものの，実現することはなかった。

以上の審議の結果，外弁法の改正案が起案され，同改正案は2003（平成15）年7月18日に成立し，同月25日に公布された。主な改正点は，①特定共同事業以外の形態による弁護士・外国法事務弁護士の共同事業禁止（外弁法49条2項，49条の2）の解禁，②外国法事務弁護士による弁護士の雇用禁止（外弁法49条1項）の解禁，③外国法事務弁護士に許容された職務範囲を超えて法律事務をしてはならない（つまり日本法を扱ってはならない）という規制（外弁法4条）及び外国法事務弁護士による弁護士の業務に対する不当関与の禁止（外弁法49条の2第3項）の明文化である。

同改正法は，2005（平成17）年4月1日に施行され，前年11月の臨時総会で可決した日本弁護士連合会の会則・会規も施行された。改正法が成立する際には，外弁が弁護士との共同事業や弁護士の雇用により日本法などの職務外法律事務を取り扱うことがないように十分配慮すること，という付帯決議が衆参両院でなされており，これに対応する会規の改正が行われた。

これとは別に，弁護士法の改正に伴い，外弁にも公

職などへの就任の届出制が認められ，2004（平成16）年4月から実施された。

また，外弁に対しても法人の設立（外弁法人）を認めようという議論が，米国を中心とした外国政府からの要請でなされ，その過程で外弁と弁護士が共同で社員となる混合法人についても日弁連で議論がなされた。その結果，2010（平成22）年3月18日の理事会において，それらを認める基本方針が採択され，今後法制化に向けた取組みがなされることになる。

なお，2014（平成26）年12月5日開催の日弁連臨時総会において，外国法事務弁護士制度を創設する制度改正が承認された。

2014（平成26）年4月1日現在，日弁連に登録している外国法事務弁護士の数は386名である。東京の中堅法律事務所（50～100名）には上記の外国法共同事業の法律事務所が散見されるようになってきた。

(2) 今後の展望

巨大な資本力のある英米の弁護士事務所のさらなる進出を許容すれば，日本法の益々の英米法化を促進し，国選弁護等の公共的役割を担う日本の弁護士の育成にも問題を生じかねず，ひいては日本の法文化への悪影響も懸念されるところである。これに対して，外国の弁護士事務所のさらなる進出が日本の弁護士の国際競争力を強化するとの意見もある。他方で，英米を中心とした法律業務が我が国で拡大することは，弁護士業務の拡大・専門化の促進につながるとの意見もある。

このような状況の中で，日本法は日本の法曹資格を持っている者だけが携わることができるという資格制度の基本を前提としつつ，秩序ある国際化のもとで，我々弁護士は，本当の意味で我が国の司法作用の向上のための弁護士の国際化を考えなければならない。隣国韓国の弁護士会は国際化に精力的に取り組んでいるが，我が国も組織的にこの問題に取り組むべきである。

3）国際司法支援

(1) はじめに

1990年代の後半から，発展途上国を中心とする外国への我が国のODAとして，基本法の起草や法律家の養成といった司法の根幹に対する援助活動が行われてきた。特に2006（平成18）年，2007（平成19）年にカンボジア王国において，日本の支援によって起草された民事訴訟法典と民法典が相次いで同国の国会で承認され，成立するなど，具体的な成果があらわれたことを受けて，法制度整備支援を我が国の海外経済協力の重要分野としてとらえる動きが高まっている。

2008（平成20）年1月30日，第13回海外経済協力会議の合意事項として「我が国法制度整備支援に関する基本的考え方」が策定・公表され，2009（平成21）年4月1日付けで基本方針が発表された。

このような動きの中で，日弁連は，我が国の法律家が海外で国際司法支援に積極的に参加する組織と制度を設計し，1995（平成7）年から15年間にわたり活発な活動を展開してきた。

そして，2009（平成21）年3月18日，「日本弁護士連合会による国際司法支援活動の基本方針」が日弁連理事会において決議された。

(2) 日弁連による国際司法支援の基本方針

❶ 基本理念

日弁連は，その国際司法支援活動の基本理念として，日本国憲法の基本理念である基本的人権の保障と恒久平和主義及び法の支配の実現を旨とする。

❷ 基本方針

日弁連の国際司法支援活動実施に当たっては，上記基本理念の実現を目的とし，政治的不偏性と中立性に留意するとともに，活動プロセスにおいて，市民の自立支援・カウンターパートとの協働・フォローアップ評価の実施・参加する会員の安全に特に留意することとしている。

(3) 日弁連及び弁護士の法整備支援活動の経緯と展開

❶ カンボジア王国

日弁連の司法支援活動において，カンボジア王国に関係する同活動が一番長い歴史を有している。また，その支援形態も，国際協力機構（JICA）のODAプロジェクトに参画するケース，日弁連独自にプロジェクトを提案して資金を得て実施するケースの2類型にわたる。また，その支援内容も，カンボジア王国の民法および民事訴訟法の立法作業，裁判官，検察官，弁護士等の研修（トレーニング），クメール語文献の資材供与等司法支援全般にわたる。したがって，カンボジア王国への司法支援活動は，日弁連にとって一つのモデルケースとなり得るものである。以下，具体的活動を簡潔に説明する。

① JICAプロジェクトへの参画・協力

日弁連では，1996（平成8）年から2000（平成

12) 年までJICAが主催するカンボジア法律家に対する本邦での研修に講師を派遣し，研修旅行を行う等の協力をしてきた。

また，JICAは，1999（平成11）年3月からJICAの重要政策中枢支援・法制度整備支援プロジェクトが開始され，同国の民法及び民事訴訟法の起草，立法化，普及並びに人材育成に協力している。日弁連では，同プロジェクトの国内支援委員会及び事務局に会員を派遣するとともに，カンボジア司法省及び弁護士会に対し，これまで6名の会員がJICA長期専門家として赴任している。

② 日弁連独自のプロジェクト—カンボジア王国弁護士会に対する協力活動

日弁連では，日弁連独自のNGOプロジェクトを企画・実施している。

2000（平成12）年度から始まったJICAの小規模パートナーシップ事業を申請し，その第1号として承認され，2001（平成13）年7月からプロジェクトが開始された。同プロジェクトは，カンボジア王国弁護士会をカウンターパートとして，弁護士継続教育セミナーの開催及び法律扶助制度の制度提案をおこなった。弁護士継続教育セミナーについては，当時JICAの重要政策中枢支援プロジェクトで起草中であった同国の民事訴訟法の案文を資料として，「民事訴訟における弁護士の役割」をテーマに合計4回のセミナーが実施された。また，同時期にカナダ弁護士会及びリヨン弁護士会がカンボジア王国弁護士の養成プロジェクトを企画していたことから，3弁護士会によるユニークなプロジェクトとなった。そして，法律扶助制度については，貧困層への司法サービスの機会保障（access to justice）の視点から，カンボジア王国における法律扶助制度の確立に向けた制度調査及び将来の提言を行なった。現地で東南アジアの弁護士を招聘し，国連人権高等弁務官の地域代表の参加も得て，アジア法律扶助会議を開催し，その結果，カンボジアの法律扶助制度に資金が拠出されるなど一定の成果を得ることができた。

さらに，日弁連は，2002（平成14）年9月から3年間の期間，JICAからの委託事業（開発パートナー事業）として「カンボジア王国弁護士会司法支援プロジェクト」を受託し，先の小規模パートナーシップ事業から引き続いてカンボジア王国弁護士会に対して支援を行なった。プロジェクトの上位目標は，「法の支配を担うカンボジア王国弁護士の養成」及び「法的サービスへのアクセスを向上させ法の支配を実現すること」とした。具体的な活動としては，①2002（平成14）年10月開講の弁護士養成校（正式名称は，「Center for Lawyers Training and Professional Improvement of the Kingdom of Cambodia」）への技術支援，②同校で行われるリーガルクリニックへの技術援助，③現在の弁護士に対する継続教育支援，④女性弁護士の養成を通じたジェンダー問題に対する技術支援の4つを柱とした。

さらに，日弁連のカンボジア弁護士会に対するそれまでの支援活動が評価され，2007（平成19）年12月からは，同支援が，新たにJICAの重要政策中枢支援法制度整備プロジェクトの一環として位置づけられ，2010（平成22）年6月まで，日弁連がJICAから委託を受けて，弁護士養成校を支援した。具体的には，弁護士に対する民法及び民事訴訟法セミナー（継続教育）並びに弁護士養成校におけるセミナーを短期専門家派遣により実施し，民法及び民事訴訟法の普及活動・人材育成支援を行なった。また，同プロジェクト専属の長期専門家として現地に駐在した会員1名を中心に民事訴訟法ワーキングチームが設置され，将来弁護士養成校の教官となることが期待される人材を育成した。

カンボジアでは，2002（平成14）年に弁護士養成校が開講するまで弁護士養成制度が存在せず継続的な新しい弁護士の登録がなかったところ，2002（平成14）年から2010（平成22）年まで日弁連がカンボジア王国弁護士会に対して弁護士養成校の支援を行った期間に，合計359名の新たなカンボジア弁護士を養成した。なお，このプロジェクトでは，3年間で延べ100人程度の弁護士を現地に派遣し，国際司法支援に携わる弁護士の育成にも貢献したといえる。

❷ ベトナム社会主義共和国

ベトナムの法制度整備に関するJICAの重要中枢技術支援活動でも，同プロジェクトの国内支援委員会に委員を派遣し，またJICA現地長期専門家としてこれまで10年にわたり合計5名の弁護士が勤務している。さらに，同国でのJICA主催のセミナー及び本邦での研修に，多くの弁護士が講師として参加してきた。

ベトナムのプロジェクトも，民法などの立法支援

と法曹養成に分かれる。2003（平成15）年末からは，日弁連も参加して法曹養成のプロジェクトも開始されている。また，2009（平成21）年6月に，ベトナム弁護士連合会（日弁連に匹敵する地方の単位会を統一する国の弁護士会）が設立され，その代表を日本に招聘して研修・交流を行い，その後毎年同弁護士会から研修員が日弁連で研修を受けている。

❸　ラオス

日弁連では，2000（平成12）年5月に同国に関する司法調査を実施した。その結果も踏まえて以下のような協力活動を実施している。

JICAの同国に対する国際司法支援プロジェクトに協力し，2009（平成21）年までに短期及び長期の専門家として会員がそれぞれ1名現地で活動してきた。また，法務総合研究所からの要請によるラオスなどの研修に講師を派遣してきたが，現地の弁護士数はいまだに約140名である。日弁連は，今後の同国の弁護士育成に協力できる方途を模索し，2011（平成23）年9月に調査団を派遣した。なお，2010（平成22）年4月より4年間の予定で新たにJICAプロジェクトとして「法律人材育成プロジェクト」が開始され，会員1名が長期専門家として赴任している。また，ラオスでは2012（平成24）年9月にラオス司法アクセス会議をビエンチャンで開催し，ラオスに焦点を当てた司法アクセス国際会議を開催した。

❹　モンゴル

モンゴルでは，JICAの弁護士会強化計画プロジェクトが4年間にわたり実施され，合計3名の会員がJICA長期専門家として，現地で勤務してきた。特に，モンゴルの弁護士会の調停センターの支援では，日本での研修を含めてセンターの強化に助言し，モンゴルにおける調停制度の構築に向けて貢献した。また，2007（平成19）年1月には同国で開催された国際人権条約セミナーに会員2名が講師として派遣された。さらに，毎年日弁連ではモンゴルからの研修生を受け入れている。

❺　インドネシア

インドネシアでは，2007（平成19）年からJICAの和解調停強化支援プロジェクトに会員1名が赴任して，現地の最高裁判所などのカウンターパートと和解調停規則の作成及び調停人の育成プロジェクトを実施し，現在は終了している。

❻　中国

中国のプロジェクトは2008（平成20）年に開始された。中国の民事訴訟法及び仲裁制度の改善について協力するプロジェクトで，日弁連からは委員を派遣し，また現地にもJICA長期専門家として会員2名が赴任している。

❼　ネパール

内戦を経たネパールに対し，JICAプロジェクトとして2009（平成21）年から「民法起草支援が実施されているが，2010（平成22）年より会員1名が長期専門家として現地に赴任し現地で助言を行なっている。

❽　アジア弁護士会会長会議（POLA）

アジアにおける弁護士会の会長会議が毎年開かれ，2008（平成20）年で19回目を迎えた。第1回及び第10回の会議は日弁連が主催し，同会議の情報センターとしての役割を日弁連が担っている。同会議では，アジアで起こっている法曹界全体の問題について幅広く討議し，人的交流の場ともなっているが，日弁連が国際司法支援を実施する上での情報収集にも役立っている。

❾　個別プロジェクト

日弁連では，2004（平成16）年から毎年海外技術者研修協会（AOTS）の本邦研修事業に応募して，特にアジアの途上国（上記の各国の他，ウズベキスタン，東チモール，インドなど）から法曹を招聘して，競争法，国際仲裁，コーポレートガバナンスなどをテーマに研修を実施してきた。また，日弁連は，国際法曹協会（IBA）・シンガポール弁護士会・及びJICAとの共催により，2007（平成19）年10月にシンガポールで司法へのアクセスに重点を置いた途上国弁護士会能力強化支援プログラムを実施した。さらに，2008（平成20）年10月には，マレーシア弁護士会との共催で，マレーシアのクアラルンプールで，アジア途上国から弁護士を招聘して，「司法アクセスと弁護士会の役割」に関する国際会議を開催し，開催後は日弁連英文ホームページに，各国の司法アクセスに関する資料を掲載した。同会議は，日弁連も関与のもと，今後も継続的な開催が予定されている。その後，2010（平成22）年にブリスベンで第2回の「司法アクセスと弁護士会の役割」に関する国際会議が，2011（平成23）年には東京でJICAの枠組みでアジア司法アクセス会議が

開催された。

❿　日弁連会員による活動

さらに，日弁連の活動とは別に，日弁連の会員が国際司法支援活動に参加している例も多い。

例えば，日本国内でのアジア開発銀行セミナーなどに対する講師派遣の他，これまで日弁連の会員が，国際開発法研究所（IDLI）のマニラオフィスで職員として勤務したこともある。また，欧州復興開発銀行（EBRD）にはこれまで合計3名の会員がその法務部に勤務し，模範担保法の起草等に関与した。東ティモールに国連ボランティアの一員として長期に滞在し，支援協力活動に従事している会員もいた。JICAのウズベキスタン破産法プロジェクトに現地で専門家として参加した会員もいた。また，カンボジアの総選挙の監視活動に参加した会員もいる。また，国際的なNGOや国内のNGOに参加して活躍している会員もいる。

⓫　今後の展開

日弁連は，今後国際的な法曹団体や各国の法曹団体と国際司法支援の分野でも協力を拡大していくことを検討している。

日弁連は，International Bar Association（IBA）の団体会員として，これまで同団体の人権活動に幅広く参加してきた。2007（平成19）年には，紛争解決直後の国々に対する平和構築活動の一環としての国際司法支援活動を実施することを目的として，IBAが助力して設立されたInternational Legal Assistance Consortium（ILAC）の正式団体会員となり，積極的に参加するとともに，2009（平成21）年3月には，国連民主主義基金からの助成資金により，イラクの弁護士に対する国際人権法・人道法のトレーニングプロジェクトをIBAと共に実施した。また，米国法曹協会（ABA）は，国際司法支援の分野で中東欧司法支援イニシアチブ（CEELI）プロジェクトなど歴史のある活動と充実した組織を有しているが，日弁連ではABAとの協議を通じ，同団体が国連開発援助（UNDP）とともに実施するUNDPプロジェクトに積極的に協力してきた。

(4)　日弁連による支援体制整備

日弁連では，上記のような活動の広がりに迅速に対応し，かつ有意で適任の人材を派遣できるように組織・人・資金面での基盤整備を行っている。また，アジア地域の弁護士会との交流を深め，国際司法支援の分野でも有効な協力活動を行う努力もしている。以下，詳述する。

❶　国際交流委員会国際司法支援センター（ILCC）

国際交流委員会では，部会としての国際司法支援センターを設置し，国際司法支援に機動的に対応できる組織作りを行っている。同センターには委員・幹事合わせて25名ほどの会員がこの分野での活動に従事し，事務局も設置している。同委員会は，国際的な事項について日弁連執行部を補佐している国際室とも緊密に連携し，日弁連全体でのプロジェクトを実施している。

❷　日弁連国際司法支援活動弁護士登録制度

日弁連は，国際司法支援活動に参加する会員のプールとして，1999（平成11）年9月に「国際司法支援活動弁護士登録制度」（「登録制度」）を設立した。日弁連は，数々の会員の派遣に対する要請に応え，より良い支援活動を実施するために，日弁連が情報の基地（ハブ）となって国際司法支援活動に参加する会員間の情報の交流・交換の機会を提供できるように登録制度を設立したのである。

日弁連では，登録制度に登録を希望する会員の登録申込について，データベースに入力した上でこれを管理している。国際司法支援活動に関して，国際機関，諸外国等から会員の推薦の依頼があった場合は，登録された会員に対してその情報を提供して希望者を募るか日弁連が登録者の中から適当な人材を推薦することになる。現在，この登録制度には約150人の会員が登録しており，実際にJICA長期専門家などの派遣に有効に活用されている。今後は，同制度の登録会員を増やすと共に，専門分野ごとの類型化などのより効率的なデータベース化を目指している。

❸　国際司法支援に関する研修会

日弁連では，国際司法支援活動に興味がある会員を集め，JICA，国連人権難民高等弁務官事務所から外部講師を招聘し，「国際補償委員会と個人補償」，「難民の国際保護」「ODAと法整備」「日弁連の法整備活動」「研究者・実務家のそれぞれから見た国際司法支援」（『自由と正義』2011〔平成23〕年9月号に掲載）などのテーマで国際司法支援に関する研修会を開催している。今後も，国際司法支援に関するセミナー等の継続的な開催が期待される。

❹　国際協力活動基金

国際司法支援も活動資金がなければ充実した活動は

できない。日弁連は，非営利法人であり，会員からの会費でその活動が賄われている以上，国際交流委員会の予算の中でしか活動資金を支弁できない。そこで，先に述べたJICA開発パートナーシップ事業のように外部からの資金を調達する必要がある。そのためには，事業の会計が一般会計とは切り離されて管理され，その処理が透明でなければならない。そこで，日弁連では，2001（平成13）年3月に「国際協力活動基金」を設置し，同基金のもとで国際司法支援活動資金が管理されている。

4）国際機関への参画

多様な領域への弁護士の参画，業務分野の拡大，国際化，法律専門家としての国際社会への貢献等の観点から，日本の弁護士が国際機関において法律専門家としての役割と活動を積極的に担っていくことが望まれる。

こうした国際機関には，国連の諸機関及び専門機関（国連難民高等弁務官事務所〔UNHCR〕，国連開発計画〔UNDP〕，国連児童基金〔UNICEF〕，国際労働機関〔ILO〕，世界知的所有権機関〔WIPO〕等を含む）や，国際刑事裁判所（ICC），ハーグ国際私法会議，世界貿易機関（WTO），アジア開発銀行，欧州復興開発銀行，経済協力開発機構（OECD）等，多様な機関があり，弁護士が法律専門家として求められる職場やプロジェクトは多い。

これまでにも日弁連の会員弁護士が，こうした国際機関に職員として勤務した例や，専門家としてプロジェクトに関わった例，インターンとしての経験を積んだ例はあるが，その数はまだ少ない。日弁連では，国際機関人事情報セミナーやホームページ上の情報提供コーナーを通じて，国際機関における法律関連職務や応募の資格，応募の手続き等に関する情報提供を行ってきたほか，国際機関での勤務を希望する弁護士のための外務省によるロースター（登録）制度を発足させ，また「国際機関就職支援リストサーブ」登録者に国際機関の人事情報その他関連情報をメール送信する取組みを行っている。さらに，国連難民高等弁務官事務所（UNHCR），国際移住機関（IOM），国際協力機構（JICA），国際労働機関（ILO），外務省が司法修習の選択修習の受け入れを行っている。

国際機関への参画については，まだ実例が少ないが，法科大学院制度の下で多様な経歴を有する新しい法曹が増えてきていることや弁護士の業務の拡大についての意識が高まっている中で，関心を持つ弁護士，司法修習生，法科大学院生は少なくない。国際機関における勤務やプロジェクトへの参加は，弁護士の多様な職務形態の一つであると同時に，日本の弁護士の国際化，国際競争力の強化という観点からも極めて重要である。

このような視点を共有する外務省や法務省との共催により，国際機関での勤務を含む国際分野での法曹としての活躍を目指す法律家のためのセミナーが2010（平成22）年から実施されている。

また，2014（平成26）年4月には，日弁連に国際業務推進センターが設置され，国際機関等における弁護士の任用促進，養成，弁護士への支援活動を行うことが同センターの活動の1つとして位置付けられた。

今後は，これまでに日弁連が行ってきた情報提供の継続に加え，国際業務推進センターを中心に，国際機関での勤務やインターンの経験がある弁護士のネットワーク化，外務省や法務省，大学との協力連携の強化等，日本の弁護士の国際機関への参画の拡大に向けた戦略的な取組みを模索し，推進していく必要がある。

第2 日本司法支援センター

> 2006年（平成18）年10月に業務を開始した日本司法支援センター（法テラス）は、2014年（平成26）年4月から3期目の中期計画期間に入っている。法テラスの業務は、市民生活の中に浸透し、さらなる発展期を迎えている。
> さらに市民に対する総合法律支援体制の拡充のために、国選弁護報酬の抜本的増額や民事法律扶助予算の先進諸国並の予算確保等の法テラス予算の充実や法テラスの組織、人事及び業務に関する法的サービスのクオリティーを向上させるための諸施策等に対しては今後も充実に努めてゆく必要がある。
> また、2015（平成27）年通常国会において、国民の司法アクセスを容易にする等を目的とする総合法律支援法改正案が提出される予定であるが、これを実効性のあるものとすべく、国の方針に注意するとともに、我々弁護士自身が公益的活動を活発に行っていく必要がある。

1 日本司法支援センターの設立

2004（平成16）年通常国会において成立した「総合法律支援法」は、「民事、刑事を問わず、あまねく全国において、法による紛争の解決に必要な情報やサービスの提供が受けられる社会を実現すること」を基本理念に据え、国民に対する民事・刑事を問わずに総合的な、国による法律支援業務を定め、その中核組織として日本司法支援センターを置いた（同法1条）。これは、司法改革・扶助改革の到達点と言えるものであって、法科大学院及び裁判員制度とともに平成の三大司法改革の一つとして位置づけられ、国民の日常生活に最も大きな影響を持つ改革である。

総合法律支援法を受けて、日本司法支援センター（愛称「法テラス」）が2006（平成18）年4月に設立され、同年10月から業務を開始した。

2 日本司法支援センターの業務内容

日本司法支援センターは、①情報提供（アクセスポイント）・連携、②民事法律扶助、③国選弁護人・国選付添人の選任、国選被害者参加弁護士の選定、④司法過疎対策、⑤犯罪被害者援助を主たる本来業務とし（同法30条1項）、そのほかに、業務方法書に定めるところにより、国、地方公共団体その他の営利を目的としない法人等からの委託を受けた業務を行うことができるものとされている（同条2項）。

3 組織

1）組織形態

日本司法支援センターは、独立司法法人とも言うべき法人であるが、独立行政法人通則法を準用するいわゆる準用法人といわれている。独立行政法人については、その改革の議論が行われているが、日本司法支援センターにはその議論があてはまらないものも多い。独立行政法人の見直しの動きがあるたびに、日本司法支援センターがその影響を受けることに鑑みると、同

通則法の準用をしない形での総合法律支援法の改正も視野に入れた議論と運動を継続することが必要である。

2) 具体的組織

(1) 本部

日本司法支援センターは、東京に本部組織を設置し、理事長には2008（平成20）年4月から寺井一弘元日弁連事務総長が、2011年（平成23年）4月からは梶谷剛元日弁連会長が、2014（平成26）年4月からは宮﨑誠元日弁連会長が、それぞれ就任している。また、常勤理事2名、非常勤理事2名のうち、常勤理事として田中晴雄元日弁連事務次長が就任している他、事務局長、部長、課長職にも、複数名の弁護士が就任している。

また「業務の運営に関し特に弁護士（中略）の職務に配慮して判断すべき事項について審議」する審査委員会が設置されることとなっており（同法29条）、同委員会委員の任命は理事長によってなされることとなるが、日弁連会長の推薦する弁護士2名が審査委員として任命されている（同条2項）。

(2) 地方事務所等

日本司法支援センターは、全国50カ所の地方裁判所本庁所在地に地方事務所を設置し、更に必要に応じて支部（扶助と国選の管理業務を行うフル規格）、出張所（扶助業務の管理業務を行う）が設置され、地方事務所の所長には、全ての地方事務所において弁護士が就任している。

(3) 地域事務所

日本司法支援センターには、弁護士過疎地にスタッフ弁護士を配置する法律事務所としての性格を有する地域事務所が設置されている。

日本司法支援センターが設置する地域事務所としては、日本司法支援センターが有償法律サービス提供業務（同法30条1項4号業務）を行うことができる地域に設置される「4号業務対応地域事務所」と、4号業務対象地域外において弁護士数の不足などの事情により、国選弁護事件や民事法律扶助事件に迅速・確実に対応することが困難な地域に設置される「国選・扶助対応地域事務所」（有償法律サービス業務の提供は出来ない）の2種類の地域事務所がある。

2013（平成25）年9月現在において、全国で36の地域事務所が存在し、内4号業務対応の司法過疎地域事務所が32ヶ所、国選・扶助対応地域事務所が4ヶ所（他に地方事務所及び支部に設置されているものが44ヶ所）設置されている。

あまねく全国において、法による紛争の解決に必要な情報やサービスの提供が受けられる社会を実現するという総合法律支援法の基本理念からしても、今後漸次地域事務所を日本各地に設置し、司法過疎の解消を図っていくことが望まれる。

一方、日弁連もひまわり基金による公設事務所の設置を継続しており、また、司法支援センターの運営が弁護士会等との連携の下でこれを補完することに意を用いなければならないとされている（同法32条3項）ことからも、ひまわり基金による公設事務所の設置活動は今後も継続されるべきものであり、両者の司法過疎対策が相俟って、速やかな司法過疎の解消がなされるよう、両者が連携・協力のもとで効率的な配置を行うことが必要である。

司法過疎問題への取り組みは、弁護士ゼロ地域が解消され、2011（平成23）年12月にワン地域も初めて解消された（その後、1箇所ワン地域が発生したが、2013〔平成25〕年11月に再び解消された。さらに、2014〔平成26〕年3月、再度ワン地域が生じるに至っている。）。引き続き、司法過疎解消にむけた取り組みが必要である。

また、地域事務所の設置は、常勤のスタッフ弁護士の配置が不可欠の前提となることから、地域事務所の設置・継続の為には、地域事務所の設置数に見合ったスタッフ弁護士の供給が必要となる。従って、日本司法支援センターにおける司法過疎対策実施の為にも、弁護士会はスタッフ弁護士の確保・供給の努力を怠ってはならない。

(4) 東日本大震災被災地臨時出張所

東日本大震災の被災地域には司法過疎地域が多く、被災された方々の法的ニーズに対応するため、被災地の弁護士会との協力のもとで被災地臨時出張所が設置されている。2013（平成25）年9月現在で、岩手県内の被災沿岸地域に2ヶ所（大槌町・気仙）、宮城県内の被災沿岸地域に3ヶ所（南三陸町、東松島市、山元町）、福島県内に2ヶ所（二本松市・ふたば）に設置されている。これらの出張所では、東日本大震災法律援助事業による法律相談や代理援助の取扱いを中心

に業務が行われている。

4　今後の課題

1）組織・運営

(1) 理事等，地方事務所所長人事

日本司法支援センター（以下「法テラス」という。）本部には，現在弁護士から理事長1名，理事1名が就任している。また，全地方事務所（50ヶ所）の所長には全て弁護士が就任し法テラスの運営の適正化に貢献してきているところであるが，法的サービスの提供を実際に行えるのは第一に弁護士であることからすると，今後も，業務の適切な遂行の上ではこれらの役職者を弁護士から選出していかなければならない。

(2) 地方事務所の活用問題

現状の法テラスの運営においては，予算の配分，情報提供の方法，具体的業務の手法など効率性を追求する必要から本部を中心とした画一的な管理，運営の色彩が目立つものといえる。地域の状況を生かし，地域の利用者の視点に立脚したきめ細かい運営を指向するためには，地方事務所が自主性や独自性を発揮し得る余地を増やして，地方事務所を活用していくことが必要となる。

そのためには，地方事務所が独自の事業，企画，研修等を実施できるよう，地方事務所長に権限と予算を付与すべきであるとともに，地方事務所の活動が活性化できるよう，職員や地方事務所長，副所長，支部長，副支部長等の待遇改善も検討していくべきである。現状，法テラスもこうした処遇問題等についても改善に取り組んでいるところではあるが，現場のモチベーションを削ぐことのない形での改善がなされることが望まれる。

法テラスが2008（平成20）年2月に実施した認知度調査によれば，その認知度は24.3％にすぎなかったのに対し，2009（平成21）年調査37.3％，2010（平成22）年調査37.3％，そして2011（平成23）年調査では42.1％と，徐々に国民生活の中に浸透しつつある。しかしながら，「名前も知っているし，業務内容もある程度知っている」は，6.8％と低く，さらなる認知度向上が望まれる。

2）情報提供業務

(1) コールセンター（CC）の情報提供数

法テラスのコールセンター（以下CCという。）の情報提供数は，設立当初の2006（平成18）年度128,741件（半年間），2007（平成19）年度220,727件，2008（平成20）年度287,897件，2009年度（平成21）年度401,841件に達し，累計数で1,000万件を超えた。ただ，2010（平成22）年度の情報提供数は東日本大震災の影響があったとはいえ370,124件と減少に転じ，2011（平成23）年度は339,334件，2012（平成24）年度は327,759件，2013（平成25）年度は31万3,488件（暫定速報値）となっている。予算が削減されたことによる広報活動の減少の影響も指摘されているが，今後とも効果的な広報活動による浸透を継続して行くことが重要と考えられる。

(2) 仙台コールセンター

法テラスCCは，2011（平成23）年4月から仙台市青葉区に移転し，東日本大震災の影響で完全な移行は同年7月からとなったが，業者委託体制から直営体制に移行している。

(3) LA制度

従前CC内にテレフォンアドヴァイザー（TA）として2名の弁護士を常駐させて，オペレーター（OP）では対応困難な電話に対して5分を目安に弁護士が対応して情報提供業務を行ってきたが，CCの仙台移転に伴い，弁護士が直接電話に出るTA制度は廃止し，オペレーターからの質問に応える形の法律アドヴァイザー（LA）制度が導入されている。

LAには，常勤の弁護士と仙台弁護士会の協力を得て，同弁護士会の弁護士10名程度が非常勤で対応する体制で行われているが，東京CCで蓄積されたノウハウ等の伝達も含めてLA制度の充実発展が望まれる。

(4) 多言語対応

法テラスでは，2013（平成25）年3月から三者間通話システム等を利用した多言語対応（英語・中国語・ポルトガル語・スペイン語・タガログ語）による情報提供を開始した。周知活動とともに，多くの利用が望

まれる。

(5) 震災関連電話相談

東日本大震災の発生を受けて、法テラスは、日弁連、各地弁護士会、司法書士会等との共催による震災関連電話相談を設け、被災者に対する情報提供を行った。そして、2011（平成23）年11月1日からは被災者専用フリーダイヤルを設けて情報提供を行っている。

今回のような大規模災害等が発生した場合の緊急時対応の先例として、大きな意義を有するものであった。

(6) CCと地方事務所との連携

法テラスの開業当初から、CCにおける情報提供業務と地方事務所における情報提供業務の在り方、役割分担については、必ずしも統一的な認識が得られないまま、今日まできているところがあって、この点に関する議論を尽くしていく必要がある。当初からの制度設計として地方事務所の負担軽減としての「前捌き」機能をCCに担わせることは必要としても、地域における細かな関係機関情報を有する地方事務所の情報をも活用した情報提供が可能となるよう、全国から電話を受けるCCと地方事務所と連携させて相互補完関係をもつ情報提供体制を構築していく必要がある。

(7) 弁護士会側の受け皿対応

弁護士会側においても、CCが紹介しやすい体制（専門相談の充実等）作りを推進するとともに、弁護士紹介制度の充実及び法テラスとの連携強化を進めるなどして、法テラスの情報提供業務との有機的連携関係を構築していく必要がある。

また、CCのデータベース刷新に伴い、新しいデータベースにおいて適正に検索可能な状態とするために、弁護士会での受け皿情報の刷新を行っていくことも検討されている。

3）民事法律扶助業務

(1) 民事法律扶助対応のさらなる充実

2012（平成24）年度の民事法律扶助法律相談援助実施件数は31万4,535件（速報値、前年度比12％増。なお震災法律援助42,981件を含む）、2013（平成25）年度は32万0,792件（暫定速報値）である。なお、2011（平成23）年度は28万0,194件、2010（平成22）年度は25万6,719件であった。

2012（平成24）年度の民事法律扶助代理援助開始決定件数は10万7,706件（速報値、前年度比約4％増。なお震災法律援助2,699件を含む）、2013（平成25）年度は10万6,672件（暫定速報値）である。なお、2011（平成23）年度は10万3,751件、2010（平成22）年度は11万0,217件である。

また、民事法律扶助業務を担う契約弁護士は、2013（平成25）年3月現在1万7,863名（契約司法書士は6,355名）に達している。

これまで民事法律扶助予算の大幅増額をめざし、実現してきたところであるが、一方、ここ2～3年くらい、多重債務事件の減少等もあって、民事法律扶助の代理援助件数は横ばい傾向となっている。家事事件・労働事件数の増加の中で民事法律扶助が十分利用されているのかの検討を含め、一層の利用促進を図っていく必要がある。

また全国的には、申込みから相談まで1～2週間待たされたりする地方事務所があるなど、民事法律扶助の相談体制が未だ十分に整備されているとは言えない地域も存在し、その体制整備を進め今後も民事法律扶助制度の利用促進を図っていく必要がある。

(2) 民事法律扶助制度のさらなる改革の必要

2002（平成14）年の司法制度改革推進計画において、民事扶助制度については、「対象事件・対象者の範囲、利用者負担の在り方、運営主体の在り方等につき更に総合的・体系的な検討を加えた上で、一層充実することとし、本部設置期限までに、所要の措置を講ずる」ものとされていたにもかかわらず、対象事件・対象者の範囲、利用者負担の在り方の拡充がなされないまま、今日に至っている。

諸外国に例を見ない立替・償還制から給付制への見直しを始め、資力基準の緩和、対象事件範囲の拡大、さらには、民事法律扶助予算自体の増額等、事後規制社会化を迎えた社会的インフラとしての民事法律扶助制度の拡充の必要性は極めて高いものであり、「総合的・体系的」な検討を加える議論とともに、立法改正を視野に入れた運動展開が必要となる。

ただし、「東日本大震災の被災者に対する援助のための日本司法支援センターの業務の特例に関する法律」（東日本大震災被災者援助特例法）が2012（平成24）年4月から施行され、被災者に対しては資力を問わず、また行政不服手続、ADR手続を含めた震災法律援助が行われている。

日弁連は法務省・法テラスとも協議を重ね、生活保

護受給者に対する償還免除など、ここ数年大幅な運用改善を実現してきているところではある。

しかしながら、運用改善のみでは改革に限界があることも事実であって、今後はさらに、利用者にとってもその担い手にとっても使いやすい民事法律扶助の実現に向けた、「総合的・体系的」な取り組みの努力を行っていくことが必要である。

(3) 東日本大震災法律援助

東日本大震災被災者特例法の制定により、東日本大震災及び原子力発電所事故の被災者に対して、震災法律援助が行われている。これは、東日本大震災に際し、災害救助法が適用された区域に2012（平成24）年3月11日に居住していた方等を対象として、資力を問うことなく無料で法律相談を行い、震災に起因する案件については弁護士・司法書士の費用の立替えを行うものである。

民事法律援助の代理援助は裁判手続に限定されているが、震災法律援助においては、原子力損害賠償紛争センターのADR申立てや行政不服手続の代理にも利用が可能である。

被災者支援のためにも積極的な活用が望まれる。

(4) 初回相談の無料化（初期相談）

2010（平成22）年10月、法テラス内の検討PTから法テラス理事長宛に「『初期相談』制度を創設すべき」との「提言」がなされた。法テラスの初回法律相談の資力要件を基本的に撤廃しようというものである。

法テラスがこのような問題提起を行った背景には、法テラスが2008（平成20）年秋に実施したニーズ調査（「法律扶助のニーズ及び法テラス利用状況に関する調査」）の結果によれば、法律扶助要件相談該当者の法律相談ニーズは年間58万件～83万件と推定され、さらに、一般の法律相談228万件～272万件と推計されるところ、現在の扶助相談実績は、年間約24万件程度にすぎず、一般の法律相談もこれに対応できずにニーズが潜在化している状況にあることがある。

しかしながら、この構想の提示が唐突であったことと、その具体的な内容が必ずしも明らかでなかったために、弁護士会内において、さまざまな意見が出されることとなった。

その後、東日本大震災が起こるなどしたためその検討は停止している状況にある。しかし、国民の法的ニーズに対して、国費を投入して、これに答えようという発想自体は、否定されるべきものではなくまた、制度設計いかんでは弁護士業務への新たな呼び水として活用出来る可能性もあり、検討には前向きに取り組むべきものである。

ただし、法律相談センターの運営、弁護士の事件導入や法律相談の本質の問題にも関わるものであるから、こうしたことに支障を与えないように、慎重に議論をはかる必要があるとともに、財政支出を伴う、法律改正マターとなるものであるから、仮に推進することとなったとしても、財政投入規模の議論のなかで、制度が歪曲化されないよう注意をする必要もあると思われる。

とくに現在、総合法律支援法改正の議論が行われており、その中で高齢者・障がい者法律相談において、資力を問わない初回無料法律相談実施が提案されている。これに限らず、資力を不問とする初回無料法律相談が実施されれば、市民の法的アクセスにとっては有用であるが、反面、全国的に弁護士会の有料法律相談の件数が減少傾向にあると言われる中で、資力要件を撤廃することへの疑問もあり、なお検討を要する。とくに、高齢者に関しては、資力はあるが法律相談場所まで赴くことができないため法的サービスが受けられない等の資力とは関係ない支障があることが指摘されており、短絡的に、法的アクセスを向上させるためには無料相談を実現すべき、と考えるべきではない。

4）国選弁護関連業務

(1) 国選弁護報酬増額問題

日弁連の調査によれば、全国の弁護士の平均的な費用補償ライン（弁護士が弁護士業務を遂行する（事務所維持経費を含む）のに必要な時間単価。報酬の時間単価がこれ以下だと、費用が弁護士の持ち出しになるということである）は1時間8,313円とされているところ、国選弁護報酬の時間単価は、5,000円程度（国選付添人報酬の時間単価は4,000円程度）であって、費用補償ラインに遠く及ばない。

したがって、日弁連は、基礎報酬の増額を目標にして、さらなる取り組みを続けていかなければならない。

さらに、報酬算定基準が不合理であると会員からの不満が多い項目について、喫緊の改善が図られることが必要である。とりわけ、示談加算の算定方法が不合理であること、私的鑑定費用が支払われないこと、被

疑者国選から被告人国選を継続受任した場合の減算があること，実質的一部無罪や公訴棄却に対する加算報酬がないこと，特別案件加算がないことなど，会員からの不満は多岐にわたるので，それらの改訂が急がれる。

(2) 国選弁護報酬算定センター構想

国選報酬の複雑化に伴い，各地方事務所での算定の困難さやミスの発生等が指摘されている。そのため，法テラスでは国選弁護報酬算定センターを設置し，算定に関する知識豊富な職員による効率的でミスのない算定を行うことを検討している。

この動きに対しては弁護士会から刑事弁護への影響を懸念する声も出されているが，目的や業務内容を精査し，刑事弁護に影響がないものであるならば，よりよい国選報酬の算定のため協力をすべきである。

5）司法過疎対策業務

(1) スタッフ弁護士の確保と配置

スタッフ弁護士は，2013（平成25）年3月現在，233名（うち養成中50名）であり，191名が全国各地に配置されて活躍している。しかし，弁護士会の中にはスタッフ配置不要の意見も根強くあり，また配置廃止の意見も聞かれるようになってきている。スタッフ弁護士の役割を検討，確認を行い，住民に対する法的サービスの確保の観点から，今後も必要な配置を行う必要がある。

また，スタッフ弁護士の質を確保する為の選抜，研修等の体制については，現在日弁連が実施している選考，推薦の体制や毎月年間を通して行う集合研修など今後も充実させてゆく必要があり，法テラス側にも研修費支出など一定の負担を求めてゆくことも検討されなければならない。

(2) スタッフ弁護士の処遇

スタッフ弁護士の給与，事務職員，備品購入，弁護士会費負担等については，スタッフ弁護士の初配属後徐々に改善されてきているところではあるが，多くの点でさらなる改善が求められているところであって，現場で奮闘しているスタッフ弁護士の意見を汲み上げ，きめ細かな対応を求めていく必要がある。

(3) スタッフ弁護士の役割

スタッフ弁護士の配置場所は，これまで①2009（平成21）年体制に備えて，刑事弁護態勢を整備する必要のある地域（地方事務所の本庁，支部，扶助国選対応地域）と，②過疎対策の必要のある実働弁護士ゼロ・ワン地域（いわゆる4号地域）であり，その役割が司法過疎地域におけるアクセス障害の解消であって，その基本的役割の重要性には変わりはない。

一方，日弁連のひまわり公設事務所の設置等の司法過疎対策と相まって，いわゆるゼロ・ワン地域の解消も目処が立った現時点においては，今後の司法過疎対策のグランドデザインの議論を深めるとともに，スタッフ弁護士の役割に対する基本的な位置づけを行っていく必要がある。

この観点から，日弁連と法テラスの共同で，2009年（平成21年）から，スタッフ弁護士の役割検討会を設け，2010年（平成22年）3月に，スタッフ弁護士の役割等に関する検討会意見書において，「スタッフ弁護士が，関係機関と連携しながら法的セーフティネットを構築し，それを活用した紛争の総合的解決を図っていくことを，その積極的役割として位置づけるべきである。」との結論が明らかにされている。ただし，役割を位置づけることが，直ちに法律で規定することにつながるわけではない。総合法律支援法改正の議論の中で，スタッフ弁護士の位置づけを法律で規定することが提案されているが，日本司法支援センターが国の機関ではなく準用法人であること，スタッフ弁護士が刑事弁護等で国（検察）と対峙する立場にあること等から，むしろ国の支配を受けることにつながり，その本来の職務に支障が出るおそれがある点には十分留意が必要である。

司法過疎対策としての役割とともに，必ずしも収支にとらわれないことや，関係機関との連携も取りやすいというスタッフ弁護士としての特性を活かして，これまで法的救済の光が届き辛かった案件に対する対応やネットワーク（司法ソーシャルネットワーク）構築のための活動を積極的に位置づけて，スタッフ弁護士の存在意義を高めて行くことも推進していく必要がある。

法テラスでは，関係機関との連携を中心とした活動を行うパイロット事務所を東京に設置して検証を行うこととなっている。

また，スタッフ弁護士が総合法律支援のセーフティネットとしての役割を期待されており，総合法律支援法改正論議の1つのポイントとなっている。もちろん，

これ自体は否定するものではないが，スタッフ弁護士のみならず，ジュディケア弁護士含め，全弁護士がセーフティネットとしての役割を分担する必要があり，この視点に欠けることは，ジュディケア弁護士の反発を招き，かえって総体としてのセーフティネットとしての役割低下につながりかねない。

6) 犯罪被害者支援業務

(1) コールセンターと地方事務所の連携

関係機関の地域的特性の強い犯罪被害者支援業務においては，地方事務所における関係機関とのネットワークを構築し，コールセンターで受けた案件を，地方事務所に回して，きめ細かい関係機関紹介を行う試みを行っている。こうした試みを全国的に展開し，さらに充実させていくことが求められている。

(2) 精通弁護士の紹介体制の充実

業務開始当初，とりあえず整えた精通弁護士の紹介体制も，ようやく人的に対応可能な状況となりつつあるが，今後は，犯罪被害の種別（例えば，DV，児童虐待等）に応じた専門弁護士を紹介できる体制を構築していくことが必要である。

(3) 被害者参加国選制度への対応

2008（平成20）年12月から，犯罪被害者の参加制度が実施され，同時に資力に乏しい（150万円以下）犯罪被害者参加人については，国の費用で，国選参加弁護士が付される制度が実施されている。

また，国選被害者参加制度は，犯罪被害者に対する弁護士の支援行為のうちの公判への出席，検察官権限への意見，情状証人質問，被告人質問，事実法律適用意見の5項目の法廷行為に限定された制度であるが，その前段階での国費による法的支援体制は整備されていない。

日弁連は，国費による犯罪被害者に対する法律相談を行うことを提言しているが，その実現に向けて積極的な運動を展開すべきである。

(4) DV・ストーカー等被害者保護の拡充

被害者保護のための拡充さらに，DV・ストーカー等の被害者に関しては，民事法律扶助では民事の代理人活動に対する報酬の立替にしか利用できず，被害救済において不十分さが指摘されていた。これについても，いかに保護をするか，また，いわゆるリベンジポルノのような事案についても支援できるよう，積極的に検討すべきである。

7) 法律援助事業

(1) 法律援助事業と法テラスへの委託

法律援助事業は，日弁連が行っている被疑者弁護援助，少年事件付添援助その他の人権7事業（犯罪被害者支援，外国人に対する人権救済，難民認定申請の援助，虐待された子ども等の法的援助，生活保護申請の同行支援，精神障がい者・心神喪失者等への援助）である。

財源は，会員からの特別会費（刑事・少年関係月額4,200円，その他人権救済関係月額1,300円）及び贖罪寄付である。日弁連は，2007（平成19）年10月から総合法律支援法第30条2項に基づき，法テラスにその業務を委託している。

(2) 本来事業化への取組みと財源の確保

法律援助事業はいずれも人権救済の観点から公益性の高いものであり，本来公費を投入して法テラスの本来事業とすべきものである。

被疑者国選弁護制度の対象範囲の拡大，全面的国選付添人制度の実現が急務である。国選付添人制度の拡充については，法制審が2013（平成25）年3月に，対象事件拡大を含む少年法改正案の答申をし，2014（平成26）年4月に，国選付添人制度の対象事件が長期3年を超える懲役・禁錮の罪の事件まで拡大する改正法が成立した。

さらにその他の人権事業についても，本来事業化へ向けたロードマップを基に着実に取組を行う必要がある。これらの事業については，援助活動の実績が少ない地域も多く，まずは全国での援助活動を充実させての実績作りが不可欠と考えられる。

そのためにも少なくとも年間5〜8億円もしくはそれ以上の事業費及び事務費が必要と考えられる。

しかし，贖罪寄付は，単位会が受け入れた寄付の半額がこれら人権救済事業の財源として充てられているが，発足当時は年間寄付額4億円（法律援助事業の財源分2億円）を期待していたが，ここ数年は1億5,000万円（法律援助事業の財源分7,500万円）にとどまっている。

その他人権7事業については，特別会費1,300円により財源確保を行っている。

少年・刑事関係の特別会費及びその他人権7事業に

関する特別会費の徴収期間は 2014（平成 26）年 5 月までの時限となっていた。しかし，事業存続の必要があることから，2013（平成 25）年 12 月 6 日の日弁連臨時総会にて，徴収期限の延長（特別会費値下げも含む）が決まった。

(3) 援助事業の本来事業化

さらに，国民の法的アクセスを充実させるためには，これまで民事法律扶助の対象外であったり，対象となるかが不明確であったりしたものについて，積極的に扶助が利用できるように改めるべきである。

例えば，高齢者・障がい者に関して，生活保護等の行政手続の代理申請等はこれまで民事法律扶助の対象外であったが，これらが対象となるように広げていくことが重要であり，積極的に意見を述べていく必要がある。また，親から虐待を受けた子どもの代理人活動には民事法律扶助制度が使えない点も問題である。給付制の導入により，行為能力に制限のある未成年者にも使える制度へと改める必要がある。

第3 裁判官制度の現状と展望

1 裁判官制度改革の成果と今後の課題

> 下級裁判所裁判官指名諮問委員会制度
> ・審議内容を十分に国民に公開するため,議事録の詳細化と早期アップ
> ・多様な国民の意見を反映できる法曹外委員の選任
> ・外部情報収集充実のため,前任地照会の一般化
> ・審理充実のための審議時間の確保,候補者面接の実施
> ・地域委員会を経由しない裁判所情報の扱い
> ・地域委員会の自主的な活動(面接実施,意見表明など)の尊重
>
> 裁判官人事評価制度
> ・再任期裁判官に関する職務情報提供活動とのスムーズな連動
> ・多様な人事評価情報(段階式など)の収集と,情報提供者に対するインセンティブの提供
>
> 地裁委員会・家裁委員会
> ・市民委員主体の委員会運営のため,市民委員の委員長就任
> ・市民委員の知恵と意欲を反映できる自主的テーマ選定の尊重
>
> 他職経験制度
> ・弁護士職務経験制度を原則とし,2年間すべての裁判官・検察官に
> ・応募事務所確保のため,財政的措置などの検討
>
> 最高裁判所裁判官任命手続
> ・任命手続の透明化・民主化に資する諮問機関設置の実現
> ・日弁連推薦の最高裁判官候補者の推薦手続の透明化・民主化
>
> 簡易裁判所判事任命手続の透明化
> 裁判官増員の必要性

1)法曹一元の理念と司法制度改革審議会意見書

司法制度改革審議会意見書(以下「意見書」という)は,我々が強く求めてきた法曹一元制度の提言には至らなかったが,国民の信頼を高めることによる司法基盤の強化を図るため,判事補が判事の主たる給源である現状を改め,弁護士任官の積極的な推進,判事補がその身分を離れて弁護士などの法律専門家としての経験を積む他職経験制度の導入,特例判事補の計画的・段階的解消等,裁判官の給源を多様化・多元化すること,裁判官の任命手続や人事制度の透明性・客観性を確保する方策の導入,判事の増員等,官僚裁判官制度から国民的基盤を持つ司法への転換を求める提言であると評価できる。

この提言を後退させることなくさらに具体化し,これらの課題に対する我々の真摯かつ積極的な取組みと市民の理解によってこそ,法曹一元の実現へとつなげることができる。

2)具体的課題の実現状況と今後の課題

(1) 下級裁判所裁判官指名諮問委員会制度の概要

❶ 中央の委員会

裁判官の指名過程を透明化し,国民の意思を反映させるため,2003(平成15)年5月1日,最高裁判所に下級裁判所裁判官指名諮問委員会(中央の委員会)が設置された。委員11名の構成は,法曹5名(内弁

護士は2名）で，過半数の6名が学識経験者，そして，委員長は委員会発足後一貫して奥田昌道（元最高裁判事）であったが，2012（平成24）年7月からは，田中成明（京都大学名誉教授，専攻法哲学）が委員長に就任している。

中央の委員会は，すべての任官希望者（再任の他，新任および弁護士任官を含む）の適否について最高裁から諮問を受け，最高裁（ただし意見を付さないもの）と地域委員会から提供される資料・情報に基づいて任官の適否判断を行い，理由を付した意見をもって最高裁に答申することになる。そして，最高裁が中央の委員会と意見を異にした場合は，中央の委員会にその理由を通知し，かつ，指名を不適とされた任官希望者に対しても理由を明らかにすることになっている。

❷ 地域委員会

8高裁ごとに地域委員会が設置され，その委員5名の構成は，法曹3名，法曹以外2名（ただし，東京地域委員会はその倍数であり，第1分科会が東京三会を，第2分科会がその他の関弁連所属単位会を各担当している）であり，地域委員会は，各地域の裁判所内外の情報を収集してこれを取り纏め，中央の委員会にその意見を付して報告する役割を担っている。

❸ 中央の委員会の審議結果

なお，2009（平成21）年度以降は，再任類型は，4月再任と10月判事任官（53期以降）の2種類となっている。また，本制度設置後の最高裁の指名は，中央の委員会の審議結果と異なったことはない。

❹ 委員会制度の意義

委員会制度の意義としては，①最高裁事務総局の事実上の専権事項と見られていた指名過程の透明化と客観化が促進され，②不当な新任・再任拒否をされる人事が困難となり，③裁判官の質の確保が期待でき，④裁判官人事評価全体の透明化との相乗効果が期待でき，⑤外部情報によって民意の反映が可能となった，という5点がある。特に，裁判所の内部評価（所長などの人事評価権者の評価）と異なる弁護士からの外部評価が尊重され，再任を不適と判断された審議事例も生まれている。

(2) **現在の課題**

❶ 制度発足後10年が経過し，原則として全ての下級裁判所裁判官がこの指名諮問制度に基づく適否判断を受けていることになり，2013（平成25）年からは二

2003（平成15）年度	再任期	弁護士任官	56期
合計数	181	11	109
適	175	7	101
不適	6	2	8
取下げ		2	
2004（平成16）年度	再任期	弁護士任官	57期
合計数	179	4	115
適	175	2	108
不適	4	2	7
取下げ		0	
2005（平成17）年度	再任期	弁護士任官	58期
合計数	189	10	133
適	185	7	124
不適	4	1	9
取下げ		2	
2006（平成18）年度	再任期	弁護士任官	59期
合計数	193	7	123
適	189	3	115
不適	4	2	8
取下げ		2	

2007（平成19）年度	再任期	弁護士任官	60期（現）	60期（新）
合計数	205	12	58	67
適	202	6	52	66
不適	3	6	6	1
取下げ				
2008（平成20）年度	再任期	弁護士任官	61期（現）	61期（新）
合計数	166	11	25	78
適	162	8	24	75
不適	4	3	1	3
取下げ				
2009（平成21）年度	4月再任期	弁護士任官	62期（現）	62期（新）
合計数	189	3	7	100
適	186	1	7	99
不適	3	2	0	1
取下げ				

2010（平成22）年度	4月再任期	10月再任（53期）	弁護士任官	63期（現）	63期（新）
合計数	117	75	8	7	101
適	114	75	5	7	98
不適	2	0	3	0	2
取下げ	1	0			1

2011（平成23）年以降のデータ

2011（平成23）年度	再任期裁判官（-4期）		弁護士任官		新任	
時期	4月	10月	10月	4月	現	新
合計数	101	97	2	7	5	102
適	99	95	0	5	4	98
不適	2	2	2	2	1	4
審議委員会	50回	48回	48回	50回	48回	51回
2012（平成24）年度	再任期裁判官（-5期）		弁護士任官		新任	
時期	4月	10月	10月	4月	現	新
合計数	117	90	1	2	90	94
適	113	88	0	1	88	92
不適	4	2	1	1	2	2
審議委員会	55回	53回	53回	55回	53回	56回
2013（平成25）年度	再任期裁判官（-6期）		弁護士任官		新任	
時期	4月	10月	10月	4月	現	新
合計数	122	94	6	3	94	97
適	120	93	3	2	93	96
不適	2	1	3	1	1	1
審議委員会	60回	58回	58回	60回	58回	61回

2014(平成26)年度	再任期裁判官(-7期)		弁護士任官		新任	
時期	4月	10月	10月	4月	現	新
合計数		102	2			
適		101	2			
不適		1	0			
審議委員会	65回	63回	63回	65回		

度目の指名諮問となる再任期の裁判官も生まれている。

❷ 主要な課題としては，次のようなものがある。

① 委員会の運用に関する改善

指名過程の透明化により審議内容を十分に国民に公開するため，議事要旨の匿名方式を顕名方式に改め，審議内容をできる限り具体的かつ早期に公表し，かつ，十分な審議時間を確保し，候補者面接の実施，不適格の場合のより具体的な理由開示を行うことが必要である。

② 委員の選任方法

法曹外の委員についてはできるだけ本制度の趣旨に明るい適任者を選任すべきで，その適否判断の為にも前記議事録の顕名を基本とした公開方法は重要である。

③ 外部情報収集の多様化・容易化

いわゆる外部情報の提供を量・質とも飛躍的に充実させるための活動や工夫である。弁護士においても，裁判官情報を積極的に提供していくことはその責務との意識が必要で，委員会側でも，前任地照会などを一般化し，情報収集期間を3ヶ月程度は確保する必要がある。委員会と弁護士会は，相互に協力して，会員に対し情報提供を呼び掛ける関係にあり，両者の相互理解を深めるための機会を設けるべきである。

④ 制度運用の質を高めるために

指名諮問に対する答申に当たっての条件や理由を付した適否判断など多様な答申のあり方が検討されるべきであり，また2度目の指名諮問の際の前回諮問時の審議資料の活用方法について新しいテーマとして検討されるべきである。

⑤ 地域委員会の積極的活用

地域委員会は，中央の委員会とは独自の権限に基づいて，独自の多様性をもった資料収集，調査活動等を行う権限を有しているが，形骸化の指摘もある。その積極的な活用が工夫されるべきで，例えば，原則として全ての審議資料は地域委員会を経由しその意見を徴するべきで，例えば，最高裁判所から追加提出された調査報告，また，対象者との面接など地域委員会独自かつ自発的な情報収集方法が実施されるべきである。

(3) 裁判官人事評価制度

この制度は，裁判官の独立に配慮しつつ，人事評価権者（所属裁判所の長）による裁判官の人事評価の質を向上させるため，弁護士など外部からも評価情報を求める制度であり，2004（平成16）年4月1日に発足した。評価権者は，情報提供者を特定できない方法で外部資料を人事評価に利用することになるが，再任期の際には，かかる人事評価権者の評価の妥当性も間接的に問われることもあり（例えば，消極的な外部情報が多数寄せられていたにもかかわらず，人事評価権者が積極的な評価をしていた場合など），前述した下級裁判所裁判官の再任の適否判断に関する中央の委員会制度と密接な関係を有している。しかし，制度周知が十分で無く，提供される情報が量・質とも不足している。今後は，九弁連などの取組のように，弁護士側で積極的に裁判官の職務情報について（段階的な）アンケート調査を行い，かつかかる情報を会員間で共有化するための取組が必要である。

(4) 地裁委員会・家裁委員会

裁判所運営について広く国民の意見等を反映させるため，2003（平成15）年8月1日，従前の家裁委員会を改組し，地裁・家裁それぞれに委員会が設置され，15人以内の委員の過半数は非法曹で構成されている。ところが，委員長は地家裁所長が就任する場合がほとんどで，テーマ設定でも裁判所の意向が強く働いているなどの批判もあった。しかし，市民委員の主体性と多様性を尊重した運営の下で市民委員が委員長となりかつ活発な意見交換を行っている委員会もあり，知恵と意欲が委員会運営にも反映されるような取り組みが求められている。

(5) 判事補が他の法律専門職を経験する制度（他職経験制度）

2005（平成17）年4月から，意見書の提言に基づき，多様で豊かな知識・経験を備えた判事を確保するため，原則としてすべての判事補にその身分を離れて裁判官の職務以外の多様な法律専門家としての経験を積ませる制度が発足した。任官10年以内の検察官についても同様である。

そして，その一環として，判事補及び検事の弁護士

職務経験に関する法律が制定されているが、二重の意味でこの制度は形骸化しつつある。一つは、本来判事補全員に適用されるべき2年間の他職経験制度の履行者がその一部にとどまっていることである。2011（平成23）年に再任期を迎えた54期裁判官で見ると、再任希望者94名中、外部経験無し28名（うち、育児休暇10名）、外部経験1年未満9名である。しかも、この制度は、弁護士職務経験制度を原則とするものであるが、前記法律施行後の弁護士職務経験数を見ると、2005（平成17）年度は判事補10名、検事3名、2006（平成18）年度は判事補10名、検事5名、2007（平成19）年度は判事補10名、検事5名、2008（平成20）年度は判事補10名、検事5名に留まっており、しかも受入先事務所は大規模な事務所がほとんどである。

したがって、この制度を、本来の弁護士職務経験制度として充実させるためには、多数の受入事務所の確保が急務であるが、経済的基盤の十分で無い中小事務所では他職経験者の待遇（給与）負担は重く、また派遣数の3倍の応募事務所を用意することが求められている運用もこの制度の足かせとなっている。

現在、この制度は危機に瀕しているといってよく、実施状況に関するデータ公開とともに、受入事務所の経済的負担を軽減する措置が望まれている。

(6) 最高裁判所裁判官の任命に際しての諮問委員会設置

かつて日弁連は、「最高裁判所裁判官任命諮問委員会制度要綱」（1955〔昭和30〕年12月）や「最高裁判所裁判官任命諮問委員会の設置に関する立案（案）」（1974〔昭和49〕年9月）を提言し、法曹三者以外の学識経験者も加えた委員会において最高裁判所裁判官候補者の資質等を検討して内閣に答申することを提案し、その任命手続の透明化・客観化に関する提言を重ねていた。

しかし、未だかかる委員会の設置はなく、最高裁判所裁判官の内閣における任命手続は現在もブラックボックスの中にあると言ってよい。そして、任命手続の不透明さは、最高裁判官の国民審査制度が国民に分かりにくい制度となっている原因の一つともなっており（当該裁判官の選任理由が明らかでないこと）、意見書も、最高裁裁判官の選任過程の透明性・客観性を確保するための適切な措置や、国民審査の実効化を図るための措置について、検討すべきであるとしていた。

そこで、かかる問題意識の下で、日弁連では、日弁連会長が会員の中から最高裁判所裁判官候補者を最高裁判所に推薦する際の諮問機関として推薦諮問委員会制度を設け、近年では、最高裁判所裁判官候補者の推薦制度を見直し、個人推薦制度などを取り入れている。そして、今後は、前記の任命諮問委員会の先駆けとしての意義を明確にもって、推薦委員会に学識経験者を含めてその透明化と民主化を徹底すべきであり、他方で弁護士および弁護士会は、推薦枠といった弁護士会の利害を超えた適切な候補者の発掘と推薦に取り組むべきである。

(7) 簡易裁判所判事の任命手続の透明化

これについては、現在簡易裁判所判事選考委員会が設置されているが、裁判所法に基づいて適切な任命手続が採られるよう、その審議経過の透明化を図るべきである。

(8) 裁判官増員の必要性

裁判官制度改革は、資質の高い裁判官を確保・養成し、もって司法判断の適正さを担保するための取組みである。ところが、その前提となる裁判官の人数は大きく不足し、そのために各種制度改革の支障をきたしている。大幅な裁判官増員は現在の緊急の課題である。

例えば、最高裁が2013（平成25）年7月に公表した「裁判の迅速化に係る検証に関する報告書（第5回）」でも、多数の潜在的な法的紛争が存在していることが取り上げられ、法的紛争の複雑化多様化によって事案が先鋭化する傾向にあることや、また高齢化を中心とする社会の変容により遺産紛争が深刻化し複雑困難化を招いている結果、裁判所が果たす役割が益々大きくなっていくことが指摘されている。

したがって、このような現代的な課題に沿って質と量を備えた裁判官を確保し併せてその執務環境を確保することは、司法判断の質を高めるための取組として最優先かつ緊急の課題となっている。

2 弁護士任官への取組み

> 弁護士任官は,「法曹一元」を目指す上で,弁護士が裁判官の給源となるという重要な意義を有する。
> しかし,現在の実態は,2003(平成15)年に10人が任官した後,弁護士数が増加しているのにもかかわらず,任官者数は年間8名以下にとどまっており,今後も任官者が増加する兆しはない。
> 今後,弁護士任官制度を発展させて法曹一元につなげるのであれば,これまでの地道な活動に加え,中規模以上の事務所に対する働きかけなど積極的な活動を行う必要がある。

1)弁護士任官制度の意義

「法曹一元」を実現するためには,まず弁護士が裁判官の給源たり得ることが必要である。また,国民の権利・利益を実現するためには,裁判官が,法曹としてふさわしい,多様で豊かな知識,経験と人間性を備えていることが望まれる。このような法曹を裁判官として送り出す制度が弁護士任官制度である。

2)弁護士任官制度の経緯

最高裁は,1988(昭和63)年に「判事採用選考要領」を作成して弁護士からの任官の道を開き,1991(平成3)年にはその資格の拡大に踏み切った。しかしながら,必ずしも任官者数の増加には結びつかず,弁護士任官制度は低迷の状態が続いていた。

その後,2000(平成12)年11月20日,司法制度改革審議会は,中間報告において,判事にふさわしい有能な人材を裁判所内に限らず広く法曹各界から迎える趣旨で,裁判所法が多様な給源の規定を設けているのに,実際の運用では判事補が主要な給源となり,弁護士からの任官が進んでいない点を指摘し,この趣旨の実質化を図る必要がある旨の意見を述べた。これを踏まえて,日弁連が最高裁に協議を申し入れ,弁護士任官等に関する協議を重ねた結果,2001(平成13)年12月,日弁連と最高裁は,弁護士任官制度を実効あらしめるための具体的方策について,当面講ずべき措置の合意に達し,「弁護士任官等に関する協議の取りまとめ」を発表した。

そして,日弁連が「任官制度基準及び推薦手続」等を,最高裁が「弁護士からの裁判官採用選考要領」等をそれぞれ作成するなどして準備作業を進め,2003(平成15)年度以降,この新制度の下で弁護士任官が続けられている。

また,日弁連と最高裁は,上記発表以降も非常勤裁判官制度の導入に関する協議を重ね,2002(平成14)年8月,弁護士任官を促進するための環境を整備するとともに,併せて調停手続をより一層充実・活性化することを目的として,「いわゆる非常勤裁判官制度の創設について」を合意した。そして,2003(平成15)年の通常国会で民事調停法及び家事審判法の改正がなされ,日弁連が推薦手続等,最高裁が採用手続等を整備し,2004(平成16)年1月,非常勤裁判官制度が発足した。

3)弁護士任官状況

1962(昭和37)年から2014(平成26)年6月1日までの任官者数は,合計117名(うち東弁出身者は28名)である。

2003(平成15)年4月1日以降に限定すると61名であり,1年平均で約6名が任官した。もっとも,近年は減少傾向が続いており,過去5年に限ると人数で18名,1年平均3.6名が任官したに過ぎない。

また,非常勤裁判官(民事・家事調停官)は,2004(平成16)年度から2013(平成25)年度までに合計377名(うち東弁出身者は67名)が任官した。このうち常勤裁判官に転じた者は合計11名である。現在,地裁の民事調停官は,東京及び大阪の2庁で,簡裁の民事調停官は,東京,横浜,さいたま,千葉,大阪,京都等合計16庁で,家裁の家事調停官は,東京,横浜,

大阪，札幌等の合計12庁でそれぞれ執務している。

4）日弁連・東弁の取組み

日弁連は，2002（平成14）年11月，「裁判官制度改革の実践―弁護士任官と判事補のほかの法律専門職経験を中心に―国民の目線で判断できる優れた裁判官を安定的に確保できる準備を整えました」というテーマで第19回司法シンポジウムを開催し，2003（平成15）年度の任官希望者20名を確保できたと報告し，その後も任官者数を増やしていけば，2030年代には裁判官人口のうち弁護士任官者の占める割合が4割を超えるという試算を示すなどした。

しかし，2003（平成15）年度の任官者数は10名にとどまり，その後の任官者数も，上記のとおり伸び悩んだため，2004（平成16）年5月の第43回定期総会では，「弁護士任官を全会挙げて強力に進める決議」を宣言し，また2005（平成17）年6月の第21回司法シンポジウムでは，「21世紀の裁判所のあり方―市民が求める裁判官」のテーマで弁護士任官問題を取り上げ，任官の推進をアピールした。以上の他にも，日弁連は，全国各地でブロック大会や全国担当者会議を開催し，任官推進のための取組みを継続している。

東弁は，任官者の事件・事務所引継ぎ等に関する支障を除去する一助とするため，2001（平成13）年10月，公設事務所運営基金を設け，任官候補者や任官支援会員に対する貸付けを可能としたほか，弁護士任官の推進等を目的とする公設事務所の設置及び運営等に関する規則を制定した。そして，これに基づき，2002（平成14）年6月以降，順次，公設事務所が開設され，現時点で4事務所が運営されている。

5）法友会の取組み

法友会は，すでに2000（平成12）年7月の時点で，弁護士任官を法曹一元裁判官制度を実現するための基盤整備の一環と捉え，その推進を決議していた。

しかしながら，その後の任官者数が伸び悩んだため，2004（平成16）年7月には「弁護士任官推進に関する宣言」を採択し，親密な人間関係のある会派の特性を生かして，積極的に弁護士任官に取り組むべく，「法友会弁護士任官推進本部」を設置した。その後，同推進本部の活動は休止し，2008（平成20）年度の政策委員会で一時的に弁護士任官推進部会が設立されたものの，現在は同じく活動が休止している。

6）これまで提起された課題について

(1) 公設事務所の活用等について

公設事務所は，上記のとおり，弁護士任官推進を1つの目的として2002（平成14）年から2008（平成20）年にかけて，合計4事務所が開設された。

しかしながら，一時的に登録先とした会員（1名）及び退官者の受入れ（1名）が見られるものの，弁護士任官の推進について積極的な役割を果たしているとはいえない。そのため，公設事務所の運営のあり方を改善する余地が残されているとの指摘がある。

また，任官者の事務所の閉鎖，事件引継ぎ等の問題を解消するために，法友会内の事務所で，任官に伴う賃貸借契約・造作等の買取り，事件の引継ぎ，事務職員の雇入れ，退官後の就職受入れなどに協力する支援事務所を募るなど，手厚い支援策の構築に向けた検討を開始すべきであるとの指摘が以前よりなされている。

(2) 短期任官及び専門的分野の任官の柔軟化について

「弁護士任官等に関する協議の取りまとめ」及び「弁護士からの裁判官採用選考要領」では，10年に満たない期間（ただし，少なくとも5年程度であることを要する。）を勤務期間として予定した任官を妨げないし，本人の専門的識見の程度によっては，これより短期間であっても採用可能な場合があり得るとする。

そこで，短期間の任官を前提として，倒産事件，知的財産事件，商事事件，家事事件等の専門分野に精通した弁護士を対象として専門分野を志望する任官希望者を積極的に発掘し，任官者増員の実績を作る取組みに着手すべきであるとの指摘がなされている。

(3) 手続の簡素化について

東弁の会員が任官を希望した場合，弁護士任官推進委員会の調査及び面接，理事者から関弁連への推薦，関弁連から日弁連への推薦を経て，最高裁の面接，下級裁判所裁判官指名諮問委員会の審査（地域委員会の資料収集を含む。），最高裁裁判官会議での採否決定，内閣による任命等の手続を経る必要がある。面接等に限っても，弁護士任官推進委員会における適格性調査部会及び任官候補者審査部会による各1回の面接並びに最高裁における面接を受ける必要があり，応募者の

負担感は大きいとされる。

　このような負担感を軽減するため，弁護士会・最高裁がともに手続に要する期間の圧縮に向けた協議を開始すべきであるとの指摘が以前よりなされている。

(4) 審査基準の明確化について

　各弁護士会連合会の弁護士任官適格者選考委員会，東弁においては弁護士任官推進委員会の推薦を経たものの，最高裁から採用されない者も少なくない。2004（平成16）年度から2013（平成25）年度までを見ると，採用49名，不採用30名，取下げ8名であり，推薦を受けた者のうち採用された者の比率は61.2％である。

　そのため，最高裁及び下級裁判所指名諮問委員会（地域委員会を含む。）との協議を通じ，弁護士任官者の審査基準を具体的に把握するため，最高裁や下級裁判所指名諮問委員会と改善の余地がないかを協議すべきとの指摘が以前よりなされている。

(5) 非常勤裁判官の処遇について

　また，非常勤裁判官から常勤裁判官への任官を拡充するために，非常勤裁判官の職務及び権限を拡大させ，さらに多様な人材を非常勤裁判官に任官させることが検討されるべきであるとの指摘もなされていた。

　しかし，借地非訟事件や家事審判事件はまだしも，週1日の執務が原則とされる非常勤裁判官が，急を要する倒産事件や保全事件，執行事件を担当すること自体極めて困難である。そのため，かかる指摘自体，現実性が乏しいものであった。

(6) 地道な発掘作業について

　法友会としては，引き続き任官者と一般会員による座談会，懇談会等を開催するなどして，弁護士任官に関する情報の発信，浸透を継続する必要があるとされてきた。確かに，その必要性は現在も大きいものの，この数年で具体化された取組みはない。

7) 今後の取組みについて

　最も望ましいのは，会員間で弁護士任官の重要性についての意識が高まり，中規模以上の事務所が，事件・顧問先の法人受任を行うことが可能な弁護士法人制度を利用して，裁判官の送り出し・退官者の受け入れを循環的に行うほか，個人事務所の弁護士が任官する際には，他の会員が事件・事務所の引き継ぎを行うという流れが自然にできることである。

　近年の弁護士数の増加と経済状況に鑑みると，特に都市部で弁護士数に余剰感が生まれるとともに，経験年数に応じた弁護士の年収の伸びも頭打ちになるという傾向が生じていることから，望ましい形であるかどうかは別として，若手の弁護士において，弁護士任官への心理的障害は低くなっている要素が認められる。

　もっとも，弁護士数の増加に伴い雇用弁護士を拡大した事務所においても，業務が分散するのではなく，かえって一部の若手弁護士に業務が集中するという状況がみられ，優秀な人材を裁判所に送り出すという機運が必ずしも高まっているとはいえない。

　また，裁判所，さらには裁判の利用者である国民の立場としても，判事補制度では培えない能力を有する弁護士を，裁判官として任用するところに弁護士任官の意義があるのであるから，判決起案の訓練を積んだ判事補より起案能力は劣るとしても，それ以外の点で判事補を凌駕する弁護士を送り出さなければ，国民にとって有益な弁護士任官制度であるとはいえない。

　そうであれば，法友会が行うべき今後の取組みとしては，日弁連の若手法曹センターなどと協働して，弁護士の送り出しと退官者の受入れを自発的に行う法律事務所（循環的事務所）の流れを作るとともに，優秀な弁護士を擁し，かつ裁判官への送り出しが可能な事務所に対し，積極的な働きかけを行うべきである。

第4 司法の人的・物的拡充の必要性

1 利用しやすい司法のための諸施策

> 国民が利用しやすい司法の運営を目指して，人員の増強と施設の設置・拡充，総合的な情報提供システムの確立・IT基盤の確立などを行うべきである。

1）司法ネットの整備とIT基盤の確立

国民が利用しやすい司法の運営を行うべきである。

第1に，司法制度改革審議会の意見でも指摘され，司法制度改革推進本部で具体化された日本司法支援センターの情報提供業務と連繋して，国民が身近な所で法律相談，法律扶助，裁判手続，ADRに関する総合的な情報提供を受けることができるシステムを確立することが必要である。そのためには，市役所等の公共機関，弁護士会，裁判所，消費生活センター等の相談窓口を充実させ，総合的な情報提供と，これに基づき国民が主体的にそれぞれの事案に適した適切な紛争解決機関・解決方法あるいは紛争予防の方法を選択できるようにし，各窓口が連携し，ネットワークを強化し，さらなる充実を図るべきである。

第2に，国民がITを利用して司法を活用できる基盤を整備すべきである。判例情報の迅速な公開やITを利用した訴訟関係書類の提出や交換等，国においても，民間と協力して，司法分野においても，国民の利用と参加を促進するIT基盤の強化のための戦略的な投資を行うべきである。

2）利用者の立場に立った裁判所及び裁判官等の配置と運営

（1）裁判所施設の適正配置

かつて適正配置の名の下に，地・家裁支部の統廃合や簡裁統廃合の政策が進められ，各地の自治体などから反対の声が上がった。市民に身近で利用しやすい裁判所施設が存在することは，市民が権利を実現し，市民と司法の距離を縮める上で極めて重要であり，裁判所は，その配置についても地域住民の意向を十分に配慮しなければならない。弁護士会は，地域住民への司法サービスの充実の観点に立って，裁判所の新設を含む新たな裁判所の適正配置策を提言していく必要がある。

少額事件手続を取り扱う裁判機関については，利用者に便利な区・市役所など公共施設の一角の利用などを検討すべきである。

（2）施設のあり方と運用

裁判所庁舎の新設・改築，庁舎・法廷の構造と施設のあり方及び運用方法についても，地元弁護士会や地域の意向を十分に反映する必要がある。

裁判所は，裁判所庁舎の新改築につき，基本設計が固まる前に，弁護士会に構想を開示して協議を行うことなどをルール化すべきである。弁護士会は，裁判ウォッチングなどの活動と連携し，市民の声を反映した利用しやすいものとなるよう提言を行うべきである。

裁判所は，地域住民が利用しやすい曜日，時間帯に裁判や調停ができるような態勢を整備することである。特に，家事，労働，少額事件等については，その必要性が高い。

（3）人的基盤の整備

裁判官が不足しているために，迅速な裁判が行われていない可能性が指摘されており，増員すべきである。

（4）裁判所支部の充実

裁判所支部では裁判員裁判が行われない，合議体の裁判ができない，行政事件，労働審判を扱わない，裁判官が常駐していないため期日が入りにくいなどの重大な問題がある。また，本庁と支部，裁判員裁判が実施されている支部と未実施の支部の格差が拡大しているとの指摘がされている。

支部機能を拡充して市民に利用されやすい裁判所にする必要がある。司法過疎の解消と裁判所支部問題はリンクしており，日弁連としてはこれらの問題の解消

に積極的に取り組まなければならない。

東日本大震災の被災地の多くが司法過疎地域であることに配慮した取り組みが必要である。次年度，千葉県で行われる人権大会では裁判を受ける権利がテーマとされ，支部問題などが話し合われる予定である。

3）検察庁の施設と利用しやすい運営のあり方

検察庁の施設の配置や構造そして運営方法も，国民が信頼を高め利用しやすいあり方の検討が求められる。

弁護士や家族による接見を容易にする工夫，検察官の支部への配置や告訴，告発等を受けやすくするための工夫，夜間や休日における受付の拡大等を検討していくべきである。

4）弁護士過疎・偏在の解消

日弁連は，いつでも，どこでも，誰でもが弁護士にアクセスできる体制の確立をめざし，法律相談センター，公設事務所，弁護士定着のための経済的支援制度によって，弁護士過疎・偏在の解消を進めている。

どこでも誰もが気軽に弁護士にアクセスができるよう，日弁連は，法テラスとの連携と適切な役割分担によって，弁護士過疎・偏在の解消に向けて引き続き最大限の努力をしなければならない。

東京都小笠原村では最高裁・法テラスなどに陳情書を提出し電話会議システムを利用した裁判所の設置を求めている。これに対し，最高裁も調停手続きの導入を検討するとし，具体的な検討に入ったと聞いている。弁護士会としても既存の裁判システムにこだわらない裁判所の設置を求めこれら自治体の要望をバックアップしていくべきである。

2　新宿での現地調停と地域司法

> 我々は，裁判所には一定の人的・物的施設が必要であるという固定観念を捨て，新宿での現地調停実施の理念を生かし，司法が利用する市民の側にアクセスしていく，いわば「移動する」裁判所の設置を含めて検討し，多くの過疎地域に地域の実情に合った裁判所の設置を推進していくよう努力すべきである。

1）司法アクセスの充実のために

最高裁は，これまで裁判所自体が自ら保有する場所又は他の国家機関から提供を受けた場所に裁判所を設置してきた。しかし，司法制度改革審議会意見書は，裁判所の設置場所について国民のニーズを考慮すべきとした（意見書33頁）。当然のことではあるが，裁判所の設置場所については，司法アクセスの充実の観点から，利用者である市民の視点を第一として判断しなければならない。

しかも，ここ数年，弁護士会は，いわゆる弁護士過疎地域にも法的サービスを充実させるため，多くの公設事務所を設置してきた。もちろん，市民の目的は法律相談そのものではなく紛争の解決である。そのため，紛争解決機関である裁判所が，地域的移動を伴わずに行ける身近な場所に存在することが，司法アクセスの充実に資することは言うまでもない。

2）簡易裁判所の統廃合

ところが，1989（平成元）年，裁判所は，利用率の減少を理由に全国の簡易裁判所を統廃合し，2001（平成13）年には都内に4ヶ所あった簡易裁判所分室も，令状発付業務以外にほとんど利用されていないことを理由として廃止し，調停部門を霞ヶ関から墨田に移転するとの意向を示した。

確かに，分室での調停はほとんど実施されていない上，人的・事務的資源の集中化による経済的メリットを考えると，裁判所の意向も理解できる。しかし，都区内の人口重心が西に移動していることなどを考えると，「市民が利用しやすい裁判所」という視点から，統廃合は司法制度改革に逆行している。そこで，弁護士会は，都区内に複数，とりわけ都区内の西地区に裁判所が存在すべきであるとの問題提起を行った。

3）民事調停規則9条に基づく現地調停

　裁判所は，近時の予算の窮迫状態を考えると安易に新たな裁判所施設を設けることには躊躇を覚えるとの見解を維持し，交渉は3年以上にも及んだが，結果として，民事調停規則9条に基づく現地調停を実施するという形態で，新宿で現地調停を行うこととなった。

　民事調停規則9条は，事件処理に相応しい場所で調停することを認めるとともに，市民の便宜を考えて調停場所を選定できることを認める規定である。弁護士会は，同規定の趣旨により出張型の裁判所を認めるべきである旨主張したところ，裁判所も弁護士会の意見に賛意を示し，一挙に新宿に出張型の調停を実現できる運びとなった。

　そして，2008（平成20）年4月1日，東京都，新宿区など行政機関の協力はもとより都議会の積極的働きかけにより，新宿区歌舞伎町に法テラスが開業し，その中の一部を裁判所に週1回程度貸与することによって，2009（平成21）年1月から調停が実施されている。

4）現地調停の実施状況と今後の課題

　しかし，新宿での調停は2012（平成24）年9月末現在で10件足らず係属している程度であり，利用状況が伸び悩んでおり，今後，利用促進のための諸方策を実施する必要がある。

　裁判所も，利用促進のため，広報，運営方法について鋭意協力する姿勢を示しており，市民にもっとアピールする方法を検討すべきである。そのため，弁護士会では会員に利用を呼びかけるとともに，新宿での調停を促進するために，弁護士会として，利用要件となっている両当事者の住所地が対象区内にあることという要件の対象区を広げるとともに，代理人が選任されている場合には，両当事者の代理人が同意すれば，上記要件にかかわらず新宿で調停できるよう，要請してきた。

　その結果，2012（平成24）年2月からは利用できる対象区も10区となったが，依然として，目的としている係属件数30件には届かない状況である。そのため，裁判所も新宿での調停の打ち切りを検討したが，2014（平成26）年3月から法テラスが新宿の立地条件の良い場所（JR新宿駅から徒歩5分程度）に移転することに伴い，現地調停の場所も移転することとなった。

　したがって，2014（平成26）年4月以降は交通の便もかなり改善された。しかし，半年経った現在でも利用率は伸び悩んでおり依然として係属件数も10件程度と我々の希望と大きく掛け離れている。今後，弁護士会の利用促進運動を展開するとともに，利用を妨げている要因がどこにあるか更に検討し，全国各地に点在する法テラスはもとより公民館，郵便局，市役所などの行政機関などでも，週1回程度，裁判を開設する運動に繋げていくべきである。

　裁判所側は新宿での現地調停は2年間行う例外的・試行的な制度であると位置づけており，その後，試行期間の延期を繰り返してきたが，このまま利用件数が延びなければ，打ち切りも予想される。

　しかし，我々は，裁判所には一定の人的・物的施設が必要であるという固定観念を捨て，新宿での現地調停実施の理念を生かし，司法が，利用する市民の側にアクセスしていく，いわば「移動する」裁判所の設置を含めて検討し，多くの過疎地域に地域の実情に合った裁判所の設置を推進していくよう努力すべきである。

3　e裁判手続について

1）アメリカ合衆国連邦裁判所でのe裁判の施行

　アメリカ合衆国では2005（平成17）年4月から「e裁判所」の施行をしている。アメリカ調査報告書（日弁連第14回弁護士業務改革シンポジウム運営委員会の2005〔平成17〕年10月7日編集発行の『弁護士業務改革シンポジウム報告書』添付CD－ROM，第3分科会　第3部e裁判所構想の展望　第2　アメリカ調査報告書　第1　グループ報告書（1）面談記録の(10)）では，日弁連の調査団が，2005（平成17）年7月15日に連邦裁判所管理局（Administrative Office of the US Courts）を訪問し，その施行までのシステ

ムの内容に関して調査をした内容が記載されている。

アメリカ合衆国では，2005（平成17）年4月から連邦裁判所でこのe裁判の形態が行われており，Case Management System（事件管理システム），Electronic Document System（電子的文書管理システム）とE‐Access（電子的情報提供・情報公開）といった訴状等の文書等が電子化・オンライン化され，その内容が電子的に公開されている。1996（平成8）年オハイオ北部地区連邦裁判所でパイロットプロジェクトとしてCase ManagementとElectric Case Filingを行い，その成功により全米への展開が開始された。その内容は，おおよそ次のような内容であった。

(1) 事件管理システムの導入

この点は，日本の裁判所や法律事務所においても一般的に行われているものと思われるが，事件の進行等をコンピューターのシステムで管理していくというものである。

(2) 電子的文書管理

裁判における準備書面等の書面をコンピューターシステム上に保管し，管理していくものである。

(3) 電子的情報提供と情報公開

裁判所の管理するコンピューターに保管されている電子的な情報を，一般的に国民へ情報として公開し，その情報を国民へ提供している。

e裁判所とは，このようなシステムを利用して裁判官，当事者の代理人たる弁護士が，裁判所に行かなくとも裁判所において一定の訴訟行為ができることを意味している。弁護士は，裁判所においてeメール上の一定のアドレスの指定を受け，そのアドレスを利用して，準備書面を裁判所にeメールで送付する。相手方弁護士も，その裁判所に送られた準備書面を法律事務所の自分のパソコンで閲覧する。そして，その準備書面に対する反論も同じように裁判所にeメールで送付する。

このようにして争点整理を行っていくのであるが，その間の当事者の弁護士がやりとりをしている電子的な文章は，情報公開されているために，誰でもその内容を見ることができる。通常の日本における争点整理手続は，ほとんどこのシステムにより行われる。通常の書証は，電子化されたものをe裁判システム上で送付し，原本は送付した弁護士が所持しているという。証拠開示手続においては，紙媒体の資料を交付するという運用である（事件によっては，電子化するようにしているとのことであった。例えば，エンロン事件は，大量の文書が発生するために電子化したとのことである）。

2）ファイリング手続

弁護士が裁判所に電子ファイルを提出する具体的な流れは次のとおりとなっている。

① ワープロソフトによりデータを作成する。この際，押印に変わるものとして，電子署名（氏名の前に「s／」をタイプするだけ）を使用する。

② Adobe社のPDF Writerを用い，PDF化して保存する。

③ 対象とする裁判所のWebページにアクセスする。

④ ID・パスワードを入力してログインする。

⑤ 該当する訴訟種別（民事，刑事など），提出する文書種別（訴状など）を選択する。

⑥ 対象となる事件番号を入力する。

⑦ 対象となる当事者（原告／被告）を選択する（弁護士ごとに担当している全てのクライアントが表示され，そこから選択する）。

⑧ 提出するPDFファイルを指定する。

⑨ ドケット（訴訟事件一覧表）のプレビュー内容を確認し，問題なければ登録を実行する。

⑩ 文書がシステムに正しく登録されると，画面上に受領書が表示され，それと同時に全ての関係者に対し，文書が新規登録された旨を示すeメールが送信される。また，同時にドケット（訴訟事件一覧表）が作成され，裁判所で受理された正式な文書として認められる。ドケットには提出された各文書ファイルへのハイパーリンクが表示され，詳細を容易に閲覧できる。

3）問題点

(1) 本人確認の電子署名

日本の電子署名法のような，厳格で安全性を重視するが，費用が莫大となる方式は採用していない。現状は，IDとパスワードによる本人確認作業を行っており，実験段階から現在までそれで問題は起こっていないというのが，簡単な電子署名にしている理由であった。

(2) e裁判の徹底の難しさ

紙媒体の訴状による訴訟の受付もしており，完全なe裁判所の実現は難しい。ただ，紙媒体の訴状による訴訟が提起されたときは，裁判所職員がPDF化して，少なくともeファイリングができるようにしている。

(3) 裁判の公開原則に対する考え方

そもそも合衆国では，事件における原告や被告の名前を匿名にするという文化が強くない。事件名自体が原告被告の名前であることが多い。e裁判の普及は，誰でも裁判所にアクセスすれば，準備書面等を見ることができるということとなり，プライバシーに関する保護をどう考えるのか，裁判の公開原則とどのようにバランスを取るべきなのかが前面に出てくるように思われる。

アメリカの弁護士も，それまではあまり気をつけなかった依頼者のプライバシー的な内容に関する主張，依頼会社の秘密に属するような主張を記載する際に大きな注意を払うようになったということである。

4）e裁判等に関する制度の検討

合衆国でe裁判が普及することにより，弁護士が事務所にいながらにして，裁判手続の内の争点整理的なものを行うことができることとなる。この裁判の特色は，過疎地であっても弁護士の裁判手続が可能になるということであり，過疎地対策の強力な手段となり得るし，紙媒体での資料の多さを解消でき，ファイリングのし易さに長所がある。日本では，この裁判手続は，論じられてもいない段階であるが，日弁連の上記合衆国調査結果を踏まえて，法友会でも，日本でのe裁判所のあり方に関しては，そろそろ議論を始めてもよい時期であろうと問題提起してから，すでに久しい。

なお，参考であるが，法廷でのテクノロジーに関して合衆国では，次のようなシステムが進んでいる。

① 電話会議システム，テレビ会議システム（遠隔地での証人尋問など）

② 遠隔同時通訳（合衆国では特殊少数言語も多く，通訳会社との電話会議で同時通訳による証人尋問が行われている）

③ プロジェクター，スクリーン，大型モニターといった設備が裁判所の法廷に相当普及している。

④ 法廷でのヘッドホンシステムが普及しており，難聴者なども陪審員を行えるし，難聴の傍聴人も裁判を理解することが可能である。

第3部
弁護士業務改革と活動領域拡充に向けた現状と展望

1　弁護士業務改革の今日的課題

> - 司法制度改革審議会の意見書が，司法改革の基本は弁護士にあることを明確にしている点からも，弁護士制度改革や弁護士業務改革が，必然的に必要となることを意識しなければならない。弁護士業務改革も，このような観点からの意識を常に持ちつつ推進していくべきである。
> - 国民の法的需要に対する供給がなされるよう，弁護士の業務制限の緩和，弁護士の質の向上，アクセス障害の除去，公設事務所の設置，法律扶助・権利保護保険など弁護士費用に関する対策を充実し，実質的な国民の裁判を受ける権利を保障すべきである。
> - 国民に対して，法の支配の重要性の意識喚起，法教育の実施に努力し，社会に法の支配を根付かせる努力をしていくべきである。

1）司法改革推進上の業務改革の意義

法友会の政策として，従来から弁護士の使命としての「基本的人権の擁護」及び「社会正義の実現」を掲げ，そのための具体的方策を考えてきた。しかし，2001（平成13）年6月に公表された司法制度改革審議会の意見書は，弁護士の使命を上記のものにとどめることなく，司法全体のあり方に関わる大きな問題としてとらえ，健全な司法を実現するための弁護士の業務改革を要請した。その後，司法制度改革推進本部（2001〔平成13〕年12月から2004〔平成16〕年11月まで）が設置され，現在までにその意見書の内容がその組織で具体的検討を経てほとんど実現されている。

そこで，同審議会の意見書での弁護士業務に対する要請を以下にまとめ，最終的に司法制度改革推進本部でどのように実現がなされたのかをまとめた。今後とも弁護士，弁護士会，そして法友会としては，どのように制度の改革をするべきか，その是正を含め，検討すべきである。

2）審議会の要請とその実現

(1) 総論

❶　法曹は，いわば「国民の社会生活上の医師」として，国民の置かれた具体的な生活状況ないしニーズに即した法的サービスを提供することを役割とすることが必要である。

❷　司法制度改革の3本柱である「国民の期待に応える司法制度」「司法制度を支える法曹のあり方」「国民的基盤の確立」を実現するためには，主体としての弁護士がその改革を支えるべきであり，そのためにはさらに弁護士の業務を含めた全般的な弁護士に関する改革がなされなくてはならない。

(2) 各論

❶　弁護士の社会的責任の実践

〈意見書〉国民の社会生活，企業の経済活動におけるパートナーとなるべく資質・能力の向上，国民とのコミュニケーションの確保に努めなければならない。同時に，「信頼しうる正義の担い手」として通常の職務を超え，「公共性の空間」において正義の実現に責任を負うという社会的責任を自覚すべきである。そのため，プロボノ活動，国民の法的サービスへのアクセスの保障，公務（裁判官，検察官）への就任，後継者養成への関与などで貢献すべきである。

〈実現内容〉弁護士から裁判官への登用の増加，民事調停官・家事調停官の創設，日本司法支援センターの創設など。

❷　弁護士の活動領域の拡大

〈意見書〉当時の弁護士法30条での公務就任の制限，営業許可を届出制にし，自由化すべきであり，活動領域の拡大に伴う弁護士倫理のあり方を検討し，弁護士倫理の遵守を確保すべきである。

〈実現内容〉弁護士法30条の制限を届出制に改正，弁護士会における弁護士職務規程の新規創設など。

❸　弁護士へのアクセス拡充

〈意見書〉法律相談センターなどの設置の推進をし，

弁護士へのアクセスを拡充すべきであり，地域の司法サービスを拡充する見地から，国又は地方公共団体の財政的負担を含めた制度運営を検討すべきである。

〈実現内容〉日本司法支援センターの創設，弁護士会の公設事務所の開設，法律相談センターの増設・専門化等の充実，保険による弁護士費用を実現化した「日弁連リーガル・アクセス・センター」の設置，国・自治体・民間会社等の組織内での弁護士の活動を容易にする制度設計など。

❹ 弁護士報酬

〈意見書〉弁護士報酬は，透明化・合理化を進めるためにも，報酬情報の開示，報酬契約書の義務化，報酬説明義務などを徹底すべきである。

〈実現内容〉弁護士法から弁護士会の報酬規定の整備義務を削除し，報酬を自由化した。弁護士会の規定で，報酬契約書の義務化，報酬説明義務化，報酬情報の開示を定める。報酬情報としては，日弁連では，事案ごとの報酬アンケートの結果を公表し，報酬の目途として役立たせている。

❺ 弁護士の情報開示

〈意見書〉弁護士の専門分野，実績も広告対象として認めるよう検討し，弁護士の情報開示を一層進めるべきである。

〈実現内容〉東京弁護士会では，弁護士の情報提供制度が創設され，日弁連でも「ひまわりサーチ」という名称で弁護士情報提供サービスが開始され，HPでの閲覧が可能となっている。専門分野に関しては，東弁で専門認定制度を創設すべきとの意見をまとめたが，日弁連では，研修制度等の整備が十分ではない現段階では時期尚早との結果となった。現在，日弁連をはじめとして専門研修が数多く実行されるようになっている。

❻ 弁護士の執務体制の強化

〈意見書〉法律事務所の共同化・法人化，共同化・総合事務所化への推進，専門性強化のために研修の義務化，継続的教育を実行すべきである。

〈実現内容〉弁護士法の改正により，弁護士法人の設立が可能となった。専門性強化のための研修は，行政法関係，税務関係，知的所有権関係，労働関係等について東弁で開始され，日弁連でも開始されている。継続教育面では，東弁では倫理研修を義務化している。

東弁でも日弁連でも，インターネットを通じたオンデマンド方式による研修ができるようになっている。

❼ 弁護士の国際化，外国法事務弁護士等との提携・共同

〈意見書〉国際化時代の法的需要への対応のため，専門性の向上，執務体制の強化，国際交流の推進，法曹養成段階での国際化への対応，外国法事務弁護士との特定共同事業の要件緩和，発展途上国への法整備支援の推進をすべきである。

〈実現内容〉弁護士法，外国弁護士特別措置法の改正により，弁護士と外国法事務弁護士との共同事業が解禁され，外国法共同事業を認め，その範囲での報酬分配を認め，外弁による日本の弁護士の雇傭を認めるなどの改正がなされた。

❽ 隣接法律専門職種の活用

〈意見書〉司法書士，弁理士への一定の範囲での一定の能力担保措置を条件とし，訴訟代理権の付与，税理士の訴訟における意見陳述権，行政書士，社会保険労務士，土地家屋調査士などの隣接法律専門職種については，その専門性を活用する必要性，その実績が明らかになった段階での訴訟への関与の仕方を検討すべきである。

〈実現内容〉司法書士への簡裁訴訟代理権の付与，弁理士の弁護士との共同での代理権付与など。

❾ ワンストップ・サービス

〈意見書〉ワンストップ・サービスの実現のため，弁護士と隣接法律専門職とが協働するための方策を講じるべきである。

〈実現内容〉協働できる事務所の設置を可能とする解釈は，もともと存在するが，各種の業種の特色による制限を踏まえた上での，協働化がどう進められるかの議論を進め，その協働化を進めることができるようになった。

❿ 企業法務などの位置付け

〈意見書〉司法試験合格後，企業など民間で一定の実務経験を経た者に対しては，法曹資格を与えるための具体的条件を含めた制度整備をすべきである。

〈実現内容〉弁護士法の改正により，司法試験合格した後，①国会議員となった者，②官として又は民間にあって一定の法律業務に携わっていた者に対して，日弁連の研修を経た上で，法務大臣の認定を受けることにより弁護士資格が認定される制度となった。

❶ 特任検事・副検事・簡易裁判所判事の活用
〈意見書〉特任検事，副検事，簡易裁判所判事の経験者の専門性の活用の検討。特任検事への法曹資格付与のための制度整備をすべきである。
〈実現内容〉特任検事に対しては，弁護士法の改正により，司法試験の合格者ではないものの，日弁連の研修を受けることにより，法務大臣の認定で，弁護士資格が認定されることとなった。

3）政府のもとの有識者懇談会等における議論の状況

(1) 政府のもとの有識者懇談会等の設置とその特徴

2013（平成25）年7月16日，法曹養成制度関係閣議決定は，「閣僚会議の下で，各分野の有識者等で構成される有識者会議を設け，更なる活動領域の拡大を図る」こととし，これを受けて，同年9月24日，法務省のもと，法曹有資格者の活動領域の拡大に関する有識者懇談会（以下，「有識者懇談会」という。）が，座長を大島正太郎氏とし，田島良昭氏，岡野貞彦氏，泉房穂氏を構成員として，設置された*1。

この有識者懇談会の設置は，2013（平成25）年6月26日に答申された，法曹養成制度検討会議取りまとめ（以下，「検討会議取りまとめ」という。）*2が，法曹有資格者の活動領域の「更なる拡大を図るため」「新たな検討体制の下，各分野の有識者等で構成される有識者会議を設け」ることを提言したことを受けて，決定されたものである。

検討会議取りまとめは，「司法制度改革審議会意見書が，『法の支配』を全国あまねく実現するため，弁護士の地域的偏在の是正が必要であるとともに，弁護士が，公的機関，企業，国際機関等社会の隅々に進出して多様な機能を発揮する必要があると指摘された」にもかかわらず，「その広がりはいまだ限定的といわざるを得ない状況にある」として，このような答申を行った。つまり，有識者懇談会は，2001（平成13）年に答申された司法制度改革審議会意見書の趣旨を前提としつつ，その後10年以上を経過した時点で，我が国の法曹の活動の範囲が同意見書が予定した段階に至っていない，との問題意識にもとづき，これを克服すべく，設置されたものと言える。

そして，2013（平成25）年10月11日には，有識者懇談会のもとに，座長を田島良昭氏として，国・地方自治体・福祉等の分野における法曹有資格者の活動領域の拡大に関する分科会（以下，「国・地方自治体・福祉等分科会」という。）*3が，座長を岡野貞彦氏として，企業における法曹有資格者の活動領域の拡大に関する分科会（以下，「企業分科会」という。）*4が，座長を大島正太郎氏として，法曹有資格者の海外展開に関する分科会（以下，「海外展開分科会」という。）*5が，それぞれ設置された。これら3つの分科会もまた，検討会議取りまとめが，「企業，国・地方自治体，福祉及び海外展開等の各分野別に分科会を置くべきである」としたことを受けて，設置されたものであった。

以上のような経緯や使命ゆえに，有識者懇談会及び上記各分科会は，以下のような特徴をもつと言ってよい。

① 法曹養成制度改革の議論の流れのなかで設置されたことにより，法曹養成制度改革の議論，具体的には，ほぼ同時期に設置された法曹養成制度改革推進会議の議論のスケジュールや内容と連動することが運命づけられ，その設置期限を，法曹養成制度改革推進会議に合わせ，2015（平成27）年7月と定められた*6。

② これまでの活動領域拡大に関する議論に実効的成果が乏しかったとの反省からか，分科会のもとでは，具体的な試行方策を進めることが期待された*7。

---

*1 法務大臣決定「法曹有資格者の活動領域の拡大に関する有識者懇談会の設置について」（2013〔平成25〕年9月24日）。

*2 法曹養成制度改革検討会議「取りまとめ」（2013〔平成25〕年6月26日）。

*3 法曹有資格者の活動領域の拡大に関する有識者懇談会決定「国・地方自治体・福祉等の分野における法曹有資格者の活動領域の拡大に関する分科会の設置について」（2013〔平成25〕年10月11日）参照。

*4 法曹有資格者の活動領域の拡大に関する有識者懇談会決定「企業における法曹有資格者の活動領域の拡大に関する分科会の設置について」（2013〔平成25〕年10月11日）参照。

*5 法曹有資格者の活動領域の拡大に関する有識者懇談会決定「法曹有資格者の海外展開に関する分科会の設置について」（2013〔平成25〕年10月11日）参照。

*6 法務省決定「法曹有資格者の活動領域の拡大に関する有識者懇談会の設置について」（2013〔平成25〕年9月24日）参照。

*7 法曹有資格者の活動領域の拡大に関する有識者懇談会決定「国・地方自治体・福祉等の分野における法曹有資格者の活動領域の拡大に関する分科会の設置について」（2013〔平成25〕年10月11日），同「企業にお

③ 法務省とともに，日弁連が，共催者として，分科会の事務遂行に責任を負うこととなった*8。

こうした特徴を有した有識者懇談会及び上記各分科会及びそれをとりまく議論の進捗ないし成果等は，2014（平成26）年12月現在，以下のとおりである。

(2) 有識者懇談会における議論の進捗

有識者懇談会においては，2013（平成25）年11月8日の第2回会議以降，3つの分科会の報告を踏まえ，それにいわば横串を指すなどして，横断的な議論を重ねてきた。

とりわけ，2014（平成26）年10月24日の第4回会議においては，有識者懇談会における議論の取りまとめを意識し，論点整理が試みられた。その際，「ニーズの把握と対応策の検討」，「ニーズに見合う人材の確保・養成」，そして「ニーズと人材の効果的な引き合わせ」といった3つの視点から，主に，これまでの取り組みとそこから見えてきた課題を中心として，各分科会の議論の整理が進められた*9。

その上で，同有識者懇談会では，現在の検討体制の設置期限が2015（平成27）年7月までであることを意識し，これまでの取組や見えてきた課題，更にはそれらを踏まえた今後の展望について，有識者懇談会として，一定の方向性について検討することとし，各分科会において，次回有識者懇談会に向けて，各分科会の特殊性を踏まえ，現状の分析とともに，今後の課題やそれに対する対応策といった点について，更なる議論をするよう要請した*10。

こうした要請を受け，各分科会では，後述するように，各分科会の取りまとめを進めるべく，議論を進めているところである。

(3) 国・地方自治体・福祉等分科会の進捗

国や自治体に任用され活動する弁護士の数は，国の機関で任期付公務員として勤務する者が，2012（平成24）年には149名，地方自治体で常勤職員として勤務する法曹有資格者が，2014（平成26）年11月現在で，62の地方自治体において合計81名となっており，増加傾向にあるものの，その拡がりはまだまだ限定的である。国や自治体と連携し，各種の法的支援を行うといった試みも，一部の弁護士会で積極的に行われるようになったが，やはりその拡がりはなお十分とは言えない。また，福祉の分野における法的ニーズは，高齢者・障がい者，子ども，貧困，女性など，多岐にわたるものの，潜在的な法的ニーズを掘り起こし，救済につなげていくための方策は道半ばと指摘される。

こうした問題意識を踏まえ，国・地方自治体・福祉等分科会では，国，自治体等と弁護士会の連携構想全国版や条例づくり・レビュー等の支援，地域包括支援センターへの法律援助や，生活困窮者自立支援法における相談支援などを試行方策と位置づけ，これらの取り組みを進めるとともに，議論を続け，2014（平成26）年11月まで，計6回の会議を開催してきた*11。

また，同分科会での議論と並行し，日弁連では，2014（平成26）年4月，自治体等連携センターを設置し，そのもとに，条例部会，福祉部会等の各部会を設置し，上記の各試行方策を実行に移し，当分科会の議論に参加するとともに，それにとどまらず，国，自治体，福祉等の分野における弁護士の活動を更に拡大すべく，各種の活動を行っているところである。

そして，現在，同分科会では，こうした取り組みを踏まえ，有識者懇談会の要請を受けて，分科会としての論点整理を取りまとめるべく，議論や作業を進めているところである。

(4) 企業分科会の進捗

日本組織内弁護士協会の統計によると，企業内弁護士の数は，2005（平成17）年5月の68社・123人から，2014（平成26）年6月には619社，1179人と増加している。

このように，企業において，弁護士等に対する一定のニーズが確立されつつあるものの，企業規模や地域ごとの視点でみると，その広がりは限定的なものにと

ける法曹有資格者の活動領域の拡大に関する分科会の設置について」（2013〔平成25〕年10月11日），同「法曹有資格者の海外展開に関する分科会の設置について」（2013〔平成25〕年10月11日）では，「試験的かつ実践的な取組を企画，立案，実施する」ものとされている。

*8 前掲注7各決定では，「分科会は，法務省及び日本弁護士連合会が共催する」とされている。

*9 詳細は，法務省ホームページ「法曹有資格者の活動領域の拡大に関する有識者懇談会第4回（2014〔平成26〕年10月24日開催）」。http://www.moj.go.jp/housei/shihouseido/housei10_00089.html 参照。

*10 前掲注9法務省ホームページ参照。

*11 詳細は，法務省ホームページ「国・地方自治体・福祉等の分野における法曹有資格者の活動領域の拡大に関する分科会」。http://www.moj.go.jp/housei/shihouseido/housei10_00046.html 参照。

どまっている。そのため，企業分科会では，企業の分野における活動領域を更に拡大すべく，ひまわり求人求職ナビの改善や弁護士や修習生向けの広報ツールの改訂，企業のニーズに応える人材養成のためのモデルカリキュラムの策定などをその試行方策と位置づけ，これらの取り組みを進めるとともに，議論を続け，2014（平成26）年12月まで，計7回の会議を開催してきた[*12]。

また，同分科会の議論と並行して，日弁連では，2014（平成26）年4月，ひまわりキャリアサポートセンターを設置し，上記の各試行方策を実行に移すとともに，それにとどまらず，企業の分野における弁護士の活動を更に拡大すべく，各種の活動を行っているところである。

そして，現在，同分科会では，こうした取り組みを踏まえ，有識者懇談会の要請を受けて，分科会としての論点整理を取りまとめるべく，議論や作業を進めているところである。

(5) 海外展開分科会の進捗

グローバリゼーションが進む中，国内外の企業や邦人が直面する法律問題が，一層多様化，複雑化しつつあることが指摘されており，日本の弁護士等法曹有資格者がこれにどう対応しうるか，といった問題意識を踏まえ，海外展開分科会の議論はスタートした。

同分科会では，従前日弁連で実施してきた中小企業海外展開支援弁護士紹介制度や，日本企業や在留邦人に対する法的支援の在り方を調査する法務省の調査委託事業，アジア地域の法的サービスに関する情報収集等を行うアジア担当嘱託弁護士の採用といった試みを，その試行方策と位置づけ，これらの取り組みを進めるとともに，議論を続け，2014（平成26）年12月まで，計6回の会議を開催してきた[*13]。

また，日弁連では，2014（平成26）年4月，国際業務分野における法律サービスの一層の展開・促進を図るための施策立案，実行を目的とする国際業務推進センターを設置し，弁護士の国際業務を更に推進すべく，各種の活動を行っているところである。

そして，現在，同分科会では，こうした取り組みを踏まえ，有識者懇談会の要請を受けて，分科会としての論点整理を取りまとめるべく，議論や作業を進めているところである。

4）日弁連における法律サービス展開本部の設置と活動の状況

以上述べたとおり，有識者懇談会及び3つの分科会が設置され，そこでの議論が進められるのと時期を同じくして，2014（平成26）年2月，日弁連において，法律サービス展開本部の設置が承認され，同年3月29日には，同展開本部のキックオフ的な意義をもつ，シンポジウム「未来をひらく　弁護士のチャレンジ」が開催された。

この法律サービス展開本部には，国・地方自治体・福祉等における活動領域拡大に対応するものとして，自治体等連携センターが，企業における活動領域拡大に対応するものとしてひまわりキャリアサポートセンターが，海外展開に対応するものとして国際業務推進センターの各組織が立ち上げられ，既に言及したように，各センターにおいて，分科会の議論等に対応しつつ，それにとどまらない精力的な活動を進めてきている。

たとえば，自治体等連携センターは，条例部会，福祉部会の他，公金債権部会，外部監査・第三者委員会部会といった部会を立ち上げ，各分野に関する自治体等との連携の取り組みを進めるとともに，自治体向けのアンケート調査や，弁護士会の行政連携の体制について調査を行い，各地でシンポジウムを開催し，全国の弁護士会に対し，行政連携メニューの作成や連携体制の構築を求めるといった活動を進めてきた。更に，国，自治体への職員としての弁護士の任用を更に促進するため，各地で任期付公務員登用セミナーや求人説明会を開催するなどの活動も進めてきているところである。

ひまわりキャリアサポートセンターは，企業等へのヒヤリングを行い，女性の企業内弁護士向けのセミナーを実施するなど，企業で活躍する弁護士を拡大し，支援する試みを進めている。

国際業務推進センターは，国際室等と連携しながら，留学を含む海外研修支援，各種研修会の実施，国際機

[*12] 詳細は，法務省ホームページ「企業における法曹有資格者の活動領域の拡大に関する分科会」http://www.moj.go.jp/housei/shihouseido/housei10_00044.html 参照。

[*13] 詳細は，法務省ホームページ「法曹有資格者の海外展開に関する分科会」http://www.moj.go.jp/housei/shihouseido/housei10_00041.html 参照。

関登用推進などを通じた渉外対応力のある人材の育成，そのネットワーキングの構築といった取り組みについて情報共有を図りつつ，これを推進し，国際的な法律業務に進出する弁護士を拡大し，支援する試みを進めている。

こうした日弁連の取り組みは，有識者懇談会等が終了した後も，当然のことながら鋭意続けられていく予定である。

なお，東京弁護士会においても，後記5）のとおり，活動領域拡大を推進する組織を新設したほか，自治体との連携強化を目的として，2014（平成26）年3月，弁護士業務改革委員会内に自治体連携ＰＴを立ち上げ，自治体の様々な法的ニーズに対応したサービス提供メニューである「自治体連携プログラム」を作成した上，これを持って役員自ら自治体を訪問し，弁護士会が提供できる法的サービスを説明して回るなどの活動を展開しており，実際に自治体の依頼に基づくサービスの提供も開始している。

法友会としても，これら日弁連・東弁の取り組みに多くの人材を輩出しており，その活動を支えている。

5）東京弁護士会の活動領域拡大に向けた取組み

(1) 活動領域拡大を推進する組織の新設

東京弁護士会における弁護士の活動領域拡大を検討する組織として，2014（平成26）年8月まで，法曹養成制度改革実現協議会内に活動領域拡大策検討部会が存在しており，お試し弁護士制度（企業に組織内弁護士の有用性を周知し，組織内弁護士に対する企業と弁護士双方の心理的障害を取り除く目的で，法律事務所に在籍する弁護士が週2〜3日程度企業内で執務する制度）についての企業の需要の調査などの具体的な活動領域拡大策の検討を行っていた。

東京弁護士会は，弁護士の活動領域の拡大を推進させる目的で，2014（平成26）年9月，本部長を東京弁護士会会長とする弁護士活動領域拡大推進本部を発足させ，活動領域拡大策検討部会は弁護士活動領域拡大推進本部に発展的に吸収された。

(2) 弁護士活動領域拡大推進本部の活動計画

弁護士活動領域拡大推進本部は，以下の活動計画を掲げて活動を開始した。

① お試し弁護士制度

弁護士会が企業と会員をマッチングし，法律事務所に籍を置く弁護士が，週のうち2〜3日程度を企業内で執務する制度を設けることで，企業に弁護士を雇用する有用性・必要性を知ってもらい，双方の心理的障害を取り除くことを目的とする制度である。すでに利用を要望する企業があり，弁護士側の人材の供給体制の整備を行っている段階である。

② 在日外国人に対する法的サービスに関する調査

現在200万人いると言われる在日外国人に対する法的サービスが十分に提供されているか調査し，不足する法的サービスの提供を検討する。国内の在日外国人コミュニティを訪問する調査を開始している。

③ 各種諸団体の意見交換等

弁護士以外の士業や，政治・経済団体等との連携を模索する。

④ 法律相談業務に対するサポート

弁護士会が実施する法律相談の件数が減少していることから，相談会イベントの実施等を通じて，相談事業の認知度向上等のサポートを行う。

⑤ 少額債権サービシングに関する新方式の検討

従来はコスト倒れになるために個々の弁護士が受託できなかった少額債権の回収について，採算性を高めるための一括受託等の方式を検討する。

⑥ スマートフォンを通じた市民への情報発信

スマートフォン用のアプリケーションを開発し，市民に対して，当会が提供している法律相談等の法的サービスに関する情報を発信する。

⑦ 領域拡大に向けたシンポジウム等の開催

これまで弁護士の関与がない新規分野・領域に関するシンポジウム等を実施し，法的サービスの必要性及び弁護士の有用性を周知し，関係機関との連携を深める。既に空家等対策の推進に関する特別措置法案（2014（平成26）年11月27日公布）については，公布に先立って「空き家対策法」に関するシンポジウムを開催し，引き続き空き家対策における弁護士の関与のあり方や自治体との連携を検討している。

(3) 活動領域拡大に向けた今後の活動

弁護士活動領域拡大推進本部は，同本部と同時期に設立された東京弁護士会若手会員総合支援センターと連携し，情報を共有して活動している。新しい活動領域を模索するにあたって若手会員の意見と活動力を得ることは必須であり，今後の活動も若手会員の力を結

集して進めていく必要がある。

　また，活動領域拡大分野の調査や試行的な取り組みに一定程度の支出が必要と見込まれることから，東京弁護士会が必要な予算を準備する必要がある。

利用者の期待に応え，法の支配を社会の隅々に行き渡らせるべく，こうした弁護士の活動領域拡大に向けた取り組みを一層推進していくべきである。

2　弁護士と法律事務の独占

> 　弁護士法72条は，国民の公正円滑な法律生活を保持し，法律秩序を維持・確立するという公益的目的を立法趣旨として，原則として弁護士の法律事務独占を認めている。一方，同条但書に於いて，例外として他の法律により隣接法律専門職種等が法律事務を扱うことを認め，司法制度改革の一環として弁護士人口増までの過渡的・応急的措置として，各種の法律改正等がなされた。同条に関わる問題は，隣接法律専門職種のさらなる権限拡大問題に及ぶ重要な側面があり，総じて弁護士制度の根幹に関わる問題である。また，構成要件に付いての解釈の相違もあることから，隣接専門職種の非弁行為や，非弁の疑いのあるものもあとをたたない。我々弁護士は弁護士法72条に関わる問題について，隣接法律専門職種等の権限拡大運動により関心を持つと共に，非弁行為に対してどのような対応が適切か，活発な議論をすると共に行動に移すことが必要である。
> 　また，隣接法律専門職種は，法定の権限内業務を行うことを前提に弁護士との協働体制を取ることができれば，依頼者にとっても有用な法的サービスが提供できる側面もあり，これらを総合的に判断しながら，対応することが必要である。
> 　この両面を検討しつつ，将来の隣接法律専門職種を含めた，司法と法的サービス全般の担い手を，どのように総合的に構想するか，今後の議論が望まれるところである。

1）法による弁護士の法律事務独占と非弁行為の禁止

　弁護士は，基本的人権の擁護と社会正義の実現を使命とし，広く法律事務を取り扱うことをその職務とするものであり，そのために弁護士法は，厳格な資格要件を設け，かつ，その職務の誠実適正な遂行のために必要な規律に服すべきものと規定している。しかし，弁護士の資格を有することなくみだりに他人の法律事件に介入することを業とする例が存在し，それを放置するとすれば，当事者や関係人の利益を損ね，ひいては法律生活の公正円滑な営みを妨げ，法律秩序を害することにつながる。かような国民の公正円滑な法律生活を保持し，法律秩序を維持・確立する公的目的をもった規定が弁護士法72条以下の非弁行為の禁止にかかる規定である。

　なお，72条但書における例外規定に基づく各隣接専門職種を含む各士業団体の権限拡大運動については，隣接士業問題として改めて述べる。

(1) 非弁活動とはどのようなものをいうか

　弁護士法は，非弁行為の禁止について以下の規定を置いている。

① 弁護士法72条

「弁護士又は弁護士法人でない者は，報酬を得る目的で訴訟事件，非訟事件及び審査請求，異議申立て，再審査請求等行政庁に対する不服申立事件その他一般の法律事件に関して鑑定，代理，仲裁若しくは和解その他の法律事務を取り扱い，又はこれらの周旋をすることを業とすることができない。ただし，

弁護士法又は他の法律に特段の定めがある場合は、この限りではない。」

② 弁護士法73条

「何人も、他人の権利を譲り受けて、訴訟、調停、和解その他の手段によって、その権利の実行をすることを業とすることができない。」

③ 弁護士法74条1項

「弁護士又は弁護士法人でない者は、弁護士又は法律事務所の標示又は記載をしてはならない。」

④ 弁護士法74条2項

「弁護士又は弁護士法人でない者は、利益を得る目的で、法律相談その他法律事務を取り扱う旨の標示又は記載をすることができない。」

⑤ 弁護士法74条3項

「弁護士法人でない者は、その名称中に弁護士法人又はこれに類似する名称を用いてはならない。」

以上から明らかなように、弁護士又は弁護士法人でない者が、報酬を得る目的で、法律事件に関して法律事務を取り扱うこと又は周旋をすることを、業とすることが禁止されているのである。「報酬目的」と「業とすること」の2要件は犯罪成立要件である。

(2) 非弁行為の取締り

この非弁行為禁止の規定をより機能させるため、各単位弁護士会は、非弁行為の取締りにかかる委員会を設置し、調査や取締業務を行っている。弁護士法違反にかかる判断は弁護士会ではなく最終的には裁判所が判断するものであるが、弁護士会による非弁行為の取締りが機能しないとなると、弁護士及び弁護士会そのものの自立・自存が達成できないことにつながりかねず、弁護士自治の面からも問題である。その意味で、非弁行為の取締りを適正に実行していくことは、弁護士制度の適切な運営をする上で重要な意味を持つ。我々は非弁行為の取締りを適切かつ果断に行い、不断の努力をもって国民の権利や利益を擁護していかなければならない。

2) 非弁行為の実態

(1) 非弁行為の事例

非弁行為はどのような形態でなされるか。行為主体によって、以下のようなものが特徴的である。

❶ いわゆる隣接士業以外の者による場合としては次のようなケースが散見される。

① 債権管理組合

典型的には組合を作り、組合員が有するとする紛争化した債権を組合の名において回収し報酬を受けるのが典型である。

② NPO法人

債務整理等の相談業を行ったり、債務整理行為を行ったりして、会員から報酬を受けるケース。

③ 整理屋

多重債務者の依頼を受け、債務整理の名の下に整理業を行い報酬を受けるケース。

④ 探偵事務所

調査行為を超えて対立当事者との間で法律事件について折衝をするなどして報酬を受けるケース。

⑤ 事件屋的側面を持つ個人・法人

地上げ等の立退き行為に及び報酬を受けるケース。

⑥ 賃料増減額交渉を業とする法人

地主または家主との間で賃料の増減額交渉をし、一定の報酬を受ける。

⑦ 会社支配人制度を利用する法律事務

会社支配人に就任し、会社の法的措置にかかる行為を多数行うケース。

❷ 隣接士業者による場合

いわゆる隣接士業者は、税理士、弁理士、司法書士、行政書士、社会保険労務士等があり、各士業法にその職務権限についての規定が存するが、各士業者が、その権限の範囲を超えて弁護士法に規定される法律事件に関する法律事務を行うケースが散見される。中には、堂々と代理人として自らの氏名を名乗り、代理人として行動するケースや、そうした行為について弁護士法に違反していないと強く主張する案件もみられる。ここには、各士業の職務範囲を巡る事実上の既得権益の獲得の既成事実化や立法闘争などのせめぎ合いの側面が垣間見えるものがあるが、この問題は隣接士業問題として、後記3)以下に詳述する。

(2) 非弁活動取締りの実態

日弁連は非弁行為を具体的に調査する機関は設置しておらず、各単位会が委員会を設け、委員会の活動として非弁行為の調査等にかかる活動をしている。非弁行為や非弁提携行為は犯罪に該たる（弁護士法27条）ため、これに該たるか否かは最終的には裁判所が証拠に基づいて判断する。

しかし、個別の案件について非弁行為に該当するか

どうかについて，委員会において調査し，該当すると判断される場合には，当該行為を止めるよう勧告したり，会長名義で警告したり，或いは告発に及ぶこともある。

東京弁護士会では，非弁護士取締委員会が担当委員会であり，近時の活動内容は以下のとおりである。

年度	情報受付	前年度引継	調査開始	調査終了					次年度引継
				告発	厳重警告	警告	措置しない(含誓約書)	調査打切(含経過観察・調査不能)	調査しない(含移送)	
2011	41	49	24	3	0	0	14	9	0	47
2012	64	47	27	2	0	0	12	7	1	52
2013	93	52	13	0	0	0	15	8	0	42

非弁行為としては，様々なものがあるが，時に係属している民事事件の相手方を対象に非弁行為取締の申立があったりする。また，調査を遂げても行為者を特定できなかったり，行為者との接触ができなかったりするなど調査が進展しないケースも多く見られる。このような場合は，委員会としては，調査を中止したり，打ち切りとしたりせざるを得ないケースもある。なお東京都内で発生した非弁事案については東京三会で対応することになる。このことが迅速な対応を困難としている側面もあり，今後東京弁護士会としては体制を強化することが必要である。

(3) 日弁連の非弁対策の活動

日弁連は，2005（平成17）年1月，理事会決議をもって「法的サービス推進本部」を組織した。同本部は，弁護士による法的サービスの拡充を図るとともに，弁護士法72条等の問題に関し，情報の収集，整理及び分析を行い，日弁連の関係委員会並びに弁護士会及び弁護士等との情報の共有化を図りつつ，同条に関わる問題を適切に処理することを目的とし（弁護士の法的サービス推進本部設置要綱2条），日弁連会長，同副会長，理事及び会長が指名する弁護士である会員をもって構成する（同3条1項）とされた。また，日弁連業務改革委員会は，同年2月，同委員会内に72条検討チームを発足させ，弁護士法72条に関する問題を総合的，多角的に検討することになった。そして，「法的サービス推進本部」は2007（平成19）年3月16日，「業際・非弁問題等対策本部」に改組された。その後，多重債務者に対する非弁提携問題を根絶すべく必要な調査，研究，対策の立案等の「非弁提携問題対策委員会」が扱っていた課題についても総合的に取り組むため，2011（平成23）年2月に同委員会と統合し，「業際・非弁・非弁提携問題等対策本部」と改称して現在に至っている。

弁護士法72条を巡る問題は，弁護士制度の根幹に関わる事柄であり，他方で隣接専門職種との業務範囲を巡る問題である。個別の改正についても問題があるばかりか，今後の法改正を巡る動きの中にも問題点が存することから，これら問題について真剣に取り組む必要がある。

3) 隣接士業問題

(1) 隣接士業とは

隣接士業に付いての公定的な定義はない。法定化されているものとしては総合法律支援法第10条第3項において「隣接法律専門職者，隣接法律専門職者団体」の責務を規定し，業務運営等についても同様の「隣接法律専門職種」との規定が存在する。そこで想定されているのは，司法書士，税理士，弁理士，土地家屋調査士，社会保険労務士，行政書士である。このほかに公認会計士，不動産鑑定士も，隣接士業に包含される場合もあるが，公認会計士，不動産鑑定士の業務は，「法律業務」（弁護士法3条1項）ではない。土地家屋調査士の本来業務も「法律事務」ではないが，筆界をめぐる民事紛争手続きの代理に限っては「法律事務」に該当する（日弁連調査室『条解弁護士法〔第4版〕』）。その他の司法書士等5士業の業務は「法律事務」と解されており，弁理士，税理士の業務は弁護士が当然に行うことができると明示され（弁護士法3条2項），行政書士，社労士については，弁護士が資格を有する（行政書士法3条，社労士法2条）。司法書士の業務を弁護士が行えることは当然のことと解釈され，裁判例も同様である。

ここでは，前記6士業を隣接士業として本稿をすすめることとする。

この6士業の人口は，

司法書士　21,366人（2014〔平成26〕年4月1日現在）

税理士　74,905人（2014〔平成26〕年9月末日現在）

弁理士　10,173人（2014〔平成26〕年2月末日現在）

土地家屋調査士　17,111人（2014〔平成26〕年4

社会保険労務士　38,445人（2014〔平成26〕年3月末日現在）

行政書士　44,057人（2014〔平成26〕年1月1日現在）

である。

　弁護士とこれらの隣接士業の関係は，司法制度改革以前までは，現在のように大きな問題とはなっていなかった。上記各隣接士業の本来業務は，司法書士は登記・供託手続きの代理業務，税理士は税務申告代理業務，弁理士は特許等の特許庁に対する申請業務，土地家屋調査士は不動産の表示に関する登記についての調査・測量と表示登記の申請手続き業務，社会保険労務士は労働・社会保険に関する申請手続業務，行政書士は官公署に提出する書類の作成業務であり，それぞれこれらについての付随業務も含め法定されており，紛争解決には関与することなく，限定された特定分野の法的サービス・隣接業務サービスを担ってきた。ある意味では，弁護士人口が少ない中である程度のすみわけができていたものである。

　この状況に変化を与えたのは，司法制度改革である。

(2) 司法制度改革審議会の意見書

　今次の司法改革は，二割司法といわれた弁護士過疎の解消を目指し，法の支配を全国津々浦々に行きわたらせることを目的として行われた。

　弁護士人口の増員と法科大学院を中核とする法曹養成制度の改革がその中核をなすものである。しかるに，弁護士と隣接士業の関係をどう捉えたか，2001（平成13）年6月に公表された司法制度改革審議会の意見書（以下「司改審意見書」という。）の立場から検討する。

① 司改審意見書は「司法の担い手」を「法曹」とし，「法曹」とは弁護士，判・検事であり，隣接士業は含まれないとしている。ただし，隣接士業は「司法の担い手」ではないが，「法的サービスの担い手」ではあるとしている。

② 法曹人口を考える場合，隣接士業の人口は考慮していない（国際比較で法曹一人当たりの国民数のデータ紹介があるが，隣接士業は含めていない。）。それは，隣接士業を法曹とみなしていないからである。

③ しかしながら，現実には，隣接士業からの要望があり（佐藤幸治ほか『司法制度改革』〔有斐閣2002（平成14）年〕288頁），隣接士業の活用をうたい，そのための権限拡大措置を講じた。このことについては前提として本来なされるべき将来の法曹像や自治権の有無の議論は十分になされていない。

④ 隣接士業の権限拡大措置は，弁護士人口の大幅増員が達成されるまでの間の過渡的・応急措置であるとしている。司改審意見書に「当面の法的需要を充足させるための措置」（司改審意見書87頁）と明記されている。このような方向制を出すことによって隣接士業の位置づけは曖昧になり，解決は将来の課題とされることになる。

⑤ 「弁護士と隣接法律専門職種との関係については，弁護士人口の大幅な増加と諸般の弁護士改革が実現する将来に於いて，各隣接法律専門職種の制度の趣旨や意義，及び利用者の利便とその権利保護の要請等を踏まえ，法的サービスの担い手の在り方を改めて総合的に検討する必要がある。」（同上）とした。

(3) 隣接士業問題の本質

　司改審意見書は，「司法の担い手」を「法曹」とし，法曹とは，弁護士・裁判官・検察官であるとしている。この定義自体は我々の指向するところと同様である。法曹とは法曹教育を受け，司法試験に合格し，厳しい倫理規範・職務基本規程に服するものである。弁護士は，事件の内容によっては行政庁と対峙することもあり，その意味で行政庁の監督に服さない自治権を有するものである。これに対し，隣接士業とは，一定限度，一定の分野で「法律業務」を行うことが法的にも認められているが，沿革的にも行政補助職的性格が濃厚であり，あくまで「法的サービスの担い手」ではあるが，「司法制度の担い手」である「法曹」ではない。

　しかしながら，司改審意見書に基づく司法制度改革の現実の立法では，簡易裁判所の訴訟が司法書士によって担われることとなり，この原則にしても既に例外的事象が広範囲にわたって存在しているのであって，この事実を直視しつつ，日本の弁護士制度・隣接士業問題の将来構想を検討する必要がある。

(4) 弁護士の法律事務独占との関係

　上記（3）の立場からすれば，本来「法律事務」は，弁護士が独占すべきであり，弁護士法72条は元来そのような立場に基づいている。

　一方，今次の司法制度改革は，法の支配を社会の隅々に行き渡らせるということを目的に掲げ，それを担うための司法の担い手である弁護士の増員政策を打

ち出した。そして本来，弁護士の法律事務独占を規定した弁護士法72条において，その例外を認めるための但し書きには「ただし，この法律に別段の定めがあるときはこの限りではない」との規定があり，72条の例外を認めるためには，本来他の士業法に於いてその権限を認めるだけでなく，「この法律」たる弁護士法にその例外の定めが必要と定められていた。しかしながら各士業法で認められている各分野の法律業務は，72条の例外であるにもかかわらず，「この法律」たる弁護士法には，その例外を認める改正が行われておらず，法体系としては整合性のとれない形で各士業法の改正が議員立法等を中心に進められてきてしまっていた。

ところが，この状況に対し，「この法律又は他の法律に別段の定めがある場合はこの限りでない。」との改正が行われ，72条の例外を認めるにあたっては，法理的にも弁護士法の改正は必要なくなり，極めてハードルの低い形で他の士業法の改正が行われることが立法上も正式に追認されることになった。

司法制度改革審議会の議論においては，前記③に当時の立案者本人が述べているように，隣接士業からの要望があり，その権限拡大を認めたことで，本来の司法制度の改革の理念として目指すべき方向性が，異なる方向に進んでしまったと評価もせざるを得ない。

現実に，隣接士業が，国民が必要とする重要な法的サービスの一部を担っているという現実があるものの，今後この例外をさらに容認するのか，本来の原則的立場から検討するのか，それは，（5）の自治権の有無からも重要な事項である。

(5) 弁護士自治と隣接士業に対する行政庁の監督権

弁護士法1条は「基本的人権を擁護し，社会正義を実現する」ことにある。これについて，この職務は「時には，裁判所，検察庁その他の国家機関の非違を是正すべき職責を有するものである。それが国家機関によって，その職務の遂行に関して監督を受けるということであっては，十分にその職責を果たすことは困難とならざるを得ない道理である。」（福原忠男『弁護士法』28ページ）と説明されている。

自治権のない隣接士業が法律事務を扱う場合に，時に行政庁と争うことが必要となった場合は，大きな相克を生み，国民の権利保障に多大な危惧を生じさせる。

各隣接士業の監督官庁を見ると，司法書士は法務省，税理士は国税庁，弁理士は特許庁，土地家屋調査士は法務省，社労士は厚労省，行政書士は総務省の監督を受ける。

特に問題と考えられるのが，国税庁の監督下にある税理士と総務省の監督下にある行政書士である。

税理士は戦費調達を図る目的で戦時立法として成立した税務代理士法（1942〔昭和17〕年）を起源としている。戦後の税理士法（1951〔昭和26〕年）の制定経過においても税理士業務は本来国家の徴税業務に対して国民の納税者の権利を守る観点から本来弁護士が行うべきではないかという議論が展開された。しかしながら税務代理士法的な発想が実質的に受け継がれる形で現在の税理士法が制定された。このことにより，明治以来国家の基本である徴税業務に国民の権利を保障する立場の弁護士の関与が薄い国家の形が承継され，諸外国に比較して，税務訴訟，行政訴訟の極端に少ない行政国家が継続する一因となった。

また，後述する行政書士に行政不服審査の代理権限を与えることも，総務省の監督に服し，かつ行政出身者が多数を占める状況に於いて，国民の権利保障という観点から，原理的・制度的なおきな欠陥がある。

ただ，司法書士会をはじめ，このような日弁連・弁護士会の批判を受けて，各隣接法律専門職種団体が，自治に準ずる形での内部監督の強化や，倫理規定の制定など，公益的団体への地位向上運動も行われており，国民的見地からは望ましいこととはいえ，全体の方策を検討する上ではますます複雑化する様相を呈する結果となっている。以下，司法制度改革開始後の，各士業の状況を検討する。中でも訴訟手続きの代理権を得た司法書士，行政不服審査の代理権を取得するに至った行政書士を中心に法改正とそれに続く運動を検討する。

(6) 司法書士会の権限拡大要求

今時の司法制度改革で，認定司法書士には簡裁における140万円を超えない範囲での訴訟代理権が付与され裁判所の手続における代理権が認められた。

その後，弁護士が権限がありながら十分に責任を果たしていないこと，市民の利便性，ニーズに応えること，などを理由に司法書士会は権限拡大要求を掲げている。

その主要なものは，

① 140万円の簡裁代理権の範囲に制約されない法律相談権の確立

② 合意管轄による簡裁の代理権
③ 受任事件に関する執行代理権
④ 受任事件に関する上訴審代理権
⑤ 家事事件における代理権
⑥ 行政不服審査手続きにおける代理権

などである。

しかしながら，法律相談は，法曹たる弁護士のもっとも基本的な重要業務であり，その入り口に於ける法的判断において相談者の法的需要に的確に応えるためには，本来高度の専門教育を前提とした技量と経験が必要な分野である。訴訟代理権が認められる範囲でその前段階として認められた法律相談を無制限に認めることはいかなる能力担保措置を講じたとしても認められるべきではない。

また，弁護士が，権限がありながら十分その責任を果たしていないのではないかという批判に対しては，全国津々浦々，370ヶ所を超えるひまわり公設事務所，法律相談センターの開設，弁護士人口の大幅増員（2001〔平成13〕年18,246人→2014〔平成26〕年35,007人）に鑑みれば，既にその批判は該当しないと考えられる。弁護士の増員達成までの間の過渡的・応急措置としてなされた権限拡大の例外措置をさらに増幅させることは，今次の司法改革の流れに逆行する要求である。

認定司法書士の権限である140万円の簡裁代理権に関連して，いくつかの問題がある。まず，「紛争の目的の価額」が140万を超えない範囲の意味であるが，紛争の目的の価額は，民訴法8条1項の「訴えで主張する利益によって算定する」との規定により，金銭債権については，債権者が主張する債権額が，「紛争の目的の価額」とされている（以下「債権額説」という。）。これは，裁判外の代理権に付いても同様である（神戸地判平成20年11月10日）。

一方これに対し，多重債務者のいわゆる債務整理事件に限って「紛争の目的の価額」の算定を，残債務の額ではなく，弁済計画の変更によって債務者が受ける経済的利益によるとする司法書士に有利な解釈が司法書士法の立法担当者の執筆する書籍にも記載されている（以下「受益額説」という。）。

しかしながら，受益額説によると，司法書士側の提案の在り方次第で代理権の有無が決まってしまうこと，司法書士と依頼者間で利益相反の不合理な事態が生ずること，から受益額説は正当ではない（前述神戸地判同旨）。

なお，この問題は，控訴された大阪高裁がどちらの説を採るかについて明確な判断を下さなかったため，問題は未解決である。

日本司法書士会連合会は，公権的解釈が確立していない以上，立法措置が必要だとして，受益額説をベースにした立法化を意図している。

なお，日本司法書士会連合会は，家事事件の代理権の取得を目指している。現在成年後見事務についても積極的に対応し，裁判所の後見人選任率は弁護士を超えている。さらに，相続・離婚事件など増加傾向にある事件に付いての代理権獲得については，明確な対応を取る必要がある。

(7) 行政書士法の改正と日本行政書士会連合会の権限拡大要求

行政書士の本来業務は，他人の依頼を受け官公署に提出する書類を作成することであった。ところが2008（平成20）年，弁護士法72条に違反しない範囲で，官公署提出書類に係わる許認可等に関して行われる聴聞又は弁明の代理が認められるに至った（行政書士法1条の3第一号）。これらの改正は議員立法で条文の十分な吟味がなされていないため，事実上の陳述代理にとどまるのか，法律上の陳述代理までを含むのか規定が必ずしも明確ではない。行政書士会は，係争性ある法律問題にかかわらない限り，法律上の意見陳述代理権ありと主張しているが，検討されるべき問題である。また同条の3第三号の「前条の規定により，行政書士が作成することができる契約その他に関する書類を代理人として作成すること」の規定も代理権限の内容が曖昧である。当然のことながら書類の作成についてのみの代理であり対外的な民事上の代理権は認められるものではない。しかしながら，一部に行政書士会の立場を擁護する見解として，紛争性がないならば，例えば遺産分割協議において相続人間の合意形成をリードし，分割協議をまとめる代理行為がこの条文によって合法であるとの主張がなされている。そしてこれがいわゆる「法律相談」に該当しない「法規相談」であると強弁する（兼子仁「新版行政書士法コンメンタール」）。

さらに2014（平成26）年6月にさらに行政書士法が改正され，行政庁に対する審査請求，異議申立て，再審査請求の不服申立手続きの代理権が与えられること

になった。

また、行政不服審査法の全体の見直しの中でその改正問題が議論され、パブリックコメントも求められる手続きが進行している中、行政書士会は、議員立法による行政不服審査手続における審査請求、異議申立再審査請求等、不服申立にかかる代理権獲得をめざしていたところ、日弁連等の反対運動も功を奏さず、2014年6月にその代理権を認める行政書士法が改正された（行政書士法1条の3）。

また、ADR手続における代理権獲得も目指している。2012（平成24）年度の活動方針では、これら改正問題を大きく取り上げており、法改正に向けて活発な運動がなされている。

行政書士、行政書士会は2001（平成13）年頃からホームページ等で自らを「街の法律家」と称し、積極的な宣伝活動をするようになった。これに対し、2007（平成19）年、「街の法律家」という名称を掲載したチラシ等から削除することを求めた日弁連の要請に対し、行政書士会は「当該用語は既に国民に浸透している」として、続用する旨を回答してきた。

しかしながら、「法律家」という用語は法曹資格のあるものだけが使用することが認められることは、「法律事務所」という名称を弁護士以外のものが使用してはならないことからも明白である。行政書士がホームページなどを使って依頼者を誘引したうえ、明らかに紛争性のある事案について事件受任している事例も指摘されており、東京弁護士会、愛知県弁護士会、横浜弁護士会等は、悪質な事案について警告を発する等の措置を講じている。さらに進んで告発に踏み切った弁護士会もあり、今後とも弁護士法の理念に従った厳格な対応が肝要である。

(8) 行政書士問題に対する日弁連の基本姿勢

行政書士会の権限拡大を求める活動に対し、日弁連は、2012（平成24）年8月10日、行政書士会の行政不服審査の代理権を求める方針に対し、会長声明を発した。そこに日弁連の基本姿勢は尽くされているので要約する。

第一には、行政不服審査手続きは行政庁との争いであるが、基本的に監督官庁から監督を受け自治権のない職種では、国民の権利の擁護は危機にさらされるということである。

第二は、行政訴訟も視野に入れなければならない手続きの中で、能力担保措置が十分でないということである。

第三に、かかる当事者間の利害が厳しく対立する紛争案件を扱うには、定められている「倫理綱領」が極めて不十分であり、ひいては国民の権利救済をゆだねることはできないということである。

第四に、今回認められる代理権の範囲は限定されており、影響は小さいとの反論があるが、国民の権利擁護を活動分野の大小ではかること自体が問題である。

我々はこれらの立場から、引き続き具体的事案に積極的に対処して行く必要がある。

(9) 社会保険労務士法の改正と全国社会保険労務士会の権限拡大要求

2005（平成17）年、個別労働関係紛争について都道府県労働委員会が行うあっせんの手続、厚生労働大臣が指定する団体が行う紛争解決手続（紛争価額が60万円を超える事件は弁護士の共同受任が必要）の各代理、男女雇用機会均等法に基づき都道府県労働局が行う調停の手続の代理が、一定の能力担保研修と試験を終了した社会保険労務士に限るとの条件の下に認められるようになった。また、従来からあった労働争議への介入を禁止する規定が削除された。

さらに労働審判手続における代理権、個別労働関係紛争に関する簡裁訴訟代理権の付与を要望している。

(10) 土地家屋調査士法の改正

2005（平成17）年、筆界特定手続における単独代理権が付与された。また筆界特定をめぐる民間紛争解決手続について、一定の能力担保研修の修了と法務大臣の能力認定を受けた認定土地家屋調査士について、代理、相談業務が認められた。

(11) 弁理士法の改正

2005（平成17）年、日本知的財産仲裁センター、一般社団法人日本商事仲裁協会（JCAA）での工業所有権の紛争に関して、著作権についての代理業務が職務範囲に追加され、また、2007（平成19）年、弁理士が取り扱える特定不正競争行為の範囲が拡大された。また、引き続き2011（平成23）年、特許法の改正、商標法の改正など、知的財産権に関する関連諸法が改正されている。業際問題も存在するが、弁理士問題は、知財分野の論述に譲る。

(12) 隣接士業問題に対する今後の方針

上記の通り、隣接士業の法改正を求める権限拡大要

求は極めて大きな政治的力となっている。また，法改正に先行して法律の拡大解釈等，運用による既成事実化により，権限の事実上の拡大も日々進行している。弁護士の法律事務の独占は事実上例外の範囲が拡大し，法曹ではない法的サービスの担い手とされる隣接士業により浸食されている。本来法曹が担うべきとされる裁判所における業務についても，司法書士の権限が認められる事態に立ち至っている。

しかしながら，これらは司法改革審議会意見書の立場からも，弁護士人口の増加が行われるまでの当面の措置であったのであるから，相当程度人口増が実現した現在，隣接士業の権限拡大を内容とする法改正は認められるべきではなく，また，当面の法的需要の充足という見地からすれば，この需要充足の達成度を検証し，場合により改正による措置の廃止も視野に入れて検討がなされなければならない。

この点について，意見書では，将来「各隣接専門職種の制度の趣旨や意義」「利用者の利便」「利用者の権利保護の要請」等の視点から，法的サービスの在り方を含めて総合的に検討することとされていた。

当時の「将来」が，既に「現在」の課題となり，当時の制度設計は見直されるべき時期にきている。ところが，当時は応急措置とされたはずの隣接士業の拡大された権限が，事実上後戻りのできない極めて困難な既成事実と化してしまっている。

この問題の総合的な検討は，我が国の「法の支配」をどの担い手によってどのように進めていくかという極めて重要な政策課題であるが，当面は，次のような対応が必要であろう。

① 各隣接士業の権限拡大に向けた立法活動に対し，積極的な意見表明をし，現実的な対抗運動をすること。

これは，今までも続けてきた運動である。中でも行政書士法の改正に対する対応が重要である。

また他の諸立法については，国会情勢などに於いての判断で，改正による過渡的措置が一定期間継続せざるを得ないとしても，国民・市民の権利・利益の保護の視点から，「信頼性の高い能力担保措置」の強化を求めていくべきである。

いずれにしろ，日弁連執行部は，日本弁護士政治連盟とも連携して，その実現にあたる必要がある。

② 個別案件に付いての既成事実化に対する対応である。このことは既に非弁活動のところで述べたとおり，違法な非弁行為を覚知したときは，毅然とした対応を迅速に取りうる体制を準備する必要がある。

③ さらに直接的な対応ではないが，もっとも根本的なところに於いて重要な観点から，より広汎な弁護士業務を展開することが必要である。弁護士が国民のあらゆる法律的ニーズに応えるという立場に立って，例えば過疎地での弁護士業務の一層の充実，業務の新分野での対応，専門性の高い分野での対応等である。司法書士との競合分野でいえば，成年後見制度での受任体制の整備，不祥事対策，簡裁事件，少額事件への対応，税理士との関係でいえば，税務の専門性の高い弁護士による不服申立ての対応の強化，知財分野でいえば，知財の法律相談体制の一層の整備，社会保険労務士との関係でいえば，労働審判事件への取り組みの一層の強化，行政書士関連では，入管問題に対応する弁護士の強化，行政不服審査申立てについて関与する弁護士の体制の強化などである。これらの諸分野での活動を一層強化することが，隣接士業の権限拡大の立法事実を消すことになることを十分に理解した活動が重要である。

④ 弁護士と隣接士業との役割分担・協働の視点も重要である。

隣接士業は，これまでそれぞれの歴史の中で，様々な国民・市民の要望に応えてきた側面も有する。しかし，隣接士業が果たしてきた役割は，司法の担い手ではなく，各限定的な分野での有する専門性である。そのことを前提とすると，隣接士業に，限定的な訴訟代理権を付与するという方向性ではなく，弁護士と協働するなどの手法で，それぞれの業務の特殊性を生かしつつ，そのニーズに応えることが肝要である。むしろ隣接士業者が法改正による新権限について単独で業務を営むという視点ではなく，弁護士と協働してより多くのニーズに応えるという視点こそが重要と言うべきである。そのことにより非弁活動も防止することが可能となる。

経費共同によるワンストップサービスの事務所あるいは隣接士業間での連携を可能とするネットワーク造りなど，いくつかの工夫が検討される。これらのネットワークは弁護士業務にとってもアクセスポイントとしての役割を果たすし，弁護士からの登記や税務申告の依頼という面でも共存共栄が模索されるべきである。

4) ADRに関する問題

(1) ADR法の制定

　司改審意見書が，司法の中核たる裁判機能の充実を図るとともに，裁判外紛争解決機関（ADR）が，国民にとって裁判と並ぶ魅力的な紛争解決の選択肢となるよう，その拡充・活性化を図るべきであると述べたことを受けて，司法制度改革推進本部に「ADR検討会」が設置され，総合的なADRの制度基盤を整備する見地から，ADRの利用促進，裁判手続との連携強化に基本的な枠組みを規定する法律案等の検討がなされた。そして，その審議結果を踏まえ，2004（平成16）年12月，「裁判外紛争解決手続の利用の促進に関する法律」（ADR法）が制定された。同法は，ADRが第三者の専門的知見を反映して紛争の実情に即した迅速な解決を図る手続としての重要性をもつことに鑑み，基本理念と国等の責務を定め，民間紛争解決手続業務に関する認証制度や時効中断等に係る特例を規定している。

　ADR法は2007（平成19）年4月1日に施行されたが，同法の附則第2条では施行後5年を経過した場合は施行状態を検討し所要の措置を講ずると規定し，制度の見直しが課題となっており，2012（平成24）年がその時期となっていた。2012（平成24）年にADR協会がワーキンググループを立ち上げ，見直しの検討を行った。ワーキンググループには弁護士だけではなく隣接法律専門職種である司法書士会，行政書士会，土地家屋調査士会からも委員が入っており，2011（平成23）年12月5日に見直しに関する提言案を出した。

(2) ADR手続代理

　ADR法制定の後，ADRの利用を促進するため，手続実施者（ADR機関）だけではなく，紛争当事者の代理人についても，利用者が適切な隣接法律専門職種を選択することができるように制度整備を図る必要があるとされ，2005（平成17）年4月，司法書士，弁理士，社会保険労務士，土地家屋調査士の4職種について，ADRにおける当事者の代理人としての活用を図るための法整備が行われた。なお，税理士，不動産鑑定士，行政書士について，ADR法施行後の手続実施者としての実績等が見極められた将来において再検討されることとなった。

　関連士業法の改正内容は，前記3)(6)(9)(10)(11)でも触れたが，さらに敷衍すれば次のとおりである。

① 司法書士

　簡裁訴訟代理関係業務につき，簡裁の事物管轄（140万円）を基準とする民事紛争に関する仲裁手続の代理権を認めた。今後は簡裁の事物管轄の拡大（140万円以上とすること）も予想されることから，慎重な検討及び対応が必要である。

② 弁理士

　仲裁代理業務の対象となる紛争に著作権に関する紛争を加え，対象となる手続には，仲裁手続以外の裁判外紛争解決手続が含まれるものとした。今後は仲裁代理業務以外にも拡大されるのか否かを慎重な検討及び対応が必要である。

③ 社会保険労務士

　能力担保措置を講じた上で(a)地方労働委員会が行う個別労働関係紛争のあっせん及び男女雇用機会均等法による都道府県労働局（紛争調整委員会）が行う調停手続について代理すること，(b)個別労働関係紛争（紛争の目的の価額が60万円を越えるときは弁護士が受任しているものに限る。）の裁判外紛争解決手続について代理することを認めた。併せて，労働争議に介入することの禁止規定を削除した。今後は個別労働関係紛争における弁護士受任原則を撤廃する考えが出てくることも予測されることから慎重な検討及び対応が必要である。

④ 土地家屋調査士

　能力担保措置を講じた上で，境界確定に関する民事紛争について代理すること（ただし，弁護士が受任している場合に限る。）を認めた。今後はこのままで推移すると思われるが，弁護士共同受任原則の撤廃も議論される可能性があり，慎重な検討及び対応が必要である。

(3) これからの課題

❶ 弁護士会ADRの課題（拡充）

　弁護士会ADRとして東京弁護士会では紛争解決センターを運営し，他の会でも紛争解決センター又は仲裁センターを運営しているが，事件数は伸びていない。唯一例外は今次の東日本大震災に対応した仙台弁護士会の紛争解決支援センターの活動であり，2011（平成23）年12月段階で申立件数が332件，解決例が116件と実績を挙げている。

　今後は社会のニーズに応えるADRが必要であり，震災ADRにとどまらず，専門ADRの拡充が必要と思

われる。東京三会でも，金融ADR，医療ADRといった専門ADRを拡充させるとともに，ハーグ条約による子の奪取事件や，国際的な家事事件を扱う国際家事ADRの創設など専門分野の拡充を図る必要性がある。

また，利用者である市民のために様々な紛争解決制度を提供するとともに，裁判所による調停手続きとの連携を構築し，利用者が裁判所及び民間のADRを柔軟に利用できる制度構築に向けて協議をすることも必要と思われる。

❷ ADR法見直しに関する課題

司法書士，弁理士，社会保険労務士及び土地家屋調査士に認められているADR手続代理権については，能力担保措置の一層の充実を図っていくことが課題となっている。弁護士会ないし日弁連としては，今後も研修教材の作成，講師の派遣等を通じて積極的な関与をしていくべきであり，紛争当事者に不測の被害が及ばないように努めるべきである。

また，将来的課題とされた税理士，不動産鑑定士，行政書士に対する手続代理権付与問題については，これら関連団体が行うADR手続主宰者としての実績を十分に見極めなければならない。安易なADR手続代理権の付与は，紛争当事者たる国民にかえって有害となることもあることを銘記すべきである。

いずれにしても，今後弁護士人口が大幅に増加していくことも踏まえ，隣接法律専門職に対するADR手続代理権付与の在り方を，国民の権利・利益の擁護の視点に立って検討していかなければならない。隣接士業からは，現在，さまざまな権限拡大要求が続いているが，われわれは，隣接士業による職域拡大の観点からのADRに関する代理権限の拡大要求については賛成すべきではない。

5) サービサー問題

(1) サービサー法の成立，施行

民間サービサー制度の創設を内容とする債権管理回収業に関する特別措置法（以下「法」という。）が1998（平成10）年10月12日に成立し，1999（平成11）年2月1日同法施行令および施行規則と共に施行された。

同2条2項は，サービサーが行う債権回収業の定義として「弁護士以外のものが委託を受けて法律事件に関する特定金銭債権の管理及び回収を行う営業または他人から譲り受けて訴訟，調停，和解その他の手段によって管理及び回収を行う営業をいう」としているので弁護士法72条，73条の禁止がこの法律の適用領域では例外的に容認されることとなった。

(2) サービサー法の改正

2001（平成13）年6月13日，サービサー法が改正され（同年9月1日施行），サービサーが取り扱える債権の範囲を大幅に拡大するとともに，利息制限法の制限を超える利息または賠償額の支払いの約定が付着している債権の履行の要求に関する行為規制が緩和された。

すなわち，取扱い債権の範囲につき，それまで銀行等の金融機関の貸付債権等に限定されていたが，①いわゆる貸金業法上の登録をしている貸金業者であれば，その有する貸金債権は全て特定債権とする，②いわゆる資産流動化法上の特定資産である金銭債権等，流動化対象資産となっている金銭債権を広く特定金銭債権とする，③法的倒産手続中の者が有する金銭債権等を特定債権とする，として大幅に拡張されることになった。また，従来は利息制限法の制限を超える利息または賠償額の支払約束の約定が付着している債権の履行の要求は，たとえ利息を含まない元本のみの履行の要求であってもこれを禁じる業務規制をかけていたが，改正法は，「当該制限額を超える利息または賠償額の支払いを要求してはならない」と規定することにより，制限利息に引き直せば，元利金を含めて請求することを許容することを明らかにした。

(3) サービサー法の再改正問題

2000（平成12）年10月に発足した業界団体である全国サービサー協会（以下「協会」という。）は，2004（平成16）年8月，取扱債権の拡大を中心とするサービサー法改正を求める要望書を法務省その他の関係機関に提出した。これを受けて日弁連は，同法の改正問題が本格化するとの認識のもと，同年11月，日弁連会長を本部長とするサービサー法改正問題対策本部（以下「対策本部」という。）を設置するとともに，上記改正要望に反対するとの意見書を作成して法務省等に提出した。

その後，協会と対策本部との約2年間にわたる多数回の協議（法務省もオブザーバーとして参加）を経て，拡大する取扱債権について基本的に双方が合意に達した。これを踏まえて，自民党は，2006（平成18）年度

の臨時国会にサービサー法改正案を上程すべく，同年10月にワーキングチームを組織し，協会，日弁連等の関係諸団体に対してヒヤリングを行った。これにより，改正内容はほぼ固まり，法務省において改正案を策定したが，その内容は，取扱債権（特定金銭債権）の拡大，すなわち，法的倒産者に対する金銭債権を，債務者側の同意又は行為規制を要件に扱うことができるようにする，法的倒産に至らない任意整理中の債務者が有する債権についても，弁護士が債務者の代理人として関与していることなどを要件として扱えるようにする，というのがその主な内容である。

法務省は2006（平成18）年度の臨時国会に改正案を上程する方向で準備を進めていたが，結局，国会審議の優先順位の関係から上記国会に改正案は上程されないでいたところ，2009（平成21）年6月，民主党が「債権管理回収業に関する特別措置法の一部を改正する法律案」を衆議院に提出した。この法案は，サービサーによる強引な取立て行為が社会問題化していることから，サービサー業務に従事する者が取立てを行うに当たって禁止される行為類型を具体的に例示し明確化すること，罰則を全体的に引き上げることなどを主な柱とするものであった。しかし，同法案は結局，可決されずに廃案となった。

(4) サービサーにおる自治体債権の取扱問題

近時，自治体における未徴収債権問題がクローズアップされつつある。そのような中，自治体が税以外の債権，とりわけ住宅使用料等についての債権の管理業務をサービサーに委託している例が少なくない。サービサーは自治体債権のうち貸金については特定金銭債権に含まれているので取り扱うことができるが，住宅使用料については特定金銭債権に含まれていないので取り扱うことはできないはずである。

しかるところ，滞納使用料の案件を受任しているサービサーの中には，弁護士法72条は事件性を要件としているとの前提に立ち，たとえ滞納使用料であっても，単に「お支払いのご案内」をしているだけなので，弁護士法違反の問題はないと強弁しているものがある。しかしながら，自治体がサービサーに委託しているのは，督促を繰り返しても支払いのない，「しこった」案件であり，そのような案件の債務者に対しての「お支払いのご案内」は事件性のある債権についての請求行為そのものと解するほかはないと思われる。なお，最判昭和37年10月4日は，債権の成立またはその額に争いがある場合，あるいは焦げ付き債権として回収困難である場合など，債権者が通常の状態ではその満足を得ることができないものについて取立の委任を受けて請求行為等に及ぶことは「法律事件」に関して「法律事務」を取り扱ったものというべきであるとしている。上記最高裁判決が事件性必要説に立っているか否かは定かではないが，同判決からすれば，自治体が滞納使用料の管理業務をサービサーに委託することは弁護士法72条に違反していると解される。

(5) 弁護士会の取組み

上記のとおり，サービサーについては，ここ数年間，改正問題がくすぶっている。サービサーには，取扱債権をネガティブリスト方式（特定の債権以外は扱えるものとする方式）にするなどの全面的改正を望む声が強い。自民党の中にもネガティブリスト方式に賛同する有力議員もあり，そうなれば，サービサー法が弁護士法の特例であるという現行法の枠組みが崩壊することになる。今般の改正問題は，弁護士制度の根幹を揺るがしかねない大きな問題であることを考えると，法友会においてもこの問題に今後とも注視を怠ることなく，真剣に議論する必要がある。また，前記（4）のとおり，自治体が弁護士法違反の疑いの強い業務をサービサーに委託しているという問題がある。弁護士会として自治体等に注意を呼びかける等の措置を講ずる必要があると思われる。

6）市場化テスト法の施行による公的資金の回収について

2006（平成18）年7月施行の「競争の導入による公共サービスの改革に関する法律」（市場化テスト法）の問題などもある。市場化テスト法の施行により，国民年金の保険料の滞納者に対し民間事業者が請求を行えるようになっている（同法33条1項2号）。上記請求行為については，同法33条4項により弁護士法72条の適用を排除されている。今後，国税徴収事業，公立病院の医療費美徴収の回収事業，地方自治体の租税債権や貸付債権の収納事業，公営住宅の滞納家賃の徴収事業等を一般事業者に開放することが政府において検討されているとのことであり，その動向に注目する必要がある。

7）非弁提携問題

　非弁活動は，弁護士や弁護士法人でない者が法律事務を行うことを禁じたものであるが，弁護士がこのような非弁活動を行う者と結託することを禁止し，非弁活動が助長されることがないように，非弁行為と提携することが禁止されている（弁護士法27条）。いわゆる非弁提携行為の禁止に関する問題である。

　弁護士法27条は，弁護士や弁護士法人が，非弁活動を行う者から事件の周旋を受け，又はこれらの者に自己の名義を利用させることを固く禁止している。しかし，非弁提携問題は相変わらず後を絶たず，弁護士会としては国民の適正な権利擁護を実現するとともに，社会的正義を実現しつつ，国民・市民が法律生活における公正円滑な営みができるよう努力を重ねるとともに，こうした非弁提携の根絶に向けてさらに注力しなければならない。

8）信託の活用

(1) 新信託法の意義

　2007（平成19）年9月30日，85年ぶりに抜本的に改正された新信託法が施行された。新信託法は旧信託法には存在しなかった事業信託，自己信託，目的信託等，新しい制度を導入し，多様な社会経済のニーズに応えようとしており，改正により信託の利用可能性が拡大した。

　資産を保有している個人が，自らの意思に沿った財産管理や財産承継を行うことができるようにするためには，①相談を受けた弁護士が信託を利用した財産管理及び財産承継の方法について適切に助言すること，並びに②財産管理及び財産承継の役割を担う受託者が整備されることが必要であり，弁護士会がこれらを実現するための環境整備を行う必要がある。

(2) 福祉型信託に対する取組み

　新信託法の下，民事信託の分野で積極的な利用を期待されているのが，病弱であったり，判断能力が減退した高齢者や障がい者等の社会的弱者の財産を管理する目的での信託の利用であり，また世代間の円滑な財産移転のための信託の活用である。これらの場面においては，関係当事者の利害対立や紛争が潜在することが多いことから，弁護士は，紛争の予防・解決並びに財産の管理保全及び円滑な財産移転のためのツールとして信託を有効に利用する役割を担うべきである。

　2004（平成16）年12月に改正された信託業法は，信託業の担い手を拡大し，金融機関以外の者が信託業を行うことを可能としたが，改正信託業法の下においても，信託業の担い手は株式会社を基本とすることが適当とされた。

　他方で，改正信託業法には，「政府は，この法律の施行後三年以内に，この法律の施行の状況について検討を加え，必要があると認めるときは，その結果に基づいて所要の措置を講ずるものとする」（附則第124条）という規定が置かれ，改正信託業法の審議過程において「次期法改正に際しては，来るべき超高齢社会をより暮らしやすい社会とするため，高齢者や障害者の生活を支援する福祉型の信託等を含め，幅広く検討を行うこと」という附帯決議が行われた。

　この附帯決議を受けて，金融審議会金融分科会第二部会により取りまとめられて2008（平成20）年2月8日に公表された「中間論点整理―平成16年改正後の信託業法の施行状況及び福祉型の信託について」において，福祉型信託の担い手として，議論の中で「福祉事業や後見業務を行う公益法人，NPO法人，社会福祉法人等がふさわしいのではないか」という意見が出されたこと，また，参入形態として，弁護士等個人による受託を認めるべきとの考え方と，継続性・安定性の確保等の観点から法人に限られるべきとの考え方の双方があることが紹介されている。

　弁護士が福祉型信託の担い手として信託を活用できるようにするため，弁護士会が信託業法の改正を含めた適正な制度構築の提言等に取り組むことが期待されている。

(3) 遺言信託業務に対する取組み

　遺言信託業務とは，一般に信託銀行による遺言書の作成，遺言の執行，遺言整理等，相続関連業務への取組みを指すものであり，遺言「信託」という言葉が用いられているが，遺言による信託を意味するものではない。

　遺言信託業務と呼ばれる遺言書の作成及び執行は，法的な専門知識が必要とされる業務であり，本来弁護士が，遺言によって自らの意思に従った財産承継を実現させることを望む個人の要望に応えることが期待される分野である。しかしながら，我が国の現状では信託銀行がこれに取り組んでおり，これまで，遺言書の作成を望む個人が弁護士にアクセスすることを容易に

するための組織的な取組みが行われてこなかった。

そこで，弁護士が遺言書の作成及び執行業務を多くの一般市民に対して提供する取組みとして，日弁連法的サービス企画推進センターの遺言信託プロジェクトチームが検討を進めてきた。その成果として，同プロジェクトチームのメンバーが2008（平成20）年5月に設立した特定非営利活動法人遺言・相続リーガルネットワークが，一般市民に対して，弁護士が遺言書の作成及び執行業務を提供するための活動を始めている。

同NPO法人は，遺言書の作成を希望する一般市民が弁護士による法律相談を容易に受けることができるようにするために，各弁護士会と連携して環境を整備することを目指している。日弁連は，同NPO法人の要請を受けて，各弁護士会に対し，2010（平成22）年4月23日付で，同NPO法人から遺言分野における法律相談等の案件の紹介があった場合に対応できる組織の構築につき格段の協力を要請する旨の事務総長名の書面を送付した。多くの弁護士会は，同NPO法人から案件の紹介があった場合に対応できる窓口を整備しており，同NPO法人と連携，協力して，遺言書の作成を望む個人が弁護士にアクセスしやすい環境を整えつつある。

また，弁護士が，遺言書の作成及び執行の業務を行うに当たっては，新信託法に定められた後継ぎ遺贈と類似の効果を持つ受益者連続信託（受益者の死亡により，その受益者の有する受益権が消滅し，他の者が新たな受益権を取得する旨の定めのある信託。信託法91条），死因贈与と類似の機能を持つ，委託者の死亡の時に受益権を取得する旨の定めのある信託（信託法90条）等を依頼者の要望に応じて利用することが求められる。

資産を保有する個人にとっては，信託契約を利用することにより，自らが判断能力を失った後，さらに自らの死後の財産管理と受益権の帰属を予め定めることができる利点があり，信託の利用に対する需要は高まっている。このような需要に，弁護士が応えることができていない現状を速やかに改善する必要があり，日弁連及び各弁護士会は，遺言による信託の利用に関する研究及び会員向けの研修を実施する必要がある。

さらに，現状では信託銀行が不動産信託の受託をしないなど，不動産を含めた財産管理の委託を希望する個人にとって，受託者のなり手がない点が問題となっている。日弁連及び各弁護士会が主体となって，信託の受託者を整備する必要がある。

3 法律事務所の多様化と隣接業種との協働

1) 総合的法律・経済関係事務所

弁護士が，司法書士，税理士，弁理士等の隣接業種と協働して業務を遂行することは，業際分野の処理能力の向上等，有用なことであり，その協働を一歩進めた隣接業種との共同事務所は，ワンストップ・サービスとして依頼者の側からみても有用である。

また，政府は，「現行法上も，弁護士，公認会計士，税理士，弁理士等の専門資格者が一つの事務所を共用し，一定の協力関係の下に依頼者のニーズに応じたサービスを提供することは基本的に可能である」としている。この見解は，1997（平成9）年の日弁連の第10回弁護士業務対策シンポジウムでの結論と同様，経費共同事務所は認め，弁護士法72条・27条の関係で，隣接業種との収入共同事務所は認めていないというのが一般的な理解である。

現在の問題は，さらに進んで収入共同事務所を立法論として認めるか否かという点である。ワンストップ・サービスの問題だけであれば，経費共同でも対応できるのであるが，より効率性・統一性の高い経営形態である収入共同＝パートナーシップを敢えて認めない理由は薄い。

しかし，近年，巨大会計事務所の弁護士雇用を利用した様々な違法問題，コンプライアンスが守られない状況が出てくるに従い，共同事務所における倫理規範の確立等については，最重要課題として議論が尽くされなければならないであろう。

弁護士が仕事をする上で守らなくてはならない最大の点は，弁護士法1条の基本的人権の擁護と社会正義の実現であり，この内容は弁護士の義務であり，かつ弁護士の権利であることが最大限尊重されなければならない。共同事務所においても同様に，このような義務と権利が意識されなければならない。現実の問題と

して，弁護士以外の職種において，このような義務と権利が確保される状況又はシステムになっているかは，疑問なしとは言えず，このような現実の問題を放置したまま他業種との収入共同事務所の構築はあり得ない。弁護士の国民からの信頼の基礎は何かを再度考えることにより，他業種との協働の問題を，より現実的なものとするために，整備すべき課題を再検討すべき時期に来ているものと思われる。

また，仮に収入共同を認める場合の立法上の手法も検討する必要がある。例えば，外国法事務弁護士と同様な手法による特定共同事業という方法も考えられるが，その場合の隣接業種の範囲なども慎重に検討する必要があるであろう。

このような外国法事務弁護士との協働のあり方，他業種との協働のあり方は，問題点は共通しているのであり，単なる協働化への技術的な問題点のみを議論するのではなく，協働化問題に潜む弁護士倫理の希薄化と弁護士の本質を侵害される危険性をどのように回避し，その回避を担保できるシステム作りができるかが問題とされなければならない。

東京弁護士会業務改革委員会では，2006（平成18）年に隣接士業との共同事務所経営に関するガイドラインを作成した。その内容は，基本的には，行政機関から監督される士業と行政機関から独立した監督機関を持つ弁護士との倫理感，行動様式，国民に対する義務の在り方の違いを明確にしたものであり，弁護士が隣接士業を雇用する場合には全て弁護士への責任として処理されるが故に問題とならないことが，弁護士の雇用によらない場合には問題が生じる場合が多いことを指摘し，その回避方法を論じている。この問題の根本は，司法権に関する職務内容を基本とする弁護士と，原則として行政に関する手続代理を行う行政補助職との目的の違いにある。司法権の独立にはそれなりの理由があるように，行政庁の監督下にある士業が司法権に属する業務を行うことが制度として妥当なのかどうかという判断によるものであろう。現在，世界的に，企業及び個人の行動様式の倫理性が求められている時代において，その助言者としての弁護士の独立性の問題が議論され，弁護士倫理が問題となっている現段階では，総合的・経済関係事務所問題は当面の間，弁護士の経営による事務所として進めることを原則と考えるべきであろう。

2) 法律事務所の複数化

現在，弁護士法20条3項は複数事務所の設営を禁止している。その立法趣旨は，①弁護士間の過当競争の防止と弁護士の品位の保持，②非弁活動の温床の防止，③弁護士会の指導連絡監督権の確保，の3点にあると言われている。

一方，政府の規制緩和3計画を初めとして，弁護士間の競争制限規定を撤廃しようという動きや，弁護士偏在の解消策として複数化を容認する意見がある。現在は，立法当時と事情が異なり，問題点とされている過当競争の防止という論拠は薄弱化している。弁護士増員の結果，過当競争どころか，司法試験合格後も相当数が弁護士として活動できないような状況下に置かれるようになってきた。

複数事務所の設置自体は法人化した後に従事務所を設けることによってある程度実現できるが，従事務所設置の規制が相当緩和されない限り支店数は増えない。そもそも法人化することによるコストアップによって法人化をためらう弁護士も多い。

複数事務所の容認は，弁護士に対するアクセスポイントを増加させ，司法改革の理念に沿うばかりでなく，新人弁護士の就職先を増やすものという積極的な評価もある。一方で，支店事務所における事務職員等による非弁活動の危険性を指摘して消極的な意見もある。非弁の問題については，別途手立てを尽くせば足りるし，弁護士会の指導・連絡も，技術的に解決することが可能であるとして，弁護士法20条3項を早期に改正して複数事務所の設立を認めるべきであるという意見もある。

法律事務所をめぐる状況も相当変化しているので，改めて，議論が必要であろう。

4 その他の領域への進出

1) 外部監査人制度への進出

(1) 現状と問題の所在

1999（平成11）年度より，主要な地方公共団体（以下「自治体」という。）において外部監査人による外部監査制度がスタートした。2008（平成20）年度外部監査の対象となっている自治体は11であったが，2009（平成21）年度は119で実施されている（都道府県，政令指定都市，中核市〔人口30万人以上で市議会及び都道府県議会の議決を経て，政令で指定された市〕等では義務的，その他の自治体は任意。）。

監査は自治体の行政事務が法令規則等に基づいて適正に行われているか否かをチェックするものである。従来，不適法または不正な行為を早期かつ容易に発見するという趣旨で，監査人は内部事情に通じた自治体に身分を有する監査委員とその補助的な事務を行う監査事務局とによって遂行されてきた。

しかし，近年，監査委員による監査の形骸化，行政の不正を是正する機能の欠如等の指摘がなされ，監査制度の抜本的な改革を求める声が強くなり，そのような背景や地方分権を求める気運の高まりとも相俟って外部監査制度が発足したのである。

外部監査制度には，包括外部監査（地方自治法252条の27第2項）と個別外部監査（同法252条の39〜43）とがある。包括外部監査は，地方自治法2条14項（組織，運営の合理化等），15項（法令遵守義務）の趣旨を全うすべく，行政事務の全般にわたって外部監査人の監査を受けるとともに，監査結果の報告を受けることを内容とし，個別外部監査は，自治体の長，議会あるいは住民からの個別の請求に基づき実施される監査である。

また，監査人の監査業務を助けこれを補助する者として，補助者の制度も併せて定められた。

外部監査制度は，自治体の監査制度を真に実効性あるものにするための改革として評価されるべきものと言えるが，監査人そのものに人を得なければ制度も絵に描いた餅となることが明らかである。制度に魂を入れるためには有為の人材を供給することが不可欠である。外部監査人による監査の実績が重ねられつつある現在，引き続き，関係各方面における努力が求められるところである。

(2) 弁護士会の取組み

日弁連は，外部監査制度の導入をいち早く評価し，外部監査人として弁護士を各自治体に送り出すための施策を積極的に推進すべく，日弁連として外部監査人を推薦することを目指して，1998（平成10）年4月，次のとおりの外部監査人の推薦基準を策定した（2001〔平成13〕年8月一部改定）。すなわち，

① 司法修習を終えた後，弁護士，裁判官もしくは検察官又はこれらに準ずる法律実務家として，通算して10年以上の法律実務家の経験がある者

② 当連合会が主催する外部監査人実務研修会の所定の過程を終了した者，又は当連合会会長が地方公共団体の行政運営につき特に識見があると認めた者

③ 外部監査人就任時に，当該地方公共団体の顧問弁護士もしくはこれに準ずる者でない者，又は当該地方公共団体の代理人，もしくは相手方とする事件の代理人でない者

という基準である。

また，日弁連は，前記推薦基準に基づき，制度発足以来，外部監査人候補者名簿を作り，名簿登録のための外部監査人実務研修会を各地で実施してきている。

さらに，外部監査人として活躍している会員を招いての交流会も適宜開催している。

2009（平成21）年度，外部監査人たる弁護士は10名（鳥取県，岡山県，徳島県，沖縄県，新潟市，名古屋市，堺市，岡山市，豊田市，目黒区）である（補助者は未集計，2008〔平成20〕年度包括外部名監査の通信簿別表1）。

ちなみに，2008（平成20）年度の外部監査人は，弁護士11名，公認会計士99名，税理士5名，公認会計士兼税理士3名であった。なお，補助者は全663名中，弁護士は45名であった（2008〔平成20〕年度包括外部名監査の通信簿6頁）。

しかしながら，1999（平成11）年4月に制度が導入されて以来，一度も弁護士が監査人に選任されていない自治体は少なくなく，監査人の選任に当たり，監査人の候補者の推薦依頼や公募情報の周知依頼を公認会計士協会等にのみ行い，弁護士会には依頼していない場合や，公募する監査人の資格を公認会計士に限定している場合もあり，その結果として，弁護士が監査人

に就任するケースは全体の1割にも満たないというのが現状である。

このような現状に鑑みると、単位会としては、監査人候補者として所属弁護士を推薦できる体制を整えるとともに、包括外部監査対象団体及び今般の地方自治体法の改正（2015〔平成27〕年4月1日施行）による「中核市制度と特例市制度の統合」により今後中核市に移行する可能性のある特例市に対し、積極的に弁護士を監査人又はその補助者として選任するよう働きかけていく必要がある。

(3) 今後の取組みと提言

行政の透明性、公正さを維持確保するための方策の一つとして、外部監査人のなす監査は今後益々重要度を増しこそすれ、その意義が減少することはないと考えられる。特に、地方分権の下、推進された基礎的自治体の大規模化（従前、約3,300あった自治体が、1,700程度になった。）が図られるとともに、近年も引き続き自治体の不祥事が相次いでいるという事態を見るとき、外部監査の果たすべき役割は格段に重要な意味を有することとなったものである。

そして、そのような外部監査人に求められる資質としては、法律による行政とそれに基づく行政のシステムをよく理解し、財務・会計に関する知識経験を有するなど、一定程度専門家としての知識経験を有することが求められ、そのような観点からすれば、弁護士は、公認会計士とともに外部監査人としてもっともふさわしい職種であると考えられる。また、そのような観点の下、実際に外部監査人に就任した弁護士の具体的な監査について、高い評価が与えられているという実績も表れている。

行政の透明性、地方分権の推進が強く求められている現在、包括外部監査は大規模自治体ばかりでなく中小の規模の自治体にも活用されるような仕組みが考えられることが望ましく、このような観点から日弁連は、2007（平成19）年の業務改革シンポジウムにおいて、中小規模の自治体向けの外部監査の仕組みを提案している。

いずれにしても、弁護士及び弁護士会は、外部監査人としての人材の最も有力な供給源としての機能を果たすべきことが期待されているとい言うべきであり、より一層多くの人材を供給し、外部監査制度を支える役割を担っていくべきである。

2）会社法上の社外取締役等への進出

(1) 現状と問題の所在

❶ 社外取締役制度の現状

2007（平成19）年5月1日、2006（平成18）年7月26日に公布された「会社法」及び「会社法の施行に伴う関係法律の整備等に関する法律」が施行された。その改正では、機関設計の大幅な多様化が図られ、取締役は1人でもよいとされ（もちろん2人以上置いてもよい。）、社外取締役の制度については、概ね従来の制度が踏襲された。

すなわち、新法においても社外取締役の定義は、①当該会社又はその子会社の業務執行取締役若しくは執行役又は支配人その他の使用人でなく、かつ、②過去に当該株式会社又はその小会社の業務執行取締役若しくは執行役又は支配人その他の使用人になったことがないものをいうとされている（会社法2条15号）。また、会社に対する損害賠償についても、社外取締役は、職務執行の対価として受け、又は会社から受けるべき財産上の利益の1年間当たりの額を省令で定めた方法により計算される額の2倍を限度として責任を負う（会社法425条1項1号ハ。ちなみに、代表取締役又は代表執行役は6倍、その他は4倍である。）。

社外取締役は業務の内容に精通していないことが通常であり、このような取締役が他の常勤の取締役と同一の責任を負うとしたのでは社外取締役のなり手がないのではないかという配慮に基づく規定である。

❷ 社外監査役について

1993（平成5）年の商法改正において、監査役の機能を充実強化すべく、任期を1年伸張するとともに大会社にあっては社外監査役の選任が義務づけられ、2001（平成13）年の改正では、任期は4年とされ、大会社においては資格要件が厳格化された社外監査役を半数以上とすることが義務づけられた。また、社外取締役同様、その責任を軽減する制度も設けられた。

新会社法においても、監査役を置くことを定めた会社、監査役を置かなければならない会社（取締役会設置会社、会計監査人設置会社）のうちの大会社については、2001（平成13）年の改正法施行後の商法特例法を踏襲している。

❸ 委員会設置会社

新会社法においても、委員会設置会社の制度が踏襲されたが、重要財産委員会の制度は廃止された。その

代わり，取締役会設置会社で，取締役が6名以上，そのうち1名以上が社外取締役である会社では，予め選任された3名の取締役の決議によって重要財産の処分等の決議（会社法362条）を行うことができるという特別取締役の制度が定められた（会社法373条）。

ただし，旧法と同じく委員会等設置会社を選択する会社では，特別取締役の制度は使えないとされている。

委員会設置会社とは，定款に基づき監査委員会（取締役ないし執行役の職務の執行の監査，会計監査人の選任・解任等），報酬委員会（取締役・執行役の報酬の決定，報酬額等の決定），指名委員会（取締役の選任及び解任に関する議案等の決定），及び1人以上の執行役を設置している会社をいう（会社法400条以下）。委員会を設置した会社では，監査役を置くことはできず，1人又は2人以上の執行役を置かなければならない（ただし，取締役が執行役を兼ねることはできる。）。各委員会は取締役3人以上で構成され，そのうち，過半数は社外取締役でなければならないとされている。

❹　会社法改正問題

会社法の改正をめぐって，企業統治の強化，とりわけ企業収益の向上を図るためのモニタリングシステムの導入につき，社外（独立）取締役の設置を義務付けるか，監査役を置かず社外取締役が中心となる監査・監督委員会設置会社制度を創設するか等が議論されていた。法制審での答申においては，社外取締役の義務付けは見送られたが，社外取締役を選任しない場合にはその理由を事業報告書に記載しなければならないこととされた。また，監査・監督委員会設置会社制度を創設することとされ，2013（平成25）年の臨時国会に上程された。他方，上場会社では，内外の機関投資家等の意向を受けて，法改正に先行する形で，2013年（平成25）年度以降，新たに社外取締役を選任する企業が増加している。

なお，2014（平成26）年6月20日に改正会社法が成立し，政令の制定を経て2015（平成27）年5月頃に施行される予定である（第5部第2の8参照）。

さらに，金融庁と東京証券取引所は，2014（平成26）年11月25日，上場企業の行動指針となる企業統治原則の原案を示し，独立性の高い社外取締役を「少なくとも2人以上選任すべきだ」と明記し，独立社外取締役の複数化，多様性確保を求めている状況にある。

本来，モニタリングシステムにおいて求められる社外取締役の役割や能力とは，単なる違法行為の監視や抑止だけではなく，企業経営の経験に裏付けられた企業業績の向上及び経営刷新をはかる能力であるが，実務では，依然として企業不祥事などに絡んで，弁護士である社外取締役を選任して，違法行為の再発防止に向けて助言者としての役割を期待する場面が少なくない。法科大学院あるいは経営大学院とも提携して，こうした社会のニーズに応え，さらにモニタリングシステムにおける社外取締役の職責を果たせる人材の発掘と育成，また他方，インハウスにおいて業務執行取締役や執行役を支えるオフィサー・法務部長等，幅広く安定的長期的に従業員として，その職責に応えられる能力を備えた者を多数育成し，組織化して，企業からの要請に迅速に対応できる態勢を整備していく必要がある。

❺　現状と問題の所在

2001（平成13）年，2002（平成14）年度にわたる商法改正では，弁護士が社外取締役に就任することの一般的な義務化は見送られたが，サービサーの稼働とも相俟って弁護士たる社外取締役は増加傾向にある。ちなみに，日弁連が2006（平成18）年4月に行った上場会社1,700社余りに対して行ったアンケート調査では，回答数541社のうち，弁護士たる弁護士の社外取締役であった。

近年，企業経営ないし企業活動の適正化ないし社会的責任（CSR），コンプライアンス維持の要請はますます強まってきていると言える（第5部第2の11参照）。弁護士たる社外取締役ないし監査役は，そのような場面で有用な役割を果たし得ると考えられるが，そのことが一般的な認識となっているとはなお言い難い実情にある。

(2) **弁護士会の取組み**

日弁連においては，この間，企業活動における不祥事を踏まえ，2001（平成13）年11月開催の業務改革シンポジウム（広島）を始め，CSRに関する研究に継続的に取り組んできており，企業活動への関与の方策を探るべく検討している。弁護士の職責上，社外取締役，社外監査役等として有効に機能すべき能力を備えているとの考えの下，多くの企業に有為の人材を供給すべく，商工会議所，経団連等の経済団体との間における懇談を開催してきている。

弁護士は，社会生活上の医師としての役割を果たす

べきものとされており，企業活動に対しても，社外取締役，社外監査役としてこれまで以上に積極的に関与していくべきである。会社法の施行後の実績を検証しつつ，多くの弁護士が社外取締役，社外監査役として参画できるような仕組み作りも含めて，弁護士会としてより積極的な施策を講じることが必要である。

3) 日弁連中小企業法律支援センター
(1) 設置の経緯

日弁連が，中小企業の弁護士の利用実態を把握するため，2006（平成18）年12月から2007（平成19）年5月にかけて全国の中小企業に対するアンケート調査を行った。

その結果，回答した中小企業のほぼ半分（47.7％）には弁護士の利用経験がなく，その理由のほとんどは「弁護士に相談すべき事項がない」ということであった。ところが，中小企業が法的問題を抱えていないのかと言えば，そうではなく「法的問題を抱えている」と回答した中小企業は約80％，しかも，約60％は「複数の問題を抱えている」ということであった。にもかかわらず，弁護士に相談しなかった理由は「弁護士の問題とは思わなかった」が最も多い（46.5％）。そして，法的課題の解決方法としては，「弁護士以外の専門家に相談」が38.9％，「社内で解決」が31.0％であり，相談相手の「弁護士以外の専門家」としては，税理士が56.6％と圧倒的に多く，社会保険労務士が31.0％，司法書士が24.8％と続く。さらに，「弁護士の利用経験がある」と回答した中小企業においても，法的手続（裁判など）以外で弁護士を利用したことがある比率は，わずかに約25％にとどまっている。

結局，中小企業にとっては，弁護士は「裁判等の法的手続を行う専門家」ではあるが，それ以外の日常的な法的問題への対処のための相談相手とは認識されておらず，実際，そのような形での利用もされていない，というのが実情であり，他士業（特に，税理士）がその受け皿となっていることが浮き彫りとなった。

(2) 全体像

我が国の経済の基盤を形成する重要な存在である中小企業の大半が法的問題を抱えているにもかかわらず，弁護士による法的サービスを，量的にも質的にも十分に受けているとは言えないのであるが，これは，法律実務の専門家である弁護士の存在意義そのものが問われていると言っても過言ではない。かかる事態を解消することを目的に，これまでに実施した各委員会における議論や活動の成果を踏まえて，①中小企業のニーズに応えることを徹底的に追求，②中小企業の弁護士に対するアクセス障碍の解消，③弁護士の中小企業の法律問題への対応能力，実践的なスキルの向上，④組織的かつ全国的な対応ができる体制の整備の4つを活動の基本方針として，日弁連中小企業法律支援センターが設置された。そして，その活動内容に応じて，①コールセンター運営部会，②広報部会，③企画・開発部会，④諸団体連携部会，⑤研修部会を設置した。さらに，2011（平成23）年3月11日に発生した東日本大震災に対応するために⑥震災対応プロジェクトチームが，中小企業海外展開のニーズが増えてきたことから⑦海外展開支援部会が，2013（平成25）年3月に終了する中小企業金融円滑化法の終了に伴い倒産企業が4万社を超えるとも言われており，その対応のために⑧金融円滑化プロジェクトチームが設置された。

同センターの具体的な活動内容としては以下に述べるとおりである。

(3) ひまわりほっとダイヤルの運営

日弁連中小企業法律支援センター（通称「ひまわり中小企業センター」）では，2010（平成22）年4月1日から，中小企業から弁護士へのアクセス改善のために，全国共通の電話番号により相談を受け付ける「ひまわりほっとダイヤル」の運用を開始した。「ひまわりほっとダイヤル」全国共通電話番号「0570－001－240（おおい，ちゅうしょう）」に電話をすると，地域の弁護士会の専用窓口で電話を受け，折り返しの電話で弁護士との面談予約などができるというサービスである。さらに，2012（平成24）年2月からホームページ上でのオンライン申込の受付も開始した。2010（平成22）年度の通話数9,532件，2011（平成23）年度12,107件，相談実施件数が2010（平成22）年度は5,017件，2011（平成23）年度は5,916件であり，ひまわりほっとダイヤルの設置・運営は，中小企業のアクセス障碍解消の一助となっていることが窺われる。

なお，相談実施の結果であるが，相談のみで終了が75.6％，受任が6.1％，継続相談が17.3％である（2010〔平成22〕年6月～2012〔平成24〕年8月）。

(4) 広報活動

ひまわり中小企業センターでは，ひまわりほっとダ

イヤルの事業展開に応じてチラシを作成し，各地の弁護士会，中小企業支援団体のナショナルセンター等に配布し，その数は約245万枚に達している。また，同センターでは，日弁連のウェブサイト内に同センターのホームページを立ち上げ，中小企業支援にかかわる情報提供を行っている。また上記ホームページを活用すべくリスティング広告，Facebookを利用している。

(5) 中小企業向け及び弁護士向けの各DVDの制作

ひまわり中小企業センターでは，中小企業向けDVD「中小企業経営者のみなさんへ　弁護士はあなたのサポーターです」の制作を行い，中小企業経営者に弁護士業務についての理解を深めるよう努め，それと同時に，相談に当たる弁護士側の意識改革のために，弁護士向けのDVDも制作し，その上映を行っている。

(6) 全国一斉無料相談会・講演会

中小企業のアクセス障碍解消に向けて，1年に一度，全国的に一斉無料相談会及び一部の単位会では講演会も併せて行っている。

(7) 中小企業関連団体との意見交換会

ひまわり中小企業センターでは，2010（平成22）年9月以降，各地の弁護士会との共催により，当該地域の中小企業関連団体の方を招いて，2011（平成23）年9月までに6ヶ所において意見交換会を実施している。それを通して，中小企業関連団体の方々に弁護士業務の理解を深めてもらうことができ，各地の弁護士会との連携促進の一助となっている。

(8) 中小企業のニーズに応えられる弁護士の育成

ひまわり中小企業センターが中小企業への法的サービス供給を推進するに際しては，その担い手である弁護士が中小企業の要望に的確に応えられるよう，同センターでは，中小企業関連業務に関するeラーニングのコンテンツの制作及び特別研修の開催も行っている。

(9) 中小企業の海外展開支援活動

前述のように中小企業の海外展開のニーズの高まりとともに，同センターでは，国際支援部会を設置したが，それとともに，日弁連内では，同センターの他，外国弁護士及び国際法律業務委員会，日弁連知的財産センター，日弁連研修センター，若手法曹サポートセンター等の日弁連内の関連委員会から人を得て中小企業海外展開支援ワーキンググループが設けられ，日弁連は，2012（平成24）年5月には，JETRO及び東京商工会議所との間で，中小企業の海外展開支援に関して連携協働する旨の協定を締結し，パイロット事業として日弁連中小企業海外展開支援弁護士制度を開始した。

(10) 中小企業庁及び支援諸団体との連携

日弁連は，中小企業庁との間での連携を強化し，2011（平成23）年4月27日付けで，日弁連と日本政策金融公庫との間で，中小企業支援等の支援に関する覚書を締結している。

(11) シンポジウムの開催

ひまわり中小企業センターでは，中小企業庁などの関係省庁及び中小企業支援団体等を招いて，ひまわりほっとダイヤルの周知のためにシンポジウムを開催したが，2012（平成24）年10月には，「中小企業金融円滑化法出口戦略に関するシンポジウム」を開催したところ，多くの参加者が集まり，円滑化法終了に伴う対応の関心の高さが窺えた。

(12) 今後の課題

ひまわり中小企業センターの喫緊の課題は，全国的にひまわりほっとダイヤルの一層の浸透を図ることであるが，遺憾ながらその周知度は未だ道半ばであり，広報やDVDの上映をはじめとする努力による中小企業への一層の周知が必要である。同時に，相談を受ける弁護士側が中小企業の要望に的確に応えられるよう，その研修制度の拡充が望まれる。また，経済産業省，中小企業庁以外の関連団体との関係強化はまだ道半ばであり，そのための努力が必要とされている。

このようにして，多方面からのアプローチにより，中小企業への法的サービス供給の拡充に向けた努力を継続すべきである。法友会においても，これらを積極推進するための施策が求められるところである。

4) 東京弁護士会中小企業法律支援センター

(1) 設立の経緯

東京弁護士会では，これまで業務改革委員会において，日弁連が企画する中小企業に関する全国一斉無料相談会や中小企業海外展開支援に関する弁護士紹介制度等の実施を担い，また，法律相談センターの乙名簿を利用してひまわりほっとダイヤルによる相談業務を行ってきた。

しかし，これらは，いずれも日弁連が企画する中小企業支援施策を単位会としていわば受動的に実施していたものであり，また，金融円滑化法の期限経過後の

緊急対応を迫られる中，東京弁護士会としてより能動的・積極的に中小企業支援に取り組むべく，2014（平成26）年2月10日，業務改革委員会から派生する形で，東京弁護士会中小企業法律支援センター（以下「中小センター」という。）が設立された。

具体的な設立趣意は以下のとおりである。

① いわゆる金融円滑化法の期限経過後における中小企業への事業再生・経営革新のための支援は喫緊の課題であり，また，日本経済の原動力を担う中小企業への継続的かつ専門的な法的支援は，中小企業に活力を与え，ひいては日本経済全体に良好な波及効果をもたらす重要な課題である。

② これまで比較的小規模な事業者においては，法律事務を含む経営支援を税理士等に依頼していたのが実情であるが，弁護士数が増大した今日，弁護士が中小企業事業者の身近な存在として法的支援を行うことは，法の支配を社会の隅々まで行きわたらせる目的に叶うものである。

③ 弁護士が中小企業事業者の身近な存在として法的支援を行うには，それぞれの法的ニーズに即した専門的技能を提供できる体制を構築するとともに，中小企業事業者に寄り添いつつ，混沌とした悩みの中から法的ニーズを汲み上げていくためのアウトリーチ活動が必要である。

④ 日弁連が実施するひまわりほっとダイヤルや中小企業海外展開支援弁護士紹介制度，中小企業に関する全国一斉無料相談会及びシンポジウム等を有効に機能させるには，中小企業事業者支援に特化した専門機関が必要であり，そのほか，例えば経済産業省が取り組む中小企業・小規模事業者ビジネス創造等支援事業の専門家派遣への対応，中小企業庁が実施する下請かけこみ寺（相談・ＡＤＲ業務）の受託，商工会議所が取り組む消費税転嫁対策支援への協力などの役割を十全に果たすには，中小企業事業者の支援を目的とした専門機関が必要である。

⑤ そこで，弁護士が中小企業事業者の身近な存在として，利用者に寄り添いながら，ニーズを汲み上げるためのアウトリーチ活動を行うとともに，経営革新等支援機関として認定された弁護士を中心とした弁護士による中小企業の再生支援（事業再生支援），起業，会社統治・企業統合，海外展開・国際取引，知的所有権，反社会的勢力の排除，労使問題等の中小企業の成長及び発展にかかわる各分野の法的支援（事業成長支援），中小企業の経営が世代を超えて持続可能となるような事業承継に関する法的支援（事業承継支援），中小企業の健全な自己統治が可能となるような組織内弁護士経験者等を中心としたコンプライアンス・内部統制に関する支援（コンプライアンス・内部統制支援）等を行うため，東京弁護士会中小企業法律支援センターを設立する。

なお，中小センターでは，その設立時に，東京三弁護士会の共催で中小企業支援体制構築のための「中小企業支援サミット」を開催し，中小企業支援団体，他士業を含め200名を超える中小企業支援に関わる出席関係者に対し，中小センターの設立及び活動内容を発表した。

(2) 中小センターの組織

中小センターでは，その活動内容に応じて，①アウトリーチ部会，②連携検討部会，③広報部会，④名簿・研修部会を置き，それぞれが活発に活動している。具体的な活動内容については後述する。

また，紹介部門の中に，法律研究部や専門委員会から推薦を受けた委員を中心に構成される部会として，①事業再生支援部会，②事業成長支援部会（②はさらに細分化され，ⅰ海外展開・国際取引PT，ⅱベンチャー・起業PT，ⅲ労使問題PT，ⅳ知財保護PT，ⅳ反社会勢力排除PTの各PTを設置），③事業承継支援部会，④コンプライアンス・内部統制支援部会を置き，後述する精通弁護士名簿の整備等を担っている。

(3) 中小センターの仕組み・活動実績

❶ コンシェルジュ弁護士の配置

中小センターでは，ひまわりほっとダイヤルからの受電のほかに，中小センター専用電話回線（03-3581-8977）を設け，弁護士紹介業務を行っている。その大きな特徴は，コンシェルジュ弁護士と呼ぶ配点担当弁護士を配置していることである。

相談者が電話をかけるとコンシェルジュ弁護士が直接電話に出て（正確にいうと，午後2時から4時まではコンシェルジュ弁護士が弁護士会館内で待機し直接電話に出るが，それ以外の時間帯ではまず事務局が電話に出て，コンシェルジュ弁護士が相談者にかけ直すことにしている），事案の概要をヒヤリングし，法律問題が含まれているかどうか，どの分野に精通する弁護士を紹介すればよいかを判断している。コンシェル

ジュ弁護士の電話対応は無料である。

これまでひまわりほっとダイヤルでは相談者にFAXを返信してもらうことにより事案の概要を把握していたが，その手間のため相談に至らないケースも多く存在し，また，事務局では事案を的確に把握することに限界があるという課題があったが，コンシェルジュ弁護士を配置することにより，これらの課題の解決に寄与している。

2014（平成26）年4月1日から同年11月25日までの相談件数は619件，1日当たり平均3.8件の受電がある（昨年度のひまわりほっとダイヤルのみの時代の1日当たりの平均件数は1.2件であった）。また，中小センターのアウトリーチ活動等の効果が徐々に出始め，専用電話回線による相談も増えてきており，月によって変動があるもの2014（平成26）年10月の相談割合は，ひまわりほっとダイヤル経由が約70％，中小センターの専用電話回線経由が約26％となっている。

中小センターの広報部会において，同年11月に東京弁護士会の委員会ブログに中小センターのページを開設し，今後は外部業者に委託し専用のホームページも開設する予定であり，さらなる相談件数の増加が予想されている。

なお，コンシェルジュ弁護士は，中小センターの委員の中で構成しているが，現時点では完全ボランティアで対応しており，その待遇が次年度以降の課題となっている。また，名簿・研修部会においてコンシェルジュ経験交流会を実施し，常により良い制度への改善を試みている。

❷　精通弁護士紹介態勢の整備

中小企業が抱える法的問題は複雑かつ専門的であり，相談する際にはその分野に精通した弁護士に依頼したいというニーズが存在する。そのニーズに的確に対応するため，中小センターでは，各分野に精通する弁護士を登録した精通弁護士名簿を整備している。具体的には，前述の各部会に対応した①事業再生支援名簿，②事業成長支援名簿（②は，前述の各PTに対応して，さらに細分化され，ⅰ海外展開・国際取引名簿，ⅱベンチャー・起業名簿，ⅲ労使問題名簿，ⅳ知財保護名簿，ⅳ反社会勢力排除名簿），③事業承継支援名簿，④コンプライアンス・内部統制支援名簿を整備している。

また，契約書のチェック，債権回収，訴訟対応など，広く中小企業の法的支援を扱う⑤その他法的支援担当名簿も整備する準備をしている。

なお，①ないし④の各精通弁護士名簿については，中小センター設立時の過渡的措置として，法律研究部や専門委員会から精通する弁護士を登録してもらっている。また，⑤その他法的支援担当名簿については，名簿・研修部会において2015（平成27）年度から「中小企業法律支援ゼネラリスト養成講座」と題して中小企業に関わる分野の中から年間12回の研修講座を開設し，名簿登録者の能力向上に取り組んでいる。

❸　アウトリーチ活動の実践

中小事業者の中には，自らが抱えている法的課題が弁護士に相談すべき法律問題と認識していないことが多くあるため，弁護士側から積極的にアプローチして中小企業に寄り添い，その中から法的課題を抽出して，経営戦略を意識した実践的な解決を図る活動が必要となる。これをアウトリーチ活動と呼んでいる。

中小センターでは，アウトリーチ部会がこれを実践しており，これまで業務改革委員会において接点のあった中小企業関連団体とのさらなる関係強化や接点が薄かった中小企業関連団体との関係の模索と強化を行っている。具体的には，新銀行東京との中小企業支援に関する覚書の締結，日本政策金融公庫主催のセミナー・ワークショップ・相談会への弁護士派遣（東京三弁護士会共催），昭和信用金庫主催のセミナー・ワークショップへの弁護士派遣（東京三弁護士会共催），東京商工会議所が設置する東京都事業引継支援センターとの連携，自由民主党との中小企業支援に関する意見交換会等を行った。

❹　各団体との積極的な協力・連携関係の構築

また，連携検討部会において，アウトリーチ活動の一環として，税理士，公認会計士，社会保険労務士，中小企業診断士等の他士業との連携構築と強化を行っている。

中小センターでは，前述した中小サミットのほかに，平成26年度夏期合同研究の全体討議を引き受け，「未来へつなぐ中小企業の絆」と題して，事業承継をテーマに研究発表を行った。いずれの企画もパネルディスカッションに税理士，社会保険労務士，中小企業診断士等に参加してもらい，他士業との連携により，中小企業支援に多角的に取り組むことの重要性を啓発した。

(4) 今後の課題

　中小センターは，2014（平成26）年2月に立ち上げたばかりの組織であり，まだ試行錯誤を繰り返している段階である。しかし，積極的なアウトリーチ活動により着実に中小企業の需要を喚起しており，また，懇切丁寧なコンシェルジュ弁護士の電話窓口対応により，中小企業のニーズに的確に応える努力を続けている。

　もっとも，コンシェルジュ弁護士の過大な負担，抜本的な精通弁護士名簿の整備，担当弁護士の能力向上，さらなるアウトリーチ活動，他士業との連携強化など，まだまだやるべき課題は多い。

　法友会においても中小企業のニーズに的確に応えるための施策の推進が求められる。

5）行政分野への取組み

　弁護士は，社会の様々な分野で法の支配を確立すべく努力し，そのために必要な活動をすることを求められている。そのことは，必然的に弁護士の活動領域の拡大をもたらす。近時，国会や行政（国，地方自治体）及び企業との関係において，外部監査人や社外取締役の他，政策秘書や組織内弁護士（インハウスロイヤー）等の新たな需要が出現していること等もその例である。

　弁護士会としては，今後，活動領域の飛躍的拡大に向けて，より一層積極的な施策を講ずるべきである。

(1) 国会と弁護士

❶ 政治資金監査

　2008（平成20）年1月，政治資金法の一部改正により，国会議員の政治資金の監査の制度（主として支出と証憑との突合）が発足した。監査人として弁護士が予定されている（その他公認会計士と税理士）。希望者が応募して研修を受け，登録されるシステムである。日弁連は，制度を広報するとともに，監査契約書（当該国会議員との間で締結）や監査報告書の雛形を作成して会員の参考に供しており，より多くの弁護士の登録が望まれる。

❷ 政策秘書

　また，近時の国会情勢により，大量の政策秘書が必要な状況が出現した。弁護士は，そのような職に就く者として適任である。党派を問わず，多くの弁護士が政策秘書として活躍できるよう環境を整備し，引き続き有用な人材を送り出すべく積極的な施策を講じるべきである。

(2) 行政と弁護士

❶ 弁護士の役割

　以前は，多くの弁護士は，行政と緊密な関係を結ぶことなく過ごしてきた。行政の側も，多くは弁護士の必要性（紛争や裁判は別であるが，その場合でも日常的に行政に関与するという関係ではなかった。）を感じず，かえって，弁護士は攻めてくる側の存在であるとの認識を有してきた。しかしながら，近年の行政改革，地方分権改革は，行政に携わる者の法務に関する意識改革を強く迫ることとなった。社会の成熟とともに，行政の透明性やコンプライアンスが強く求められ，行政の職員とは異なるマインドを持った法律専門家たる弁護士の役割，有効性が再認識される状況となったのである。

❷ 任期付公務員

　そのような中で，2000（平成12）年，任期付（最長5年）公務員の制度が発足した。前述のとおり，弁護士は限定された範囲で公務員になることができたが，実際に許可を得て公務員となった例は少なかった（金融庁，外務省，公正取引委員会等）。しかし，上記任期付公務員制度の発足と2004（平成16）年4月の公職就任の制限の撤廃により，国の機関に在籍する弁護士の数は飛躍的に増大し，また，地方自治体の公務員となって活動する弁護士も，出現するようになった。

(3) 国家公務員と弁護士

　2009（平成21）年6月1日現在，国の機関（内閣府，公正取引委員会，金融庁，法務省，外務省，財務省，国税庁，経済産業省，特許庁，国土交通省，文化庁）に属する弁護士たる公務員は79名であったが，2012年（平成24）年には，国の機関で任期付公務員として勤務する法曹有資格者は，149名に上っている。

　公務員となった多くの弁護士の現場での活動に対する評価は高く，また，近時の政治情勢を反映して，弁護士を任期付公務員として募集する機関は増大している。

(4) 地方自治体と弁護士

❶ 地方分権改革と弁護士

①　地方分権改革

　従来行政は，国，都道府県と基礎的自治体である市区町村が，いわば上下関係で位置付けられていた。しかし，1999（平成11）年の地方自治法の改正（機関委任事務の廃止等）を幕開として，住民自治と団

体自治の徹底ないし拡充を目的とした地方分権改革に着手され今日に至っている。地方分権改革は、行政の上下関係を断ち切り、自治体に対し、国や都道府県と対等の立場で、自らの判断と責任において政策判断をなし、遂行することを求めるものである。自治体が行う事務ないし活動領域は、福祉、教育、医療、産業振興等、住民の生活に直結するあらゆる領域にわたっている。そしてそれらは、すべて法令に根拠を有するものでなければならず（法律による行政）、このことは、全ての領域における法的判断を自らの負担と責任において行わなければならないことを意味する。

② 司法制度改革

司法制度改革は、地方分権改革とほぼ同時並行で進められ、弁護士は、社会生活上の医師として、その役割を果たすべきとされた。そこでは、弁護士が関与してこなかったあらゆる領域に積極的に進出し、法的サービスを提供するための仕組み作りと行動をすることが求められている。

歴史的に司法の容量が低く抑えられてきた中で、弁護士（会）の多くは自治体の活動に関心を示さず、また、自治体においても弁護士を活用するという発想のないまま経過してきた。

しかし、近年の行政需要の増大や住民の権利意識の高度化という時代的・社会的背景の中で、自治体の活動は、より一層、住民自治の体現と透明性を有するものであることが求められている。そこでは、日々直面する法的な問題、それに伴う適切な施策が決定的に重要なテーマとなり、必然的に法律専門家の関与が要求される事態をもたらしていると言え、弁護士及び弁護士会は、自治体に対する取組を飛躍的に強化すべきである。

❷ 弁護士・弁護士会の取組

① 日弁連の取組

日弁連は、業務改革シンポジウム（2001〔平成13〕年広島、2003〔平成15〕年鹿児島、2005〔平成17〕年札幌、2009〔平成19〕年松山、2011〔平成23〕年横浜、2013〔平成25〕年神戸）その他、弁護士と自治体との関係構築を目指して活動してきた。近年は、5つの自治体関係のPTないし協議会が設置され、相互に連携しながら調査研修の他、自治体への働きかけを具体的に展開している。

② 弁護士会の取組み

弁護士会によっては、自治体との連携を目指しての研究ないし活動グループが発足し、外部監査人の推薦、条例の策定改正、債権の管理回収、eメール相談、研修、行政ADRの設置党等々の活動を展開している。また、弁護士会の取組みではないが、自治体からの委託を受けての地域の弁護士の団体によるスクールロイヤーの取組みもみられる。

③ 弁護士による取組み

日弁連の松山における自治体との関わりに関する弁護士向けアンケート（回答数は全弁護士の5.7％）によれば、自治体への関わりについては、審議会や委員会委員、研修講師、顧問弁護士、訴訟事件の受任（顧問弁護士以外）、任期付公務員、一般行政職等の回答があった。

近時、自治体に関与している弁護士は着実に増大していると言えるが、アンケートへの回答率をみても、まだまだ、関心の薄いことが窺われる。

❸ これからの取組み

① 自治体と弁護士・任期付公務員

前述した地方分権改革の下、自治体の法務能力の向上は喫緊の課題である。法律専門家たる弁護士（あるいは、法曹有資格者）は、自治体の活動の有効な助言者ないしスタッフとして機能することができる人材である。そこには各種の形態があり、現在、日弁連では、任期付公務員として自治体に採用されることを推進している。ここでは、弁護士（法曹有資格者）は、法律専門家としての素養を有する人材として、自治体のあらゆる事務に関与すること、また、内部の職員として他の職員とともに機能することも意味あることと言うべきである。

なお、2014（平成26）年10月1日現在、自治体に勤務する法曹有資格者は、13都県で22名（うち任期付公務員は13名）、49市区町村（一部事務組合を含む）で58名（うち任期付公務員は52名）となっている（日弁連調べ）。

② 人材の育成・自治体

これまで自治体は、主として内部で人材を養成してきた。多くの職員はよくその要請に応えてきていると思われるが、それらの人材は、さらなるグレードアップが図られる必要がある。例えば、法的問題の中には憲法にまで遡って論議し検討しなければな

らない場合もあると思われ，そのためのスキルは不可欠のことと思われる。そのための研修も有益と思われるが，例えば，法務を担うべき職員を，一定期間法律事務所に派遣して在籍させるという仕組みなどが考えられてよいのではないかとも思われる。

③　人材の育成・弁護士会

前述したように，弁護士会の中で自治体との関係について組織的に取り組んでいる単位会はごく少数である。中には，東京弁護士会の自治体法務研究部のように，若手会員が多く参加し旺盛な活動をしているところもあるが，例外的な存在である。日弁連は，折りに触れて各地の弁護士会における取組みを要請してきているが，まだまだ不十分である。なお，自治体に関与する場合には，地方自治法，自治行政の仕組みに関する基本的知識は必要である。日弁連としては，これらの人材養成も含めて，仕組み作りをしていくとしている。

④　議会活動と弁護士

議会の権能ないし権限については，今次の地方自治法の抜本改正の対象で，2011（平成23）年4月30日，地方自治法の一部改正が行われたところである。行政が透明性を持って，民主的なルールの下で遂行されるためには議会が充分機能することが必要である。そしてそのためには，中立的な立場で議会スタッフとして弁護士が関与し，議会をサポートする仕組みが考えられてよい。

(5) 日弁連の取組みと今後の展望

日弁連は，この間，若手法曹サポートセンター及び業務改革委員会を中心に，国の機関，地方自治体など，行政・立法分野への弁護士の進出に向けて取り組んできている。

法律による行政の下，行政機関の活動はすなわち法務そのものである。しかし，行政，特に地方自治体の法務の意識はまだまだ高いとは言えない。また，多くの弁護士（会）も，国や自治体の活動を理解し関与しようとする意識は未だ必ずしも十分とは言えない。

しかしながら，行政，とりわけ自治体の扱う事務とその活動領域は広大で，したがって，弁護士（会）がサポートすべき分野も広大である。

弁護士（会）としては，今後，行政の需要に応えることができる人材を養成するなど，行政と広範かつ密接な関係を構築するための施策を積極的に推進していくことが必要である。

なお，日弁連は，2014（平成26）年2月，法律サービス展開本部を設置し，国・地方自治体・福祉等における活動領域拡大に対応するものとして，自治体等連携センターを組織した。自治体等連携センターには，条例部会，福祉部会の他，公金債権部会，外部監査・第三者委員会部会といった部会が立ち上がっており，各分野に関する自治体等との連携の取り組みを進めるとともに，自治体向けのアンケート調査や，弁護士会の行政連携の体制について調査を行い，各地でシンポジウムを開催するといった活動を行っている。さらに，国，自治体への職員としての弁護士の任用を促進するため，各地で任期付公務員登用セミナーや求人説明会を開催するなどの活動も進めている。

また，東京弁護士会において，自治体との連携強化を目的として，2014（平成26）年3月，弁護士業務改革委員会内に自治体連携ＰＴを立ち上げ，自治体の様々な法的ニーズに対応したサービス提供メニューである「自治体連携プログラム」を作成し，実際に自治体の依頼に基づくサービスの提供を開始している。

5　組織内弁護士について

1）組織内弁護士の現状と課題

(1) 組織内弁護士人口

企業内弁護士の人口は2014（平成26）年6月末時点において1,179人[14]となった。これに，任期付公務員が120名[15]，地方公共団体内弁護士49名[16]，文科省原子力損害賠償紛争解決センター調査官200名[17]を加え

---

*14　日本組織内弁護士会URL

*15　2013（平成25）年6月1日現在，弁護士白書2013年

*16　2014（平成26）年10月1日現在，日弁連調べ。弁護士非登録者を含めると80名となる。

*17　2013年（平成25）9月末現在，日弁連調べ。調査官は雇用契約であり，現実にはフル・タイムで執務しているのでカウントした。

ると，1,499名に及ぶ。このほかに行政機関内で常勤職員として勤務する弁護士も相当数存在する。結果，組織内弁護士の人口を上回る単位会は，東京三会と大阪弁護士会のほか，愛知県弁護士会（1,690名[*18]）の5会となった。

組織内弁護士が，わが国の法律実務に有機的かつ不可分に組み込まれた要素として確立していることは，もはや，強調するまでもない現実である。組織内弁護士の問題はもはや組織内弁護士だけの問題ではなく，いわんや，「就職対策」の問題でもない，弁護士全体の問題であり，対応によっては，長期的に見て弁護士および弁護士会のあり方にかかわる問題である。

組織内弁護士の現状について，注目すべきは，組織内弁護士の多様性の拡大であり，それと表裏をなすものとして組織内弁護士内における人口分布のアンバランスである。

企業内弁護士につき，日本組織内弁護士協会では2001（平成13）年から人口を公表しているが，それによると，2001（平成13）年においては合計61名のうち，弁護士経験5年以上の弁護士が全体の80%（44名），10年以上の弁護士が55%（31名）を占めていた。これが2014（平成26）年になると弁護士経験5年以内の弁護士が66%（693名），うち3年以内で46%（453名）となっている。一方で，企業内弁護士を複数雇用する企業の内訳を見ると，当初は外資系企業がほとんどであったのが，現在は日系企業が中心となっている。

このような推移は，2000年代初頭は，外資系企業が法律事務所で経験を積んだ弁護士を法務部門としての総括者としてのジェネラル・カウンセルあるいはこれに準じた高位のポジションで採用していたのに対して，近年は日系企業が新卒者を採用することが普通であることを意味すると考えられる。これら「ジェネラル・カウンセル」級と新卒採用者ではその業務のあり方は全く別の業務といえるほど異なっている。

一方において，上記の傾向に変化が生じたというには早計であるが，ここ1～2年の間に変化を感じさせるような兆しも現れている。一つは，まだまだごく少数ではあるが，日系企業においてもシニアな弁護士をジェネラル・カウンセルあるいはチーフ・リーガル・オフィサー等として迎える例が現れたことである。（ただし，ここでいう弁護士は日本資格者であるとは限らない。）もう一つは，5年から10年程度，法律事務所において経験を積んだ弁護士が企業内に転職する例が目立ち始めたことである。

(2) 組織内弁護士の意義と問題の確認の必要性

かかる状況は，改めて組織内弁護士の意義および価値，そしてリスクおよび陥穽を研究し，これを組織内弁護士に浸透させることが喫緊の課題であることを再認識させるものである。これは2つの方向性から考えることができる。

① まずは一般論としての意義の確認の重要性である。

欧米の経験・実情から判断しても，組織内弁護士の業務には，法律事務所の弁護士業務では代替しえない独自の価値があり，意義がある。あえて一般論として言えば，それは組織の内部にいることによる法的問題／機会（Risk and Opportunities）の早期かつ正確な発見，当該組織の実情に応じたより的確な解決策の提供，そして，団体の意思決定過程そのものに関与することによる団体の行動への直接的な影響力ということに集約できると考えるところである。単なる「アドバイザー」はなく，組織を適法に機能させるという「結果」を創り出していくということである。まさに，これこそ「法の支配」の実現の一態様であり，積極的に評価し，推進していくべきものである。そればかりでなく，このような組織内法務のありかたは，欧米企業社会においていわば「グローバル・スタンダード」として確立しているところのものである。日系企業においても「チーフ・リーガル・オフィサー」等に弁護士を迎える動きが出てきたのも，かかる意義に対する意識が日系企業の間にも芽生え始めた証左といいうる。

弁護士および弁護士会としても，その意義・価値を論理的に整理し弁護士のみならず企業そして社会全体に伝播していく先導役を担うべきである。

現実の問題として，これらの機能は当然のことながら研修所新卒の弁護士で果たし得るものではない。したがって，経験を積んだ弁護士を企業その他の団体へ送り込む方策を考えるべきである。

また，上記の組織内弁護士の意義は，そのまま組織内弁護士のリスクを内在することも，また，事実である。往々にして「客観的」な法的判断が困難な状況の中で判断を行い，かつ，それを実現させなければならない立場は，時に組織内弁護士をきわめて困難な立場

[*18] 2013（平成25）年9月1日現在

に置く*19。

このような組織内弁護士特有の問題について、具体的かつ現実に即した形で問題を特定し、それに対する対応策を示していくことが組織内弁護士の健全な発展のために必要不可欠である。その研究のためには、その質量・歴史ともに我が国の水準をはるかに凌駕する欧米の研究成果を十分組み入れることが、キャッチアップのために必須であると考える。

② 第2は、若手弁護士のキャリア形成の観点である。

前述の通り、大多数の組織内弁護士は司法研修所新卒で就職している。そして、その弁護士が当該団体初の弁護士であることがむしろ普通である。そのような場合、組織内弁護士側も、採用した組織側も、当該組織内弁護士の期待値について、正確な理解を欠いていることが多い。

組織内弁護士のリスクの一つとして、組織内においては、当該組織内の日常業務にともすれば忙殺され、広く深く法律専門家としての知識・技能を深める機会を得ることが往々にして難しいということが指摘される*20。

そのリスクは研修所新卒弁護士について顕著である。新卒弁護士には経験の積み重ねがなく、その能力には一定の限界がある。かかる限界について十分な認識がない場合、本来不可能な期待を持たれてしまうというリスクがある。実際にも期待と現実のミスマッチの事例はそこここで発生している。

その点で懸念になりうるのは、前述の通り、法律事務所で一定の経験を積んだ弁護士が中途採用されるという近時の動きである。これは一方では組織が弁護士の現実に有する専門能力・経験に注目したということであって、それ自体は積極的に評価できる。しかし、それは他方において、新卒で入社した者の昇進の道が頭打ちになるということにもなりかねない。

新人を組織に送り込もうとするのであれば、そのようなリスク・限界についても、弁護士、組織双方に正しく理解させ、覚悟を持たせる必要がある。さもなければ、5年後10年後にキャリアの破綻した弁護士を大量に生むことになりかねない。そのようなことになれば、就職先としてすら意義を失ってしまう。

また、組織内弁護士が適切な知識・技能を身につけられるよう、研修等を通して研鑽の機会を積極的に設けることも重要である。

組織内弁護士としてのキャリアにおいてもまた、長期的な視野に立ち、若手組織内弁護士たちに精進するべき「目標」を掲げる必要がある。

長期的なキャリア・パスといっても固定したものを考える必要はなく、様々な形がありうる。これもまた、弁護士全体の問題として研究するべきことである。

その中にあって、組織内弁護士としての一つの究極の姿は、欧米企業で確立しているところの「ジェネラル・カウンセル」であることは異論を見ないところであろう。日本でも、法務の重要性・意義について発言する経営者も現れ始めた。その意義を研究し、社会全体に認識を広めていくことが望まれるというべきである。

(3) 弁護士会の問題点

さて、組織内弁護士の健全な発展のために行うべきことは、これまでに検討したように数多い。

これに対して、弁護士会の対応は十分とは言えない。むしろ、状況に対応する主導権を失いつつあるというのが現実と言わざるを得ない。

日本組織内弁護士協会が組織内弁護士の過半を会員とし、活動を活発化させている。今般、法務省が設けた「法曹有資格者の活動領域の拡大に関する有識者懇談会」の下におかれた「企業における法曹有資格者の活動領域の拡大に関する分科会」（企業分科会）においても、同協会は日弁連とは別枠で委員を出している状況である。日本の弁護士資格者に限定しなければ、他にもいくつかの企業内弁護士の団体が活動している。それらが経済団体、例えば経営法友会や在日米国商工会議所（ACCJ）の企業内弁護士小委員会（Corporate Counsel subcommittee）との連携を築こうとしている。国際的にも、会員数4万余を擁する世界最大の企業内弁護士団体であるAssociation of Corporate Counsel（ACC）やアジアを中心とするIn-House Counsel Worldwide、さらに国際法曹協会（IBA）、ローエイシア、環太平洋法律家協会（IPBA）等の団体の組織内弁護士関係の委員会等との交流も模索されている。今や、弁護士会の外の様々なところで、組織内弁護士

---

*19　本間正浩「弁護士業務基本規程51条の実務上の問題点」（日本比較法研究所シンポジウム「リーガルマーケットの展開と弁護士の職業像」（2014〔平成26〕年10月18日開催）配布資料66頁以下所収）81頁以下。

*20　芦原一郎「社内弁護士という選択」、自由と正義65巻4号70頁（2014〔平成26〕年）。

の発展を図るべく、さまざまな活動が行われているのである。

一方で、弁護士会の活動はいまだに「就職対策」に過度に偏っている。新卒弁護士を「企業法務の即戦力」などと謳って企業に採用を働きかける[*21]という、行うべきこととは正反対のことが行われている状況である。本要綱が主張するような活動はわずかである。それらの活動も、その担い手のほとんどは日本組織内弁護士協会の会員であって、弁護士会独自での活動をする能力はきわめて限定されているというのが現実である。

今、弁護士会が組織内弁護士の意義について成熟した考えを整理し、その発展を積極的に推進する行動を起こさなければ、弁護士会が関与できないまま、現実が進行してしまうことになろう。弁護士業務の重要な一翼を担う組織内弁護士業務の発展について、弁護士会が当事者能力を失うとすれば、まさに強制加入団体として法の支配の一翼を担うべき弁護士会として、鼎の軽重を問われる事態であり、究極的には弁護士集団の統一性が失われ、弁護士自治すら危殆に陥ることになりかねない。

弁護士業務総合推進センターや弁護士の法的サービス推進本部の時代、幾人もの組織内弁護士が弁護士会の活動に参加した。しかし、組織内弁護士の問題を「就職対策」としてしか認識しない弁護士会の姿勢に失望し、今ではそのほとんど全てが弁護士会活動から離れてしまっている。その轍を繰り返してはならない。弁護士会側ではその余裕はなくとも、現在では、弁護士会の外で組織内弁護士の発展のための活動を行う場がいくらもある。したがって、弁護士会が変わらなければ、弁護士会は単に取り残されるという結果になるだけである。

組織内弁護士業務に弁護士の業務独占はない。必要な能力・資質・経験があれば、どこの国の資格者であっても資格者でなくともジェネラル・カウンセルとなることができる。そのような状況下で、日本の弁護士に対して「目標」を与えないまま、漫然と組織に就職させるということが続くのであれば、最悪の場合、日系企業であっても法務のトップは海外でグローバル・スタンダードの法務部において経験を積んだ外国人や外国資格者で、日本の弁護士の多くはその下で使われるということになりかねない。現に日系企業で外国資格者や外国人をチーフ・リーガル・オフィサーとして採用した事例が現れてきている。これでは、一部を除いた日本の組織内弁護士はグローバル・スタンダードに追いつくことなく、「ガラパゴス化」してしまう。

失われかけた主導権を取り戻し、組織内弁護士業務を弁護士業務の重要な要素とするために、また、組織内弁護士を同じプロフェッションの「仲間」として取り込むために、弁護士会は喫緊の課題として、研究および研修活動に取り組むべきである。

2)「任期付公務員」について

(1) 総論

任期付公務員とは、法律や条例に基づいて、中央省庁等や地方公共団体において、任期付で採用された職員をいう。任期は、制度上5年を超えない範囲だが、実際には2年程度で採用されることが多い。

司法制度改革においては、弁護士が国民のニーズに応えて、社会の様々な分野（公務を含む）で活躍することが理念とされており、中央官庁及び地方自治体公務員への登用がこれまで以上に進むことが期待されている。

法友会の政策としても、上記司法制度改革の「法の支配を社会の隅々に」という理念に資するものとして、弁護士の公務員登用を促進することが望ましいと言える。

しかしながら、弁護士の公務員登用に関しては、現在、障害となり得る問題がいくつか存する。

(2) 法規・会規上の問題点

❶ 公益活動

日弁連では、弁護士職務基本規程第8条で公益活動を努力義務として規定している。弁護士会では、公益活動を義務付けている会が数会ある（東京弁護士会には規定あり）。公務員には職務専念義務（国家公務員法第101条、地方公務員法第35条）があり、また、実際には公務を抜けて弁護士業務を行うことが困難な場合が多いことから、弁護士会の公益活動義務を満たすことに困難を伴う場合がある（公益活動を義務付けている会においては、明文の例外規定による免除や延期

[*21] 主要企業に宛てた日弁連会長による2013（平成25）年10月15日付「企業内弁護士の採用に関する御案内」と題する書簡。

で対処できるが，義務付けていない会においては，明文の例外規定がなく，逆に「事実上の公益活動義務付け」という事態が生じかねず，公務員就任への事実上の障害となっていることがある）。

特に，国選弁護や法律相談等依頼者を抱える業務を行うものについては，職務専念義務に抵触するおそれがあるとともに，実際にも公務を抜けてこれらの業務に従事することが困難である。そこで，このような公務員の特殊性に配慮し，しかるべき配慮（免除，延期，場合によっては公益活動負担金等の支払等の代替措置など）が検討されるべきである（東京弁護士会では，かつては公務員の公益活動義務を免除していなかったが，現在は会規を改正して，免除している。）。

一方で，公務員に就任する弁護士及び官庁・自治体も弁護士会の公益活動の重要性を十分理解し，公務との適切な調整を図るような配慮と努力が求められる。

なお，弁護士会の委員会活動については，公務と内容的に抵触が生じない委員会に参加してもらうことで通常は対応可能であると思われるが，公務の都合上参加が困難な場合については，上記同様のしかるべき配慮が検討されるべきであろう。

❷ 研修

日弁連では，倫理研修を義務化し，新規登録弁護士研修はガイドラインで各弁護士会に義務化を要請しており，これを受けて，弁護士会によっては新規登録弁護士研修及び継続研修について義務化している。しかし，公務員の場合，公務を抜けてこれらを受講することが困難な場合もあり，公務との両立に支障が生じるおそれがある。

倫理研修については，弁護士として最低限身に付けておかなければならない規律を学ぶものであることから，公務員に就任する場合にも受講してもらうことを原則とすべきである。もっとも，公務の都合上受講が難しい場合は，受講の時期をずらしたり一定期間猶予したりという柔軟な対応を検討すべきである。

他方，公務員に就任する弁護士及び官庁・自治体においても，弁護士の倫理研修の重要性を理解し，公務と受講との適切な調整を図るような配慮と努力が求められる。

新規登録弁護士研修や継続研修については，その内容からして，必ずしも公務員の身分を有している間に受講が必須であるとは考えられないし，国選弁護やク

レサラ相談等依頼者を抱える業務を含むものについては，職務専念義務との関係でも研修受講が困難であるという事情がある。このような公務員の特殊事情を踏まえ，柔軟な対応（免除・猶予等）がとられることが望ましい。

❸ 弁護士登録抹消後の再登録

これまでは，弁護士登録を一旦抹消して公務員に就任し，再度弁護士登録する場合には登録番号が新しい番号となり（弁護士徽章規則第5条1項），登録料（6万円）も再度納付が必要となる（日弁連会則第23条1項）という不都合があった。この点，裁判官任官の場合と同様，従前の番号維持を認め，また登録料の再度の納付を免除すべきであるという意見がかねてよりあった（法友会政策要綱2013〔平成25〕年度版147頁参照）ところ，2013（平成25）年12月6日の日弁連臨時総会において，再登録時に登録番号の維持が認められることとなり，2015（平成27）年4月1日から施行されることとなった。

なお，再登録料については，会費と同様の問題があることから慎重に判断すべきであり，現時点では再登録料を不要とすべきとまでは言えないであろう。ただし，登録料自体が，前述12月6日の臨時総会で，6万円から3万円に減額となり，2014（平成26）年4月1日から施行されている。

❹ 日弁連会費の減額

法の支配の拡充という観点からは，本来，弁護士登録を維持したまま公務に就任するのが望ましいと考えられる。しかしながら，公務員に就任した場合，弁護士登録を維持するメリットが少ないだけでなく，収入減となることが少なからずあることから，会費負担を回避すべく弁護士登録を取り消した上で公務に就任するケースが相当数ある。そこで，弁護士登録を維持したままでの公務就任を促進するため，会則第95条の4を改正して日弁連会費減額規定を設けるべきか否かが問題となる。

この点，日弁連の財源は会員の会費に拠っており，会費納付は会員の義務の根幹であることから，安易に減額を認めるべきではない。

しかし，弁護士の活動分野を広げるという観点から，弁護士資格を有したまま公務員に就任することを，今まさに促進すべき時であり，また，公務に就任した場合は，当該会員は日弁連のサービスを受けられる機会

が定型的に少なくなる（ほとんど受けられなくなる場合が多い）という事情が存する。

そこで、一律に会費減額を否定あるいは肯定すべきではなく、一定の場合には、減額の余地を認めるべきである。例えば、就任する公務の内容、公務就任に至る経緯・動機、公務就任中の給与の額（就任前の収入と就任後の収入との格差）、任期終了後の従前の弁護士業務復帰の容易性等、諸々の事情（別途詳細な検討が必要である）を総合的に検討し、当面、会費が減額される余地を設けることが望ましいと思われる。

なお、東京弁護士会においては、会則により会費の減免を規定していたが、2013（平成25）年11月28日の臨時総会で会則を改正するとともに、その後の常議員会において「東京弁護士会会則第27条第6項に規定する会員減免審査に係る基準及び手続に関する規則」を制定し、任期付公務員で職務専念義務により弁護士業務に従事することができない場合は、会費を半額に減額する旨規定し、明確な基準を定めた。

(3) 取り組むべき課題

❶ 対官公庁

未だ任期付公務員を採用していない官公庁について（あるいは採用済みであってもそれ以外の部署について）、弁護士が活躍できる場を検討した上で、当該新規箇所に対して弁護士の有用性を周知すべく必要な施策を実施すべきである。また、関係省庁（人事院、総務省、法務省、文部科学省、国家公務員制度改革推進本部等）との協議会等を通じ、総合的に公務員登用促進を検討すべきである。

❷ 対自治体

潜在的なニーズは存在していると思われるが、現状において、任期付公務員の採用は極めて少数の自治体にとどまっている。しかし、近年様々な取り組みにより少しずつ拡大しており、2014（平成26）年10月1日現在、把握されている法曹有資格者は13都県で22名（うち任期付は13名）、49市区町村（一部事務組合を含む）で58名（うち任期付は52名）となっている（日弁連調べ）。さらなる拡大のためには、意見交換会等の実施を通じて弁護士の活用に関する理解を得ることが必要である。また、自治体に弁護士活用のメリットを理解して頂くべく、パンフレットを作成し配布するなどの積極的な施策が必要であろう。

❸ 対会員

任期付公務員制度のさらなる周知（若手弁護士に対してはキャリアアップに有効であることをアピールする）、採用情報の効果的な提供、任期付公務員として官公庁・自治体に勤務することに興味・関心のある人材をプールする組織の整備、募集のあった公務員ポストについて人材を確保し応募を促進する仕組みの構築、併せて、任期を終えた後の受け入れ態勢の構築も検討されなければならない。また、官公庁・自治体の勤務経験者及び勤務希望者のネットワーク化、任期付公務員として必要な法的知識を得るための研修制度の導入なども検討されるべきである。

6 弁護士専門認定制度の意義と課題

> 弁護士専門認定制度をどのような範囲で、どのように認定すべきか等の問題が解決されていないが、国民の需要に適合した専門認定制度が制度化されるべく、検討し、努力をすべきである。

1）その必要性と今日的課題

弁護士を利用する国民からの意見として、紛争を抱えている事件をどの弁護士がやってくれるのか、その事件に関して専門家としての弁護士がいるのか、個々の弁護士はどのような分野を専門としているのかなど、あまりにも弁護士に関する情報が少なく、アクセス出来ないという不満が聞かれる。

この不満の内容には、2つの意味が込められているものと考えられる。1つは、まさに特定の分野における専門家としての弁護士を知りたいという需要である。

もう1つは，専門家ではなくても，紛争を抱えている問題について取り扱ってくれる弁護士がいるかどうかを知りたいという需要である。前者が，専門認定制度の必要性につながるものであり，後者が，取り扱い業務の内容についての情報を提供すべきという必要性である。

東京弁護士会では，主としてこの後者の要望に応じるべく，2000（平成12）年10月1日から弁護士情報提供制度を発足させている。この制度は，現在，日弁連が全国の弁護士の情報を提供する「弁護士情報提供サービスひまわりサーチ」というネット検索システムに吸収されている。弁護士情報の提供という面では，取扱分野に対する国民の需要に応えようとしたものである。

弁護士専門認定制度は，以上の必要性とともに，広告問題とも密接に関係している。広告が自由化しても，未だ専門家の認定制度がないため特定分野での専門家という広告内容が認められないからである。広告も，国民に対する重要な情報源であることを考えると，弁護士会の広報だけではなく，個々の弁護士がその専門分野についての広告をできるようにすべき時がきていると考えられる。特に，先進国の中でこうした制度がないのは日本だけである点も国際的な状況としては考慮しなければならないであろう。

2）外国の実情

米国ではベイツ判決以後広告が自由化されたが，そこで「○○専門家」という表示が氾濫し，このような広告から利用者が惑わされることのないよう，弁護士会が中心となって，専門家表示に一定の要件を定めるようになった。この要件を満足させるものとして，専門認定制度が定着していったのである。現在，各州がその専門認定資格を任意団体又は弁護士会で定めるが，その認定要件の内容は，一定の研修への参加，実務経験，取り扱い事件の集中度等となっている。特に特徴的なのは，消費者の保護のための制度として，この制度が発展していったという経緯である。

ドイツでは，労働裁判所，行政裁判所，社会保障関連の裁判所等特別裁判所の発達とともに，それに対応できる弁護士を専門家として認定し，労働法，租税法，社会保障法，行政法，家族法，刑事法，倒産法の分野として認定するようになっている。しかし，現代では，さらに細かい分類に移行しようとしている。アメリカと異なり，スペシャリストという意味付けが基本である。その認定機関は，任意団体の弁護士協会である。

イギリスでは，法律扶助の発達により，税金によって法律事務を行う者は，一定の資格を要するということで，ローソサイエティが認定する。分野として，人身傷害，医療過誤，都市計画，支払い不能，精神衛生，子の監護，家族法の分野がある。

フランスでは，1991（平成3）年11月27日のデクレにより専門家の呼称が認められ，身分法，刑事法，不動産法，農事法，環境法，公法，知的財産法，商事法，会社法，租税法，社会法，経済法，執行法，EC共同体法，国際関係法の分野がある。いずれも4年の実務経験の後に試験を受けるというもので，各法律分野の支配的な人物が，その分野を支配するという動機が強いと批判されている。

3）医師における専門性との類似性

日本の医師に対する専門性についても，上記の弁護士に対する需要と同様なものがある。

開業医においては，従来から皮膚科，産婦人科，小児科などの広告などが各医師の判断により自由になされてきていた。いわば，医師における取り扱い業務の広告が自由になされていたことを意味するものである。

しかし，近年になり，医師にも専門性が求められるようになり，各分野での学会を中心として「認定医」制度が採られるようになってきている。この認定の要件は，各学会により異なるが，多くは，特定分野での実務研修と試験が要件とされている。その意味で医師の世界でも，一部を除いて統一的な専門認定制度はできていないのであるが，統一的な信頼性のある専門認定のシステムを作ろうとする状況は存在し，そのような方向に向けての議論がなされているようである。

4）弁護士会での議論の推移

東京弁護士会の業務改革委員会は，東弁での仮案として2001（平成13）年に「法律研究部に3年在籍して5人以上の部員の承認を得たもの又は弁護士情報提供システムの要経験分野に登録して3年を経験して，同じ分野で5人以上の承認を得たもの」に専門認定するとの検討案を作成し，2002（平成14）年には，第2次

試案として，「原則5年の経験年数，事件数，研修の履行等を条件とした専門認定制度」を提案した。

どのような分野が，専門分野として需要があるかに関しては，東弁の研究部の存在及び東弁が弁護士の情報提供制度において「要経験分野」として情報提供していた分野が参考となる。

次の問題として，どのような認定基準で行うかであるが，医師の世界での要件，外国の制度などから考えられるものとして，①実務経験年数，②専門分野での経験，③継続研修，④同僚評価，⑤試験，⑥面接，⑦調査書等がある。

日本では経験年数等の量評価は難しく，継続研修によるものは容易で効果的であり，同僚評価や試験は誰がやるかという困難な問題がある。

この問題は，日弁連業務改革委員会でのプロジェクトチームでも「普通の弁護士がやる分野は，差別化反対」という意見があるために，会内のとりまとめが難しい状況にあるが，全国の単位会の意見を集約し，2005（平成17）年9月に次の通りの答申書を提出している。

【弁護士の専門性の強化方策と「専門認定制度」の検討及び弁護士会による弁護士情報の公開開示の方策に対する答申】

弁護士の専門性の強化方策と「専門認定制度」の検討及び弁護士会による弁護士情報の公開開示の方策につき，以下の通り答申する。

1　弁護士の専門性の強化方策としての「弁護士専門認定制度」の導入は，時期尚早と考える。
2　市民，社会の専門性の要求に応え，更に将来の専門認定制度創設のために「専門登録制度」の導入について具体的な検討をすべきである。
3　弁護士個人の広告による専門性表示に関しては，弁護士広告が自由化になり4年半以上経過しても低調である現状に鑑み，従前のガイドラインは維持するものの，専門登録制度，専門研修制度の進捗状況を勘案して，将来における緩和の方向を検討すべきである。
4　弁護士会広報としての弁護士情報の提供につき，大半の弁護士会が名簿情報程度にとどまっている現状は不十分であるので，取扱業務，得意分野等の情報提供を積極的に推し進めるべきである。
5　更に，日弁連は各単位会に対し，市民に対する弁護士情報の提供をより一層促進する為に，以下のアクションプログラムを提案する。

1年目　全国の単位会がホームページにより弁護士情報の提供を行う。
2年目　会員の5割が取扱分野を登録するように働きかける。（但し，大単位会は3割。）
3年目　取扱分野の登録は，単位会の8割を目標とする。（大単位会については5割。）

その後，専門分野登録や専門研修受講認定などの専門分野に関する諸制度を立ち上げる。

5）日弁連での現在の議論状況

弁護士業務改革委員会において，2011（平成23）年10月に専門分野登録制度の推進のため，その運営主体，研修の実施方法，若手弁護士の支援方法，弁護士会の責任などの検討課題を将来的に確認するためにも，パイロット分野を設定し，制度の推進をすべく提言している。しかし，日弁連理事会において，「時期尚早」との結論となり，現時点では，日弁連で「専門」性を付与する制度は，当面できないということとなった。

しかし，国民の要望を放置することもできないことから，現在，日弁連以外の組織での検討を始めるべきという方向性での議論が進んでいる。

7　専門的知見を要する事件への対応

- 医事・建築紛争事件については，我々弁護士が専門的知見の獲得に努めるのは当然であるが，専門家との提携や情報交換のための組織作りなど，専門的知見を補うための制度構築についても研究していかなければならない。
- 専門委員制度の導入や鑑定制度の改善については，裁判所の中立・公平性を損なわないための研究・提言を行なう必要がある。

1）長期間を要する審理

医事・建築紛争事件は，近時，増加傾向にあるものの，通常の民事訴訟事件よりも平均審理期間が長く，国民の批判がみられるところである。このように医事・建築紛争事件の審理に長期間を要する理由としては，主に，①弁護士や裁判所の専門的知見の不足とそれに起因して争点整理に時間がかかること，②鑑定人の選定及び鑑定作業に長時間を要することが指摘されている。

2）弁護士の研鑽と情報ネットワーク

我々は，このような指摘，特に①につき謙虚に耳を傾け，自ら専門的知見の獲得に努めなければならない。ただ，個々の弁護士の努力には自ずと限界があることから，専門家との連携や情報交換のための組織作りなど，弁護士の専門的知見を補うための制度構築についても併せ研究し，提言していかなければならない。具体的には，日弁連，ブロック又は単位会で，各分野に造詣の深い弁護士によるバックアップ制度，事件協力が可能な医師・建築士等の名簿作成などを進めるべきである。

3）専門委員制度の導入と鑑定制度の改善

(1) 専門委員制度の導入

2003（平成15）年改正法により，適正・迅速な裁判を実現するため，裁判所は，争点もしくは証拠の整理又は訴訟手続の進行に関し必要な事項の協議をするに当たり，訴訟関係を明瞭にし，又は訴訟手続の円滑な進行を図るため必要があると認めるときは，決定で，専門的な知見に基づく説明を聴くために専門委員を手続に関与させることができるようになった（民訴法92条の2）。争点証拠整理手続及び証拠調べ期日への関与については，「当事者の意見を聴いて」（民訴法92条の2第1項，2項前文），証拠調べ時の発問及び和解期日への関与については，「当事者の同意を得て」（同項後文，3項）がそれぞれ要件となっている。

この制度の運用に当たっては，専門委員任せの裁判とならないよう，専門委員の選任方法及び関与の仕方に十分配慮する必要がある。とりわけ，医療過誤訴訟の分野については，この制度の立法化に対し，専門委員の非中立性，非公平性に対する強い危惧が指摘されたことを思い起こす必要がある。我々弁護士としては，この制度の運用に当たり，適切に「意見」や「同意」を述べられるよう，ひき続き十分な研究を迫られている。また，弁護士は代理人として，専門委員に対して求めるものが，訴訟関係を明瞭にし，又は訴訟手続の円滑な進行を図る範囲を超えないように，各訴訟において確認していくべきである。

(2) 鑑定制度の改正及び改善

2003（平成15）年改正法により，鑑定人質問は，いわゆる説明会方式，すなわち，まず鑑定人が意見を述べた上で，その後に裁判長，鑑定申出当事者，相手方当事者の順で行なう方式が採用された（民訴法215条の2）。従来の交互尋問方式の運用では，鑑定人となった専門家に対する配慮に乏しかったことを改善しようとするものであるが，当事者の質問権に対する制約とならないような運用が必要である。

司法制度改革審議会意見書は，適切な鑑定人を選任し，これを引き受けてもらうことが困難であること，鑑定自体に長期間を要していることといった問題点を指摘し，鑑定制度の改善を唱え，その具体的な方策として，鑑定人名簿の整備，専門家団体との連携，最高裁判所による医事関係訴訟委員会・建築関係訴訟委員会の新設などを挙げた。そして，最高裁判所も，医事関係訴訟委員会及び建築関係訴訟委員会を発足させた。

我々も実務的な視点から，鑑定制度の改革案を提言していくほか，委員に選任された弁護士をバックアップし，各委員会における審議が実り多いものになるように努めていかなければならない。また，今後とも，鑑定の質の向上にむけて，例えば，鑑定人の推薦過程の一層の透明化を図ること，また，鑑定を行うことが独立した業績となる仕組みを検討すること，その中で，鑑定結果が社会内又は医学界・建築学界内で共有化されるような仕組み等を検討することなどが必要であろう。

(3) まとめ

通常の民事訴訟事件同様に，集中証拠調べの実施等，計画的かつ充実した訴訟の進行の中で，上記①と②をどのように位置づけるかが研究されなければならない。

8 弁護士研修制度の拡充

> 新規登録弁護士の増加を含む弁護士の増加や活動分野の拡がりに伴い，業務の質的向上がますます重要な課題となっており，弁護士研修の充実が求められている。弁護士会は，日弁連や日弁連法務研究財団の研修事業と連携をとりつつ，新規登録弁護士研修から専門研修まで各種研修プログラムを充実させるとともに，インターネットによる研修等，研修方法の多様化を図り，多数の会員が継続的に研修に参加できる体制を整備していく必要がある。

1) 研修の必要性と弁護士会の役割

弁護士は法律専門職として高い識見を持ち，すべての法律分野に精通していなければならない。そして，多様化する社会のニーズに応えていくためには，弁護士自身の不断の研鑽が不可欠である。また，弁護士の増員に伴い弁護士の質の低下が指摘されている中で，研修制度の重要性は増していると考えられる。

上記の要請を充足するため，弁護士会は弁護士研修制度を整備・拡充して会員の研鑽を援助し，新しい時代にふさわしい弁護士を育成する義務があると解されるところ，東京弁護士会では以下の研修プログラムを運営している。

2) 新規登録弁護士研修

東京弁護士会においては，新規登録会員に対して，新規登録弁護士研修として，国選弁護，当番弁護，法律相談の実務研修と少人数討論方式による倫理研修が実施されてきたが，2000（平成12）年10月からは日弁連の「新規登録弁護士研修ガイドライン」（その後2006〔平成18〕年に改正・実施）に基づき，会則上義務化された新規登録弁護士研修が実施されている。

因みに，東京弁護士会において2014（平成26）年10月現在実施されている新規登録弁護士研修は，研修期間を登録から1年間として（但し，会務研修を除く），新規登録弁護士集合研修，クラス別研修，個別研修（一般法律相談を1回以上），倫理研修及び会務研修（東京弁護士会の委員会に所属し活動を行う）となっている。

なお，東京弁護士会においては，新規登録弁護士研修を充実させるべく，2008（平成20）年1月より，契約書の作成方法等，基礎的な内容の新規登録会員向け基礎講座を企画・実施してきたが，2013（平成25）年1月より，クラス制による研修が導入されるに至っている。

このように東京弁護士会においては種々の研修メニューを検討しているものの，新規登録会員数の急速な増大に伴い，研修場所の確保，実務型研修にあっては事件の確保，指導担当弁護士の確保等が困難となっており，上記の現行の研修システム（とりわけ刑事弁護，法律相談等の実務型の研修）の維持が困難となりつつあり，これらの点は早急に検討が必要な課題である。

さらに，いわゆる「即独弁護士」などOJTが必ずしも充分でないと思われる環境にある弁護士に対し，いかなる研修のフォローが可能なのかは引き続き検討する必要があろう。

3) 継続的弁護士研修

(1) 倫理研修

会則上の義務となった倫理研修は，期別小グループによる討論形式により実施され，一定の成果を上げているが，さらに会員の高度の倫理感を培うために，倫理事例の研究と研修資料の作成蓄積に努めるなど，よりよい倫理研修をめざす具体的施策を進めるべきである。

弁護士倫理は弁護士の存在基盤をなすものであり，弁護士が弁護士業務を行う上で不可欠なものである。かかる認識に基づき，すでに倫理研修は義務化されているが，弁護士倫理の重要性に照らすと，研修義務の懈怠に対しては，重い制裁を科すべきである。

また，メーリングリストで行われていた共同受任者間の特定の事件に関する情報交換が外部から閲覧可能な状況になっていたこと等，インターネット環境における情報流失による守秘義務違反等，新たな問題が発生している。かかる弁護士を取り巻く環境の変化に対

応できるよう倫理研修の内容をいかにリニューアルして行くかも検討されるべきであろう。

(2) スキルアップ研修

❶ 一般研修

東京弁護士会は，春季・秋季に原則として各6回ずつ（1回2時間），弁護士研修講座を開催しており，実務に直結するテーマを幅広く取り上げている。

❷ 専門研修

法的問題や紛争がよりグローバル化，多様化，複雑化，専門化することは間違いない。これに伴い，従来は扱わなかった分野に関する知識の習得や，離婚，相続，交通事故等一般の弁護士が取り扱う分野においても法改正に伴う最新の情報を取得する等の研修の充実は重大な課題である。

東京弁護士会は，集中講座を春季および秋季にそれぞれ1回ずつ開催している（土曜日実施・3単位・合計6時間）。また，2001（平成13）年から，専門弁護士養成連続講座（現在の名称は「専門講座」。6回程度の連続講座となっている。）を開催している。これまで，工業所有権訴訟，会社法改正，不動産取引，行政法，医療過誤法等に関する講義を行い，いずれも多数の参加者の参加を得て好評である。今後，他の分野についても専門講座を開催していくべきであろう。

(3) 研修義務化について

一定数の一般研修や専門研修の受講義務を課すべきとの考え方があり，すでにその実施を開始した単位会もある。

確かに，弁護士増員時代を迎え，弁護士の知識，スキルを一定のレベルに保つことは不可欠であり，研修義務化はこの要請に応える可能性を有している。しかし，弁護士業務はますます多様化することが予想されるところ，各弁護士に対して研修義務を課すためには，その前提として，必要かつ十分な研修メニューを用意することが不可欠であり，自らの業務に関係ない研修の受講を強制され，これを拒絶したら懲戒されるといった事態を回避しなければならない。

研修義務化の導入に当たっては，かかる観点等にも留意し，導入及びその内容を検討すべきである。

(4) 今後の研修方法について

❶ 研修形式の工夫

講義方式，倫理研修やクラス別研修におけるバズセッション方式のほか，少人数・ゼミ形式で事例を研究したり，起案提出・添削するといった方式も検討すべきである。また，OJTとして指導担当弁護士に付いて特定分野の訴訟に代理人として加えてもらい，実践で専門技能を身につける方式等も検討に値する。

❷ インターネット等の活用

講義を電磁的記録化し，何時でもどこでも視聴できる態勢（ライブ配信，オンデマンド配信等）を一層充実させるべきである。

この点，日弁連は，新規登録弁護士の増大時代にも対応できる研修充実策として，2008（平成20）年3月より，パソコン等にて受講可能なeラーニング研修を開始し，漸次プログラムを拡充している。東京弁護士会においても，研修映像をインターネット配信し，パソコン等で研修を視聴できる「東弁ネット研修」を開始している。

eラーニングは，講義自体の電磁的記録化を前提に構成することが求められ，使い回しを予定することから，著作権等の処理，コンテンツ充実方法，効率的な配信方法等課題があるものの，上記の新規登録弁護士の飛躍的な増員による研修場所確保の困難，研修講座の増加に伴う講師の確保の困難などの問題の可及的な解消を図り，研修を充実させるためのツールの一つとして今後さらに検討発展させていく必要があろう。なお，東京弁護士会では過去に東弁ネット研修にて配信されたプログラムのライブラリー化を図っており，将来的には，過去のプログラムを視聴可能にすることを検討中である。

(5) 研修の運営面に関する工夫

より充実した専門研修とするために，今までの研修テーマ・出席人数などを分析しているところ，広く会員の意見を募って，的確なテーマを選択した上で，会内外から優れた講師を招聘するようにすべきである。

また，日弁連法務研究財団の実施する専門家養成コースへの参加を積極的に奨励するなどして，学者・研究者・隣接専門職・企業法務従事者との交流を深めて，会員各自専門分野におけるスキルの向上に努めるべきである。

さらに東京弁護士会と，日弁連あるいは他の単位会との研修の共同開催も，研修場所の効率的な運用や講師の確保の点から有用と考えられる。

4) クラス別研修制度

東京弁護士会は，2012（平成24）年12月20日以降入会の新規登録弁護士（主に修習65期）を対象とした研修として新たにクラス別研修制度（以下「クラス制」という。）を導入した。クラス制を正式な新規登録弁護士の義務研修として導入するのは全国で最初の試みとなっている。

このクラス制は，約20人を1クラスとして，一方的な講義ではなくゼミ形式で弁護士としての依頼者等への基本的な対応，離婚，相続等の基本的な事件の処理につき研修するものであり，併せて同期間の懇親を図り横のつながりを構築すること等を目的とする。世話人の負担は大きいものの，受講者からは概ね好評である。

3年後の見直しを予定するが，現状のクラス別研修の概要等は次のとおりである。

(1) クラス制の目的

多人数での講義形式ではなく少人数でのゼミ形式により，基礎的な実務スキルとマインド（弁護士の使命）の滋養を図ると共に，新規登録弁護士同士が知り合う機会を設定し，同期同士の情報交換や弁護士会の活動により親しみやすくすることを目的としている。

(2) クラス制の概要

❶ 人数等

1クラス20名として登録順に編成する。

この人数は，ゼミ形式として発言がし易いこと，また，2013（平成25）年の新規登録弁護士数を約400名と想定し，確保されるべき世話人の数，教室数その他の諸要素を勘案して設定されている。なお，多摩地区会員を別途すること，企業内弁護士を別途にクラス編成すること等も検討されたが，むしろクラス内に多様な弁護士が存在することが重要であること，事務手続等を勘案し機械的に登録順に編成することとされている。

❷ 世話人

担任（登録5年目～10年目），副担任（登録11年目以上）により構成される。

世話人には1回2万円が会から支払われる。担任を5年目から10年目としたのは，ある程度の経験があり，しかし，あまりに新規登録弁護士と離れた期としないことで新規登録弁護士との世代間ギャップが生じないこと，発言の容易さ等に配慮している。

世話人の選任は，委員会からの推薦，各会派からの推薦によっている。

❸ 回数

全7回とした。

当初開始の13クラスについては1回目から3回目までを毎月行い，その後2ヶ月毎となっている。これはクラス内での懇親を図るため最初の3回は連続させ，その後は世話人の負担を考慮して2ヶ月毎とした。

また，7回中3回の出席が義務付けられている。出席義務を3回としたのは規則・細則との関係もあるが，研修が夜であることから企業内弁護士，子育て中の会員につき，あまり多数回の義務研修として未履修となることを回避するという理由もある。因みに出席義務を履行しない場合には新規登録弁護士研修が未履修ということになる。この場合，会長名義での履行の勧告が為され，勧告にもかかわらず履修をしない場合法律相談センターの名簿への不掲載等の不利益を受ける可能性が生じることとなる。

❹ テーマ

毎回1テーマとして，テーマは以下のとおりである。

第1回　民事事件の相談から解決まで［1］
第2回　民事事件の相談から解決まで［2］
第3回　労働事件（労働審判を含む）
第4回　離婚事件（職権探知主義，子供への配慮，戸籍謄本・住民票の取得方法，見方）
第5回　消費者事件（特別法の理解，悪徳商法等への対処方法）
第6回　相続事件（事件解決のプロセス，調停の進め方，戸籍の集め方）
第7回　借地借家事件（賃料不払いによる明渡請求事件を例に，内容証明・仮処分・訴訟・和解・強制執行という一連の手続）

❺ 形式

座学型ではなくゼミ形式とした。

少人数によるゼミ形式とすることにより基本的な事件の処理についての理解を深めることを企図された。

❻ 進行方法

世話人がペアとなってクラスを進行する。また，世話人から，毎回，事件処理等に関する体験談を話すようにし（経験交流），生きた事件処理を学べるようにした。

❼ 資料の配付等

当日東弁の職員が配布する等ではなく，全てメール配信とし，受講者各自が持参する方法とした。また，義務研修であったことから出欠の管理が必要であったところ，受講者の中から係を決めて毎回の出欠表を作成するなど自主運営方式とした（その他必要に応じて受講者に他の係を割り当てる等運営は任される）。

❽　懇親会

第1回目には各クラス共に懇親会を開催し，1人当たり5000円を会負担とした。

第2回目以降は懇親会の開催は自由とされた（この懇親会費は世話人の負担ではなく各自負担とした。）。

❾　全体としての運営

弁護士研修センター運営委員会が担当するが，クラス制を支える組織として，クラス別研修制度バックアップ協議会（以下「バックアップ協議会」という。）が組織されている。バックアップ協議会は，会長，副会長，司法研修所教官経験者，会派推薦者，弁護士研修センター委員，弁護士研修センター嘱託等で構成されており，同協議会においてテキスト作成，世話人の手配，具体的な運営の細部の決定等を行っている。

(3) **検討事項**

2013（平成25）年4月17日，世話人の交流会が開催された。また，2013（平成25）年度クラス制終了後に世話人及び受講者にアンケートを実施した。これらを受けて具体的な課題を検討するべきことになろうが，上記交流会，バックアップ協議会等の中で話し合われた検討事項として以下の事項等が挙げられる。

❶　義務とするべきかどうか。また，その義務としての出席回数

義務化には反対意見があり相応の理由を有している。しかし，義務研修としないと出席が確保できない側面があることは否定できないところと思われる。但し，義務としての出席回数3回をさらに増加させることについては，未履修の場合のペナルティとの関係があり，新規登録弁護士にも色々な事情がある会員があるであろうこと，さらに規則・細則の改正も必要であること等から，直ちに増加させることは困難であると共にさらなる検討が必要であろう。

❷　クラス制の実施回数

受講した新規登録弁護士あるいは世話人から，クラスの回数7回をさらに増加した方がよいのではないかとの意見も出ている。確かに回数を増加させることにより講義内容の充実を図ることはできる。しかし，世話人の負担，教室の確保，クラスが順次編成されるところ原則として1年間でこれを終了させること等の諸事情を考えると，回数の増加は困難な面があることは否定できない。この点も今後の検討課題である。

❸　世話人の確保

世話人を継続的に確保することは難しい。しかし，充実したクラス制の実現にはやる気のある世話人の確保は不可欠である。安定的な世話人の確保は今後の大きな課題である。

❹　開始時刻

当初制度スタート時は開始時刻を午後6時からとしていたが，勤務弁護士の都合や多摩支部の会員の参加の便宜を考え，現在の開始時刻は午後6時30分からとなっている。この点は今後も検討が必要と言えよう。

❺　懇親会のあり方

第2回目以降の懇親会は各クラスの自主運営に委ねられている。クラス制度開始時の世話人への説明においては，クラス終了後の積極的な懇親会への勧誘，世話人による全額費用負担は回避するようにお願いがされていた。これは懇親会参加を義務としないことを前提として世話人に就任して貰っていること，にもかかわらずクラス間に懇親会開催の格差が生じ，事実上世話人に懇親会の開催・費用負担を強制するような事態が発生すると，就任した世話人を困惑させるし，究極的に世話人の確保が困難となる事態が発生することを危惧したものである。

他方，クラス制開始後に，世話人からは新規登録弁護士同士の情報交換の場，新規登録弁護士の世話人への相談の場等としてクラス終了後の懇親会は重要であり，また，新規登録弁護士の会費負担の軽減の必要もあり，世話人のクラス終了後の懇親会への参加，会費の負担は不可避な面があることも指摘された。

どのようにバランスを取るのか難しく今後の検討が必要な事項となっている。

❻　クラス編成のタイミング

昨今の情勢として会への登録が漸次的である（12月の一斉登録の後も相当数が年明けにも登録して来る）。この登録に合わせて順次クラスを編成することとなるが，なかなか人数が集まらない等困難な面がある。これからもこの傾向は変わらないであろうと予想されるところ，効率的なクラス編成の方法を模索することが

必要となっている。

（4）総括

以上，課題は種々存在するものの，受講した新規登録弁護士からは大変好評のようである。クラスによってはクラスがない月にも飲み会を行う等自主的に懇親を図っていたところもあるようであり，現在の司法修習において同期同士の繋がりを形成しにくい中にあって，同期間の情報交換と懇親を深める場としては予想以上に有効に機能していた模様である。また，クラス終了後の懇親会にあっては世話人に事務所の異動についての相談がされる等，相談相手として世話人の存在も大変貴重であると解される。

クラス制は新規登録弁護士の基本的な弁護士のスキルの習得の場として，また，同期相互間の懇親を図り情報交換する場として有効と解される。OJTとまでは行かないものの若手サポートとしての面も見過ごせないものがあり，今後も課題を検討しつつ継続していくことが望ましいと解される。

（参考文献：LIBRA Vol13 No4 2013/4「東京弁護士会の若手支援制度」中「Ⅱ　クラス制（1）クラス制の概略①65期　2012年副会長白井裕子」を参照。なお，同記事中に世話人と受講者の感想が掲載されているので参照されたい。）

9　弁護士への業務妨害とその対策

> 我々弁護士が人権擁護と社会正義の実現という使命を全うするためには，正当な業務活動が守られなければならない。近年，増加，悪化する弁護士業務妨害を根絶するため，日弁連挙げて具体的な対策を検討し，会員やその家族，事務局を守らなければならない。東京弁護士会においては，東京弁護士会弁護士業務妨害対策センターの活動をより充実させ，バックアップしていかなければならない。

1）弁護士業務妨害をめぐる最近の情勢

2010（平成22）年，前野義広弁護士（横浜），津谷裕貴弁護士（秋田）が，いずれも業務に関連して殺害されるという最悪の事件が発生した。坂本堤弁護士一家殺害事件，渡辺興安弁護士殺害事件，岡村弁護士夫人殺害事件，女性事務員殺害事件（大阪，2007〔平成19〕年）など，弁護士・家族・事務員などの「命」に関わる重大かつ悪質な業務妨害事件が続発している。

日弁連は，弁護士業務妨害対策委員会において，各単位会に向け，業務妨害対策のための組織作りや活動の基本モデルを作り，さらに全会員向けに対策マニュアルを作成している。

東京弁護士会でもそれらに呼応し，1998（平成10）年4月，弁護士業務妨害対策特別委員会を発足させ，同時に「弁護士業務妨害対策センター」をスタートさせた。

2）弁護士業務妨害対策センターの活動状況

（1）アンケートによる実態調査

1997（平成9）年に実施された東弁全会員のアンケートによって，弁護士に対する業務妨害はすでに多数発生しており，決して特殊なことではなく，誰にでも起き得ること，その妨害の形態が多種多様であることなどが明らかとなった。のみならず，これまでは弁護士会として対策が皆無に近かったことも浮き彫りにされた。

それら妨害行為にあった弁護士が採った具体的対策としては，警察への通報・刑事告訴・仮処分申請等が一般的であり，複数弁護士での対応なども一定の効果が認められている。その反面，弁護士会は全く頼りにならない存在であった。

（2）積極的対策

以上のような実態への反省から，近年は各地で弁護士会による具体的対策が講じられつつある。派遣弁護士制度や，弁護士会として仮処分の申立をする，弁

護士会の名前で警告を発するなど，弁護士会が主体的に動くケースが見られるようになってきた。

そのような情勢を踏まえ，東弁では，1998（平成10）年4月に「弁護士業務妨害対策特別委員会」を発足し，「弁護士業務妨害対策センター」を設置した。これは，弁護士業務妨害を個々の弁護士個人の問題として押しつけるのではなく，弁護士会が動いてこそ効果的かつ抜本的対策になるのだとの共通認識から，より積極的に弁護士会自体が動けるシステムを作るべきであると判断されたものである。

(3) センターの設置と運用

❶ 組織

30名の支援弁護士を一般会員から募集し，名簿を作成する。

❷ 活動の流れ

① 弁護士会事務局に窓口を設置し，被害を受けている（おそれのある）弁護士からの支援要請を受け付ける。

② 担当委員が事情聴取をし，委員会に報告。委員会で支援の必要性および方法について検討する。ただし，緊急を要する場合には，委員会には事後報告とし，正副委員長の協議により迅速な支援対応ができるようにする。

③ センターが行う支援の内容としては，ⅰ) 対策ノウハウの提供，ⅱ) 支援弁護士の派遣，ⅲ) 委員会ないし弁護士会の名で妨害者に通告・勧告・警告，ⅳ) 仮処分その他の法的手続，ⅴ) 警察その他関係機関との連携，ⅵ) 広報などがある。

④ 支援活動の費用負担は原則として，支援要請弁護士の負担とする。金額については委員会の審査を受けるものとする。

(4) 研究活動

業務妨害の中でも，暴力団や右翼団体など民事介入暴力と共通するものについては，ノウハウもほぼ固まっている。他方，昨今問題とされているのは，精神的あるいは人格的障がい者による妨害にどう対処したらよいかという点である。業務妨害対策特別委員会では，精神分析学の専門家を招いてシンポジウムを開くなどし，精神的・人格的障がい者に対する接し方のノウハウを研究している。

また事務所襲撃型の業務妨害では，弁護士だけでなく，事務員も被害者になる可能性があるので，事務所のセキュリティ（常時施錠など）・弁護士と事務員との連携・事務員の対処法等の研究及び情報提供もしている。

(5)「ハンドブック」の作成配布

業務妨害対策特別委員会では，2002（平成14）年3月，様々な妨害形態を分類し，分析して，それぞれに適切な対策ノウハウをまとめた「弁護士業務妨害対策ハンドブック―弁護士が狙われる時代に―」を作成し，東弁全会員に配布した。2007（平成19）年に改訂版，2011（平成23）年には二訂増補版を発行した。

(6) 支援要請の実情

被害を受けている弁護士からセンターに対する支援要請は，毎年確実に増加している。事件の相手方や依頼者からの脅迫行為，つきまとい，嫌がらせ，インターネットでの誹謗中傷，不当な高額賠償請求，濫訴的懲戒請求等々，その妨害形態は多様化している。

しかし，実際の妨害の件数に比して，支援要請に及ぶのはごく一部であり，大半は被害を受けながらも堪え忍ぶか，自ら対処しているものと推察される。それが，卑劣な妨害に屈していることの表れでないことを願うばかりである。またセンターの存在を知らないことや，弁護士が自ら支援を求めることを「恥」と考える風潮にも一因があるように思われる。

3）業務妨害根絶に向けて

以上のように，弁護士業務妨害対策システムは，ようやく緒についたばかりであり，今後もより一層の努力が必要である。そして，その新しいシステムが期待どおり有効に機能するかどうかは，一般会員の理解と協力にかかっている。

法友会としても，東弁の活動を全面的にバックアップしていかなければならない。例えば，支援弁護士名簿への積極的登録，情報提供等々である。

最大単位会たる東弁としては全国に範を示すべく，積極的かつ具体的に活動を推進していかなければならない。日弁連のバックアップ，東京地裁における仮処分決定の蓄積，警察庁・警視庁との連携，マスコミによる広報宣伝等々，東弁の果たすべき役割は極めて大きい。

卑劣な業務妨害を根絶し，正当な弁護士業務を守り，ひいては我々弁護士が人権擁護と社会正義の実現という使命を全うすることができるようにするために，東

弁全体が一丸となり断固として戦うという姿勢を世に示していかなければならない。

10 権利保護保険（通称「弁護士保険」）

> 権利保護保険は，事件解決に必要な経済的側面を補填する制度の一つとして，重要かつ必要な制度である。しかし，現状は保険の対象となる法分野が限られている等の問題点も抱えており，この問題点を市民の利便性の観点から解決しながら，制度の発展を図るべきである。特に，本制度が目的とする中間的な所得層が弁護士費用を気にせずに弁護士依頼ができる制度を目指し，弁護士会としての弁護士紹介体制をよりよいものに組織作りしていくべきである。保険そのものも，その対象分野を一般に弁護士が扱う分野に広げることができるような環境整備を行うべきである。

1）権利保護保険の内容と必要性

権利保護保険とは，市民が法的な紛争に遭遇した場合に，それを解決するために必要な費用を保険金として支払うというものである。したがって，この保険の利用者は保険料を支払うことが必要であるが，現実に法的な紛争に巻き込まれたときに必要となる費用と比べて低廉な保険料支払いで賄える点に長所がある。

弁護士へのアクセス障害の大きな理由は，弁護士費用であり，この問題を解決しなければ司法へのアクセスそのものの保障がないも同然である。この問題を解決する一つの方法として，この保険の必要性が肯定される。

2）外国及び国内の状況

この保険を検討した日弁連業務改革委員会の検討グループが参考としたドイツ，イギリス等の保険を見ても，その国の紛争解決方法に合わせた保険制度でなくては利用しやすいものとはならないことが理解できる。ドイツでの普及は世帯数40％程度，イギリスでの普及は人口の60％程度で，そのような保険の普及が司法による紛争解決に道を開いていることが理解される。

日本国内においては，従来から自動車損害賠償保険の内容の一つとして，被害者の弁護士費用を保険金として支払う損害保険が存在している。しかし，これら特殊な分野における法的紛争以外については，弁護士費用を含めた紛争解決費用を支払うことのできる保険は存在しなかった。

3）日弁連の動き

日弁連としては，以上の通りの国内の状況を考え損害保険会社との協議を続けた結果，権利保護保険という保険商品が販売されることとなり，その商品の弁護士紹介を担う制度を日弁連がつくることとなった。1999（平成11）年11月に日弁連理事会で制度創設の承認を経て，2000（平成12）年7月には日弁連と損害保険会社との協定書の締結が初めてなされ，同時に日弁連内に「日弁連リーガル・アクセス・センター」（通称日弁連LAC）が設置された。現在は，このセンターが制度の発展維持と保険会社との協議を続けている。

現在，この保険は特に少額事件の紛争解決における弁護士の利用に役に立っているという状況である。

4）制度の現状

2014（平成26）年8月段階で，日弁連と協定している損害保険会社等は10社，共済組合連合会2つとなり，その保険の販売実績と弁護士紹介依頼件数は正比例して伸びている。

2014（平成26）年度は，4月から8月までの5ヶ月間ですでに弁護士紹介案件が，10,889件となっており，さらなる発展が確実となっている。

なお，日弁連がプリベント少額短期保険株式会社との間で，「弁護士保険（権利保護保険）の制度運営に関する協定書」を締結したことに伴い，同社が2013（平成25）年5月から販売する単独型の弁護士費用保険「Ｍｉｋａｔａ」において同社が導入する「初期相談」（相

年度	保険契約件数（約）	弁護士紹介依頼件数
2000年度	7,400	0
2001年度	11,500	3
2002年度	27,000	6
2003年度	289,000	15
2004年度	437,000	62
2005年度	933,000	189
2006年度	4,438,000	682
2007年度	5,858,000	2,023
2008年度	6,564,000	3,565
2009年度	9,011,000	5,148
2010年度	14,317,000	8,194
2011年度	18,799,000	13,526
2012年度	19,780,000	18,116
2013年度	20,917,000	23,104

談の内容が法律上の紛争に該当するかどうかにか関し回答し，併せて法制度の情報提供並びに法律相談機関及び弁護士斡旋紹介制度等の広報活動を行うこと）について，東京弁護士会も，「東京弁護士会初期相談制度運営規則」を制定した上，同社との間で業務委託契約を締結し，2015（平成27）年1月から，平日午前10時から午後2時までの間，2時間ずつ各2名の弁護士を担当者として配置し，試行によりこれを実施することとなった。これにより，権利保護保険の一層の普及が期待される。

5）この制度の問題点と育成

　一般的な法的紛争解決費用に関する保険は日本でも初めてであり，弁護士としても，社会に生じる紛争解決のためには将来的な発展を応援すべきである。しかし，この制度は，弁護士会が関与することを含め初めての試みである点を多く含み，制度の持つ問題点も意識した上での発展でなくてはならず，問題点を議論しておく必要性は大きい。この制度の問題点を意識しつつ，国民にとって利便性のあるものとして育て上げていくよう，弁護士会としても，積極的にその普及に協力していくべきである。

❶　弁護士会での報酬規定が廃止されたために，この保険制度の安定には，この制度のための報酬基準を決める必要性があるところ，現在，旧日弁連報酬基準を基礎として基準が決められている。依頼された弁護士がこの点を理解した上で事件処理をすることが重要である。特に，保険金として支払われる弁護士報酬の額の妥当性は，問題となり得るのであり，保険会社と日弁連との協議を続ける必要性の一つがここに存在する。

訴額基準では弁護士報酬が安過ぎるという欠点があった少額事件関係は，時間制報酬制度による報酬請求により原則60万円までできる制度となり，国民の少額事件における泣き寝入り防止に役立つことが期待できる。例えば，訴額が10万円の事件でも弁護士報酬は60万円までは必要であれば保険金として支払われるということである。ただ，ほとんどの弁護士が時間制弁護士報酬制度に慣れていないための問題点が現出している。

❷　権利保護保険の内容はあくまで保険会社の商品開発の問題であり，全体として保険会社の開発姿勢に依拠しなくてはならない。このことは，解決費用としてどのような事件の費用に限定されるかは全て保険契約の内容の問題となることを意味し，その保険の内容が，国民にとって利便性のあるものとなるか否かは，保険会社間での自由競争原理での発展を望まざるを得ない。しかし，国民の紛争は現在ある商品だけの法分野だけではなく，多くの法分野でも対象となる保険商品が出てくることにより，国民と司法との距離が近くなることは間違いない。そこで，どこまで対象法分野を広げることが出来るかが大きな問題となろう。

❸　日弁連と損保会社との協定書は，弁護士会が「適正な弁護士」を紹介する努力義務を負っている。弁護士会として，弁護士の供給体制を整えるためには多くの解決しなければならない問題が山積している。特に弁護士過疎地域での弁護士紹介は難しいが，この弁護士の供給は，弁護士の業務拡大にもつながることを意識すべきである。

❹　東弁のこの制度に対する姿勢は，規則でその紹介を受ける弁護士人数を制限している点，弁護士紹介だけでも法律相談センターと同じ率の納付金がある点，少額事件でも弁護士報酬が60万円まで支払えるように制度設計されているにもかかわらず，東弁の法律相談センター報酬審査基準では認められないなど，制度の普及に対する障害となりかねない問題点があり，さらに検討されるべきである。

❺　保険事故か否かを判断するのは，保険会社であり，その判断の妥当性を担保する手段がどのように採られるかが問題である。

❻　保険商品の内容，販売方法，運営方法については，日弁連も協議に加わることが予定されているが，この協議の実効性を確保するための方策を常に考えていく

べきである。

❼ 保険で支払われる解決費用に，今後拡大することが予想される裁判外紛争処理機関での費用がどの範囲で含まれるかが問題である。その費用が含まれるような体制づくりに持って行くべきであろう。

11 弁護士広告の自由化

> 2000（平成12）年に弁護士広告は自由化され，日弁連の会規で不適切な広告に関する規制が行われている。非弁提携広告等の問題事例も危惧されるところであるが，広告自由化後10年が経過して弁護士を取り巻く状況も大きく変化しており，弊害防止を図りつつ，弁護士の業務拡大を図るために，弁護士広告活性化の観点からの規制の在り方の検討が必要となった。そこで，2012（平成24）年3月15日開催の理事会において，「弁護士及び弁護士法人並びに外国特別会員の業務広告に関する運用指針」が，「弁護士及び弁護士法人並びに外国特別会員の業務広告に関する指針」に全面改正された。

1）広告の自由化と不適切な広告に対する規制

2000（平成12）年3月24日，日弁連は，それまで原則禁止であった「弁護士の業務の広告に関する規程」を廃止し，広告を原則自由とする「弁護士の業務広告に関する規程」（以下「規程」という。）を会規として採択し，同規程は，同年10月1日から施行された。

この規程では，それまで限定列挙されていた広告できる事項及び使用できる広告媒体について特段の規定は置かないこととなったが，依頼者である市民への広告による弊害を防ぐべきとの考えから，一定の類型の広告について禁止規定が置かれている。

具体的には，①事実に合致しない広告，②誤導又は誤認のおそれのある広告，③誇大又は過度な期待を抱かせる広告，④特定の弁護士・外国法事務弁護士・法律事務所又は外国法事務弁護士事務所と比較した広告，⑤法令に違反する広告又は日弁連若しくは所属弁護士会の会則，会規に違反する広告，⑥弁護士の品位又は信用を損なうおそれのある広告，の6種類である。

これらの規制は市民への広告による弊害防止の観点から設けられているものではあるが，抽象的な文言もあり，結果として弁護士の広告に対する萎縮効果をもたらし，弁護士の広告の活性化を阻害しているのではないか，弁護士各自の業務拡大への工夫の範囲を狭めているではないかとの意見があった。

また，2000（平成12）年に規程と同時に「弁護士及び弁護士法人並びに外国特別会員の業務広告に関する運用指針」（以下「運用指針」という。）が定められたが，例えば，「専門分野」の表示については，国民が強くその情報提供を望んでいる事項としながら，「現状では」何を基準として専門分野と認めるかの判定が困難であるとして，「現状ではその表示を控えるのが望ましい」と指摘するにとどまっていた。

規程では，表示できない広告事項として，①訴訟の勝訴率，②顧問先又は依頼者，③受任中の事件，④過去に取扱い又は関与した事件を広告に表示することを禁止している。この内②～④については依頼者の書面による同意がある場合には許される。なお，依頼者が特定されない場合でかつ依頼者の利益を損なうおそれがない場合には，同意がなくとも広告に表示をすることは許されていた（運用指針第4）。

このほか，規程は，①訪問又は電話による広告，②特定の事件の勧誘広告（ただし公益上の必要がある場合には許される），③有価物等供与を禁止している。

しかし，これらの規制によって，過度に弁護士の業務拡大のための工夫が制限されていないかを改めて検討を行い，見直しを行う必要性が指摘されていた。

2）弁護士及び弁護士法人並びに外国特別会員の業務広告に関する指針

規定及び運用指針により運用がなされてきた10年間の研究・議論の成果を運用指針に反映させ，弊害を防止しながらも，市民が望んで情報提供を求めている専門分野を弁護士が積極的に表示できるようにする方向での運用方針の見直しが求められていた。

そこで，2012（平成24）年3月15日開催の理事会において，運用指針が，「弁護士及び弁護士法人並びに外国特別会員の業務広告に関する指針」（以下「新指針」という。）に全面改正された。

先に述べた「専門分野」の表示については，運用指針同様，「表示を控えるのが望ましい」との結論に変更はない。ただし，広告中に使用した場合，文脈によって問題となり得る用語の具体例として，「信頼性抜群」，「顧客満足度」その他実証不能な優位性を示す用語などが明示された。なお，新指針では，電話，電子メールその他の通信手段により受任する場合の広告記載事項についても定められた。

3）弁護士業務広告の実態

いわゆる広告の自由化以降，まず，債務整理系事務所がマス広告を行った。これは，①マス広告の対象は不特定で，初期投資及びランニングコストもかかるため，債務整理のような潜在クライアント数の多いものに使わないと効率が悪いことと，②マス広告の対象は多数であるため，債務整理のような定型・大量処理できる業務以外で使うと効率が悪いことが理由と考えられる。

このように考えると，例えば交通事故なども，①潜在クライアント数は多く，②赤本・青本等で一定の定型化が進んでいるので，マス広告が行われてもよいように思われる。現在，交通事故のマス広告については，「情報提供や相談料のみならず着手金も無償，報酬のみ」という広告も少なくないようである。

東京地区の事務所による全国的なマス広告は，各地の単位会との軋轢を生む元となっているが，今後の健全なバランスのとれた発達を望みたい。その他，検索ワード連動のリスティング広告も，今では相当数の事務所が行っているようである。

ホームページを作成している法律事務所は多いが，かつては既存の顧客への情報提供のために行っている場合が中心と考えられていたが，状況は年々変化しており，今では，広告宣伝手段として利用することも増えているように見える。もっとも，弁護士による広告に関し，問題意識を持つ弁護士が相当数おり，近時，東京弁護士会消費者問題等特別委員会において，「弁護士による消費者被害を止めるチーム」というPTが立ちあがった。

4）これからの弁護士広告の在り方

2000（平成12）年以降，ホームページを持つ事務所の数は飛躍的に増え，交通機関での広告やマス広告を行う事務所，リスティング広告を行う事務所なども増えてきている。また，弁護士事務所の広告コンサルティングを行う業者も相当数あるようである。このように，徐々にではあるが，弁護士の業務広告は着実に拡大していくものと思われる。このことが，市民への弁護士情報の提供という観点から，好ましいものであることは間違いない。

先にも指摘したように，今後も，弊害防止を考慮しつつも，業務広告のさらなる活性化の観点からも議論を重ね，規程や指針を適宜見直して必要な改訂を行うべきである。そして，規定や指針を策定するのが日弁連であるとしても，個別の案件に関する調査権限及び必要な措置をとる権限をもつのは各単位会であるから，各単位会が日弁連と協力しながら，各地方の実情に応じて，個別具体的に弁護士による広告の適否を判断していくこととなる（規程12条）。

弁護士はまだ広告をすることに慣れていないが，市民の求める情報を発信して身近な存在となり，弁護士の業務の発展にも繋げる取組を行うべきである。また，若手の業務対策上，広告の自由化が必要であるとの強い意見もあり，さらに，広告の自由化の在り方そのものを含め，検討していかなければならない。

12　弁護士情報提供制度

> 日弁連が実施している弁護士情報提供制度は，市民に対して，弁護士の取扱業務等の情報を開示する制度である。全ての弁護士が，弁護士による情報開示は弁護士の市民に対する責務であることを自覚し，取扱業務を含めた弁護士情報を開示する制度として発展させなければならない。

1）弁護士会の広報としての役割

　国民が，弁護士にアクセスをする際に，弁護士に関する情報がなくては，どのような弁護士に連絡をしたらよいのかも分からない。その意味で，個々の弁護士についての情報提供は，国民の基本的人権を擁護し，社会正義を実現するために有益なものであり，国民に対する弁護士の責務である。

　しかし，それを個々の弁護士自身の情報提供や広告のみに頼ることは極めて困難である。そのため，弁護士の情報を開示するための小冊子や本を作るなどしている弁護士会も存在した。この要請は，東京であっても同様であり，弁護士の情報開示方法について検討を重ねてきた。もっとも，特に東京においては，地方単位会と比べると多数の弁護士が存在するため，小冊子の作成費用も莫大となることが予想されることが問題とされた。

　東京弁護士会では，このような情報提供は，弁護士会の広報として重要であることから，業務改革委員会において，実験的にFAX情報提供制度を立ち上げ，その利用度を勘案して制度の発展を期待することとした。

　そして，経費問題等を解決して，2000（平成12）年10月1日には，東京弁護士会のホームページ（http://www.toben.or.jp/）に，東京弁護士会所属の全弁護士の名前と事務所を明示し，取扱分野の情報提供を了解した弁護士に関しては取扱分野も明示した情報提供制度が掲載されることとなった。この制度は，国民の好評を得た。好評の理由は，自分の頼みたい事件の分野の弁護士に関する情報が従来は全くなかったのに，一般分野35分野，要経験分野22分野（この登録には，一定の経験要件が存在する）を検索すると必要な弁護士の情報（写真や地図，関わった判例等）が分かるからであった（なお，従来，取扱業務掲載には登録料や弁護士過誤保険に入ることが条件となっていたが，取扱業務を明示する弁護士増加の阻害要因となっていると推定し，その条件を撤廃した。）。

　しかし，日弁連においても，同様の問題意識から，全国の弁護士の情報提供をどのように行うべきかを検討した結果，2006（平成18）年12月から「ひまわりサーチ」という名称で弁護士情報提供サービスが開始されたため，「ひまわりサーチ」に一本化するという観点から，2011（平成23）年3月28日，東京弁護士会独自の情報提供制度は廃止された。

2）個々の弁護士にとっての位置づけ

　かつての多くの弁護士は，知人を介して頼まれる事件を分野も問わず受任していたため，専門特化の必要もなく，むしろ，どの分野でも対処できる態勢をとることが必要とされてきていたものと思われる。

　しかし，ある特定分野の事件を集中して受任し，短期間にその分野の専門特化した地位を築いて事務所を維持するという考え方もあり，社会の複雑化に伴って，国民の側からも，専門特化した弁護士に対する需要が高まっていることが感じられる。専門特化を目指す弁護士にとっては，この弁護士情報制度を活用することが考えられる。

　その意味で，情報提供制度は弁護士会としての広報でありながらも，各弁護士の広告的な側面も否定できないのであり，その面の効果もあると考えられる。ただ，弁護士会という公共的な立場からの広報と各個人のための広告との区別は，主体の違いや責任の所在の観点などから明確にすべきであり，その本質的な違いを常に意識し，弁護士会の広報が各弁護士の広告にならないよう注意をすべきである。

　弁護士会の広報としての情報提供制度を通じて，個々の弁護士自らの取扱分野についての情報公開が，

市民に対する弁護士の責務であるとの考えに発端があることを個々の弁護士に浸透させるべきである。

3）今後の課題

弁護士が取扱分野等の情報提供に消極的な理由は、かつては見ず知らずの人からアクセスされることを嫌う傾向、現在の事件数で手一杯であり事件の相談があっても受けられない、というものであったが、最近では、業務確保の観点から、特に登録間もない弁護士を中心にこれらの抵抗感は減少しているものと考えられる。

現状で取扱業務の情報提供が少ない理由として、取扱業務を特定のものに限定した場合に十分な収益が得られるかが不透明なことや、まだ特定の取扱業務に限定している弁護士が多くなく、その情報提供も十分ではないために、自らその情報提供を行わなくとも立ち後れることがないことが考えられる。また、経験が浅いために取扱業務として掲げることをためらう弁護士もいるかもしれない。

しかし、これらの情報は市民が強く求めていることでもあり、弁護士会は、需要の多い分野や専門性の高い分野について研修等を通じて、より多くの会員が当該分野を専門分野とできるように支援をすべきである。その上で、例えば、いくつかの研修を指定して、あえて望まない場合を除き研修受講生について取扱業務が自動的に登録がされるようにする等、取扱業務として登録しやすい環境を整備すべきである。

また、日弁連の「ひまわりサーチ」への東弁会員の登録が極端に少ない状況にあるため、当面、その登録数の増加に取り組むべきである。

13　弁護士報酬支払いのクレジットカード利用と懲戒問題

1）経緯

1992（平成4）年当時の日弁連会長名で、「弁護士がクレジットカード会社と加盟店契約を締結することについての見解」と題し、カード利用に関しては自粛すべきであるとの要請が単位会会長宛てに出されている。これは、当時はそのカード利用料金が、そのカード利用額の1割を超えるなどの率であったために、主として弁護士報酬の一部を金融会社が取得することが非弁提携を禁じた弁護士法に違反するおそれがあったからである。これ以降、ほとんどの弁護士はこの自粛要請を守ってきているが、社会の変化により、その是非をめぐり議論が再燃してきたものである。

2）日弁連弁護士業務改革委員会でのカード支払いを認める決議

クレジットカードの利用が社会に浸透して、その後、自治体、公共料金、医療機関、他士業の報酬等の支払いもカードでできる時代となり、利用者の利便性の観点から非弁提携禁止の意義が再検討を求められてきた。2002（平成14）年に第一東京弁護士会がカード利用を認めるべきとの意見書を出したことを皮切りに、その後の検討により、特に、インターネットでの法律相談は、過疎地の依頼者に質の高い相談を容易にしており、その相談費用はカード決済以外には考えがたく、カード利用の必要性を明らかにした。業務改革委員会では、問題点を検討した上で、カード会社との協議を重ねながら、カード手数料を3％以内とするとの約束をとりつけ、2006（平成18）年6月に弁護士会は弁護士のカード利用を否定できない旨の意見書を提出した。

3）現在の日弁連の意見

上記の業務改革委員会の意見書をもとに日弁連内での議論がなされ、消費者委員会の強い反対に一定の配慮をしつつ、日弁連は、2009（平成21）年3月30日に「弁護士報酬等のクレジットカード決済の問題点について（要請）」という文書を全会員宛てに出した。その意味するところは、原則としては、カード会社と契約すること自体が懲戒処分の対象となるものではないが、他の要因が重なり合った場合には懲戒処分の対象となり得るというものである。その要因の例として、次の3つが挙げられている。

① カード会社がカード会員に対して加盟店としての一般的な紹介を超え、積極的に弁護士を紹介する場合

② 依頼を受けた法律事務に関して弁護士と依頼者間での紛争が生じ、依頼者がカード会社への支払いを

停止又は拒絶したり，立替金返還を要求したりする場合に，法律事務の内容をカード会社に開示する場合
③ 任意整理，法的整理等の依頼を受けた場合に，依頼者が当該カード会社に対する立替金の支払いができなくなることが見込まれるにもかかわらず，当該事件の報酬をカードの利用により決済させた場合

日弁連では，これらの懲戒とならないための注意点を記載したガイドラインを設定している。したがって，今後はこのガイドラインに沿った運用に注意をした上で，利用者の利便性の向上と弁護士業務の健全性の調和を図っていくべきである。

第4部
刑事司法の現状と展望

1 刑事司法改革の視点

> 刑事司法制度は大転換期を迎えている。2009（平成21）年8月には，第1号の裁判員裁判が開かれ，また，被害者参加制度も開始された。
> 弁護士・弁護士会は，このような時期に，取調べの可視化，人質司法の打破等の実現に設けて全力を傾注する必要がある。

1）憲法・刑事訴訟法の理念から乖離した運用

　刑事司法の改革を考える上で重要なことは，日本の刑事司法の現実を，憲法，国際人権法そして刑事訴訟法の理念を尺度として，リアルに認識することである。

　日本国憲法は，旧憲法下の刑事司法における人権侵害の深刻な実態に対する反省に基づき，31条から40条に至る世界にも類例をみない審問権・伝聞証拠排除原則（37条），黙秘権（38条），自白排除法則（38条）などの規定を置いている。

　この憲法制定とともに，刑事訴訟法は全面的に改正され，詳細な刑事人権保障規定が置かれた。刑事手続における憲法的原則は，適正手続・強制処分法定主義（31条），令状主義（33条，35条），弁護人の援助を受ける権利（34条，37条）等であり，被疑者・被告人は，厳格な要件の下で初めて身体を拘束され，弁護人による援助の下で，検察官と対等の当事者として，公開の法廷における活発な訴訟活動を通じて，裁判所によって有罪・無罪を決せられることとなった。要するに，現行刑事訴訟法は，憲法上の刑事人権保障規定を具体化して，捜査・公判を通じて適正手続を重視し，被疑者・被告人の人権保障を強化したのである。「無実の1人が苦しむよりも，有罪の10人が逃れるほうがよい」との格言があるが，そのためのシステムを構築しようとしたのである。

　ところが，その後の我が国の刑事訴訟法の運用の実態は，憲法や刑事訴訟法の理念から著しく乖離し，大きく歪められている。すなわち，被疑者は原則的に身体拘束されて，強大な捜査権限を有する捜査機関による取調べの対象とされ，密室での自白の獲得を中心とする捜査が行われて，調書の名の下に多数の書類が作成された上（自白中心主義），検察官の訴追裁量によって起訴・不起訴の選別がなされる。公判段階でも犯罪事実を争えば，長期にわたって身体拘束をされ続け，事実を認めないと身体の自由は回復されない（人質司法）。そして，有罪・無罪はすでに起訴前に決していて，公判は単に捜査書類の追認ないしは引き継ぎの場と化し，公判審理は著しく形骸化してしまった（調書裁判）。まさに，検察官の立場の圧倒的な強大さは，旧刑事訴訟法下の手続と同様の「糾問主義的検察官司法」となって現出した。

2）出発点としての死刑再審無罪4事件

　このような事実を端的に示しているのが，死刑が確定していた4事件について，1983（昭和58）年から1989（平成元）年にかけて再審無罪判決が相次いで言い渡されるという，50数年にわたる戦後刑事司法の汚点ともいうべき衝撃的な事実である。死刑が確定していた4事件について，相次いでいずれもが誤判であることが明らかになるという事態は，事件に携わった警察官，検察官，裁判官の個別的な資質や能力にのみ原因を求めるわけにはいかないことを示している。すなわち，刑事司法のシステムそのものに誤判・冤罪を生み出す構造が存在していたことを示唆するものである。それゆえに，平野龍一博士は，1985（昭和60）年，このような刑事手続の状態を，「我が国の刑事裁判はかなり絶望的である」と表現された。

　弁護士会としては，この間，当番弁護士制度を創設するなど，かような事態の打開のために努力してきたが，以上に述べたような事態は，その後も何ら改善されていないばかりか，むしろ悪化していると評される時期が続いた。

　2007（平成19）年にも，再審無罪となった富山氷見事件，自白強要の実態が暴かれ，結果として被告人12名全員が無罪となった鹿児島志布志事件，2010（平成22）年には足利事件，2011（平成23）年には布川事件

でも再審無罪が確定している。さらに，2010（平成22）年9月に厚生労働省元局長事件でも無罪が言い渡されたが，同事件に関連して，大阪地検の主任特捜部検事が証拠改ざんを行い，特捜部長・同副部長まで証拠隠滅罪に問われ，2012（平成24）年3月に元特捜部長と元副部長に対し，大阪地裁はいずれも懲役1年6月，執行猶予3年の判決を言い渡している（2013〔平成25〕年9月，大阪高裁が控訴を棄却し，確定。）。同じ2012（平成24）年には，いわゆる東電OL殺害事件で，再審を認める決定が東京高裁で出され，同年11月に再審無罪が確定する等，誤判・冤罪を生み出す構造的欠陥は解消されていないばかりか，検察への信頼が地に落ちる未曾有の事件が発生している。

2014（平成26）年3月，死刑判決が確定していた袴田事件で再審開始決定（死刑及び拘置の執行停止）が出たことは特筆すべきであり，今後その帰趨を注目したい。

3）改革の方向

このような我が国刑事司法の改革する必要性及びその方向性については，国際人権（自由権）規約委員会の度重なる勧告が極めて的確に指摘しているところである。すなわち，この勧告は，被疑者・被告人の身体拘束の適正化を図ること（人質司法の改革），密室における自白中心の捜査を改善して手続の公正化・透明化を図ること（自白中心主義の改善，取調べ捜査過程の可視化，弁護人の取調立会権），証拠開示を実現して公判の活性化を図ること（公判審理の形骸化の改善）等の勧告をしている。

新たな時代の捜査・公判手続の第一の課題は，20世紀の負の遺産とも言うべき，身体拘束を利用して自白を採取することを目的とした捜査システムとこれに依存した公判システム（自白中心主義）の克服であり，冤罪を生まないシステムを確立することである。

4）司法制度改革審議会意見書及び刑事司法改革の法案化について

司法制度改革審議会意見書（以下「司改審意見書」という。）は，委員全員一致のとりまとめであるため，「今後，我が国の刑事司法を，国民の期待に応えその信頼を確保しうるものとする」にいう「国民」とは，「被疑者・被告人たる国民」よりも，刑事事件を第三者として見聞きする「一般国民」という意味合いが強く，そのため，司改審意見書の刑事司法制度改革の基調は，全体として，被疑者・被告人の権利・利益を擁護し，弁護権を強化するという方向よりも，社会秩序を維持し国民生活の安全を図るといった面が強調されているという批判もある。

しかし，その提起する制度内容をみると，今後解決されなければならない多くの問題は残されているものの，「裁判員制度」の導入によって，公判のみならず捜査に及ぶ自白中心主義や調書裁判の克服の可能性をもたらし，また，国費による被疑者弁護制度についても，被疑者・被告人を通じた公的弁護制度の枠組みを示すことによって，目指すべき制度の実現への大きな前進を遂げたと評価することができる。

その後，司法制度改革推進本部内に設けられた「裁判員制度・刑事検討会」及び「公的弁護制度検討会」において法案化に向けて精力的な検討が加えられた。

一方，日弁連では，「裁判員ドラマ」を作成して，全国で裁判員ドラマの上映活動を実施し，また，2003（平成15）年7月に実施された第20回司法シンポジウムにおいて，裁判員制度についてのパネルディスカッションを行うなど，裁判員制度の普及を図るとともに，弁護士会の意見の反映された裁判員制度を実現すべく努力をした。

その結果，司改審意見書を基にし，検討会における検討を踏まえ，2004（平成16）年5月に，裁判員法案及び刑事訴訟法改正法案が可決成立するに至った。

裁判員制度の実施に向け，東京では，2005（平成17）年5月以降，継続的に法曹三者において模擬裁判員裁判を実施し，2007（平成19）年度からは，東京地方裁判所の各部において，全員参加型の模擬裁判員裁判を実施するなど，2009（平成21）年5月からの裁判員裁判実施に向けての運用上の問題点を探るなどした。2009（平成21）年8月には，全国民注目のもとで，東京地裁にて第1号の裁判員裁判公判が開かれた。以後，全国各地で裁判員裁判が行われ，国民参加の裁判は着実に進行するに至っている。弁護士会では，これらの問題点の検証作業を引き続き行い，今後の裁判員裁判における弁護活動に生かす必要がある（詳細は第4部2参照）。

なお，2005（平成17）年11月には，公判前整理手続に関する改正刑事訴訟法が施行され，その結果，証拠

開示請求（類型証拠開示請求，主張関連証拠開示請求）が権利として認められた。弁護士会でも，裁判員裁判の検証作業とともに，公判前整理事件の研修や成果の集積を行う等，制度が適切に運用されるよう助力する必要がある（詳細は第4部3参照）。

また，2006（平成18）年5月には，法務大臣より，検察庁における取調べの一部につき録音・録画の試行が行われることが発表された。また，2009（平成21）年度からは，一部の警察署においても，被疑者取調べの一部の録音・録画の試行が行われることとなるなど，取調べの可視化問題にも大きな動きが生じている。また，前述した大阪地検特捜部の不祥事をきっかけに，特捜部の事件での取調べの全過程の可視化の試行も始まっており，可視化実現に向けて絶好の時期を迎えている。この時期を逃すことなく，引き続き，全面的な取調べの可視化実現に向けての運動を継続すべきである（詳細は第4部5参照）。

これら人質司法の打破，取調べの可視化，自白中心主義の改善，公判審理の形骸化の改善のための作業を行うに当たっては，弁護士会に課せられた役割は大きいものと考える。弁護士会では，引き続き国民を巻き込んだ運動を起こすなどして，よりよい刑事司法改革を実現できるように全力を傾注する必要がある（詳細は第4部2ないし15参照）。

2 裁判員裁判導入の成果と課題

> 裁判員法附則第9条が定める3年経過後の見直しに向けた検討において，日弁連の提言は採用されなかったが，弁護士会は，引き続き実際の裁判員裁判の調査，検証に基づき，よりよい裁判員裁判の実現へ向けて積極的な提言をしていくべきである。
>
> また，裁判員裁判においても被告人の防御権を十分に保障するため，身体拘束の解放，弁護人との接見交通権の運用の改善，量刑データベースの創設等に取り組むべきである。
>
> 加えて，弁護士会内では，裁判員裁判に対応する弁護人の弁護技術の向上に向けた実践的な研修を継続的に実施するなどして弁護人の体制を充実させるとともに，他方，裁判員制度が国民に定着していくためには，市民の理解と協力，そして裁判員制度に対する市民の信頼が必要不可欠であり，それらを得るための広報活動を今後も継続的に行う必要がある。

1）裁判員裁判導入の意義

(1) 裁判員制度の開始までの経緯と検証

裁判員制度は，広く一般の国民から無作為に抽出された者が，裁判官とともに責任を分担しつつ協働し，裁判内容（有罪・無罪の決定及び刑の量定）に主体的，実質的に関与するという制度である。

我が国にこのような制度を導入することについては，2001（平成13）年6月に出された司法制度改革審議会意見書で提言がなされ，その後，内閣に設置された司法制度改革推進本部の「裁判員制度・刑事検討会」において，2002（平成14）年6月から具体的制度設計についての本格的な議論が開始された。そして，2004（平成16）年5月21日，「裁判員の参加する刑事裁判に関する法律」（裁判員法）として可決・成立し，2008（平成20）年4月18日，「裁判員の参加する刑事裁判に関する法律」の施行期日を定める政令が公布され，2009（平成21）年5月21日，裁判員制度が始まった。

裁判員法附則9条では，法の施行3年経過後に「所要の措置を講ずるもの」と規定されており，日弁連は，3年が経過するのに先立ち，2012（平成24）年3月，「裁判員法施行3年後の検証を踏まえた裁判員裁判に関する改革について」と題する提言を行った。

ここでは，①公訴事実等に争いのある事件についての裁判員裁判対象事件の拡大，②公判前整理手続における証拠開示規定の改正，③被告人側に公判前整理手続に付することの請求権を認める法律改正，④公訴事実等に争いのある事件における公判手続きを二分する規定の新設，⑤裁判員及び補充裁判員に対する説明に関する規定の改正，⑥裁判員裁判における評決要件の改正を提案した。

また，裁判員等の心理的負担を軽減させるための措置に関する規定及び心理的負担軽減に資する事項の説明に関する規定の新設を提言した。

さらに，死刑の量刑判断について全員一致制の導入，少年法の理念に則った規定の新設，裁判員制度の運用に関する調査研究のための守秘義務適用除外規定の新設，裁判員制度の施行状況を検討し，法制度上あるいは運用上必要と認める措置を提案する新しい検証機関の設置などを提言してきた。

しかしながら，法務省に設置された「裁判員制度に関する検討会」（以下「検討会」という。）においては，日弁連のこれら提言はいずれも採用されず，現行の制度をほとんど変更することなく，2013（平成25）年6月に，①審理が極めて長期間に及ぶ事案を対象事件から除外する規定の新設，②甚大な災害発生時等における裁判員候補者の呼び出しのあり方に関する規定の新設，③選任手続きにおける被害者等のプライバシー保護への配慮に関する規定の新設，という3点を見直すべきとされた。そして，2014（平成26）年6月，法制審議会刑事法（裁判員制度関係）部会において，これらの点に関する改正要綱（骨子）がまとめられ，今後，国会で審議されこととなった。

(2) 意義

この裁判員制度は，司法改革の重要な柱であった。裁判員法1条によれば，この制度は「司法に対する国民の理解の増進とその信頼の向上に資する」とされている。裁判員制度の導入は，司法に国民の健全な社会常識を反映させ，かつ，国民に対し，司法の分野における「客体」から「主体」へと意識の変革をもたらすという意味で，我が国の民主主義をより実質化するものとして大きな意義がある。

すなわち，司法の分野においても，国民がその運営に参加し関与するようになれば，司法に対する国民の理解が進み，裁判の過程が国民にわかりやすくなる。

その結果，司法はより強固な国民的基盤を得ることになると期待されているのであり，日弁連は裁判員法を「司法に健全な社会常識を反映させる意義を有するに止まらず，我が国の民主主義をより実質化するものとして，歴史的な意義を有するものである」と評価している。

また，裁判員制度の導入により，刑事司法の抱えている諸問題を解決し，直接主義・口頭主義の実質化，調書裁判の打破と自白調書偏重主義の克服，連日的開廷による集中的審理の実現等を可能にし，刑事訴訟法の基本原則に立ち返った本来あるべき刑事裁判の姿を取り戻すことも期待されている。

2) 裁判員裁判の現況と成果

(1) 裁判員裁判の現況

（以下，最高裁判所発表の制度施行から2014（平成26）年9月末までの統計［速報］による。）

制度施行から2014（平成26）年9月末日までの5年4か月間の裁判員裁判対象事件の新受人員は，全国で7,920人（東京地裁本庁で707人）であり，裁判員裁判の終局人員は，全国で7,050人（東京地裁本庁で628人）である。新受人員を罪名別でみると，強盗致傷が1,572人で最も多く，以下殺人1,548人，傷害致死688人，現住建造物等放火643人，覚せい剤取締法違反618人，（準）強姦致死傷454人の順になっている。

また，この間に裁判員裁判において選定された裁判員候補者は62万8,249人である。このうち，調査票の回答により辞退が認められた方などを除いた45万0,969人に対して呼び出し状が送付され，質問票の回答により辞退が認められるなどして，さらに18万8,818人の裁判員候補者の呼び出しが取り消され，残りの26万2,151人に選任手続期日への出席が求められた。このうち20万1,570人が選任手続期日に出席し（出席率76.9％），3万9,764人が裁判員に選任され，1万3,572人が補充裁判員に選任された。辞退が認められた割合は59.8％であった。辞退率は，制度が始まった2009（平成21）年の53％から上昇してきている。

裁判員裁判の平均審理期間（受理から終結まで）は8.8月であり，このうち公判前整理手続に要した期間が6.4月となっている。公判期日を開いた回数は平均4.3回（自白事件3.6回，否認事件5.1回）であり，実質審理期間（第1回公判から終局まで）は平均6.8日（自

白事件4.9日，否認事件9.3日）となり，制度が始まった当初より長期化している。

(2) 裁判員裁判導入の成果

裁判員裁判導入から5年4か月を経過した段階で，裁判員裁判による終局人員は7,000人を超えているが，大きな混乱はなく，概ね順調に推移しているものと評価しうる。

2009（平成21）年5月21日から平成25年12月までの裁判員経験者のアンケートでは，95.3％が良い経験と感じたと回答し，引き続き肯定的な結果となっている。審理の内容について理解しやすかったと回答したのは62.2％であり，前年度に比べてやや改善し，制度施行後続いていた低下傾向が改善された結果となった。

また，裁判員裁判の導入により，従来なされてきた供述調書の取り調べを基本とする審理から，人証中心の審理へと変化し，冒頭陳述，論告，弁論等も書面に頼らない方法へと変化しており，直接主義・口頭主義という本来あるべき刑事訴訟の審理がなされるようになっているといえる。そして，裁判所主催で実施されている裁判員経験者との意見交換会などによれば，裁判員は無罪推定の原則に従った判断をしようとする姿勢がうかがわれ，従前の裁判官裁判との違いが感じられる。

さらに，手錠・腰縄を解錠したのち，裁判員と裁判官が入廷する，被告人の着席位置を弁護人の隣にする，服装も相応な服装で出廷することを認めるなどの運用もなされるようになってきているなど，裁判員裁判の導入による刑事裁判の改善が実現しており，今後もかかる方向性を推し進めるべきである。

3）裁判員制度の課題

(1) 部分判決制度

部分判決制度は，事実認定のみを行う裁判員と事実認定及び量刑判断を行う裁判員との差異が生じ，最後に判決を言い渡す裁判体の裁判員の負担が重くなることや，部分判決では有罪と判断されたが，最後の事件では無罪との結論に達した場合，最後の裁判体は部分判決で有罪とされた件についての量刑判断を行わなければならないといった点，さらに，一般情状の立証をどの裁判体の段階で行うのかなどといった問題点が指摘されており，運営のあり方については，今後十分に検討をする必要があろう。

(2) 裁判員選任手続

裁判員選任手続については，裁判員候補者として呼出を受けた者が「思想信条」を理由として裁判員を辞退できるかにつき，2008（平成20）年1月に定められた裁判員の辞退事由についての政令では，「精神上……の重大な不利益が生ずると認めるに足りる相当の理由があること」と規定されている。しかし，この規定によれば，「精神上の重大な不利益が生ずると認めるに足りる相当の理由」の有無は個々の裁判官の判断によることになり，かつ，その基準が不明確であることから，選任段階で混乱が生ずるおそれがある。

また，裁判員への事前の質問票では，事件関係者との関係の有無や，事件を報道等で知っているか，近親者が同種事件の被害にあったことがあるか，などといった事項につき回答を求めるだけであり，選任手続期日における質問でも，質問票への回答の正確性，予定審理期間のスケジュールの確認，公正な裁判ができない事情があるかどうか，といった点についてだけ質問を行うことが想定されている。これでは，検察官や弁護人が不選任の請求を行う際の判断材料が極めて乏しく，裁判員候補者の外見と直感で判断せざるを得ないことになりかねない。また，特に性犯罪事件では，被害者のプライバシーを守る工夫が必要であり，この点についても検討が必要である。

これら選任手続の問題点を検討し，今後も適切な制度運営がなされるよう働きかけていく必要がある。

(3) 説示や評議のあり方

裁判員法39条は，「裁判長は，裁判員及び補充裁判員に対し，最高裁判所規則の定めるところにより，裁判員及び補充裁判員の権限，義務その他必要な事項を説明するものとする」と規定しており，裁判所はその説明案を公表し，裁判員選任時には概ねその説明案に沿った説明がなされている。

無罪推定の原則，合理的疑いを容れない程度の立証といった基本原則に基づかない刑事裁判がもし行われるようなことがあれば，被告人の適正な裁判を受ける権利が侵害されるのみならず，裁判員裁判も十分機能しないおそれがある。裁判所に対し，裁判員選任時以外にも証拠調べ開始時，評議開始時などに重ねて基本原則について説明をするなどして十分裁判員が理解した上で審理，評議に臨めるように説明の徹底を求めるべきであり，弁護人としても，弁論などにおいて，具

体的に立証の程度などに言及する必要がある。

また，評議の内容については，裁判員に守秘義務が課されているために公表されておらず「ブラックボックス」だったが，2013（平成25）年及びその翌年，東京三会裁判員制度協議会は，典型的な事案を題材とし，裁判員役を一般市民の中から選び，現職の裁判官3名の参加を得て模擬裁判・評議を実施し，現実の裁判員裁判におけると同様の評議の進め方を確認する機会を得た（この模擬評議は2015〔平成27〕年以降も年1回程度開催を予定）。評議が適切になされているか否かは，裁判員裁判がその目的に合致した制度となり運用がなされているかに大きく関わるものであり，常に検証しなければならないものと考えられる。

さらに，裁判員の守秘義務を，検証目的の場合には解除するなどの方法により，検証の支障にならないようにすべきである。

(4) 被告人の防御権の観点

❶ 身体拘束からの解放

裁判員制度において連日的開廷を可能ならしめるためには，公判前整理手続において被告人と弁護人が十分に打ち合わせを行って方針を立て，証拠収集等を行う必要が生ずる。この被告人の防御権を十分に保障するためには，被告人と弁護人が自由に打ち合わせを行えることが不可欠であり，保釈の原則化など勾留制度運用の改革が必要である。

裁判員制度の導入は，公判手続のあり方，証拠開示，取調べの可視化，被告人の身体拘束からの解放など，現在の刑事裁判そのものを大きく変容させる要素を含んでおり，これを機に刑事裁判全体の改革につなげていくことが重要である。

❷ 接見交通権の実質的保障

人質司法の打破は，裁判員裁判に特有の問題ではなく全ての刑事事件について実現されるべきであるが，裁判員裁判では，対象事件が重大事件に限られていることから，被告人は身体を拘束されている可能性が高い。そして，裁判員裁判で連日的開廷が実施されることを考慮すれば，裁判所における公判の前後や休廷時間における接見が重要となり，夜間・休日の接見も拡充される必要がある。これを受けて東京拘置所における夜間接見の開始，検察庁における電話接見の開始等の制度改革が進められているが，我々弁護士・弁護士会は，その活用をするとともに，さらなる改善に取り組むことが必要である。

❸ その他

法廷における服装，着席位置，刑務官の位置などが裁判員の印象に多大な影響を与え，事実認定や量刑に影響を与えることは否定できない。法廷における服装，着席位置，刑務官の位置などについては一定の改善が見られたが，裁判員に対して被告人に不利益な印象を与えることのないように，今後も継続して改善を求めていくべきである。

また，裁判員裁判は一般市民が判断できるようわかりやすいものでなければならず，裁判員の負担を軽減する必要性のあることも否定できない。しかし，あまりにその点ばかり強調して被告人の防御を軽視してはならず，公判期日の短縮や証拠の厳選により被告人の防御が犠牲になることがあってはならない。裁判員裁判においても，この点を留意し，被告人の防御権を強く意識して審理に臨むべきである。

(5) 公判審理

2013（平成25）年5月，強盗殺人事件の裁判員裁判で裁判員をつとめ死刑判決にかかわった女性が，検察官から書証として提出された殺害現場のカラー写真を見たり，被害者が助けを求めて通報した音声を聞いたりしたことが原因となり，急性ストレス障害を発症したとして国家賠償を求める訴訟を提起した。検察官請求証拠の必要性に対するチェックは，まず弁護人においてなされるべきであるが，この事件を契機として，裁判所では，裁判員の心理的な負担を考慮して，公判において取り調べる証拠について，立証趣旨との関係で書証の必要性を慎重に吟味する運用がなされるようになった。

裁判員裁判においては，凄惨な証拠に接すること等による裁判員の精神的負担に配慮した訴訟活動が求められ，この点をも意識した公判審理の実現に取り組むことが必要であるが，一方で，裁判員に配慮するあまり，被告人の攻撃防禦に制約が加えられるようなことがあってはならない。

(6) 裁判員が参加しやすい環境の整備と市民向けの広報

この制度は，広く国民が参加し，国民全体で支えるものとする必要があり，そのためには，国民が裁判員として参加しやすいように職場などの労働環境を整えるとともに，託児所・介護制度等の充実も図らなければ

ばならない。

　そして，国民が，司法は自らのものであり主体的に担うものであるという自覚を持って参加するよう裁判員制度に関する理解を深めるため，情報提供や広報活動も積極的に行うことが重要である。裁判員裁判に参加した裁判員の意見は参加して良かったとするものが多くを占めているが，一般国民の裁判員への参加意欲は必ずしも高いものとは言えない。裁判員に守秘義務が課されているため，その経験を社会で共有することができないという根本的な問題はあるが，まずは我々弁護士・弁護士会が，引き続き裁判員裁判に対する広報を行う必要性は高いと言える。

　また，犯罪報道によって裁判員に予断を生じさせるおそれがあることも懸念されており，犯罪報道のあり方についての提言，具体的な犯罪報道に対する意見表明，積極的に被告人の立場からの報道を求めるなどの活動も広報活動の一環として必要である。

(7) 少年逆送事件

❶　問題の所在

　裁判員法は，少年被告人の事件も対象としている。ところが，その場合に生じ得る現実的な問題点について，裁判員制度導入を検討した政府の司法制度改革推進本部裁判員制度・刑事検討会では，議論がされなかった。

　しかし，裁判員制度の運用次第では少年法改正手続を経ずして少年法が「改正」されるおそれがある。すなわち，少年の刑事裁判に関しては少年法上，審理のあり方・処分の内容に関して科学主義が定められ（少年法第50条，9条），これを受けて，証拠調べに関し「家庭裁判所の取り調べた証拠は，つとめてこれを取り調べるようにしなければならない」（刑事訴訟規則第277条）という規定が置かれており，「家庭裁判所の取り調べた証拠」の中でとりわけ重要なのが社会記録である。これらの規定は，刑事訴訟法の特則としての位置を占めているが，裁判員制度の運用次第では，これらの規定が死文化しかねない。

　したがって，少年被告人を裁判員制度の下で裁くのであれば，いくつかの規定整備（法律レベルと規則レベルと両方考えられる。）と，運用についての法曹三者の合意が必要であった。

　そこで，日弁連は，2008（平成20）年12月19日に「裁判員制度の下での少年逆送事件の審理のあり方に関する意見書」を発表するとともに，論点整理を行い，最高裁に対して，制度開始前の一定の合意に向けた協議の申し入れを行ったが，最高裁は，正式な「協議」の実施は拒否し，単なる意見交換を実施することができただけであった。そして，その意見交換の中で，最高裁は，日弁連が提示したさまざまな問題点について，あくまでも個別の裁判体の判断であるとの姿勢を崩さず，何らの合意をすることはできないまま，裁判員制度が開始した。

❷　審判の変容のおそれとその現実化

　裁判員制度が，逆送されなかった大多数の少年保護事件の審判を変容させるおそれがあることも懸念された。

　すなわち，家裁での調査結果（社会記録）が，刑事公判において提出され，直接主義・口頭主義にしたがって証拠調べが行われた場合には，調査対象者の高度なプライバシーが公になるおそれがあり，そのおそれがあるとなると，今後他の事件の調査において，学校・児童相談所を含め，関係者が調査に非協力的になることなどが懸念される。

　そして，それらの懸念を未然に防止するために，家裁が調査のやり方を変え，幅広い調査をしなくなる，あるいは調査はしても調査票への記載をしない（あくまでも調査官の手控えとして事実上裁判官が情報を入手する。）など，社会記録のあり方が変容することが危惧される。それは，ひいては少年審判のあり方を変容させることになってしまうのである。

　この危険が，現実化しているという危惧を抱かざるを得ないような，いくつかの動きが裁判所側にあったので，日弁連は，2009（平成21）年5月7日に「少年審判における社会調査のあり方に関する意見書」を発表して警鐘を鳴らした。

❸　少年法の理念を守る裁判員裁判のあり方の模索

　以上のとおり，①刑事訴訟手続の中で少年法の理念を貫徹すること，②審判手続の中で少年法の理念を貫徹すること，という2つの要請を満たしつつ，裁判員制度の理念を実現するための方策が検討されなければならない。

　すなわち，社会記録等の高度にプライバシーを含んだ情報を，公開法廷で明らかにすることなく，どのように主張したり証拠として提示したりしていくのかという問題である。その詳細については，2014（平成

26) 年度版政策要綱150頁参照。

❹ 今後の取組み

　本来，少年法の理念を全うしながら少年の裁判員裁判を実施するには，成人事件とは異なるさまざまな問題が解決されなければならなかった。そのためには，立法的手当ても必要である。その手当なくして，少年被告人を裁判員裁判の下で裁くことは，本来は避けられなければならなかった。

　しかし，日弁連からの問題提起に対して，何らの問題解決がされないまま裁判員制度が始まってしまった以上，その中で，完璧とは言えないまでも可及的に少年の権利擁護を図ることができるか否かは，個々の弁護人の訴訟活動にかかっているということになる。そのため，日弁連では「付添人・弁護人を担当するにあたってＱ＆Ａ」を作成して全国に配布した。

　しかし，制度上の問題を抱える中で実施される少年の裁判員裁判においては，個々の弁護人の努力ではいかんともし難い点が多々ある。したがって，各弁護士会では，個々の弁護活動の独立を侵害しない形で，弁護人に対して必要な支援を行うとともに，事後には情報を収集して，現行法上の問題点の洗い出しをすることが必要となってくる。

　これまでに全国から寄せられた情報からは，当初懸念されたとおり，社会記録の取扱いが大きく変わり，科学主義の理念を表す少年法50条，9条，刑事訴訟規則277条がないがしろにされた運用が散見される。また，少年のプライバシー保護にも意を払われていない訴訟指揮も見受けられるところである。

　やはり，個々の弁護人の努力だけでは，少年法の理念を守ることが難しくなっていることが明らかである。日弁連は，2012（平成24）年1月，「少年逆送事件の裁判員裁判に関する意見書」を取りまとめ，少年法の理念に則った審理方法が貫徹されるよう弁護人の請求による公開の停止や少年の一時退廷を認めることができる旨の規定の新設，科学主義の理念の明記，少年法の理念や科刑上の特則等の少年事件固有の規定について公開の法廷で説示する旨の規定の新設などを提言し，裁判員法の3年後の見直しにおいて，今度こそ少年事件の問題を置き去りにすることなく，改正がなされることを目指した。そして，法務省が設置した「裁判員制度に関する検討会」において，一応，少年逆送事件についても議論がされたが，制度改正の必要性について理解を得るに至らなかった。

　日弁連・弁護士会としては，今後，裁判員裁判に限らず，少年逆送事件の刑事裁判の在り方について，抜本的な見直しの提言をしていくべき時期にきている。

(8) 外国人事件

　裁判員対象事件で被疑者・被告人が外国人の場合，特に以下の点を注意すべきである。

❶　まず，裁判員裁判では，わかりやすい法廷活動が当事者に求められている。そして，審理は連日的開廷による集中審理が予定されているので，裁判員は法廷で見て聞いたことによって，最終的な評議まで行うことになる。そこで，現在は書面中心に行われている裁判が，直接主義・口頭主義によることとなる。必要的に行われる冒頭陳述（裁判員法49条，刑訴法316条の30）や弁論も書面を従前の読み上げる方法から，口頭による説得が多くなろうとしている。そうなると，要通訳事件では，あらかじめ書面を法廷通訳人に送付しておいて準備をしておいてもらうという現在の実務運用は，修正を余儀なくされる。法廷での逐語訳による通訳を原則とすべきである。また，通訳人の集中力持続にも限界があるので，複数体制を原則とすべきであるし，報酬も労力に応じたものにする必要がある。

❷　2008（平成20）年4月以後，検察庁は裁判員対象事件のうち，自白調書を証拠請求する予定の事件について取調べの一部録画をする運用をすることとし，2008（平成20）年夏以後，各警察署においても試行されている。そこで，通訳人の能力に問題があったり，誤訳の可能性がある場合に，取調べ状況のDVDを類型証拠開示請求（刑訴法316条の15第1項7号）により開示させることによって，これらを検証することが可能になった。現在では，取調べ全過程が録画されているものではないので，問題となっている供述調書が作成された場面そのものが録画されていない場合もあるが，通訳人の能力を判定する極めて有力な資料となりうることは間違いない。必ず，開示請求をすべきである。

❸　法廷通訳に誤訳があるかどうかは，後日検証することができない。誤訳があるのであれば，その場その場で指摘しなければ修正不可能である。また，裁判員裁判では，申入れさえあれば，被告人が弁護人と並んで座ることが認められている。そこで，公判の進行に応じてコミュニケーションを取るためにも，法廷通訳

とは別に，弁護人席に通訳人を配置することが必要である。そのために，弁護人席に補助者として通訳人が同席することを認めさせる必要がある。また，国選弁護事件では，その通訳人に対する報酬を支出するための制度作りが必要である。

(9) 被害者参加と弁護活動への影響

刑事訴訟法の第二編に「第三節　被害者参加」として，刑訴法316条の33から同39までの規定が新設され，刑事裁判に被害者等が参加することが認められる被害者参加制度が，2008（平成20）年12月1日から施行され，2009（平成21）年5月21日から施行された裁判員裁判においては，全ての事件についてこの制度が適用されている。

被害者参加制度は，これまで，刑事裁判に直接関わることがなかった被害者及びその遺族らが，刑事裁判に直接出席して，立証活動を行ったり，弁論としての意見陳述をしたりすることを認める制度である。

日弁連は，2007（平成19）年6月20日に発表した「被害者の参加制度新設に関する会長声明」において，「被害者参加制度は，犯罪被害者等が自ら，被告人や証人に問いただすこと，さらには求刑をも可能とするものである。犯罪被害者等の心情を被告人に伝える手段として，既に認められている意見陳述制度に加えて，さらに，犯罪被害者等による尋問や求刑ができる制度を認めることは，客観的な証拠に基づき真実を明らかにし，被告人に対して適正な量刑を判断するという刑事訴訟の機能を損なうおそれがある。こうした懸念は，一般市民が参加し2009年から施行される裁判員裁判において，より深刻なものとなる。」と述べており，裁判員制度への影響に対する懸念を表明していたところである。

被害者参加制度の運用によって，被告人・弁護人の防御権が侵害されることのないように適切かつ慎重な運用がなされることが必要である。

(10) 量刑データベースの創設への取組み

❶　量刑評議とデータベース

裁判員裁判では，一方で量刑に市民の感覚を反映させることが期待されているが，他方，刑の公平性の確保という理念も軽視できない。裁判所では，行為責任を基本として量刑評議が進められており，かつ，ほとんどの事件で最高裁判所が作成した量刑データベースが用いられている。

そこで，弁護人としても，裁判員に対して説得力のある弁護活動を行うためには，量刑データベースが不可欠となった。

❷　弁護人のための量刑データベースの必要性と活用方法

最高裁判所は，裁判員裁判対象事件に関しては，被疑者段階から弁護人に対し，各裁判所において最高裁判所が作成した量刑データベースの利用を認めている。しかし，最高裁判所の量刑データベースからは，判決文にアクセスできない。そのため検索項目の細分化における評価の誤りの危険がある。

また，最高裁判所のデータベースには，「被害者の落ち度」，「被告人の反省」等の検索項目があるが，これを入力する担当裁判体の「評価」が入り，弁護人として原判決記載の具体的な事実摘示を読むことなしには正確な判断ができないおそれがある。

さらに，裁判員裁判において，最高裁判所の量刑データベースを用いた「量刑の大枠」の設定の仕方そのものが争点となる事案も出ており，弁護人として，「量刑の大枠」を打ち破って裁判員が人間らしい市民の視線で量刑を考えることができるような弁護を展開するためには，被告人・弁護人の立場にたって作成された日弁連の量刑データベースを活用して，より工夫された説得力のある量刑主張が必要となっている。

❸　役割分担と弁護技術の向上

運用を開始した日弁連の量刑データベースは，参加する各単位会が判決の収集・匿名処理（マスキング）・要旨作成を担い，日弁連は業者を通じてデータベースを管理して契約単位会の会員の利用に供し，判決文の管理・保管・送付の事務を行うというものである。

現在，日弁連は，愛知県弁護士会の協力を得て作成した要旨作成の基準に基づき，各地で要旨作成のための勉強会を実施している。副次的な効果ではあるが，継続すれば，担当弁護士の刑事弁護の知識や能力の向上が飛躍的に向上することが報告されている。

❹　東京弁護士会の役割

東京弁護士会では，すでに刑事弁護委員会に量刑データベース部会を立ち上げて，要旨作成の態勢を構築しているが，裁判員裁判の判決文の収集や匿名処理（マスキング）についての指導など制度定着に向けて着実な展開が求められている。

(11) 一審裁判員裁判事件の控訴審の問題

　裁判員制度を導入する際，控訴審を従来どおり３人の職業裁判官だけで構成した場合，控訴審において裁判員が加わって行った原審の事実認定や量刑判断を変更することが裁判員制度の趣旨と調和するのかとの疑問から，控訴審に特別の規定を設けるべきとの意見もあった。これに対しては，一審判決を尊重し，控訴審は事後審として原判決の認定に論理則・経験則に違反する誤りがあるかどうかの判断に徹すれば問題ないとする意見があり，結局，裁判員法では特別な規定を設けなかった。そして，この後者の考え方は，最高裁2012（平成24）年２月13日判決で確認された。

　ところが，その後，大分地裁が言い渡した一審無罪判決に対する控訴事件において，福岡高裁は延べ50人を超える証人尋問を実施した上で，原審判決は論理則・経験則等に違反するとして逆転有罪を言い渡した（2013〔平成25〕年９月20日判決）。このような事例に鑑みると，控訴審のあり方について明文の規定なしに運用のみで事後審に徹するということには限界があり，例えば裁判員裁判の無罪判決に対しては検察官控訴を制限したり，上訴理由の特則を設けたりするなどの立法的な解決を含めた改善が検討されるべきである。

(12) その他の裁判員制度自体の問題点

❶ 裁判員対象事件について

　裁判員法では，「死刑又は無期の懲役若しくは禁固にあたる罪にかかる事件，裁判所法第26条第２項第２号に掲げる事件であって，故意の犯罪行為により被害者を死亡させた罪にかかるもの」について基本的に裁判員対象事件とされているが，覚せい剤事犯，性犯罪事件，少年逆送事件，複雑困難・長期拘束事件などを裁判員対象事件とすべきか否かについて，様々な観点から議論がされている。また，むしろ裁判員対象事件を拡大すべきとの意見のほか，逆に否認事件に絞るべきとの意見もある。裁判員対象事件については，様々な意見があり得るところであって，それらの様々な意見を十分検討した上で，一定の結論を出すべきである。

❷ 公判前整理手続について

　公判前整理手続については，公判担当裁判官と別の裁判官が担当すべきであるとの担当裁判官の問題，全面証拠開示あるいは証拠一覧表開示を導入すべきとの問題，立証制限規定の問題，被告人側の予定主張義務の撤廃の問題など，様々な問題提起がされており，被告人の権利保障の観点から，改善すべき点がある。

　なお，裁判員裁判開始後，公判前整理手続が長期化しているとの問題点が指摘されている。公判前整理手続が徒に長期化することは被告人の身体拘束期間が長くなるなど適切ではない面もあるが，公判前整理手続を短縮化することは，被告人の防御権の保障に支障を与える可能性もあり，必ずしも短縮すれば良いという問題ではない。身体拘束の長期化については保釈の弾力的運用で対処すべきである。

❸ 裁判員裁判における量刑の問題

　裁判員が量刑を判断するのは困難であるとして量刑を裁判員の判断対象からはずすべきとの意見もあるが，量刑にこそ社会常識を反映させるべきであるとの意見もある。裁判員裁判は，職業裁判官の判断よりも厳罰化の傾向にあるとの指摘もあるが，職業裁判官による判断よりも軽い量刑がなされたと考えられる事件も少なからずある。しかしながら，量刑についての評議は適切になされなければならず，必要以上の厳罰化は避けなければならない。弁護人は，一般市民感覚に則して裁判員に理解を得られるように情状事実を主張すべきである。

　また，被害感情等の純然たる量刑証拠が犯罪事実の存否の判断に影響を与えないために，犯罪事実の存否に関する判断の手続と量刑の判断の手続を明確に分けるべきとの見解もあり（手続二分論），具体的事件によっては，弁護活動のために手続きを二分するのが有益な場合もあることから，運用，制度化両面から検討すべきである。

❹ その他の制度上の問題点

　そのほか，いままで述べた点以外にも，被告人の選択権を認めるべきか，死刑求刑事件の審理のあり方，評決のあり方（過半数とするのが適切か）など様々な検討課題がある。これらについても検討を加えるべきであるが，その際，国民の司法参加の観点，被告人の権利保障の観点等様々な観点から検討を加える必要がある。

４）今後の弁護士・弁護士会の活動

(1) 裁判員裁判の改善にむけた検討

　裁判員法附則９条において，法の施行後３年を経過した時点で，検討を加え，必要があるときは，「所要の措置を講ずるものとする」とされ，法務省に設置さ

れた「裁判員制度に関する検討会」において検討が行われた。

日弁連は，2012（平成24）年3月に「裁判員法施行3年後の検証を踏まえた裁判員裁判に関する改革提言について」と題する提言を発表しており，これに基づいて上記検討会においてその見直しを主張したが，法務省や学者委員から，論点を裁判員裁判に固有の問題のみに絞り込み，日弁連が提言している全面的証拠開示，手続二分論などの問題は刑事司法一般の問題として別に設置されている「刑事司法制度特別部会」で審議すべきであるという意見が出され，また，その他の日弁連の提言については，いずれもこの検討会において多数意見とはならなかった。

しかしながら，裁判員制度には前述のような課題があり，絶えず見直しを図ってゆく必要がある。日弁連・弁護士会としては，今後，さらなる裁判員裁判の実践を踏まえた検証を行い，引き続き粘り強く制度の改善を求めて提言等の活動をしていくべきである。

(2) 弁護士会内の研修体制

裁判員制度においては，公判審理のあり方の変容にともなって，我々弁護士の弁護活動も，これまでのものとは異なったものが要求されるようになった。

裁判所が実施している裁判員経験者を対象としたアンケートによれば，法廷での訴訟活動のわかりやすさについて，弁護人の説明が検察官の説明よりわかりにくいという結果がでている。例えば，早口や声が聞き取りにくいなど話し方に問題があるとの指摘は，検察官に対するものの2倍以上であった。従前であれば裁判官が弁護人の意図をくみ取ってくれたことでも，裁判員には理解されないことがある。弁護士及び弁護士会は，新しい裁判員裁判に対応した弁護活動のあり方について十分な検討を行うとともに，その検討結果を早期に一般の会員に対して伝えて，多くの弁護士が裁判員制度を熟知し，この制度に適応した弁護技術を習得して裁判員裁判における弁護活動を担えるよう今後も継続的に取り組む必要がある。また，広報との関係で言えば，広く国民にこの制度を理解してもらうため，一般国民に直接接する我々が裁判員制度についての情報発信をできる態勢にあることも必要であり，このためにも研修は重要である。

東京弁護士会では，各種の裁判員裁判のための専門講座や裁判員裁判対応弁護士養成講座，また，裁判員裁判を経験した弁護人を呼んだ経験交流会も定期的に行っているが，今後もこれらの講座や交流会を継続的に行うべきである。そして，実際に裁判員裁判が始まった現状のもとでは，裁判員裁判の検証の成果を踏まえた，最新の情報に基づくものとすべきである。

(3) 裁判員裁判に対応する弁護体制の構築

裁判員裁判においては，連日的開廷が実施され，弁護人が1人だけで弁護活動を行うことが困難となり，複数人で弁護団を組む必要性が高い。

また，裁判員裁判は従来型の刑事裁判とは異なる弁護活動も要求されることから，弁護団に裁判員裁判に習熟した弁護人が入る必要がある。また，裁判員裁判の場合には基本的に複数の弁護人が就くべきであり，国選弁護人の場合には全件について複数選任の申出を行うべきである。

東京弁護士会では，2010（平成22）年3月から，裁判員裁判対象事件に特化した裁判員裁判弁護人名簿を整備し，裁判員裁判に対応できる弁護士を捜査段階から配点できるようにすることとしているが，複数選任の場合における2人目の弁護人も同名簿から選任されることが望ましく，追加の国選弁護人候補者についてはその適否を刑事弁護委員会が確認するとするようなシステムを検討している。今後も，このような裁判員裁判に対応する弁護体制を構築するための制度作りを弁護士会としては継続すべきである。

3　公判前整理手続と証拠開示

> 2005（平成17）年11月の改正刑事訴訟法の施行以来，公判前整理手続は積極的に利用され，これまでに相当数の運用事例が積み重ねられてきた。
> 今般，法制審議会「新時代の刑事司法制度特別部会」における答申がまとめられ，これまでの運用を前提としつつ，より活用しうる手続きへと具体的な改正段階に進むことになる。
> 弁護士会としては，その運用及び改正が適切になされるよう，今後とも引き続き検討を継続する必要がある。

1）公判前整理手続の概要

制度の詳細は専門書に譲り，以下は制度の概観にとどめる。

なお，以下では特に限定しない限り，公判前整理手続と期日間整理手続とを併せて述べる。

(1) 公判前整理手続の目的と対象事件

公判前整理手続の目的は，充実した公判の審理を継続的，計画的かつ迅速に行うための審理計画を立てるところにある（刑訴法316条の2参照）。「充実した公判審理」のためには，予め争点を整理し，争点に集中した証拠調べを実施することが必要であり，そのために主張をかみ合わせ，どの証拠を取り調べ，当該証拠調べにどの程度の時間を費やすべきかを決め，審理予定を策定する。

裁判員裁判対象事件以外の事件も，公判前整理手続に付されることがあり得るから，同手続によるメリットが大きいと判断した場合には，弁護人から裁判所に対して同手続に付することを求めるべきである。

(2) 公判前整理手続の進行

公判前整理手続は，通常，公判前整理手続期日ないし事実上の打合せ期日が指定された上で，書面等の提出期限が定められるという形で進行していく。具体的には，次の各点が進行上重要な意味を持つことになろう。

① 検察官による証明予定事実記載書面提出・証拠調べ請求，弁護人に対する検察官請求証拠の開示
② 類型証拠開示請求
③ 弁護人による予定主張記載書面提出・証拠調べ請求，検察官請求証拠に対する弁護人の意見

予定主張明示においては，民事事件におけるような「認否」が求められるわけではない。また，被告人の供述内容を子細に明らかにしなければならないわけでもない。あくまでも審理予定の策定に必要な限度で明らかにすればよく，弁護戦略上の視点から具体的内容を検討すべきである。

また，証拠調べ請求にあたっては，証拠制限（刑訴法316条の32）に注意が必要である。

④ 主張関連証拠開示請求
⑤ 審理予定の策定・争点及び証拠の整理の結果確認

弁護人による予定主張記載書面提出・証拠調べ請求，検察官請求証拠に対する弁護人の意見は，いずれも，類型証拠開示が終了した段階で行う（刑訴法316条の16, 316条の17）。

弁護人としては，類型証拠開示請求権の重要性を十分に理解し，必要に応じて，開示証拠や予定主張の検討・調査等に必要な準備期間を適切に把握した上で，公判前整理手続期日の指定や予定主張記載書面の提出期限設定に対する意見を述べるべきである（刑訴規則217条の5）。

(3) 被告人の出席

公判前整理手続期日には，検察官・弁護人は必ず出席しなければならないが，被告人は，出席する権利はあるが，その義務はない（刑訴法316条の9）。

被告人が公判前整理手続期日に出席する場合には，弁護人としては，裁判所が被告人の言い分を直接に問いただし，被告人の発言内容を公判前整理手続調書に記録するという措置を取る可能性のあること（刑訴法316条の12第2項）を，認識しておく必要があろう。

2）証拠開示の概要と問題点

(1) 証拠開示の目的

公判前整理手続における証拠開示請求権は，訴訟指揮権に基づく証拠開示命令とは異なり，極めて広範な証拠につき，その開示を求めることに権利性が付与されたものである。

これによって，弁護人は，検察官請求証拠の証明力を判断し，それに対する証拠意見や弾劾の方針を固めて，適切な弁護方針を策定することになる。すなわち，証拠開示請求権は，計画審理のもとで十分な防御権を行使するために不可欠の制度なのであって，弁護人としては，可能な限り幅広い証拠の開示を請求しなければならない（なお，この要請は公訴事実に争いのない事件であっても，基本的に異なることはない。）。

(2) 類型証拠開示

類型証拠開示の眼目は，とにかく幅広に開示を受けること，原典（捜査機関が取得している，いわば生の証拠資料。特に証拠物）へのアクセスを目指すこと，にあると考える。

早期の段階で幅広の開示を受けることは，弁護方針を策定していく上で必須である。弁護人としては，決して開示請求の対象を自ら狭めてはならない。

次に，原典へのアクセスが極めて重要である。例えば，携帯電話の通話履歴を見やすい形式でまとめた捜査報告書の開示を受けることにとどまらず，捜査機関が目にした通話記録そのものの開示を求めていかねばならない。捜査機関の手が入る前の証拠にアクセスしなければ，証拠の信用性判断などできようはずもないことを肝に銘ずべきである。

(3) 主張関連証拠開示

主張関連証拠開示請求は，弁護人の予定主張が明らかになった段階で行う。予定主張との関連性が要件とされることから，類型証拠開示に比べ限定的になるという側面が否めない。その意味からも類型証拠開示の重要性を指摘することができる。

(4) 証拠開示請求に対する裁判所の裁定

弁護側の開示請求に検察側が応じない場合には，裁判所に裁定を求めることができる（刑訴法316条の26）。

裁定決定に対して不服がある場合には，決定から3日以内に即時抗告を申し立てることができ，さらに，即時抗告の決定に対して不服がある場合には，5日以内に特別抗告を申し立てることができる。

3）現時点の運用状況

(1) 第1回打合せ期日の早期化

東京地裁では，検察官からの証明予定事実記載書の提出及び請求証拠の開示を，起訴日から2週間経過した日までになされる運用を定着させている。この運用を前提として，起訴日から1週間程度のうちに打合せ期日を入れ，その席上で公訴事実に対する意見等弁護側の対応を問う運用を行っている。具体的には，公訴事実についての認否はもとより，弁護側が問題意識をもっている争点等について問われ，弁護側からの回答をもとにして，検察側の証明予定事実記載書の記載について濃淡をつけ，また証拠開示の準備や任意開示証拠の選定等の準備にメリハリをつけようというものである。

もちろん，拙速な意見や主張の開示は行うべきではない（その意味から特に公訴事実に対する意見を話せる場合は限られるであろう。）。しかしながら，可能な範囲で弁護側の問題意識を明らかにすることで防禦の充実につながることがあり，形式的な対応が相当ではない場合もあり得る。あくまでも当該事件において，よりよい弁護のために必要であれば，明らかにできる範囲で明らかにしていくことも検討してよいと考える。

(2) 東京地裁における運用の評価

上記の運用は，裁判所として争点の整理を早期に行うことを進める観点から，試行錯誤を繰り返した上でのことと考えられる。拙速な審理に応じる必要がないことはもちろんであるが，無用に長い時間をかけることも相当ではない。

確かに，「起訴から1年経過しているのに公判が入らないのはおかしい」等と裁判所から形式的な指摘がなされたとしても，それが必要な期間であれば弁護人としては譲るべきではない。しかしながら，時間の経過による被告人や証人の記憶の減退，身体拘束期間の長期化等，依頼者である被告人にとって，また，充実した公判の実現等の観点からも看過できない問題が生じることもあり得るところである。その意味から審理期間のみを形式的に問題視することは相当ではないが，審理期間を度外視することもまた相当ではなく，東京地裁の運用は，充実した審理（その前提となる適切な争点・証拠の整理）に資するものとして一定の評価ができよう。

むろん，今後もこのような運用が，裁判所側の便宜

のために行われ被告人の権利をないがしろにすることのないよう，注視していかなければならない。

4）任意開示の活用
(1) 一定の類型該当証拠の早期開示
裁判所からの働きかけもあり，東京地検では，請求証拠の開示と同時ないしその直後に，一定の類型該当性が明らかな証拠を任意開示という形で開示される運用がなされている。具体的には，5号ロ，7号，8号が多いようである。それ以外にも，前述の第1回打合せ期日において弁護側が問題意識を示せた場合には，それに関連する証拠が任意に開示される例もある。

この場合，注意すべきは，その後に行うべき類型証拠開示においても，重ねて同号についても開示請求をすべきであるということである。任意開示はあくまでも任意開示であって，これらの類型に該当する他の証拠が開示されたもの以外に存在しないことを意味しない。刑訴法316条の15に基づく請求をしてこそ，刑訴規則217条の24に基づく不開示理由の告知を求められるのであるから，他の証拠の不存在は確認しておかなければならない。なお，東京地裁以外では，公判前整理手続においても「任意開示」で対応する運用がなされている庁もあるとのことであるが，この観点から相当ではないというべきである。

(2) 裁判員対象事件以外の事件における任意開示
公判前整理手続が施行されてしばらく後より，裁判員対象事件以外であって，公判前整理手続や期日間整理手続に付されていない事件についても，弁護人の要請に応じて，任意開示を行う例が多くなっている。

実際には，類型証拠開示請求や主張関連証拠開示請求に準じた形式で書面を作成し，開示を要求することになる。否認事件であれば当然，自白事件であったとしても，何らかの有利な情状事実を見出すこともあり，積極的に活用していくべきである。また，否認事件等で公判前整理手続や期日間整理手続を求めていく場合，その前提として任意開示を求め，それでもなお十分な開示が得られないことを論拠として，これら手続に付すことを求めていくこともある。

5）法制審議会特別部会における成果
冒頭に触れたとおり，2014（平成26）年7月，法制審議会内に設置された特別部会において，その審議結果が要綱としてまとめられた。本テーマ関連として，同要綱中の「証拠開示の拡充」と題された部分につき若干触れる。

(1) 証拠の一覧表の交付制度の導入
検察官は，検察官請求証拠の開示をした後，被告人又は弁護人から請求があったときは，速やかに，検察官が保管する証拠の一覧表を交付しなければならないものとし，その記載内容は標目（物は品目），数量，作成年月日，作成者（供述調書は供述者）とすべきとされた。

例外が認められているものの，これまで弁護人にとってアクセスすることができなかった一覧表の交付制度の導入に向けた動きは評価されるべきである。

(2) 公判前整理手続の請求権の付与
検察官，被告人及び弁護人に公判前整理手続及び期日間整理手続の請求権を付与するとされた。

この決定に対して不服申立は許さないとされてしまったものの，これまではあくまでも職権発動を促すことしかできなかった弁護側にとって，請求権が認められたことによって裁判員対象事件以外の事件での，よりいっそうの活用が期待しうる。

(3) 類型証拠開示の対象の拡大
類型証拠開示の対象として，①共犯者の身柄拘束中の取調べについての取調べ状況等報告書，②検察官が証拠調請求をした証拠物に係る差押調書・領置調書，③検察官が類型証拠として開示すべき証拠物に係る差押調書・領置調書がそれぞれ追加されるべきとされた。

上記については，これまで「任意開示」として開示される例もあったが，改正後は類型証拠開示の対象となる。

①については，共犯事件において供述の生成過程を明らかにしていく上で極めて重要である。

これらの証拠が開示されることにより，弁護人にとっても捜査過程が可視化されていくことにつながり，より適切な弁護方針を立てることが期待される。

6）今後の課題
(1) 手続・運用に習熟すること
裁判員裁判においては，裁判員の心に響く弁護活動を行う大前提として，公判前整理手続において適切な弁護方針を策定することが重要である。したがって，裁判員裁判を担う弁護士が，まずこの手続に習熟しな

ければならない。そのために，我々弁護士会としては，その運用実態を把握するとともに，証拠開示に関する裁定決定例の集積・研究を進めなければならない。

(2) 立法過程への提言

上述のとおり，法制審特別部会において一定の結論が出され，今後はこれをいかに立法化していくか，立法後はそれをいかに適切に運用していくかという観点が重要である。また同時に，法制審特別部会の結論も，100%満足ができるものではない。証拠は，国庫をもって収集した「公共財」とでも呼ぶべきものであり，本来は全面開示が当然と言わなければならない。また，再審事件における証拠開示については，要綱の中に織り込まれることはなかった。

我々実務家は，適切な刑事司法を実現していくべく，今後も不断の努力を継続していかねばならない。

4 開示証拠の目的外使用問題

> 開示証拠の使用管理問題の核心である目的外使用禁止規定の解釈について，今後，調査研究を深め，適切な運用基準の策定に努めるべきである。
> その際，形式的に目的外使用となる場合であっても，裁判の公開原則の範囲内にある場合，名誉，私生活及び業務の平穏についての具体的な侵害がない場合，具体的な侵害がないとは言えない場合でも，被告人の防御権行使における必要性の程度，その他使用の目的及び態様に照らして正当と認められる場合には違法とはならないことに十分留意すべきである。

1) 証拠開示の拡充と適正管理義務・目的外使用の禁止規定との関係

裁判員制度の導入をも見据え，改正刑事訴訟法（2005〔平成17〕年11月1日施行）では，集中審理の実現を目指し，実効的な争点整理と被告人の防御の準備を十全ならしめるため，証拠開示制度が導入された。これにより，検察官手持ち証拠の開示は従前に比し，拡充される。

しかし，この証拠開示の拡充が議論される中では，開示証拠の流出や目的外使用によって，証人威迫や罪証隠滅が誘引されるのではないか，名誉・プライバシーが侵害されるのではないのかとの弊害が具体的に指摘され，また当該事件の審理やその後の捜査活動への支障も強い懸念として提起されていた。

そこで，改正刑訴法は，これらの弊害を防止し，懸念を払拭する手立てとして，開示証拠について，弁護人の適正管理義務を定めるとともに（刑訴法281条の3），弁護人及び被告人について開示証拠の審理準備目的外の使用を禁止する規定を置いた（同法281条の4）。

2) 目的外使用の禁止をめぐる日弁連の活動の経緯

目的外使用については，当初，弁護人は被告人と同様に，目的外使用罪の適用を全面的に受ける案が提起されていた。しかし，日弁連の強い説得活動により，弁護人については，利得目的で使用した場合を除いて，刑事罰の対象としないことで法案化された（刑訴法281条の5第2項）。これは，弁護士には，国民から負託された弁護士自治の下での懲戒制度があり，これに裏打ちされた高い職業倫理を有していることへの信頼が基になっている。また，法案化の段階では，科料の制裁も検討されていたが，これも排斥された。

さらに，日弁連は，改正刑訴法が国会に上程された後にも，会長声明（2004〔平成16〕年4月9日）を出し，正当な理由のある開示証拠の利用については，禁止対象から除外する修正を強く求めて，与野党国会議員に精力的な説得活動を続けた。この間，本林徹元日弁連会長は，退任直後の2004（平成16）年4月6日，自ら衆議院法務委員会での参考人質疑に臨み，開示証拠の目的外使用について，「規制は現行法の範囲」に

止めることを強く訴えた。

これらの活動が奏功して、開示された証拠の目的外使用の禁止を定めた刑訴法281条の4に以下の文言を第2項として追加する法案修正が、与野党共同提案にて成立した。すなわち、「前項の規定に違反した場合の措置については、被告人の防御権を踏まえ、複製等の内容、行為の目的及び態様、関係人の名誉、その私生活又は業務の平穏を害されているかどうか、当該複製等に係る証明が公判期日において取り調べられたものであるかどうか、その取調べの方法その他の事情を考慮するものとする」という一文である。

日弁連は、この第2項が追加修正された意義について、次の3点を挙げている（2004〔平成16〕年8月「第159回国会成立の司法改革関連法に対するコメント」）。

第1に、禁止規定に違反した場合、すなわち開示証拠を「審理の準備」以外に使用した場合の措置についても「被告人の防御権」を踏まえるべきとされたことは、被告人の防御に必要な開示証拠の使用は「審理の準備」だけに限定されないことを法律も認めたものと評価できる。

第2に、「関係人の名誉、その私生活又は業務の平穏を害されているかどうか」を考慮すべきとされたことは、関係人の名誉等を害さない場合には、実質的違法性がない場合があることを法律自体が認めたものと解することができる。

第3に、「当該複製等に係る証拠が公判期日において取り調べられたものであるかどうか」や「その取調べの方法」を考慮すべきとされたことは、裁判公開原則の趣旨からも、公判廷で取調べられた証拠の利用については、相応の配慮がなされるべきことを確認したものと言える。

3）「開示証拠の複製等の交付等に関する規程」の制定

検察官から開示された証拠についての適正管理義務（刑訴法281条の3）の規定は、①審理準備目的による被告人への事件記録の差し入れまでも禁止するのか、②審理準備目的のために交付した事件記録が流出し、第三者の名誉・プライバシーを侵害した場合、あるいはその流出証拠が証人威迫や罪証隠滅などの違法行為に使われた場合の責任はどうなるのかについて明確ではなく、これが弁護活動の萎縮を招くことになる。

もとより、開示された記録が適切に取り扱われないという事態は、国民の不信を招き、改正刑訴法のもとで導入された証拠開示制度の円滑な運用に支障を来す要因となる。

そこで、審理準備等目的で証拠の複製等を交付する場合の遵守すべき注意義務を具体的に規定し、証拠開示制度を十全に機能させるとともに弁護活動の萎縮を防止することが必要となる。このような考えに基づいて、日弁連では、2006（平成18）年3月3日の臨時総会において、「開示証拠の複製等の交付等に関する規程」を制定した。

4）今後の課題

開示証拠の使用管理問題については、被告人の防御権、弁護人の弁護権、弁護士の職務行為、弁護士研修、法曹養成及び学術・言論活動等が不当に制限されるのではないのか、という問題が横たわる。そこで、今後も引き続き、目的外使用禁止規定の解釈についての調査研究を深め、早急に、適切な運用基準の策定に努めるべきである。

その際、日弁連の取組みの成果として、国会審議の場において、「被告人の防御権を踏まえ、複製等の内容、行為の目的及び態様、関係人の名誉、その私生活又は業務の平穏を害されているかどうか、当該複製等に係る証明が公判期日において取り調べられたものであるかどうか、その取調べの方法その他の事情を考慮するものとする」との修正が与野党の共同提案により成立したことの意義を十分に斟酌すべきである。

特に、目的外使用禁止規定に抵触するか否かの解釈に当たっては、形式的に目的外使用となる場合であっても、複製等の内容が裁判の公開原則（憲法37条1項、同法82条、刑訴法47条但書、同法53条）の範囲内にある場合、名誉、私生活及び業務の平穏についての具体的侵害がない場合、具体的侵害がないとは言えない場合でも被告人の防御権行使における必要性の程度、その他使用の目的及び態様に照らして正当と認められる場合には、違法とはならないことに、十分、留意すべきである。

5）新たな展開

2013（平成25）年5月23日、大阪地検が、裁判員裁判で証拠提出された取り調べの録画映像をNHKの番

組に提供したとして，この録画映像を提供した弁護士を，刑事訴訟法が禁じる証拠の目的外使用に当たるとして懲戒請求するという新たな展開が生じた。報道によると，取り調べの録画映像は，公判で，検察側が大阪地裁に証拠提出したＤＶＤの内容の一部であるとされている。ＮＨＫ大阪放送局は４月，関西で放送された報道番組「かんさい熱視線」で，捜査機関の取り調べをテーマにした際に放映した。弁護士は，対価をもらうことなく，本人の了解を得た上で，国民全体で可視化を議論するには多くの人に映像を見てもらう必要があると考えて，録画映像の提供を行ったとのことである。

このような事実関係の下では，国会審議の過程で，刑訴法281条の４に第２項が追加される修正が行われた趣旨に照らし，形式的には目的外使用に当たるとしても，懲戒処分の対象とならないことは，明らかであって，大阪地検による懲戒請求は遺憾である。本件に限らず同様のことは今後も起こりうるであろうが，弁護士会や日弁連は，現場で闘う個々の弁護人が法の趣旨の範囲内で活動することさえ萎縮してしまうことのないよう，捜査機関による濫用的な懲戒請求に対しては，毅然とした対応をとるべきである。

大阪弁護士会綱紀委員会は，2014（平成26）年１月，弁護士を懲戒しないとしながら映像提供を刑訴法の規定に違反する行為と認定した。懲戒しないとした結論は当然として，刑訴法の規定に違反するとの意味が違法であることを意味するのであれば，同綱紀委員会の判断には，理由において疑問がある。

5　取調べの可視化

　法制審議会の新時代の刑事司法特別部会において，被疑者の取調べ状況を録音・録画の方法により記録する制度の導入をはじめ，時代に即した新たな刑事司法制度を構築するために取調べ及び供述調書に過度に依存した捜査・公判の在り方の見直しの議論がなされ，2014（平成26）年7月9日の第30回会議において，「新たな刑事司法制度の構築のための調査審議の結果【案】」が全会一致で了承され，裁判員裁判対象事件と検察官独自捜査事件については，原則として取調べの全過程の録音・録画が義務付けられることなどが盛り込まれ，同年9月18日に開催された法制審議会総会で了承され，法務大臣に答申がされた。2015（平成27）年の通常国会に，刑事訴訟法等の改正案が提出される予定である。

　また，検察庁は，依命通達により，2014（平成26）年10月から，従来の試行については正式な実施をすることとするとともに，その対象外であった身柄事件の被疑者，被害者・参考人についても取調べの録音・録画の試行を開始しており，取調べの録音・録画の対象が拡大している。

　「新たな刑事司法制度の構築のための調査審議の結果」においては，施行後一定期間経過後に基本構想及び当答申を踏まえて，録音・録画の実施状況について検討を加え，必要があると認めるときは，その結果に基づいて所要の措置を講ずる旨の見直し規定を設けることが明記され，その附帯事項として，その検討の際には，制度自体の運用状況だけでなく，検察等における実務上の運用としての録音・録画の実施状況なども考慮して分析・検討を行うことが指摘されている。

　弁護人は，今後，警察や検察に対しては，全件について取調べの全過程を録画・録音することを申し入れ，全件について「被疑者ノート」を被疑者に差し入れるとともに，自白を強要する取調べが行われた場合には，検察官については決裁官に対する申入れ，最高検の指導監察部に対する申告，警察官については取調べ監督官に対する苦情申出を行うなどの弁護活動を実践すべきである。

　警察や検察による取調べの全部又は一部の録画がなされた場合には，弁護人は，その全ての事件において証拠開示を請求し，公判においては自白の任意性・信用性を徹底的に争うべきであり，検察官から一部録画のDVDが証拠請求された場合には不同意又は異議を述べて証拠として採用されないようにするための弁護活動を実践すべきである。

1）自白偏重の現状

　これまで，我が国の刑事司法においては，「自白」が偏重されてきた。捜査において被疑者の取調べが重視されるのは，「自白」を獲得するためである。しかしながら，執拗に被疑者の取調べを行って「自白」獲得を目指すことの危険性に思いを致さなければならない。

　これまで捜査機関は，自白が「証拠の女王」であるとして「自白」の獲得に血道を上げ，検察においても，警察による虚偽自白のチェック機能がほとんど機能していなかったことが明らかとなっている。

　とりわけ，我が国には世界に類例をみない，いわゆる「代用監獄」（刑事被拘禁者処遇法の制定により，法律上は，この言葉自体は廃止されているが，実態はほとんど変わっていない）に留置され，24時間，捜査官による完全な支配下に置いて自白が強要される構造となっており，それが虚偽自白を生んでいると考えられる。

過去の冤罪事件の経験からすれば、いわゆる「代用監獄」に身体拘束された者は、たとえ無実であっても、過酷な取調べを受ければ虚偽の自白をすることがあり得るという事実が明らかとなっており、この事実を正面から受け止める必要がある。

なお、最近では、鹿児島志布志事件のように、任意の取調べにおいても虚偽自白をさせられる事例も明らかとなっている。

2）密室の取調べについての最近の冤罪事件

密室の取調べによって自白が強要された冤罪事件は、最近でも発生している。

(1) 鹿児島志布志事件

2003（平成15）年に発生した鹿児島志布志町での選挙違反事件について、2007（平成19）年2月、鹿児島地方裁判所が、被告人12名全員に無罪判決を言い渡した事例において、存在しなかったと認定された選挙違反について、任意の取調べ段階から、警察による激しい自白強要があったことが知られている（日弁連製作のドキュメンタリー映画「つくられる自白―志布志の悲劇」、同編『えん罪志布志事件 つくられる自白』）。

(2) 富山氷見事件

2002（平成14）年に富山県氷見市で発生した強姦・同未遂事件について、警察の任意の取調べを受けた被疑者が、警察から「家族が見放している」などの虚偽の事実を告げられるなどして心理的圧迫を加えられて自白を強要されたために、虚偽の自白をさせられた。その後、被疑者は逮捕されて、裁判所の勾留質問において、いったんは否認したものの、その後の取調べにおいても、警察から自白を強要されて虚偽自白を継続した。その虚偽自白に寄りかかり、同年11月7日に富山地裁高岡支部は被告人に懲役3年の実刑判決を言い渡し、約2年2カ月間、刑務所に服役した後、仮釈放された。その後、2006（平成18）年11月に真犯人が犯行を自供したことから無実が明らかとなり、検察官が再審請求をして、富山地裁高岡支部は2007（平成19）年4月12日に再審開始決定をし、同年10月10日に無罪判決を言い渡し、検察官が即日、上訴権を放棄して、無罪が確定している。

このように、密室での取調べにおける自白の強要は、現在も行われているのである。

(3) 障がい者郵便悪用事件

障がい者団体が発行する定期刊行物を支援者らに送る際に月3回以上発行などの条件を満たせば1通8円（正規料金120円）で郵送できる割引郵便制度を悪用し、定期刊行物を装った企業広告が格安で大量発送された事件が発端となり、制度の適用を受ける際に必要な厚生労働省の証明書の偽造に関わったとして、虚偽有印公文書作成・同行使罪で村木厚子元厚生労働省局長と元係長らが、2009（平成21）年7月、大阪地裁に起訴された。

大阪地裁は、村木厚子元局長の事件について、大阪地検特捜部が密室の取調べにより検察の主張に沿った内容で作成された関係者の供述調書43通のうち34通の証拠能力を否定して証拠採用を却下し、2010（平成22）年9月10日、「検察の主張は客観的事実と符合しない」として無罪を言い渡し、その後、検察官が上訴権を放棄して、無罪が確定している。

(4) 布川事件

1967（昭和42）年8月30日の朝、利根町布川で独り暮しの老人が自宅で殺害された事件であり、2人の男性が別件で逮捕され、警察の取調べにおいて自白を強要されて、強盗殺人として起訴され、1970（昭和45）年10月6日、水戸地裁土浦支部で、それぞれ無期懲役判決を受けた。1973（昭和48）年12月20日、東京高裁は2人の控訴を棄却し、1978（昭和53）年7月3日、最高裁判所が上告を棄却して、その刑が確定した。

事件現場には、激しい格闘があったことや室内が物色されたことが明らかな多くの痕跡があったが、両氏の指紋や毛髪は全く存在せず、他にも両氏が犯人であることを示す物的証拠は皆無であった。それにもかかわらず、代用監獄で偽計・脅迫等によりもたらされた虚偽自白や、誘導され変遷が顕著な目撃証言など、はなはだ危うい供述証拠のみを根拠に有罪が認定されたものであった。

また、裁判所が警察の取調べの最終段階における自白録音テープに大きく影響を受けて自白の任意性を認めてしまったことは、一部録音録画の危険性を端的に示すものであった。

その後、2人は再審請求をしていたが、第二次再審請求後になって無罪方向の証拠の多くがようやく開示され、2011（平成23）年5月に、再審無罪判決が出され、同年6月に無罪が確定している。

結局，2人は29年余もの間，刑務所に服役させられ，無罪を晴らすまでに，43年余もの時間を費やすことになった。

3）可視化の必要性と国際的動向

このような状況を打開するためには，取調べの全過程を録画・録音する「取調べの可視化」を実現することが必要不可欠である。

国際社会からも，我が国に対して，「取調べの可視化」が求められている。

1998（平成10）年11月，国際人権（自由権）規約委員会は，その最終見解において，「委員会は，刑事裁判における多数の有罪判決が自白に基づくものであるという事実に深い懸念を有する。自白が強要により引き出される可能性を排除するために，委員会は，警察留置場すなわち代用監獄における被疑者への取調べが厳格に監視され，電気的な手段により記録されるべきことを勧告する」と述べている。

2004（平成16）年1月には，世界最大の法律家団体である国際法曹協会（IBA）が，日本国政府に対し，被疑者取調べにつき録画・録音による記録制度の導入を検討し，海外の調査を速やかに行うことを提言している。

最近では，2007（平成19）年5月18日，国連の拷問禁止委員会は，「警察拘禁ないし代用監獄における被拘禁者の取調べが，全取調べの電子的記録及びビデオ録画などにより，体系的に監視されるべきである」と勧告している。なお，同委員会は，2013（平成25）年5月18日にも，取調べの全過程の電子的記録と同記録の法廷での利用等を求める勧告をしている。

また，国連の国際人権（自由権）規約委員会は，2008（平成20）年10月29日，国連の市民的及び政治的権利に関する国際規約の実施状況に関する第5回日本政府報告書に対する総括所見を発表したが，取調べの全過程のビデオ録画を勧告している。

弁護人の立会いを含む「取調べの可視化」は，欧米では，イギリス，オーストラリア，イタリア，アメリカの一部の州などで実施されており，東アジアにおいても，台湾においては1998（平成10）年から，韓国においても，2008（平成20）年1月から，それぞれ取調べの録音・録画と弁護人立会いが実現している。

4）裁判員制度との関係

司法制度改革に伴う刑訴法改正の際に新設された刑事訴訟規則198条の4は，「検察官は，被告人又は被告人以外の者の供述に関し，その取調べの状況を立証しようとするときは，できる限り，取調べの状況を記録した書面その他の取調べ状況に関する資料を用いるなどして，迅速かつ的確な立証に努めなければならない」と規定して，取調べの状況の立証を客観的な資料で行うことを求めている。

裁判員制度においては，市民にわかりやすい審理が求められるとともに，できるだけ明瞭な証拠提出を心がけ，裁判員に過大な負担をかけないことが求められる。

これまでのように，自白の任意性・信用性をめぐって，取調べをした捜査官に対する長時間にわたる証人調べと長時間の被告人質問を行っても水掛け論になるだけであるし，実際にもその実施は困難である。そのような事態を避けるためには，取調べの全過程の録画・録音をする以上の最善の方法は考えられない。

5）日弁連の活動

日弁連は，かねてから一貫して，取調べの全過程の録画・録音を提言してきた。2003（平成15）年7月14日付「取調べの可視化についての意見書」を理事会で承認し，同年10月17日には，日弁連人権擁護大会において「被疑者取調べ全過程の録画・録音による取調べ可視化を求める決議」を採択し，その後，2007（平成19）年5月25日の日弁連定期総会において「取調べの可視化（録画・録音）を求める決議」を，2009（平成21）年11月6日の第52回人権擁護大会において，「取調べの可視化を求める宣言―刑事訴訟法施行60年と裁判員制度の実施をふまえて」を，それぞれ採択してきている。

2011（平成23）年5月27日，日弁連定期総会において，「取調べの可視化を実現し刑事司法の抜本的改革を求める決議」を採択し，①遅くとも翌年度（2012〔平成24〕年度）の通常国会までに，被疑者取調べの可視化（取調べの全過程の録画）を，対象事件の範囲を段階的に拡大することを含め，法制化すること，②上記①の法制化がなされるまでの間，各捜査機関の捜査実務運用において，取調べ・調査の全過程の録画を，できるだけ広範囲で実施すること，特に知的障がい者，

少年，外国人等のいわゆる供述弱者及びいわゆる特捜事件については，弁護人等の求めがあれば原則として取調べ・調査の全過程の録画をすることを求めている。

日弁連は，会員に対して，弁護活動の中で捜査機関に対して可視化を要請し，被疑者に「被疑者ノート」を差し入れ，自白の任意性・信用性を徹底的に争うための弁護技術についての特別研修を実施している。

2009（平成21）年4月には，会員向けに，「被疑者ノート活用マニュアル（改訂版）」，「取調べの可視化申入書（モデル案）活用マニュアル（裁判員裁判対応）」及び「取調べ一部録画事案弁護活動マニュアル」を発行し，その後，2012（平成24）年2月，これらを一本化した「取調べ対応・弁護実践マニュアル」を発行した。

その後の状況の変化を踏まえて，2014（平成26）年10月，「取調べ対応・弁護実践マニュアル第2版」を発行している。

6）検察庁による一部録音・録画の実施

2006（平成18）年5月，法務大臣及び最高検次長検事が，裁判員対象事件について，検察官による被疑者の取調べの録音・録画の試行を実施することを発表し，同年8月以降，東京地方検察庁において試行が開始され，2007（平成19）年3月からは，横浜など比較的規模の大きい13の地方検察庁にも機材を配備して，2007（平成19）年12月末までに，全国で170件の取調べの録音・録画が実施されている（最高検察庁「取調べの録音・録画の試行の検証について」2008〔平成20〕年3月）。

最高検察庁は，さらに，2008（平成20）年4月から2009（平成21）年3月まで，一部の例外を除いて，裁判員対象事件であって自白調書を証拠調請求することが見込まれる事件において，さらに録音・録画の範囲を拡大して試行し，2009（平成21）年4月からは本格試行されている。

また，最高検察庁は，同年5月1日付で，「取調べに当たっての一層の配慮について」及び「取調べに関する不満等の把握とこれに対する対応について」と題する通達を公表し，深夜や長時間連続しての取調べを避けることや，被疑者・弁護人から決裁官に対して取調べに関する申入れがなされたときには，所要の調査を行って必要な措置を講じるなどを決めている。

しかしながら，検察庁による取調べの録音・録画の試行は，自白調書による立証を行う事件について，検察官による任意性・信用性についての効果的・効率的な立証を行うための手段として位置づけられている。そのため，録音・録画されるのは，取調べの全過程ではなく，そのごく一部に過ぎないし，すでに作成された自白調書に関して，自白の動機・経過，取調べの状況，自白調書の作成過程等について，検察官の質問に被疑者が答える場面を録音・録画する場合も含まれており（これを「レビュー方式」と呼んでいる。），取調べですらない場面が録音・録画されている。被疑事実を否認している事件については全く録画されることはないし，否認から自白に転じて自白調書が作成された場合にも，検察官が録画するのは自白調書が作成されて以降に限られていることなど，検察庁による録音・録画の試行は極めて不十分であるとともに，むしろ有害ですらある。

なお，このようにして録音・録画されたDVDが，検察官から証拠請求された事案においては，その証拠価値を認めて証拠採用した裁判例もあるが，そのようなDVDの内容から検察官が誘導的な取調べをしていると認めて自白の任意性を否定した裁判例（大阪地裁2007〔平成19〕年11月14日決定・判例タイムズ1266号85頁）や，一部録画では取調べの適正さを判断できない，したがって任意性も判断できないとした裁判例（福岡高裁2011〔平成23〕年9月7日判決・公刊物未登載）が現れており，裁判所において，検察庁による録音・録画の試行の不十分さを認める判断が示されるようになっている。

7）検察における全過程の録音・録画の試行の開始

厚生労働省の村木厚子元局長に対する大阪地裁の無罪判決やその後の証拠隠滅，犯人隠避事件を受けて，法務大臣の私的諮問機関として，「検察の在り方検討会議」が設けられ，同会議は2011（平成23）年3月31日に，「検察の再生のために」と題する提言をまとめて江田五月法務大臣（当時）に答申をした。

この提言においては，「被疑者の取調べの録音・録画は，検察の運用及び法制度の整備を通じて，今後，より一層，その範囲を拡大するべきである。」との基本的な考え方が示されるとともに，検察の運用による

取調べの可視化の拡大として、①特捜部による取調べにおいて、できるだけ広範囲の録音・録画を行い、1年後に検証して検証結果を明らかにすること、②各地の検察庁の特別刑事部が取り扱う独自捜査事件についても特捜部に準じて、取調べの録音・録画の試行をすること、③知的障害によりコミュニケーション能力に問題がある被疑者等に対する検察官の取調べにおいても、取調べの録音・録画を試行し、その際に、取調べの全過程を含む広範囲な録音・録画を行うよう努めるなど、様々な試行を行うこと求めた。

江田法務大臣（当時）は、この提言を受けて、2011（平成23）年4月8日、「検察の再生に向けての取組」と題する文書を公表し、笠間治雄検事総長（当時）に指示し、この中で、最高検が検討・推進すべき事項として、「検察の在り方検討会議」の提言でも指摘されていた①特捜部における被疑者取調べの録音・録画、②特別刑事部の独自捜査事件の被疑者取調べの録画・録音、③知的障害によりコミュニケーション能力に問題がある被疑者等に対する検察官の取調べにおける録音・録画について、より具体的な試行の在り方を挙げた。

法務省は、2010（平成22）年6月、省内に設けられた勉強会及びワーキンググループの議論・検討を開始していたが、2011（平成23）年8月8日、法務省刑事局は、2010（平成22）年10月以降に実施した被疑者取調べの録音・録画に関する省内勉強会のとりまとめ結果を発表し、その中で、裁判員制度対象事件における検察官による被疑者取調べの録音・録画の範囲を試行的に拡大することを提言するとともに、法制度化については、専門的・技術的な検討が不可欠であるとして、この勉強会における検討状況を踏まえて、法制審議会における検討に委ねることとしている。

その結果、現時点では、特捜部及び特別刑事部における独自捜査事件と、裁判員裁判対象事件及び知的障害によりコミュニケーション能力に問題がある被疑者等について、それぞれ検察官の取調べについて取調べの全過程の録音・録画が実施されており、被疑者の供述を録取した供述調書の存在を前提とせずに、検察官が普段行っている取調べ、すなわち犯行に至る経緯、犯行状況、犯行後の行動等について質問し、被疑者が応答する場面をそのまま録音・録画する方式（ライブ方式）が行われるようになっている。

最高検察庁は、2012（平成24）年7月4日、これらの試行の実施状況についての検証結果を発表するとともに、今後も引き続き試行を継続するとともに、特捜部及び特別刑事部以外の非部制庁における独自捜査事件、部制庁において刑事部等が取り扱う独自捜査事件や、精神の障害等により責任能力の減退・喪失が疑われる被疑者に係る事件についても、新たに試行の対象とすることが明らかにされ、同年秋より実施されている。

なお、最高検察庁は、2012（平成24）年9月3日、録音・録画の空白時間をなくために、入退室の時から記録を開始するよう義務付けている。

その後、検察庁は依命通達により、2014（平成26）年10月1日から、従来の試行を本格実施することとして、①裁判員裁判対象事件、②知的障害を有する被疑者で、言語によるコミュニケーションの能力に問題がある者、又は取調官に対する迎合性や被誘導性が高いと認められる者に係る事件、③精神の障害等により責任能力の減退・喪失が疑われる被疑者に係る事件、④独自捜査事件であって、当該事件について検察官が被疑者を逮捕した事件については、取調べの全部又は一部の録音・録画を実施することとしている。

また、併せて、①公判請求が見込まれる身柄事件であって、事案の内容や証拠関係等に照らし被疑者の供述が立証上重要であるもの、証拠関係や供述状況等に照らし被疑者の取調べ状況をめぐって争いが生じる可能性があるものなど、被疑者の取調べを録音・録画することが必要であると考えられる事件、②公判請求が見込まれる事件であって、被害者・参考人の供述が立証の中核となることが見込まれるなどの個々の事情により、被害者・参考人の取調べを録音・録画することが必要であると考えられる事件について、取調べの全過程を含め、様々な録音・録画を試行することとしている。

8）法制審議会特別部会での審議結果について

江田法務大臣（当時）は、2012（平成24）年5月18日付で、法制審議会に対して、「近年の刑事手続をめぐる諸事情に鑑み、時代に即した新たな刑事司法制度を構築するため、取調べ及び供述調書の過度に依存した捜査・公判の在り方の見直しや、被疑者の取調べ状

況を録音・録画の方法により記録する制度の導入など，刑事の実体法及び手続法の整備の在り方について，御意見を承りたい。」とする諮問（諮問第92号）をし，これを受けて，法制審議会は「新時代の刑事司法制度特別部会」（以下，単に「特別部会」という。）を設置した。

同年6月29日に同特別部会の第1回会議が開催され，以後，月1回程度のペースで審議が行われ，2012（平成24）年7月31日の第12回会議まで第1巡目の議論が行われ，同年9月19日から同年12月25日の第17回会議まで第2巡目の議論が行われた。

その後，2013（平成25）年1月29日に開催された第19回会議で「時代に即した新たな刑事司法制度の基本構想」了承された。

ここでは，「一定の例外事由を定めつつ，原則として，被疑者取調べ全過程について録音・録画を義務付ける」制度と，「録音・録画を義務付ける範囲は，取調官の一定の裁量に委ねるものとする」制度の2つが提示され，「対象事件については，裁判員裁判対象事件の身柄事件を念頭に置いて制度の枠組みに関する具体的な検討を行い，その結果を踏まえ，さらに当部会でその範囲の在り方についての検討を加えることとする。」とされた。

その後，この基本構想を踏まえて，作業分科会で，取調べの録音・録画制度などについて，それぞれ制度構想の具体化が検討され，2014（平成26）年7月9日の第30回会議において，「新たな刑事司法制度の構築のための調査審議の結果【案】」が全会一致で了承され，裁判員裁判対象事件と検察官独自捜査事件については，原則として取調べの全過程の録音・録画が義務付けられ，検察官は，当該取調べで作成された被疑者調書の任意性が争われたときは，当該供述調書が作成された取調べの状況を録音・録画した記録媒体の取調べを請求しなければならないとするなどが盛り込まれ，同年9月18日に開催された法制審議会総会で了承され，法務大臣に答申がされた。2015（平成27）年の通常国会に，刑事訴訟法等の改正案が提出される予定である。

また，検察庁は，依命通達により，2014（平成26）年10月から，従来の試行については正式な実施をすることとするとともに，それ対象外であった身柄事件の被疑者，被害者・参考人についても取調べの録音・録画の試行を開始しており，取調べの録音・録画の対象が拡大している。

「新たな刑事司法制度の構築のための調査審議の結果」においては，施行後一定期間経過後に基本構想及び当答申を踏まえて，録音・録画の実施状況について検討を加え，必要があると認めるときは，その結果に基づいて所要の措置を講ずる旨の見直し規定を設けることが明記されており，その附帯事項として，その検討の際には，「制度自体の運用状況だけでなく，検察等における実務上の運用としての録音・録画の実施状況や公判における供述の任意性・信用性の立証状況も検討の対象として，客観的なデータに基づき，幅広い観点から分析・検討を行う」ことが指摘されている。

9）国会の動向

これまで，衆議院・参議院の法務委員会において，裁判の迅速化に関する法律案（2003〔平成15〕年），刑事訴訟法等の一部を改正する法律案（2004〔平成16〕年），刑事施設及び受刑者の処遇等に関する法律の一部を改正する法律案（2006〔平成18〕年）を可決した際の附帯決議において，何度も取調べの可視化の検討を求めている。

政権交代前の野党であった時代の民主党は，これまでも，弁護人の立会いと取調べの可視化を求める法案を議員立法として衆議院に何度か提出したが，審議未了により廃案となっていた。

すなわち，2007（平成19）年7月の参議院議員選挙において，民主党など野党が参議院議員の多数を占める状況になった状況を受けて，民主党は，第168回臨時国会の会期である同年12月26日に，被疑者の供述及び取調べの状況の全ての映像及び音声を記録媒体に記録しなければならないとする刑事訴訟法改正案を，議員立法として提出し，第169回通常国会の会期中である2008（平成20）年6月4日に参議院において可決されたが，与党が圧倒的多数を占める衆議院において審議未了で廃案となっている。

そして，2009（平成21）年8月の衆議院議員選挙において，民主党が308議席を獲得して第一党となり，民主党への政権交代がなされた。

ところが，民主党は，選挙前には，「裁判で自白の任意性について争いになった際に検証できるよう，取り調べの全過程を録音・録画することを捜査当局に義務付ける」ことをマニフェストに掲げていたにもかか

わらず，政権交代後は，取調べの可視化については消極的な立場をとり続けていた。その後，2012（平成24）年1月，再び自民党と公明党の連立政権に政権交代し，取調べの可視化に向けた国会の主導的な動きは期待できない状況となっている。

10) 警察庁の動き

国家公安委員会は，2007（平成19）年11月，警察による取調べに対する国民の不安が払拭されないとして，「警察捜査における取調べの適正化について」により，警察庁に対して，取調べの適正化を求めた。

これを受けて，警察庁は，同年12月，「警察捜査における取調べの適正化に関する有識者懇談会」を立ち上げ，2008（平成20）年1月，「警察捜査における適正化指針」を策定し，管理部門による取調べ監督制度や苦情申出制度などの新設を決めた（その内容は，平成20年4月3日国家公安委員会規則第4号「被疑者取調べ適正化のための監督に関する規則」として成文化されている。）。

その後，警察庁は，検察庁における試行を参考に被疑者の取調べの一部の録音・録画の試行を行うことを決め，2009（平成21）年4月から，全国の警察において本格的に試行されている。

そして，2010（平成22）年2月5日からは，国家公安委員長の下で，「捜査手法，取調べの高度化を図るための研究会」が開催されている。この研究会は，その後，内閣改造で国会公安委員長が交代する度に引き継がれて，2011（平成23）年4月7日に中間報告書を発表した。その後も研究会は継続して開催され，合計23回の会議を開催し，2012（平成24）年2月23日に，最終報告書が公表された。

同報告書は，「取調べの可視化については，取調べに係る客観的な記録として，公判における的確な判断を可能とするものであり，虚偽自白及び『えん罪』を防止することに資することから，可能な限り，積極的に実現すべきものと考えられる。もっとも，事件によっては，真犯人の供述によらなければ真相を明らかにできないものも存在するなど，取調べによって真実の供述を得て事案の全容を解明することが，これまで我が国の刑事司法制度の重要な要素であるとされてきたことに鑑みると，現実的に考えれば，取調べの可視化は，取調べの機能・役割に対する影響に配慮をしつつ，実現していくべきであると考えられる。」との基本的な観点から，裁判員裁判対象事件に係る試行については，可視化の目的に照らして広く試行を実施することを基本として，少なくとも，身柄拘束中の取調べ室又はこれに準じる場所における取調べを対象とし，また，自白事件に限らず，必要に応じて否認事件等についても試行の対象とするとともに，様々な場面を対象に試行を実施すべきであることを提言するとともに，知的障害を有する被疑者についても，罪種を限定せず，裁判員裁判対象事件に係る試行に準じて試行を開始し，可能な限り広く録音・録画を実施すべきであると提言している。ただ，DNA型データベースの拡充，通信傍受の拡大，会話傍受，仮装身分捜査などの新たな捜査手法のうち実現可能性が高いものについては，順次速やかに導入に向けた検討を進め，実現を図っていくべきであると提言しており，日弁連及び弁護士会としては，その動向を警戒する必要がある。

その後，警察庁は，同研究会の最終報告書を踏まえて，同年3月29日，「捜査手法，取調べの高度化プログラム」を発表し，同年4月以降，裁判員裁判対象事件と知的障害を有する被疑者に対する取調べについて，全過程を含む録音・録画を実施することを決め，順次実施されている。

それを踏まえ，警察庁は，2013（平成25）年7月25日，「警察における取調べの録音・録画の試行の検証について」を発表している。

11) 期待される今後の取組み

日弁連及び弁護士会としては，前述したように，検察庁が依命通達により，2014（平成26）年10月から取調べの録音・録画の試行が大幅に拡大することになったことから，個別事件において可視化の申入れが必須の弁護活動であることを会員に周知徹底するために，研修等を実施するとともに，その実施状況を調査検討する必要がある。

弁護人は，警察や検察に対して，全件について取調べの全過程を録画・録音することを申し入れ，全件について「被疑者ノート」を被疑者に差し入れるとともに，自白を強要する取調べが行われた場合には，検察官については決裁官に対する申入れ，警察官については取調べ監督官に対する苦情申出を行う弁護活動を実践すべきである。

なお，2011（平成23）年7月8日に，笠間治雄検事総長（当時）が発表した「検察改革─その現状と今後の取組─」と題する文書の中で，監察指導部を新設し，検察官又は検察事務官の違法・不適正行為に対処するための監察の実施等の指導を充実強化するとされていることから，自白を強要する取調べをしたのが検察官である場合には，弁護人は，最高検の監察指導部に対する申告をも行うべきである。

警察や検察による取調べの全部又は一部の録画が試行された場合には，弁護人は，その全ての事件で証拠開示を請求し，録画されたDVDを謄写し，公判においては自白の任意性・信用性を徹底的に争うべきであり，検察官から一部録画のDVDが証拠請求された場合には，不同意又は異議を述べて，証拠として採用されないような弁護活動を実践すべきである。

取調べの全過程の録画がなされる場合に備えて，弁護人は，被疑者に対して，録画についてどのようにアドバイスするかという新たな弁護活動のあり方の検討も必要となっている。

日弁連及び弁護士会は，このような各弁護人の刑事弁護における実践の積み重ねを通じて，法制審議会の新時代の刑事司法制度特別部会での審議結果による取調べの録音・録画の義務化が不十分であり，全ての事件における取調べにおいて，供述の任意性担保の手段かつ取調べの適正化のための制度として，全過程の可視化が不可欠であることを明らかにして，制度見直しに向けて，全事件・全過程の可視化を実現するように，全力で取り組んでいくべきである。

6　人質司法の打破と冤罪防止

> 冤罪を防止するとともに，争点整理を実効あらしめ，裁判員制度を充実したものにするために，刑事司法における取調べの可視化と並ぶ二大課題として，「人質司法」の打破に全力で取り組み，これを実現すべきである。
>
> 権利としての保釈について，ひいては防御権の行使について，貧富の差による差別の解消を図るため，全国弁護士協同組合連合会を保証機関とする「保釈保証制度」が開始されており，より広い利用を呼びかけるべきである。

1）勾留・保釈に関する憲法・国際人権法上の5原則

勾留・保釈に関する憲法・国際人権法上の原則として，

① 無罪推定の原則（憲法31条が保障していると解されるし，国際人権〔自由権〕規約14条2項が直接規定している。）
② 身体不拘束の原則（同規約9条3項）
③ 比例原則（憲法34条が定める「正当な理由」を満たすためには，達成されるべき目的〔裁判権・刑罰執行権〕とそのために取られる手段〔勾留〕との間に，合理的な比例関係が存在する必要がある。）
④ 最終手段としての拘束の原則（「社会内処遇措置のための国際連合最低基準規則〔東京ルール〕」。1990〔平成2〕年国連総会で採択。同規則は，公判前抑留の代替措置が法律上規定されることを前提にしている。）
⑤ 身体拘束の合理性を争う手段の保障の原則（国際人権〔自由権〕規約9条4項）

を挙げることができる。

2）人質司法の実態

保釈率は，現刑訴法施行当初，50％内外で推移したものの，その後長期低落を続け，2003（平成15）年には地裁での保釈率が12.6％という，権利保釈が存在しなかった旧刑訴法下にほぼ等しい数値にまで低下した。しかも，第1回公判期日前の保釈はなかなか認められず，さらに，およそ3分の2の被告人が身体拘束を受けたまま判決を受け，判決は無罪・執行猶予・罰金等でありながら，判決時まで身体拘束を受け続けた被告

人が毎年3万人弱にも及ぶ状況が続いたのである。先に掲げた無罪推定の原則をはじめとする5原則に反する事態が恒常化してきたのである。

3）冤罪防止と充実した裁判員制度実施のために

虚偽の自白による冤罪を防止するには，勾留・保釈制度を改革し，人質司法を打破することが必要である。

また，被疑者・被告人の身体拘束は，弁護側の十全な事前準備の最大の障碍であって，争点整理を実効あらしめ，集中審理を実現し，裁判員制度を充実したものにするには，被告人の身体拘束が解かれていることが極めて重要であり，権利保釈の対象外犯罪を限定し，人質司法を改革することが必要である。

4）最近における運用変化の兆しと弁護人の対応

最近になって，このような実態に変化の兆しがみられるようになった。低下を続けた保釈率（以下の数値はいずれも地裁についてのものである。）は，2004（平成16）年から上昇に転じ，同年以降の保釈率は，13.2％，13.5％，15.0％，15.3％，15.6％，16.9％，19.5％，21.2％，22.3％と年々上昇する傾向にある（日弁連刑事弁護センター編『保釈・勾留ハンドブック〔第4版〕』16頁）。

2003（平成15）年には51.8％であった保釈許可率も上昇傾向にあり，2012（平成24）年は61.2％であった。

今後もこのような傾向をより拡大するための弁護人の活動が期待されている。

5）実現すべき改革と弁護士会の今後の取組み

(1) 日弁連の意見・提言

日弁連は，2007（平成19）年9月，「勾留・保釈制度改革に関する意見書」及び「勾留・保釈制度改革に関する緊急提言」を公表し，さらに，この2つの意見書と一体となるものとして，2009（平成21）年7月，「出頭等確保措置導入についての提言」を公表した。

この3つの意見書は，「人質司法」を脱却するために，短期的課題として，次の5点の実現を求めるものであった。

① 起訴前保釈制度の創設
② 刑訴法89条1号の改正（権利保釈の対象外犯罪の限定）
③ 同法89条4号の改正（削除または権利保釈除外事由の厳格化）
④ 同法89条5号の改正（同前）
⑤ 出頭等確保措置の創設（従前「未決勾留の代替制度」と呼ばれていた制度であり，勾留と「在宅」の間の中間的な形態として，行動の自由に対する一定の制限を課す制度である。）

(2) 日弁連の新たな意見書

日弁連は，法制審議会の特別部会に対応するため，会内議論を深め，2012（平成24）年9月13日付けで，「新たな刑事司法制度の構築に関する意見書（その3）」を公表した。

これは，前記（1）の従前の日弁連の提言・意見を踏まえつつ，以下を内容とする新たな意見書である。

❶ 勾留及び保釈制度の改善

① 勾留又は保釈に関する裁判においては，被疑者又は被告人の防御権を踏まえ，被疑者又は被告人が嫌疑を否認したこと，取調べ若しくは供述を拒んだこと，又は検察官請求証拠について同意をしないことを被告人に不利益に考慮してはならないものとする。

② 勾留又は保釈に関する裁判においては，犯罪の軽重及び被疑者又は被告人が釈放されないことによって生ずる防御上又は社会生活上の不利益の程度を考慮しなければならないものとする。

❷ 住居等制限命令制度の創設

これは，従前の出頭等確保措置を見直したものであり，裁判所が，被告人（被疑者）に対し，2ヶ月以内の期間を定めて，住居の制限，被害者その他事件の審判に必要な知識を有すると認められる者若しくはその親族への接触の禁止，特定の場所への立入りの禁止その他罪証の隠滅又は逃亡を防止するために必要な命令（住居等制限命令）をすることができるものとし，被告人（被疑者）が住居等制限命令に違反したとき，または，住居等制限命令を受けてもこれに従わず，罪証を隠滅すると疑うに足りる相当な理由があるとき若しくは逃亡すると疑うに足りる相当な理由があるときは，これを勾留することができるものとする制度である。

❸ その他刑事訴訟法の改正

① 刑訴法89条4号を削除し，「被告人が罪証を隠滅すると疑うに足りる相当な理由があるとき」を権

利保釈の除外事由としないものとする。

② 刑訴法61条の規定により被告人（被疑者）に対し被告事件（被疑事件）を告げ，これに関する陳述を聴く場合において，被告人（被疑者）に弁護人があるときは，これに立ち会う機会を与えなければならないものとする。

③ 刑訴法207条1項但書きを削除し，公訴提起前に保釈をすることができるものとする。

④ 刑法429条2項を削除し，裁判官がした勾留決定に対して，犯罪の嫌疑がないことを理由として準抗告をすることができることを明確にする。

(3) 法制審議会での審議への対応

2006（平成18）年7月，法務大臣が法制審議会に対して「保釈の在り方など」や「未決勾留の代替制度」を含む被収容人員の適正化に関する諮問をなし，同審議会は「被収容者人員適正化方策に関する部会」を設置して，同部会において審議が行われてきた。しかし，過剰収容問題の終息に伴ってか，保釈については，何らの成果もないまま終了した。

2012（平成24）年5月，法務大臣が法制審議会に対して，「近年の刑事手続をめぐる諸事情に鑑み，時代に即した新たな刑事司法制度を構築するため，取調べ及び供述調書の過度に依存した捜査・公判の在り方の見直しや，被疑者の取調べ状況を録音・録画の方法により記録する制度の導入など，刑事の実体法及び手続法の整備の在り方について，御意見を承りたい。」とする諮問（諮問第92号）をし，これを受けて，法制審議会に「新時代の刑事司法制度特別部会」（以下，単に「特別部会」という。）が設置された。

2013（平成25）年1月29日に開催された第19回会議で「時代に即した新たな刑事司法制度の基本構想」が了承され，そこでは，「被疑者・被告人の身柄拘束の在り方」として，「勾留と在宅の間の中間的な処分を設ける」「被疑者・被告人の身柄拘束に関する適正な運用を担保するため，その指針となるべき規定を設ける」ことについて，「指摘される懸念も踏まえ，その採否も含めた具体的な検討を行う」ことが盛り込まれ，以後，作業分科会において，その制度設計が検討されている。

しかしながら，2014（平成26）年7月9日に開催された特別部会の第30回会議において全会一致で了承された「新たな刑事司法制度の構築のための調査審議の結果【案】」においては，中間処分の創設は盛り込まれず，裁量保釈の考慮事情を明記するという内容だけが盛り込まれ，人質司法の打破のための制度改革はなされずに終わった。

したがって，今後，改めて日弁連が求める身体拘束を減らすための制度の導入を国会議員などに働きかけていく必要がある。

(4) 国際社会からの勧告の活用

国際社会からは，日本政府に対して，起訴前保釈を求める勧告が相次いでなされている。

2007（平成19）年5月，国連拷問禁止委員会の日本国政府に対する勧告は，起訴前の保釈制度が存在しないことについて懸念を表明し，公判前段階における拘禁の代替措置の採用について考慮することを勧告し，1年以内の返答を求めた。同委員会は，2013（平成25）年5月に，第2回日本政府報告について審査して総括所見を発表し，上記の勧告を繰り返している（日弁連パンフレット「国連拷問禁止委員会は日本政府に何を求めたか」参照）。

また，2008（平成20）年10月，国連の国際人権（自由権）規約委員会は，国連の市民的及び政治的権利に関する国際規約の実施状況に関する第5回日本政府報告書に対する総括所見を発表したが，その中で自由権規約14条の完全な実施として起訴前保釈制度の導入を勧告している。

これらの国際社会からの勧告を生かし，日弁連や弁護士会は，法改正を求める活動を積極的に展開すべきである。

(5) 保釈保証保険制度等の導入

最高裁が近年公表したところによると，私選事件における保釈率は，2004（平成16）年の41.9％を底に，2012（平成24）年には58.3％に，国選事件におけるそれは，2004（平成16）年の3.1％を底に，2012（平成24）年には15.0％に，それぞれ上昇している。

いずれも上昇してはいるものの，依然として，私選事件と国選事件ではおよそ4倍弱の開きがある。そして，その原因が，被告人の資力と高額な保釈保証金にあることは疑いがない。韓国では，保釈保証保険制度があり，保釈保証金の0.48％相当額（100万円の保釈金の場合，4,800円）の保険料を支払えば保険会社が保証する制度であり，保釈保証金納付条件付の保釈（なお，韓国での保釈は，保釈保証金の納付が不可欠

の条件ではない。）の場合の多くにこの保険制度が利用されている。

日弁連法務研究財団は，この韓国での制度に注目し，これを研究するとともに，我が国への同様の制度導入につき検討し，①全国弁護士協同組合連合会（全弁協）を保証機関とし，②損害保険会社とも連携して事業の継続性・安定性を維持し，③保証料率を保釈保証金の２％程度とすることなどを骨子とする「保釈保証制度」導入を提言する研究報告書を取りまとめた。この保釈保証制度は，権利としての保釈について，ひいては被告人としての防御権の行使について，貧富の差による差別の解消を図るものである。被疑者国選弁護制度と同様の発想に基づくものと言える。

これを受けて，日弁連は2011（平成23）年１月20日付「保釈保証制度に関する提言」を行った。

その後，全国弁護士協同組合連合会を保証機関とし，保釈のための保証書（刑事訴訟法94条３項）を発行する事業（保釈保証書発行事業）が，2013（平成25）年10月現在，27単位協同組合において開始し，全国の単位協同組合で実施されている。

これは，弁護士協同組合の組合員である弁護士が，保証する金額の２％に相当する手数料を支払うとともに，保証する金額の10％に相当する自己負担金を預けることにより，全国弁護士協同組合連合会が保証書を発行し，弁護士はそれを利用して保釈を実現することができるというものであり，今後は，資力がない被告人についても保釈請求が容易に可能となるものであり，弁護士会は会員にこの制度を周知して，保釈率が向上するように働きかけをすべきである。

(6) 保釈請求励行の運動の展開

保釈の運用の改善については，何よりも刑事弁護の現場での積極的な弁護活動が不可欠である。現行の保釈制度の運用への弁護人の諦めからくる保釈請求件数の減少が，今日の事態をもたらした副次的な原因であったことも否定できない。運用・制度の改革，そして保釈保証制度の導入など保釈請求を容易にする環境の整備に努めつつ，具体的な事件において，弁護人は，保釈請求等を積極的かつ果敢に実践する必要があり，日弁連及び弁護士会は，そのような運動の提起とそれに対する支援や情報提供を，随時，具体的に行っていくべきである。

7　伝聞法則の徹底

> 直接主義・口頭主義を徹底するために，裁判員制度実施後も，伝聞法則の厳格化につき，引き続き取り組むべきである。

１）直接主義・口頭主義の徹底

司法制度改革推進本部の裁判員制度・刑事検討会事務局が作成した裁判員制度についてのいわゆる「たたき台」は，「以下に述べる諸点を含め，迅速で，かつ，裁判員に分かりやすく，その実質的関与を可能とする証拠調べの在り方について検討し，必要な措置を講ずるものとする」とし，

① 証拠調べは，裁判員が理解しやすいよう，争点に集中し，厳選された証拠によって行わなければならないものとすること

② 専ら量刑に関わる証拠の取調べは，公訴事実の存否に関する証拠の取調べと区別して行わなければならないものとすること

③ 証拠書類は，立証対象事実が明確にわかりやすく記載されたものとすること

④ 供述証拠の信用性等については，その作成状況を含めて，裁判員が理解しやすく，的確な判断をすることができるような立証を行うこと

⑤ 第１回公判期日前の裁判官による証人尋問の活用を拡充すること

⑥ 迅速で，裁判員にわかりやすい審理が行われるよう，訴訟指揮を行うこと

などの諸点を挙げている。

これらは，いずれも直接主義・口頭主義を目指すも

のと評価できるが，改正刑訴法に取り入れられたのは⑤の点（刑訴法227条の改正）のみであり，その余の点については，その趣旨が刑訴規則の改正に盛り込まれるにとどまっている。

裁判員裁判においては，公判廷において調べられる証拠や証言をその場で見て，聞いて心証を形成する「公判中心」の直接主義・口頭主義に基づく審理を実施することとなる。

2）伝聞法則の厳格化

しかし，直接主義・口頭主義を徹底するために必要な伝聞法則の厳格化については，刑訴法改正では，取り上げられなかった。

もともと，意見書は，「伝聞法則等の運用の現状については異なった捉え方があるが，運用を誤った結果として書証の取調べが裁判の中心を占めるようなことがあれば，公判審理における直接主義・口頭主義を後退させ，伝聞法則の形骸化を招くこととなりかねない。この問題の核心は争いのある事件につき，直接主義・口頭主義の精神を踏まえ公判廷での審理をどれだけ充実・活性化できるかということにある」と述べていたのであって，刑訴法が定める伝聞法則の例外そのものを見直すことまでは，視野に入っていなかったとも考えられる。

しかしながら，我が国の刑事裁判の調書裁判と言われる現状は，伝聞法則の大幅な例外を認める現行の刑訴法それ自体によってもたらされたのであって，伝聞禁止の原則と例外との逆転した運用を改めるには，伝聞法則を厳格化する刑訴法の改正が不可欠だと言うべきである。

特に，現行の刑訴法は，検察官面前調書につき，いわゆる相反供述の場合に証拠能力を与えている（同法321条1項2号後段）が，この規定こそが，捜査を肥大化させ，被疑者の人権侵害をもたらしてきた。すなわち，この規定は，調書裁判の元凶であって，削除されるべきである。

また，現行の刑訴法は，特信性の存在を条件に，被告人の供述調書に証拠能力を認めている（同法322条1項）。

この規定の運用については，司法研究報告書『裁判員制度の下における大型否認事件の審理の在り方』（法曹会，2008〔平成20〕年）において，特信性の判断は，裁判員法上，裁判官の権限に属するが，信用性の判断と不可分の関係にあることから，裁判員も心証形成することは不可欠であり，その関係で，特信性の判断については，外部的付随事情に純化して判断する方向は避けられず，当該証人が共犯者の場合には，その供述を録音・録画（DVD化）する等の取調べ状況に関する客観的な証拠を確保することが求められるなどと述べられている（同書94頁以下）。

これ自体は注目すべき見解であるが，それでも，検察官面前調書が採用されて，誤った事実認定に利用されるおそれが完全になくなるとは言えないのであるから，自白偏重の裁判を抜本的に改革するためには，この規定は法改正により全面的に削除されるべきである。

弁護士会としては，裁判員制度が実施された後も，その運用状況を見守り，直接主義・口頭主義をより徹底するために，伝聞法則の厳格化について，引続き重要な課題として取り組む必要がある。

3）検察の在り方検討会議での議論

前述（第4部5）の村木元局長の事件で，大阪地検特捜部の主任検察官がフロッピーディスクの改ざんを行い，証拠隠滅事件として立件されたこと，その上司である大阪地検特捜部長，同副部長がそれを隠蔽しようとしたとして犯人隠避罪で立件されたことを受けて，柳田法務大臣（当時）は，私的諮問機関として「検察の在り方検討会議」を立ち上げ，2011（平成23）年3月31日に江田法務大臣（当時）に提言書（「検察の再生に向けて」）が答申され公表された。

そこでは，同会議の中で，「いわゆる2号書面制度（刑訴法321条1項2号により，被告人以外の者の検察官面前調書について，供述した者が公判期日等においてその供述調書と相反し又は実質的に異なる供述をしたときに，公判供述よりも供述調書の方が信用できる特別の情況〔特信性〕があれば，検察官面前調書の証拠能力を認めることができるとされる。）の廃止や任意性の立証方法の制限を求める意見が出された」が（同提言書32頁），全体の意見とはならず，提言には盛り込まれず，その問題も含めて，次の検討の場に議論が譲られた。

4）法制審議会の特別部会での議論

「検察の在り方検討会議」を受けて，2012（平成24）

年5月，法務大臣が法制審議会に対して，「近年の刑事手続をめぐる諸事情に鑑み，時代に即した新たな刑事司法制度を構築するため，取調べ及び供述調書の過度に依存した捜査・公判の在り方の見直しや，被疑者の取調べ状況を録音・録画の方法により記録する制度の導入など，刑事の実体法及び手続法の整備の在り方について，御意見を承りたい。」とする諮問（諮問第92号）をし，これを受けて，法制審議会には「新時代の刑事司法制度特別部会」（以下，単に「特別部会」という。）が設置された。

供述調書に依存した公判の在り方の見直しという点で，伝聞法則の在り方も，議論の射程に入っており，刑訴法321条項2号を廃止すべきであるとの意見も出されているが，他方で同制度を維持すべきであるとの意見も出されていたところ，2013（平成25）年1月29日に開催された第19回会議で了承された「時代に即した新たな刑事司法制度の基本構想」においては，「いわゆる2号書面制度の在り方」については，「当部会で結論を得ることは困難と考えられる」として，「その要否及び当否も含めて別途検討されるべきである」とされ，同特別部会の検討課題から外されてしまった。

したがって，日弁連及び弁護士会は，今後も，粘り強くこの問題について取り組んでいく必要がある。

8 接見交通権の確立

> 接見交通権を確立するために，大法廷判決の壁を打ち破るに足る違憲論を再構築し，国際人権法を梃子として刑訴法39条3項そのものの削除を求める運動を推進するとともに，接見妨害や写真撮影・録音の制限やそのための検査に対しては，法務省や刑事施設と協議を行う必要がある。そして，会員に対して，適切な情報を提供し，会員の弁護活動が萎縮することがないように支援することが求められている。
>
> 今後も，日弁連及び弁護士会は，接見交通権確立のための取組みを強化していくべきである。

1）接見交通権をめぐる闘い

憲法34条，37条が保障している被疑者・被告人の弁護人選任権とは，弁護人の援助を受ける権利にほかならない。被疑者・被告人には，まさに援助が必要なその時にこそ，弁護人の実質的な援助が与えられなければならない。

この弁護人の援助を受ける権利の中核的権利である接見交通権については，いわゆる一般的指定制度によって組織的・継続的な接見妨害がなされてきたが，日弁連は，早くからこの問題に取り組み，国賠訴訟の全国での積極的提起とその勝訴判決を背景として，法務省との直接協議によって，「面会切符制」の廃止など一定の改善を実現した。

しかし，他方で，最高裁は，浅井・若松の両事件判決において，「取調べ予定」を理由に接見指定ができるとするなど現状追認に終始し，さらに，1999（平成11）年3月24日の安藤・斎藤事件大法廷判決において，「接見交通権の行使と捜査権の行使との間に合理的な調整を図らなければならない」などの理由で，刑訴法39条3項違憲論を退けるに至っている。

2）違憲論の再構築へ向けて

国連の規約人権委員会は，日本政府の第4回定期報告書につき，1998（平成10）年11月，「最終見解」を採択し，「刑事訴訟法39条3項のもとでは弁護人へのアクセスが厳しく制限され」ていることを指摘し，これを直ちに改革するよう勧告したが，大法廷判決はこの勧告に逆行する内容に終始したのである。

被疑者には，取調中であったり，取調べの予定がある場合にこそ，弁護人の援助が必要なのであって，我

が国の現状は、未だ憲法、国際人権法の保障する弁護人の援助を受ける権利とはかけ離れた状況にある。

違憲論を再構築するとともに、「捜査の必要」を理由に接見制限を認める刑訴法39条3項自体を削除する法改正を求めて運動を再展開する必要がある。

3）法友会の取組み

また、接見交通権を確立するためには、妨害行為を看過することなく、国賠訴訟を積極的に提起すべきである。法友会は、会員が3日間にわたり接見することができなかった事案や取調中でもないにもかかわらず接見指定された事案について、法友会の会員を中心に約150名の弁護団を組織し、1997（平成9）年4月、国を被告として国賠訴訟を提起し（伯母・児玉接見国賠訴訟）、間近で確実な捜査の必要がある場合であっても検察官に接見申出をした弁護人との間で「調整義務」があり、この調整義務違反があるとして賠償を命ずる判決（一審・2000〔平成12〕年12月25日、控訴審・2002〔平成14〕年3月27日）を得るなどのめざましい成果を上げている。

司法制度改革の前哨戦とも言うべき一般的指定書（面会切符制）を廃止させるための闘いも、接見妨害に対する闘いも、若手会員にとっては、いまや、過去の歴史の中に埋もれつつある。我々は、弁護士・弁護士会がいかに闘い、活路を見出してきたのかを、特に若手会員に伝えていく必要があろう。それこそが、弁護士自治を守り、継続していくための礎とも言うべきである。

4）志布志事件での接見妨害

最近では、公職選挙法違反についての鹿児島志布志事件において、捜査機関が、被疑者と弁護人の接見の都度、その直後に接見内容を聞き出し、これを供述調書化して刑事公判に合計76通もの供述調書を証拠請求したという信じがたい接見交通権侵害の事案がある。この警察・検察の組織的接見妨害に対し、鹿児島県弁護士会所属の弁護士10名と宮崎県弁護士会所属の弁護士1名が国賠訴訟を提起し、鹿児島地方裁判所は、2008（平成20）年3月24日、54通の供述調書について違法に弁護人固有の接見交通権を侵害したと認めて、合計550万円の支払を命じ、国と県が控訴を断念して同判決は確定している。

5）検察庁通達の活用

今後、裁判員制度が実施されるようになると、これまで以上に、被疑者と弁護人との間の円滑な接見が強く要請されるようになる。

この関係で、最高検察庁は、2008（平成20）年4月3日に「検察における取調べ適正確保方策について」と題する文書を公表し、同年5月1日にそれを具体化する「取調べの適正を確保するための逮捕・勾留中の被疑者と弁護人等との間の接見に関する一層の配慮について（依命通達）」（最高検企第206号）を発したことは注目に値する。

この通達は、「2 検察官の取調べ中に被疑者から弁護人等と接見したい旨の申出があった場合の措置について」において、（被疑者から）「当該申出があった旨を直ちに弁護人等に連絡することとされたい」とし、「3 検察官が取調べ中の被疑者又は取調べのために検察庁に押送された被疑者について弁護人等から接見の申出があった場合の対応について」において、「(1)申出があった時点において現に取調べ中でない場合には、直ちに接見の機会を与えるよう配慮することとされたい。(2)申出があった時点において現に取調べ中の場合であっても、できる限り早期に接見の機会を与えるようにし、遅くとも、直近の食事又は休憩の際に接見の機会を与えるように配慮することとされたい」としている（なお、同年5月1日付の「取調べに当たっての一層の配慮について〔依命通達〕」では、「少なくとも4時間ごとに休憩時間をとるよう努める」ことが明記されている。）。

そして、接見の申出及びこれに対してとった措置を記録にとどめ、当該書面を、事件記録に編綴することとされており、当該書面が証拠開示の対象にもなることが明記されている。

この通達は、いわゆる内田第2次国賠事件についての最高裁2000（平成12）年6月13日第三小法廷判決（民集54巻5号1635頁）が示した内容を通達で一般化したという点において、従来よりも迅速に接見を認めようとするものであり、弁護人においては、この通達を熟知して活用すべきである（これらの通達は日弁連の会員用ホームページにおいて公開されている。）。

6）今後の課題

裁判員制度との関係では、連日的開廷となるために、

拘置所における休日・夜間接見の保障，裁判所構内接見の拡充が不可欠であり，被疑者国選弁護制度実施との関係では電話接見の導入が不可欠である（電話による外部交通及び一部の夜間接見はすでに試行されている。）。

また，被疑者・被告人との接見について，弁護人による録音・録画の自由化が図られねばならない。従来この問題は，主として接見内容の記録の一方法として捉えられてきたが，責任能力が争われる事件においては，被疑者の逮捕当初の供述態度・内容を記録して証拠化することの重要性が認識されつつあり，実践例もあらわれてきている。

ところが，実務の取扱いは，通達（1963〔昭和38〕年4月4日法務省矯正甲第279号）により，書類の授受に準ずるものとされており，「弁護人が右録音テープを持ち帰る場合には，当該テープ等を再生のうえ内容を検査し，未決拘禁の本質的目的に反する内容の部分また戒護に支障を生ずる恐れのある部分は消去すべきである」とされている。この通達は，証拠保全に制限を加え，秘密交通権を侵害するものであり，違法であり廃止されねばならない。

日弁連は，2011（平成23）年1月20日，「面会室内における写真撮影（録画を含む）及び録音についての意見書」において，「弁護士が弁護人，弁護人となろうとする者若しくは付添人として，被疑者，被告人若しくは観護措置を受けた少年と接見若しくは面会を行う際に，面会室内において写真撮影（録画を含む。）及び録音を行うことは憲法・刑事訴訟法上保障された弁護活動の一環であって，接見・秘密交通権で保障されており，制限なく認められるものであり，刑事施設，留置施設若しくは鑑別所が，制限することや検査することは認められない。よって，刑事施設，留置施設若しくは鑑別所における，上記行為の制限及び検査を撤廃し，また上記行為を禁止する旨の掲示物を直ちに撤去することを求める。」との意見を公表している。

近時，拘置所側は，弁護人が接見する際の写真撮影や録音を認めない態度を示し，拘置所によっては，携帯電話等を預けない限り接見を認めない措置をとるところも現れている。

2012（平成24）年8月には，東京拘置所での接見の際の写真撮影や録音をしたことが内部規則に違反することなどを理由に，東京弁護士会に所属する弁護士1名と第二東京弁護士会に所属する2名の弁護士について，それぞれの弁護士会に対して懲戒請求を行ったことが明らかとなっている（懲戒委員会に付議されずに終わっている。）。

これに対して，日弁連，関東弁護士会連合会，東京弁護士会，第一東京弁護士会及び第二東京弁護士会は，同年7月31日，東京拘置所における弁護人の接見に際し，面会室内での写真撮影等の禁止などの不当な制限を加えないことを申し入れている。

また，同年10月12日，東京弁護士会の会員が，弁護人として健康状態に異常が認められる被告人と接見をしていた際に，東京拘置所の職員により，面会室内で写真撮影をしたことを理由に，その接見及び写真撮影・録画を中断させられ，強制的に被告人との接見を中止させられたとして，接見交通権に対する違法な侵害がなされたことを理由とする国家賠償請求訴訟を提起した。東京弁護士会は，同日，これを受けて，今後の裁判において，接見交通権が刑事手続上最も重要な権利であり，施設管理権によって，憲法及び刑事訴訟法上保障されている弁護活動を制限することができないことが確認されることを望むとする会長声明を発している。

東京地方裁判所は，2014（平成26）年11月7日，撮影行為を理由に接見を一時停止又は終了させることは違法であるとして，国に対して10万円の支払を命じたが，同判決は，「本件撮影行為のように，専ら証拠保全として行われた写真撮影行為は，『接見』に含まれると解することはできない」との極めて不当な判断をしている（東京弁護士会会長高中正彦の同年11月10日付「接見室内での写真撮影に関する国家賠償請求訴訟判決についての会長声明」）。

また，小倉拘置支所において弁護人が面会室内で撮影した写真の消去を拘置所職員から強要されたとして，もう1件，国家賠償請求訴訟が提起されている。

日弁連は，刑事弁護センター，接見交通権確立委員会，刑事拘禁制度改革実現本部，裁判員本部，刑事法制委員会から委員を派遣して，「面会室における写真撮影等の問題に関する連絡会議」を開催して，この問題について検討を重ねている。同連絡会議は，2013（平成25）年1月から7月にかけて，関連委員会に所属する全国の弁護士にアンケート調査を実施したところ，多数のトラブルになっている事例が報告され，放置で

きない事態になっていることが明らかになっている（山口健一・安元隆治「面会室内における写真撮影及び録音について」『自由と正義』2013〔平成25〕年12月号82頁以下参照）。

　前記連絡会議での検討を受けて，日弁連は，2011（平成23）年１月20日付の前記意見書と同趣旨の「面会室内における写真撮影（録画を含む）及び録音についての申入書」をとりまとめて，2013（平成25）年９月２日に法務大臣に対して申入れを行い，翌３日には警察庁長官及び国家公務委員長に対して申入れを行った。

　日弁連及び弁護士会は，今後も，この問題に真剣に取り組み，弁護人が防禦活動の一環として行う写真撮影や録音が刑事施設の妨害を受けることがないように，法務省や刑事施設と協議を行う必要がある。そして，会員に対して，適切な情報を提供し，会員の弁護活動が萎縮することがないように支援することが求められている。

　接見交通権を確立し，実効性あるものにするために，日弁連及び弁護士会は，従来からの取組みをさらに強化していくとともに，弁護人は接見交通権を確立するための活動を展開する必要がある。

9　国選弁護制度の課題

　長く先人たちがその実現に苦闘してきた被疑者国選弁護制度も，2009（平成21）年5月21日の第2段階の実施から早5年以上が経過し，その定着とともに，次のステップが行程に上がっている。

　今や，被疑者弁護が，被告人国選弁護に代わり国選弁護，そして刑事弁護のスタンダードとなった。国選弁護人の援助を受ける権利が与えられ，我々弁護士は，被疑者段階から弁護する機会が与えられた。被疑者弁護の充実なくしては，刑事弁護を語れない時代になった。

　今般，法制審議会「新時代の刑事司法制度特別部会」における結論が要綱としてまとめられ，その中で，勾留段階のすべての被疑者を対象とする被疑者国選弁護制度（いわゆる「第3段階」）の実施が謳われた。我々は，被疑者国選の実現を，弁護士及び弁護士会の努力の成果と評価するとともに，さらに第4段階として逮捕段階からの国費による弁護制度の確立を目指す段階にいる。日弁連の国選弁護本部では，これらの課題に取り組んでいる。

　2014（平成26）年9月の第14回国選弁護シンポジウムでは，これらの課題についての検討結果が発表された。次のステップに進むためには，弁護士偏在問題の解消に努め，被疑者国選弁護制度の運用状況を不断に検証しなければならない。さらには初回接見が直ちになされないような事態を根絶する体制を実現しなければならない。

　被疑者国選弁護制度を維持発展させるために，我々個々人の弁護士が，国選弁護人として「なすべきこと」は，一つめに，個々の事件に対し誠実に弁護活動を行い，二つめに，手続きを正しく実践して制度を支えることである。政策問題を検討する前に，この2点を確認しておく。

1）被疑者国選における弁護人の弁護活動

　充実した被疑者弁護活動を行うには，被疑事実，被疑者の主張，被疑者の置かれている状況を正しく把握しなければならない。これらを把握する手段は，言うまでもなく接見である。被疑者弁護人は，事件の特質に応じて，必要な回数，時間の接見をしなければならない。特に，初回接見は迅速に行われる必要がある。

(1) 弁護士側の接見態勢

　被疑者，被告人からのクレームの大半は，接見不足に起因している。当番弁護士や被疑者国選の待機日には，その日のうちに接見に行けるスケジューリングをしておかなければならない。理想を言えば，1日中，いつでも出動できる執務態勢としておき（裁判期日や打ち合わせを入れない），要請があったら直ちに接見に赴く。そこまでは困難であっても，夕方から夜にかけて，接見に行ける時間を確保しておかなければならない。そして，当日中に接見に行き，必要な初期アドバイスを終わらせるべきである。どうしても，その日に接見に行けないなら，翌日の朝ないし午前中とできうる限り早く出動しなければならない。

　そして，当番弁護士として出動したなら，可能な限り受任する。資力がなければ，被疑者国選か被疑者弁護援助制度を利用する。弁護人に選任されたら，事件の内容に応じて，必要な回数の接見を行う。こうした地道で誠実な姿勢が被疑者国選弁護制度の発展を支える原動力となる。

(2) 被疑者弁護における接見

　法テラスへの終結報告書には接見期日，回数を記載することとなっている。この報告書を検討すると，初回接見が数日遅れる事例や，そもそも被疑者段階で接見を一度もしていない事例（被疑者国選報酬はゼロになる。）が散見される。もっとも，接見がゼロ回とい

う事例は，その理由を子細に見ると，少年被疑者の場合で選任直後に家裁送致され，接見の機会がなかったなど，合理的な理由がある場合がほとんどである。接見が遅れるのも，すでに当番弁護士で初回接見があった事案などの理由もある。しかしながら，弁護士会としては，初回接見（なるべく早く行くこと。）の重要性を啓発し，必要な回数の接見が確保されるよう研修と広報が必要である。

2）国選弁護制度の正しい運用について（岡山での水増し請求の反省を踏まえて）

被疑者弁護活動の報酬は，弁護人からの請求に基づき算定されて支払われる。

この請求が正確に行われるよう支援センターは，2009（平成21）年8月3日から警察署での接見，2010（平成22）年2月から拘置所，刑務所，少年鑑別所での接見の際に，複写式の接見申込書を利用して，接見したことの疎明資料とし，接見回数を正しく報告するシステムを開始した。

さらに，2011（平成23）年10月から被告人国選報酬の基礎となる公判時間について，書記官から法テラスに対し公判の開始・終了時刻を記載した報告（公判連絡メモ制度）がなされ，弁護人の報酬請求の際の報告書の適正さを事前にチェックし，齟齬があれば，弁護人に照会し，被告人国選報酬の適正さを制度的に保障する制度が発足した。10分程度の相違を問題にするものではないが，弁護士各人は，公判開始時刻と終了時刻を正しく記載し，公判の開始が遅れた場合にはその事情等も含めて，報告書作成の際に誤謬がないよう記載しなければならないし，弁護士会としては，会員に正確な請求を促進しなければならない。

我々弁護士は，国選弁護報酬の水増し報酬請求問題（いわゆる岡山問題）で，当該弁護士が，弁護士会においては業務停止2年の懲戒処分，刑事手続においては，起訴され，一審では有罪判決（詐欺罪で懲役1年6月・執行猶予5年）が言い渡された事実を忘れてはならない（2012〔平成24〕年6月上告棄却，確定）。

3）当番弁護士活動の成果としての被疑者国選弁護制度

被疑者国選弁護制度は，戦後の新刑事訴訟法制定の過程において，すでに実現すべき課題として捉えられていた。その後，現行憲法の解釈論としても位置づけられ，日弁連をはじめ多くの先人が長年にわたってその導入を強く訴えてきた。これを実現することは，我々法曹に課せられた責務であるとの認識が拡がり，弁護士会は，1992（平成4）年，当番弁護士制度を全国で展開し，以後実績を積み重ね，制度を定着・発展させてきた。

この当番弁護士制度には，国民世論の大きな支援が寄せられ，それが原動力となって，刑訴法が改正された。2006（平成18）年10月，いわゆる法定合議事件に見合う事件につき被疑者国選弁護制度が導入されるに至った。そして，その対象事件の範囲は，2009（平成21）年5月21日以降，いわゆる必要的弁護事件に拡大された。その件数は，年間約8万件前後に達している。

さらに冒頭で述べたとおり，法制審議会「新時代の刑事司法制度特別部会」の要綱において，被疑者国選弁護制度の対象を「被疑者に対して勾留状が発せられている場合」に拡大することとされた。

我々はこのことを，当番弁護士活動を含むこれまでの運動の輝かしい成果として率直に評価すべきである。そして，我々は，そのことに自信と誇りを持ちながら，ここに留まることなく，被疑者の人権擁護の拡充のため，被疑者弁護制度を共に担い，そして制度拡充を実現していく責務がある。

4）日本司法支援センターの業務と弁護士会の役割

前記の刑訴法改正と併せて，総合法律支援法が成立し，日本司法支援センター（愛称「法テラス」。以下「法テラス」という。）が2006（平成18）年4月に設立され，その業務が同年10月から開始された。

同法は，国選弁護関係では，「迅速かつ確実に国選弁護人の選任が行われる態勢の確保」（同法5条）を図ることを目的としている。そのために，法テラスは，以下の業務を行う。

① 弁護士と，国選弁護人契約を締結し，国選弁護人の候補者を確保する。

② 裁判所等からの求めに応じて，国選弁護人契約弁護士の中から，国選弁護人の候補を指名し，裁判所等に通知する。

③ 法律事務取扱規程を定めて，国選弁護人の業務の基準を定め，それに違反した場合の措置を行う。

④ 国選弁護人の報酬の算定と支払いを行う。

このような法テラスの業務に関し，弁護士会は，「連携の確保及び強化」（同法7条）をなすとともに，法テラスに対し支援（同法10条）をなすべきものと位置付けられている。

弁護士会は，それ以上に，これら法テラスの業務によって，国選弁護活動の自主性，独立性が侵されることがないように不断に監視し続けなければならない。

5）国選弁護人契約締結，国選弁護人候補指名についての弁護士会関与

弁護士会として弁護活動の自主性・独立性を確保していくためには，法テラスが国選弁護契約を締結する弁護士を恣意的に選別してはならないし，指名通知する国選弁護人候補について，法テラスは弁護士会の推薦を尊重するという運用を確立する必要がある。

かような観点から，例えば東京では，東京三弁護士会は，法テラス東京地方事務所及び東京地裁・高裁・最高裁等との間で，国選弁護人の指名基準等につき精力的な協議を行い，以下の合意に達した。

① 一般国選弁護人契約の締結については，弁護士会がその推薦する会員についてのみ申込のとりまとめを行い，東京地方事務所は弁護士会の意見を尊重する。
② 国選弁護人候補者の指名・通知用名簿については，東京三弁護士会が作成し，東京地方事務所はこれを尊重して指名・通知をする。
③ 指名・通知用名簿での指名が困難ないわゆる特別案件事件等については，東京地方事務所が別途東京三弁護士会に対し推薦を求めて対処する。

この合意に基づき，現にそのように運用されており，今後ともこのような方式を維持していかねばならない。

6）「法律事務取扱規程」の制定と弁護士会関与

弁護士会が定める弁護士職務基本規程は，国選弁護を含む弁護活動一般を規律する。法テラスとの契約に基づく国選弁護活動も，形式も，実質も，同じ規律でなければならない。

これを踏まえ，法律事務取扱規程においては，弁護士職務基本規程をベースに，一般的な倫理規定や受任に関する規定など契約弁護士等に対する適用になじまないものを除く23項目の基準が制定された。

また，法テラスが定める「契約弁護士等がその契約に違反した場合の措置に関する事項」につき，例えば，東京三弁護士会と東京地方事務所との協定では，東京地方事務所が契約弁護士の所属する弁護士会に事実の調査を委嘱し，意見を求め，東京地方事務所は，東京三弁護士会の調査結果及び意見を尊重することが合意され遵守されている。

7）国選弁護人報酬の算定基準について

国選弁護人報酬の算定基準については，報酬制度の改革等によって充実した弁護活動の提供が確保される仕組みを創るという視点が重要である。

弁護活動に対する介入は，直接的な介入のみならず，報酬決定を通じての介入もあり得る。そして，かつての国選弁護報酬は，低額であるのみならず，定額であった。いかに熱心な活動が行われても，また，いかに手抜きであろうとも報酬に反映することは少なかった。それが実際には手抜き方向でのコントロールが働いていたことをリアルに認識する必要がある。適正な報酬が支払われることなくしては，弁護活動の自主性・独立性は損なわれ，充実した弁護活動の提供が確保されないのである。

日弁連は，労力に応じた報酬，明確な算定基準，報酬の増額を目標に取り組み，裁判員裁判の弁護報酬の創設も含めて，2010（平成22）年までに6度の改訂を実現してきた。しかし，国選弁護報酬の額が一般事件の基礎報酬を中心に「低額」であることは，根本的には克服できていない。

国選弁護報酬が，法律事務所の経営維持の観点から適正と言える金額に増額すること（つまり，ボランティア活動ではなく，業務と評価できるまで高めること。）が，優れた国選弁護人候補者を継続して確保するための前提であることを忘れてはならない。

会員各自に対しては，問題事例を数多く報告することにより，改善への後押しをお願いしたい。

8）当番弁護士制度・被疑者弁護援助制度の存続と次の展開

(1) 当番弁護士制度の存続

改正刑訴法31条の2は，全ての被告人・被疑者を対象に，弁護士会に対する私選弁護人の「選任申出」制

度を創設した。さらに，同法36条の3及び37条の3は，資力が基準額以上の国選弁護対象事件の被疑者及び任意的弁護事件の被告人は，予め「選任申出」を行っておくことを，国選弁護人選任請求を行うための要件としている。

これを踏まえ，当番弁護士制度は，改正刑訴法の「弁護士会に対する弁護人選任申出」に対応する役割をも担う制度として位置付け直され，存続させることとされた。今や当番弁護士制度は，被疑者国選弁護制度を運用する上で不可欠な制度となっている。

(2) 刑事被疑者弁護援助制度の存続

2009（平成21）年5月21日に被疑者国選の対象事件が拡大されたことの反射的効果として，刑事被疑者弁護援助制度（以下「被疑者援助制度」という。）の必要性は相対的に小さくなったと言うことができる。しかし，被疑者国選制度は，逮捕段階には使えない，法定刑の制限がある，という限界があり，その不十分な部分を補っていく必要がある。つまりは，身体拘束を受けた全ての被疑者に対して国選弁護制度が認められるまで，被疑者援助制度はその役割を終えることはない。

そのため，財団法人法律扶助協会によって運用されてきた被疑者援助制度については，法律扶助協会解散後も，日弁連の財源負担により法テラスへの一括委託方式で存続させることとなった。

(3) 当番弁護士，被疑者弁護援助制度の財源

法テラス発足以前は，当番弁護士等緊急財政基金（以下「当番基金」という。），法律扶助協会の自主財産及び贖罪寄付等が財源となっていた。当番基金の財源となる日弁連の特別会費については，2009（平成21）年5月，被疑者国選の第2段階がスタートすることで，当番基金の目的の大きな部分が達成されたと評価可能なこと，被疑者国選の拡大の裏面として被疑者援助事件が減少すると想定されることから，当番基金は，廃止された。その代わり，以後は，少年保護事件付添援助制度の利用が拡大すると想定されていたことから，新たに，少年保護事件に対する予算措置を主軸にした「少年・刑事特別基金」が創設された。当番基金のノウハウを受け継ぎ，少年保護事件付添援助制度を中心に，当番弁護士制度，被疑者弁護援助制度の財源として，支えていくことになった。

被疑者国選の拡大に伴い，裏返しとして，被疑者援助制度の利用件数は減少すると予測されていたが，現実には，減少幅が小さい。利用件数は，実質増となっている。この事実は，被疑者段階での弁護人の必要性が認識され，浸透していることを意味するものと評価できる。

(4) 第3段階そして第4段階の国選弁護制度へ

我々は，被疑者国選の実現を，弁護士及び弁護士会の努力の成果と評価するとともに，増大した毎年8万件の被疑者国選事件を担い，さらに第3段階として身体拘束事件全件年間11万件への拡大を実現し，その先に第4段階として，逮捕段階からの国費による弁護制度の確立を目指す段階にある。第3段階については，法制審特別部会の要綱を受け，立法化の段階に入っている。すでに，日弁連の国選弁護本部・国選弁護シンポジウム実行委員会では，これらを目指す準備作業が始まっている。第4段階の制度設計については，2012（平成24）年12月岡山で開催された第12回国選弁護シンポジウムにおいて，第11回よりも踏み込んだ検討結果が報告された。さらにはこれを受け，2013（平成25）年9月には，日弁連国選弁護本部において，「逮捕段階の公的弁護制度（当番弁護士型）試案」を取りまとめた。同試案においては，被疑者からの要請を受けた弁護士が，24時間以内に接見に向かうこととし，当該接見にかかる費用に対して国費を投入するというものである。

9）弁護の質の向上（被疑者，被告人とのアクセスの拡充を中心に）

弁護活動の出発点は，被疑者，被告人の主張に耳を傾けることにある。接見の重要性を再認識する必要がある。とくに事件が，まだ流動的である被疑者段階での接見は重要性が高い。必要にして十分な接見を実現するためには，その為の設備や手続が整備されるとともに，弁護人側にも，接見の重要性に対する認識を深め，接見のための時間を確保することも求めていかなければならない。

(1) 接見室の増設

弁護人が警察等に赴いたところ，一般接見や，他の弁護人の接見と重なってしまい，長時間待たされることが少なくない。複数の接見室を備えている警察署は少ない。接見室の増設が望まれる。

他方，弁護士会は代用監獄の廃止を求めており，警察の接見室の増設を求めることには原理的には疑問の

余地がある。さりながら，目の前の被疑者，被告人とのアクセスを充実させるためにやむを得ないものとして，日弁連を通じて警察庁に接見室の増設を申し入れている。

これに対して，警察からは「予算の問題等があり，警察署の増改築等の機会に逐次対応する」との回答がなされるのみで，実際の増設は進んでいない。さらに増設を求めて活動をするべきである。

(2) 東京拘置所での夜間・休日接見

拘置所での接見は，原則として平日昼間しか認められず，弁護活動に支障を生じることもあった。2007（平成19）年6月1日より，公判期日等の5日前から，夜間や休日に接見が可能となった（現在では夜間接見は公判期日等の5日前，土曜日午前の接見は公判期日等の2週間前という運用である。）。また，2009（平成21）年7月27日より，面会受付時間が午後4時50分までと，延長された。より一層の拡大が望まれる。

なお，八王子拘置支所が，立川拘置所に移転し，収容人数も格段に増えた。今後の運用を見届ける必要がある。

(3) テレビ電話によるアクセス

東京では，2009（平成20）年4月16日から，東京拘置所との間でのテレビ電話による外部交通が「試行」されている。弁護士は，東京地検記録閲覧室（15階）又は，法テラス東京事務所（四谷3階）から，東京拘置所に収容された未決の被拘禁者とテレビ電話で連絡をとることができる。立川拘置所とのテレビ電話も試行が開始された。

ただし，これは正規の接見ではない。拘置所側では個室が用意されるが，弁護士側での秘密は保持されない。弁護方針に関する打合せ等は，テレビ電話によることなく，現実の対面による接見をすることが望まれる。

また，予約制であること，時間が20分に制限されていること，弁護人側のアクセスポイントが限定されていることなど，必ずしも使い勝手の良いものではない。一層の改善が望まれる。

(4) ファックスによるアクセス

日弁連と法務省は，刑事施設の未決拘禁者から弁護人へのアクセス方法として，ファックス連絡について申し合わせ，条件が整った弁護士会から実施することとされている。

すでに，2008（平成20）年5月15日現在で，高知弁護士会をはじめ8弁護士会で実施されている。東京でも，2009（平成21）年10月から実施されている。

しかしながら，法務省と申し合わせたファックス連絡は，刑事施設から弁護士会にファックス送信され，弁護士会から各弁護士に転送する方法のため，迂遠であること，弁護士からの返信は週1回に限られていることなど，利便性・即時性に欠ける。実施状況を踏まえつつ，法務省と再調整を図ることも含めて，検討していく必要がある。

10）今後の課題

(1) 対応態勢について

2009（平成21）年から開始された第2段階では，被疑者国選弁護事件数は年間8万件前後で推移している。これに不足なく対応し，第3段階への拡大で年間11万件の被疑者国選弁護事件数へ対応していくには，日弁連規模で考えたときには弁護士偏在の解消が望まれる。東京に限定しても，多摩地域の弁護士数の不足を，23区の弁護士が補う必要がある現状にある（もっとも，多摩支部からは，本会化を目指した意欲が示されているところであり，今後，状況は変わるであろう。）。国選弁護を担う弁護士数の確保のためには，国選弁護報酬基準の抜本的改革，契約弁護士（ジュディケア弁護士）の裾野拡大，スタッフ弁護士の確保等が求められる。その他，国選弁護活動を効率よく行うための整備として，全国で8ヶ所しかない電話によるアクセスの全国的実施，拘置所における夜間・休日の接見の全面的実現などの課題につき，精力的に取り組んでいく必要がある。

(2) 国選弁護人割当制度の改革

東京三会独自の課題としては，東京三弁護士会が作成した国選弁護人名簿により，法テラス東京地方事務所がなす指名打診の方式をどうするのかという課題がある。「被告人国選」の指名方法として，いわゆる「自由選択制」が取られている。この方式は，弁護士が事件を選ぶことを認めるもので，滞留事件が生じやすいなどの問題点も指摘される。

また，「被疑者国選」の指名方法としては，待機制が採用され，事件ごとに，待機している弁護士に電話連絡をして（指名打診），承諾を得てから指名していた。ところが，被疑者国選の事件数が10倍にも増加すると，

1件ごとに電話等で指名打診する事務量は膨大となる。そこで，被疑者国選にも自由選択制を取り入れて，事務の合理化を図っている（法テラス多摩地方事務所では，事件数が比較的少ないので，原則通り，電話での指名打診を行っている。）。

これらの指名方法が，どのように運用されるのか，迅速な指名通知に支障はないか，事件ごとに適切な弁護士を指名できているか，その他，弁護活動の自主性，独立性に対する問題はないか等について，弁護士会は継続的に検証を続けていかなければならない。

また，裁判員裁判が始まって，裁判員裁判用の名簿の充実を図るため，東京弁護士会では，2011（平成23）年より裁判員裁判を担当する国選弁護人の指名方法も改訂された。また，控訴審・上告審で弁護の充実を図るため，一審が裁判員事件であったものについては，裁判員裁判を担当する弁護人用の名簿から選出する等の工夫が行われている。さらなる指名方法の改善が求められるところである。

(3) 継続受任問題

東京高裁では，一審からの継続受任を原則として認めない方針に転換した部もあり，被疑者段階からの蓄積を活かして充実した弁護をしようとする努力を無にするような扱いは，継続受任を制度化した立法の経緯にも反するものである。

(4) 触法障がい者への対応

大阪で始まったいわゆる触法障がい者対応弁護人名簿を参考に，東京三会でも2014（平成26）年度から，障がい者が被疑者となった事件について対応することができる専用の名簿を作成する等，専門的対応を実現するための制度設計を行っている。いわゆる触法障がい者問題は，逮捕・勾留段階，公判段階だけの問題ではない。専門的な福祉期間との連携を図りつつ，障がいを有する人の人権を適切に擁護する体制をとらなければならない。特に，その障がいや再犯率に目を奪われて，障がい者に対する予防拘禁的な取扱いになることが決してないよう自覚をもって取り組みを深めていく必要がある。

10　未決拘禁制度の抜本的改革

> 2007（平成19）年6月1日，「刑事収容施設及び被収容者等の処遇に関する法律」が施行され，旧監獄法の全面改正が行われたが，いまだ改革は不十分である。日弁連は，総会決議や人権擁護大会決議，「刑事被収容者処遇法『5年後見直し』に向けての改革提言」，「新たな刑事司法構築のための意見書」及び「刑事施設医療の抜本的改革のための提言」に基づいて，今後も，法務省や警察庁に働きかけ，未決拘禁制度の抜本的改革と「代用監獄」の廃止を目指して，さらに国民を巻き込んだ運動を進めるべきである。

1）拘禁二法案反対運動の経緯とその後の状況

刑事被拘禁者の処遇の領域は，物質的にも精神的にも社会の最も遅れた分野に属し，社会の後進性と矛盾を最も典型的な形で示す縮図であって，その改善を図ることは弁護士及び弁護士会の社会的使命である。

このような立場から，日弁連は監獄法改正問題に早くから取り組み，1982（昭和57）年4月，国会に提出された刑事施設法案，留置施設法案（いわゆる拘禁二法案）に対して，冤罪の温床である代用監獄を恒久化させ，「管理運営上の支障」を理由に弁護人との接見交通を制限し，規律秩序と保安の強化を進めるものであるとして，「拘禁二法案対策本部」を設置して全会的な反対運動を展開し，三度にわたって同法案が廃案となる事態をもたらした。

日弁連は，1992（平成4）年2月，国連人権原則をはじめとする国際人権法を指針とし，代用監獄の2000（平成12）年までの廃止や第三者機関としての刑務審

査会の設置、外国人被拘禁者の権利保護をめぐる諸規定の新設等を特徴とする「刑事被拘禁者の処遇に関する法律案」（刑事処遇法案）を公表し、司法制度改革審議会においても、代用監獄廃止の問題等を積極的に提起してきたが、同審議会の意見書においても一顧だにされていなかった。

ところが、2001（平成13）年から2002（平成14）年にかけて、名古屋刑務所で、刑務官らが受刑者を制圧し、革手錠を使用して保護房に収容したところ、受刑者が死傷した事件が3件発生していたことが発覚した。この刑務官の受刑者に対する暴行致死事件発覚を契機として、法務省は、2003（平成15）年4月、行刑改革会議を設置し、同年12月には、受刑者処遇に関する改革案が同会議の意見書に取りまとめられた。

2）「刑事施設及び受刑者の処遇等に関する法律」の成立・施行と今後の課題

これを受けて、政府は、受刑者処遇のみならず、未決・代用監獄をも含めた法案を、次期通常国会に提出するとの意向を示し、日弁連の申し入れにより、日弁連、法務省、警察庁の三者による協議会が設置され、協議が行われた。

その結果、受刑者処遇と代用監獄制度のあり方を含む未決拘禁者等に関する部分を分離して、先に受刑者処遇に関する法改正を行うことで日弁連、法務省、警察庁の三者が合意し、2005（平成17）年5月18日、監獄法の一部を改正する「刑事施設及び受刑者の処遇等に関する法律」（受刑者処遇法）が成立し、2006（平成18）年5月24日から施行されている。

これにより、受刑者の処遇について、監獄法制定以来100年ぶりに一定の改善が図られることになった。特に、刑事施設視察委員会が新設された点は評価できる。

3）「刑事施設及び受刑者の処遇等に関する法律の一部を改正する法律」の成立・施行

受刑者処遇法が成立した後、日弁連の要求を受けて、法務省と警察庁は、2005（平成17）年12月6日から2006（平成18）年2月2日まで、「未決拘禁者の処遇等に関する有識者会議」を設置して議論を行い、同有識者会議では、「未決拘禁者の処遇等に関する提言」がまとめられた。

それを踏まえて、2006（平成18）年3月、国会に「刑事施設及び受刑者の処遇等に関する法律の一部を改正する法律案」が上程され（受刑者処遇法の改正という形式を取っている）、同年6月22日、同法案が成立し（以下「被拘禁者処遇法」という）、未決拘禁者及び死刑確定者の処遇等について、監獄法制定以来100年ぶりに一定の改善が図られることになった。

被拘禁者処遇法は、2007（平成19）年6月1日に「刑事収容施設及び被収容者等の処遇に関する法律」として施行された。

同法は、留置施設視察委員会の設置を定め、拘置所における弁護人の夜間・休日接見への道も開き、死刑確定者の処遇について「心情の安定」を理由とする外部交通の相手方の制限を取り払うなど一定の改善が図られた。

しかしながら、同法は、いわゆる「代用監獄」問題の解決を先送りする内容となっている。

具体的には、「都道府県警察に、留置施設を設置する。」（同法14条1項）として警察留置施設の設置根拠を規定するとともに、被逮捕者及び被勾留者を「刑事施設に収容することに代えて、留置施設に留置することができる」（同法15条1項）と規定して、「代用監獄」である留置施設への代替収容を認めており、「代用監獄」制度の現状を追認する内容となっている。

4）被拘禁者処遇法の課題

現在においても、捜査機関の手元で被疑者の身体拘束を行う「代用監獄」が取調べに利用され、自白の強要がなされて、冤罪や人権侵害が繰り返し惹起されている。2007（平成19）年に明らかとなった富山氷見事件においても、冤罪であるにもかかわらず、「代用監獄」における取調べで虚偽自白がなされ、その自白に基づいて実刑判決を受けて服役までするに至っている。

「代用監獄」制度は、捜査と拘禁の分離を求める国際人権基準に違反し、国内外から厳しい批判に晒されてきており、廃止されるべきものである。

国連の拷問禁止委員会は、2007（平成19）年5月18日、日本政府報告書に対する最終見解の中で、「当委員会は、代用監獄制度の広範かつ組織的な利用について深刻に懸念する。逮捕された者が裁判所の前に出頭した以後も、起訴に至るまで長期間拘束されるため、

拘禁及び取調べに関する不十分な手続保障と相俟って，彼らの権利侵害の可能性が高まり，無罪推定の原則，黙秘権，被疑者の防御権などの事実上の無視につながりうることになっている」と指摘し，「代用監獄」を中心とする我が国の未決拘禁制度を厳しく批判した。

国連の国際人権（自由権）規約委員会は，2008（平成20）年10月31日，国連の市民的及び政治的権利に関する国際規約の実施状況に関する第5回日本政府報告書に対する総括所見を発表したが，その中で，代用監獄制度の廃止を勧告するだけでなく，刑事施設視察委員会，留置施設視察委員会及び刑事施設の被収容者の不服審査に関する調査検討会の制度について独立性と権限を強化すること，死刑確定者を例外なく独居拘禁とする体制を緩和すること，保護房拘禁の最長時間を制限し事前の医師の診察を必要とすること，分類上の判断に基づいて審査の申請のできない独居拘禁を継続しないように勧告している。

未決被拘禁者処遇法の成立にあたって，衆議院及び参議院の両院の法務委員会の附帯決議は，代用監獄に収容する例を漸減することの「実現に向けて，関係当局は更なる努力を怠らないこと」とされたが，これを文言だけに終わらせないようにしなければならない。

5）未決拘禁制度の抜本的改革に向けて

被拘禁者処遇法附則41条は，「政府は，施行日から5年以内に，この法律の施行の状況について検討を加え，必要があると認めるときは，その結果に基づいて所要の措置を講ずるものとする。」との見直し規定を定めている。

日弁連は，2006（平成18）年5月26日に開催された第57回定時総会において，「引き続き未決拘禁制度の抜本的改革と代用監獄の廃止を求め，刑事司法の総合的改革に取り組む決議」を行い，「代用監獄」制度の廃止とともに，未決拘禁制度の抜本的改革を含む刑事司法手続の総合的改革に取り組む決意を表明している。

また，日弁連は，2009（平成21）年11月6日，第52回人権擁護大会において，「取調べの可視化を求める宣言——刑事訴訟法施行60年と裁判員制度の実施をふまえて」を採択し，代用監獄制度の廃止等とともに取調べの可視化を求める宣言を採択している。

さらに，日弁連は，2010（平成22）年11月17日，「刑事被収容者処遇法『5年後見直し』に向けての改革提言」をまとめ，その中で，被拘禁者処遇法に対する具体的な改正提言をまとめている。

ところが，法務省は，5年後見直しに当たって，何らの法改正を提案せず，一部の法務省令改正を行うだけにとどめた。しかも，改正された法務省令の中には，受刑者に外部通勤作業を行わせる場合又は外出・外泊を許す場合に，受刑者に位置把握装置（GPS機能付きの携帯電話と手首か足首に巻く小型装置）を装着等することを条件とする内容も含まれている（2011〔平成23〕年5月24日付東京弁護士会「外出する受刑者に位置把握装置の装着等を義務付ける刑事施設及び被収容者の処遇に関する規則改正に反対する会長声明」）。

日弁連は，2012（平成24）年6月14日付「新たな刑事司法構築のための意見書(1)」において，刑事訴訟法の総則において，無罪推定原則及び身体不拘束原則を明文で規定すべきであることを求めるとともに，同年9月13日付「新たな刑事司法構築のための意見書(3)」では，勾留に代替する手段として，住居等制限命令制度を創設するなど勾留及び保釈制度の改善を提案している（詳細は第4部6「人質司法の打破と冤罪防止」を参照）。

日弁連は，法務省において2013（平成25）年7月25日から開催されている「矯正医療の在り方に関する有識者検討会」に対する意見として，同年8月22日，「刑事施設医療の抜本的改革のための提言」において，①刑事施設医療においても，自由刑の執行による自由の制限という内在的制約を除けば，一般の医療法規が刑事施設医療にも適用されることを確認し，刑事被収容者処遇法を改正し，規則，訓令，通達を全面的に廃止ないし見直すこと，②刑事施設における医療は国の義務であるとともに，医療を受ける被収容者の権利であることを確認すること，③医療の独立性を確認し，医療に関する事項については，医師，医療部門の判断を最大限尊重し，処遇保安部門による介入を認めないという原則を確立すること，④刑事施設医療に関する国際準則に依拠するものとし，諸外国における刑事施設医療改革の成果を取り入れること，という原則を踏まえて，刑事施設医療についての抜本的改革を提案している。

厚生労働省局長無罪事件を受けて設置された「検察の在り方検討会議」の提言を受けて，2011（平成23）年6月から法制審議会の新時代の刑事司法制度特別部会においては，取調べの録音・録画制度の法制化など

とともに、「被疑者・被告人の身柄拘束の在り方」として、①勾留と在宅の間の中間的な処分を設ける、②被疑者・被告人の身柄拘束に関する適正な運用を担保するため、その指針となるべき規定を設けることが検討されていたが（「時代に即した新たな刑事司法制度の基本構想」）、最終的には、裁量保釈の考慮事情を明記するだけにとどまった（「新たな刑事司法制度の構築のための調査審議の結果」）。

日弁連及び弁護士会は、今後も、法務省や警察庁に働きかけ、未決拘禁制度の抜本的改革と「代用監獄」の廃止を目指して、国民をも巻き込んだ強力な運動を組織し展開していくべきである。

11　共謀罪の創設とその問題点

> 共謀罪は、適用される団体が極めて曖昧である上に、共謀しただけで直ちに犯罪が成立するとされていることから、その構成要件は広汎かつ不明確であり、600以上もの犯罪について共謀罪が新設されることは、近代刑法における行為処罰の原則を否定するものである。日弁連及び弁護士会は、市民に呼びかけるとともに、政府に働きかけて、共謀罪法案が二度と提案されないように、反対運動を展開すべきである。共謀罪法案を国会に再提出する動きがあることから、我々は最大限警戒して、再提出を阻止する必要がある。

1）共謀罪の提案に至る経緯と共謀罪の概要

政府は、2000（平成12）年12月、国連越境組織犯罪防止条約（United Nations Convention against Trans-national Organized Crime）に署名している。

同条約は、越境的な組織犯罪が近年急速に複雑化・深刻化してきたことを背景として、これに効果的に対処するためには、各国が自国の刑事司法制度を整備し、強化するのみならず、国際社会全体が協力して取り組むことが不可欠であるとの認識を踏まえて、越境的な組織犯罪を防止し、これと戦うための協力を促進する国際的な法的枠組みを規定している。2003（平成15）年5月には、国会において同条約を批准することが承認されている。

政府は、同条約の締結に伴い必要となる罰則の新設等、所要の法整備を行うためであるとして、第156回通常国会に「犯罪の国際化及び組織化に対処するための刑法等の一部を改正する法律案」を提出した。

上記法案は、組織的な犯罪の処罰及び犯罪収益の規制等に関する法律6条の2として、「団体の活動として、当該行為を実行するための組織により行われるものの遂行を共謀」することを犯罪として処罰すると定め、死刑又は無期若しくは長期10年を超える懲役若しくは禁錮の刑が定められている罪の共謀については5年以下の懲役又は禁錮、長期4年以上10年以下の懲役又は禁錮の刑が定められている罪の共謀については2年以下の懲役又は禁錮に処する旨を規定していた。

その後、衆議院の解散に伴って廃案となり、第159回通常国会に、サイバー犯罪条約の国内法化のための法案と合体して、「犯罪の国際化及び組織化並びに情報処理の高度化に対処するための刑法等の一部を改正する法律案」として再上程された。

その後、何度か実質審議が行われたが、第171回通常国会において、解散による廃案となり、それ以来、現在に至るまで、共謀罪法案は国会に上程されていない。2009（平成21）年8月の衆議院議員選挙において、民主党が308議席を獲得して第一党となり、政権交代がなされた。民主党は、選挙前に、「共謀罪を導入することなく国連組織犯罪防止条約の批准手続きを進めます。」ということをマニフェストに掲げていたことと関係があるものと考えられる。

ちなみに、政府は、従来提出していた「犯罪の国際化及び組織化並びに情報処理の高度化に対処するための刑法等の一部を改正する法律案」から、共謀罪の新設などの組織犯罪処罰法の改正案部分を切り離すとと

もに，それ以外の部分を一部修正の上で，「情報処理の高度化等に対処するための刑法等の一部を改正する法律案」として，東日本大震災があった日の2011（平成23）年3月11日の午前に閣議決定をし，同年4月1日に国会に上程した。同法案は，同年6月17日に成立し，同月24日に公布された。このうち，刑法改正部分は同年7月14日に施行され，刑訴法改正部分は2012（平成24）年6月24日に施行された。

2）共謀罪の問題点

政府が提案していた共謀罪の構成要件は，「組織的な犯罪集団」の関与を求めておらず，単に「団体」と規定するだけであるために，共謀罪が適用される団体が極めて曖昧である上に，共謀しただけで直ちに犯罪が成立するとされていることから，その構成要件は広汎かつ不明確であり，刑法の人権保障機能の観点から到底容認することはできない。

近代刑法においては，法益侵害の結果を発生させた既遂犯を処罰するのが原則であり，実行に着手したが結果が発生しなかった未遂犯は例外的に処罰され，法益が重大な場合にさらに例外的に予備罪が処罰されることになっている。

ところが，共謀罪は，予備罪よりも遙かに以前の合意の段階で犯罪が成立するとされ，長期4年以上の全ての犯罪が前提犯罪となることから，現行法上600以上もの犯罪について共謀罪が成立しうることになり，未遂犯や予備罪による処罰がなされない犯罪であっても共謀罪は成立しうるという逆転現象まで生ずることになってしまう。これは，現行法体系を崩すものであるとともに，近代刑法における行為処罰の原則を否定するものと言わなければならない。

しかも，アメリカ合衆国の一部の州では共謀罪の要件とされている顕示行為（overt act）すら要件としないで，合意だけで犯罪が成立することになると，人と人のコミュニケーションそれ自体が犯罪とされることになり，表現の自由や内心の自由を侵害するおそれもある。

2006（平成18）年の通常国会においては，与党と野党とが政府案に対する修正協議を行い，それに基づいて，与党は，①対象となる団体を組織的な犯罪集団に限定し，処罰の対象をかかる集団の活動（その意思決定に基づく行為であって，その効果又はこれによる利益が当該集団に属するもの）に限定すること，②過失犯など，共謀罪の対象となりえないものを対象犯罪から除外すること，③単なる「謀議」ではなく，「具体的な謀議」に限定すること，④処罰条件として「共謀した者のいずれかによりその共謀に係る犯罪の実行に必要な準備その他の行為が行われた場合」を追加すること，⑤その処罰条件を満たさなければ逮捕・勾留を認めないことなどを盛り込んだ修正案をまとめている。

与党の修正案は，適用範囲をある程度限定しようとしている姿勢は見られるものの，予備罪よりも遙かに以前の合意の段階で犯罪が成立するという基本的な枠組みには変更はなく，近代刑法における行為処罰の原則を否定する立法であるという点では政府案と根本的な違いはない。

加えて，日弁連による調査の結果，国連越境組織犯罪防止条約を批准した国の中で，同条約を批准するために，日本のように600以上もの共謀罪を新設した国は存在しないことなどが判明した。これらを踏まえ，日弁連は，2006（平成18）年9月14日に「共謀罪新設に関する意見書」を採択し，「政府と与党が導入を主張している共謀罪の規定は，我が国の刑事法体系の基本原則に矛盾し，基本的人権の保障と深刻な対立を引き起こすおそれが高い。さらに，導入の根拠とされている国連越境組織犯罪防止条約の批准にも，この導入は不可欠とは言い得ない。よって，共謀罪の立法は認めることができない。」とする意見書をまとめて，改めて共謀罪新設に反対する姿勢を鮮明にしている。

3）法案をめぐる最近の情勢と求められる日弁連及び弁護士会の活動

2011（平成23）年5月下旬から6月上旬までの衆参両議院の法務委員会における「情報処理の高度化等に対処するための刑法等の一部を改正する法律案」の国会審議の過程において，かつてこの法案を提出していた自民党の法務委員会所属議員からは，江田法務大臣（当時）に対して，共謀罪を切り離して法案提出しなかったことを非難する質問が相次ぎ，江田法務大臣（当時）は，国連越境組織犯罪防止条約を批准するための方策について，現在，省庁間で協議を続けている事実を明らかにするとともに，かつて法案として提出されていたものとは少し形を変えた「共謀罪」的な法案を提出する可能性を示唆する答弁を行った。

日弁連はこのような情勢を踏まえて，2011（平成23）年12月に，共謀罪等立法対策ワーキンググループを設置し，情勢分析や共謀罪立法の問題点について検討を続けるとともに，国会議員への働きかけや院内学習会を実施するなどの活動をしている。

日弁連は，前記の2006（平成18）年９月14日付「共謀罪新設に関する意見書」の内容を新しい情勢を踏まえて加筆訂正して，2012（平成24）年４月12日，政府に対して，「共謀罪」の創設を含む組織犯罪処罰法改正案を提出すべきではないとする「共謀罪の創設に反対する意見書」を公表し，2014（平成26年）年３月に，共謀罪法案対策本部を設置し，院内学習会を実施するなどし，全国のいくつかの弁護士会で勉強会を実施し，同年７月以降，兵庫県弁護士会，山梨県弁護士会及び広島弁護士会が反対の会長声明を出している。

その後，2012（平成24）年12月16日に投開票された第46回衆議院議員選挙で自民党が大勝して，再び，自民党と公明党の連立政権に政権交代がなされた。これにより，野党時代に共謀罪法案の提出を求めていた自民党により，共謀罪法案が再提出される可能性が出てきたと考えられる。

2013（平成25）年12月に特定秘密保護法が成立した後，2014（平成26）年の通常国会や秋の臨時国会に政府が，共謀罪法案を提出するとの報道がなされたが，政府はこれを否定して，いずれの国会にも上程されなかった。しかし，上川陽子法務大臣は，新聞各紙とのインタビューで，条約批准のために共謀罪法案が必要であると述べており，2015（平成27）年の通常国会以降，いつ国会に再提出されてもおかしくない情勢にある。

日弁連及び弁護士会は，今後も，二度と政府として共謀罪の新設を内容とする組織犯罪処罰法の改正案を提出することがないように，反対運動を展開すべきであり，共謀罪法案を国会に再提出する動きに対しては，最大限警戒して，再提出を阻止する必要がある。

12　検察審査会への取組み

> 公訴権行使により直截に民意を反映させ，公訴権行使をより一層適正なものとし，ひいては，司法に対する国民の理解と信頼を深めるために，検察審査会法が改正され，2009（平成21）年５月21日から施行されている。
>
> 制度の信頼を確保するため，弁護士会は，適任の審査補助員や指定弁護士を推薦する必要があるが，そのためには選任過程について公正さを確保するような仕組みを作るとともに，今後も研修を実施するなどして候補者の育成に努めるべきである。また，審査補助員や指定弁護士の日当や報酬が極端に安いことから，弁護士会においては，これを物心両面から支援する態勢を作るよう努力すべきであり，日弁連は，報酬の増額を含む審査補助員や指定弁護士の待遇の改善を求める活動を行うべきである。

１）検察審査会法の改正とその施行

司法制度改革審議会意見書（2001〔平成13〕年６月12日）は「刑事司法制度の改革」の一つとして，「公訴権の在り方に民意をより直截に反映させていくことも重要である」として「検察審査会の組織，権限，手続の在り方や起訴，訴訟追行の主体等について十分な検討を行った上で，検察審査会の一定の議決に対して法的拘束力を付与する制度を導入すべきである」との提言を行っていた。

これを受けて，司法制度改革推進本部の裁判員制度・刑事検討会において検討がなされ，検察審査会法の改正案が2004（平成16）年３月に第159回国会に提出され，同年５月21日に参議院で可決されて成立し，同月28日に公布され，それから５年以内に施行されることになった。改正検察審査会法は，裁判員の関与する刑事裁判に関する法律と同じく，2009（平成21）年

5月21日から施行されている。

なお，検察審査会法は，2007（平成19）年5月17日，検察審査員及び補充員の選定手続等の整備や不利益取扱いの禁止規定の新設等の改正案が成立し，この改正案は同年5月30日に公布とともに施行されている。

2）改正検察審査会の概要

弁護士との関係で重要な改正は，次の3点である。

(1) 検察審査会の議決に基づき公訴が提起される制度及び指定弁護士制度の新設

公訴権行使により直截な民意を反映させ，公訴権行使をより一層適正なものとし，ひいては司法に対する国民の理解と信頼を深める趣旨で導入された制度である。

検察審査会が，第1段階の審査において起訴議決をしたのに対し，検察官が，当該事件について，再度不起訴処分をしたとき又は一定の期間（原則として3ヶ月）内に公訴を提起しなかったときは，当該検察審査会は第2段階の審査を開始しなければならず，その審査において，改めて起訴を相当と認めるときは，8人以上の多数により，起訴をすべき旨の議決（起訴議決）をする。起訴議決があると，裁判所は検察官の職務を行う弁護士が指定され（これを「指定弁護士」という。），この指定弁護士が，起訴議決に基づいて公訴を提起し，その維持に当たることになる。

公務員の職権濫用等の罪について告訴又は告発した者が，検察官による不起訴等の処分に不服がある場合に，裁判所に審判に付することを請求することができ，裁判所が審判に付する旨の決定をした場合は，対象たる公務員につき公訴が提起されたものとみなされ，裁判所はその事件について公訴の維持にあたる者を弁護士の中から指定して，公判維持等の検察官の職務を行うことになっている（刑訴法266条2号，267条，268条1項）。

改正検察審査会法による起訴議決がなされる場合と付審判事件とでは，前者は犯罪の種類に限定がなく，裁判所から指定される指定弁護士が公訴の提起を行う（起訴状を作成して地方裁判所に提出する。）という点が異なっている。

(2) 検察審査会が法的な助言を得るための審査補助員制度の新設

検察審査会の権限が強化されることに伴い，検察審査会の審査が一層充実し，適正なものとなるよう，検察審査会が法的な助言を得るために審査補助員を弁護士の中から委嘱することができる制度が新設された。

検察審査会は，審査を行うに当たり，法律に関する専門的な知見を補う必要がある場合には，弁護士の中から事件ごとに1人，審査補助員を委嘱することができる（任意的委嘱）。但し，起訴議決を行う第2段階の審査には，審査補助員は必ず委嘱しなければならないことになっている（必要的委嘱）。

審査補助員は，検察審査会長の指揮監督の下，①当該事件に関係する法令及びその解釈を説明すること，②当該事件の事実上及び法律上の問題点を整理し，並びに当該問題点に関する証拠を整理すること，③当該事件の審査に関して法的見地から必要な助言を行うという各職務を行うことになっている。

日弁連と法務省，最高裁との協議により，審査補助員の委嘱に際しては，弁護士会への推薦依頼を受けて，弁護士会が適任の弁護士を審査補助員として推薦することになっている。

(3) 検察審査会数の見直しと統廃合

改正前は，検察審査会の数は200を下ってはならず，かつ，各地方裁判所の管轄区域内に少なくとも1箇所置かなければならないとされていたが，都市部の検察審査会と地方の検察審査会とでは事件数に著しい差が生じており，一部の大都市では審査期間が長期になっていることなどの理由から，それぞれの検察審査会の取り扱う事件数が適正なものとなるよう，この規定が撤廃された。

2009（平成20）年1月21日，最高裁判所は，全国の検察審査会のうち事件受理数の少ない50会を廃止して近隣の審査会と統合する一方，多忙な大都市に計14会増設する統廃合を決定した。東京では，これまで東京地裁本庁に2会があったが，本庁に6会，支部に1会が置かれる形で大幅に増設されることになっている。

3）弁護士会に期待されている役割

これまで弁護士は，検察審査会とは全く無縁の存在であったが，改正検察審査会法においては，審査補助員及び指定弁護士という形で検察審査会の審理やその活動に大きく関わることが予定されている。

都市部で事件数も多く，7会に増設される東京地区においては，東京三会が協力して，ある程度の数の審

査補助員及び指定弁護士を推薦できる名簿及び態勢が既に作られているが，今後も，新人弁護士に対する研修等を実施して，検察審査会や裁判所から推薦要請があればすぐに対応できる態勢を整備することが早急に求められている。

検察審査会への関与は，弁護士にとって全く新たな分野であるが，市民の弁護士に対する信頼を勝ち得る場として極めて重要であるから，弁護士会としては，会内での広報や研修に全力で取り組み，推薦態勢を確立していくべきである。

すなわち，検察審査会から審査補助員，裁判所から指定弁護士の推薦依頼があれば，弁護士会としては，これらの推薦依頼に速やかに応えられるように，一定の数の候補者を募って推薦名簿を作成し，審査補助員や指定弁護士のための研修を実施するなどして（日弁連は「審査補助員・指定弁護士Ｑ＆Ａ」や「改正検察審査会法対応・審査補助員・指定弁護士のためのマニュアル」を作成・配布している。後者は，2013〔平成25〕年3月に改訂版が作成・配布されている。），改正検察審査会法が予定し期待している適任の弁護士を養成し，推薦する態勢を早急に作ることが求められている。

東京においても，民主党の鳩山由紀夫元首相や民主党の小沢一郎元幹事長の政治資金規正法違反事件が，検察審査会で審査され，審査補助員として弁護士が選任され，その審理に関与している（前者は不起訴相当とされ，後者は起訴相当として強制起訴がなされた。）。これまで，小沢元民主党幹事長の事件を含め，全国で8件（神戸2件，沖縄2件，東京1件，徳島1件，鹿児島1件，長野1件）が検察審査会の起訴相当決議に基づいて，指定弁護士が選任され，強制起訴がなされている（尖閣諸島沖の中国船船長については強制起訴されたが，起訴状の送達ができなかったとして公訴棄却決定がなされ，沖縄地裁は，今後も中国人船長に起訴状謄本の送達が見込めないとして，検察官役の指定弁護士の指定を取り消している。）。

小沢元幹事長の事件では，東京で初めての指定弁護士の推薦（第二東京弁護士会が3名を推薦）も行われ，2011（平成23）年10月からその公判が始まり，2012（平成24）年4月26日に無罪判決が出されたが，指定弁護士は控訴し，控訴審である東京高等裁判所は，同年11月12日に指定弁護士の控訴を棄却する判決を言い渡し，一審の無罪判決が支持された。指定弁護士は上告を断念して上訴権を放棄して無罪判決が確定している。

現行法上，指定弁護士の報酬は，後払いである上に，上限が120万円とされているが，日弁連が指定弁護士に対して行ったアンケート調査においては，大規模な事件において，指定弁護士に選任された弁護士にとって極めて過大な負担となっている現状が明らかとなっている。これに対して，日弁連は，法務省に働きかけて，裁判員裁判における国選弁護人の報酬などを参考に，報酬の上限を引き上げるように働きかけているところである。

また，審査補助員の選任の在り方についても，最近，問題になったことがある。それは，小沢氏の事件に関連して，虚偽の内容の捜査報告書を作成したという虚偽公文書作成・行使の容疑があるとして小沢氏の捜査に当たった検事を告発した市民団体が，東京地方検察庁で不起訴になった後に，検察審査会に申し立て，東京第一検察審査会で審査されたが，東京弁護士会が推薦した審査補助員が，最高検察庁検事まで務めた元検察官であり，同審査会が不起訴不当という結論を出すに当たって何かの影響を与えたのではないかが疑われたというものである。

東京弁護士会は，元々，「審査補助員候補者及び指定弁護士候補者推薦等に関する規則」（2009〔平成21〕年4月9日制定）7条3項において，「会長は，審査補助員候補者又は指定弁護士候補者の推薦依頼を受けた場合は，原則として，候補者推薦名簿の中から，適切と思われる弁護士会員を合理的な方法をもって選択して推薦するものとする。」としていたが，「合理的な方法」について特に定めがなかった。そこで新たに，「審査補助員候補者及び指定弁護士候補者推薦等の手続に関する細則」（2013〔平成25〕年8月5日制定）を設けて，同2条において，「検察審査会に対し推薦する審査補助員候補者及び裁判所に対し推薦する指定弁護士候補者（以下「候補者」という。）は，刑事弁護委員会担当副会長が刑事弁護委員会，当該事件について意見を徴することが相当と思われる委員会の委員長等の意見を聴く等して，原則として，規則第7条第1項に規定する名簿の中から適切と思われる本会に所属する弁護士会員（以下「弁護士会員」という。）を選考し，会長に報告する。」（同1項），「会長は，前項の規定により報告を受けた弁護士会員について，副会

長の意見を聴いた上で、候補者としての適否を検討する。」（同2項）、「会長は、前項の規定により検討した結果、適当と判断した弁護士会員に対して、被疑者、被疑事実及びその関係者との利害関係並びに面識等を照会したうえで、当該弁護士会員を候補者として推薦する。」と規定して、「合理的な方法」を明確化した。

検察審査会の推薦依頼に対して、審査補助員に適任の候補者を推薦することは弁護士会の責務というべきであり、その推薦に当たっては、外部から見た公平さが要求されているというべきであるから、今般の東京弁護士会が設けた細則はその点で評価すべきであり、今後の適切な運用が強く期待される。

このように、弁護士会においては、適任の審査補助員や指定弁護士を推薦するとともに、その選任過程について公正さを確保するような仕組みを作るとともに、今後も研修を実施して、候補者の育成に注力するとともに、審査補助員や指定弁護士の日当や報酬が極端に安いことから、これを物心両面から支援する態勢を作るよう努力すべきである。

また、日弁連においては、一刻も早く、報酬の増額を含む審査補助員や指定弁護士の待遇の改善を求める活動を行うとともに、検察審査会の運用や制度改善に関する提言を行い、弁護士が審査補助員や指定弁護士になることを躊躇することがない制度にするよう努力すべきである。

13　法制審議会特別部会の検討結果

> 「村木事件」を契機として、近年の刑事手続をめぐる諸事情に鑑み、時代に即した新たな刑事司法制度を構築するための刑事の実体法及び手続法の整備の在り方が、法制審議会に対して諮問され、2011（平成23）年6月から、新時代の刑事司法制度特別部会が設置されて審議を行っている。
> 2013（平成25）年1月29日に開催された第19回会議において「時代に即した新たな刑事司法制度の基本構想」が了承された後は、これに基づいて作業分科会での議論と部会の議論が行われ、2014（平成26）年7月9日の第30回会議で、「新たな刑事司法制度の構築についての調査審議の結果【案】」が全会一致で決定された。
> その後、同年9月18日に開催された法制審議会総会において、同【案】が全会一致で原案どおり採択され、法務大臣に答申された。2015（平成27）年の通常国会に、刑事訴訟法等の改正案が提出される予定である。
> 日弁連及び弁護士会は、まずは、今回の改革が実現するために全力を尽くすとともに、取調べの全過程の可視化の実現を始め、全面的証拠開示や人質司法の打破など、今回の改革で実現されなかった点について、世論にも働きかけて、1日も早く実現できるように全力で取り組んでいくべきである。

1）特別部会設置に至る経緯

大阪地検特捜部における、いわゆる村木事件と呼ばれる厚労省元局長無罪事件（大阪地裁2010〔平成22〕年9月10日判決）とその事件捜査の過程で行われたとされる村木事件の主任検察官であった前田元検事による証拠隠滅事件、さらには、その上司であった大阪地検特捜部の大坪元部長及び佐賀元副部長による犯人隠避事件が明らかになる中で、特捜部を含む検察庁に対する信頼は地に落ちた。

柳田法務大臣（当時）は、この事態を受けて、2010（平成22）年11月、法務大臣の私的諮問会議として「検察の在り方検討会議」を設置した。

「検察の在り方検討会議」においては、検察改革の在り方について様々な議論を行ったが、もっとも議論

が集中したのは，検察の捜査・公判活動の在り方であり，その中でも取調べの可視化の問題であった。

委員の半数を超える者から，取調べの可視化が直ちに法制化されるべきことが提案されたが，千葉景子座長は，「検察の在り方検討会議」としての提言においては多数決ではなく，委員の意見が概ね一致する点でまとめたいとの方針が示され，また，提言を事務当局においてまとめる作業に入った後，極めて官僚的な文章によって提言案が作成されるに至り，また，後半からは，警察庁からの強い反発もあった。

最終的に，2011（平成23）年3月31日に江田法務大臣（当時）に答申され公表された「検察の在り方検討会議」の提言書「検察の再生に向けて」においては，取調べの可視化を含め，重要な問題は，全て「新たな検討の場」に委ねられて先送りされることとなった。

すなわち，提言書は，「取調べ及び供述調書に過度に依存した捜査・公判の在り方を抜本的に見直し，制度としての取調べの可視化を含む新たな刑事司法制度を構築するため，直ちに，国民の声と関係機関を含む専門家の知見とを反映しつつ十分な検討を行う場を設け，検討を開始するべきである。」と述べて「新たな刑事司法制度を構築するため」の新たな検討の場を設けることを提言した。

2）特別部会の設置とその議論状況

江田法務大臣（当時）は，2011（平成23）年4月8日，「検察の再生に向けての取組」と題する文書を公表した。この中で，法務省が検討・推進すべき事項として，「現在の刑事司法制度が抱える問題点に加えて，取調べの録音・録画の拡大と法制化に伴う問題点に正面から取り組み，多岐にわたる諸課題を検討して新たな刑事司法制度を構築していくため，直ちに，法制審議会に対し，所要の諮問を発する準備を開始する」とされて，「検察の在り方検討会議」が「次の検討の場」としていたものが法制審議会であることが示された。

江田法務大臣は，同年5月18日付で，法制審議会に対してこれに関する諮問（諮問第92号）をした。

その内容は，「近年の刑事手続をめぐる諸事情に鑑み，時代に即した新たな刑事司法制度を構築するため，取調べ及び供述調書の過度に依存した捜査・公判の在り方の見直しや，被疑者の取調べ状況を録音・録画の方法により記録する制度の導入など，刑事の実体法及び手続法の整備の在り方について，御意見を承りたい。」とするものであり，そこで論議されることが予想される内容としては，被疑者取調べの可視化だけでなく，新たな捜査手法も含まれるものであった。

同年6月6日に開催された法制審議会総会は，この諮問につき検討し，「新時代の刑事司法制度特別部会」を新設して，そこに付託して審議することを決めた。

検察の在り方検討会議の提言が，「国民の声と関係機関を含む専門家の知見とを反映しつつ十分な検討を行う場」で議論を行うことを求めていたこともあり，特別部会には，「検察の在り方検討会議」に出席していた法律関係者や，裁判所，法務省，警察庁の関係者や日弁連推薦の委員・幹事のほか，村木厚子さんや周防正行さん（映画監督）や経済界，労働団体などからも委員が選ばれ，委員・幹事の数も多く，法制審議会としては異例の委員構成となっている。部会長には，日本たばこ産業株式会社相談役の本田勝彦氏が選任されている。

3）特別部会における議論状況

同年6月29日に同特別部会の第1回会議が開催され，以後，月1回程度のペースで審議が行われ，2012（平成24）年7月31日の第12回会議まで第1巡目の議論が行われ，同年9月19日から同年12月25日の第17回会議まで第2巡目の議論が行われた。

その後，2013（平成25）年1月29日に開催された第19回会議において「時代に即した新たな刑事司法制度の基本構想」（以下「基本構想」という。）が了承された。

4）基本構想について

基本構想は，以下のように，各方策を示している。

（1）取調べの過度の依存からの脱却と証拠収集の適正化・多様化

「被疑者取調べの録音・録画制度の導入を始め，取調べへの過度の依存を改めて適正な手続の下で供述証拠及び客観的証拠を広範囲に収集することができるようにするため，証拠収集方法を適正化・多様化する。」と述べて，①被疑者取調べの録音・録画制度の導入，②証拠収集の多様化として，刑の減免制度，協議・合意制度，刑事免責制度，通信傍受の対象犯罪の拡大，手続の合理化，会話傍受，③弁護人による防御の充実，

被疑者・被告人の身柄拘束の適正な運用の担保など，被疑者国選制度の拡大を挙げている。

(2) 供述調書への過度の依存からの脱却と公判審理の更なる充実（公判段階）

「供述調書への過度の依存を改め，被害者及び事件関係者を含む国民への負担にも配慮しつつ，真正な証拠が顕出され，被告人側においても，必要かつ十分な防御活動ができる活発で充実した公判審理を実現する。」と述べて，①公判前整理手続における証拠開示の適正な運用に資するための方策，②被害者を含む証人を保護・支援するための方策を拡充するとともに，真正な証拠に基づく円滑な審理が行われるようにするための環境の整備（被告人の虚偽供述に対する制裁の新設の検討を含む），③争いのない事件の簡易迅速な処理が挙げられている。

基本構想を踏まえて，2013（平成25）年3月8日から同年6月4日まで，2つの作業分科会がそれぞれ4回開かれて，具体的な制度の概要を検討した。

同年6月20日に開催された第20回会議において，作業分科会で検討された案が「作業分科会における検討（1）」として紹介されて議論された。その後，再度作業分科会で検討され，同年11月7日及び同月13日に開催された第21回及び第22回会議において，取調べの録音・録画制度について，それまでに作業分科会で検討された案が「作業分科会における検討（2）」として紹介されて議論された。その議論を踏まえて，2つの作業部会が2回開かれて，さらに制度の概要が検討された。

それを受けて，2014（平成26）年2月14日に開催された第23回会議において「作業分科会における検討結果（制度設計に関するたたき台）」が提案され，同年2月21日及び3月7日に開催された第24回及び第25回会議において検討され，同年26回会議に事務当局試案が提案された。同年6月12日に開催された第27回会議を経て，同年6月23日に開催された第28回会議に事務当局試案の改訂版が提案され，その後の議論を経て，同年7月19日の第30回会議において，「新たな時代の刑事司法制度の構築についての調査審議の結果【案】」を法制審議会総会に報告することで全会一致で了承された。

同【案】の概要は，以下の通りである。

❶ 取調べの録音・録画制度の導入

裁判員裁判対象事件と検察官独自捜査事件（いわゆる特捜事件）については，身体を拘束された被疑者について，一定の例外事由がある場合を除き，取調べの全過程を録音・録画することを義務付ける。

一定期間経過後に，録音・録画の実施状況を踏まえ，必要に応じて見直す旨の見直し規定を設ける。

❷ 捜査公判協力型協議・合意制度，刑事免責制度の導入

① 捜査公判協力型協議・合意制度の導入

捜査公判協力型の協議・合意制度（司法取引）を，一定の財政経済関係犯罪及び薬物銃器犯罪を対象事件として導入する。

協議は，検察官と弁護人，被疑者・被告人との間で行う。検察官が司法警察員に授権した範囲で，司法警察員も協議を行うことができる。

検察官は合意を書面として作成し，裁判所に証拠調請求しなければならない。

裁判所は，合意に拘束されない。

合意が成立しなかったときは，被疑者・被告人の供述を証拠とすることができない。

合意をした者が，捜査機関に虚偽の供述をしたときには罰則（5年以下の懲役）がある。

② 刑事免責制度の導入

検察官が，証人尋問の請求に際し，裁判所に，証人に刑事免責（使用免責）を与えて証言を強制することを求めることができる。

証人尋問実施後にも請求できる。

❸ 通信傍受の合理化・効率化

① 対象犯罪の拡大

財産犯（窃盗，恐喝，強盗，詐欺）や逮捕・監禁，略取・誘拐，傷害・普通殺人，現住建造物等放火，児童ポルノ法違反（製造，提供）にまで拡大する

今回拡大する対象犯罪については，その要件として，「ただし，別表第二に掲げる罪にあっては，当該犯罪があらかじめ定められた役割の分担に従って行動する人の結合体により行われたと疑うに足りる状況があるときに限る。」との組織性の要件が加重される。

② 傍受手続の合理化・効率化

通信内容を自動的に暗号化する装置（特定装置）を利用することで，これまで，通信会社の1箇所

（東京）でしか傍受ができなかったことを改めて，通信会社から警察署等へ，通信を暗号化して伝送し，警察署等で，通信会社の職員の立会いをすることなく，警察官等だけで傍受ができるようにする。

その方法について，警察署等で，①リアルタイムで傍受を実施する方法，②通信会社から対象となる通信をまとめて伝送し，警察署等で傍受を実施する方法と，通信会社において，対象となる通信をまとめた保存しておいて，警察官等が通信会社に出向いてそこで傍受する方法の3つの方法が認められている。

❹ 身柄拘束に関する判断の在り方についての規定の新設

裁量保釈の判断要素についての規定を新設する。

❺ 弁護人による援助の充実化

被疑者国選が，全勾留事件に拡大する（いわゆる第3段階）。

❻ 証拠開示制度の拡充

① 証拠の一覧表の交付義務

検察官の手持ち証拠の一覧表を，弁護人の請求により交付する（いわゆるリスト開示）。

② 公判前整理手続の請求権の付与

当事者に，公判前整理手続請求権を付与する。但し，不服申立手続はない。

③ 類型証拠開示の対象の拡大

ⅰ 共犯者の身柄拘束中の取調べについての取調べ状況等報告書

ⅱ 検察官が証拠調請求をした証拠物に係る差押調書・領置調書

ⅲ 検察官が類型証拠として開示すべき証拠物に係る差押調書・領置調書

❼ 犯罪被害者等及び証人を保護するための方策の拡充

① ビデオリンク方式による証人尋問の拡充

別の裁判所間でのビデオリンクを認める。

② 証人の氏名・住居の開示に係る措置の導入

証人の氏名・住所について，被告人の防御に実質的な不利益を生ずるおそれがある場合を除いて，弁護人には伝えるが，被告人には伝えてはならないとの条件を付すようにすること，及び，弁護人にも伝えないことが，それぞれ認められる。但し，裁判所への不服申立権は認められる。

③ 公開の法廷における証人の氏名等の秘匿措置の導入

犯罪被害者について認められていた秘匿措置が証人に拡大された。

❽ 公判廷に提出される証拠が真正なものであることを確保するための方策

① 証人不出頭罪，犯人蔵匿罪・証拠隠滅罪等の法定刑を引き上げる。

② 勾引要件を緩和する。

❾ 自白事件の簡易迅速な処理のための方策

即決裁判手続の申立てを却下する決定があった事件について，当該決定後，証拠調べが行われることなく公訴が取り消され，公訴棄却の決定が確定した場合等においては，同一事件について更に公訴を提起することができるものとする。

その後，同年9月18日，法制審議会第173回会議において，同【案】が全会一致で了承されて。法務大臣に答申された。

今後，2015（平成27）年の通常国会に，刑事訴訟法等の改正案が提出される見込みである。

7）今後の課題

取調べの録音・録画制度については，全過程の可視化が法律により義務付けられることになるが，対象犯罪が限られている。ただ，2014（平成26）年10月1日施行の最高検察庁の依命通知によって，可視化の対象事件を，公訴提起されたら任意性が争われることが予想される事件や，被害者・参考人にも拡大されることになっている。

そこで，今後は，弁護人が，個別の事件において，可視化に向けた弁護活動を行い，供述の任意性担保の手段かつ取調べ適正化のための制度として，可視化が必要不可欠であることを示していき，次の改正に向けた活動を行う必要がある。

協議・合意制度については，今後，日弁連及び弁護士会において研修を行うなどして，その制度の内容を周知し，被疑者・被告人の防御権が侵害されることのないように努めていく必要がある。

通信傍受制度については，対象犯罪が拡大し，傍受手続が緩和されることから，濫用されることがないようにチェックするため，弁護活動として，裁判所に保

管された傍受記録を聴取する手続をとり，不服申立てを活用する必要がある。

被疑者国選の拡大や証拠開示制度の拡充についても，弁護活動における実践により，より拡大させるように活動していく必要がある。

ビデオリンク方式による証人尋問の拡大，証人の氏名・住居の開示にかかる措置の導入，公開の法廷における証人の氏名等の秘匿措置の導入，公判廷に顕出された証拠が真正なものであることを担保するための方策，自白事件の簡易迅速な処理のための方策等については，弁護人として慎重な対応が求められる。

いずれにしても，国会に提出される改正案の動向を注視し，施行までに，研修を実施するなどして，会員に周知し，その活用を求めていく必要がある。

その上で，日弁連及び弁護士会は，刑事弁護の現場における諸活動の積み重ねによって，被疑者・被告人の供述に過度に依存しない刑事司法制度の構築のために，世論を喚起しながら，次なる法改正に向けて努力すべきである。

14　新たな刑罰（一部執行猶予制度等の導入）

> 2013（平成25）年6月13日，国会で「刑法等の一部を改正する法律案」と「薬物使用等の罪を犯した者に対する刑の一部の執行猶予に関する法律案」が成立し，2016（平成28）年6月までに施行される。
>
> 特に，一部執行猶予制度と薬物使用者に対する同制度については，実刑と執行猶予制度との間の中間的な刑を新設するものであり，被告人の更生のために，適切に活用される必要があり，弁護人の弁護活動において，この点を意識した弁護活動がなされる必要がある。
>
> そこで，日弁連及び弁護士会は，以上に述べた新たな制度について，弁護人になる会員が，被告人の更生に資する弁護活動を行うことに役立たせるために，この制度を周知させるとともに，研修等を実施して，適切な弁護活動ができるようにすべきである。

1）一部執行猶予制度等の導入について

2013（平成25）年6月13日，国会で「刑法等の一部を改正する法律案」と「薬物使用等の罪を犯した者に対する刑の一部の執行猶予に関する法律案」が成立した。2016（平成28）年6月までに施行される。

前者は，刑の一部の執行を猶予する制度と更生保護法を改正して，特別遵守事項に社会的活動を一定の時間行うことを追加すること等を内容とするものである。

刑の一部執行猶予は，犯罪者が刑の一部の執行を受けた後，残りの刑の執行を一定期間猶予する旨の判決を宣告することができることとする制度である（執行猶予期間中に保護観察を付すことが可能とされる。）。

特別遵守事項の追加は，特別遵守事項の類型に，新たに，「善良な社会の一員としての意識の涵養及び規範意識の向上に資する地域社会の利益の増進に寄与する社会的活動を一定の時間行うこと。」を追加するものである（従来，「社会奉仕命令」と言われたものを，保護観察の特別遵守事項として取り入れたものである。）。

後者は，薬物使用等の罪を犯した者が，再び犯罪を起こすことを防ぐために，薬物使用等の罪を犯した者に対する刑の一部執行猶予について刑法の特則を定めるものである。

2）一部執行猶予制度のメリットと課題について

実務的に見て，実刑か執行猶予かはよく争われるところであり，そのいずれかしか選択肢がないという現状では，必ずしも適切な処遇を選択することができないという限界があるので，その中間的な刑を設けるこ

とは処遇選択のメニューを増やすものとして意義があると考えられる。

刑の一部執行猶予制度は，一部実刑を受ける被告人に対し，判決の時から，ある程度長期間の執行猶予期間を設定して社会内処遇を受けることを予定することができるので，刑の一部の執行を受けた後の社会内処遇を手厚くすることができるというメリットがあると考えられる。

この制度の対象となる者として，具体的には，道路交通法違反の罪などの比較的軽い罪を繰り返し，何度か罰金刑を科せられた後，執行猶予判決を受けたが，その後再び罪を犯して初めて実刑になる場合等が想定されている。

また，執行猶予期間中に，比較的軽い罪を犯した場合，現行法上は，執行猶予に付された懲役刑と再犯について言い渡された懲役刑を合算して服役することになるが，執行猶予を言い渡された懲役刑の期間は，通常検察官の求刑通りの懲役刑が言い渡されることが多いことから，この一部執行猶予制度が利用できれば，合算により相当長期に及ぶことが予想される服役期間を短くすることができると考えられる。

したがって，この制度が，機動的かつ弾力的に運用されることによって，適切な処遇選択を可能にするという点で評価することができる。

この制度の課題としては，判決時に，担当する裁判官が，この制度に則った判決を言い渡すことになっているが，諸外国の判決前調査のような情状に関する資料を職権で調査する制度がない我が国において，果たして裁判官が適切に実刑の期間を定めることが可能かという問題がある。

特に，弁護人の側から，情状に関する資料をより多く提出するなどの協力がなければこの制度の適用が受けにくくなることが予想され，また，刑の執行の開始から受刑中を含めて，社会との連携が保たれるように，できる限り，予め環境整備をしておくことなども求められることになると考えられる。

被告人の更生のためには，この制度が適切に活用される必要があり，弁護人の弁護活動においては，この点を意識した弁護活動がなされる必要がある。

なお，この制度により，実刑を終えた受刑者がその後の執行猶予期間中に保護観察を受ける場合に備えて，保護観察官や保護司について，増員を含めて充実させる必要がある。

この制度に対する懸念として，従来，完全に執行猶予になった人が一部実刑になるという意味において重罰化されるのではないかという懸念が表明されていたところである（京都弁護士会の2011〔平成23〕年11月18日付「刑の一部執行猶予制度新設についての慎重審議を求める会長声明」，福岡県弁護士会の2012〔平成24〕年5月18日付「刑の一部執行猶予制度に対する意見書」参照）。

中間的な刑であって社会内処遇をより充実させるというこの制度の趣旨を踏まえて，重罰化されることがないような運用がなされることが強く期待されていると考えられる。

3）保護観察の特別遵守事項の追加について

法制審議会の「被収容人員適正化方策に関する部会」においては，当初，社会奉仕命令を不起訴の条件とすることや執行猶予の条件とすることが検討されたが，結局，社会奉仕命令は導入されず，保護観察の特別遵守事項として社会的活動を追加することになったものである。

すでに，社会内処遇としての社会奉仕命令が導入されている近隣の韓国や台湾では，不起訴の条件や執行猶予の遵守事項としてこの制度が導入されているために，被疑者や被告人において社会的活動をしようとするインセンティブが働きやすいのに対して，保護観察の特別遵守事項とするのではその点はあまり期待できず，むしろ，保護観察による負担を重くするのではないかと危惧される面がある。

ただ，保護観察の特別遵守事項として，一定の者に対して，社会的活動を課すことが適当と考えられる場合にそれを認めることは，保護観察処遇の選択肢を広げるものとして評価することはできる。

具体的な実施方法は，今後検討されることになるが，その際には，社会内処遇措置のための国連最低基準規則（いわゆる東京ルール）に従って実施される必要があると考えられる。

例えば，東京ルールの中には，「対象者が遵守すべき条件は，実践的であり，明確であり，かつ可能な限り少なくなければならない」，「処遇は，適切な訓練を受け，実務的な経験を積んだ専門家によって実施される必要がある」，「違反が自動的に拘禁処分を課すこと

になってはならない」などの指摘がなされており，社会的活動の運用のあり方として，これらを踏まえて検討される必要がある。

4）薬物使用等の罪を犯した者に対する刑の一部執行猶予制度について

これは，刑法による一部執行猶予制度について，特に薬物使用者について，累犯者であっても適用される点と，執行猶予期間中は必要的に保護観察が付されるという点が異なっている。

薬物使用者は，薬物への親和性が高く，常習性を有する者が多いという特殊性に鑑み，施設内処遇ではなく，社会内処遇によって，その傾向を改善することが一般的に有用であると考えられたことによるものである。

すでに，薬物使用者については，現行法上，刑事施設においては，刑事収容施設及び被収容者等の処遇に関する法律に基づいて，特別改善指導の一環として，薬物依存離脱指導がなされているし，仮釈放後の保護観察について，保護観察所が薬物離脱のための処遇を行い，2008（平成20）年6月から「覚せい剤事犯者処遇プログラム」の受講を特別遵守事項として義務付けて実施されているところであり，これらと相俟って，この制度が良い方向で運用されることが期待される。

この制度の課題としては，一部執行猶予制度が適用されて実刑を終えた受刑者に対する保護観察中の薬物依存離脱のためには，多くの保護観察官や保護司の配置が必要になるとともに，より専門性を有した保護観察官の養成が必要となると考えられる点である。

これについては，特別の保護観察官の創設を検討するとか，日常的に執行猶予を受けた者と接する保護司についても，薬物使用者に対応する専門的知識を身につけた保護司を養成する必要があると考えられる。

薬物使用者に対して，刑事施設から保護観察に至るまでの処遇を一貫して有効なものとし，より適切な処遇を行うためには，刑事施設と保護観察所が実施している処遇プログラムを有機的に連携させるとともに，情報交換等を日常的に行うことなどが求められると考えられる。

保護観察中の遵守事項違反については，一部執行猶予を「取り消すことができる」とされる。現在の全部執行猶予の場合には，「遵守すべき事項を遵守せず，その情状が重いとき」に取り消すことができるとされているのに対して，一部執行猶予の場合には，「情状が重いとき」との文言が入っていないため，軽微な遵守事項違反を理由に一部執行猶予が取り消されて実刑を科される可能性がある。しかしながら，社会内処遇を充実させるというこの制度の趣旨からすれば，この文言の有無によって著しい差が生じることは相当ではなく，保護観察対象者に対して，より強く遵守事項の遵守を促すというメッセージを示したものと見るべきであり，裁量的な取消事由であることから，保護観察中の遵守事項違反による一部執行猶予の取消は慎重になされるべきであると考えられる。

5）日弁連及び弁護士会の対応について

最近，最高裁判所と日弁連は，この制度の運用について協議を開始している。

日弁連及び弁護士会は，その成果も踏まえつつ，以上に述べた新たな制度について，弁護人になる会員が，被告人の更生に資する弁護活動を行うことに役立たせるために，この制度を周知させるとともに，研修等を実施して，適切な弁護活動ができるようにすべきである。

15　刑事弁護と福祉手続の連携

1）高齢者・障害者の刑事問題が取り上げられる経過

知的障害等をもった被疑者・被告人への対応が強く意識されたのは，2003（平成15）年に発刊された山本譲司元参議院議員の「獄窓記」において，刑務所内に知的障害を持った方が多くいるという衝撃的な事実が明らかにされたことが発端であった。これに対応する必要性を感じ，先駆的な取り組みを行ったのが，長崎県の社会福祉法人である南高愛隣会であった。まず，南高愛隣会は，厚生労働省の厚生労働科学研究として，2006（平成18）年から2008（平成20）年にかけて「罪を犯した障がい者の地域生活支援に関する研究」で，

実態調査を行った。

この結果，2006（平成18）年度の新受刑者33,032人のうちＩＱ69以下の新受刑者が7,563人（22.9％）であり，ＩＱ79以下の新受刑者が15,064人（45.6％）であることや，同年度の受刑者を対象としたサンプル調査の結果，27,024名のうち410名（1.5％）が，知的障害者又はそれを疑われる者であることが明らかとなった。

この調査で明らかになったのは，司法と福祉の狭間で福祉的支援に繋がることのないまま，刑務所生活を繰り返さざるを得なくなってしまった障害者がおり，そのような障害者にとっては刑務所が「最後のセーフティーネット」になってしまっているということであった。このことから，現実にこのような障害者を福祉的支援に繋げていく試行的な取り組みが開始されることとなった。

なお，ここでいう「高齢者・障害者」とは，コミュニケーション能力に障害があることなどから社会的に生きづらさを感じている者をいう。

2）高齢者・障害者の刑事問題に取り組む理念・財政的意義

(1) 憲法上の理念

日本国憲法13条は，「すべて国民は，個人として尊重される。生命，自由及び幸福追求に対する国民の権利については，公共の福祉に反しない限り，立法その他の国政の上で，最大の尊重を必要とする。」と定め，同25条は，「すべて国民は，健康で文化的な最低限度の生活を営む権利を有する。」と定める。

福祉の支援がなければ生活をすることができない高齢者・障害者が，福祉支援体制の不備の故に福祉の支援が及ばないために犯罪を繰り返す状況に陥っているのであれば，それは，国家がそのような高齢者・障害者の個人の尊厳を貶めていると同じである。

(2) 財政的意義

障害者の再犯を防ぐことは，年間受刑者一人当たり3,000,000円の費用が必要であるとされているが，障害者が社会内で生活保護を受給して生活した方が財政的には負担が軽いと言われている（慶応大学商学部中島隆信教授「刑務所の経済学」ＰＨＰ研究所）。

また，障害者も当然ながら，労働を通して，自己を実現するという勤労の権利を有している。障害者が，かかる権利を行使することができるようになるならば，財政的にも大きな意義を有することとなる。

以上のように，罪に問われた高齢者・障害者を支援することには，財政的意義も認められるのである。

3）弁護士の具体的な支援の在り方について ―入口支援と出口支援

(1) 高齢者・障害者が支援を必要とする理由

❶ 刑事手続きにおける支援の必要性

高齢者・障害者は，障害を有しない者に比して，刑事手続きにおいて有効に防御権を行使することができない場合が多い。

例えば，

① そもそも弁護人選任権や黙秘権といった抽象的な権利の意味が理解できない，

② 捜査官に迎合しやすく，誘導により事実と異なる供述をさせられてしまう可能性が高い，供述調書を読み聞かせされてもその内容が十分に理解されていない，

③ 取り調べが取調室という密室で行われることにより，これらの危険性はより一層高まるのである。

❷ 刑務所出所後の支援の必要性

高齢者・障害者には，出所後には福祉的な支援を受けなければ個人単独で生活することが困難なものも多い。このような高齢者・障害者が単独で福祉の支援を受けるにも手続きの複雑さなどから支援に繋がれない場合も多い。

(2) 出口支援

南高愛隣会の取り組みの中，一つの制度として結実したのが，厚生労働省の事業として行われるようになった「地域生活定着支援センター」であった。同センターは，高齢や障害等の理由で特別な支援が必要な矯正施設からの退所者に対し，出所後のサービス利用事業所の調整をはじめ，地域生活に適応させるための福祉的支援を行うものとされている。同センターは，数年をかけて47都道府県，48か所に設置をされるに至っている。

このような刑務所等の矯正施設からの出所時の支援については，「出口支援」と呼ばれるようになった。

(3) 入口支援

さらに，南高愛隣会は，出口支援だけでは不十分であり，裁判段階（罪に問われ刑が確定するまでを含む）から福祉が関わっていかなければ十分な支援は困難で

あると考え，裁判段階での支援も模索するようになる。これが「入口支援」と呼ばれる。この入口支援については，毎年その形を少しずつ変えてはいるが，大きくは裁判段階において，福祉的支援の必要性や具体的な福祉的支援の在り方を調査，判定し，それを更生支援計画書等として証拠化し，裁判所に提出をするという枠組みである。

大阪弁護士会では，この南高愛隣会の流れとは別に2011（平成23）年度から冒頭に述べたとおり，罪に問われた知的障害者等に対応するための名簿を作成し運用を開始した。大阪弁護士会は，充実した研修を実施するとともに，社会福祉士との連携を強め，被疑者・被告人との接見同行や更生支援計画の作成等の取組みを行っている。

その後，横浜弁護士会，東京三弁護士会，千葉県弁護士会でも同様の取り組みが開始され，全国各地で徐々に同様の取り組みが広がってきている。

以上のように，弁護士が，福祉と繋がる以外にも，当然ながら，障害の特性に応じて，公判において，刑事責任能力，訴訟能力を争う，自白の任意性・信用性をあらそう，情状鑑定を請求することが求められる。

4）今後の取組み
(1) 弁護士会内の横断的な連携の必要

この問題は，刑事弁護，高齢者・障害者福祉等多岐にわたる問題にかかわる。そこで，弁護士会においても，刑事弁護，刑事法制，刑事拘禁等の刑事関係の委員会のみならず，高齢者・障害者関係委員会，子どもの権利に関する委員会等が横断的に連携する必要があり，弁護士会は，この問題に関して弁護士会内で横断的な連携を図る必要がある。東京弁護士会は，2013（平成25）年3月に「地域生活定着支援センターとの連携に関する協議会」を立ち上げ，この問題に取り組み始めた。その後，東京三弁護士会が一致して，この問題への取り組みを行うべきであるとの流れが出来，2013（平成25）年11月には，東京三弁護士会障害者等刑事問題検討協議会を立ち上げ，これらの委員会の横断的な連携を実現している。

(2) 個々の弁護士の研修等を通じたこの問題の理解

具体的な事案の取り組みにあたっては，当然，個々の弁護士の理解が必要不可欠である。東京三弁護士会障害者等刑事問題検討協議会では，かかる問題について，「障害者刑事弁護マニュアル」を作成し，研修会の企画を積極的に実施しており，これを継続していく必要がある。

(3) 関係各機関との連携の必要

また，問題が多岐にわたる以上，弁護士会内の取り組みだけでは十分ではなく，社会全体における総合的な取り組みが必要である。裁判所，検察庁，警察に障害者への配慮を求めることはもちろんのこと，社会復帰する際の受け入れ体制を整えるためには，福祉事務所を含む自治体，刑務所，少年院，保護観察所，地域生活定着支援センター，社会福祉法人等々との連携も必要であり，ひいては社会全体の理解が必要不可欠である。

東京三弁護士会刑事問題検討協議会では，現在，東京社会福祉士会や東京精神保健福祉士協会との間で連携の在り方を継続的に協議し，社会福祉士の接見同行等の試みを開始しようとしているところである。また，各関係機関との継続的な協議が行える体制を築こうとしているところである。

なお，司法と福祉の連携は，必ずしも罪に問われた高齢者・障害者に限って重要というわけではない。被疑者・被告人・受刑者に障害がなくとも，困窮などの問題から更生のために福祉的支援を必要とする場合には，司法と福祉が連携していかなければならない事案もあると思われる。

(4) 福祉関係者の費用の問題

以上のように，現在，司法と福祉は連携を深めようとしているが，最も大きな障壁となるのは，国選弁護活動などにおける医療・心理・福祉関係者の費用の問題である。これらの費用（例えば，更生支援計画の作成料等）に関しては，医師の作成する診断書以外は，国選弁護費用から支出されることはない。弁護士会として，これらの費用を支出できる枠組みを作る必要性が高い。

第5部
民事・商事・行政事件の法制度改革の現状と課題

第1 新たな民事司法改革のグランドデザイン

1 司法制度改革から10年で何が変わったか

1）司法制度改革審議会意見書

2001（平成13）年6月12日発表の司法制度改革審議会意見書（以下「司改審意見書」という。）は，日本の国の形が，事前規制・調整型社会から事後監視・救済型社会へ変わっていくことを想定して，司法の機能と役割の強化を提唱した。国際化が飛躍的に進み，司法の役割も強調された。そのためには司法の容量を拡大し，「法の支配」を社会の隅々まで浸透させて，司法が国民にとって利用しやすく，頼りがいのあるものにすることとした。

2）司法制度改革推進本部

2001（平成13）年12月から3年間にわたり，政府に司法制度改革推進本部が設置され，24本の司法改革関連の法整備がなされたが，その中でも法科大学院により法曹の質を維持して数を増やす，法テラスを創設して司法を利用者の身近にする，裁判員制度により国民の司法参加という大きな改革が実現した。特に裁判員裁判により刑事事件がより国民に身近になった。

3）民事司法分野の積み残しと大きな歪み

しかし，とりわけ民事・家事・行政の裁判分野を中心として，裁判所の司法基盤や法律扶助改革を初めとするアクセス費用などの司法分野では，改革は部分的であり，手つかずの積み残し課題が多く残されたままになっている。

法曹人口は、2010（平成22）年頃には司法試験合格者数を年間3,000人とするとされ，これを目指して徐々に増加し，最近では2,000人超で推移していたが、2014（平成26）年には1,810人と始めて2,000人を切った。弁護士人口は10年で1万3,000人と大幅に増えたものの，裁判官は600人程度しか増えず，法曹需要は低迷し，弁護士の就職難，法曹志望者が激減するという大きなひずみを抱えている。

昨今，我が国の司法が抱える難題は，長期化したデフレ不況による経済の低迷といった経済的背景もさることながら，司法制度とりわけ民事分野の制度改革，弁護士の活動領域の拡充が不十分であることに原因があるのではなかろうか。

2 今，なぜ民事司法改革か

1）民事裁判制度の利用しやすさと利用満足度

司法制度改革審議会はその意見書において各種提言を行うに当たって，国民に利用しやすい民事司法制度の在り方を検討する基本的な資料とすべく，2000（平成12）年に民事訴訟制度研究会（代表菅原郁夫早稲田大学教授）を通じ，民事司法の利用者調査を実施した。司改審意見書に基づき様々な改革が実行されたが，利用者にそれらがどう評価されたかを検証し，継続して制度改革に反映させる目的で，その後も2回（2006〔平成18〕年，2011〔平成23〕年）利用者調査が実施された。

そのアンケート中で，民事司法の「①利用しやすさ」と「②満足度」についての利用者の意識調査を行っているが，各調査年度の肯定的割合の変遷を示すと右のとおりである。

これをみると，①②ともに司法制度改革前よりは，司法制度改革推進本部による改革諸立法制定直後にやや上昇したものの，2011（平成23）年には下がるか（①）もしくは近い数字（②）になっている。

利用者の意識は訴訟結果に左右されることはあるとしても，2割程度しか民事司法を評価しておらず，司法改革開始前に言われた利用者の司法アクセスについての「2割司法」は，利用しやすさや満足度といった内容面にも現れており，これが今も改善されていないことが見て取れる。

	①利用しやすさ （肯定的回答）	②満足度（同）
2000（平成12）年度調査	22.4%	18.6%
2006（平成18）年度調査	23.6%	24.1%
2011（平成23）年度調査	22.3%	20.7%

（民事訴訟利用者調査結果より）

（注） 2000（平成12）年―司法制度改革前
　　　2006（平成18）年―司法制度改革の諸立法制定直後
　　　2011（平成23）年―司法制度改革審議会意見書発表10年経過

2）民事訴訟件数は，国際比較でも極端に少ない

我が国の民事裁判の件数は諸外国と比較しても極めて少なく，人口比でアメリカ合衆国の8分1，イギリス・フランスの4分の1，ドイツ・韓国の3分の1である。訴訟件数と相関関係にあるのがリーガルコスト（弁護士や裁判所等に支払う法的費用）である。アメリカではGDPの1.4％がリーガルコストと言われる。日本の実質GDPは529兆円なので，アメリカ並みの1.4％とすれば7.4兆円がリーガルコストになる。弁護士の2010（平成22）年度調査の収入平均値（3,304万円）に弁護士数（3万0,524人）を掛けると1兆85億円（GDP比0.19％）であり，アメリカの8分の1弱の数値になる。イギリスの2012（平成24）年の弁護士収入が250ポンド（約4兆円）であり，日本は約4分の1である。このように我が国のリーガルコストの規模も海外に比べて極めて少ないのが実情である。

私たちは，日本の行き過ぎた訴訟社会化を目指すものではないが，訴訟件数が外国に比べて極端に少ないだけでなく，国民のリーガルコストもやはり諸外国との比較で極端に少ないという事実からは，日本社会には紛争が少ないゆえに訴訟件数も少ないという合理的推測を超えて，訴訟制度に紛争解決機能上の欠陥があり，利用者の利用をためらわせる原因があるのではないかと考えられるのである。

3）最近10年間日本の訴訟は，過払いを除き横ばいかやや減少している

地裁における民事通常事件は2001（平成13）年度が155,541件（114,513件）であったが，2011（平成23）年度は196,367件（94,225件）となっていて，過払金等の金銭請求事件を除くとやや減少している。なお，（　）内の件数は過払等金銭請求事件を除く件数である。

ところで，本人訴訟についてみると，弁護士が大幅に増加したが実質的紛争のある本人訴訟の実数に変化がない。具体的には2005（平成17）年から弁護士人口は一貫して増加し，2011（平成23）年までに43.9％増加したにもかかわらず，双方弁護士が付いている事件はその期間に9.9％しか増えておらず，本人訴訟の件数は横ばいである（司法研修所「本人訴訟に関する実証的研究」5頁参照）。

弁護士選任率についてみると，地裁通常民事訴訟事件の弁護士選任率は2001（平成13）年度78.9％であったが，2011（平成23）年度は77.4％とむしろ減少している。

4）低額な司法予算（裁判所予算）と増えない裁判官

2012（平成24）年度の裁判所予算は3,146億円であり，国家予算に占める割合はわずか0.348％に過ぎない。日本司法支援センター（法テラス）予算が裁判所予算から法務省予算に移行したことを割り引いて考えても，国家予算に占める裁判所予算の割合は年々減少傾向にある。

また，裁判を起こす側の弁護士の数はここ10年で約1万3,000人と大幅に増えたにもかかわらず，それを受ける立場の裁判官の数は600人弱しか増えておらず，早急に是正しなければならない状況である。

5）訴訟件数が増えないのは，文化的原因（日本人の訴訟嫌い）ではなく，制度的原因にある（現在の通説的見解）

川島武宜『日本人の法意識』（1967〔昭和42〕年，岩波新書）は，我が国において訴訟が少ないのは日本人の訴訟嫌いという文化的原因にあるとする。その中で「訴訟には費用と時間がかかるということは，我が国で訴訟が少ないということを説明する十分の理由とは考えられない」とし，「私には，むしろ現代の裁判制度と日本人の法意識のずれということの方が，この問題にとってはるかに重要であるように思われる」としている。

さらに，「権利義務が明確・確定的でないということによって当事者の友好的な或いは協同体的な関係が

成立しまた維持されている・・・訴訟はいわゆる黒白を明らかにすることによって，この友好的な協同体的な関係の基礎を破壊する。だから，伝統的な法意識にとっては，訴訟を起こすということは，相手方に対する公然たる挑戦であり，喧嘩を吹っかけることを意味する」として，我が国で訴訟が少ない要因として，日本人の伝統的な法意識を挙げている（前掲書137～140頁参照）。

これに対して，ジョン・ヘイリー「裁判嫌いの神話」（1978〔昭和53〕年）では，訴訟は意識面より制度面が重要な要素とし，訴訟を提起しやすくするための条件として，①権利義務に関して十分な情報があること，②司法アクセス（裁判官や弁護士の数，管轄や訴えの利益の制限，申立手数料，訴訟費用の担保）が適正であること，③訴訟の結果として十分な権利救済があることの三要素を挙げ，日本ではこれらが不十分であるとする。数年前まで件数が増加した過払金訴訟を見れば，最高裁判例が出て，利息制限法違反の利息は元本充当後，不当利得として返還請求出来ることが新聞，ＴＶで大々的に報道・広告され，市民に十分な情報が与えられ（①），これを取り扱う弁護士・司法書士の広告が新聞・ＴＶでもなされ，確実に回収出来ることから弁護士も着手金なしで事件受任するなど利用者の利便に配慮し，利用者のアクセスも容易になっている（②），さらに，判決を得れば貸金業者は任意に支払い，しかも判決にならないで和解により速やかに支払う業者も多く，権利救済もできている（③）ということになる。要するに，ジョン・ヘイリーの言うように①～③の条件が揃えば，法的需要は顕在化し，訴訟件数は増加するということが実証されているのである。

菅原郁夫「日本人の訴訟観　訴訟経験と訴訟観」（2005〔平成17〕年）では，日本人は訴訟嫌いかという問題設定を行い，訴訟利用経験者では，訴訟を始めるに当たって躊躇した者より，躊躇しなかった者の方が多いことをデータで示している。また，訴訟未経験者では離婚などでは多くが躊躇を感じている（82.4％）が，他人との契約問題（52.3％），交通事故の損害賠償問題（29.4％）ではそう多くは躊躇していない。親族問題について訴訟を避けるのは日本人だけではないので，親族問題以外の事件類型で見れば，日本人が訴訟を敬遠する傾向はさほど大きくないとする。すなわち，日本人は「川島理論」とは異なり，むしろ権利の実現を図り，訴訟の内外を通じて白黒をはっきりさせることを期待しているとし，さらに訴訟経験者，未経験者を通じて公正な解決への欲求が強く，訴訟が少ないのは文化的原因でなく制度的原因にあるとする結論を導いている（ジュリスト2005〔平成17〕年9月15日号〔1297号〕）。

上記の視点から我が国の民事司法の現状を分析すれば，民事司法の利用者にとって，解決されるべき法的紛争（＝法的需要）はあるにも拘わらず，制度や裁判所基盤の壁に阻まれて顕在化せず，利用者にとって公正な解決手段が確保されていない状況があると言える。

ここに今，民事司法改革に着手すべき大きな理由が存在する。

3　法友会での取組み

法友会はこれまでいち早く民事司法改革の必要性について提言してきた。

2011（平成23）年7月9日の旅行総会において，「市民の権利保障を実現するため，よりよき民事司法制度の実現を求める決議」を行った。その中で，①民事扶助制度の拡充・抜本的改革，②民事司法制度の改革を求めた。

この決議に続き，同年10月18日，「今，改めて民事司法制度改革を語る」と題して，法務省大臣官房長黒川弘務氏の基調講演とパネルディスカッションを行い，プロフェッションとして弁護士が適正な報酬を得て活躍するには何が必要か，市民が泣き寝入りせず，弁護士に依頼し，裁判に訴える気になるにはどういう民事司法制度であるべきかを議論した。その中で刑事司法改革は進んだが，民事司法制度改革は立ち後れているとし，その改革を強く求めた。

4 日弁連での取組み

1）民事司法改革推進決議と民事司法改革推進本部の設立

日弁連は2011（平成23）年5月27日の定期総会において，下記(1)～(3)の3点を内容とする「民事司法改革と基盤整備の推進に関する決議」を行うとともに，同年6月，日弁連に民事司法改革推進本部を設置した。

(1) 民事司法改革諸課題について，政府関係諸機関に対し，強力な改革推進の取組みを求めるとともに，これらの改革実施に必要とされる司法予算の大幅な拡大を求める。

　① 裁判官，裁判所職員等の人的基盤整備，裁判所支部の充実及び裁判所の物的基盤整備を推進すること。

　② 誰にでも身近で利用しやすい民事司法とするために，民事法律扶助制度の拡充，提訴手数料の低額化及び定額化，弁護士費用保険（権利保護保険）の拡充を図ること。

　③ 市民の権利を保障し頼りがいのある民事司法とするために，民事訴訟・行政訴訟における証拠及び情報収集手続の拡充，多数の被害者の権利行使を糾合する集団訴訟制度等の導入，原告適格等訴えの要件の緩和や団体訴訟等新たな訴訟制度の創設を含む行政訴訟制度の改革の推進，また，判決履行確保のための諸制度の改革の検討，簡易迅速な訴訟及び審判手続の導入の検討，裁判等への市民参加の検討，損害賠償制度等民事実体法の改善改革の検討を進めること。さらに，裁判外紛争解決手続（ADR）の拡充及び活性化を図ること。

(2) 上記諸課題を推進するため，当連合会内に整備される新たな取組体制のもと，各弁護士会や市民団体等外部の意見を聴きながら鋭意検討を進め，それぞれの検討状況に応じて，適時に提言を行う。

(3) あわせて，上記のような民事司法改革に対応するため，弁護士自身の意識改革，業務態勢の改革に努めるほか，法曹養成や研修を含めた弁護士の能力の向上に取り組む。

2）民事司法改革グランドデザイン

日弁連に設置された民事司法改革推進本部は，2012（平成24）年2月，約9ヶ月の議論を経て，民事，家事，行政，消費者，労働，基盤整備の各分野に関わる委員会からの意見を集約してグランドデザインを策定した。その後1年の検討を経て2013（平成25）年，その改訂版を策定した。

5 東弁での取組み

1）民事司法改革実現本部の創設

東弁は，2013（平成25）年6月常議員会において民事関連委員会及び研究部計17の委員会等と会長推薦から構成される委員による民事司法改革実現本部を設置した。同本部は，民事司法改革の現状と諸課題を会員に周知すること，検討中や未着手の課題について意見の集約を行うこと，諸課題を継続的に検討しその取組結果及び改善策を提言し，その実現のための活動を企画・実行することを目的としている。このような民事司法改革の実現を視野に入れた本部組織を立ち上げたのは東京弁護士会が最初であり，今後の活動が注目される。

2）民事司法改革実現本部の取組み

同本部は、民事司法実情調査部会・権利保護保険部会・仕分け部会の3部会を設けて活動してきたが，民事実情調査部会は東京弁護士会を中心とする東京三弁護士会が弁護士に対して実施したアンケート結果が集約され，2014（平成26）年11月末には報告書が出されることになって目的を達成したこと，仕分け部会については，民事司法を利用しやすくする懇談会最終報告書に指摘された課題を抽出して，最高裁判所との民事司法改革に関する協議のテーマとして適切かどうかの検討資料として活用されたが，同年9月から日弁連と最高裁との協議が開始されることになったことからやはりその目的を達成した。そこでこの2つの部会を発展的解消して，最高裁との協議が開始されたことに

伴い部会を次の5部会に再編した。
①基盤整備部会
②証拠収集調査部会
③判決・執行部会
④子どもの手続き部会
⑤権利保護保険部会

なお、①〜④については、改革課題について調査研究を行い、今後最高裁との協議で具体的制度設計が進んだ段階で意見照会がなされることから、会内の意見集約を行うことが予定されている。⑤は、日弁連においてプリベント少額短期保険株式会社との間で権利保護保険制度に関する協定を締結することになったことに伴い同社が実施する「初期相談」（相談の内容が法律上の紛争に該当するかどうかにか関し回答し、併せて法制度の情報提供並びに法律相談機関及び弁護士斡旋紹介制度等の広報活動を行うこと）について、東京弁護士会が大阪弁護士会とともに、2015（平成27）年1月から1年間、同社からの受託により試行することとなった。

6 「民事司法を利用しやすくする懇談会」の発足

1）設立目的とメンバー——各界からなる民間懇談会

2013（平成25）年1月24日民事司法を利用しやすくする懇談会が発足した。この懇談会（以下、「民事司法懇」という。）には研究者（憲法、民法、商法、民事訴訟法、行政法、法社会学）はじめ、経済団体、労働団体、消費者団体及び法曹関係者等34名が参加している。民事司法懇は各委員が、「民事・家事・商事部会」、「行政部会」、「労働部会」、「消費者部会」、「基盤整備・アクセス費用部会」を構成して議論し、報告書を取りまとめる作業を行った。

その間、日弁連の民事司法改革グランドデザイン、最高裁判所の迅速化検証検討報告書、本人訴訟に関する実証的研究、民事訴訟利用者調査結果等の調査・分析を行い、日弁連との共催で2013（平成25）年3月16日、利用者の声を聞く「民事司法改革オープンミーティング」を実施した。そのような検討を経て、民事司法懇は、先の司法制度改革が、利用しやすく、頼りがいのある、公正な民事司法を目指したものの、積み残し課題が多く残されていることや経済活動の更なる国際化や経済格差の拡大、経済再生の必要性など新たな展開が求められる課題も有ると指摘する。そして、公共インフラとしての民事司法制度の整備・拡充は国が行うべき喫緊の課題としている。なお、この民事司法懇の事務局は、日弁連が委託されて担っている。

2）中間報告書

民事司法懇は2013（平成25）年6月29日中間報告書を発表した。この中で提言実現の方法として①運用、②従前の法改正（法制審を経ての立法や議員立法）、③新たな検討組織の3通りの選択肢を示した。

3）最終報告書

続いて2013（平成25）年10月30日最終報告書を発表した。最終報告では改革は待ったなしであるとし、国と民間の協同で大がかりな事業として、政府に改革の道筋をつける強力な検討組織を設置することを求めている。また、民事司法懇は、今後も委員と各出身母

3）第26回司法シンポジウム・プレシンポの開催

2014（平成26）年9月20日、日弁連で司法シンポジウムが開催されるにあたり、東弁を含む東京三弁護士会及び日弁連は、民事司法を利用しやすくする懇談会との共催で、同年6月20日よみうりホールにおいて「いま司法は国民の期待にこたえているか」をテーマに、730名の市民、弁護士らが参加して民事司法改革の必要性についてプレシンポジウムを開催した。当日は、ニュースゼロのメインキャスターの村尾信尚氏のオープニングメッセージを始め、同懇談会の片山善博議長、柴山昌彦衆議院議員、冨山和彦経済同友会副代表幹事、河野康子全国消費者団体連絡会事務局長、新谷信幸日本労働組合総連合会総合労働局長、山本和彦一橋大学教授、中本和洋弁護士がパネラーとして、ジャーナリスト嶌信彦氏がコーディネーターとして参加し、刑事司法改革に比べて遅れている民事司法改革の必要性を訴えた。

体が提言実現のために適宜必要な行動をとるとしている。なお，最終報告書の全文は「民事司法を利用しやすくする懇談会」（http://minjishihoukon.com/）のHPで公開している。

7 重要な改革課題

民事司法改革の重要課題は多岐に亘る。従って，各論として諸課題について内容を紹介することは紙面の関係からも適切でないが，特に重要と考えられる課題について下記に列挙する。なお，諸課題の内容は，日弁連の民事司法改革グランドデザインとその添付の資料編（DVDとして全て収録されている）や前述の民事司法懇の最終報告書の全文（HPで公開中）を参照されたい。

❶ 司法へのアクセス
　① 費用～提訴手数料の低・定額化，法律扶助での利用者負担の在り方（償還制から負担付給付制へ），権利保護保険の拡充，弁護士費用のわかりやすさ
　② 解決手段の多様さ～ＡＤＲ，民事調停の充実・活性化，集合訴訟の実現
❷ 証拠収集手続きの拡充～弁護士照会制度と文書提出命令の改正
❸ 執行制度の改革～財産開示手続き，第三者への財産照会制度
❹ 判決の適性～損害賠償制度の改革
❺ 家事事件の改革～家事事件手続法による子どもの手続代理人費用の国費化
❻ 行政訴訟事件の改革
❼ 労働事件の改革～労働審判事件の2支部（立川，小倉）以外への拡充
❽ 消費者被害の救済～集合訴訟，違法収益はく奪制度
❾ 裁判所の基盤整備～裁判官の増員，支部機能の充実
❿ 国際化への対応～弁護士依頼者間の秘密特権

8 日弁連と最高裁との民事司法に関する協議の開始

1）民事司法改革課題に取り組む基本方針

民事司法改革を今後どのようなプロセスで実現するかが，我々弁護士と日弁連及び各地弁護士会に課された課題である。前述の民事司法懇の最終報告書の提言のとおり政府に新たな検討組織を設置して提言を実現して行くことが望ましい。しかし，民事司法懇の提言を受けて日弁連においては最高裁からの働きかけもあり，直ちに政府に新たな検討組織を設ける前に運用や従来の法改正プロセスで実現できるものについてはまず民事裁判を運営する裁判所との間で協議を先行させて実現を図るべきという執行部方針の下，2014（平成26）年3月19日開催の理事会において民事司法改革に取り組む基本方針が決議された。

それによると，①司法アクセスの拡充，②審理の充実，③判決・執行制度の実効性の確保，④行政訴訟制度の拡充，⑤基盤整備の拡充について，運用，従来の法改正プロセス（法制審議会等），政府の新検討組織の3つの方法で実現を目指すべきであるが，改革課題を分類，整理し（3つの出口），適切な方法で実現することを目指すとされた（①～⑤の日弁連の実現課題については本稿末尾添付の一覧表を参照）。また，新検討組織については，根拠法令，組織体制，権限，取り上げるべきテーマと順序，検討期間，事務局の派遣体制などについて，単位弁護士会及び関連委員会を含め会内議論を行い，そのうえで改めて新検討組織の設置に向けた働きかけを行うことを決定することになっている。

2）最高裁との協議スキーム

上記の方針が決議された後，日弁連は最高裁と予備折衝を行い運用と従来の法改正プロセスで実現できる課題の内，議論の成熟度が一定程度に達していると日弁連・最高裁が合意した課題について意見交換が行われた結果，別紙協議スキームのとおり協議を行うこと

が合意され，2014（平成26）年9月から協議が開始されている。

協議の枠組みは日弁連副会長と最高裁事務総局の局長等で構成される「親会」のもとにテーマごとに4つの「部会」を設置し，双方の実務担当者で協議を行うことになっている。協議は今後の展開にもよるが1年から最大2年程度を目途とし一定の成果を目指すことが予定されている。なお，今後法改正を要する事項については法案立案官庁である法務省が関与する必要があり，適切な段階で法務省にも協議に加わってもらうことが想定されている。

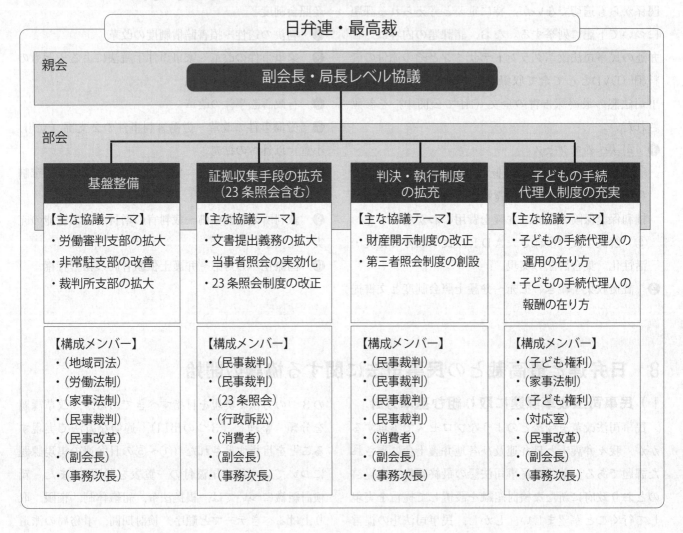

民事司法改革に関する日弁連・最高裁協議スキーム

日弁連の実現課題

①司法アクセスの拡充

①子どもの手続代理人の報酬の国費化
・国選代理人の報酬は法テラスの本来事業として公費から支出するべき。
・私選代理人の報酬は給付制の民事法律扶助制度を創設するべき。
（子どもの手続代理人の報酬の公費負担を求める意見書　2012年9月13日）→新検討組織

②民事法律扶助の拡充
・対象範囲の拡大　・償還制から原則給付制への転換の検討
（第62回定期総会決議「民事司法改革と司法基盤整備の推進に関する決議」2011年5月27日）
（第63回定期総会決議「より身近で頼りがいのある司法サービスの提供に関する決議」2012年5月25日）→新検討組織

③弁護士費用保険制度の対象拡大
（第62回定期総会決議「民事司法改革と司法基盤整備の推進に関する決議」2011年5月27日）→運用の改善

④消費者への情報提供・伝達の充実
・法教育の充実　・製品事故情報の消費者への伝達
（消費者教育推進法の制定を求める意見書　2009年2月19日）
（「消費者庁」の創設を求める意見書　2008年2月15日）
→新検討組織

⑤高齢者や障がい者の司法アクセス支援
・関係者との連携　→新検討組織

⑥消費者団体，消費生活センターや弁護士を身近で頼りがいある存在に
・消費者のアクセス改善　・弁護士の専門性向上
・行政型ＡＤＲの活性化　・消費者団体の消費者相談業務に対する財政支援検討　→運用の改善

⑦違法収益はく奪制度の導入
（「消費者庁」の創設を求める意見書　2008年2月15日）
→新検討組織

⑧その他
・集団的消費者被害回復訴訟制度の見直し　・ＡＤＲの拡充　等
（「集団的消費者被害回復に係る訴訟制度案」に対する意見書　2012年8月31日）

⑨提訴手数料の低・定額化
（提訴手数料の低・定額化に関する立法提言　2010年3月18日）
→新検討組織

⑩弁護士費用の調達方法の充実
・民事法律扶助制度における給付制の実現　・訴訟費用保険制度
（第62回定期総会決議「民事司法改革と司法基盤整備の推進に関する決議」2011年5月27日）→新検討組織

⑪法教育の充実　・情報提供　・市民育成
（人権のための行動宣言2009　2009年11月）

②審理の充実

①民事訴訟及び行政訴訟における証拠・情報収集手段の拡充
・文書提出義務の拡大　・当事者照会制度の実効化
・秘密保持命令制度の拡充　・弁護士・依頼者秘密保護制度の創設
（文書提出命令及び当事者照会制度改正に関する民事訴訟法改正要綱試案　2012年2月16日）→法政審議会

②弁護士会照会制度の改正
・照会先の報告義務の創設　・報告拒絶等に対する審査制度の創設
・報告勧告制度の創設　・目的外使用の禁止の規定化
（司法制度改革における証拠収集手続拡充のための弁護士法第23条の2の改正に関する意見書　2008年2月29日）
→新検討組織

③判決・執行制度の実効性の確保

①財産開示制度の改善
・財産開示制度手続の改正　・財産開示手続違反者名簿制度の創設
・第三者照会制度の創設　・虚偽陳述に罰金刑を科す改正
（財産開示制度の改正及び第三者照会制度創設に向けた提言　2013年6月21日）→法政審議会 or 新検討組織

②企業等への責任追及の実効化
・取締役等への責任追及ができるよう商業登記制度の改善検討
・証拠収集制度の充実・強化　・執行制度の強化
→新検討組織

④行政訴訟制度の拡充

①裁量統制の改革（2012.5.15「行訴法第二次改正法案」）
②行政計画に対する訴訟手続の整備（2012.5.15「行訴法第二次改正法案」）
③行政立法に対する訴訟手続の整備（2012.5.15「行訴法第二次改正法案」）
④環境団体訴訟制度の導入（2012.6.15「環境団体訴訟法案」）
⑤訴訟要件のさらなる緩和（2012.5.15「行訴法第二次改正法案」）
⑥支部における行政訴訟提起の許容（2012.5.15「行訴法第二次改正法案」）
⑦訴え提起手数料の合理化（2012.5.15「行訴法第二次改正法案」）
⑧仮の救済の要件見直し（2012.5.15「行訴法第二次改正法案」）
など
→上記は全て新検討組織

⑤基盤整備の拡充

①家庭裁判所の人的物的基盤の根本的な拡充　・裁判官，調査官の増員　・調停室・待合室・家族面会室等の増設
（第62回定期総会決議「民事司法改革と司法基盤整備の推進に関する決議」2011年5月27日）→新検討組織

②労働審判事件を扱う支部の拡大
（第63回定期総会決議「より身近で頼りがいのある司法サービスの提供に関する決議」2012年5月25日）
→新検討組織

③裁判所の人員拡充，設備の整備
（第62回定期総会決議「民事司法改革と司法基盤整備の推進に関する決議」2011年5月27日）
（第63回定期総会決議「より身近で頼りがいのある司法サービスの提供に関する決議」2012年5月25日）→新検討組織

④裁判所支部，簡易裁判所，家庭裁判所の出張所の配置の見直し
（第62回定期総会決議「民事司法改革と司法基盤整備の推進に関する決議」2011年5月27日）→新検討組織

⑤一定地域における弁護士ゼロ地域の解消，女性弁護士ゼロ地域の減少化
（第63回定期総会決議「より身近で頼りがいのある司法サービスの提供に関する決議」2012年5月25日）

第2 民事・商事諸制度の現状と課題

1 民事訴訟の充実と迅速化及び民事司法改革

1）改正法の定着

1996（平成8）年に改正された現行民事訴訟法の運用が定着し，旧法での運用はすでに過去のものとなった。

現在は，訴訟の争点を整理し，必要な証拠を厳選し，集中証拠調べが行われるようになった。

2）審理の充実

充実した審理のためには事前準備が重要である。弁護士が事案の筋を把握し，争点を見出し，その争点についての証拠を固め，訴訟進行に対する見通しをしっかりと立てることが必要となる。このことによって，時には依頼者の望む結果が得られないこともある。しかし，いたずらに紛争を長引かせることは望ましくないのであり，どのように依頼者を説得するのかも重要な弁護士の役割でもある（現在は，不必要な提訴に対する損害賠償請求や懲戒請求も起こされやすくなっており，事前の弁護士の調査の重要性は上がっているということもできる。）。

提訴前の手続きとして，提訴前予告通知や，それに伴い利用できる提訴前の証拠収集も十分に検討すべきであるが，積極的に活用されてはいないようである。訴訟類型によっては有効な手段となりうるので，日頃からの十分な研究が必要であろう。

訴訟が開始された後も，当事者照会などで相手方からの情報収集が可能であるが，この制度も活用した上で，重要な争点について主張立証を尽くす努力が求められる。

そして，争点整理を今まで以上に活発化し，争点整理手続きで明らかになった争点に絞った集中証拠調べを行うことを，さらに進めるべきである。ただし，必要以上に証人の数が絞られたり，必要な検証等の手続がなされないというようなことにならないよう，弁護士としては十分注意をする必要がある。

3）計画審理

計画審理に当たっては，弁護士が十分な訴訟活動ができるようスケジュールをしっかりと検討し，可能な審理計画であるかをチェックする必要がある。

ともすると裁判所は，弁護士が複数の事件を抱え特定の事件に集中することが困難であるという事実を忘れがちである。充実した審理のための審理計画が逆に不十分な訴訟追行につながってはならない。

4）文書提出命令等の情報・証拠の開示・収集の制度

文書提出命令については，さまざまな事案の集積もあり，日弁連も2012（平成24）年2月16日に「文書提出命令及び当事者照会制度改正に関する民事訴訟法改正要綱試案」を発表している。当事者照会制度の実効化，文書提出命令制度の拡充，秘密保持命令制度の拡充を，引き続き目指すべきである。

民事訴訟法を当事者に最も近いところで利用しているのは弁護士であるので，弁護士会が民事訴訟に係る諸制度について情報を発信し，立法に対する意見を述べることは重要である。

5）弁護士会照会制度の運用の厳正化と同制度の実効化

2008（平成20）年2月29日，日弁連より「司法制度改革における証拠収集手続拡充のための弁護士法第23条の2の改正に関する意見書」が発表されている。日弁連及び弁護士会は，これに基づいて，立法活動をしていくべきである。

なお，弁護士会照会の受付件数は年々増加していて，2011（平成23）年は，全国で11万9283件となっており，重要な情報収集手段として活用されている。

6）裁判の迅速化

2003（平成15）年7月に裁判迅速化法が施行され，最高裁では5回にわたり「裁判の迅速化に係る検証に関する報告書」を発表した。その中でも，第4回の2011（平成23）年7月8日付報告書では裁判の長期化要因を検討し，さまざまな施策についての報告がなさ

れている。最高裁自身が裁判官等裁判所の人的な対応力の問題に触れているなど、従前の報告書に比して進んだ形の報告を行っている。同報告書では、弁護士強制の問題や、書面提出の締め切りを厳守するための方策などにも触れており、弁護士実務にとっても重要な内容を含んでいる。また、第5回報告書では、社会的要因について報告をしている。

日弁連や弁護士会でも同様の実証的な取り組みを行うべきであろう。

7）判決履行制度

判決が、履行においてその実効性が図られなければならないことはいうまでもない。その意味で、財産開示手続の拡充等の判決履行制度の改革を行うべきである。

なお、判決・執行制度の拡充については、2014（平成26）年9月から開始された日弁連と最高裁との民事司法改革に関する協議において、部会が設置され検討が開始されている。

2　家事事件手続法

1）非訟事件手続法の改正と家事事件手続法の制定

家事審判・調停の手続は訴訟とは異なる非訟手続であるが、旧家事審判法の第7条は、特別の定めがない限り、非訟事件手続法を準用するとしていた。非訟事件手続法は、明治時代に制定された古色蒼然とした古いものであった。ただ、家事の分野以外では借地非訟法、会社非訟法、労働審判等、分野ごとに特別法ができており、非訟事件手続法をそのまま準用する場面も少なくなっていた。とはいえ、非訟事件手続の一般法として、全面的な改正の必要性が言われていた。今や非訟事件においても手続保障を整備する必要があるという見解が通説になってきたからである。

そこで、非訟事件手続法の見直しと家事審判法の見直しがセットになって、立法作業が進められることになり、法制審議会の非訟事件手続法・家事審判法部会で議論がされ、2011（平成23）年5月19日に、国会で非訟事件手続法の改正と家事事件手続法の制定が可決成立し、2013（平成25）年1月1日から施行された。

2）家事事件手続法制定の経緯

家事審判及び家事調停を規律する法律は、長らくの間、戦後間もなくである1948（昭和23）年1月1日から施行された家事審判法であった。

家事審判法は、1946（昭和21）年制定の日本国憲法が家族に関する法制度について、「個人の尊厳と両性の本質的平等」に立脚して制定することを義務付けたことを受けて制定されたものである。すなわち、家事審判法は「個人の尊厳と両性の本質的平等」を指導理念として、「家庭の平和と健全な親族共同体の維持」を目的として制定されたのであり、家父長的「家」制度に基づく価値観からの脱却を目指した「革命的」なものであった。

ただし、戦後の混乱期に急いで作られたため、手続法として備えるべき規定が不備であったうえ、職権探知主義をとることから、裁判所の後見的役割や広い裁量（合目的的裁量判断）の必要性が強調され、当事者の手続保障は軽視された法律であった。

裁判官の裁量の幅が大きいということは、個別の事情の差が大きい家事事件において妥当な結論に導く効果も期待される一方、結果が見通せず、手続運営のばらつきが当事者に不公平感を与えることにもなりかねない。

しかも、家庭に関する紛争が著しく増加した一方、ライフスタイルや家族のあり方をめぐる価値観も多様化し、当初の指導理念だけでは、当事者の納得を得られなくなってきた。そして、個人の権利意識の高まりとともに、裁判所の判断過程を透明化することが求められてきた。

さらに、家事審判法では主体性が認められておらず、あくまでも事件の客体として位置づけられていた子ども（未成年者）であるが、我が国も1994（平成6）

年に批准した子どもの権利条約の理念からして，子どもは権利の主体として位置づけられるべきであるという意識が広がってきた。社会のあらゆる場面で，子どもの人生に関わる事項を決めるときには，子どもが手続に主体的に関わることが認められて然るべきという意識が，少しずつではあるが高まってきたのである。そして，言うまでもなく，家事事件は子どもの人生をも大きく左右するものであり，したがって，子どももその成熟度に応じて手続に関与し，意見表明権の保障が認められるべきであるという考えが支持されるようになった。

そこで，かつて革命的と言われた家事審判法も，戦後60年を経て，時代に合わせた改正をすることになったのである。

3）理念・特徴

家事事件手続法の理念としては，①手続保障の強化，②子どもの意思の尊重・意見表明権の強化，③利用者にとっての利便性の向上，が挙げられる。

形式面では，④基本的手続事項が明確化され，⑤法律事項と規則事項が整理された。

なお，個人の尊厳と両性の本質的平等は，家事事件手続法にも当然承継されているが，現在では当然のことであり，上位法である憲法に明記されていることから，家事審判法第1条そのものに該当する規定は置かれていない。

① 手続保障の強化

審判手続における「当事者」の地位の明示，参加手続の整備，記録の閲覧・謄写権の保障，証拠調べ申立権の保障，事実の調査の通知の規定など。

② 子どもの意思の尊重・意見表明権の強化

未成年者が手続行為能力を有する事件類型の定め，裁判所の子の意思の把握・意思考慮義務，15歳以上の子の必要的意見聴取の範囲の拡大，子どもの手続代理人の選任など。

③ 利用者にとっての利便性の向上

審判手続における合意管轄の新設，電話会議システムの導入，審判申立て前の保全処分の一部導入など。

④ 基本的手続事項の明確化

申立て，手続の期日，事実の調査及び証拠調べ，審判等の手続の流れに沿って規律を明文化した。

⑤ 法律事項と規則事項の整理

民事訴訟法など他の手続法と同様，手続の基本事項を法律事項，細則を規則事項とする区分となった。

4）課題

(1) 適切な運用

法律制定後施行までに1年半以上の期間があったことから，日弁連と最高裁，各地の家裁と弁護士会とでは，法律施行後の具体的な運用面について，協議を続けてきた。

申立書や事情説明書の記載内容も，手続の透明性とともに，むやみに対立をあおるべきではないという家事事件の特徴，とりわけ家事調停事件の特徴を踏まえ，実務の経験に即した協議がされ，現在，一定の運用方針の下で，新法施行後の手続が始まった。

今後，よりよい手続運用となるよう，個々の弁護士の個別の事件における努力とともに，日弁連・弁護士会としても，定期的に，最高裁や家裁と運用面での協議を行い，市民にとってよりよい司法サービスが提供できるようにしなければならない。

とりわけ，法律の理念の1つである子どもの意思の尊重・意見表明権の強化に関し，子どもの手続代理人の選任事例がいまだ少ないことは大きな課題である。また，利用が少ないことの大きな障害となっている費用の点も法的手当が必要な課題であり，日弁連としては2012（平成24）年9月に「子どもの手続代理人の報酬の公費化を求める意見書」を発表しているところである（詳細は，第8部第1の1の9）参照）。

これらの課題につき，2014（平成26）年9月から始まった民事司法改革に関する最高裁・日弁連協議の中で，子どもの手続代理人制度の充実部会が開催されることとなったので（第5部第1の8参照），一定の成果が得られることが期待される。

(2) 家裁調査官の体制の充実

なお，我が国の家庭裁判所の特徴は，家裁調査官の存在である。

近時，家事事件において，家裁調査官の役割が増え，最高裁も，少年事件よりも家事事件に調査官を多く配置するようになっている。それでもまだ，子どもの親権・監護権や面会交流をめぐって当事者が激しく対立することが増えている中で，子どもの最善の利益を実現するために調査官調査の果たすべき役割は大きいこ

とから，今後も人的体制の充実が図られる必要がある（一方で少年事件調査の軽視があってはならないので，全体としての人数確保が必要であろう）。

(3) 当事者の利用しやすさ

また，新法の下でも，家事調停における本人出頭原則が維持された。しかし，平日の日中しか期日が入らない調停に出頭することは，とりわけ，不安定な雇用条件で就労し，一人親として子どもを育てていく覚悟で調停に臨んでいる者（多くは女性）にとって，負担は大きい。

運用上，手続代理人が選任されている場合には本人出頭原則を柔軟にするか（これまでもある程度は柔軟にされているが，裁判官の裁量によってばらつきがある），本人出頭を強く求めるのであれば，夜間調停，休日調停を実施するなど，利用者の利便性向上に向けた努力が裁判所側に求められる。

(4) 事件処理体制の整備

家事事件新受件総数は毎年増加しており，1997（平成9）年からの増加が特に大きく，同年の44万9,164件が，2007（平成19）年には75万1,499件，2012（平成24）年には85万7,237件，2013（平成25）年には91万6,398件となり，過去最高を更新している。

このように，家事事件は毎年増大しているが，家庭裁判所の事件処理等の体制の整備はこれに対応しておらず，増大する家事事件に一部適切な対応ができていないという状況が生じている。家庭裁判所の物的・人的設備の整備・充実が急務となっている。

3　国際民事紛争解決制度

1）訴訟と仲裁

経済のグローバル化とともに，国際的な紛争も益々増加している。そのような国際的紛争を解決する効果的手段として，国際商事仲裁の制度が発展充実して今日に至っている。しかし，仲裁は当事者の仲裁に付することの合意が前提であって，相手方との間に契約上，あるいは紛争発生後の当事者間での仲裁合意がなければ，仲裁を利用しようと思っても利用できない。そこで，国境を超えた民事裁判手続を利用できる制度の確立が，国際的民事紛争の解決に不可欠である。

我が国をみるに，1998（平成10）年1月施行の新民事訴訟法においても，国際管轄等国際民事訴訟手続は将来の作業として全面的に見送られ，実務上は送達手続や証拠調べについてのハーグ条約，一部の国との二国間条約で個別に対応しており，判例も少なく，法的安定性を欠いているのが実情である。

2）ハーグ国際私法会議における条約案作成作業

国際私法の統一を目的としてオランダ政府が呼びかけて設立されたハーグ国際私法会議は，1883（明治16）年9月に第1回会議が開かれてから100年以上の歴史があり，日本も1904（明治37）年に加盟した国際機関である。

このハーグ会議で現在検討されているのが「民事及び商事に関する国際裁判管轄及び外国判決の承認執行に関する条約案」である。2001（平成13）年の外交会議において討議が行われたが，加盟国間の意見がまとまらず，多くの課題が持ち越しとなった。そこで，各国の合意が得られる分野から交渉を進めていくこととなり，その一分野である裁判所の選択合意に関して，2004（平成16）年には作業部会草案が作成され，2005（平成17）年の外交会議で採択された。その後，国際裁判管轄に関する民事訴訟法が改正され，2012（平成24）年4月1日から施行された。労働関係，消費者契約については特則が設けられている。国際基準での民事訴訟法が求められる。

3）ハーグ条約（国際的な子の奪取の民事面に関する条約）

近年，外国における結婚生活の破綻に伴い，日本人親が他方親の同意を得ずに子どもを日本に連れ帰り，子の返還や子との面会を求めても拒否されるという問題について，欧米諸国から批判が高まっていた。このような国境を越えた不法な子の連れ去りについて，子どもを連れ去り前の常居所地国に迅速に戻すべきことや，そのための国家間の協力等について定めた「国際的な子の奪取の民事面に関する条約」（ハーグ条約）

の締結を日本政府に求める動きが強まってきた。

ハーグ条約については，国境を越える子の不法な連れ去りについて，子の監護の問題については子の常居所地国が管轄を有することを前提とし，子をいったん常居所地国に迅速に返還し，子の監護の実質的な問題については，子の常居所地国の裁判所の決定に委ねるものである。国境を越えた子の監護・奪い合い紛争における国際的なルールと関係国家間の協力を定めた合理的で有用な条約であるとの評価がある一方，条約の機械的・画一的運用により，帰国の理由が，他方親から子どもへの虐待やドメスティック・バイオレンスにある場合に，子どもを常居所地国に返還することが子の利益に反することとなる可能性等についての懸念が指摘され，日弁連内においても，両性の平等に関する委員会を中心に，条約締結に否定的な意見が強かった。

しかし，ハーグ条約は，子どもの監護や面会交流についての紛争解決は，連れ去られた先の裁判所よりも，常居所地国の裁判所の方が，充実した審理ができ，それが子どもの最善の利益の実現につながるという発想に基づいている。そして，常居所地国の他方親の下に戻されると子どもが虐待を受けるおそれがあるような場合にまで常居所地国に返還することを命じるかどうかは，国内法で定めた返還拒否事由に基づき，我が国の裁判所の判断で決められることである。そこで，日弁連では，2011（平成23）年2月18日「国際的な子の奪取の民事面に関する条約（ハーグ条約）の締結に際し，とるべき措置に関する意見書」を発表して，ハーグ条約が子どもの権利条約に定める「子どもの最善の利益」にかなうように適切に実施・運用されることを確保するために必要な事項を定めた国内担保法を制定することを提言した。

政府は，2011（平成23）年5月にハーグ条約締結に向けた準備を進める旨の閣議了解を行い，外務省が中央当局の機能を担うことが決定されるとともに，条約の実施を国内で担保するための法律である「国際的な子の奪取の民事上の側面に関する条約の実施に関する法律」（以下「実施法」という。）の法文化作業を行った。その結果，2014（平成26）年4月1日，ハーグ条約の締結が国会で承認され，同年6月には実施法案も国会で成立した。2014（平成26）年4月1日，ハーグ条約が発効し，実施法も施行となった。

実施法上，ハーグ条約事件では外務省による当事者への援助が行われ，日本に住所を有していない外国人も民事法律扶助の利用が可能とされている。この援助の一環として，日弁連では，4月1日から，外務省を通じた弁護士紹介を開始している。

さらに，弁護士会としては，ハーグ条約締結後の体制整備として，ハーグ条約についての研修を行い，ハーグ条約の事案を適切に扱うことのできる弁護士の養成にも力を注ぐことが求められる。とくに，子どもの手続代理人が大きな役割を果たすことも期待されるので，その担い手の確保が必要である。弁護士会で，代理人活動に関する研修，任意的解決のためのあっせん仲裁機関の紹介事業に対応できるような機関（単位会のあっせん仲裁機関）の強化をする必要がある。

また，弁護士費用の他，高額になりかねない通訳人費用の負担ができない依頼者のために，民事法律扶助制度の利用ができるよう，日弁連と法テラスとの間で，協議を進めているところである。

4 裁判外紛争解決機関（ADR）

1）ADRの必要性

司法制度改革審議会意見書は，ADRの存在意義として，「社会で生起する紛争には，その大小，種類などにおいて様々なものがあるが，事案の性格や当事者の事情に応じた多様な紛争解決方法を整備することは，司法を国民に近いものとし，紛争の深刻化を防止する上で大きな意義を有する。裁判外の紛争解決手段（ADR）は，厳格な裁判手続と異なり，利用者の自主性を活かした解決，プライバシーや営業秘密を保持した非公開での解決，簡易・迅速で廉価な解決，多様な分野の専門家の知見を活かしたきめ細かな解決，法律上の権利義務の存否にとどまらない実情に沿った解決を図ることなど，柔軟な対応も必要である」と述べている。

確かに，社会生活上生じる様々なトラブルの解決手段として，多様な制度が用意されていることは，市民

に多様な法的解決の場を提供するという意味で重要である。また、市民がどのような紛争解決手段を選択するかは、トラブルの深刻化の程度と費用負担能力等の複合的要因によって決定されるのであるが、その選択の結果によって法的解決とかけ離れた、もしくは当事者の意図と異なった解決がなされることのないこと、すなわち、法の支配を貫徹することがADRの存在意義である。

2）ADR利用促進法の制定

2004（平成16）年12月1日、ADR基本法ともいうべき「裁判外紛争解決手法の利用の促進に関する法律」が公布され、2007（平成19）年4月1日に施行された。この法律は、第1章・総則、第2章・認証紛争解決手続の業務（法務大臣の認証、基準、欠格事由など）、第3章・認証紛争解決手続の利用に係る特例（時効の中断、訴訟手続きの中止、調停前置に関する特則）、第4章・雑則、第5章・罰則、附則によって構成されている。

また、ADR基本法で時効中断、訴訟手続の中止、調停の前置に関する特則などの法的効果が与えられることになった。

3）ADRと弁護士法72条

ADR基本法制定後は、様々なADR機関が創設された。しかも、弁護士が主宰者とならない形態も法律上は可能である。

しかし、それらのADR機関が市民の法的権利を十分に擁護するものであるかなど検討する必要がある。

また、主宰者の他に、隣接専門職種について、ADR手続代理権をどのように認めるかの問題があるが、これについては個別の各士業法で立法的解決が図られた。

すなわち、隣接法律専門職種については、①認定司法書士に一定の範囲で仲裁手続の代理権、筆界特定手続の代理権が認められ、②弁理士の仲裁代理業務が調停、あっせんを含む裁判外紛争手続についてのものであることを明確化し、ADR手続代理業務の対象に著作物に関する権利に関する事件が追加され、③特定社会保険労務士に、一定の公的ADRにおける代理権と一定の民間紛争解決手続においては紛争価額が60万円以下の単独の、紛争価額60万円を超える場合は弁護士と共同の条件で代理権が認められ、④土地家屋調査士には筆界特定手続の単独代理権が、認定土地家屋調査士には一定の民間紛争解決手続において弁護士と共同の条件で代理権が認められた。

4）ADR機関の評価

ADR機関として、海運集会所の仲裁（TOMAC）、国際商事仲裁協会（JCAA）、日本商品先物取引相談センター、日本知的財産仲裁センター、独立法人国民生活センター、財団法人家電製品PLセンター、境界問題相談センター、建設工事紛争審査会、財団法人交通事故処理センターなど、多くのADR機関がADRを実施しているが、その程度において様々である。

弁護士会には、2013（平成25）年4月現在、全国で35センター（32弁護士会）が設置されている。2011（平成23）年度の受理件数は1,336件である。解決事件は、ほとんどが和解・あっせんによるもので、仲裁によるものはわずかである。東京三弁護士会で実施されている医療ADRは、医療過誤等の専門性のあるADRを積極的に実施し、評価されている。

5）原子力損害賠償紛争解決センター

2011（平成23）年3月11日に発生した東日本大震災の際に東京電力株式会社の福島第一、第二原子力発電所での事故による被害者に対して、迅速に、円滑かつ公正に紛争を解決するために、原子力損害の賠償に関する法律に基づき、文部科学省の原子力損害賠償紛争審査会のもとに原子力損害賠償紛争解決センターが設置された。センターでは、被害者の申立てにより、弁護士などの仲介委員らが原子力損害の賠償に係る紛争について和解の仲介手続を実施するものであり、数万人と言われる被害者の救済手続として期待されてきた。上記審査会では、紛争解決の指針として原子力損害の範囲の判定等に関する中間指針を同年8月5日に公表した。申立ての受付は同年9月1日から開始され、すでに3年以上経過しているが課題も多い。

すなわち、①数万に及ぶと言われる被害者に対する賠償手続をどのように迅速に解決出るか（一応、3ヶ月を目途としているが）、②自主避難者への損害賠償など、中間指針に記載のない被害者への損害賠償をどうするか、③財物評価などの中間指針とは異なる賠償請求についてどうするか、④東京電力がどれ程この手

続での解決に積極的か，等の諸問題が相変わらず存在し，解決していかなければならない。

5 仲裁法

1）仲裁法制定

仲裁法の制定は，社会の複雑化・多様化，国際化が進展する中で，紛争について多様な解決制度を整備する必要があるという認識の下に行われることになった。その中で，特に，共通の手続や価値観のない国際紛争にあっては，仲裁による紛争解決が実効性のある迅速な解決手段でありながら，旧仲裁法は，現代の社会経済状況に適合しないばかりでなく，国連の国際商取引法委員会で検討され，各国で採用されているモデル法（アンシトラル）とも内容的にかけ離れていたため，2003（平成15）年8月1日に公布され，2004（平成16）年3月1日に施行された。

2）仲裁法の構成・概要等

(1) 構成

仲裁法は，総則，仲裁合意，仲裁人，仲裁廷の特別の権限，仲裁手続の開始及び仲裁手続における審理，仲裁判断の終了，仲裁判断の取消し，仲裁判断の承認及び執行決定，雑則，罰則の10章55条及び附則22条で構成されている。

(2) 概要

仲裁法案提案理由説明書によれば，この概要は，
① 仲裁合意は，明確化の観点から書面によるものとするとともに，通信手段の発達を踏まえて，電子メールによることも認めた。
② 仲裁人選定手続や仲裁人の権限をめぐって手続が停滞しないための規定を設け，手続自体についても当事者の自主性を尊重しながら，合意が成立しない場合には国際的標準に従った内容の規定を置いた。
③ 仲裁判断書の記載内容を定め，取消事由等についても国際的標準に従って整備し，仲裁判断の取消し及び執行の許可については迅速な対応をするため決定手続とした。
と説明されている。
ところで，この仲裁法にあっては，当分の間，①消費者と事業者との間に成立した仲裁合意は消費者が解

原子力損害賠償紛争解決センターの現状と課題についての詳細は第7部5参照。

除できること，②個別労働関係紛争を対象とした仲裁合意は無効とするという重要な規定が附則に置かれている。

このような仲裁合意に関する規定が附則に置かれたのは，検討会の議論の中で，手続法は万人に適用されるべきであり，個別契約の修正は消費者契約法等で行うべきであるという立場と，当事者間に圧倒的な力の差がある場合には仲裁法でも手当をすべきであるという立場の違いがあり，この両者の議論の到達点として，附則に「当分の間」という期間限定を付して特則を置くことでこの問題を解決したことによるものである。

なお，個別労働関係紛争については，労働検討会で早急に結論を出すということで，無効とされた。

個別労働紛争事件については，すでに労働審判など裁判よりも迅速で柔軟な手続が法定化され実施されており，また労働契約法（2008〔平成20〕年3月1日施行）でも仲裁については触れていない。したがって，未だ仲裁法附則の規定が効果を有していると言える。

3）これからの課題

仲裁法の制定を契機として，これまで我が国の紛争解決制度として利用されることがほとんどなかった仲裁制度が改めて脚光を浴びることになり，この制度が活用される可能性が高い。

他方，消費者との関係で議論されたように，業者が設営する仲裁機関等で適正な仲裁判断がなされるかという問題を含んでいることも事実である。

そこで，今まで（あっせん）仲裁センターを開設して迅速な紛争解決を行ってきた弁護士会では，仲裁制度の有用性を市民に認識してもらうために仲裁について広報するとともに，未設置の弁護士会では，市民が利用しやすいように仲裁センターの開設を促進する必要があると考える。

多くの紛争は，中立な専門家が仲裁に入ることで解決すると考えられる。裁判所の調停も可能であるが，必ずしも弁護士のような法律家やそれ以外の専門家が

調停人となっておらず，かえって紛争が長期化する場合もある。弁護士会の仲裁センターは，専門性のある弁護士を仲裁人にすることで，効果的な仲裁を実施することができるものと期待できる。

また，仲裁の専門性を高めるための組織作りが必要であり，弁護士を中心として設立された社団法人日本仲裁人協会の活動が期待されるところである。

6 知的財産権にかかる紛争解決制度の改革

> 知的財産権にかかる紛争は，その性質上，迅速性と専門性が要求される分野であり，法改正も頻繁に行われているところであるが，裁判や裁判外紛争解決機関（ADR）のより一層の充実・改善を目指すとともに，弁護士の態勢の充実・強化を図るための施策を検討・実施していくべきである。
> また，知的財産法制の改革について，十分な議論を経た上で，弁護士としての立場から積極的な意見を発信していくことも重要である。

1）知的財産権紛争の動向

知的財産権関係民事事件の新受件数（全国地裁第一審）は，2003（平成15）年には635件であったところ，2008（平成20）年には497件，2013（平成25）年には552件と，増減がありつつも概ね横ばい傾向といえる。同事件の平均審理期間（全国地裁第一審）は，2003（平成15）年には15.6月であったところ，2008（平成20）年には13.7月，2013（平成25）年には15.7月と，横ばい傾向である。

また，知財高裁（2009〔平成17〕年3月までは東京高裁）における審決取消訴訟の新受件数は，2003（平成15）年には534件であったところ，2008（平成20）年には496件，2013（平成25）年には353件と減少傾向にある。同事件の平均審理期間は，2003（平成15）年には12.4月であったところ，2008（平成20）年には8.0月，2013（平成25）年には7.6月と短縮傾向が顕著である。

2）近時の実体法改正の動向

(1) **特許法（2011〔平成23〕年改正，2014〔平成26〕年改正）**

2011（平成23）年改正により，通常実施権の登録制度が廃止され，登録がなくても特許権の譲受人等の第三者に当然に通常実施権を対抗できるものとされた。また，冒認出願や共同出願違反の出願に関して，真の権利者が特許権の移転請求を行うことができるものとされた。また，紛争処理の迅速化を目的として，審決取消訴訟提起後の訂正審判請求の禁止や再審の訴えにおける主張の制限などが定められた。

2014（平成26）年改正では，特許から6か月以内に何人も書面にて特許異議の申立てができる制度が創設された一方，特許無効審判は利害関係人に限り請求できるものとされた。また，災害等のやむを得ない事由が生じた場合に特許料の納付等の手続期間を延長することができる救済措置が拡充された。

(2) **商標法（2011〔平成23〕年改正，2014〔平成26〕年改正）**

2011（平成23）年改正により，商標権消滅後1年間の登録排除規定が廃止されるなどした。2014（平成26）年改正では，それまで認められていなかった色彩のみや音からなる商標が保護の対象とされるなどした。

(3) **不正競争防止法（2009〔平成21〕年改正，2011〔平成23〕年改正）**

2009（平成21）年改正により営業秘密の侵害に対する刑事罰の適用範囲が拡大された。2011（平成23）年改正では，営業秘密侵害の刑事裁判において営業秘密の内容を秘匿することができるようになるとともに，アクセスコントロール（DVDのコピー防止機能やCS放送のスクランブル機能など）を回避するため

の装置やプログラム等に規制対象を拡大し、違反者に刑事罰を科すなどの規制強化がなされた。

(4) 著作権法（2012〔平成24〕年改正，2014〔平成26〕年改正）

2012（平成24）年改正では、著作物等の利用を円滑化するため、付随対象著作物としての利用、許諾を得るための検討過程での利用等、著作権者の許諾なく著作物を利用できる場合が規定されたが、権利制限の一般規定（日本版フェアユース規定）は導入されなかった。一方、著作権等の保護を強化する観点から、DVD等に用いられている暗号型の技術的保護手段を回避することが規制されるとともに、違法ダウンロードに刑事罰が科されることとなった。

2014（平成26）年改正では、デジタル化・ネットワーク化の進展に伴う電子書籍の増加を背景として、電子書籍に対応した出版権の整備がなされた。また、視聴覚的実演に関する北京条約の採択に伴い実演家の権利の保護が強化された。

3）紛争解決制度の充実に向けて

(1) 日弁連知的財産センター

2009（平成21）年6月1日に日弁連の知的財産制度委員会と知的財産政策推進本部が統合され、日弁連知的財産センターとなった。

日弁連知的財産センターは、知的財産権の確立・普及等を進め、より良い知的財産制度の発展を図るとともに、弁護士である会員が知的財産業務に関与するための施策を企画する等の活動に取り組むことを目的として設置されたものであり、知的財産権に関する制度及び政策提言等に関する活動や、知的財産権の確立・普及及び人材育成等に関する活動を行っている。

近時では、2014（平成26）年3月19日付け知的財産高等裁判所大合議事件についての意見募集に対する意見書（FRAND宣言について）、同年5月7日付け職務発明制度の在り方に関する意見書、同年7月10日付け特許庁「商標審査基準」改訂案（2014〔平成26〕年特許法等の一部改正対応）に対する意見書などを発表するなどしているが、実務を担う弁護士の立場から、こうした積極的な意見発信を行っていくことは重要である。

また、日弁連知的財産センターでは、日弁連特別研修会や知的財産訴訟に関する講演会を毎年実施しており、知的財産業務に精通する弁護士の育成を行っているが、知的財産権にかかる紛争の解決を適切かつ迅速に行うためには、弁護士一人一人の実力を向上させることが必要不可欠であるといえ、こうした研修等を通じて絶えず研鑽を続けることができるよう態勢を整える必要がある。

(2) 日本知的財産仲裁センター

日本知的財産仲裁センターは、日本弁護士連合会と日本弁理士会とが1998（平成10）年3月に「工業所有権仲裁センター」という名称で設立したADRであり、2001（平成13）年4月に名称を現在のものに改めるとともに業務範囲を産業財産権（工業所有権）から知的財産権に拡大した。

日本知的財産仲裁センターは、東京本部のほか、関西及び名古屋の2支部と、北海道、東北、中国、四国及び九州の5支所とがあり、全ての高裁所在地に設置されている。特許権等に関する訴え等の管轄（民事訴訟法6条）の規定により、一定の知的財産権に関する紛争については東京地裁又は大阪地裁の専属管轄となるが、同センターの支部・支所は、これらの地裁に提訴することが困難な当事者に、訴訟に代わる紛争解決手段を提供するものといえる。

日本知的財産仲裁センターは、相談、調停、仲裁等の業務を行っており、2004（平成16）年3月からは、特許発明の技術的範囲に属するかどうかを判断する範囲判定や、特許に無効事由があるかどうかを判断する無効判定等の判定サービス（センター判定）も提供している。

なお、同センターに申し立てられた調停又は仲裁事件は、2009（平成21）年以降の5年間においては年間10件未満で推移しており、さらなる認知度の向上や利用促進のための方策を検討・実施する必要がある。

7　債権法改正

1）債権法改正作業のこれまでの経過

(1) 研究者有志による研究会等の活動

　1998（平成10）年に日本私法学会において「民法100年と債権法改正の課題と方向」と題するシンポジウムが開催され，債権法改正の機運が民法研究者の間に高まり，研究者有志による複数の研究会が立ち上げられた。これらのうち，後述の法制審議会民法（債権関係）部会の開催にあたり検討資料とされた研究会の活動としては，民法改正研究会，民法（債権法）改正検討委員会，時効研究会がある。

　民法（債権法）改正検討委員会は，2006（平成18）年10月に発足した研究会で，民法研究者を中心に商法，民事訴訟法の研究者さらには法務省の審議官，参事官を加えたメンバー30数名にて構成され，その後の債権法改正作業に大きな影響を与えた。

(2) 法制審議会民法（債権関係）部会の設置とこれまでの会議の状況

　2009（平成21）年10月28日，法務大臣から法制審議会に対し民法（債権関係）の改正に関する諮問がなされ，これに基づき法制審議会内に民法（債権関係）部会（以下「法制審部会」という。）が設置された。同年11月24日に第1回会議が開催されている。

　部会のメンバーとしては，委員19名，幹事19名（現在18名）が選任され，他に法務省民事局付や経済産業省や金融庁，消費者庁の担当者などが関係官として毎回，出席している。部会長には鎌田薫早稲田大学教授（現同大学総長）が選任された。また，委員および幹事にはそれぞれ2名の弁護士が選任されている。

　法制審部会での審議は，中間論点整理案の検討を行うことから開始された。これを第1ステージとし，続けて中間試案策定のための検討を行う第2ステージ，さらには最終的な要綱案を策定する第3ステージの検討をもって審議を終えることとされた。既に2011（平成23）年4月12日の第26回会議において「民法（債権関係）の改正に関する中間的な論点整理」（以下「中間論点整理」という。）が，2013（平成25）年2月26日の第71回会議において「民法（債権関係）の改正に関する中間試案」（以下「中間試案」という。）が，それぞれ部会決定され，これらについて，パブリック・コメントの手続が実施された。そして，2013（平成25）年7月16日の第74回会議からは第3ステージが開始され，2014（平成26）年8月26日の第96回会議に「民法（債権関係）の改正に関する要綱仮案」（以下「要綱仮案」という。）が部会決定され，一応の結論を得ている。ただし，約款に関する規律については未だ議論の一致を見ておらず，この点は留保になっている。今後，約款について結論を出し，正式な要綱を法制審議会において決定したうえで，2015（平成27）年の通常国会に法案を提出することが目指されている。なお，第2ステージにおいては，本来の法制審部会の他に，3つの分科会が設けられ，分科会において検討することが適当と判断された事項についての検討を行った。分科会は合計18回，開催されている。

(3) 法友会や弁護士会等の取組みの状況

❶ 法友会・法友全期会の取組み

　法友会は，2009（平成21）年8月には債権法改正問題についての合宿を行うなどして意見集約に務めてきた。また，2011（平成23）年7月には，中間論点整理に関するパブリック・コメントの手続に際し，法友会としての意見を東京弁護士会宛に提出している。

　また，法友全期会も積極的に調査，研究活動を行い，その成果を著作（『民法改正を知っていますか?』民事法研究会・2009〔平成21〕年，『債権法改正を考える―弁護士からの提言』第一法規・2011〔平成23〕年）として発刊するなどしている。そして，法友会および法友全期会の多くの会員が東京弁護士会法制委員会や日弁連司法制度調査会民事部会あるいは法制審民法部会バックアップ会議のメンバーとして活躍している。とりわけ若手会員の積極的な取組みには特筆すべきものがある。

❷ 東京弁護士会の取組み

　東京弁護士会は2008（平成20）年12月8日，法務省および民法（債権法）改正検討委員会に対して，より慎重な検討を求める意見書を作成，提出している。また，2009（平成21）年12月4日には，「民法（債権法）改正に関する法制審議会での審議にむけての会長声明」を発表している。そして，2010（平成22）年3月9日には，債権法改正の具体的な論点に対する個別意見を盛り込んだ，「民法（債権法）関係に関する意見書」を作成し，法制審部会に提出するなどしている。

2011（平成23）年7月には，中間論点整理に関するパブリック・コメントの手続に際し，東京弁護士会としての意見書を法務省宛に提出している。この意見書は出版，市販されている（『「民法（債権関係）の改正に関する中間的な論点整理」に対する意見書』信山社・2011〔平成23〕年）。さらに，2013（平成25）年5月30日には，中間試案に関するパブリック・コメントの手続に際し，東京弁護士会としての意見書を法務省に提出している。

この他にも，2012（平成24）年4月および同年8月の2度にわたり，法務省と法制委員会バックアップ会議有志メンバーとの意見交換会を実施し，法務省民事局担当者に対し直接に東京弁護士会の意見を主張している。

❸ 日弁連の取組み

日弁連では，司法制度調査会民事部会において継続的な検討を行っている。また，法制審部会が設置された段階で，法制審民法部会バックアップ会議を設置し，法制審部会での弁護士委員・幹事の活動をサポートしている。

さらに，債権法改正問題の会員への周知を目的として，2009（平成21）年2月13日，クレオにて民法改正シンポジウム開催し，その後も，単位会と協力し，大阪，愛知，札幌，仙台，広島，福岡において順次，ミニ・シンポジウムを開催している。

また，日弁連は，2010（平成22）年6月17日，「民法（債権法）改正問題に取り組む基本姿勢」を理事会にて決議している。拙速な改正を避け慎重な検討を行うべきこと，民事法体系全体としての整合性・統一性に留意すること，市民にとって「分かりやすく使いやすい民法」をめざすこと，民法規範の継続性や市民法秩序の法的安定性に配慮すべきことなどが確認されている。

そして，中間論点整理および中間試案に関する各パブリック・コメントの手続に際しては，各単位会に対する意見照会の結果を踏まえ，それぞれ日弁連意見書を法務省に提出している。その間も数度にわたり日弁連意見書を法務省に提出しているが，なかでも2012（平成24）年1月20日に策定された，「保証制度の抜本的改正を求める意見書」では，一定の例外を除き自然人の保証（個人保証）を原則的に禁止すべきことや，債権者の保証人に対する契約締結時の説明義務，情報提供義務等を必須のものとするなどの極めて重要な提言を行っている。

❹ 公益財団法人日弁連法務研究財団の取組み

公益財団法人日弁連法務研究財団は，2013（平成25）年5月13日の東京・関東地区を初回として，中間試案およびその弁護士実務への影響を研究し，より一層，実務を踏まえた検討がなされることを目的として全国研修を実施した。この研修は，大阪・近畿地区，北海道地区，九州地区，名古屋・中部地区，東北地区，四国地区，中国地区と順次，行われ，2014（平成26）年5月22日の2度目の東京・関東地区の研修をもって終了している。

2）債権法改正のあるべき方向性

(1) 債権法改正の必要性に関する議論

2009（平成21）年10月に法務大臣より法制審議会宛になされた諮問（諮問第88号）では，見直しを必要とする理由として，①社会・経済の変化への対応と，②国民一般への分かりやすさという二つが掲げられている。これを受けて，法制審部会の第1回会議において，法務省関係者から債権法の改正を法制審議会に諮問した理由として，①通信手段や輸送手段の発達，市場のグローバル化等に伴う社会・経済の変化に債権法の内容を対応させる，②民法の解釈，適用を通じて膨大な数の判例法理を形成してきた事実を踏まえて，規定を明確化することにより国民一般に分かりやすい債権法にする，という点が具体的に指摘された。

(2) 経済的合理性偏重の抑止の必要性

債権法改正の必要性のひとつが市場のグローバル化等に伴う社会・経済の変化への対応にあるとしても，そのことから直ちに今回の債権法の改正の基本理念を経済的合理性の追及にのみ求めることは忌避されなければならない。経済的合理性の追及のみに絶対的な価値を求めることは強者と弱者の格差の発生を助長し，このような事態は法が本質的に有する正義ないし善の観点に反することとなる。

そもそも，現行の日本民法は，法典継受，学説継受等の歴史的経験を経て，信義則をもって債権法の根本原則と捉える理解を定着させ，経済的自由のみならず平等の確保や社会的公正の保障を重要視する特質を有している。今回の改正にあってもこの民法の特質が失われるようなことがあってはならない。

したがって，債権法の改正は，現行民法が有する理念，すなわち，経済的自由のみならず平等の確保や社

会的公正の保障の要請，さらには，信義則が重視されなければならない。この点は前述した日弁連の「民法（債権法）改正問題に取り組む基本姿勢」においても，民法規範の継続性や市民法秩序の法的安定性に配慮すべきという表現中に示されるところである。また，中間論点整理に対する東京弁護士会の意見書でも，「社会・経済の変化への対応とは，すなわち格差拡大への対応を中心とするものと言っても過言ではなく，よって，今回の改正においては，国民に分かりやすい民法の実現とともに，格差拡大への対応（ないし劣位者の保護）という改正目的を重視するのが妥当である」と明確に記載している。

(3) 使いやすい民法という観点の重要性

さらに今回の改正においては，国民に分かりやすい民法にすることが指摘されている。分かりやすさの観点は重要であるが，いくら分かりやすくとも改正された債権法が使い勝手の悪いものあれば，結局は好ましい改正とはいえないこととなる。実務家である弁護士としては，使いやすい民法という視点を重視し，これを債権法改正に関する基本原則のひとつとすべきである。この点は日弁連の「民法（債権法）改正問題に取り組む基本姿勢」では，市民にとって「分かりやすく使いやすい民法」をめざすという表現で示されている。

3）要綱仮案における個別の重要論点の検討
(1) 履行障害法に関する改正

債務不履行に基づく損害賠償責任や契約解除などの履行障害法のあり方に関しては，民法（債権法）改正検討委員会が発表した「債権法改正の基本方針」（以下「基本方針」と略称する。）の内容が大きな議論を巻き起こした。法制審部会においてもこの問題については活発な議論がなされ，今回の改正における最重要論点のひとつとなっている。

❶ 債務不履行に基づく損害賠償責任について

基本方針では債務不履行に基づく損害賠償義務の発生要件について，「責に帰すべき事由」という概念を不要とするのとの案が示された。契約の拘束力に従わなければならない契約当事者間では過失責任主義の根拠とされる当事者の行動の自由の確保という要請は妥当しないこと，むしろ，契約によって引き受けていた事由か否かが重要な判断基準であることがその理由とされている。

法制審部会では，当初，「帰責事由」という概念が有していた規範的な意味を重視して，「責に帰すべき事由」という表現を引き続き維持すべきという意見と，「責に帰すべき事由」という表現を用いることは適当でないとして，他の用語に置き換えるべきとする意見とがそれぞれ表明された。そして，中間論点整理及び中間試案の結果を踏まえ，要綱仮案では，「契約その他の当該債務の発生原因及び取引上の社会通念に照らして債務者の責めに帰することができない事由によるものであるとき」は免責されるという規律（要綱仮案第11の1）が提案されるに至っている。これは，帰責性概念を維持すべきとの東京弁護士会および日弁連の意見を反映したものであり，一定の評価を与えることができる。

帰責性は，当該行為が社会通念あるいは信義則等によって許されるべきか否かという規範的な意味合いを含む要件であると思料される。帰責事由が故意・過失を意味していたか否かについては，確かに再考の余地はある。しかし，現行民法がこの概念に託してきた規範的価値（ここには当然，信義則の支配という意味も込められている）を今後も引き続き維持し，さらに発展させていくことは大切である。その意味で，従来の「責に帰すべき事由」という要件を維持することは現実的な選択である。

❷ 解除について

債務不履行解除に関して基本方針は，「重大な不履行」があれば契約を解除しうると定め，かつ，催告解除制度を，この重大な不履行解除との関係で一元的に理解しようと試みる。これは，従来の解除制度を抜本的に改めようとするものであった。

これに対し，法制審部会では，催告解除が解除の可否について明確な基準を提供してきたこと，「重大な不履行」という要件によって全ての解除類型を一元的に理解することは困難であることを指摘し，催告解除と無催告解除の区別を維持すべきとの意見が有力となった。

一定の議論を経て要綱仮案においては，催告解除制度を維持し，無催告解除との二元的構成とする案で取り纏めがなされている。すわなち，催告解除については，債務不履行の場合に，「相手方が相当の期間を定めてその履行の催告をし，その期間内に履行がないときは，相手方は，契約の解除をすることができる。た

だし，その期間を経過した時における債務の不履行が当該契約及び取引上の社会通念に照らして軽微であるときは，この限りでない。」と規定する（要綱仮案第12の1）。そのうえで，無催告解除類型を別途設け，「債務者がその債務の履行をせず，債権者がその履行の催告をしても契約をした目的を達するのに足りる履行がされる見込みがないことが明らかであるとき」に解除しうることを定めている（要綱仮案第12の2(5)）。ここにおいても東京弁護士会および日弁連の意見が反映されており，要綱仮案が，催告解除と無催告解除を区別し，それぞれの要件を明確にしたことは評価しうる。

なお，解除の要件として従来は帰責事由を必要としていた。しかし，解除は契約関係からの離脱のための制度であり，不履行当事者に対して制裁を課すものではないとの理解から，要綱仮案では帰責事由は解除の要件とはされていない。

❸ 危険負担について

従来から批判の強かった民法534条の債権者主義の規定は削除の方針となった（要綱仮案第13の1）。また，契約解除に不履行債務者の帰責事由の存在を不要とした結果，債務者の責めに帰することができない事由による履行不能の場合にも債権者は解除によって契約関係を終了させることができる。そこで，危険負担制度そのものを廃止するという案も法制審部会では議論されたが，最終的には，危険負担の効果を債務消滅構成ではなく履行拒絶構成に改めたうえで，民法536条を維持することになった（要綱仮案第13の2）。

(2) 債権者代位権，詐害行為取消権に関する改正

債権者代位権については，従来，転用型とされていたもののうち，登記・登録の請求権を被保全債権とするものを明文化することが提案されている（要綱仮案第15の8）。この点は債権者代位権制度の充実に適う改正と評価できる。

これに対し，本来型については，これまでよりも限定的な適用となる方向での規律となっている。すなわち，要綱仮案では債権者が代位権行使をした後も，債務者は第三債務者に対する当該債権の行使は制限されないとしている（要綱仮案第15の6）。この点は債権者代位権が行使され，その事実が債務者に通知された時，あるいは債務者が了知した時に債務者の管理処分権は失われるとする判例法理（大判1939（昭和14）年5月16日民集18巻557頁）を変更するものである。

詐害行為取消権については，今回，大きな改正がなされる分野である。中間論点整理段階までは責任説に基づく制度設計も検討されていたが，中間試案以降においてはこれまでの判例法理の問題点を個別に修正するという立場（個別修正説）からのみの検討になっている。特徴的なのは，大審院1911（明治44）年3月24日連合部判決（民録17輯117頁）が判示した相対的取消構成を今回，一定限度で見直すという点である。要綱仮案第16の10は，詐害行為取消訴訟の認容判決が確定した場合，その判決は債務者及びその全ての債権者に対してもその効力を有すると規定し，絶対的構成への回帰が見られる。ただし，詐害行為取消訴訟の被告は受益者もしくは転得者のみで足り債務者は被告とならないとの上記連合部判決以来の取扱いについては，要綱仮案においても維持されることとなった。中間試案段階では債務者も被告とする案が提案されていたが（中間試案第15の1(3)），最終的に債務者については被告とする必要はなく，詐害行為取消訴訟を提起した原告は遅滞なく債務者に対し訴訟告知をしなければならないという規律を設けることで決着した（要綱仮案第16の7(4)）。債務者を受益者らと共に被告とし固有必要的共同訴訟とすると，債務者が行方不明の場合や訴訟に非協力的な場合，訴訟上の和解や取下げが制限され，詐害行為取消訴訟を極めて硬直的なものとしてしまう。債務者を被告とし固有必要的共同訴訟とする取扱いについては，東京弁護士会および日弁連が慎重論を唱えていたところである。

(3) 保証契約における個人保証人の保護

日弁連は，2003（平成15）年8月に策定した統一消費者信用法要綱案で，消費者信用取引によって生じた債務について与信業者が消費者との間で保証契約を締結することを禁止し，事業者信用取引による債務の保証の場合でも消費者との保証契約締結には一定の制限を設けるべきことを提案している。そして，2012（平成24）年1月20日策定の，「保証制度の抜本的改正を求める意見書」において自然人の保証（個人保証）の原則的禁止を提言したことは前述のとおりである。そして，法制審部会においても，弁護士会の提案を受ける形で，少なくとも事業者向け融資（事業者の事業に係る金融債務）については経営者等の一定の者を除き個人保証は原則的に禁止し，これに反する保証は無効とするという考え方が分科会レベルで検討されて，

これを踏まえ中間試案では，個人保証の制限，契約締結時の説明義務・情報提供義務，主たる債務の履行状況に関する情報提供義務，その他の保証人保護の方策の拡充について引き続き検討するとされていた（中間試案第17の6）。このうち，情報提供義務については要綱仮案において一定の規律が設けられたが（要綱仮案第18の6(2)ないし(4)），個人保証の原則的禁止に関しては，中小企業における事業資金融資を困難とするとの強い意見が法制審部会で示され，結局，原則的禁止は断念され，公正証書による保証意思の確認の限度での規律となった（要綱仮案第18の6(1)）。保証が軽率になされることへの対策としては公正証書による意思の確認は一定の効果があると思料される。この点は，弁護士会が多年にわたり取り組んできた保証人保護の拡充に繋がる改正であり，今後，更なる保護の拡充に向けて引き続き努力する必要がある。

さらに，要綱仮案では，現在の貸金等根保証の規律を保証人が個人である根保証一般にも，一定の限度で拡大することを提案しており（要綱仮案第18の5），この点も重要である。

(4) 債権譲渡に関する改正

指名債権譲渡の対抗要件について，従来の確定日付ある通知・承諾制度を廃止して，現在，動産・債権譲渡特例法において採用されている債権譲渡登記をもって一元的な対抗要件とする提案が，当初，法制審部会において示されていた（中間論点整理第13の2（1））。債権譲渡登記制度が明確，確実な対抗要件であり，債権取引の安定に資するとの理解である。

しかし，債権譲渡登記手続は利用に相当程度の負担が伴い，内容証明郵便の送付を典型例とする確定日付ある通知・承諾が比較的簡便な制度であったのに比べ，使い勝手という点からは劣る制度であると思料される。その結果，債権譲渡をしても対抗要件を備えない事例が今よりも増加することが危惧され，現実的な利用可能性の観点で問題を生じる危険がある。法制審部会においても債権譲渡登記に対抗要件制度を一元化することへの多くの慎重意見が述べられ，最終的には，民法上の債権譲渡の対抗要件は，従来と同様に債務者への通知または債務者の承諾とし，現行民法467条の規律を維持することとされた（要綱仮案第19の3）。

そのため，債権譲渡法制については当初，試みられたような大規模な改正とはならない見込みであるが，その中において，要綱仮案が，当事者が債権の譲渡を禁止し，又は制限する旨の意思表示をしても債権の譲渡の効力は妨げられないと規律していること（要綱仮案第19の1(1)），将来債権譲渡について新たに規律を設けたこと（同第19の2）については注意が必要である。

(5) 契約の基本原則に関する規定の新設について

中間試案段階では，契約に関する基本原則に関して一定の内容を民法に規定することが提案されていた。付随義務及び保護義務に関する規定の明文化（中間試案第26の3）や，一定の契約においては格差の存在を考慮すべきという規律の新設等である（同第26の4）。信義則の具体化，実質化の要請は21世紀を担う民法の重要な使命であり，また，法友会および東京弁護士会が力説してきた「格差社会の是正」に資するものとして極めて重要である。しかしながら，その後の法制審部会においては，この点についてコンセンサスを得ることができず，これらの規定は要綱仮案においては，結局，明文化が見送られた。この点については，不十分な内容となっていると言わざるを得ない。

以上の諸論点のほかにも重要な検討課題が数多く存在している。民法は私たち法律実務家が日常的に使用する法律である。その民法が1896（明治29）年の成立以来，120年ぶりに抜本的に改正されようとしている。改正がなされた後は，その解釈，運用を適切に行っていく必要があり，法律実務家の役割がいよいよ重要となる。私たちはことの重大性をよく認識し，改正内容に関して今後，さらなる研鑽に努めていく必要がある。

8 会社法改正の成立と今後の課題

1) 会社法改正の成立の経緯

法務大臣は法制審議会に対し，2010（平成22）年2月24日諮問第91号により，会社法の改正を諮問した。諮問は，「会社を取り巻く幅広い利害関係者からの一層の信頼を確保する観点から，企業統治の在り方や親子会社に関する規律等を見直す必要があると思わ

れるので，その要綱を示されたい。」とした。これを受けて同審議会に会社法制部会が設置され，同年4月から検討がなされてきた。2012（平成24）年8月1日開催の法制審議会会社法制部会第24回会議において，「会社法制の見直しに関する要綱案」（以下「要綱案」という。）が取りまとめられた。遺憾ながら，要綱案の内容は，改正に強く反対する経済団体の意見に押される形で，中心課題であった会社法における社外取締役の選任の義務付けは見送られた。これを受けて法制審議会の総会は，同年9月1日「会社法制の見直しに関する要綱」を法務大臣に答申した。法務省の法案の提出は，2013（平成25）年11月の臨時国会の後半まで遅れた。自民党内で，社外取締役の選任の義務づけを求める意見が強く，調整が難航した。国会の会期切れ直前の2014（平成26）年6月20日にようやく改正法が成立し，同月27日に公布された。政令の制定を経て2015（平成27）年5月頃に施行される予定である。主な改正点と課題は以下のとおりである。

2）企業統治の強化

(1) 社外取締役の選任推進と独立性の強化

わが国の上場企業は，内外の投資家から，社外取締役を選任して企業統治を強化して収益力を高めることが求められてきた。改正法では，上場会社では社外取締役不選任の場合には，定時株主総会において「社外取締役を置くことが相当でない理由」を説明しなければならないとして，社外取締役の選任を後押しした（会社法327条の2）。改正法の附則において，社外取締役の選任について，施行後2年を経過した時点で見直し，「必要があると認めるときは」社外取締役の選任の義務づけ等の所要の措置を講ずるものとするとしている。議決権行使の助言機関の方針等もあって，近年上場会社では社外取締役を選任する企業が急増し，女性の社外取締役や2名以上の社外取締役を置く企業も増加している。従って，今後は，社外取締役の義務付けとともにその人数や多様性の確保が課題となろう。

改正法は，社外取締役の独立性の要件を強化するため，支配株主・親会社関係者を社外取締役としては認めないものとした。これに対し，取引所が定める「独立役員」に関しては，重要な取引先も独立性を欠く者として排除されている。この点も将来の課題として残された。

また，改正法は，監査役を置かない代わりに，2名以上の社外取締役を置く監査等委員会設置会社制度を創設した。同制度を採用する会社が増加するのか，それにより企業統治が強化されるかについては，今後の動向を見守る必要がある。

(2) 支配株主の異動に対する株主への通知と株主総会の承認

株主の意向に関わりなく経営者が第三者割当増資により支配株主を変更してしまった事例への批判が高まっていた。改正法は，支配株主（過半数の議決権を有する株主）の異動を伴う募集株式の発行に際しては，株主への通知を必要とした。その際，議決権の10分の1以上を有する株主が反対した場合には，会社の資金繰り等緊急の必要がある場合を除いて，株主総会の決議を必要とした。新株予約権についても，同様の制度を導入した。

3）親子会社の規律の見直し

(1) 多重代表訴訟

持株会社の増加と共に，株主は持株会社の株主となり，事業子会社に対するコントロールが間接的になるケースが増加し，その対応が求められている。改正法は，多重代表訴訟制度を導入した。しかし，経済団体の反対により，その提訴要件として，①1％以上の議決権を有する株主であること，②完全親子会社であるとともに，③子会社の簿価が親会社の総資産の5分の1を超えることが課されたため，上場会社に関しては，適用の余地が極めて制限された。

(2) 重要な子会社株式の譲渡に対する株主総会の特別決議

改正前は，親会社の取締役会の判断のみで，重要な子会社であっても，当該子会社株式を譲渡して，その支配権を失わせることができた。これを改め，帳簿価額において株式会社の総資産の5分の1を超える子会社株式等を譲渡しようとする場合には，原則として，株主総会の特別決議の承認を受けなければならないこととした。

4）キャッシュ・アウトに関する規定の整備

改正前は，企業買収後残存する少数株主を締め出す方法として利用されてきた全部取得条項付種類株式の制度には，買収者が特別支配株主（対象会社の総株

主の議決権の90%以上を保有する株主）であっても，合併・株式交換等と異なって，対象会社の株主総会決議を要した。改正法は，この点を改めた。特別支配株主が，対象会社の取締役会（取締役会非設置会社の場合は取締役）の承認を得て，他の株主全員に対し，取得日を定めて株式の売渡を通知又は公告したときには，取得日に他の株主の株式は特別支配株主に移転するとした。新株予約権者に対しても同様の手続きをとることができる。改正法は，売渡株主の救済方法として，裁判所に対する売買価格の決定申立及び差止請求権を認めている。この点，参議院法務委員会では，特別支配株主が取得日以降支払の履行を遅延した場合の少数株主の救済方法が不十分であるとの批判がなされた。この点も課題として残った。

5）詐害的な会社分割における債権者の保護

詐害的な会社分割の横行が社会的にも問題となっていた。そこで，弁護士委員からの提案により，これに対する債権者保護が検討された。改正法は，分割会社が残存債権者を害することを知って会社分割をした場合には，残存債権者は承継会社等に対して，承継した財産の限度で，当該債務の履行を請求できることとした。

6）今後の取組み

以上のとおり，今回の改正もまた，改革が不徹底に終わっている部分や実施後の動向を注視すべきものも少なくない。会社法もまた，社会や意識の変化に対応した適切な制度改正を引き続き行っていく必要がある。

9　労働法制に対する改革

1）はじめに

近時、「ワークライフバランス（仕事と生活の調和）」を図るとの視点から，派遣労働者，有期契約雇用者等の非正規社員の待遇改善に関し重要な法改正がなされてきた。2007（平成19）年のパートタイム労働法の改正に始まった非正規雇用労働者の不安定性・正規雇用労働者との処遇格差・職業能力形成の不十分さ等の是正を目的とした法改正が一段落したといえる。

もっとも，厚生労働省HP掲載の「非正規雇用の現状」によれば，非正規雇用労働者の全体の労働者に占める割合は36.7%と高い水準にあり，非正規雇用労働者の数は年々増加している。そのため，非正規雇用労働者の雇用の不安定性や正規労働者と比較して低い処遇の改善など，非正規雇用労働者を巡る問題は，今後も重要な課題であることに変わりがない。

今後は，近時の法改正の趣旨を踏まえ，企業の現実の運用において，その改正趣旨に沿った運用が実現されるとともに，新たに顕在化した問題点について迅速かつ適切な改正がなされるよう，今後の立法・行政の動きに注視する必要があろう。

2）労働契約法の改正

近時の重要な法律改正として，労働契約法の改正があげられる。その具体的な内容は，①有期労働契約の期間の定めのない労働契約（無期労働契約）への転換，②雇い止め法理の法定化，③期間の定めがあることを理由とした不合理な労働条件の禁止の3つである。

もっとも，特に，無期労働契約への転換については，これを回避する目的で，転換が可能となる通算期間前に組織的な雇い止めが実施されることが懸念されている。その際，解雇権濫用法理の適用があるか否かなど，既に，運用上想定される問題点について議論が始まっている。無期労働契約の転換は，2013（平成25）年4月1日以降に締結された有期労働契約に適用があり，5年間の継続雇用により無期転換が可能となることから，上記問題点は喫緊の課題としてその解消に取り組む必要がある。

3）労働者派遣法の改正

2012（平成24）年4月8日公布の労働者派遣法の改正に引き続き，2014（平成26）年9月29日召集の第187回臨時国会でも労働者派遣法の改正法案が提出された。改正法案では，専門業等のいわゆる26業種であるか否かにかかわらず，全ての業務について派遣労働者個人単位の期間制限と派遣先の事業者単位の期間制限を設けることや，全ての労働者派遣事業を許可制す

ることなどが盛り込まれていた。

もっとも、今回、衆議院の解散のため、上記法案は成立するに至っておらず、今後も立法・行政の動きに注視する必要があろう。

4）労働紛争解決制度の充実

2006（平成18）年4月から地裁で導入された「労働審判」は、導入後から順調に申立件数が増加し、個別労働紛争解決制度として定着したと言える。近年の新受件数は、2006（平成18）年877件、2007（平成19）年1,494件、2008（平成20）年2,052件、2009（平成21）年3,468件、2010（平成22）年3,375件、2011（平成23）年3,586件、2012（平成24）年3,719件となっている（最高裁行政局調べ）。

なお、現在、簡裁では、現行の民事調停をベースとしながら、調停委員に労働問題に詳しい弁護士・社労士等を任命し、調停手続の充実、解決力アップの試みがなされている。

弁護士会としては、調停委員として労務に精通した弁護士を推薦するだけでなく、調停手続の有効利用を会員に対して広報するとともに関係機関との強い連携が望まれるところである。

10　独占禁止法制の改革

> 2009（平成21）年6月3日の独占禁止法改正の際、同改正法附則において、審判手続に係る規定について、全面的に見直すものとし、2009（平成21）年度中に検討を加え、その結果に基づいて所要の措置を講ずるものとすることが確認された。また、この改正の際の衆参両院の経済産業委員会の附帯決議でも、「現行の審判制度を現状のまま存続することや、2005（平成17）年改正以前の事前審判制度へ戻すことのないよう、審判制度の抜本的な制度変更を行うこと」とされた。
>
> この流れを受け、①公正取引委員会が行う審判制度を廃止するとともに、審決に係る抗告訴訟の第一審裁判権が東京高等裁判所に属するとの規定を廃止する。②裁判所における専門性の確保等を図る観点から、排除措置命令等に係る抗告訴訟については、東京地方裁判所の専属管轄とするとともに、東京地方裁判所においては、3人又は5人の裁判官の合議体により審理及び裁判を行うこととする。③適正手続の確保の観点から、排除措置命令等に係る意見聴取手続について、予定される排除措置命令の内容等の説明、証拠の閲覧・謄写に係る規定等の整備を行う。④実質的証拠法則（旧独禁法80条）や新証拠提出制限（同法81条）の制度を廃止する。これらを主な内容とする同法の再改正が、2013（平成25）年12月7日、185回国会で可決された。
>
> 公取委による調査・審査の手続にはさらに適正手続保障の理念が徹底されねばならない。

1）改正法の概要

改正法の概要を簡単に説明すると下記のとおりである。

(1) 審判制度の廃止・排除措置命令等に係る訴訟手続の整備

❶　審判制度の廃止

① 公正取引委員会が行う審判制度を廃止する（旧法第52条～第68条他）。

② 実質的証拠法則を廃止する（旧法第80条）。

③ 新証拠提出制限を廃止する（旧法第81条）。

ここに新証拠提出制限とは、公正取引委員会が審判手続において正当な理由なく当該証拠を採用し

なかった場合等に限り，被処分者は裁判所に対して新たな証拠の申出をすることができることを意味する。

❷ 排除措置命令に等に係る訴訟手続の整備

① 第一審機能を地方裁判所に（改正法第85条）

審判制度の廃止に伴い，公正取引委員会の行政処分（排除措置命令等）に対する不服審査（抗告訴訟）については，その第一審機能を裁判所に委ねることとする。

② 裁判所における専門性の確保（東京地検への管轄集中）（改正法第85条）

独占禁止法違反事件は，複雑な経済事案を対象とし，法律と経済の融合した分野における専門性の高いものであるという特色があることを踏まえ，公正取引委員会の行政処分（排除措置命令等）に係る抗告訴訟については，東京地方裁判所の専属管轄とし，判断の合一性を確保するとともに裁判所における専門的知見の蓄積を図ることとする。

③ 裁判所における慎重な審理の確保（改正法第86条，第87条）

ア 東京地方裁判所（第一審）においては，排除措置命令等に係る抗告訴訟については，3人の裁判官の合議体により審理及び裁判を行うこととする。また，5人の裁判官の合議体により審理及び裁判を行うこともできることとする。

イ 東京高等裁判所（控訴審）においては，5人の裁判官の合議体により審理及び裁判を行うことができることとする。

(2) 排除措置命令等に係る意見聴取手続の整備

❶ 指定職員が主宰する意見聴取手続の制度を整備（改正法第49条以下）

① 意見聴取手続の主宰者（改正法第53条）

意見聴取は，公正取引委員会は事件ごとに指定するその職員（指定職員：手続管理官）が主宰することとする。

② 審査官等による説明（改正法第54条第1項）

指定職員は，審査官その他の当該事件の調査に関する事務に従事した職員に，予定される排除措置命令の内容等（予定される排除措置命令の内容，公正取引委員会の認定した事実，法令の適用，主要な証拠）を，意見聴取の期日に出頭した当事者（排除措置命令の名あて人となるべき者）に対して説明させ

なければならないこととする。

③ 代理人の選任（改正法第51条）

当事者は，意見聴取手続に当たり，代理人を選任することができる。

④ 意見聴取の期日における意見申述，審査官等に対する質問（改正法第54条第2項）

当事者は，意見聴取の期日に出頭して，意見を述べ，及び証拠を提出し，並びに指定職員の許可を得て審査官等に対して質問を発することができることとする（当事者は，期日への出頭に代えて，陳述書及び証拠を提出することもできる）。

⑤ 指定職員による調書・報告書の作成（改正法第58条，第60条）

指定職員は，意見聴取の期日における当事者の意見陳述等の経過を記載した調書，当該意見聴取に係る事件の論点を整理して記載した報告書を作成し，公正取引委員会に提出することとする。公正取引委員会は，排除措置命令に係る議決をするときは，指定職員から提出された調書及び報告書を十分に参酌しなければならないこととする。

❷ 公正取引委員会の認定した事実を立証する証拠の閲覧・謄写（改正法第52条）

① 閲覧

当事者は，意見聴取の通知を受けた時から意見聴取が終結するまでの間，意見聴取に係る事件について公正取引委員会の認定した事実を立証する証拠の閲覧を求めることができるものとする。

② 謄写

当事者は，閲覧の対象となる証拠のうち，自社が提出した物証及び自社従業員の供述調書については，謄写を求めることができるものとする。

❸ 課徴金納付命令・競争回復措置命令についての準用（改正法第62条第4項，第64条第4項）

排除措置命令に係る❶及び❷の手続は，課徴金納付命令及び独占状態に係る競争回復措置命令について準用することとする。

2) 日弁連の意見

日弁連は，2010（平成22）年2月5日，公取委の行政処分前の手続における手続保障を十全なものとし，また，充実した取消訴訟の審理を確保する観点から，当該手続については，一定の手続保障を前提として迅速

かつ実効的な処分がなされることを確保すべきである、などとした意見書を、また、同年4月23日には、調書等の閲覧謄写のあり方などにつき法案の修正を求める意見書を、それぞれ公表した。しかし、必ずしもこれらが改正法に反映されたとは言い難い。

3）法改正後の動向

改正法の附則（第16条）では、「政府は、公正取引委員会が事件について必要な調査を行う手続について、我が国における他の行政手続との整合性を確保しつつ、事件関係人が十分な防御を行うことを確保する観点から検討を行い、この法律の公布後一年を目途に結論を得て、必要があると認めるときは、所要の措置を講ずるものとする。」とされたが、これを受け、政府は、弁護士を含む委員らにより、2014（平成26）年2月以降、「独占禁止法審査手続についての懇談会」を開催し、協議を重ねている。同懇談会は、同年6月12日、ヒアリング結果等を踏まえた「独占禁止法審査手続に関する論点整理」（ただし、文責は、内閣府大臣官房独占禁止法審査手続検討室）を公表した（その内容は内閣府のHP〔http://www8.cao.go.jp/chosei/dokkin/pubcomm/s-02.pdf〕参照）。

これに対し、日弁連は、同年7月17日付で、事件関係人の防御権の確保が基本的視点として明記されるべきところ、①依頼者に対する弁護士の法的助言の秘密保持措置が講じられるべきである、②供述の聴取に際しては弁護士の立会が許諾されるべきであり、また、聴取過程の録画等による可視化も図られてしかるべきである、③被疑事業者に資料謄写の権利を認めるべきであり、供述調書の写しも遅滞なく供述者に交付されるべきである…等々を内容とする意見書を公表した。

前記懇談会は、各界からの意見もふまえ、各論点について検討をすすめ、審査手続きのあり方について報告書をとりまとめつつある（2014〔平成26〕年11月現在）。

今後この動向にさらに注目し、弁護士会が目指す適正手続の保障が独占禁止法にかかわる調査、審査の過程でも十分貫徹されるよう、われわれは不断に監視と発言を続ける必要がある。

11　弁護士による企業の内部統制システム構築・CSR活動推進の支援等

・日弁連の主導により、弁護士が企業の内部統制システム構築およびCSR活動推進を支援する仕組みを導入すべきである。
・内部統制システム構築に関しては、内部統制構築・検証に取り組む弁護士主体のNPOと協働すべきである。
・CSR活動推進に関しては、日弁連が「企業の社会的責任（CSR）ガイドライン」の公表を継続すべきである。

1）内部統制システム構築

2006（平成18）年5月から施行された会社法では、取締役会を設置する大会社に対して、業務の適正を確保するために必要な体制、すなわち内部統制システムを中心としたコーポレート・ガバナンス体制の構築を求め、取締役会でその概要を決定し、事業報告に決定内容を記載する義務が課された。しかも、同施行規則では企業集団における業務の適正確保についての報告も求められている。経営の健全化や透明化に向けた取り組みは大会社のみにとどまっていてはならず、広く日本の企業社会全体に浸透していくことが望まれる。

しかし、そもそも良いコーポレート・ガバナンスに唯一無二の形はなく、しかも、日本の社会では、企業及び指導的立場にある専門家がともに暗中模索の段階にあり、踏襲すべき手本（モデル）や最善行動（ベストプラクティス）も不足しており、経営者がコーポレート・ガバナンスの質的向上を実現することは容易ではない。

この分野には、監査法人系コンサルティング業者や

IT業者が進出している。しかし，内部統制システムはリーガルマターであることから，弁護士が活躍すべき分野である。

そこで，2005（平成17）年7月，弁護士，研究者，企業法務関係者，政治家，検察官が一堂に会して「企業の内部統制システム認証研究会」を立ち上げ，日弁連法務研究財団の助成のもと，内部統制システムの構築・支援の仕組みの研究を開始した。同研究会では，弁護士，会社法制の研究者及び企業の実務経験者を人的母体として、企業内部における体制構築の指導者の養成，理論面・実務面の指導，統制状況の評価等の専門的支援を合理的な費用で提供する第三者組織の設立の検討を重ねてきた。その成果はNPO「内部統制システム・検証機構」として結実した。

今般，日弁連において，NPO「内部統制システム構築支援・検証機構」と協働する構想が具体化している。同機構が提供するサービスは，大きくは，①内部統制システム構築マニュアルの提供，②研修会（社長・担当役員対象，システム構築責任者・担当者・内部監査人対象），③検証・指導（弁護士と企業実務経験者のペアが企業に赴いてドキュメントをチェックするほか，役員らにインタビューして内部統制が機能しているかを検証し，検証に基づきアドバイスする）の3種を計画している。いずれも廉価で提供する予定である。さらに，同機構では，検証サービス等から収集したデータに基づいて内部統制の基準化・標準化の研究を行うほか，検証・指導方法を研究する。また，サービス提供の前提となる検証員を育成するほか，弁護士向け内部統制構築にかかる研修会を実施し，さらに機構に寄せられた個別的案件を会員に取り次ぐこととし，業務拡大の契機としたい。

日弁連は，「内部統制システム構築支援・検証機構」を通じて，企業コンプライアンスに貢献し，法の支配を拡げ，弁護士の業務拡大に繋げるべきである。

2）企業の社会的責任（CSR）

CSR（Corporate Social Responsibility）は，法令遵守を当然の前提とした上で，自然環境及び社会の持続可能性を追及すべく，企業がその事業の中でどのような貢献をなしうるかを考え，行動し，それによって社会からの信頼を勝ち得ることによってその企業価値を高め，結果的に企業自身の持続可能性も保たれるという考え方である。この考え方は，もともと欧州における移民問題，失業問題，企業による環境破壊が端緒となって発展したものであり，そのメインテーマは労働問題，人権問題，環境問題であることから，本来的に法律家が活躍できるフィールドである。

現在，多くの企業が，CSR報告書を作成し公表している。我が国では，自然環境保護が先行していたが，人権，労働，消費者の権利などの社会的項目の重みが増している。これらの社会的項目は，我々弁護士が得意にする分野である。そこで，企業のCSR推進は，弁護士の新た活動フィールドになるはずである。

日弁連は，CSR推進のために2008（平成20）年3月に「企業の社会的責任（CSR）ガイドライン2007度版」（改定2009年度版）を公表した。また，これを踏まえ，弁護士主体の日本CSR普及協会も設立され，個々の弁護士ならではの視点で，CSR経営による企業倫理の確立に寄与すべく積極的な活動を展開してきており，今後も，これらの活動をバックアップしていくべきである。

3）企業等不祥事と第三者委員会

企業等不祥事において，CSRの観点から，ステークホルダーに対する説明責任を果たすために，不祥事の原因究明及び再発防止等を目的として，独立性を有する第三者委員会が設置されることがある。

この第三者委員会については，2010（平成22）年7月，日弁連により「企業等不祥事における第三者委員会ガイドライン」（改訂2010〔平成24〕年12月17日）が公表され，日弁連の第17回業務改革シンポジウムで分科会が開かれて活発な議論がなされた。また，大阪弁護士会では，第三者委員会委員推薦制度を設けられている。

今後，弁護士は，第三者委員会の設置と活動が適切になされることを進めることにより，日本における企業活動を適正なものとすることを推進するべきであり，今後も取り組みを活発に進めるべきである。

また，日弁連は，2011（平成23）年6月の国際連合の人権理事会において「ビジネスと人権に関する指導原則：国際連合『保護，尊重及び救済』枠組実施のために」（以下「指導原則」という。）が採択されたことを受けて，指導原則に基づき，企業が人権を尊重する責任を果すための人権デュー・デリジェンスについての日本企業向けのガイダンス（手引き）を作成している。

第3 行政に対する司法制度の諸改革

1 行政手続の民主化

> 司法の行政に対するチェック機能の強化，市民の迅速な権利救済，行政の適正化の確保のために，政策の決定から実施，評価に至る全行政活動について，民主化ルール（情報の透明化と市民参加手続きの保障）を徹底させるべく，弁護士は，行政手続法，行政不服審査法及び行政訴訟法の実践的解釈並びに積極的な活用を行うとともに，日弁連・弁護士会は立法措置の必要性について積極的に提言していくべきである。

1) 行政の透明化と市民参加

行政は一義的には立法府（国会）においてコントロールされる。そして，行政は，立法府のコントロールの下にあることによって，民主的正当性を獲得する。

しかしながら，現代における行政の役割は法律の執行に限定されるわけではなく，より積極的な役割を果たすことが期待されている。すなわち，環境，医療・衛生，社会福祉，消費者保護等の政策分野における行政の役割は大きく，さらには，東日本大震災の復興対策，年金・保険改革等高齢化社会対策，エネルギー・食糧問題などの広範かつ大量の政策課題が存している。一方において，財政的な制約等により総花的な政策を実施していくことは困難であり，一つの政策の選択・実施は，国内において様々な利害関係を生じさせることになる。したがって，行政においては，行政主体自体がその信頼を獲得・回復し，かつ政策決定とその遂行に関し，市民との議論と説得による行政の民主化が必要となる。

以上から，市民自身が課題の設定，政策立案，政策実施，政策評価の各段階において意見表明をし，関与していくシステムが不可欠なのであり，その前提として市民が政策の全過程において，充分な情報にアクセスでき，自由かつ公正な機会における意見の表明の場が不可欠である。したがって，弁護士及び弁護士会としては，既存の法制度の意義と問題点を把握しつつ，創造的にその活用を図るためにも，行政訴訟，その他不服審査手続のみならず、パブリックコメント等の事前手続において，国民の議論を提供する形で積極的に関与し，かつこれらの法制度を充実・発展させるための活動をすることが要請される。

2) 行政手続法の施行状況

行政手続法は，行政運営における公正の確保と透明性の向上を図り，国民の権利利益の保護に資することを目的とし，1994（平成6）年10月1日，施行された。

その内容は，行政活動のうち，申請に対する処分（許認可等），不利益処分，行政指導，届出を対象とするもののほか，2007（平成19）年度からは政令，省令，その他官庁が定める基準，規則等に関する意見公募手続き（パブリックコメント）が定められている。

行政手続法の実施状況（以下の数値は，総務省による2010〔平成22〕年3月31日現在の調査による）は，申請に対する処分に関する審査基準の設定は68.8%，標準処理日数の設定は41.2%，不利益処分に関する処分基準の設定は72.1%である。一方，意見公募手続については，2009年（平成21）年度中、実施件数が765件，全体の93.1%に当たる712件で意見提出期間が30日以上確保され，意見考慮期間（意見提出期間から政令等が公布されるまでの期間）は，5日以上が97.4%，うち31日以上が48.9%であった。また，意見提出数は合計23,579件で，1件当たり平均431件（ただし，「なし」が347件あり，501以上の意見提出は10件あった），結果が公表されたものは458件，提出意見が反映された（政令等が修正された）ものが136件（意見提出されたものの32.5%）であった。さらに，政策課題等法定事項ではない任意の意見募集も475件

が実施されており，意見提出数は218,418件，意見により当初の案が修正されたものは45.3％となっている。

以上に鑑みると，行政手続法は，全体的に見れば，安定的な運用がなされているとも見られなくはないところである。しかしながら，個別の行政処分に係る審査基準設定状況等は水準の低下が見られ，意見聴取手続きも件数としては減少が見られることから，行政手続法の適正な執行を注視する必要がある。

なお，意見公募手続きにおいては，例えば，特定秘密保護法案を例にとると，2013（平成25）年9月に実施された法案に対するパブリックコメントは90,480件以上の意見が提出され，反対意見が69,579件（79％）であったにもかかわらず，これを踏まえた議論や検討も十分に行われたと言えない状況で拙速に法律が成立したとの非難もあり，更に，同法の運用基準や政令に対するパブリックコメントでも23,820件が寄せられ，これを受けて，運用基準については，「知る権利の明記」，「公益通報対象事実の秘密指定の禁止」「5年間後の見直し」等の修正がなされたものの，本来当初か ら記載されるべき事項であったとの意見もある。また，2012（平成24）年に実施された原子力発電の比率に関するパブリックコメントでは，約8万9,000件の意見が寄せられ，そのうち，原発廃止の意見が90％を超え，それが2030年に全廃との政策決定につながったとされたが，2013（平成25）年に実施された原子力発電を「基盤となる重要な電源」としたエネルギー基本計画に対するパブリックコメントについては，18,663件の意見にとどまり，公表においても，主な意見とその回答は公表されたが，原子力発電の賛否は分類されなかった（その後、新聞社の情報公開による調査によって、廃炉や再稼働反対の意見は94.4％、再稼働を認める意見は1.1％であったことが報道された）。これらの例に鑑みると，パブリックコメント募集の広報，その結果の公表や政策への反映が恣意的に行われ，形骸化しているのではないかとの危惧を持たざるを得ないのであって，国民の意見や英知を反映させることによる行政の民主化のため，更に，実効性のある制度の充実を図る方向での制度設計の検討も必要である。

2　公務員制度の適正化

> 公務員の汚職その他不適切な行為の防止のためには，個々の公務員の自覚や行政内部の監督体制の強化等のみでは，特に組織ぐるみの違法行為に対しては無力である。
> したがって，市民が主体的にその責任を追及でき，司法審査を及ぼすため，実効性のあるオンブズマン制度や納税者訴訟等の創設などを検討すべきである。

1）実態と問題点

現実の行政を担うのは，公務員という個人であるが，多くのスキャンダルは，単に公務員一個人の資質の問題と退けるわけにはいかず，構造的・組織的な問題であるとも認識される。

そのような認識に立てば，個人としての処罰や賠償を求めることは当然ではあるにしても，それのみでは十分ではなく，また単に個々の「倫理」の問題ととらえるとの認識も当を得ていないことになる。

しかしながら，このような問題に対する，行政当局 の動きは極めて緩慢であると言わざるを得ず，国家公務員倫理法も上記のような組織的構造的な行為については無力であると言わざるを得ないし，さらに言えば，厚い身分保障がむしろこのような事態を温存させているのではないかとも思える。

さらに，無駄な公共事業等，政策の失敗にもかかわらず，その政策に当たった公務員が，その責任を問われるどころか，「天下り」，「わたり」を繰り返し，高額の給与・退職金の支給を受けている現実を知らされるにつけ，公務員制度の抜本的改革の必要性を感じる。

2）提言

　公務員個人の倫理に依拠するものとしては内部告発制度の充実という施策も考えられるが、自ずと限度があり、市民による民主的コントロールが不可欠である。むしろ、生身の人間が構成する組織体として、一定の違法行為は、不可避的な病理現象として発生するという認識の下、その対策を講じるべきである。

　さらに、政策の失敗（不合理な需要予測に基づく公共事業の実施や薬害等に見られる生命・健康被害を防止する規制の放置等）に対する責任の所在の明確化と責任追及制度の確立が必要であろう。

　そのためには、外部監査制度の拡充、内部告発制度、情報公開の拡充、官民の人事交流等により、日常的かつ制度的にモニタリング体制を構築し、行政過程を透明化することによって、違法行為をリアルタイムで発見し、即時に対応できる体制を構築するとともに、政策決定における責任の所在の明確化と事後の政策評価制度を充実させ、市民自らの手による責任追及と公務員組織内部における自己評価や自己批判が可能ともなるシステムの必要性も感じられるところである。

　したがって、法的実効性を伴ったオンブズマン制度、納税者訴訟等の制度を創設することにより市民によるチェックを強化するとともに、局長クラスの上級公務員への民間からの任期付登用等が図られ、公務員組織内部における厳しい自己評価と自浄能力体制を構築するなどの検討が必要であろう。

3　行政訴訟改革

> ・新たな行政訴訟制度が改正法の趣旨にしたがって積極的に運用されるよう、国民及び弁護士はチェックを怠ってはならない。
> ・その意味で、2005（平成17）年の改正は第一歩に過ぎず、数多くの積み残し課題について、いわゆる「5年後見直し」を踏まえ、2010（平成22）年11月17日付の日弁連改正案骨子も踏えて、第二ステージの改革を確実に確保する必要がある。
> ・行政手続法の整備（行政立法、行政計画、公共事業手続、行政契約等）、行政型ADRの整備・改革、行政訴訟改革を真に実現するための個別行政実体法の改正等が検討されるべきである。

1）はじめに

　「法の支配」の理念が貫徹されるためには、行政手続の民主化とともに、行政主体（国、公共団体等）と国民との間に生じた様々な不都合に対し、国民が積極的に関わり、これを是正していく是正訴訟の方向が追求されなければならない。こうした方向性の最後の砦ともいうべきわが国の行政事件訴訟法を、市民の権利を実効的に保障する制度へと改革していくには、法律のさらなる整備とともに、行政訴訟の担い手である法曹（弁護士・裁判官）の資質・意識の改善を図るべきである。

2）行政事件訴訟の改正と改正後の運用

　2004（平成16）年6月、行政事件訴訟法（以下「行訴法」という）が42年ぶりに改正され、国民の救済範囲の拡大（原告適格の拡大、義務付け訴訟の法定、当事者訴訟としての確認訴訟の活用など）、訴訟における審理の充実、促進（裁判所の釈明処分として資料の提出制度など）、行政訴訟を利用しやすくするための方策（抗告訴訟における被告適格の簡明化、国家を被告とする抗告訴訟について、管轄裁判所を原告住所地を管轄する高裁所在地の地裁に拡大、出訴期間を6ヶ月に延長、処分に当たっての被告、出訴期間、審査請求前置、裁決主張についての教示）、本案判決前における仮の救済制度の新設など多くの前進があった。今

まで、行政訴訟を提起しても、第1回期日に至るまで被告たる行政庁側からどのような答弁がされるのか、いわゆる門前払いとなるのではないかと戦々恐々としていた実情からみれば、一定の前進がなされたことは事実である。

現に、在外投票違憲判決（2005〔平成17〕年9月14日最高裁大法廷判決）は、投票権という明確な権利に関するものではあるが、確認訴訟の可能性を広げた改正法の趣旨に沿った判決であった。また、小田急事件大法廷判決（2005〔平成17〕年12月7日）は原告適格について、もんじゅ判決以来の判断枠組みを維持しつつも、行訴法9条2項の解釈を通じて広く関係法令の規定を参照するとともに個別的利益を比較的緩やかに認定し、原告適格を拡大した。さらに、遠州鉄道上島駅周辺の区画整理事業計画の処分性に関する最高裁判決（2008〔平成20〕年9月10日）は、「計画の決定は一般的抽象的な『青写真』にすぎず、訴えの対象にはならない」と判示した1966（昭和41）年2月23日のいわゆる「青写真判決」を42年ぶりに変更し、事業計画段階での取消しの可能性を認めた。また、下級審においても、例えば、障がい児である子について就園不許可処分を受けた保護者により申し立てられた町立幼稚園への就園許可について、仮の義務付けが認容され確定した事案（徳島地決2005〔平成17〕年6月7日判例自治270号48頁）のように、厳格な解釈が懸念された「償うことの出来ない損害を避けるため緊急の必要があること」（行訴法37条の5第1項）という仮の義務付けの要件について、極めて常識的に判断し、改正行訴法の趣旨を裁判所が十分に受け止めて改正法を活用した画期的決定が出された。さらには広島地判2009（平成21）年10月1日の差止認容例（判時2060号3頁。いわゆる鞆の浦判決）などが現れている。

他方で、例えば、差止訴訟については、下級審レベルで「重大な損害」要件を不相当に厳格に解釈する傾向があり（大阪地判2006〔平成18〕年2月22日判タ1221号238頁など）、このような立場が確立すれば、ごく一部の例外を除いて差止訴訟を利用できないことになりかねない。また、医療法（改正前）7条に基づく開設許可のされた病院の付近において医療施設を開設し医療行為をする医療法人等は、同許可の取消訴訟の原告適格を有しないとする最判2007（平成19）年10月19日についても議論の余地があろう。

場外車券発売施設設置許可取消訴訟で周辺住民の原告適格を否定した最判2009（平成21）年10月15日判決は、上記改正が真に原告適格を広げていない現実を明らかにしたものとの声もある。

また、下級審でも、二子玉川東第二地区市街地再開発組合設立認可取消訴訟判決（東京地判2012〔平成24〕年7月10日）では、判決は、小田急判決に依拠したと述べつつ不当に原告適格を狭めたとの批判もある。「法律上保護された利益」から「裁判上保護に値する利益」にまで対象を広げることが検討されるべきである。

こうして、改正法は一定の評価に値するものであるが、その成否は今後の解釈運用に委ねられている面が大きい。国民の権利利益の救済の拡大という改正の趣旨や衆参両院の附帯決議を踏まえた積極的な解釈・運用がなされることが期待されるが、要件の不当に厳格な解釈等により改正の趣旨が実現されない場合、例えば義務付け訴訟が十分に活用されない、執行停止の運用も従来のままである、といった傾向があることは否定できない。あるいはまた、処分概念の拡張は、「青写真判決」の変更により、事業計画段階での処分性・取消の可能性が認められる半面、かえって出訴期間徒過や取消訴訟の排他的管轄が問題とされる事案も現れている。権利の実効的な救済の見地から問題が生じる可能性がかえって増大する危険性もある。「法の支配」の理念は、国民主権の担い手たる国民が、行政主体との様々な関わりの中で、例えば計画段階はもとより、その後の具体的処分についても、いわば全ての段階において、単に政治的に意見を述べるだけでなく、法的に是正する権限を持ってこそ達成されるものである。よって、附則第50条を踏まえることはもちろん、新たな行政訴訟制度が改正法の趣旨にしたがって積極的な運用がされるよう、国民及び弁護士はチェックを怠ってはならない。

なお、日弁連は、改正法が成立したことを契機として、行政訴訟センターを設置し、行政事件訴訟法をはじめとするさまざまな司法手続きによる行政チェックの強化の取り組みを継続するとともに、行政関係事件を担当できる弁護士を全国津々浦々に効果的に展開していくための支援を行うことを目的として、種々の活動を行っている。

3）積み残し課題に関する改革の具体的方策

先の行政事件訴訟法の改正は，時間的制約の下で行われた最低限の第一次改革に過ぎない。

まず留意すべきことは，多数の論点が，今次改正の対象にはならなかったものの，それは「改正をする必要がない」というわけではないことである。

例えば，裁量処分（法第30条）については，義務付け訴訟の規定（法第37条の2第5項）にそのまま援用されているが，改正の必要がないと判断されて残されたというわけではない。

そもそも行政訴訟改革は，行政改革の総仕上げとも言われる巨大な課題であった。したがって，第二ステージの改革を確実に確保する必要がある。なお，参議院法務委員会の附帯決議は，「政府は，適正な行政活動を確保して国民の権利利益を救済する観点から，行政訴訟制度を実質的に機能させるために，個別行政実体法や行政手続，行政による裁判外の紛争解決・権利救済手続も視野に入れつつ，所要の体制の下で，必要な改革を継続すること」としている。

訴訟制度についてのさらなる改革としては，少なくとも目的規定・解釈指針の法定，訴訟対象の拡大，訴え提起手数料の合理化（同一処分を争う場合には，原告数にかかわらず訴え提起の手数料を同額とする等），弁護士報酬の片面的敗訴者負担制度の導入（行政訴訟の公益性に鑑み，勝訴原告の弁護士費用を行政側敗訴の場合にのみ敗訴者に負担させる制度），民事訴訟との関係の整理，団体訴訟制度の導入（環境保全，消費者保護分野等において公益性を有する団体に訴権を付与する制度），納税者訴訟の導入（国レベルの公金支出をチェックする制度），行政訴訟に国民の健全な常識を反映させる陪・参審判ないし裁判員制度の導入等が検討されるべきであろう。

さらに，「法の支配」の理念が真に実現されるためには，法律の条文の改正に止まらず，制度を担う法曹はもとより，国民の意識改革も必要である。

法曹に限って言えば，いかに法律を変更して間口や証拠収集権限を広げたところで，行政裁量という最大の難関について，裁判所・裁判官が従前どおり消極的な判断に終始するのであれば，事態は何ら改善されず，結局は機能不全に陥ってしまう。

現在の行政訴訟をめぐる問題の根元は，裁判所が行政と企業を含めた国民との中間に位置せず，著しく行政寄りのポジションを取っているところにある。このような傾向は，任官後の最高裁による人事統制，市民生活から距離を置いた日常生活，最高裁判例に沿った事件処理，判検交流による訟務検事又は行政庁への出向などの経験によって強まっていくものと思われる。これは，日本におけるキャリア裁判官制度の弊害である。行政訴訟の真の改革には，法曹一元，陪・参審制の導入などによる，裁判体の質的な変革が必要不可欠である。この点は，司法制度改革審議会の意見書では言及されていないが，行政訴訟本来の機能を取り戻すためには，最も重要な改革すべき点である。

さらに，当該裁判体に，行政に対する司法的抑制を積極化することが，憲法上求められたあるべき姿であるという意識を高めさせるには，弁護士が訴訟活動を通じて，当事者の立場から裁判体を監視し，意見を述べていくことが必要である。そのため，行政訴訟を担うことが出来る弁護士を育成することも，行政訴訟改革のためには不可欠な要素である。

また，そもそも社会的紛争の解決を訴訟（司法ルート）に委ねることの社会的コストは大きく，基本的なスタンスとしては，事前の適正手続と合意形成にこそ力が注がれねばならない。

その意味で，行政手続法の整備（行政立法，行政計画，公共事業手続，行政契約等）が遅れていることは遺憾であり，行政型ADRの整備・改革，行政訴訟改革を真に実現するための個別行政実体法の改正等が検討されるべきであろう。

以下の行政不服審査法の改正に併せて，2008（平成20）年，「一定の行政処分を求める制度」，「違法な行政指導等の中止を求める制度」を追加する行政手続法の改正案が国会に提出されたが，廃案となった。

行政訴訟改革は，司法改革の一内容として位置づけられてはいるが，実際には司法権の枠内にとどまる議論ではなく，権力分立及び国民と権力との関係という国家の根本を変更する作業であり，21世紀のこの国のあり方を左右する重要課題である。技術的で分かりにくい地味な議論ではあるが，行政訴訟制度の第二ステージにおける改革は，行政訴訟制度を先進諸外国の水準に近づける作業である。国民及び弁護士がこの課題に関心を持ち，積極的に発言していくことが求められている。

4　行政不服審査法

> 行政不服審査法改正の目的とされた審理の中立性・公正の確保，柔軟かつ実効性のある権利・利益救済の実現のためにも，担い手となる弁護士が代理人としてだけではなく，審査機関への積極的関与をしていくことが必要である。
> また，改正法の問題点を蓄積していかなれればならない。

1）はじめに

　行政不服審査は，行政上の救済手段であり，狭義の行政争訟制度である。一般法である行政不服審査法は，1962（昭和37）年の制定以来，基本的な部分の改正が行われないまま，50年近くが経過していたが，2014（平成26）年6月にようやく改正された。

　同制度は，これまで制度として複雑であること，救済率が低いことなどから見直す必要があるとされてきた。具体的には，審査請求と異議申立ての2つの制度があるためにわかりにくいこと，行政による判断であるために審査の公正性・中立性が担保されていないことなどがあげられてきた。本改正は，これらの問題点に対応するものである。

2）改正経緯

　行政不服審査法の全面改正の必要性は，早くから指摘されていた。弁護士会（日弁連）においても2007（平成19）年に改正案を作成し，公表していた。総務省は，2005（平成17）年秋から改正のための取り組みを開始し，2008（平成20）年の国会に改正法案が提出された。しかし，2009（平成21）年の衆議院解散により廃案となった。2013（平成25）年頃から再度改正法案の検討がはじめられ，ようやく2014（平成26）年6月に改正法が成立したものである。同法は，改正後2年以内の施行とされている。

3）提言

　改正法で実現された点を説明するとともに今後に向けた提言をすることとする。

　まず，わかりやすさの観点では，不服申立ての手続を審査請求に一本化した（4条）。従来は，処分庁への異議申立てと上級行政庁への審査請求という二本立てでかつ手続内容が異なっていて，わかりにくかったところ，本改正で一本化したのは，これまで弁護士会が求めてきたところであり，評価できる。

　審理の公正・中立の観点では，審査機関として，審査庁について，職員のうち処分に関与することのないものを審理員として審理を担当させる（9条）こととし，同時に審査庁は原則として，第三者機関である行政不服審査会に諮問しなければならないとした（43条）。本来，行政の処分等の適法性・妥当性に争いがあるときは，処分行政庁と国民との間での争いである。そのときに，一方当事者である処分行政庁ないしその上級行政庁がその当否を判断するのでは，審理の中立性・公正性の確保はできない。処分行政庁と国民の間での争いを公平公正に解決するためには，第三者的立場にある機関による判断が必要となる。本改正では，第三者機関による審査の制度化はされなかった点は不十分ともいえるが，審理員の中立と第三者的立場の諮問機関を実現した点は前進したものと評価できよう。今後は，本制度をどう運用していくかである。特に第三者的立場の諮問機関が重要である。弁護士の諮問機関への積極的参加が必要となると言えよう。特に，地方公共団体レベルである。それは，地方公共団体の長が審査庁となる場合には，地方公共団体は，執行機関の附属機関として行政不服審査会の権限を処理するための機関を設置しなければならないためである（81条1項）。審査の中立公正の実現のためには，地方における機関に弁護士が積極的に給源となり，関与していかなければならない。

　柔軟かつ実効性のある権利救済のためには，本制度下での代理人資格は，公権力と対峙しうる弁護士こそがその代理人としてふさわしく，今後の制度改変により，審査請求段階で後続の訴訟手続を視野に入れた主張立証をする必要が高まる中で法科大学院における行政法必修化で行政法分野に専門性を持つ弁護士が無数

に排出されていることから，行政書士や司法書士に代理権を付与することは不必要かつ不適切である。

改正法は，前進したものの十分とは言えない。たとえば，不服申立期間について，行政事件訴訟法に合わせ6カ月とするように求めてきたところ，3カ月に延長されるにとどまった（18条1項）点や不服申立適格について，抗告訴訟の原告適格より広く認められるべきで，行政活動の根拠法規によって法律上保護される利益を有する者のみならず，事実上保護される利益を有する者や一定の団体にも，広く適格を認めるべきと求めてきたが，改正されなかった点である。ただ，改正法では，附則で施行後5年を経過した後に施行状況を検討し，必要があれば見直しがされると規定された。残された課題や改正法施行後の問題点について，担い手である弁護士が担当した中での蓄積をし，今後の見直しのための提言を継続していく必要があると言えよう。

第6部
憲法と平和をめぐる現状と課題

1 はじめに

　憲法に関する各問題については，個々の弁護士の思想信条にも関わることから，弁護士会や弁護士団体が意見表明をすることについては消極的な意見もあり，法友会内においてもいろいろな考え方はある。

　しかしながら，「基本的人権の擁護と社会正義の実現」を社会的使命とする弁護士及び弁護士団体が，国家権力の行為について，法理論上の観点から憲法の基本理念（基本的人権尊重，恒久平和主義，国民主権）に反しないかを検討し国民に対し問題提起を行うことは，むしろ法律家として当然の責務であると考える。

　我々法友会としても，会の意見を個々の会員に強制するものではないが，あくまで法理論上の観点から，会として憲法上の問題点を検討し提起するものである。

　そのような観点から考えるとき，我々は，日本国憲法をめぐる改憲論やその他の諸問題に対しては，①「個人の基本的人権を保障するために権力を制限する」という立憲主義の理念が堅持され，国民主権・基本的人権の尊重・恒久平和主義など日本国憲法の基本原理が尊重されること，②特に過去の軍国主義の歴史と先の大戦の惨禍への深い反省に立って憲法前文に平和的生存権を謳い，「戦争を放棄し，戦力を保持せず，交戦権を否認した」日本国憲法9条を規定したことによる徹底した恒久平和主義は，平和への指針として世界に誇りうる先駆的な意義を有し，かつ，今日の世界においてますます現実的意義を有していること，③憲法前文と9条が，戦後69年間我が国の戦争を防ぎ，平和を確保するために重要な役割を果たしてきた意義等を認識した議論と活動をしてゆくべきである。そして，このような立憲主義と日本国憲法の基本理念に反する改憲の動きに対しては，毅然として対処すべきである。

　特に，本年7月1日の現安倍内閣の「国の存立を全うし，国民を守るための切れ目のない安全保障法制の整備について」という閣議決定は，憲法改正手続を経ることなく，憲法解釈の限界を超えたいわゆる「解釈改憲」と称される立憲主義に反する閣議決定によって集団的自衛権行使を容認することを明言したもので，政府はこれを前提とする日米防衛協力の指針（ガイドライン）の改定に向けてアメリカと協議を続け，並行して関連法案作成に取り掛かっている。このような動きに対しては，立憲主義と恒久平和主義の堅持の重要性を国民に提言し，憲法の規範的意義が無視される事態が生じることのないよう，強く撤回を求めていくべきである。

　今，我が国に求められているのは，何よりも個人の尊重を核心とする憲法にしたがって立法権・行政権を行使するという立憲主義の実質化・強化であり，軍事力ではなく平和的方法による国際的な安全保障実現のためのリーダーシップの発揮である。

　2007（平成19）年5月18日に，憲法改正手続法（略称）が公布され，2010（平成22）年5月18日から施行された。2012（平成24）年には衆議院で9回，参議院で7回の憲法審査会が開催された。2013（平成25）年には実質的な審議が開始され，衆議院では13回開催され，2014（平成26）年にも審議は継続され，ほぼすべ

ての論点について議論された。

また、自民党は2012（平成24）年4月に日本国憲法改正草案を発表したが、その内容は自民党が目指す国づくりを端的に表すものであり、集団的自衛権の行使だけでなく、これを超えて我が国の防衛とは何ら関わりのない軍事行動（多国籍軍等）さえも容認する国防軍の設置、憲法改正要件の緩和、天皇の元首化、人権相互の衝突を調整する原理を超えて広く人権制約を認めようとする「公益及び公の秩序」概念の導入、国民の国防義務（前文）や憲法尊重義務等国民の義務の拡大化、人権の一時停止を招きかねない緊急事態条項等、「個人」よりも「国家」を重視する形で多岐にわたって憲法を根本から変えるものとなっている。そして、2012（平成24）年7月には、国家安全保障基本法案を発表した。

このような状況の中、2012（平成24）年12月の衆議院議員総選挙における自民党の大勝により誕生した現安倍内閣は、96条の先行改憲論に始まり、外交防衛秘密を守るとの名目での特定秘密法制定、国家安全保障会議設置、防衛計画大綱の見直し、武器輸出禁止三原則の廃止（防衛装備移転三原則の決定）等、次々と法律や新制度による憲法の実質的改変を推し進めてきた。

そして、2014（平成26）年7月1日、国民の間に強い反対や懸念の声が数多くあるにもかかわらず、安倍内閣はついに、歴代内閣の「憲法第9条の下で許容される『自衛の措置』の要件」の憲法解釈を変更し、集団的自衛権の行使を容認する旨の閣議決定（「国の存立を全うし、国民を守るための切れ目のない安全保障法制の整備について」）を行った。今後は、2015（平成26）年春頃より、その法制化を進めることが予定されている。

これらの政府側の動きに対し、我々は、立憲主義と憲法の基本理念（基本的人権尊重、恒久平和主義、国民主権）を守る立場から、原点に立ち帰って毅然とした対応をしていかなければならない。

2　集団的自衛権行使容認の閣議決定（いわゆる「解釈改憲」）

1）憲法解釈変更の閣議決定までの経緯

❶　現安倍内閣の動き

安倍総理大臣は、2013（平成25）年1月13日のテレビ番組で「集団的自衛権行使の（憲法解釈）見直しは安倍政権の大きな方針の一つ」と述べ、有事の際の自衛隊と米軍の協力の在り方を定めた「日米防衛協力のための指針」（ガイドライン）を見直す作業を、我が国の集団的自衛権に関する議論も反映しながら進めていく方針を示した。

そして、2013（平成25）年2月8日、首相の私的諮問機関として、「安全保障の法的基盤の再構築に関する懇談会」（安保法制懇）が5年ぶりに再開された。この組織は、2008（平成16）年に政府の憲法解釈を変更して集団的自衛権の行使を認めるべきという報告書を提出していたが、今回はこれに加えて国家安全保障基本法の制定についても検討するよう諮問し、2014（平成26）年5月13日に至って、『我が国を取り巻く安全保障環境が変化したこと、憲法の文理上集団的自衛権の行使が制限されることを示す文言がないこと等を理由の骨子とする、憲法解釈上集団的自衛権の行使は認められる』との報告書が安倍首相に提出された。しかし、この安保法制懇は首相の私的諮問機関でしかなく、しかもその構成員が集団的自衛権行使を容認する見解に立つ人員で占められていること、憲法学の専門家が一人もいないことに照らしても、偏向のない公正な諮問機関とは程遠く、「結論ありき」の諮問と報告書と言わざるを得ない。

他方、安倍政権は内閣法制局長官人事についても、法制局生え抜きの人物ではなく、集団的自衛権行使容認の立場に立つと言われていた外務省出身者を長官に任命するという異例の人事を実行し、新長官はその就任会見で30年以上にわたって維持されてきた「集団的自衛権の行使はできない」という内閣法制局の憲法解釈の見直しを示唆した。

❷　これまでの政府見解

歴代内閣は、「憲法は第9条において戦争を放棄し戦力の保持を禁止しているが、他方で、前文において平和的生存権を確認し、第13条において生命・自由及び幸福追求に対する権利が国政上で最大限尊重すべきことと定められており、自国の平和と安全を維持しそ

の存立を全うするために必要な自衛の措置（個別的自衛権）は認められる。」としながらも，平和主義を基本理念とする憲法が自衛の措置を無制限に認めているとは解されないことから，「自衛権（個別的自衛権）の行使が認められるためには，①わが国に対する急迫不正の侵害すなわち武力攻撃が発生したこと，②これを排除するために他の適当な手段がないこと，③必要最小限度の実力行使にとどまるべきこと，という3つの要件が全て必要である。」という憲法解釈を踏襲してきた（1972〔昭和47〕年10月14日参議院決算委員会への政府の国会提出資料，1981〔昭和56〕年5月29日政府答弁書等）。

そして，いわゆる「集団的自衛権（自国と密接な関係にある外国に対する武力攻撃を，自国が直接攻撃されていないにもかかわらず，実力をもって阻止する権利）」については，「わが国が国際法上（国際連合憲章第51条），このような集団的自衛権を有していることは主権国家である以上当然であるが，憲法9条の下に許容されている自衛権の行使は，わが国を防衛するために必要最小限度の範囲にとどまるべきものであると解しており，集団的自衛権を行使することはその範囲を超えるものであって，憲法上許されないと考えている」との解釈を維持してきた（1981〔昭和56〕年5月29日政府答弁書，2004〔平成16〕年6月18日政府答弁書等）。

この従来の自衛権に関する政府解釈については，「個別的自衛権についても憲法第9条はそのための戦力保持や武力行使は認めていない。」とする強い反対論があるものの，「わが国に対する直接的な武力行使がない限り，自衛のための武力の行使は許されない」との解釈により，戦後から今日に至るまで，わが国が戦争や戦闘行為に参加したり巻き込まれせずに推移してきたことは事実である。

❸　弁護士会の意見

それ故に，日弁連としても，2013（平成25）年3月14日に「集団的自衛権行使の容認及び国家安全保障基本法案の国会提出に反対する意見書」を発表し，「我が国の安全保障防衛政策は，立憲主義を尊重し，憲法前文と第9条に基づいて策定されなければならない。憲法前文と第9条が規定している恒久平和主義，平和的生存権の保障は，憲法の基本原理であり，時々の政府や国会の判断で解釈を変更することはもとより，法律を制定する方法でこれを根本的に変更することは，憲法を最高法規と定め（第10章），憲法に違反する法律や政府の行為を無効とし（第98条），国務大臣や国会議員に憲法尊重擁護義務を課することで（第99条），政府や立法府を憲法による制約の下に置こうとした立憲主義に違反し，到底許されるものではない。当連合会は，憲法前文や第9条によって禁じられている集団的自衛権の行使を，政府がその見解を変更することによって容認することや，集団的自衛権の行使を認める憲法違反の法案が国会に提出されることに，強く反対する。」と主張した。

さらに，2013（平成25）年5月31日の日弁連総会において，「自国が直接攻撃されていない場合には集団的自衛権の行使は許されないとする確立した政府解釈は，憲法尊重擁護義務（憲法第99条）を課されている国務大臣や国会議員によってみだりに変更されるべきではない。また，下位にある法律によって憲法の解釈を変更することは，憲法に違反する法律や政府の行為を無効とし（憲法第98条），政府や国会が憲法に制約されるという立憲主義に反するものであって，到底許されない。戦争と武力紛争，そして暴力の応酬が絶えることのない今日の国際社会において，日本国民が全世界の国民とともに，恒久平和主義の憲法原理に立脚し，平和に生きる権利（平和的生存権）の実現を目指す意義は依然として極めて大きく，重要である。よって，当連合会は，憲法の定める恒久平和主義・平和的生存権の今日的意義を確認するとともに，集団的自衛権の行使に関する確立した解釈の変更，あるいは集団的自衛権の行使を容認しようとする国家安全保障基本法案の立法に，強く反対する。」との決議を採択した。

2）閣議決定による憲法解釈の変更

ところが，2014（平成26）年7月1日，安倍内閣は，「国の存立を全うし，国民を守るための切れ目のない安全保障法制の整備について」という閣議決定を行い，歴代内閣の「憲法第9条の下で許容される『自衛の措置』の要件」の憲法解釈を変更し，集団的自衛権の行使等の海外における自衛隊の武力行使の要件を緩和する方針を政府として打ち出したものである。

本閣議決定は，自衛のための武力行使の要件について，「(1)わが国に対する武力攻撃が発生した場合のみならず，わが国と密接な関係にある他国に対する武力

攻撃が発生し、これによりわが国の存立が脅かされ、国民の生命、自由及び幸福追求の権利が根底から覆される明白な危険がある場合において、(2)これを排除し、わが国の存立を全うし、国民を守るために他に適当な手段がないときに、(3)必要最小限度の実力を行使することは許容される。」と決定しているが、特に(1)についてはわが国に対する直接の武力行使がなくても自衛権の発動を認めるもので、如何に「我が国との密接な関係」と要件を限定したとしても他国のための武力行使となることは明らかで、これまで一貫して「集団的自衛権行使までは憲法は容認していない」としてきた歴代内閣の憲法解釈を大きく踏み越えるものである。

しかも、政府の想定問答によれば、「明白な危険」の存否については「時の内閣が主体的に判断する」とされており、その言葉自体が曖昧な表現であることからしても、時の内閣の解釈次第により上記の新三要件を充たすと判断されれば、いわゆる「集団的自衛権」の行使のみならず、いわゆる「集団的安全保障」に参加しての武力行使にまで途を開く危険を内包するものであり、今回の閣議決定は、戦後のわが国の平和政策を抜本的に転換するものである。

しかし、このような集団的自衛権の行使を容認する憲法解釈の変更は、日本国憲法が過去の軍国主義の歴史と先の大戦の惨禍への深い反省に立って前文に平和的生存権を謳い、9条において「戦争を放棄し、戦力を保持せず、交戦権を否認する」と規定して徹底した恒久平和主義に立つことを宣言したことに照らせば、明らかに憲法解釈の限界を超えるものである。それ故、憲法改正に反対する人たちのみならず、憲法改正自体には賛成の立場の憲法学者からさえも、今回の憲法解釈変更の閣議決定は「立憲主義に反するもの」と強く非難されている。

ほかにも、活動地域を、「非戦闘地域」や、「後方地域」から、「現に戦闘行為を行っている現場」でない地域に拡大することや、「純然たる平時でも有事でもない事態」における対応や、「武力攻撃に至らない侵害」に対する対応について、「切れ目のない十分な対応態勢」を整備するとして、いわゆる「グレーゾーン事態」における自衛隊の活用を検討すべきであるとしており、これらはいずれも自衛隊の紛争への「巻き込まれ」の危険性を拡大するものといえ、「国際紛争を解決するために武力を行使しない」という憲法9条1項に抵触する危険性を孕むものといえる。

以上のとおり、今回の「集団的自衛権の行使容認」のためのいわゆる「解釈改憲」の閣議決定は、立憲主義に反し、恒久平和主義を危うくするものであり、我々はこのことを強く国民に訴え、閣議決定の撤回と立法化の阻止を追及すべきである。

3 憲法改正問題

1）各界の動き

(1) 政党の動き（自民党の「憲法改正草案」を中心に）

すでに述べた通り、自民党は、2012年（平成24年）4月、サンフランシスコ講和条約60年の節目に当たり、日本国憲法改正草案を発表した。その内容は、

① 前文には「国と郷土を誇りと気概を持って守り」などと謳い、

② 本文において天皇を元首と定め、日の丸・君が代が国旗国歌である旨の明記と国民のこれに対する尊重義務を規定し、

③ 国防軍の保持と自衛目的以外の活動及び海外派兵を可能とする9条の2を創設し、

④ 国民の責務と「公益及び公の秩序」によって人権制限を強化して表現の自由・結社の自由を制限する一方、政教分離は緩和し、

⑤ 「公益及び公の秩序」により「家族」を社会の「自然かつ基礎的単位」であり相互扶助義務があるとする規定を創設し、

⑥ 国防軍の派兵に呼応する在外国民保護義務を規定し、

⑦ 緊急事態に関する規定を置き、

⑧ 憲法改正手続を緩和し、

⑨ 国民の憲法尊重義務を創設した上で天皇の憲法尊重義務を除外する、

等を骨子とするものであり、日本国憲法を根本から大きく変容させるものとなっている（根本的な改変によ

り憲法としての同一性を失わしめる恐れがあり、「改正の限界」を超えているという強い意見がある）。

国民に憲法尊重義務を課すなどという規定は、近代立憲主義の理念（いうまでもなく、憲法は「国家権力」を拘束するところに本質がある）と相容れないものであり、それは「我が国固有の歴史や文化の尊重」というよりも、世界が共有する英知からの離脱というべきである。そこに見えてくるものは、総じて国民の権利・自由を制限して義務を増加させ、国防軍による自衛権行使を超えた対外的活動ができる体制であるというべきであろう。

また、現「維新の党」（前身は「日本維新の会」）や現「次世代の党」（前身は旧「立ち上がれ日本」）の現時点での憲法政策は必ずしも明らかではないが、元々は新たな自主憲法制定を目指していたグループであり、現行憲法の改正には積極的であろうと思われる。

民主党は2005（平成17）年に憲法提言を公表したが、その後は改憲案は出していない。2013（平成25）年2月決定の党綱領では、「真の立憲主義を確立するため、国民と共に未来志向の憲法を構想していく」としているが、党内には改憲派も多く、党としての今後の憲法改正に対するスタンスは判然としていない。

社民党、共産党は日本国憲法を維持し、96条先行改正に反対するとの立場をとる。

(2) 財界の動き

財界は改憲に積極的な傾向にある。経済同友会、日本商工会議所、日本経済団体連合会（以下「経団連」という。）は、従前から意見書などにおいて改憲に向けた意見を述べている。

経済同友会は、2003（平成15）年4月の提言に続き、2013（平成25）年4月、「実行可能な『安全保障』の再構築」において、武器輸出三原則を拡大緩和し、集団的自衛権行使を容認し、集団安全保障活動への参加を求めるなどを提言している。

日本商工会議所も、2005（平成17）年6月に懇談会報告書において「自然に家族を愛し、地域と国を大切にし、伝統と文化を誇りに思う」ことを基本とし、これらを教育に反映することを求め、自衛のための戦力保持の明文化や、集団的自衛権行使を容認する憲法改正の提言を行い、さらなる改正案も検討中である（この提言内容は、自民党の憲法改正草案に極めて類似性が強い）。

経団連も、2005（平成17）年1月に公表した「我が国の基本問題を考える～これからの日本を展望して～」において、「当面、最も求められる改正は、現実との乖離が大きい第9条第2項（戦力の不保持）ならびに、今後の適切な改正のために必要な第96条（憲法改正要件）の二点と考える」とし、2007（平成19）年には教育・政治・憲法をイノベートしていくことも欠かせない、と主張している。さらに、2013（平成25）年7月の参議院選挙後に、憲法改正を求める勉強会を発足させ、さらなる提言を検討中である。

なお、2014（平成26）年2月には、経団連の防衛関連企業で構成される「防衛生産委員会」の委員が、自民党の国防部会関連会合で防衛装備品について他国との共同開発に限らず国産品の輸出を広く認めるべきだとし、武器輸出三原則の改正を求める旨の発言をしているが（その後4月1日に安倍内閣は原則禁止を内容とする武器輸出三原則を廃止し、例外的禁止に転換した防衛装備移転三原則を閣議決定した）、経済界が景気回復のために武器の製造・輸出の緩和を主張することは、言うまでもなく極めて危険な発想である。

(3) 新聞社の改憲論

読売新聞社は、1994（平成6）年以降、第1次改正試案、第2次改正試案、「憲法改正2004年試案」を公表している。その内容は、全面改正論であり、自民党の憲法調査会や新憲法起草委員会の議論にも影響を与えたと言われている。

また、日本経済新聞が、2000（平成12）年5月3日の憲法記念日に当たって、「次代へ活きる憲法に自律型社会に対応を」という見出しの記事で、「福祉国家」を根拠づけた25条の見直し、経済活動に対する国家の規制を根拠づける22条、29条の「公共の福祉」条項の削除を主張しているのが印象的である。

(4) 市民の動き

市民、文化人の間には、改憲を目指す方向の「『21世紀の日本と憲法』有識者懇談会」（民間憲法臨調）、「日本国を立ち直らせるには、まず日本国らしい歴史と文化を織り込んだ日本独自の憲法を作らねばならない」と主張する「日本会議」などの動きと（安倍内閣の閣僚には、「日本会議」のメンバーが少なくない）、護憲を強調し、日本と世界の平和な未来のために日本国憲法を守る努力を今すぐ始めることを訴える「九条の会」のような動きがある。

2013（平成25）年5月には，96条先行改正論に対抗して，政権の暴走を止め憲法の基本原理を容易に変更することに反対する「96条の会」が発足した。

さらに2014（平成26）年7月，安倍内閣のいわゆる「解釈改憲」の閣議決定に反対する多数の学者ら（憲法学に限らず，政治学，経済学，社会学，人文科学等の多くの学者や理系の学者，経済人等）を呼びかけ人とする「立憲デモクラシーの会」が発足し，多くの市民，学者，弁護士等が賛同者に加わっている。

2）憲法改正論に対する対応
(1) 憲法の基本原理と改憲論
❶ 基本原理の再確認

日本国憲法は「国民主権」，「基本的人権の尊重」，「恒久平和主義」を基本原理としている。特に平和主義は，過去の軍国主義の歴史と先の大戦の惨禍への深い反省に立って憲法前文に「平和的生存権」を謳い，9条において「戦争を放棄し，戦力を保持せず，交戦権を否認した」ことにより徹底した恒久平和主義として規定され，世界において先駆的意義を有するものである。そして，これらの基本原理を支えているのは「個人の尊重」と「法の支配」であるとされる。

このような原理，理念を確保するために，権力を制限する制限規範であることを本質とする憲法が，立憲主義的憲法であるとされるが（立憲主義とは，概ね「人権尊重理念を核心的価値として，硬性憲法によってこれを担保し，立法による侵害を裁判的手続きで排除するもの」と定義される〔樋口陽一「憲法Ⅰ」【青林書院】〕），以上の諸原理を採用する日本国憲法は，優れて立憲主義的憲法であると言える。

❷ 改憲論の特長と基本原理

ところで，現在主張されている改憲論のほとんどが，国民主権，基本的人権の尊重，平和主義という日本国憲法の基本原理を一応は維持するとしているが，改憲論の多くは，前記の経団連の意見に象徴されるように，9条2項の改正と96条の改正を強く求めている。

しかしながら，自民党改正草案をはじめとする現在の改憲論の主張の特徴をつぶさに検討すると，実際には，日本国憲法の基本原理やその根底にある理念を損なう方向に大きく変容させるのではないかと危惧される。

特に自民党改正草案は，自民党自ら解説したQ&Aによると，天賦人権論に基づいた規定は改め，人権規定も我が国の歴史，文化，伝統を踏まえたものであることが必要だとし，さらに「公益及び公の秩序」による人権制約は人権相互の衝突の場合に限られるものではないとしている。

具体的には，前文冒頭が「日本国民」ではなく「日本国」で始まり，しかも「天皇を戴く国家」と規定し，本文において，天皇を「元首」とし，天皇の憲法尊重擁護義務を外し，逆に国民に憲法尊重義務を課しており，「国民主権」原理を後退させるものとなっている。

また，人権相互の調整原理と解釈されている「公共の福祉」に代えて「公益及び公の秩序」と規定し，人権相互の調整の場合だけではない人権制約を認めようとすることが，「基本的人権の尊重」を後退させることであることも明らかである。

さらに，自衛権の行使の他に，国連決議がなくとも「国際社会の平和と安全を確保するために国際的に協議して行われる活動」のために国防軍が活動できると規定している点において，徹底した「恒久平和主義」を変容させているとの批判を免れることは難しいであろう。

なお，改憲論の多くが，我が国の歴史・伝統・文化を憲法に明記しようとしている点も特徴的であるが，この「我が国の歴史・伝統・文化」の中身が問われなければならない。仮にこれが戦前の大日本帝国憲法下における歴史・伝統・文化であるとすれば，過去の軍国主義や戦争の教訓が全く顧みられていないと言わざるを得ないし，個人の矮小化と共同体の肥大化の傾向を持つことは，「個人の尊重」原理に反するといえる（そもそも，このような価値観はそれぞれの個人の思想に委ねるべきものであって，憲法という規範に定めるべき性質のものではない）。

❸ 立憲主義と改憲論

自民党憲法調査会憲法改正PTの論点整理は，「憲法とは，権力制限規範にとどまるものではなく，『国民の利益ひいては国益を守り，増進させるために公私の役割分担を定め，国家と国民が協力し合いながら共生社会をつくることを定めたルール』としての側面を持つものである」とし，さらに，「憲法が国民の精神に与える影響についても考慮に入れながら，議論を続けていく必要がある」としていた。

このような基本的な考え方は「新憲法草案」を起草

した同党新憲法起草委員会にも引き継がれ，すでに指摘した通り，今回の自民党憲法改正草案中に，「公益及び公の秩序」による人権制限，国民に憲法尊重義務を課し，天皇の憲法尊重義務を免除するというあり方等に，より顕著に具体化されている。しかし，この考え方が，憲法を権力制限規範であるとする立憲主義と矛盾することは明らかである。そのうえQ＆Aにおいて「立憲主義は国民に義務を課すことを否定するものではない」として，これをあたかも矛盾しないかにごとく説明している。このことは，改正草案が立憲主義的傾向から離脱するものであることを隠蔽するというより，意図的に国民を誤導する姿勢を示すものであって，日本国憲法の基本理念の形骸化の危惧が単なる杞憂でないことがわかる。

なお，東日本大震災を契機として，「国家緊急権」の規定を憲法に盛り込もうとする改正案も多い。しかし，緊急事態への適切な対応が必要とはいえ，憲法によって国に強大な権力を与えるという方向性自体は，立憲主義と相容れないものであり，適切な立法によるべきである。

(2) 鳥取人権大会宣言

日弁連は，2005（平成17）年11月に鳥取市で開催した第48回人権擁護大会において，同月10日に「憲法は，何のために，誰のためにあるのか―憲法改正論議を検証する」をテーマとするシンポジウムを行い，同月11日の大会では「立憲主義の堅持と日本国憲法の基本原理の尊重を求める宣言」を採択した。

この宣言は，「憲法改正をめぐる議論において，立憲主義の理念が堅持され，国民主権・基本的人権の尊重・恒久平和主義など日本国憲法の基本原理が尊重されることを求めるものであり，21世紀を，日本国憲法前文が謳う『全世界の国民が，ひとしく恐怖と欠乏から免かれ，平和のうちに生存する権利』が保障される輝かしい人権の世紀とするため，世界の人々と協調して人権擁護の諸活動に取り組む決意である。」ことを宣言したものである。

日弁連がこのような宣言をしたのは，当時すでに進められていた改憲論議には重大な問題があり，これらの問題点は，日本国憲法の理念や基本原理を大きく変容させるものと危惧せざるを得なかったからである。

なお，大会においては，この宣言では，自民党の新憲法草案のような憲法9条2項を改正して自衛軍を保持するという意見についての明確な意見が述べられていないのではないか，ということについての議論が闘わされた。

(3) 富山人権大会宣言

その後，日弁連は，鳥取の人権擁護大会では議論が不十分であった憲法9条改正論の背景と問題点についてさらに研究と議論をなすべく，2008（平成20）年10月に富山市で開催した第51回人権擁護大会において，同月2日に「憲法改正問題と人権・平和のゆくえ」をテーマとするシンポジウムを行い，同月3日の大会では「平和的生存権および日本国憲法9条の今日的意義を確認する宣言」を採択した。

この宣言は，①平和的生存権は，すべての基本的人権保障の基礎となる人権であり，今日の国際社会において，全世界の人々の平和に生きる権利を実現するための具体的規範とされるべき重要性を有すること，②憲法9条は，国際社会の中で積極的に軍縮・軍備撤廃を推進することを憲法上の責務として我が国に課したこと，③憲法9条は，現実政治との間で深刻な緊張関係を強いられながらも，自衛隊の組織・装備・活動等に対し大きな制約を及ぼし，海外における武力行使および集団的自衛権行使を禁止するなど，憲法規範として有効に機能しているという今日的意義を有することを確認し，日弁連は，平和的生存権および憲法9条の意義について広く国内外の市民の共通の理解が得られるよう努力するとともに，憲法改正の是非を判断するための必要かつ的確な情報を引き続き提供しつつ，責任ある提言を行い，21世紀を輝かしい人権の世紀とするため，世界の人々と協調して基本的人権の擁護と世界平和の実現に向けて取り組むことを決意した宣言である。

(4) 広島人権大会宣言

日弁連は，2013（平成25）年10月3日広島市で行われた第56回人権擁護大会において，「なぜ，今『国防軍』なのか―日本国憲法における安全保障と人権保障を考える―」をテーマとするシンポジウムを行い，同月4日の大会では，「恒久平和主義，基本的人権の意義を確認し，『国防軍』の創設に反対する決議」を出席者874名中反対1名棄権1名という圧倒的な賛成によって採択した。

この宣言は，「日本国憲法は過去の軍国主義の歴史と先の大戦の惨禍への深い反省に基づいて，憲法前文

において平和的生存権を謳い，憲法9条に戦争の放棄と戦力を保持しないという徹底した恒久平和主義を定め国家権力に縛りをかけた。この憲法前文と憲法9条は，戦後68年間戦争を防ぎ我が国の平和を確保する上で重要な役割を果たしてきた。」「近時公表されている憲法改正草案の中では，平和的生存権を前文から削除し，『戦争の放棄』の章題を変更した上，戦力の不保持・交戦権の否認を定める第9条第2項を削除して国際的軍事協力も任務とする『国防軍』等を保有する規定を設けるものがある。このような『国防軍』は，日本の国土防衛の枠を超えて，これまで政府見解でも憲法上禁じられてきた集団的自衛権の行使を容認し，海外での権益を守るなどの名の下での軍事力の行使や，国際平和協力活動の名の下での海外での軍事活動に道を開くものとなる。…このような『国防軍』の創設は，国民の平和的生存権をはじめとする基本的人権を危うくし，かえって我が国の安全保障を損なうおそれが強い。…今，我が国に求められているのは，何よりも日本国憲法が目指す個人の尊重を根本とした立憲主義に基づく基本的人権の保障であり，軍事力によらない平和的方法による国際的な安全保障実現のためのリーダーシップの発揮である。」として，「弁護士法の定める『基本的人権の擁護と社会正義の実現』という使命に立脚，改めて日本国憲法の前文の平和的生存権や憲法9条に示された基本原理である徹底した恒久平和主義の意義及び基本的人権尊重の重要性を認識し，ここに『国防軍』の創設に強く反対する」とした。

同じ日の大会で，「立憲主義の見地から憲法改正発議要件の緩和に反対する決議」も採択されている。

(5) まとめ

我々は，立憲主義や憲法の日本国憲法の基本原理の重要性を訴え続けていく必要がある。戦争は最大の人権侵害行為であり，世界の現状からも明らかなとおり，軍事力をもってしては永続的な平和を築くことはできない。先の戦争による惨禍の反省に立って「戦争を放棄し戦力を保持しない」とした憲法9条の徹底した恒久平和主義は，まさに平和への指針として世界に誇りうる先駆的な意義を有し，また，現に憲法規範として自衛隊の活動などを律する機能を果たしていると解される。軍事力によっては決して永続的な平和を得られることがないことを十分認識し，我が国は「国防軍」のような軍事力ではなく，平和的方法による国際的な安全保障実現のためにリーダーシップを発揮していくことを確認しなければならない。

我々は，このことを確認した富山の人権擁護大会における宣言に基づき，国内外の市民と深く議論し，広く共通の理解を得ることこそが，「平和を愛する諸国民の公正と信義に信頼して，われらの平和と安全を保持」し，我が国が「国際社会において名誉ある地位を占める」ことにつながることを自覚し，憲法改正問題についても，会内における検討をより一層深め，広く市民とともに議論し，責任ある提言を行う使命を負っている。我々は，このような使命を果たし得るよう，今後とも努力していかなければならない。

また，東日本大震災及び原子力発電所による被災者に対しては，救済の「対象」と捉えるのではなく，憲法上保障された，幸福追求権（13条）及び生存権（25条）はもとより，居住の自由（22条），財産権の保障（29条），教育を受ける権利（26条），勤労の権利（27条），法の下の平等（14条）の享有主体として，その権利を最大限保障されなければならないことを確認する必要がある。そして，災害の名の下に安易に人権制限がなされないよう，憲法の範囲内における法令の整備による対応が図られるべきである。

大震災のような事態に備える法体制についても，国の権力を制約するのが憲法の本質であることを忘れることなく，安易に憲法自身による人権制約の道を開く国家緊急権ではない法律の一層の整備を考えるべきである。

4 憲法改正手続法の問題点

1）憲法改正手続法の施行に至る経緯と問題点

前記のとおり，日本国憲法の改正手続に関する法律が公布・施行され，憲法審査会が活動している。

日弁連，各弁護士会は，国民主権などの憲法の基本原理を尊重する見地から，またこれを確保する立憲主

義の内容をなす硬性憲法の趣旨からも，憲法改正手続法については，国民投票法案と呼ばれた法案段階から，最低投票率の定めがないことを初め，本来自由な国民の議論がなされるべき国民投票運動に萎縮効果を与えるような多くの制約が課されること，資金の多寡により影響を受けないようなテレビ・ラジオ・新聞利用のルール作りが不十分であること等，多くの問題あることを指摘してきた。

このような慎重な議論を要する問題が山積しているにもかかわらず，これらの重大な問題点が解消されないまま，同法が可決成立されたことについては拙速と言わざるを得ない。同法が十分な審議を経ていないものであることは，参議院日本国憲法に関する調査特別委員会において，最低投票率制度の意義・是非について検討することを含む18項目にもわたる附帯決議がなされたことからも明らかである。

日弁連は，2011（平成23）年10月27日，「憲法審査会が始動した今日，憲法改正の審議の前にまずなすべきことは，こうした問題点についての抜本的見直しである。当連会は，あらためて憲法改正手続法の抜本的見直しを強く求めるものである。」との会長声明を出し，東京弁護士会も，2011（平成23）年11月8日，「あらためて憲法改正手続法の抜本的見直しを求め，これがなされないままに憲法改正の審議がなされることに強く反対する。」旨の会長声明を出した。

そして2014（平成26）年4月13日，憲法改正の是非を問う投票年齢を当面20歳以上とし，4年後に18歳に自動的に引き下げることを内容とする改正国民投票法案が成立したが，先の付帯決議について全て解決したものではなく，多くの課題を残している。

2）今後の対応

憲法改正手続法は，憲法改正権者は国民であるという視点からみて，きわめて問題であり，同法の下において憲法改正手続が進められたならば，真に国民の意思が反映されないままに憲法改正がなされるおそれがあると言わざるを得ない。

したがって，我々は，改めて同法についての抜本的な見直しがなされることを強く要請するとともに，その抜本的改正がなされるまでは，憲法改正のための審議がなされないことを求め，そのための活動をしていかなければならない。

5　平和主義の理念から問題となる諸立法について

1）憲法上問題となる防衛関連諸立法と自衛隊海外派遣

我が国は，1990（平成2）年の湾岸戦争の際に，クウェート救援のための多国籍軍の出動に対して約135億ドルにのぼる多額の資金援助をしたにもかかわらず，参戦国等に対するクウェートの感謝決議には日本の名前がなかった。

このエピソードについて，やはりお金だけの貢献では感謝されない，人を出して血と汗を流してこそ感謝されるのだとして，「人的貢献」すなわち「海外派兵」を実現すべきだとする意見が声高に主張された（なおクウェートから感謝されなかった理由の一つには，その援助資金の約9割がアメリカの手に渡り，クウェート政府に渡ったのは，1％にも満たなかったという事情もあると言われている）。

このような主張が高まった翌1991（平成3）年，我が国は，自衛隊をペルシャ湾に機雷掃海のために，初めて海外派遣した。

湾岸戦争から2年後の1992（平成4）年，我が国は「国際連合平和維持活動等に対する協力に関する法律」（通称PKO法）が成立し，同年9月に，我が国の自衛隊が初めてPKO（第2次国連カンボジア監視団）に参加する形で海外に派遣された。

その後も，主たる派遣だけでも，関連法案の成立とともに，以下の通り，多数回実施されている。

1993（平成5）年，モザンビーク：輸送調整隊。

1996（平成8）年，ゴラン高原：兵力引き離し監視団。

1997（平成9）年，「日米防衛協力の指針（新ガイドライン）」策定。イラク特措法成立。

1999（平成11）年，周辺事態法成立。日米新ガイドライン法成立。

2001（平成13）年，アフガニスタン紛争始まる。テロ対策特別措置法成立。インド洋派遣（洋上給油）。

2002（平成14）年，東ティモール支援。

2003（平成15）年，イラク戦争。イラク復興特別措置法成立。

2004（平成16）年，イラク復興支援（サマワ派遣）。

2006（平成18）年，海外派遣を本来任務とする改正防衛省設置法・自衛隊法成立。

2007（平成19）年，防衛庁が防衛省となる。ネパール支援団派遣。

2008（平成20）年，新テロ特別措置法成立，インド洋補給活動を再開。スーダン派遣。

2009（平成21）年，海賊処罰対処法・海賊対処法成立。ソマリア沖派遣。

2010（平成22）年，東ティモール統合ミッション。ハイチPKO。

2013（平成25年）年，南スーダンにおける自衛隊のPKO活動とODA事業の連携（紙幅の関係で論じきれないが，ODA大綱の見直しによって，軍や企業との連携が進む可能性があることも，重大な問題を孕んでいる）。国家安全保障会議設置法により，日本版NSC設置。

このように，概観しただけでも自衛隊の海外派遣は，ほぼ常態化しているとさえ言える。しかし，派遣の根拠規定のあいまいさが指摘されており，例えば，イラク復興特別措置法は，「非戦闘地域」への派遣でなければならないとされているが，サマワ地域が「非戦闘地域」であるか否かは，きわめて曖昧であったし，テロ対策特別措置法に基づく「インド洋海上給油」は，「武力行使との一体化」にあたらない「後方支援」でなければならないが（武力行使を支援するものであるなら，9条に反する），武力行使を援助する密接な活動にあたるのではないかとの重大な疑念が指摘されている。

他方，今日では，PKO業務の複合化による活動の複雑化や，後方支援活動の多様化により，隊員の安全確保の要請が高まり，携行できる「武器の制限の緩和」を求める要望や，いわゆる「駆けつけ警護」（他国の兵士に対する攻撃を武器によって反撃して救助すべきであるとする考え方）の必要性の強調などによって，次第に単なる自衛隊ないし自衛官の正当防衛のための武器から，より殺傷力の高い武器の携行の許容という要望が高まりつつある。

しかしながら，これが認められると，軍隊との区別があいまいとなり（自衛のための最小限度の実力といえるか），さらに他国の兵士への攻撃に対する反撃によって紛争が激化し，事実上自衛隊による武力行使につながる可能性も出てくることとなり，まさに集団的自衛権問題に直結する事態となる。

2）アメリカとの協働態勢

これらの動きは，上記のとおり，1990（平成2）年の湾岸戦争に端を発するものといえるであるが，日米間で1997（平成9）年に策定された「日米防衛協力の指針（新ガイドライン）」は，朝鮮半島有事を想定した自衛隊と米軍の協働態勢を策定したものであり，重要な意義を有する。この合意に基づいて，これを国内法化する立法措置として，1999（平成11）年に，周辺事態法など，いわゆる新ガイドライン関連法が成立し施行された。その後も上記のとおり，次々と自衛隊の海外派遣，米軍との協働関係を定める法制が整備された（なお，2001〔平成11〕年の同時多発テロの直後に，当時のアーミテージ国防長官による「show the flag」という強い要請に応えてインド洋での海上給油を実行したことも記憶に新しい）。

さらに，2005（平成17）年10月に発表された日米合意文書「日米同盟：未来のための変革と再編」により，米軍と自衛隊の一体化の実現，「周辺事態」の拡大，実質的に全世界規模（グローバル）の日米両国の協働態勢が想定された。この合意は，日米同盟の強化のためには集団的自衛権の行使を必要とするとの認識を含むものであった。その後の2006（平成18）年12月に，防衛庁を防衛省に格上げする防衛省設置法が公布されるとともに，「国際連合を中心とした国際平和のための取組への寄与その他の国際協力の推進を通じて我が国を含む国際社会の平和及び安全の維持に資する活動」＝海外派遣をも自衛隊の本来任務とする自衛隊法の改正がなされた。

さらに，2013（平成25）年10月の日米のいわゆる「2プラス2」（日米安全保障協議委員会）の共同声明においては，日米同盟の戦略的な構想を取りまとめ，とりわけ我が国の安全保障政策に関する問題について，①国家安全保障会議（日本版NSC）の設置及び国家安全保障戦略（NSS）の策定，②集団的自衛権の行使に関する事項を含む安全保障の法的基盤の再検討，

③防衛予算の増額，④防衛大綱の見直し，⑤防衛力の強化，地域への貢献の拡大に取り組むこと，⑥宇宙空間やサイバーテロ問題への対応などが確認されている。これらは，ＳＣＩＳ（戦略国際問題研究所）」のいわゆる「アーミテージ報告書（アーミテージ・ナイレポート）」の内容と極めて良く一致するし，その後我が国ではこれに従った対応が進んでいる。

同年には，矢継ぎ早に防衛・安全保障関連の諸立法がなされた。まず，国家安全保障会議設置法の改正がなされた。改正法は，国家安全保障会議の中に外交・防衛・安全保障に関する基本方針と重要事項を審議する「4大臣会合」を新たに設置して司令塔とするとともに，内閣官房に50名規模の「国家安全保障局」を設置して各省庁の情報を集中させ，平時から有事までの重要な外交・軍事の政策を官邸主導で決定しようとするものである。既存の安全保障会議をアメリカのNSCを模していわば「軍事司令塔」とすることが目指されている（「日本版NSC」と呼ばれる。なお，保障局内の班には，十数名の制服自衛官も加わるとされており，制服組の影響力が強まることが想定される）。

そしてさらに，「特定秘密保護法」が自民党と公明党の強行採決により成立した。この法律は，その保護対象である特別機密概念があいまいであり，メディアの取材の自由の制限の恐れとも相まって，国家の重要な政策決定の基礎となる情報が隠蔽される恐れ（「知る権利」の侵害）があるし，他方，秘密の取り扱い主体の適正評価制度がプライバシー権を侵害する恐れもあることなどの多くの問題がある（ほかにも，独立教唆，事前共謀，扇動等の処罰など，刑法理論に反する内容を含み，秘密の内容自体が起訴状にも明示されていないため，防御権を害する点で適正手続の保障に反するものであるし，国会の国政調査権も制限されるなど，知る権利を著しく制限するものでもある。さらに，秘密指定の適正さを担保するための第三者機関に関する定めも不十分である）。

このような点において，特定秘密保護法案は，「国家機密」と「知る権利」の適正な調整を担保する国際的な指標である「ツワネ原則」にも反するとして，欧州各国からも批判されている（詳細は，第6部7参照）。また，国際平和協力法（海外派遣の一般法），自衛隊法改正（集団的自衛出動任務規定，武器使用権限），集団自衛事態法の制定なども予定されている。

立法ではないが，2013（平成25）年末に発表された新しい防衛計画大綱は，中国脅威論を背景に，防衛予算の増大と，集団的自衛権行使や中国との武力紛争を想定して自衛隊の態勢に変革（陸上自衛隊の海兵隊化）を目指している。

最も問題なのは，国家安全保障基本法案である。これは，「我が国と密接な関係にある他国に対する，外部からの武力攻撃が発生した事態」に自衛権を行使することを明記（10条）して，真正面から集団的自衛権行使を容認しているだけでなく，「教育，科学技術，建設，運輸，通信その他内政の各分野において，安全保障上必要な配慮を払う」べきことを定めて，国家安全保障を国の行政，国民生活上の最優先事項と位置づけ（3条），地方公共団体はもとより，国民に国家安全保障施策に協力すべき責務を課して国民を総動員することも定めている（4条）。さらに，我が国の防衛とともに治安維持（「公共の秩序の維持」）を自衛隊の任務と定め（8条），国連の安全保障措置等による国際活動への参加（多国籍軍への参加を含む）への道を開き（11条），平和憲法の精神に立脚する国家の基本政策であった武器輸出禁止三原則を捨てて武器輸出を認めている（12条。なお，これについては，先行して閣議決定により「防衛装備移転三原則」〔原則禁止から例外禁止へ〕として変更されている）。集団的自衛権行使の公然たる容認と，自衛隊の海外活動任務及び治安維持任務の規定は，自民党憲法改正草案の9条の2と実質的に同じであり，このとおり国家安全保障基本法が制定されれば，事実上，憲法9条が改正されたのと変わらない事態を招来する。

3）防衛関連諸立法に対する弁護士会の対応

(1) 防衛関連諸立法に対する日弁連，弁護士会の対応

これらの防衛・安全保障関連諸立法について，日弁連，各弁護士会などは，これらの立法が憲法の基本原理である基本的人権尊重主義，国民主権，平和主義の原則に抵触する疑いが強いものであるとして，あるいは廃案を求め，あるいは慎重な審議を求めてきた。

すでに見てきたとおり，周辺事態法から有事関連立法などへの動きについては，まず，自衛隊の活動領域が我が国の周辺のみならず地理的限定がなくなってきていること，自衛隊のアメリカなど諸外国の軍隊への支援活動はこれらの軍隊の武力行使と一体不可分な活

動と考えられること，武器の使用要件も緩和されてきていることなど，専守防衛の枠を超えて集団的自衛権の行使に該当するおそれや，憲法9条が禁止する「武力の行使」に該当するおそれが一層強まり，憲法前文及び9条の規定する平和主義の原則に抵触する疑いをますます払拭し得なくなったことが指摘される。のみならず，これらの立法においては，「周辺事態」「武力攻撃事態，武力攻撃予測事態」という曖昧な概念の下に，首相の権限が強化され，地方自治体やメディアを含む民間団体さらには国民に対して協力義務などが課されること，対応措置やそのための基本計画について国会の事後承認で足りるとなっていて国会の監督機能が弱体化していること等，国民の人権を侵害し，立憲主義そのものの前提をゆるがすこととなる可能性も指摘せざるを得ない。

(2) テロ対策特措法，イラク特措法に基づく自衛隊の海外派遣について

自衛隊をイラクへ派遣することについては，日弁連は，国際紛争を解決するための武力行使及び他国領土における武力行使を禁じた憲法に違反するおそれが極めて大きいものであることを明らかにし，自衛隊の派遣先がイラク特措法が禁じる「戦闘地域」であることも指摘し，繰り返しイラクからの撤退を求めてきた。

名古屋高裁は，いわゆる自衛隊イラク派遣差止訴訟判決において，2008（平成20）年4月17日，航空自衛隊がアメリカの要請によりクウェートからイラクのバグダッドへ武装した多国籍軍の兵員輸送を行っていることについて，憲法9条についての政府解釈を前提とし，イラク特措法を合憲とした場合であっても，武力行使を禁じたイラク特措法2条2項，活動地域を非戦闘地域に限定した同条3項に違反し，憲法9条1項に違反するとの判断を示した。その上で同判決は，控訴人らが訴えの根拠とした憲法前文の平和的生存権について，全ての基本的人権の基礎にあってその享有を可能ならしめる基底的権利であり，その侵害に対しては裁判所に対して保護・救済を求め法的強制措置の発動を請求できる具体的な権利性が肯定される場合もあり，憲法9条に違反する戦争への遂行等への加担・協力を強制される場合には司法救済を求めることができると判示した。

日弁連は，同判決がなされた翌日，同判決は日弁連のかねてからの主張の正しさを裏付けるものであるとともに，憲法前文の平和的生存権について具体的権利性を認めた画期的な判決として高く評価し，改めて政府に対し，判決の趣旨を十分に考慮して自衛隊のイラクへの派遣を直ちに中止し，全面撤退を行うことを強く求める会長声明を発表した。

(3) 有事関連立法等について

有事法制関連7法案・3条約に対しては，これらが2004（平成16）年6月14日に可決成立したのを受け，同日，これらの立法により，平時においても有事法制の名の下に憲法が保障する人権が規制され，国民主権がないがしろにされないよう，有事法制のあり方や運用について，憲法の視点から今後も引き続き厳しく検証していく決意である旨の会長声明を発表している。

(4) 海賊対処法等について

自衛隊法82条に基づく海上警備行動としての海上自衛隊のソマリア沖への派遣ついて，日弁連は，①海賊行為等に対しては，本来警察権により対処されるべきものであること，②ソマリア沖まで海上自衛隊を派遣するのは「自衛のため」の範囲を遙かに超えており，自衛隊が武力による威嚇や武力行使に至る危険性があり，憲法9条に反することとなるおそれがあること，③ソマリア沖の海賊行為等に対しては，日本国憲法の恒久平和主義の精神にのっとり，問題の根源的な解決に寄与すべく，関係国のニーズに配慮しながら人道・経済支援や沿岸諸国の警備力向上のための援助などの非軍事アプローチを行うべきであることを指摘する内容の「自衛隊のソマリア沖への派遣に反対する会長声明」を出している（2009〔平成21〕年3月4日付）。

さらに，海賊対処法及びこれに基づく自衛隊の海外派遣について，日弁連や東京弁護士会は，上記の問題点に加え，④対象行為を外国船舶に対する海賊行為にまで拡大し，恒久的に自衛隊海外派遣を容認するものであり，自衛隊の海外派遣の途を拡大し，海外活動における制約をなし崩しにし，憲法9条に抵触するおそれがあること，⑤自衛隊の海賊対処行動は，防衛大臣と内閣総理大臣の判断のみでなされ，国会へ事後報告で足りるとされ，国会を通じた民主的コントロール上も大きな問題があることを指摘し，同法の制定に反対する旨の会長声明を出している（日弁連会長声明は2009〔平成21〕年5月7日，東京弁護士会会長声明は同年6月18日付）。

(5) 国家安全保障会議設置法の改正について

東京弁護士会は2013（平成25）年11月7日、「改正後の国家安全保障会議の目的は、特定秘密保護法案の成立を前提とし、国家安全保障を国の最優先事項と位置づけ国民に国家安全保障施策に協力すべき責務を課して国民を総動員することを企図する国家安全保障基本法案の成立を図り、もって集団的自衛権等の行使を容認することに他ならない。国の施策の全ての面で国家安全保障を最優先し、憲法の制約を超えて集団的自衛権を行使し、外交・安全保障政策を遂行することは、憲法の基本原理である徹底した恒久平和主義に反し、国民の権利、自由を脅かすものである。よって、当会は、国家安全保障会議設置法等の改正に反対する。」との会長声明を出している。

(6) 国家安全保障基本法案について

東京弁護士会は、2013（平成25）年9月18日、「（この法案は）下位の法律で憲法を改正する『法の下克上』であって、到底許されない。加えて、国家安全保障基本法案は、これを実行すべく多くの下位法の制定を予定している。秋に国会提出が予定されている特定秘密の保護に関する法律の他、国家安全保障会議設置法（日本版NSC設置法案。2013〔平成25〕年6月7日法案提出）、国際平和協力法（海外派遣の一般法）、自衛隊法改正（集団的自衛出動任務規定、武器使用権限）、集団自衛事態法の制定などである。これらが次々と制定されることになれば、国の施策の全面で国家安全保障が最優先されることとなり、国民の権利、自由が脅かされる事態となることが強く危惧される。よって、当会は、立憲主義の見地から、集団的自衛権行使を禁じる確立された憲法の解釈を政府の都合で強引に変更してこれを容認すること、及び一般法の制定という手法で憲法の制約を破ろうとする国家安全保障基本法案の国会提出に強く反対する。」旨の会長声明を出している。

6 日の丸・君が代について

1) 国旗・国歌法について

1999（平成11）年に施行された国旗・国歌法については、国である以上、国旗や国歌が定められるのは当然で、日の丸を国旗とし、君が代を国歌とすることは国民の間に慣行として定着しているという肯定的意見がある一方、①政府は君が代の「君」は象徴天皇を指すとしており、これは国民主権主義と相容れない、②日の丸や君が代はかつての軍国主義の象徴であり、アジア諸国の反発を招いている、③日の丸・君が代の法制化は、学校における国旗掲揚や国歌斉唱を強制することの法的基盤を与えるものであり、思想・良心の自由を侵害するものである、といった批判もある。

国旗・国歌の法制化の是非については、議論が分かれるが、基本的人権の擁護を使命とする我々としては、それが強制力を伴って国民の思想・良心の自由を侵害するような運用がなされないように注視し提言していくべきである。

2) 自民党改正草案での日の丸・君が代

自民党憲法改正草案第3条では、日章旗を国旗、君が代を国歌と明記し、2項において国民に尊重義務を課している。

憲法自らが国旗・国家を定め、これに対しての尊重義務を規定してしまえば、もはや思想・良心の自由の例外として、生活すべての場面において強制される事態が生じてしまう。我々は、基本的人権の例外を認めるような規定については看過できないということを指摘していくべきである。

3) 公立学校における国旗・国歌問題

(1) 学校行事における国旗・国歌の強制について

国旗・国歌法の成立により、学校行事における国旗・国歌の強制が可能という前提での運用がされるようになり、現在、公立学校の入学式、卒業式等の学校行事においては、国歌斉唱時に国旗に向かって起立しなかったこと、ピアノ伴奏をしなかったこと等を理由として、教職員に懲戒処分がされるという事態が多発している。

日弁連・各地の弁護士会は、公立の学校現場において、不利益処分を伴う国旗・国歌の強制がされている現状に鑑み、思想・良心の自由等の観点から、教育委員会に対し、不利益処分ないし不利益取扱いをもって、

教職員や児童・生徒に対し，国旗に向かっての起立等を強制しないよう提言してきた。

(2) 最高裁判決とこれに対する日弁連会長声明

都立高等学校の教職員が，卒業式等の式典において国旗に向かって起立し国歌を斉唱することを命ずる校長の職務命令に従わなかったことを理由として，定年後の再雇用が拒否された事案に関し，最高裁第二小法廷は2011（平成23）年5月30日に，同第一小法廷は同年6月6日に，同第三小法廷は同年6月14日に，いずれも，上記職務命令につき，「上告人ら自身の歴史観ないし世界観及びこれに由来する社会生活上ないし教育上の信念等」に対する「間接的な制約となる面がある」ことを認めつつも，上記起立斉唱は，「慣例上の儀礼的な所作」であること等を理由に，かかる「制約を許容しうる必要性及び合理性が認められる」として，思想と良心の自由を保障する憲法19条には違反しないとした。もっとも，第一小法廷判決における宮川光治裁判官の反対意見は，「およそ精神的自由権に関する問題を，一般人（多数者）の視点からのみ考えることは相当でない」と述べ，また，「日の丸」や「君が代」を平和主義や国民主権と相容れないと見る歴史観が「思想及び良心として深く根付き，人格的アイデンティティそのものとなっており，深刻に悩んだ結果として，あるいは信念として，（起立斉唱）を潔しとしなかった場合，そういった人達の心情や行動を一般的でないからといって過小評価することは相当ではない」と指摘し，合憲性を厳格に判断すべきであるとしている。また，第三小法廷判決における田原睦夫裁判官の反対意見は，「起立命令と斉唱命令は区別して考えるべきで，斉唱命令は思想と信条の内心の核心部分を侵害する可能性があり，さらに審理を尽くすべきだ」としている。なお，反対意見に加え，補足意見の中にも慎重な配慮を求める複数の意見が表明されていることも留意すべきである。

これらの最高裁判決に対し，日弁連は，上記起立・斉唱行為は日の丸・君が代に対する敬意の表明をその不可分の目的とするものであって，職務命令によるその強制はこれらに敬意を表明することが自らの歴史観や世界観に反すると考える者の思想・良心の自由を直接的に侵害するものであると指摘して，東京都及び東京都教委員会を含め，広く教育行政担当者に対し，教職員に君が代斉唱の際の起立・斉唱を含め国旗・国歌を強制することのないよう強く要請する旨の会長声明を発表している（2011〔平成23〕年6月3日，同年6月10日及び同年6月23日付会長声明）。

(3) 大阪府条例について

2011（平成23）年6月3日，大阪府議会で，「大阪維新の会」の提案により，学校での儀式の際の国歌の起立斉唱を教職員に義務づける「大阪府の施設における国旗の掲揚及び教職員による国歌の斉唱に関する条例」（以下「6月条例」という。）が可決成立した。さらに，「大阪維新の会」は，同年9月21日，国歌の起立斉唱命令違反も念頭におき，同じ職務命令に3回違反すると免職となることも含む「教育基本条例案」などを大阪府議会に提出した（以下「9月条例案」という）。

これに対し，大阪弁護士会は，まず，6月条例成立に先だち同年5月24日に，思想及び良心の自由の重要性に鑑み，学校での儀式の際の国歌の起立斉唱を教職員に義務付ける条例案は違憲・違法の疑いが強いこと，条例による義務付けという手法自体問題が大きいことから，上記条例案の制定に反対する「君が代斉唱時の起立を義務化する大阪府条例に反対する会長声明」を出した。また，9月条例案に対しては，同年9月15日に，個人の思想・良心の自由に関係して懲戒処分を課すことには慎重な配慮が必要であること，大阪府教育基本条例で懲戒の基準を定めることは，大阪府教育委員会の人事権と市町村教育委員会の内申権を侵害し，地方教育行政組織法に違反するので，同条例は憲法94条から許されないとする「大阪府教育基本条例の制定に関する会長声明」を出した。

(4) まとめ

前記のとおり，国旗・国歌については多様な意見が存するが，いずれの意見も，憲法上は個人の思想・良心の自由として尊重されるものであり，いずれか一つの意見が強制されることがあってはならない。また，個人の内心領域の精神活動は外部に表れる行為と密接に関係しているものであり，これらの行為を精神活動と切り離して考えることは困難かつ不自然であるから，国歌を起立斉唱することや国歌のピアノ伴奏を命じる職務命令を受忍すべきものとすることは，思想・良心の自由の保障の意義を没却しかねない危険性を有するものとも考えられる。

我々は，最高裁の判断については，司法の一翼を担

う立場として尊重すべきものと考えるが，同時に「内心の自由」が個人の尊厳の核心をなす最も重要な人権の一つであることに鑑みて，より強制にわたらない方策を求める趣旨の批判的な意見を表明することは，憲法解釈における理論的な見解の表明として許されるものと考える。もちろん，この見解の基礎となる問題についても，当会内部において議論のあるところではあるが，当会としても，「内心の自由」の重要性に照らして「より強制にわたらない方策を求めること」については，方向性として大方の一致をみることができるものと考えるので，このような法律の解釈，運用がなされるよう提言していくべきである。

また，この問題は，教職員に対する懲戒処分を通して，子どもの内心の自由にも影響を及ぼすという，より深刻な問題にも直面する。子どもは，教育行政によっても教職員によっても，一定の思想や考え方を押しつけられるべきではなく，可塑性に富んだ子どもに対しては，柔軟な思考ができるような教育上の配慮が必要である。

7　一人一票の実現

選挙権は議会制民主主義の根幹をなす基本的な政治的権利であり，選挙権の平等は投票価値の平等を含む。投票価値が不平等では，本当の意味で一人一票とは言えないからである。

最高裁の2011（平成23）年3月23日大法廷判決（民集65巻2号755頁）は，衆議院選挙について，各都道府県にあらかじめ1を配当するという1人別枠方式及びこの方式に基づく1対2.3の較差を違憲状態であるとした。また，参議院についても，最高裁の2009（平成21）年9月30日大法廷決（民集63巻7号1520頁）は，1対4.86の較差は大きな投票価値の不平等が存する状態であるとしている。また，いずれの大法廷判決も，このような不平等を是正するために，国会において速やかに適切な検討が行われることが望まれるとしている。

2012（平成24）年10月17日には，2010（平成22）年7月11日に施行された参議院議員通常選挙が，最大で5倍の投票価値の格差が生じていたことに対して事情判決により請求を棄却したものの，違憲の問題が生ずる程度の著しい不平等状態に至っていたというほかはないとし，参議院と衆議院とで投票価値の平等の要請に差はないことを明確にした。

ところが，国会は，2011（平成23）年の大法廷判決後1年9ヶ月にわたり，1人別枠方式を含めた選挙制度を抜本的に見直さないまま，弥縫的な0増5減の定数調整をなしたのみで，2012（平成24）年12月16日に第46回衆議院議員選挙が施行された。そのため，投票価値の格差が最大で2.43倍に拡大していたことを理由として弁護士らが違憲無効確認訴訟を提起したが，最高裁は2013（平成25）年11月20日，「憲法の投票価値の平等の要求に反する状態にあった」としつつ，「憲法上要求される合理的期間内における是正がされなかったとはいえ（ない）」として，選挙を有効とした。これに対し，日弁連は同日，会長声明を発し，「裁判所には司法権の担い手としてだけでなく，憲法の最後の守り手としての役割が期待されている。」とした上で，「今回の最高裁大法廷判決は民主主義の過程そのものが歪んでいる状態をさらに延長させてしまうものであって，裁判所が果たすべき職責に照らし不十分なものと言わざるを得ない」と判決を非難した。さらに，最高裁は，2014（平成26）年11月26日，2013（平成25）年7月21日に施行された参議院議員通常選挙が，最大で4.77倍の投票価値の格差が生じていたことに対して，「違憲の問題が生ずる程度の著しい不平等状態にあったものではあるが，本件選挙までの間に更に本件定数配分規定の改正がなされなかったことをもって国会の裁量権の限界を超えるものとはいえ」ないとして，選挙を有効とした。

我々は，投票価値の平等の保障の重要性に鑑み，今後も国に対し，直ちに衆議院選挙における1人別枠方式を廃止するとともに，衆参いずれの選挙についても，選挙区別議員1人当たりの人口数をできる限り1対1に近づける選挙区割の見直しを実現するよう求めていくべきである。

8 表現の自由に対する抑圧について

> 近時，表現の自由，特に言論の自由を抑圧し，萎縮させるような事件が発生しており，これは，表現の自由が民主主義の根幹なすものであるという点において，その制約については原則として違憲の推定を受け，合憲性が厳格に審査されるとされていること(いわゆる「優越的地位」)に鑑み，極めて憂慮される事態である。

1）ビラ投函問題

防衛庁立川宿舎に政府の自衛隊イラク派遣政策を批判したビラを投函した事件について，東京地裁八王子支部は，2004（平成16）年12月16日，「ビラ投函自体は憲法21条1項の保障する政治的表現活動の一態様であり，民主主義社会の根幹を成すもの」であるとし，被告人らの行動は可罰的違法性がないと判示して無罪としたのに対し，東京高裁は，2005（平成17）年12月9日，一審判決を破棄し，被告人ら3名に対し，罰金刑の言渡しを行った（その後，2008〔平成20〕年4月11日に最高裁で確定）。

これに対し，東京弁護士会は，2006（平成18）年12月26日，ビラ投函に関連し起訴される事案が続いていること，こうした高裁判決が民主主義社会の根幹をなす表現の自由を萎縮させる結果をもたらすことを憂慮し，「民主主義社会において表現の自由とりわけ政治的表現の自由は，大きな意義を有するものであり，高裁判決は政治的表現活動の自由の意義をふまえた被害法益保護などとの比較考量に乏しいと言わざるを得ない。」との会長声明を出した。

また，いわゆる葛飾政党ビラ配布事件について，最高裁が2009（平成21）年11月30日に，東京高裁が下した5万円の罰金刑を維持した。これに対しては，「当会は，最高裁に対し，ビラ配布を含む表現の自由の重要性に十分配慮し，国際的な批判にも耐えうる厳密な利益衡量に基づく判断を示すことで『憲法の番人』としての役割を果たすよう強く要望する次第である。」との会長声明を出した。

ビラ投函行為は，マス・メディアのような意思伝達手段を持たない市民にとって，自己の意見を他に伝達する重要な手段となっているのであり，このような表現手段を萎縮させるような公権力の発動に対しては反対していかなければならない。

2）新聞記者個人攻撃問題

2014（平成26）年3月以降，札幌市厚別区所在の北星学園に対し，同大学の教員が朝日新聞の記者時代に従軍慰安婦に関する記事を書いたことを理由に，この教員を解雇ないし退職させるよう要求する電話やFAXが繰り返し送りつけられ，同年5月及び7月には要求に応じないと学生に危害を加える旨の脅迫文が届くという事件が起こった。さらに，インターネット上にはこの教員の家族に関する情報までが実名や顔写真入りで掲載され，脅迫的文言が書き込まれる等，異常な事態に至っている。

これらの行為は，それ自体が犯罪行為に当たる違法行為であるとともに，大学の自治に対する侵害行為であるし，元記者の家族のプライバシー権の侵害にも当たる。のみならず，このような違法な行為によって過去の記事の撤回や作成者に不利益を課すことを求める行為自体，言論や表現の自由に対するあからさまな暴力的攻撃であり，表現の自由を委縮させるもので，断じて看過できない。

自己と異なる好ましくない意見が存在したり，不正確な報道がなされたり，その報道の訂正に不適切な問題があったとしても，その是正は，健全かつ適正な批判や，報道機関自身のさらなる検証や訂正に委ねるべきであり，違法な手段による個人攻撃は絶対に許されるものではない。

我々は，このような卑劣な個人攻撃及び表現の自由への威嚇を断じて許さず，これらの違法な人権侵害行為を根絶する活動に取り組んでゆくものである。

9 知る権利や取材・報道の自由に対する制限について

> 「特定秘密の保護に関する法律」（特定秘密保護法）は，かつての国家秘密法案と同様に，国民の知る権利や言論と報道の自由をはじめとする国民の基本的人権の侵害の危険が極めて大きい危険な法律である。
> 2013（平成25）年12月7日，同法案が臨時国会において成立し，2014（平成26）年12月10日に施行されたが，日弁連及び弁護士会は，その廃案を求めるための運動を今後も引き続き行うべきである。

1）かつての国家秘密法案に対する日弁連の動き

1985（昭和60）年6月に提案された「国家機密に係るスパイ行為等の防止に関する法律案」（議員立法）に対し，日弁連は，国民の知る権利や言論と報道の自由を初めとする国民の基本的人権の侵害の危険が極めて大きいとして，同年10月7日，理事会で，同法案に反対する意見書を承認するとともに，同年10月19日には，秋田市で開催された第28回人権擁護大会において，同法案反対の決議を満場一致で採択した。

この人権擁護大会決議を実行していくために，同年11月11日，「国家秘密法対策協議会」が設置され，継続審議となっていた国家秘密法案の廃案を目指す活動が進められた。

同協議会は，「日弁連意見の要点」「説明の手引き」などの資料を作成し，これを基に日弁連による国会要請行動が展開された。

また，各弁護士会における取り組みも熱心になされ，49弁護士会が，法案反対を決議し，市民に対する法案の危険性を訴える全国的な活動が活発に展開された（以上，『日弁連五十年史』127頁以下参照）。

その結果，国民の広範な反対運動が巻き起こり，第103回国会において，国家秘密法案は廃案となった。その後，自民党内部で，廃案になった国家秘密法案を修正して再上程する動きもあったが，日弁連や各弁護士会が国会上程に反対する運動を広範に展開し，修正案に対しては，52弁護士会全てが反対の決議等を出し，1987（昭和62）年5月30日の定期総会において，圧倒的多数により国会秘密法反対決議が採択された。

その後，国会秘密法案の修正案が法案として上程されることはなかった。

2）最近の政府の動き

政府は，2010（平成22）年の尖閣諸島沖の中国漁船衝突事件のビデオが流出したことを契機として，同年12月，「政府における情報保全に関する検討委員会」を設置し，同検討委員会の下に，「秘密保全のための法制の在り方に関する有識者会議」と「情報保全システムに関する有識者会議」が設置された。

後者の有識者会議は，2011（平成23）年7月1日に，「特に機密性の高い情報を取り扱う政府機関の情報保全システムに関し必要と考えられる措置について」と題する報告書をまとめるとともに，前者の有識者会議は，同年8月8日，「秘密保全のための法制の在り方について」と題する報告書をまとめた。

後者の報告書においては，秘密を保全するための新たな法制について検討が加えられ，国防，外交，治安の3分野を対象に，国の存立にかかわる秘密情報を「特別秘密」に指定するとともに，特別秘密の故意の漏えい行為，過失の漏えい行為，特定取得行為，未遂行為，共謀行為，独立教唆行為及び扇動行為をそれぞれ処罰するものとし，その法定刑として5年以下又は10年以下の懲役刑を提案している。

また，後者の報告書は，特別秘密を保全するためには，特別秘密を取り扱う者自体の管理を徹底することが重要であるとして，特別秘密を取り扱うにつき適性を有すると認められた者に取り扱わせることとし，秘密情報を取り扱わせようとする者について，日ごろの行いや取り巻く環境を調査し，対象者自身が秘密を漏えいするリスクや，対象者が外部からの漏えいの働きかけに応ずるリスクの程度を評価することにより秘密情報を取り扱う適性を有するかを判断する適性評価制度を導入し，配偶者も含めて，外国への渡航歴，犯罪歴，懲戒処分歴，薬物・アルコールの影響などを調べ，

その適性をチェックすることなどが提言されている。

「政府における情報保全に関する検討委員会」は，同年10月7日の会議において，次期通常国会への提出に向けて，秘密保全法制の整備のための法案化作業を進めることが決定され，2012（平成24）年1月召集の通常国会に提出される見込みであったが，法案提出に対する国民からの反対の声などを受けて，通常国会への法案提出は断念された。

3）法案提出とその成立並びに施行に向けた動き

その後，2012（平成24）年12月16日に投開票された第46回衆議院議員選挙で自民党が大勝して，再び，自民党と公明党の連立政権に政権交代がなされた。

第二次安倍政権は，国家安全保障会議（日本版NSC）設置関連法案と，特定秘密保護法案を一体のものとして，2013（平成25）年秋の臨時国会に提出して成立させる方針を明らかにし，同年10月25日に，同法案は閣議決定されて国会に上程された。

国会においては，国家安全保障に関する特別委員会を設置して精力的に審議し，みんなの党との間で修正協議を行い，その修正案を踏まえて，同年11月26日に同委員会で強行採決をし，同日衆議院本会議で自民党・公明党・みんなの党の多数で可決され，同年11月27日から参議院で審議入りし，同年12月6日の会期末を延長して同年12月7日，可決・成立した。なお，国家安全保障会議（日本版NSC）設置関連法案は，同年11月27日に参議院で可決・成立し，同年12月4日から施行され，国家安全保障会議が設置されている。

その後，特定秘密保護法を実施するための政省令が検討され，2014年7月24日から1ヶ月間，特定秘密保護法施行令案と統一的な運用基準案についてパブリックコメントが実施され，約23,000件もの意見が集まったと報じられている。

同年10月14日，一部修正された施行令と統一的な運用基準が閣議決定されるとともに，特定秘密保護法の施行日が同年12月10日と定める政令が制定された。

4）特定秘密保護法案の問題点

特定秘密保護法案は，以下のような問題点がある。
① そもそも，立法事実を欠いており，必要性がない。その内容は，かつての国家秘密法案と本質的にほとんど変わってない。
② 特定秘密保護法案は，国民主権原理から要請される知る権利が侵害されるなど，憲法上の諸原理と正面から衝突するものである。また，秘密漏えいに関わる刑事裁判手続は，公開裁判を受ける権利や弁護を受ける権利を侵害するおそれがある。
③ 「特定秘密」の概念が，従来の「国家秘密」以上に，曖昧かつ広範に失するため，本来国民が知るべき情報が国民の目から隠されてしまう懸念が極めて大きい。
④ 行政機関の長が特定秘密を指定すると，それを誰もチェックすることができない。
⑤ 特定秘密の指定は5年以内の期間を定めて行うが，その延長が可能であり，30年を越える場合に内閣の承認があれば永久に秘密指定を行うことができることになっており，行政機関にとって都合の悪い情報が特定秘密と指定されて封印されてしまい，国民の批判を受けられなくなる可能性がある。海外のように一定の期間が経過すると自動的に解除される仕組みになっていない。
⑥ 適正評価制度（人的管理）については，適正評価制度の対象者及びその周辺の人々（家族，同居人）のプライバシーが空洞化するおそれがある。
⑦ 罰則については，処罰対象行為が，故意の漏えい行為，過失の漏えい行為，特定取得行為，未遂行為，共謀行為，独立教唆行為及び扇動行為と極めて幅広い上に，それぞれの行為について，「特定秘密」の概念が曖昧であることと相俟って，処罰範囲が，極めて広範かつ不明確であり，罪刑法定主義や行為責任主義など，刑事法上の基本原理と矛盾抵触するおそれがある。特に，マスコミに勤める記者やジャーナリストや情報公開を求める市民が，特定秘密に近付こうとする行為を包括的に処罰する仕組みとなっている。
⑧ 罰則の上限は懲役10年と罰金1000万円の併科であり，国家公務員法が定めた刑の10倍，自衛隊法が定めた刑の2倍であり，極めて重い刑罰が設けられている。

このように，特定秘密保護法案については，かつての国家秘密法案と同様に，国民の知る権利や言論と報道の自由をはじめとする国民の基本的人権の侵害の危険が極めて大きいと言わなければならない。

5）日弁連・弁護士会の対応

内閣情報調査室は，2011（平成23）年10月14日から

同年11月30日まで,「秘密保全のための法制の在り方に関する有識者会議」による「秘密保全のための法制の在り方について」と題する報告書に対するパブリック・コメントを募集したが,日弁連は,これに対応するため,2011（平成23）年11月,秘密保全法制に関するワーキング・グループを発足させて,日弁連としての見解をとりまとめ,同年11月24日,「『秘密保全のための法制の在り方について（報告書）』に対する意見書」を公表した。

その後,日弁連は,2012（平成24）年1月11日,秘密保全法の制定には反対であり,法案が国会に提出されないよう強く求めるという「秘密保全法制定に反対する会長声明」を出し,上記の有識者会議について,その議事録が作成されていないことが明らかとなったことを受けて,同年3月14日,「『秘密保全法制』の検討にあたって会議議事録が作成されていないことについての会長声明」を出している。

また,日弁連は,同年5月25日の定期総会において,秘密保全法制に反対する決議をしている。

日弁連は,同年2月,上記ワーキング・グループを発展的に解消して秘密保全法制対策本部を立ち上げ,国会議員に対する要請活動,会員や市民向けのパンフレットの作成,院内集会や市民集会の開催などをした。

政府は,安倍政権になって,特定秘密保護法案と名称を改めるとともに,その内容も一部変更し,特定秘密保護法案の概要に対するパブリック・コメントを募集した（通常の半分という短期間の募集であった。また,寄せられた意見のうち約8割が反対意見であった。）。これに対して,日弁連は,2013（平成25）年9月12日付けで「特定秘密の保護に関する法律案の概要」に対する意見書を公表している。

日弁連は,同年10月3日には,「特定秘密保護法案に反対する会長声明」を出し,同年10月23日付けで「秘密保護法制定に反対し,情報管理システムの適正化及び更なる情報公開に向けた法改正を求める意見書」を公表し,「重要な情報の漏えいの防止は,情報管理システムの適正化によって実現すべきであって,取扱者に対する深刻なプライバシー侵害を伴う適性評価制度や,漏えい等に対する広範かつ重い刑罰によって対処すべきではない。今必要なのは,情報を適切に管理しつつ,情報の公開度を高め,国会が行政機関を実効的に監視できるようにするために,公文書管理法,情報公開法,国会法,衆参両議院規則などの改正を行うことである。」として,現在明らかにされている特定秘密保護法案の制定にも強く反対することを述べている。

日弁連は,同年10月25日には,特定秘密保護法案の閣議決定に対する会長声明を出し,同年11月15日には,「特定秘密保護法案に反対し,ツワネ原則に則して秘密保全法制の在り方を全面的に再検討することを求める会長声明」を出している。この会長声明においては,「国家安全保障と情報への権利に関する国際原則」（「ツワネ原則」）は,自由権規約19条等を踏まえ,国家安全保障分野において立法を行う者に対して,国家安全保障への脅威から人々を保護するための合理的な措置を講じることと,政府の情報への市民によるアクセス権の保障を両立するために,実務的ガイドラインとして作成されたものであり,同年6月,南アフリカ共和国の首都ツワネで公表されたものであるが,日弁連はツワネ原則による法案の見直しと撤回を求めるとして具体的に指摘する内容である。

全国の単位会においても,対策本部が設置され,特定秘密保護法案について,2013（平成25）年11月20日現在で,全ての弁護士会から意見書・声明等が公表された。

特定秘密保護法案が国会に上程された後,大阪や埼玉全国各地でデモが実施されたり,市民集会が開催されるなど,活発な反対運動が展開されており,多数の市民が参加した。

日弁連及び弁護士会は,かつての国会秘密法案の時と同様に,会を挙げてこの問題に取り組み,市民集会の開催やデモ（パレード）などを通じて,この法案の危険性を国民に広く訴えかけ,市民とともに反対運動を展開した。

しかし,与党は,みんなの党と修正協議を行い,①首相が特定秘密の指定・解除の統一基準を作成すること,②首相の指揮監督権を明記し,秘密指定について説明を求め,改善の指示ができることなどで合意したと報じられた。また,与党は,日本維新の会とも修正協議を行い,①特定秘密の指定期間を「最長60年」とし7項目の例外（（i）武器・弾薬・航空機その他の防衛情報,（ii）現に行われている外国政府又は国際機関との交渉に不利益を及ぼす情報,（iii）情報収集活動の手法又はその能力,（iv）人的情報源〔情報の提供者〕に関する情報,（v）暗号,（vi）外国政府や国

際機関から60年を超えて指定を求められた情報，(vii)これに準ずる政令で定める情報）を設けること，②特定秘密を指定できる省庁を政令で絞り込める条項を加えることなどで合意した。

その後，市民の反対運動は一層強まり，世論調査などでも国民の多数が法案の廃棄又は慎重審議を求めていたにもかかわらず，政府・与党は，国会の会期を延長して，同年12月7日に参議院本会議での強行採決に踏み切り，法案は可決・成立した。

法律が成立した後，日弁連及び弁護士会は，廃案を求める署名活動をしたり。デモ行進（パレード）をするなどの運動を引き続き行っている。

日弁連は，2014年9月5日付けで「秘密保護法施行令（案）等に対するパブリックコメントの検討手続の公開を求める会長声明」を出すとともに，19日付で「特定秘密保護法の廃止を求める意見書」を採択した。そして，同年10月14日付で「秘密保護法施行令（案）等の閣議決定に帯する会長声明を出して，特定秘密保護法の施行に反対する姿勢をとっている。

同年12月10日には特定秘密保護法が施行されるが，施行された後も，日弁連及び弁護士会は，世論に呼びかけて，その廃案を求める活動を続けるべきである。

10　国民の管理・統制の動き（共通番号制度）について

> 2013（平成25）年5月24日に国会で成立し，同月31日に公布された「行政手続における特定の個人を識別するための番号の利用等に関する法律」は，IT時代の国民総背番号制であり，国民を管理・統制するために利用されるおそれがある。
>
> 日弁連及び弁護士会は，同法律の施行に向けた動きを注視し，国民を管理・統制が行き過ぎて，国民のプライバシーを不当に侵害することがないように，政府に働きかけるべきである。

(1) 立法に至る経緯

民主党政権下の菅直人政権時代の政府・与党社会保障改革検討本部（本部長・菅直人首相〔当時〕）は，2011（平成23）年6月30日，国民一人一人に番号を割りふって所得や社会保険などの個人情報を管理する「社会保障・税の番号制度」の大綱を正式決定した。

これは，同改革本部が，同年1月31日に，「社会保障・税に関わる番号制度についての基本方針」を決め，東日本大震災の後も精力的に検討を進めて，同年4月28日に，社会保障・税に関わる番号制度に関する実務検討会「社会保障・税の番号制度」の要綱を定めたことを受けたものであった。

野田政権に代わった後も，社会保障・税に関わる番号制度に関する実務検討会で検討が続けられ，同年12月16日に，「社会保障・税番号制度の法律事項に関する概要」がまとめられ，これに基づいて法案化され，政府は2012（平成24）年2月14日，「番号関連3法」を国会に上程した。

同法案は，野田首相（当時）が，同年11月16日に衆議院を解散したために廃案となった。

その後に実施された衆議院議員選挙で自民党が大勝して，再び自民党と公明党の連立政権に政権交代がなされたため，2013（平成25）年3月，自民党，公明党及び民主党による修正協議を経て，「番号関連4法案」（「行政手続における特定の個人を識別するための番号の利用等に関する法律案」，「行政手続における特定の個人を識別するための番号の利用等に関する法律の施行に伴う関係法律の整備等に関する法律案」，「地方公共団体情報システム機構法案」及び「内閣法等の一部を改正する法律案」）が第183回通常国会に再提出された。

衆議院は，同年5月9日，番号関連4法案のうち一部修正の上可決し，同月24日，参議院での審議を経て同法案は可決・成立し，同月31日に公布された。

今後、2015（平成27）年10月までに政省令を整備し、2016（平成28）年1月から個人番号カードの交付が開始され、順次、共通番号の利用が開始することになっている。

(2) 共通番号制度の問題点

共通番号制度は、税の分野で納税者を特定する納税者番号を、国民と外国人住民の全員に新たに付番して、社会保障分野（健康保険番号、介護保険番号、年金番号など）と共通の番号にするものである。

共通番号で個人識別されたデータは、「情報連携基盤」と呼ばれる中継システムを経由して相互に紐付けられるとともに、附則で定めた3年後見直しの際には、特に民間分野における利用拡大をも目指している。

そして、共通番号を表面に記載したICカードを任意に交付して、健康保険や年金手帳の機能を持たせて身分証明証とすることもできるようにすることが構想されている。

すでに、住民基本台帳法改正により住基ネットが構築されていたが、住基ネットで取り扱われている情報は、主に本人確認情報だけであるのに対して、共通番号制で取り扱われる情報は、多種多様な情報であり、医療分野に関するレセプト情報も含まれ、その中には、傷病の名前等の詳細な情報も含まれることから、いわゆるセンシティブ情報が含まれている点で大きく異なっている。

そして、共通番号制では、各種の情報を共通番号により紐付けしてマッチング（突合）できることから、国民の勤務先や家族の情報、各種納税・社会保険料の支払状況、社会保障給付に関する情報、そして各種の経済活動や消費生活に関する情報が国家によって名寄せされて一元化されることになる。

これはまさに国民総背番号制であり、コンピュータ化された現在においては、この情報の一元化が実に容易になされることになっている。

そのため、いったんこれらの情報が流出した場合には、国民のプライバシー侵害という深刻な結果をもたらすものとなるのである。

また、アメリカや韓国など諸外国において深刻な社会問題になっている大量の情報漏洩や、なりすましなどのプライバシー侵害のリスクは極めて高くなる。

この制度は、個人情報の適切な取扱いを担保するために、独立性の高い第三者機関として番号保護委員会を設けることにしている。しかしながら、委員長及び6人の委員という構成であり、可能な限り非常勤を利用することになっていることから、第三者機関としての役割をどれだけ果たせるか疑問が残る。

また、その監督権限には、一部例外が認められており、捜査機関が利用する場合には、同委員会による監督は及ばないことになっているなど、広い例外が定められている。

共通番号制度は、そのメリットとされる所得の正確な把握は実際には不可能であることや、新たな社会保障制度の内容も決まらないうちから、税と社会保障の一体改革のために共通番号が必要であるなどとは言えないことなどが明らかとなっている。

共通番号制度は、以上のような問題点を有しており、国家の特定秘密を保護するための特定秘密保護法案と相俟って、国家が国民に関するあらゆる情報を利用しやすくする一方で、国民には見えにくくなる事態を招くものである。

そして、官僚による情報の独占は、いずれ治安対策や思想統制に及び、国民の監視・統制を強めていくおそれがある（清水勉・桐山桂一『「マイナンバー法」を問う』岩波ブックレット〔岩波書店、2012〔平成24〕年〕48頁参照）。

そこで、日弁連及び弁護士会は、共通番号制度にそのような問題があることを認識した上で、同法律の施行に向けた動きを注視し、国民を管理・統制が行き過ぎて、国民のプライバシーを不当に侵害することがないように、政府に働きかけるべきである。

11 教育基本法改正問題

> 「教育は不当な支配に服することなく」の原則が堅持されるよう，また，憲法13条，23条，26条等に示される憲法の教育条項に抵触して教育現場での思想信条の自由，教育を受ける権利・学習権が侵害されることのないよう，引き続き不断の取組みを行っていく必要がある。
> とりわけ，日弁連の現状は，2012（平成24）年の人権擁護大会で採択された「子どもの尊厳を尊重し，学習権を保障するため，教育統制と競争主義的な教育の見直しを求める決議」の実現に向けて取り組む受け皿が弱いことから，早急にその組織的対応が可能になるよう，新たな委員会等の設置を含めた検討が求められる。

1）教育基本法「改正」問題への取組みと成果

改正教育基本法は，第165回臨時国会において，2006（平成18）年12月15日，与党などの賛成多数で可決・成立した。

日弁連は，教育基本法「改正」問題について，「国会内に教育基本法調査会の設置を求める提言」（2006〔平成18〕年2月3日），「教育基本法改正法案の今国会上程について慎重な取扱いを求める会長声明」（同年4月25日），「教育基本法改正法案についての意見」（同年9月15日），「教育基本法案の与党による単独採決に対する会長談話」（同年11月16日）を公表した。

また，全国50の単位弁護士会からは，改正に反対または慎重な取扱いを求める意見が表明されてもいた。

このような日弁連が表明した提言，意見，そして声明，談話，さらには全国の単位会が表明した様々な意見を踏まえ，改めて検証すると，法案についての衆参両院での審議及びその結果として成立した改正教育基本法については，看過できない幾つかの問題を指摘せざるを得ない。①国民に開かれた議論がなく，政府・与党内での合意のみで法案上程に至ったこと，②改正の必要性が，結局のところ，明らかにされないまま，審議が終わってしまったこと，③審議の在り方，そしてなにより，④成立した法律の内容である。

この内容について，日弁連は，改正前の教育基本法10条が果たしてきた立憲主義的性格が損なわれるのではないかということを最大の問題として指摘してきた。

教育基本法は，憲法の精神にのっとり，憲法の理想を実現することを目的として制定された教育に関する根本法規であって，国家に対して，すべきこと，またはしてはならないことを義務づける権力拘束的な規範と解されている点で，立憲主義的性格を有している。この立憲主義的性格が最も端的に表れているのが，教育に対する不当な支配を禁じ，教育行政の目標として教育に関する諸条件の整備確立を教育行政の目標として定める改正前の10条であった。

この10条は，「教育は，不当な支配に服することなく」の後に，「国民全体に対し直接に責任を負って行われる」と続く。ところが，改正法では「教育は，不当な支配に服することなく」は残ったが，その後の文言は「この法律及び他の法律の定めるところにより行われる」と変わっている。このような文言の変更により，「教育は，不当な支配に服することなく」の部分についての解釈も変わってくるのではないのかということが，立憲主義の観点から，一番危惧されていた。

しかし，この最も危惧された問題については，法律に基づく教育行政といえども「不当な支配」に当たり許されない場合があるという点においては，1976（昭和51）年5月21日の旭川学力テスト訴訟における大法廷判決（刑集30巻5号615頁）の立場と変わっていないことが政府答弁によって明らかにされているところであって（例えば，2006〔平成18〕年11月24日参議院教育基本法特別委員会），この点が明確になったことは，国会審議における一つの成果と言えるものである。

2)「改正」後の課題と取組み

(1) 教育三法改正問題

　教育基本法の全面「改正」を受けて2007（平成19）年6月、教育関係3法「改正」法（学校教育法、地方教育行政法及び教育職員免許法の改正）が成立するに至った。日弁連は、「教育関係3法『改正』法案に関する意見書」において、同「改正」が国家による教育内容統制をもたらし、国・都道府県教育委員会による市区町村教育委員会と私立学校への監督・統制を強化し、教員免許更新制により教員の自主性・自律性に萎縮効果をもたらすなど、憲法の定める子どもの教育を受ける権利・学習権に対応してこの充足を図るべき立場にある国の責務に違背する形で、国の教育内容統制を進行させることになるおそれが極めて高いことを指摘するとともに、成立に当たっても、「教育関係3法『改正』法の成立にあたっての日弁連コメント」をもって、「教育は不当な支配に服することなく」の原則が堅持されるよう、また、憲法13条、23条、26条等に示される憲法の教育条項に抵触して教育現場での思想信条の自由、教育を受ける権利・学習権が侵害されることのないよう、強く求めるとともに、引き続き不断の取組みを行うことを表明した。

(2) 全国学力調査に関する問題

　文部科学省が実施する全国学力調査（小学校第6学年、中学校第3学年の全児童生徒を対象）は、学校教育現場にテスト成績重視の風潮、過度の競争をもたらし、教師の自由で創造的な教育活動を妨げ、文部科学大臣の教育に対する「不当な支配」（教育基本法16条1項）に該当する違法の疑いが強い。

　そこで、日弁連は、全国学力調査に関する意見書を公表し（2008〔平成20〕年2月15日）、学力調査の方法につき、調査対象とする学校及び児童生徒を抽出する方法によるいわゆるサンプル調査とするなど、上記のような問題が解消されるような方法に改められるよう求めている。

3) 人権擁護大会における「子どもの尊厳を尊重し、学習権を保障するため、教育統制と競争主義的な教育の見直しを求める決議」の採択と組織的対応の必要性

　日弁連は、2012（平成24）年10月の人権擁護大会において、「子どもの尊厳を尊重し、学習権を保障するため、教育統制と競争主義的な教育の見直しを求める決議」を採択し、その中で、我が国の教育の現状について、「教師に対する思想良心に関わる規制の強化、業績評価や各種調査の導入、政治や行政による教育内容への介入などを通じて、教師に対する厳しい統制が進められ、教師の精神的自由が制約され、教育の自主性が損なわれるとともに、教師が子どもに向き合い、必要な援助をする条件や時間が奪われている。」、「近年、全国学力テスト、学校選択制の導入や学校統廃合などによって、学校間・教師間・子どもたちの間に過度の競争を促進する教育への介入が進められている。子どもたちは成績偏重の学力評価によって格差を付けられ、多くの子どもたちが挫折感や孤独感を抱いている。成績評価による過度の競争主義的な教育は、子どもの人間性や多様な能力の全面的な発達を阻害することが懸念される。子どもの成績は、家庭の経済的条件に影響されることが報告されており、経済的な格差が教育の格差につながることも危惧される。」と認識を示している。

　ところが、日弁連は、この決議の採択を受けてその実現に向けた取り組みを担う教育法制を専門的に担う組織としては、2013（平成25）年7月、教育法制改正問題対策ワーキンググループを設けたものの、同組織は正式な委員会ではなく、組織としての弱さは否めない。この間、「教育委員会制度等改革法制に関する会長声明」（2014〔平成26年〕3月20日）、「全国学力・学習状況調査について、学校別結果公表を行わないこと等を求める会長声明」（2014〔平成26年〕8月21日）など必要な意見表明を行えているものの、表明した意見の実現するプロセスを担うには至っていない。

　そのような中、中央教育審議会では、2014（平成26）年10月21日の第94回総会において、「道徳に係る教育課程の改善等について（答申）」を取りまとめるに至っているが、これは、学校教育法施行規則及び学習指導要領において、道徳の時間を「特別の教科　道徳」（仮称）として位置づけ、検定教科書を導入し、子どもの道徳性に対して評価を加えること等を内容とするものであり、子どもの内心や人格に対する不当な干渉となるおそれが強いものである。東京弁護士会では、この答申に沿った学校教育法施行規則の改正や学習指導要領の改訂がなされることのないことを求める会長声明を発している（2014〔平成26〕年11月12日）。

しかし，このような課題は，全国レベルでの対応無くしては実現は不可能でもあることに照らすと，少なくとも日弁連レベルにおいては，事の重大性に見合った教育法制改正問題を担う専門の委員会組織にての対応が是非とも必要である。

12 核兵器廃絶に向けて

核兵器の使用や実験は，人類にとって最大の人権侵害であり，国際法に違反することは明らかである。我が国は，原子爆弾の投下による被害を受けた唯一の被爆国であり，国民の核兵器廃絶に対する希求は大なるものがある。国際社会は，1995（平成7）年に核拡散防止条約（NPT）の無期限延長を決め，1996（平成8）年に包括的核実験禁止条約（CTBT）を成立させている。

さらに，2009（平成21）年4月5日に，アメリカのオバマ大統領は，核兵器を使用した唯一の国として行動する道義的責任に言及し，核兵器のない世界を追求することを世界に呼びかけた。このオバマ演説は，これまで国連総会での核兵器廃絶決議に反対し続けてきたアメリカの核政策の転換として世界の注目を集めた。

同年7月には先進国首脳会議（G8）が「核兵器のない世界のための状況をつくる」ことで合意し，同年9月には，安全保障理事会の首脳会合で「核兵器のない世界に向けた条件を構築する決意」を盛り込んだ決議1887号を採択した。また，2010（平成22）年5月に開催されたNPT（核拡散防止条約）再検討会議においては，NPTの3本柱である核軍縮，核不拡散，原子力の平和的利用などについて，将来に向けた6項目の具体的な行動計画を含む最終文書が全会一致で採択された。特に，最終文書が，「すべての国が『核兵器のない世界』の達成を目標とし，その目標と完全に一致する政策を追求することを約束する」としたこと，核兵器保有国に対して核軍縮の履行状況等について2014（平成26）年の準備委員会に報告するよう求めたことは，「核兵器のない世界」に向けての重要な一歩である。このように，核兵器の廃絶を求める動きは，今まさに世界の潮流となりつつある。

2013（平成25）年10月21日，国連総会第一委員会でニュージーランド政府が125ヶ国連名の「核兵器の人道上の結末に関する共同声明」を発表し，日本は声明に今回，署名した。前回4月のジュネーブのNPT会議で署名を拒否したときの理由とされた「いかなる状況においても核兵器が再び使用されないこと」という表現は今回も残っていたが，署名したものである。

国内においても，衆議院では2009（平成21）年6月16日に，参議院では同月17日に，我が国は，唯一の被爆国として，世界の核兵器廃絶に向けて先頭に立って行動する責務があり，核廃絶・核軍縮・核不拡散に向けた努力を一層強化すべきであるとする「核廃絶に向けた取り組みの強化を求める決議」がなされた。

日弁連は，前記のような世界における核廃絶を求める動きに対して，2010（平成22）年10月8日に盛岡市で開催した第51回人権擁護大会において，日本政府に対し，「非核三原則」を法制化すること，北東アジアを非核地帯とするための努力をすること，さらに我が国が先頭に立って核兵器禁止条約の締結を世界に呼びかけることを求めるとともに，日弁連も，核兵器が廃絶される日が一日も早く実現するよう国内外に原爆被害の深刻さを訴えるとともに，法律家団体として，非核三原則を堅持するための法案を提案し，広く国民的議論を呼びかけるなど，今後ともたゆむことなく努力することを決意することを内容とする「今こそ核兵器の廃絶を求める宣言」をした。

我々は，この宣言を実現するために，今後とも一層の努力を行っていかなればならない。

第7部
東日本大震災と弁護士

1 東日本大震災の被害状況と弁護士に課せられた使命及び復旧復興支援活動を行うに当たっての視点

> 被災地の各弁護士会，行政機関，他分野の専門家，ボランティア等の民間団体，マスコミ，政治家等と協力し，すべての被災者に必要十分な法的支援が行き渡るように，以下のとおり，制度改正を含めた総合的な取組みをすべきである。
>
> ① 復興まちづくりの遅延状況を踏まえ，我々は用地取得の加速化のための調査・研究及び立法提言等に取り組むとともに，仮設住宅の住環境改善に尽力すべきである。
>
> ② 被災ローン減免制度の趣旨が達成されるよう，被災者への周知徹底を図り，金融機関に対しても被災者への制度の説明と利用推進を求めるとともに，その適切な運用実施のため，上記関係各方面と連携し，制度設計の見直しを含めた総合的な取組みをすべきである。
>
> ③ 被災地の真の復興のためには，被災中小企業の立直しが不可欠であり，そのためには，相談から支援までの一連の手続，各県の産業復興機構や東日本大震災事業者再生支援機構の役割等について被災者に周知するのみならず，両機構の手続の合理化等，被災中小企業支援のためのルール改正等の検討を行うべきである。
>
> ④ 原子力損害賠償紛争解決センター（以下「原紛センター」という。）の和解仲介手続による原子力損害賠償が迅速，適正に進むよう，より一層の努力をするとともに，原子力損害賠償に関する各種の法律相談活動及び情報提供をさらに充実させるために必要な担い手の確保を進めるべきである。
>
> ⑤ 災害関連死の認定の不均衡と不合理さを是正するため，国は自治体から審査事例を集約して事例集として公表すべきであり，災害と死との相当因果関係は法律判断であること，主たる生計維持者の判断は社会通念を重視することを確認し，全国の被災者に対し直接広報すべきである。弁護士会は，審査委員会を市町村に設置すること，および，委員構成の変更を働きかけ，同時に，研修と人材の提供に努めるべきである。

1）東日本大震災の被害状況と弁護士に課せられた使命

2011（平成23）年3月11日に発生した東日本大震災は，岩手県，宮城県，福島県といった東北地方の太平洋岸を中心とする広い地域において，死者15,889人，行方不明者2,598人（2014〔平成26〕年10月10日現在：警察庁まとめ），建築物の全壊・半壊は40万戸以上，ピーク時の避難者は40万人以上，停電世帯は800万戸以上，断水世帯は180万戸以上という未曾有の被害をもたらし，震災後43ヶ月を経てもなお，避難生活を余儀なくされている者の数は239,341人（2014〔平成26〕年10月16日現在：復興庁まとめ）にのぼった。この大震災は我が国における観測史上最大のマグニチュード9.0という大地震に加えて，波高9m以上，最大遡上高40.1mにも上る大津波と，炉心溶融，水素爆発の発生等による大量の放射性物質の外部環境への放出（国際原子力事象評価尺度のレベル7（深刻な事故）に相当する。）という極めて重大な原子力事故（福島第一原子力発電所事故）を伴った複合的災害であるところ，とりわけ原子力発電所事故は，現在も，事態が収束するには至っておらず，依然として，外部環境への放射性物質の放出が継続するなど，深刻な状況を完全に克服するに至っていない。

我々弁護士は，これまでにも，1995（平成7）年1

月17日発生の阪神・淡路大震災（兵庫県南部地震）や，2007（平成19）年7月16日発生の新潟県中越沖地震などにおいて，日弁連や各単位会として，あるいは個々の弁護士が，様々な形で災害復興に関わり，これを支援してきた。

しかし，今回の大震災は，かつてのどの災害をも凌駕する甚大な被害をもたらしたものであり，また，自然災害として片付けられない側面がある。とりわけ福島第一原子力発電所事故は，多くの識者からも「人災」であるとの評価がなされており，事故発生後の政府の対応の迷走，不手際は勿論のこと，東京電力及びこれまで原子力事業を推進してきた省庁，各種関係者，利益団体等の原子力事故に対する認識の甘さが，このような大惨事を引き起こしたというべきであって，これらはすべて，個々の市民の人権問題ということができる。

我々は，このたびの大震災に，会員の一人一人が真正面から向き合い，被災者，被災地の復興支援に取り組むべきである。その際，我々は，被災者，被災地の自治体が真に求めているところを，被災者，被災地の立場に立って把握するとともに，被災者に寄り添い，被災者の心の支えとなるよう努め，日本国憲法13条（幸福追求権），同25条（生存権）が保障する基本的人権確保の見地から，被災者が喪失した生活基盤の回復，被災地経済・産業の復興への歩みを強力に後押しする必要がある。また，被災地の弁護士・弁護士会や行政機関，他分野の専門家，ボランティア等の民間団体，マスコミ，政治家等との一層緊密な連携と協働を基本に据えつつ，地域ごとに異なり，また，時々刻々と変化する法的ニーズを把握するよう，被災者の声なき声に，常に耳を傾けながら，すべての被災者，とりわけ，障がい者，傷病者，高齢者，乳幼児・子ども，外国人，女性等，いわゆる災害弱者と呼ばれる人々に対しても，適時に，漏れなく，必要にして十分な法的支援が行き渡るように，相応の覚悟を持って，様々な施策に積極果敢に取り組まなければならない。

このような観点から，法友会は，原発事故被災者への適切な賠償の促進を始めとして，被災者の生活再建・事業再生の支援に取り組むことを目的として，2011（平成23）年4月に東日本大震災復興支援特別委員会を設置し，以後，2014（平成26）年度に至るまで，毎年度4度にわたり同委員会を設置した。その活動として，法友会は，東日本大震災発生直後から，被災者・被害者，被災地を支援する決意を表明し，復興支援活動に取り組んできた。さらに，2014（平成26）年7月12日の総会において，震災から3年以上が経過した現時点でも，東日本太平洋沿岸部の復旧・復興，原子力発電所事故被害の回復について，数多くの課題が残されていることを確認し，今後も被災者・被害者の方々に寄り添い，被災者・被害者の方々のために活動するという原点を忘れることなく，復興支援活動に引き続き最大限の尽力をする旨の決意と被災自治体それぞれの事情・要望に沿ったあるべき復興に向けて努力することを表明したところである。

2）復旧復興支援活動を行うに当たっての視点（被災者に寄り添うために）

(1) 被災者の中へ飛び込む

我々弁護士は，これまで，利用者から弁護士へのアクセス拡充という視点から，ひまわり基金法律事務所の設置や法テラス地方事務所，法律相談センターの開設など，長年にわたり，弁護士過疎・偏在の解消に向けたインフラ整備のために多大な努力をしてきた。

今回の大震災では，法的サービスの利用者である被災者の中に生活基盤を根こそぎ失ってしまった者が多数存在する。その上，被災地域自体がもともと高齢化が進行し，かつ移動手段も大きく制限された過疎地域が多く，避難所，仮設住宅等における生活の不便や不都合の中，被災者の多くは，将来の展望を描くことができず，極度に追い詰められた精神状態にある。そのため，真に法的支援を必要とする大勢の被災者が，容易に弁護士にアクセスできないという現状がある。

この点，被災者が容易に弁護士にアクセスできるようにするために，被災地弁護士会等の尽力により，法テラスと連携し，宮城県南三陸町・山元町・東松島市，岩手県大槌町・大船渡市（法テラス気仙），福島県二本松市・双葉郡に法テラスの出張所が新設されるとともに，岩手県陸前高田市にいわて三陸ひまわり基金法律事務所が，福島県相馬市に原町ひまわり基金法律事務所が新設されている。しかし，我々も，被災地弁護士会の活動に配慮しつつ，その活動を補充する意味で，被災地弁護士会の活動に対する後方支援や，震災直後より被災者支援に尽力している既設の公設事務所や新設の公設事務所等の所属弁護士に対する経済的援助，

日弁連の嘱託弁護士制度を活用する等した経済的負担の軽減措置についても，既存の制度との関係も考慮して，併せて急ぎ検討すべきである。

また，被災地が広範囲に及んでおり，仮に被災地域に，法的支援を目的とする弁護士常駐の拠点事務所を複数箇所設置できたとしても，なお弁護士へのアクセスに多大な時間と労力を必要とする者が多く，また，高齢者や障がい者の中には，そもそも既設相談所へ出向くことが事実上不可能な人々も多いことから，インフラ整備（被災地にオン・サイトの拠点事務所を設置する）だけでは，法的支援を受けたいと希望しても，そこから漏れてしまう人々の発生を避けることはできない。さらに深刻な問題として，被災者の中には，現実には法的支援を受ける必要があるにもかかわらず，それさえも自覚していない人々や，不確かな情報や誤った思い込みのせいで，法的支援のためのアクセスを自ら断ってしまう人々も多数存在している。そこで，我々弁護士は，まずは被災地に赴き，被災地の現況を目に焼き付け，被災者，ボランティア，行政機関の職員等の声を聞き，被災者への支援を図るとともに被災地の復旧復興のための課題を認識する必要がある。

加えて，被災者の中には他の都道府県に避難している方々も多数存在しており，東京都においても7,638人の被災者が避難していることを忘れてはならない（2014〔平成26〕年10月16日現在：復興庁まとめ）。

そこで，我々弁護士は，被災地の各弁護士会・東京三弁護士会，社会福祉協議会を初めとするボランティア等の民間団体，メディア，政治家等と強固な協力関係を構築し，被災地域や東京都の行政機関の負担と被災者のプライバシーに配慮しながらも，被災者支援に取り組む行政機関等と緊密な連携を図り，被災者，法的支援を必要とする者の所在地を把握するなどして，弁護士の側から，被災地や東京都に避難している被災者へ支援の手を差し伸べるべく積極的にアクセスを試みる必要がある（アウトリーチの手法）。例えば，後述する高齢者，障がい者等の支援のための仮設住宅への巡回法律相談，社会福祉協議会主催の「お茶会」への参加による相談のような機動的な法律相談，東京23区・多摩地区へ避難している被災者を対象とした個別相談を継続的に実施し，あるいは，被災地や東京23区・多摩地区において原発損害賠償の仕組みや方法についての説明会を開催するなどして，不合理な債務，親族・相続，原子力損害賠償，不動産，相隣関係，雇用，営業補償，生活保護受給，各種支援金受給申請などの幅広い分野で，被災者が抱える様々な法律問題の迅速かつ適切な解決に取り組み，被災者の一日も早い生活再建に寄与することが求められる。

さらに，個々の被災者が生活を再建させるためには，後述の企業の再建支援とともに，とりわけ住まいの再建が必須といえる。そのため，我々弁護士は，復興まちづくりのための基礎知識の習得に努めるとともに，防災集団移転促進事業及び土地区画整理事業等が迅速・円滑に行われるように復興まちづくりの計画策定段階から関与し，行政機関等への働きかけや必要な法改正等の提言等をなすことが強く求められる。

(2) 被災者の身になって

被災者に対する心のケアの必要性は，どんなに強調してもし過ぎることはないが，心のケアを必要とするのは，子どもや高齢者などの災害弱者にとどまるものではない。長期間にわたる避難生活や生活再建の見込みが立たない現状に，働き盛りの被災者までもが希望を見出すことができず，恒常的なストレス症状により身体と精神が蝕まれるといった事例が相当数報告されている。

我々弁護士には，今こそ，法律相談などを通じて，カウンセリング機能（心のケア）を大いに発揮することが期待されている。そのためには，法律家である前に，一人の人間として，被災者の立場に身を置き，不安，恐怖，苦悩，悲しみ，不満に思いを寄せて，被災者の気持ちを想像し，これを理解し，これに共感する力が必要であることを肝に銘じなければならない。

また，被災者が弁護士に気軽に相談しやすいような環境を整えることも必須といえることから，法友会有志が行っている紙芝居を使った法律相談や「法律相談会」という形式にとらわれずに，ボランティア主催の「お茶会」等の機会を活用して，真に被災者の法的なニーズに応えていく必要がある。

(3) 被災者，被災地支援の担い手を作る

東日本大震災の被災者，被災地における法的支援のニーズは多種多様であり，その数は膨大である。被災地の各弁護士会にかかる負担は甚大であり，また，一部会員の献身的な支援活動のみに依存することだけでは到底足りない。被災地の壊滅的な状況や，被災者の置かれた苛烈な状況に照らせば，我々すべての会員が

何らかの形で法的支援に関わる必要があることは論を俟たない。

ただ，支援の意思はあるものの，その方法が分からない会員も少なからず存在し，それら会員の意思を実際の支援活動に結びつける方策や仕組み作りをする必要がある。また，福島第一原子力発電所事故に関する損害賠償問題等，被災者，被災地が抱える法的問題は複雑多岐にわたり，しかも，被災後の時間の経過とともに風化が懸念される中，実務家法曹としての我々に対しては，より専門的かつ実際的な法的支援の実践や，被災者が真に必要とする情報を確実に提供することが強く求められている。

法友会は，今後も継続的かつ専門性のある研修会や講演会を実施するなど研修体制の充実を図り，被災者，被災地支援の担い手を多数育成するよう努め，また，これと同時に，すべての会員に対して，被災地の状況・支援への参加方法・関連する制度等に関する情報を不断に更新しながら発信を継続して，一般会員の参加意欲を高めるための努力をする必要がある。

(4) 行政機関，民間団体等や他士業との連携とワンストップショップの実現に向けて

我々弁護士の支援活動にとって，市役所，町役場，社会福祉事務所，ハローワーク，各種の被災地支援ネットワークなど被災地住民と関わりのある行政機関や社会福祉協議会，災害まちづくり支援機構等の民間団体，マスコミ・政治家との連携，協働体制の構築は，被災者が真に必要としている法的ニーズの把握，発掘を図るために必要不可欠である。

また，税理士，公認会計士，土地家屋調査士，社会保険労務士といったいわゆる隣接士業のほかに，建築士，不動産鑑定士，臨床心理士，社会福祉士といった他士業との連携・協働や，さらに進んで，ワン・ストップ型支援拠点の設立が実現すれば，被災者負担の大幅な軽減につながることになるだろう。同時に，このような他職種連携を経験する弁護士の増加により，労働問題，家事問題，原発損害賠償，災害弱者保護，罹災証明の認定見直し，生活保護受給申請，保護打切りに対する異議申立て等の行政手続といった分野毎に，より適切な弁護士を配置することが可能となり，被災者の救済に万全を期すことができるのである。

すでに，厚生労働省と地元弁護士会との連携の下，仮設住宅及びその周辺地域に居住する高齢者，障がい者等の支援のために，被災地にサポート拠点を100ヶ所程度設置し，弁護士等による仮設住宅の巡回相談を行っており，LSA（ライフサポートアドバイザー）との協働が進められているが，我々は，被災者，被災地のための復興支援は弁護士のみによって担われているものではない，という当然の事理を改めて認識し，各種行政機関，他士業，社会福祉協議会，災害まちづくり支援機構等の民間団体，マスコミ，政治家との連携，協働体制の構築に向けて，さらなる取り組みに努める必要がある。

(5) 将来の災害への対応を

東日本大震災の発生後，被災地単位会だけではなく日弁連・東京三会・東弁等においても震災対応の委員会が設置され，数々の有益かつ精力的な支援活動が行われている。また，東弁では，外国人の権利に関する委員会，子どもの人権と少年法に関する特別委員会，高齢者・障害者の権利に関する特別委員会，税務特別委員会など複数の委員会が，多様な視点と切り口で，被災者，被災地を対象に精力的な支援活動を行っている。こうした各種ノウハウの集積や貴重な経験の共有，各委員会相互の連携を図ることで，法的支援の実効性，効率性の向上が期待できることから，早急に東弁として情報の共有化，一元化の実現に取り組む必要がある。その上で，行政機関や民間団体等と連携しての初期対応や，被災時における各弁護士の留意事項等をまとめた各マニュアルの作成・改定等が求められる。それに際しては，2013（平成25）年3月に仙台市が発行した「東日本大震災　仙台市震災記録誌」に大変貴重な提言が多数掲載されているので，参考にすべきである。

2　復興まちづくりに対する支援

1）復興計画について

被災各地においては，迅速な復興を目指して復興計画を策定し，復興に向けた歩みを進めているが，その歩みは住民の希望とは裏腹に遅々として進まない上に，

復興計画，例えば，防潮堤，住宅地や商店街のあり方に住民の意思が十分に反映されていないとの不満も聞かれるところである。

被災地の復興に関しては，被災地の各自治体（県及び市町村）がそれぞれ復興計画を策定し，また復興推進計画（税制上の特例や個別の規制・手続の特例等を受けるための計画），復興整備計画（復興整備事業を迅速に行うための許可や手続の特例を受けるための計画），復興交付金事業計画（著しい被害を受けた地域の復興に必要な交付金事業に関する計画）等を立案して国の認可を得て，国からの交付金や補助等を受けて復興を推進している。そのような復興計画全体の枠組みの中で，自治体内の各地域の復興について，土地区画整理事業等の個別の事業が計画され進行している。

これらの各種計画の立案や推進は，国が設定した枠組みの中で，各自治体が中心となって進行しているが，各自治体とも，際限のない業務に追われる中で，住民の意向を十分に汲み揚げることができないまま業務を推進している傾向が強い。復興計画の策定や推進については，阪神淡路大震災の経験も踏まえて，条例に基づく「まちづくり協議会」の設置や外部専門家の活用等が提唱され，国もこれらの活用を支援する制度を作ったが，実際には限られたマンパワーの中で事業を効率的かつ迅速に進行することが重視された結果，阪神淡路大震災と比較しても，これらの制度は必ずしも十分に活用されていない。

本来，法的知識を有し利害調整の経験も豊富な弁護士は，このような復興まちづくり計画の立案や住民の意向反映に尽力しうる能力を有するはずであるが，実際には必ずしも十分に寄与できていない現状にある。これは，復興まちづくりに関する知識を有する弁護士が少ないことに加え，被災地の弁護士数が少なく，また，自治体や住民の側も弁護士を利用した経験が乏しいことから，いずれの側においても復興まちづくりについての協働の契機が乏しかったことに主たる原因があるのではないかと推測される。

今後，我が国においては，南海トラフ大地震あるいは首都直下型大地震による広範囲かつ深刻な被害の発生が予測されているが，我々東京の弁護士及び弁護士会においても，今般の復興まちづくりにできるだけ関与し，復興まちづくりについての知識，経験を蓄積するとともに，適宜，提言等を行って，被災地住民の権利・利益の擁護に尽力すべきである。その点では，いまだ少数とはいえ，被災地自治体に弁護士が任期付公務員として就任し，復興まちづくりの業務に関与する例が出てきたことは大変望ましいことである。引き続き弁護士会は，各自治体がより多くの弁護士を採用するよう働きかけるとともに，被災地自治体や単位会を支援して，被災地の復興まちづくりに関与していくべきである。

なお，東京都においては，2004（平成16）年に東京三会が他の専門家職能団体等に呼びかけて「災害復興まちづくり支援機構」が創設され，東京都と協力関係を構築しており，災害が発生した場合は東京三会が同機構と協力して各種相談事業や復興まちづくり事業等に寄与することが想定されているが，我々は引き続き同機構の活動の充実・強化を支援していく必要がある。

2）住いの再建について

(1) 住いの再建についての各事業の概況

「復興まちづくり」は，産業や商店街の再生，住いや公共施設，医療施設等の再建，地域コミュニティの再構築など，いくつかの要素から構成されているが，個々の被災地住民の生活再建のためには，産業の再生等による職の確保とともに，とりわけ住いの再建が必須である。また，住いの再建は，地域コミュニティの再構築とも不可分の関係にある。

住いの再建については，津波被災地においては，他の被災地と異なり，単に従前の居住地に住居を再建すればよいわけではなく，今後の津波被害を防止するために，高台に移転したり盛土して土地を嵩上げしたりする等の津波対策が必要であることから，阪神淡路大震災などと比較しても，対応にはより困難を伴う。このため，住宅再建のペースは，阪神淡路大震災と比較しても大幅に遅れてしまっている。

現在，津波被災地の復興まちづくり，とりわけ住いの再建に関しては，防災集団移転促進事業と土地区画整理事業が中心的制度として利用されている（2014〔平成26〕年6月末時点で，防災集団移転促進事業は予定されている337地区すべてについて法定手続が終了して311地区について工事が着手され，また土地区画整理事業は予定されている51地区のうち51地区すべてについて法定手続が終了して38地区について工事が着手されている。）。なお，今回の復興まちづくりに関して

利用しうる事業は20近くあるが，今回の災害復興に当たっては，上記2事業のほか，漁業集落防災機能強化事業〔34地区〕，津波復興拠点整備事業〔22地区〕，市街地再開発事業の合計5事業が主として利用されるべき制度と位置づけられ，中心的に利用されている。ただし，本稿では，説明の簡略化のため，上記2事業以外の事業については記載を省略する。

土地区画整理事業は，関東大震災や戦災からの復興を初め，従来，我が国において災害等からの復興に関して中心的に利用されてきた制度であるが，土地区画整理事業の場合は高台に移転するわけではないから，津波対策としては，対象地域内において住居をできるだけ高地に配置するとともに，盛土による土地の嵩上げにより対処することになる。しかし，今回のような大規模な津波が襲来した場合は，土地の嵩上げ等だけで十分に対応をすることは困難であるため，土地区画整理事業で対応しようとする場合は，防潮堤（防潮堤を補完する防波堤，河口部の水門等を含む。）の建設も合わせて実施する必要がある。また，土地区画整理事業に農業基盤整備事業や防災集団移転促進事業等を組み合わせて，少しでも高い場所に住居地域を設定することも検討される必要がある。

一方，防災集団移転促進事業の場合は，十分な高さに移転しさえすれば，津波被害の防止のためには有効な対応策となることが今回の被災においても実証されている（明治や昭和の過去の津波被害を契機に高台に移転した地域は今回の被災を最小限の範囲に抑えることができたが，土地の嵩上げや防潮堤で対応策を取っていた地域の多くは，土地の嵩上げや防潮堤の規模が不十分だったこと，防潮堤に対する過信等から甚大な被害を被った）。しかし，集団移転の目的地として相応しい高台の土地が多数あるわけではないため，用地確保の点に困難があり，また高台移転は利便性等を犠牲にする側面もあるため，現状では大規模な住宅街の防災を防災集団移転促進事業だけで実現することは困難である。とはいえ，高台への移転が最も有効な津波対策であることを踏まえると，用地確保の困難性を少しでも軽減して，防災集団移転促進事業の活用を図るべき必要性は高い。

また，資力その他の理由から自宅を再建しない被災者のために，多数の災害公営住宅を建築する必要があり，現在，建築規模の想定が困難な福島県を除く宮城県（約1万6千戸）と岩手県（約6千戸）の2県だけで2万戸以上の災害公営住宅の建設が想定されている。災害公営住宅事業についても，津波被害を防止できる高台等に建築する必要があるため，用地確保の困難性は同様に障害となっていたが，震災から3年以上経過した2014（平成26）年6月末時点で，工事に着手できた災害公営住宅が約11,692戸（前年同期3,500戸），用地確保済みが21,503戸とようやく目途がつきつつある（災害公営住宅は，公営住宅法に基づき県や市町村が整備し，自宅を失った被災者に安い家賃で貸し出す住宅であり，東日本大震災では，建設費の大部分は国からの補助で賄われるが，維持・管理費は原則として自治体の負担である。入居に所得制限はないが，家賃は所得によって異なり，また国の補助を受けて当初の5年間は大幅に家賃を減額するものの，その後5年間かけて通常家賃に引き上げていくことが予定されている。）。

(2) 用地取得の迅速化の必要性

高台移転や防潮堤，災害公営住宅の建設のための用地取得に関しては，相続手続が未処理だったり権利者が所在不明であったり，あるいは境界が不明確である等の問題を抱える土地が多数あることから，復興まちづくり事業の重大な障害となっている。

復興まちづくりが遅れることによって，不自由の多い仮設住宅暮らしが続いて人々が疲弊しているだけでなく，被災地からの人口流出や防災集団移転促進事業等からの離脱など，様々な問題が発生している。すなわち，復興まちづくりの遅れ等から，被災地の今後に対して展望を持ちづらいと考えて他の地域に転出する人々が出てきているとともに，資金力のある住民の中には集団的な復興まちづくり事業から脱退して住居の自主再建を選択する人も相当数現れてきており，自治体の側でも，各事業の進行が遅れていることを踏まえ，早期建築を望む住民の希望に応え，また人口流出を防止するために，最近は自主再建の場合も防災集団移転促進事業等の場合と同程度の資金支援を行って，早期の住い再建を後押ししようとする傾向にある。しかし，自主再建の場合は，土地区画整理事業等の対象地域外に住居を建築することになるから，地域コミュニティの再構築や秩序あるまちづくりの上では良策とは言えないし，また一度決定した防災集団移転促進事業等の計画を変更する必要も出てくるなど，復興まちづくり

のグランドデザインを歪めかねず，また住民間の一体感を失わせかねない懸念もある。

(3) 用地取得の加速化に向けた国の対応

復興事業の遅れを踏まえて，国（復興庁）は，「住宅再建・復興まちづくりの加速化措置」として，2013（平成25）年3月7日発表の第1弾から同年10月20日発表の第3弾までの措置を発表し，その中で用地取得の迅速化に関しては，財産管理制度（不在者財産管理制度及び相続財産管理制度）の手続の迅速化・円滑化，土地収用制度の手続の迅速化，権利者調査や用地交渉の補償コンサルタント等への外注の促進を謳い上げた（なお，加速化措置の第3弾発表の前日には，安倍晋三総理大臣が，被災地における記者会見において，従前に引き続き用地取得の問題が復興まちづくりを進める上で最大の障害になっていることを指摘した上で，上記の加速化措置が進行する結果，今後は用地取得の迅速化が期待されると述べた。）。なお，国は，2014年（平成26）年3月7日付で，住宅再建・復興まちづくりの加速化措置のフォローアップ結果を公表して，加速化措置の第1弾から第3弾までの措置によって用地取得の成果が大いに上がっているかのような発表を行っているが，被災地住民の実感とは乖離した発表内容といわざるを得ない。

さらに国は，岩手県が国の措置だけでは不足しているとして立法提案を行った後の，2014（平成26）年1月9日には，「住宅再建・復興まちづくりの加速化措置」の第4弾を発表したものの，用地取得の迅速化に関しては，従来と同様に財産管理制度や土地収用制度の運用見直しによる迅速化，権利者調査や用地交渉の外注の促進を掲げるのみであった。もっとも，国としてもこれらの措置だけでは用地取得の迅速化を十分に図ることはできないとの認識はあるようで，同年1月21日には，追加して，来年度から復興庁の非常勤職員として司法書士を採用した上で，被災地自治体へ派遣して地権者の所在調査等にあたらせることを発表した。

このような動きに相前後して，弁護士会においても，東北弁護士会連合会が2013（平成25）年7月5日付で「被災地の復興を促進するため，新たな法制度及び制度の改正・改善を求める決議」における被災地域における相続手続が未処理の不動産を迅速に自治体が購入できるようにする特別法の立法を提言し，2013（平成25）年11月25日付で岩手県が岩手弁護士会との共同研究案として発表した。そして，土地収用法とは別の特例法を制定し，復興整備事業のうち特に公共性の高い事業について被災自治体が特例措置適用を決定し，第三者機関が損失補償金見積額を算定して見積額を予納することにより復興工事事業に着手することを提言し，法友会においても，陸前高田市における調査（被災地訪問）を踏まえ，同年3月13日，当該提言を速やかに実現すべきと宣言した。さらに，日弁連においても，同月19日，被災者の生活再建に関し高い公共性を有する復興整備事業につき，独立性の高い行政委員会等が保証見積額を算定することにより事業の着手及び所有権取得を可能とするとの意見を公表した。

このような動きの中，国は，土地収用法の特例として，集団防災移転事業につき収用適用要件を50戸以上から5戸以上に緩和し，さらに，収用手続前でも事業着手が可能な緊急使用の期間を半年から1年に延長するなどとし，2014（平成26）年5月1日から施行された。

(4) 立法の必要性について

以上のとおり，国は，従前，既存の制度の活用や改善によって対応してきたが，ようやく，土地収用法の特例という既存の法律の枠組みの中での立法措置を実施した。

しかしながら，上記のとおり，岩手県を始めとする被災自治体は国に対し，相続関係の処理等について特例法の制定ないし超法規的措置を度々要望しており，国の立法措置は財産権の保障を過度に重視し，被災自治体の期待に応えるものとはなっていない。

確かに，個人の財産権，とりわけ最も基礎的な財産である不動産に対する権利はできるだけ侵害しないよう配慮することが必要であり，それは憲法上の要請でもあるが，今回のような大災害が発生した場合にまで，その原則を重視していると，他の人権侵害を招きかねない。

よって，今般のような大災害の場合にのみ限定した上で，正当な補償と適正手続の下に，個人の財産権に制約を及ぼすことも認めるべきであり，具体的には，緊急使用期間の延長ではなく，自治体が迅速に土地を収用できるように改善し，復興まちづくりを抜本的に加速させるべきである。そこで，当該事業が多くの地域住民に支持されていることを前提として，事前の交渉等の手続を大幅に圧縮して迅速に収用に着手できる

制度を構築すべきである。また，不在者財産管理人・相続財産管理人制度についても，特例法を制定して，適用範囲の拡大及び管理人の権限強化を図るべきである。

また，こうした制度は，移転先や防潮堤，災害公営住宅の用地確保に使われるだけでなく，災害危険地域に指定されて建物の建築が禁止され，自治体が買い上げる対象となる不動産についても適用すべきである。被災者にとっては，その売却代金は新たな住居確保の資金等に充てられる貴重なものであるから，被災者の生活基盤の確保という点で，移転先や防潮堤の用地確保の問題と何ら異ならないし，また，利便性の高い低地にある跡地を有効活用するためにも，公共用地が虫食い状態に陥ることは避けるべきだからである。

なお，次項で述べる二重ローン問題は，住いの再建の上で重大な障害となっているから，住いの再建に向けた各事業の内容が最終確定する前に，新たな立法も含めた抜本的な対策が早急に検討されるべきである。

3）仮設住宅について

仮設住宅は正式には応急仮設住宅といい，災害救助法に基づき原則2年（但し，東日本大震災に関しては，現在に至るまで原則的に延長されている）を目途として被災者に供与される住宅であるが，被災地の仮設住宅は約5万3千戸が建設され，2014（平成26）年6月現在，約4万2千戸・約93千名の被災者が入居中である。自宅に住めなくなった被災地の住民は，避難所→仮設住宅→自宅再建または災害公営住宅入居，と住いを変更していくことが想定されているが，復興まちづくりの進行状況を踏まえると，今後，相当長期間にわたって仮設住宅住まいを余儀なくされる住民が多数発生することが予測される。

仮設住宅については，用地確保の困難性や建築業者の対応能力の問題等から建築完了までに相当な期間がかかり，住民は長期間の避難所生活を強いられた。また，完成した仮設住宅についても，寒さ対策を初めとして様々な不備があり，実に多様かつ多数の追加工事が行われ，結果的には建築費用も当初想定より倍以上の金額を要することになってしまった。また度々の追加工事の結果，住環境が改善されてきたとはいえ，簡易な建物であるため，依然として冬季の底冷えは厳しく，また，住民の従来の住居に比べて狭く，近隣の音も伝わり易く，災害にも脆弱である。また，仮設住宅は学校の校庭に建築されている例も多いため，生徒らの運動やクラブ活動に支障をきたしている現状にある。ついては，復興まちづくりを加速して，極力早期に生徒らが自由に校庭を利用できる状態に戻すべきあるし，その一方で，長期間の継続が想定される仮設住宅の住環境の改善に引き続き努める必要がある。

また，ハード面の改善だけでなく，仮設住宅のコミュニティにおいては，グループ化，孤立化が進行し，人間関係のトラブルや孤独死などの問題が発生していることが報告されており，良好な人間関係を形成，維持するためのソフト面での工夫もなされる必要がある。

さらに，以上の通常の仮設住宅とは別に，今回の被災においては，仮設住宅建築の遅れ等も踏まえて，民間賃貸住宅を利用した「みなし仮設住宅」制度が大々的に活用された結果，本来の仮設住宅を上回る約5万4千戸も利用されている状況にある。みなし仮設住宅の場合は，被災者は自らのニーズに応じて好みの住宅を探して入居することができ，しかも通常の仮設住宅に比べて住宅性能も高い。自治体の側でも用地確保や建築等の労力がかからず（ただし，賃貸借契約や審査等の事務作業が大量に発生した。），仮設住宅確保のペースも大幅に迅速化することができた。しかし，みなし仮設住宅の場合は，他の被災者との交流も乏しいなど情報過疎の傾向が強く，また契約更新が確実とはいえないなど（このため，契約更新できなかったみなし仮設住宅から他の仮設住宅に移転する事例も発生している。），いくつかの欠点も指摘されており，対策が求められる。

我々弁護士も，仮設住宅の住民の状況については今後も常に目配りを怠らず，適時適切な提言を行う等して支援を行っていくべきである。

4）住宅再建支援制度の拡充と制度間格差の是正並びに各支援制度の利用促進

被災者の住宅再建のために国は各種の援助制度を用意し，それを補うために各地の自治体において独自の支援制度を設けているが，一層の充実した援助が求められている。また，これらの支援策を被災者が十分に理解することができるよう，国や各自治体において被災者向けに分かり易いパンフレット等を作成して広報に努めることが求められる。

また、防災集団移転促進事業と土地区画整理事業では被災者に対する住宅再建のための支援内容に差異があるため、被災者間の公平を図る制度の改善が望まれる。

加えて、災害援護資金貸付は、その免除要件5の不明確さゆえに、回収できない場合に貸し出した自治体が償還を負担することになる懸念があり、自治体によっては必ずしも積極的に利用を勧めていない現状にある。したがって、免除要件を明確にするよう国に働きかけていく必要がある。

3 被災ローン減免制度の現状と方向性

1）被災ローン減免制度の導入とその現状

東日本大震災による被災の結果、津波等によって担保物件たる建物等が滅失したにもかかわらず、住宅ローンだけが残ってしまい、これとは別に復興に向けての新たな債務を重ねて負わされる等、いわゆる二重ローンが発生する。今後これらの既往債務の負担を抱えたままでは再スタートに向けて困難に直面するため、一般社団法人個人版私的整理ガイドライン運営委員会（以下「ガイドライン運営委員会」という。）の下、2011（平成23）年7月15日、「個人債務者の私的整理に関するガイドライン」（以下「ガイドライン」という。）が制定され、同年8月22日、これに基づくADRによる債務整理の運用が開始された。

私的整理の枠組み内で予め定められたガイドラインに従って震災前の債務を減免することで、被災者の生活再建を支援する制度が被災ローン減免制度である。この制度は、債務者にとっては、原則として保証人への請求がなくなることや、債務の減免を受けたことが信用情報機関に登録されないこと、制度利用に必要な書類作成等を登録専門家である弁護士に無償で支援してもらえることなどのメリットがある一方、金融機関等の債権者にとっても、ガイドラインを適用して債権放棄した場合、無税償却できるものとされ、債務者の債務整理の進展に寄与することが期待された。この点、運用開始当初指摘された抑制的な運用状況は、利用対象者の要件の拡大や被災者の手元に残せる財産の範囲の明確化・拡大（当初99万円以下とされていた自由財産は、ガイドライン運用上500万円までその範囲を拡大されたほか、申出人が震災後に、ガイドラインの運用上の自由財産の範囲内として取り扱われる財産により取得した不動産を、ガイドライン運用上の自由財産として取り扱うこととされた）等による数度にわたる運用変更によって改善が図られ、被災者にとっての利用しやすい制度の実現が指向された。また、義援金、生活再建支援金等を差押禁止財産とする特別法も制定されたことから、同制度上もこれらが返済原資から除外されることとなり、被災者の財産保護が図られた。

しかし、同制度の申出件数は2014（平成26）年10月10日現在で211件（うち東北被災地206件）、申出に向けて登録専門家を紹介して準備中の件数は41件（以上、債務整理成立に向けて準備中の件数合計252件）、これによる債務整理の成立件数は、1,117件（うち東北被災地1,084件）にとどまる（ガイドライン運営委員会公表）。他方、震災後同制度によることなく、金融機関との個別合意により支払期限の延期等のリスケジュールに至った債務者数は、2014（平成26）年6月末時点で31,761件（うち住宅ローン9,972件）に上る一方、約定返済を一時停止している債務者数は震災直後の2011（平成23）年5月時点の14,083件（うち住宅ローン6,664件）から激減して、2014（平成26）年6月末時点では281件（うち住宅ローン111件）を残すのみとなっており（同年9月30日金融庁公表。ただし、最大債権者である住宅金融公庫を含まない。）、大半の債務が同制度を利用することなく個別合意によりリスケジュールされてしまっている。

2）被災ローン減免制度の利用が進まない原因と改善の必要性

(1) 制度の周知不足と周知徹底の必要性

被災ローン減免制度の利用が進まない最たる原因として一般に指摘されているのは、被災者に対する制度の周知が進んでいない点である。先のリスケジュールの進行状況に照らすと、金融機関が同制度を十分に説明することなくリスケジュールを進め、被災者の復興支援よりも自社の債権保全に走っている状況が顕著に窺われるところとなっている。その結果、本来債務者

の手元に残すことが期待される自由財産や義援金，生活再建支援金等も返済原資に充てられる事態を招来している。

そこで，日弁連においても2012（平成24）年8月3日付け会長声明において，この問題を採り上げ，弁護士会側が広報に積極的に取り組むばかりではなく，金融機関側もその社会的責任として債務者に制度を周知しその積極利用をサポートする義務がある旨を述べて，金融機関側の一層の努力を求めている。

金融機関の監督指導権限を持つ金融庁もこの点を問題として認識し，同年7月24日付け金融庁監督局長通知（金監第1894号）により，「金融機関は，債務者の状況を一層きめ細かく把握し，当該債務者に対してガイドラインの利用のメリットや効果等を丁寧に説明し，当該債務者の状況に応じて，ガイドラインの利用を積極的に進めること」として，同制度の利用促進を図っている。また，財務省東北財務局においても，同年10月2日付けで管内金融機関に対する要請文を発出し，「債務者に対して……ガイドライン運営委員会と当局が共同で作成したパンフレット等を活用し，ガイドライン利用のメリットや効果等を営業の第一線において丁寧に説明すること」とし，さらに，金融庁は，2013（平成25）年12月10日付けにて同様の要請を行っている。その際には，手元に残せる自由財産の金額及びガイドライン利用において債務者負担がないことを含めることとされ，また，リスケジュール済みの債務者にも改めてガイドライン利用を積極的に勧めることとされている。この点，金融機関によっては，高台移転推進の観点から被災不動産に関する抵当権の抹消に柔軟に対応しつつも，高台移転後の不動産に対して抹消済み抵当権に関する旧債務を合算して抵当権設定する運用を試みようとするところも散見されるが，これでは二重ローン問題をそのままにするに過ぎない。このような場面にこそ，まさに金融機関として被災ローン減免制度利用を被災者に積極的に勧めるべきであると言える。

ただし，現地から報じられるところによれば，問題は単に周知の不徹底だけにとどまらない。例えば，農協・漁協といった日頃の生活と密着した金融機関からの借入については，債務者側としても制度利用後の関係維持や新たな借り入れ等に支障を及ぼすことが強く懸念されることから制度利用を躊躇する傾向が見られる。また三陸被災地においては，司法過疎地における共通の問題として，債務に関する問題について先ず弁護士に相談するという意識が一般的とはいえないことも指摘されるのである。

そこで，上記利用促進策の推進のため，弁護士会としても金融機関による同制度の周知と利用に向けた一層の積極的対応と金融庁によるさらなる監督を求めるとともに，相談を担当する弁護士・弁護士会側，ガイドライン運営委員会，関連する地方自治体，さらには被災者支援に当たるNPO団体等の連携の下，より債務者に身近で効果的な周知活動の展開を図る必要がある。

この点，近時は，東北財務局，弁護士会，ガイドライン運営委員会主催，地元金融機関共催で，金融機関の顧客に対して金融機関からDMで案内を送るとともに，地域単位でチラシを折り込むといった広報手段を取った上で，無料相談会が開催されている。地元金融機関が相談会の共催者となり，広報にも協力したことは，制度利用の拡大に向けて大きな前進であり，弁護士会としては，今後全ての被災地において，あらゆる金融機関の協力の下に，かかる周知活動を推進していくべきである。

(2) 制度及び運用の問題点と改善の必要性

2013（平成25）年8月22日付け日弁連会長声明において指摘されるように，被災ローン減免制度による弁済計画合意の成立件数が債務者全体のわずかにとどまる背景には，周知の不徹底ばかりではなく，運用推進を阻害する諸問題，さらには同制度が全債権者の同意による私的整理の枠内にあることの限界があると言わざるを得ない。責任財産を限定する強制力のある立法的解決が望まれる所以である。現段階において，立法的解決が困難であるにしても，運用上の諸問題については，適切な改善がなされなければならない。

この点，2013（平成25）年5月22日付け仙台弁護士会会長声明，及び同年6月8日付け東北弁護士会連合会会長声明においては，被災ローン減免制度の不当な運用に関する指摘と改善が求められている。ここでは，①登録専門家紹介の条件として一定額の弁済を予め書面で確約させる事例，②被災ローン減免制度の申出要件をガイドライン運営委員会が厳格に解して，金融機関への申出書の発送すら認められずに申出の取下勧告がなされたり，取下げに応じなければ自動的に手続を

終了させるとの措置を採られたり，発送の条件として多額の弁済の確約を求められたりした事例，③被災地の登録専門家である申出支援弁護士がガイドライン運営委員会の見解と齟齬する見解をとっていた事案において，ガイドライン運営委員会が，ガイドライン適合性についての確認報告業務を担当することになっていた被災地の他の弁護士への登録専門家としての委嘱を，合理的理由を付さずに一方的に撤回し，東京の弁護士への委嘱後に「ガイドライン不適合」との意見が示された事例等が指摘されているところである。

これを受けて，ガイドライン運営委員会は返済の確約を事前に求めることは行わないと表明するに至っているが（同年8月30日），今後も不当な運用を生じさせないために，運用の実情について弁護士会としても引き続き注意を払うとともに，金融庁，ガイドライン運営委員会に対して監督の強化を促す必要性がある。

のみならず，より根本的な課題としては，被災ローン減免制度の利用を進めるための前提として，同制度の的確な運用と信頼性の確保を図るべく，ガイドライン運営委員会の構成における中立性は必須である。また，その運用上被災地における周知活動や債務者本人との面談等を積極的に推進することも重要である。そこで，ガイドライン運営委員会の構成上は，東日本大震災事業者再生支援機構等の例も参考にして，利害関係の無い者による組織運営を実現するのが望ましく（例えば，金融機関関係者を構成員とすべきではなく，仮にそうするとしても，地元金融機関以外の関係者とする等），また運用上も予算面での手当と並行して，スタッフが被災地に頻繁に出向いて諸活動を実施出来るようにするのが望ましい。ガイドライン運営委員会においては，かかる組織面，予算面等からの根本的な改善，改組も視野に入れた運用改善を図るべきである。

また，被災ローン減免制度の申出要件としては，現時点での支払不能ないし近い将来のそれが確実であることが求められているが，支払不能とまではいえないものの，従来通りのスケジュール及び金額での完済が困難な債務者は数多く存在すると思われる。こうした債務者においては，被災ローン減免制度は無力である結果，金融機関主導のリスケジュールに応じざるを得ないと思われ，その結果，現時点での生活再建が困難となり，将来的な破産も懸念される。同制度利用の申出要件の緩和を求めるとともに，同制度における責任財産のあり方を改めて問う余地がある。

さらに，被災ローン減免制度の説明においてはその利点として，原則として保証人への請求を行わない点が挙げられているが，ガイドライン上は，保証契約締結経緯や保証人の責任度合い，保証人の収入，生活実態に照らして，保証人に債務履行を求めることが相当と認められるときは，当該保証人について債務者と共に弁済計画案を作成の上，合理的範囲での弁済を求めているため，実際に保証人が免責されるかどうかは必ずしも判然としない。

その結果，個人資産を喪失することを懸念して，被災ローン減免制度の利用に非協力的な保証人の存在も一部に報じられており，結局制度利用を自粛して無理なリスケジュールに応じざるを得ない債務者も存在する可能性がある。そのような事態は，制度上保証人の免責範囲が限られ，かつそのための要件が十分明確化されていないために生じる，制度利用への萎縮的効果と言うべきものであり，本来税務上の対応も含めて保証人の全面的な免責が可能な制度設計が望まれるところである。

この点，実際には保証人が免責されない事例はほとんどないとの報告もあることから，少なくとも制度の改善策として免責基準の具体化を図る必要がある。また，運用の改善策として，制度利用により債務の減免が得られた事例を広く公表して保証人の免責状況の周知を図る等，制度利用の申出に先立って保証人の免責可能性の事前確認を可能とするよう，一層の改善を求めるべきである。

なお，2011（平成23）年10月26日，仮設住宅に入居中の者等に関して，現段階で住居費負担が発生していない場合であっても，近い将来に住居費負担が発生することを考慮して被災ローン減免制度の要件に合致するか否かを判断するとの運用改善がなされている。しかし，債務者にとっては，近い将来の住居費負担がどの程度であれば要件に合致するのかが分からず，上記改善が制度利用の拡大に必ずしもつながっていない。そこで，この点に関しても，仮設住宅からの移転後に住居費負担が震災以前の倍額になるものとみなして要件に合致するか否かを判断するといった，さらなる運用改善を図るべきである。

このように，被災ローン減免制度については，その周知のみならず，制度及び運用の問題点と改善の必要

性があり，引き続きこれらへの積極的取り組みが求められるところである。

3）今後の震災対策も含めた立法の必要性

2013（平成25）年7月5日付け東北弁護士会連合会決議が指摘するように，東日本大震災発生後，被災ローン減免制度が導入されるまでの5か月に，既に8,000名を超える債務者が条件変更の合意に至っており（金融庁2011〔平成23〕年7月版資料），その後も同制度を熟知しないままに条件変更を合意した債務者が相当する存在すると思料されることに照らすと，責任財産を限定できる強制力のある法律を震災直後から適用することが重要と言わざるを得ない。予め当該立法をしておくのが望ましいところではあるが，次なる震災の被災者数，残存ローン総額等をも参酌して法律内容を検討せざるを得ないというのであれば，少なくとも当該立法がなされるまでの間，任意の条件変更合意を停止させる措置を採る必要があり，この点も債務者間の不平等を生じることのないよう立法的解決を図るのが望ましいところである。

4　被災中小企業の支援体制の拡充

被災者の自立的再建，被災地の真の復興のためには，これまで長年にわたり被災地内外に対して製品，生産物，サービス等を提供し，また，幅広く被災地の雇用を吸収するなどして，被災地経済と地元コミュニティを支えてきた被災中小企業の立て直しが焦眉の課題であり，被災中小企業の支援に対しては十分な取り組みが必要不可欠である。その意味で，被災中小企業の再建なくして，被災地の復興はあり得ないとすらいうことができる。ところが，被災中小企業の法的ニーズの裾野は広いものの，弁護士に相談されないまま適切な対応ができていない事例が多数存在する。現在，日弁連では中小企業の法的ニーズに対応すべく，ひまわり中小企業センターを設置しているが，さらに中小企業庁や被災地の商工会議所，商工会等との連携を深めながらこれを拡充・発展させる必要がある。また，ひまわりホットダイヤルの周知徹底を図るよう努め，これまで以上に中小企業に対して適切な情報提供を行うとともに，中小企業の弁護士ニーズを着実に捉えて，これに応えていかなければならない。

他方で，被災中小企業の支援について，経済産業省は，被災事業者の二重ローン問題解消のため，産業復興機構を県ごとに設立することを企図し，岩手県，茨城県，宮城県，福島県，千葉県で設立している。そして，産業復興機構が，金融機関の中小企業に対する債権を買取り，買取後一定期間の元利金の返済猶予や債権放棄を行うことによって，被災企業の再建を支援することが企図されている。しかし，同機構には地域の民間金融機関も出資しているため，支援の対象が再生の可能性が高い事業者に限られることが懸念されるだけではなく，債権買取の際は債権を持つすべての金融機関の合意が必要であることや，買取額が企業の経営状態等で実際の債権額よりも安くなるために，金融機関の間での調整が難航していること等が原因で，債権買取が決定した件数は岩手県95件，福島県37件宮城県112件，その他30件（2014〔平成26〕年7月25日現在，復興庁まとめ）と増加してはいるものの，まだまだ当初の見込みよりも少ない。

また，復興庁等が主体となり，各県の産業復興機構による支援の対象とすることが困難な事業者を対象とし，被災した小規模事業者，農業・水産業者，医療福祉事業者などの事業再生支援を重点的に行う東日本大震災事業者再生支援機構が創設され，2012（平成24）年3月5日より業務が開始されたが，支援決定は501件（2014〔平成26〕年9月30日現在，東日本大震災事業者再生支援機構まとめ）にとどまっており，利用状況は増加してはいるものの，まだ当初の見込みよりも少ない。

日弁連や弁護士会は，①相談から支援までの一連の手続や両機構の役割等について被災者に周知するための具体的な方途を講じることや，②事業者再生支援機構と役割が重複する産業復興機構を統一して利用者のニーズに添ったワンストップサービスを実現すること，③債権買取手続の簡素化・迅速化を図り，再生意欲の強い事業者に対する，いわゆるつなぎ融資や新規融資が円滑に行われるような実効性あるルールを策定することなど，国や関係機関に対して，具体的な提言を含

めた働きかけをしていく必要がある。加えて、専門家の派遣や相談体制の整備、拡充などを通じて、実践的な支援活動を行っていかなければならない。

5　原子力損害賠償の問題解決に向けて

1）原子力損害賠償に係る紛争解決状況

福島第一原子力発電所事故（以下「本件原発事故」という。）に起因する原子力損害賠償紛争案件は、数万件から場合によっては数十万件を超えるといわれている。かかる紛争案件解決のための方法としては大別して、①東京電力株式会社（以下「東京電力」という。）に対する直接請求（本賠償手続）、②原子力損害賠償紛争解決センター（以下「原紛センター」という。）による和解仲介手続、及び③裁判所を利用する通常の訴訟手続が存在するところ、2014（平成25）年10月10日現在、東京電力による本賠償の実施状況は、政府による避難指示区域等からの避難者（個人）に対して約587,000件（累計）で合計1兆9061億円、個人（自主的避難等に係る損害）に対して約1,288,000件で合計3530億円、法人・個人事業主などに対して約250,000件（累計）で合計1兆9420億円となっている（同日付、東京電力発表資料）。

これに対して、2014（平成26）年10月10日現在、原紛センターによる和解仲介手続の実施状況は、次のとおりである。申立件数は13,332件（2013〔平成25〕年10月11日現在は8,077件）、これに対して既済件数は10,542件（同5,574件）、既済件数の内和解成立件数は8,665件（同5,084件）となっている。これを見ると、既済件数の割合が申立件数全体の約60パーセントとなっており、前年度において約30パーセントから69パーセントに上昇したことに鑑みれば申立件数の増加にもかかわらず、着実に事件の処理が進んでいることが見て取れる。

もっとも、現在進行中の件数が2,790件となっており、その内全部和解案を提示中の案件が252件と、2013（平成24）年10月11日時点の数字（進行中の件数が2,790件、内全部和解案提示中は252件であった）と比較して、滞留案件が、昨年度と一転して横ばい又は微増傾向にあることが分かる。

その原因はいくつか考えられるが、大きな要因として挙げられるのは調査官の人数が大幅に増加したことであろう。2013（平成25）年12月末時点でも調査官人数は193名であったが（2013〔平成25〕年版原紛センター活動状況報告書）、現在は同年年頭に文部科学省が目途とした210名にほぼ達しているものと見られる。

それ以外にも、弁護士代理比率が引き続き増加傾向にあること（2013〔平成25〕年は件数ベースで33パーセント、人数ベースでは81パーセントに達している〔前記報告書〕）、総括基準の浸透や原紛センターによる和解例の積極的な公表により（2014〔平成26〕年10月17日までに947件の和解例を公表）、原紛センターにおける「和解の相場」が、当事者及び代理人に認識されやすくなっていることが挙げられる。

なお、2013（平成25）年における月間の平均申立件数は340件であるが、2014（平成26）年10月11日現在の申立件数13,332件と2012（平成24）年10月11日現在の申立件数を比較すると、その差は5,254件であり、月間申立件数はおよそ438件になっているものと見られ、昨年度の減少傾向から一転して増加傾向がみられる。

2）被害者救済の担い手の確保

これまで我々は、原紛センターにおける仲介委員や調査官の確保、被害者側として各地の弁護団を中心とした原紛センターへの申立代理人業務または訴訟代理人業務、原発事故による被害者向けの法律相談業務への関わりなどを通じて、原発事故被害者の支援に携わってきた。

しかしながら、今後は被害者救済のために、より一層の担い手の確保が求められる。すなわち、本件原発事故による避難の状況を見ると、2014（平成26）年9月11日の時点で、避難者総数124,661人のうち、福島県から県外へ避難している人数が46,645人であるが（復興庁「震災による避難者」）、2013（平成25）年同期時点においても県外への避難者数は51,251人に上っており（復興庁資料）、いまだに多くの被害者が住み慣れた土地を離れての避難を余儀なくされている。その

内訳は，東京都へ6,261人，関東全体でも23,942人となっており，県外への避難者は全国各地に広がっていることが見てとれる。無論，東京以外にも関東各県，また近畿圏などを中心として全国各地で弁護団が結成されて，活発な活動を行っている。

しかし，上記の県外避難者数46,645人のうち，9,699人は，本件原発事故に関する賠償についての情報が，より届きにくいと思われる「親族・知人宅等」に避難しており，賠償に関する法律相談はもちろん，原紛センターへの和解仲介手続の申立や訴訟提起における代理人の確保に対する困難が想像される。

これまで，各地の弁護団による献身的な努力，また「東日本大震災被災者援助特例法」に基づく法テラスによる弁護士費用の援助などによって，原紛センターへの和解仲介手続の申立については，前記のとおり，弁護士代理比率が2013（平成25）年は件数ベースで33パーセント，人数ベースでは約81パーセントに達している。しかしながら，上記のような広域にわたる避難者の存在に鑑みると，より一層の被害者救済のための方策，具体的には法律相談や原紛センターへの申立代理人を担う弁護士と，広域にわたって避難している被害者を結びつける新たな枠組みの検討が必要である。

さらに，近時においては原紛センターへの和解仲介手続の申立だけではなく，訴訟提起の動きも広がりつつある。いわゆる自主避難区域については，原紛センターでは，事案ごとの個別具体的な事情を踏まえた精神的損害に対する慰謝料を認める和解案の提示がほとんど行われず，定型的な基準に基づく和解案の提示が大半であるため，訴訟による解決を求める被害者が多くなっている。また，自主避難区域のほか，旧緊急時避難準備区域においても同様であるが，これらの地域においては避難指示区域と異なって，東京電力からは居住用不動産（土地・建物）や家財等を対象とした財物賠償が行われず，原紛センターにおいては，これらの区域における居住用不動産を対象とした財物賠償について，いまだ和解例が見られない状態であるため，訴訟による解決を求めざるを得ない。

避難指示区域においては，避難に伴う精神的損害に対する慰謝料は原紛センターの和解例でも，個別事案ごとの具体的事情を斟酌することにより，東京電力の基準や中間指針に明記された金額よりも高額な事例が見られるようになっているが，他面，本件原発事故により地域のコミュニティが崩壊したことなどに対する精神的損害の賠償は認められておらず，原紛センターにおける解決について限界を感じ，訴訟提起を検討する被災者や被災地域も広がっている。

このように，さまざまな集団訴訟の動きが広がっているが，今後さらに訴訟提起の動きが広がった場合に，弁護士が原紛センターへの和解仲介手続の申立代理人のみならず，被害者の訴訟代理人として対応するためのマンパワーを確保することが必要である。原紛センターの申立代理人となる場合にも同様の課題はあるが，訴訟代理人として活動する場合は，依頼者とのコミュニケーションを図るために，避難先あるいは自宅にとどまっている被害者の元へ赴いて面談を行うなどの負担がさらに大きくなることが予想される。被害者の数は膨大であるのみならず，前述のとおり避難先は全国に広がっており，被害者救済のための担い手をどのように確保し続けることができるかが課題となろう。

とくに各地の弁護団による原紛センターへの集団申立てや集団訴訟の提起に参加していない被害者の救済を検討するとき，原紛センターへの申立代理人や訴訟代理人となる弁護士と被害者をどのように結びつけることができるかという課題が，より顕著になると思われる。福島県から遠く離れた地域に，個人的な縁を頼って避難している被災者についてはさらに難しい問題である。

ちなみに，福島県の避難者支援課のホームページに「避難されている方々へ」という，全国各地の避難者向けの地域情報提供サイトへの入口が置かれているが，「ご相談を承ります」のコーナーには，東京地区では民間ボランティア団体や「東京司法書士会」の連絡先が掲載されているのみであり，全国を見ても「法律・賠償」の相談先としては近畿圏の弁護士会，弁護団が目立つものの，避難先が全国各都道府県に広がっていることとの対比では，弁護士会からの情報提供が不足している感は否めない。

3）原子力損害賠償について

(1) 原子力損害賠償実体法の観点から～中間指針に対する批判的姿勢の保持～

2011（平成23）年8月5日の原子力損害賠償審査会による東京電力株式会社福島第一，第二原子力発電所事故による原子力損害の範囲の判定等に関する中間指

針は，事実上，福島第一原子力発電所事故の損害賠償の算定指針として機能している。しかし，1ヶ月10万円とされる避難慰謝料の額の妥当性，強制避難対象地か否か，再区分後の避難区分が帰還困難区域か，居住制限区域かあるいは避難解除準備区域かによる基準の色分け等，多くの問題を内包している。2013（平成25）年12月に公表された第4次追補では，帰還困難区域と大熊町・双葉町の居住制限区域及び避難解除準備区域と，その他の居住制限区域及び避難解除区域とを異なる基準により賠償するものとしており，そのことが，原子力損害賠償被害者の間の新たな分断をも生んでいる。

同追補による住宅確保損害は，従前の東電基準による財物賠償との差額賠償であることから，既に安価な住宅を確保済みの方については差額が少ないか，差額がないことから賠償対象とならないと解されている限界があり，見直しも必要である。また，同追補の運用面においても，賠償額が確定しない段階で積極的に住宅確保損害の賠償を前提とする契約をすることは困難であるから，実際に住宅確保のための契約等を疎明して初めて賠償額が確定できるといった運用は避ける必要がある。

すでに避難解除がなされた地区があり，また，これから多くの地区についても避難解除がなされることが想定されているが，この場合の避難慰謝料の終期がいつになるのかについての十分な議論が未だなされていない。さらに，故郷喪失の精神的損害については，多くの者が戻って来ず，インフラ回復も不十分なままであるにもかかわらず避難解除がなされたことで回復するのか等の問題がある。

(2) 原子力損害賠償手続法の観点から

❶ 証拠法の観点・未登記不動産，相続登記未了不動産についての損害賠償請求の簡易化

不動産賠償について，現状は，登記簿謄本や名寄帳，遺産分割協議書等により，被害者を認定し，賠償を進める扱いをしているが，相続未了不動産や未登記建物についての立証に困難を生じている。速やかに賠償がなされるために，簡易な方法での原発被害立証をするための制度または証拠法則が必要である。

❷ ADRの機能の観点・ADR和解案について片面的裁定機能の付与

原子力損害賠償について，東京電力への直接請求によっては十分な賠償が得られないことから，原子力損害賠償紛争解決センターへの和解仲介申立をする例は，1万3,332件にのぼっている（2014〔平成26〕年10月11日現在）。同センターの和解仲裁について，原子力損害賠償支援機構法に基づく「新・総合特別事業計画」（2013〔平成25〕年12月27日策定）記載「3つの誓い(3)「和解仲介案の尊重」（同計画35頁）」によれば，東京電力は，同センターの和解案を尊重する義務を負うものとしているにもかかわらず，和解受諾を拒否するとの事例が存在する。現在の制度では，あくまで同センターは和解を仲介するにとどまっており，裁定機能はもたされていない。同センターの和解案は，申立人の提出した報告書その他の証拠にもとづいて，一定の証拠判断をした上でのものであり，主張調整的に間をとるような和解案とは全く異質である。そこで，一案としては，同センターの和解案提示に東京電力のみに片面的拘束力のある裁定機能をもたせ，東京電力において2週間程度の期限内に裁定取消訴訟を提起しない限り和解案が確定する等，東京電力に法的な和解受諾義務を負わせることが必要であり，弁護士会は，かような制度の制定にむけての法制度研究と実現に向けた努力を重ねるべきである。

(3) 原子力発電所事故被害者への啓発活動の観点から ～権利行使のさらなる促進，適正な賠償の実現を～

原子力損害賠償について，特別立法で時効の延長はなされたが，それだけで権利行使をしていない被害者の問題が解消される訳ではない。そもそも東京電力に対する直接請求すらしていない被害者，東京電力に対する直接請求はしているものの，直接請求以外に権利行使の方法を知らないために，適正な賠償を得られない被害者等が数多くいる。また，福島県内の強制避難区域だけで約8.1万人に及ぶ原子力事故被害者の多くは，原子力損害賠償紛争解決センターを経ないまま賠償を受けており，同センターが十分に認知されているとはいえない。弁護士・弁護士会は，被害者の状況を個別に確認した上で，原子力損害賠償についての啓発活動を今後も続けるべきである。

(4) 原子力発電所事故被害者の生活保障の観点から～被害者の生活再建のためのアプローチ～

仮設住宅やみなし仮設住宅の使用期限の延長について，毎年年度末に延長申請している状況だが，当然に

利用期限を延ばすべきである。

我々，弁護士・弁護士会は，被害者の声に耳を傾け，少しでも生活再建の力になるよう努力を惜しんではならない。

4) 退任調査官の処遇について

法友会は原紛センターの発足当初から多数の調査官や仲介委員を送り出してきた。原紛センターが期待される役割を果たすことが被害者救済につながることから，その担い手である調査官を送り出すことも法友会としての責務であるとの考えからである。

これまでは，調査官在職中の待遇面，とくに人員不足の状態における労働時間や給与面の問題，及び調査官退任後3年間は原子力損害賠償紛争案件に関わることができないとされていることなどが課題とされてきた。

しかし，2012（平成24）年度に法友会が行った原紛センターの現役調査官との懇談会においては，退任後の弁護士としての活動に対する不安が多く聞かれた。すなわち，調査官に就任する以前において，弁護士としての活動歴がないまま，調査官の業務だけを行っていた場合，民事，刑事等の訴訟実務の経験がなく，そのため退任後の就職先が見つからないのではないか，またいわゆる即独に近い形で弁護士登録を行った場合には，実務経験に基づく弁護士としての力量が乏しいことからくる事件処理に対する不安が多く聞かれた。

この問題については，現在行われている新規登録弁護士に対する種々の弁護士会によるサポートを，調査官退任者向けにさらに充実させるなどの方策が必要とされる。これと同時に，「調査官退任後3年間は原子力損害賠償紛争案件に関わることができない」との内規の修正を文部科学省に働きかけることも必要である。

多くの優秀な若手弁護士を調査官として送り出すことが，原発ADRを通じた被害者支援に資するという意味で，調査官の退任後の不安を取り除くことが重要である。人材を送り出してきた法友会としては，調査官退任後の経済的自立を促す施策を真剣に考えるべき責務があると言えるだろう。

また，原紛センターの実務に通じた調査官が，退任後に，被害者側に立って，原紛センターへの和解仲介手続の申立て，東京電力に対する損害賠償請求の訴訟代理人，その他各種の法律相談活動に携わり，原紛センターで培ってきた能力を発揮することは，何より，被害者の権利利益の保障に資することのはずである。したがって，現在の内規は，不合理というべきで，この修正を求めて，法友会としても力を尽くす必要がある。

6 災害関連死の認定の問題

(1) 認定の不均衡

災害弔慰金の支給等に関する法律に基づき，災害により死亡した者の遺族に対して災害弔慰金が支給される（同法第3条）。ところが，この「災害により死亡した」（以下「災害関連死」という。）との認定を受けた者は，岩手県で441人，宮城県で889人，福島県で1,704人（2014〔平成26〕年3月31日現在：復興庁まとめ）とされているが，ここには，被災状況や被災者数に照らして，統計上も有意な不均衡が認められる。そして，震災相談等の現場からは，この不均衡の要因として，①認定基準の不統一，②制度の周知不足（誤解を含む），③災害関連死の審査について市町村の審査会ではなく県の審査会に委託していることが挙げられている。

実際，宮城県における，6ヶ月以上後に死亡した方についての申請が著しく少ないことが指摘されているが，これは，新潟中越沖地震の時の運用基準（長岡基準：6ヶ月以上は災害関連死でないと推定する）を援用していることが知れ渡っているからと考えられる。しかし，裁判例では，災害がなければ「その時期に未だ死亡という結果が生じていないと認められる以上は」関連死に該当するとされており（1988〔平成10〕年4月28日大阪高裁判決），司法の場では，震災と死亡までの期間（例えば6ヶ月以内）について言及されていない。しかも，新潟中越沖地震と今回の東日本大災害とは，災害としての規模・態様は大きく異なっており，長岡基準を援用したかのような運用をし，これにより認定上の不均衡が生じて救われるべき人が救わ

れていないとすれば、行政上の便宜を考慮しても、それは誤りといわねばならない。

(2) 不均衡の是正策

上述の自治体間の不均衡は是正されるべきであるが、他方で事案が多種多様であることに鑑み、やみくもに一律の基準を作成すればよいというものではなかろう。一律の基準が硬直的に運用されるとすれば、本来救われるべき人が救われないという弊害が予想されるからである。不均衡を是正しつつ、救われるべき人が救われるための施策としては、国が、自治体から関連死の審査事例を集約した上で、匿名化を行って事例集を作成して、自治体との間で情報を共有し、さらには住民に向けて公表することが必要且つ有効である。

審査事例の集約は、国において関連死の原因を探り対策を立てるうえでの基礎資料となり、今迫っている災害関連死を防止し、将来における災害対策にも資するものである。また、集約結果が公表されることにより、自治体における審査の目安となって自治体間の不均衡の是正に役立つとともに、遺族に対して申請するか否かの目安となり適切な申請を促す効果が期待できるのであり、早急に審査事例の集約に着手することが望まれる。

また、救われるべき人が救われるための施策として、国及び自治体は、被災地の住民及び全国の避難者に対し、災害関連死と認められるためには、災害と死亡の間に直接的なつながりが認められる場合だけでなく、災害がなければその時期に死亡することはなかったと認められる場合が含まれること、およびその具体的な例を積極的かつ分かりやすく広報することが必要である。さらに、現在に至るまでに死亡届の提出がなされた全ての方の遺族に対し、遺族の心情に十分に配慮した内容の災害関連死の制度と申出に関する具体的な案内を個別に発送し、疑問を感じる事案については積極的に災害関連死の審査の申出又は弁護士会や日本司法支援センターへの相談を促すように周知をするべきである。

(3) 審査委員会の問題

さらに、岩手県においても災害関連死の認定率が低い理由としては、多くの市町村において災害関連死の審査について、市町村の審査委員会ではなく県の審査委員会に委託していることが指摘されている。すなわち、①県の審査委員は被災地在住ないし被災地で執務しているものではないため、被災地の審査委員と比べ震災直後の被災地の状況、仮設住宅入居者に生じている一般的な問題点及び現在の被災者の状態等、審査に必要な前提知識に乏しく適正な判断を下すことが難しい。また、②震災前後の被災地の状況、特に医療機関や福祉機関等が保有する情報の所在や内容及び近隣住民の交友関係に関する前提知識に乏しいため、審査に必要な情報を十分に行うことが困難であり、その結果、死亡時期から因果関係の有無を決する長岡基準に依拠しやすくなっていると思われる。

これに加えて、県の審査委員会に審査を委託した場合、市町村の窓口で災害関連死の制度説明や住民からの問い合わせに応じる職員が実際の審査を目にすることがないため、審査基準や審査の傾向を十分に把握できないまま、誤解に基づく説明、応答を行っている可能性が高く（特に長岡基準に沿った審査がなされており適正だという誤解が生じている可能性が高い）、これが上述(2)の申請件数の低下に影響している可能性が指摘されている（宮城県の中でも、県の審査委員会に審査を委託している市町村の申請件数は著しく低い）。

また、審査委員会の委員構成において医師の委員が多い場合には、医師はその職務の性質上死亡の主たる原因にこだわりやすく、法律判断である相当因果関係の判断が適切に行えていないことも要因ではないかと思われる。相当因果関係の判断が法律判断であることを踏まえると、医師を医療判断アドバイザーとし、審査委員には弁護士を多く選任すべきである。福島県において災害関連死の認定が比較的に多い要因は、審査委員として弁護士が3名中2名以上入っているからである。

以上の状況を踏まえ、弁護士会は、審査委員会を市町村に設けるように働きかけ、かつ、審査委員の弁護士委員の割合を増やすように働きかけるべきである。そのために、弁護士会は研修と人材の提供に努めなければならない。

(4) 災害弔慰金額の算定の問題

災害関連死と認定されると、死亡した者が主たる生計維持者の場合は500万円、そうでない場合は250万円の災害弔慰金が遺族に支給されるところ、生存配偶者に103万円以上の収入がある場合には死亡者は主たる生計維持者と認められない運用がなされている。その

結果，生存配偶者が，自らが働くことにより亡くなった配偶者の命の価値を低下させてしまったと苦しむ事例も出ており，また，パートに出て生計の補助を図る必要のある遺族について弔慰金が半額しか支給されず，社会政策的に見ても相当とは思われない事態を招来している。パートで生計を助ける配偶者と家族を支えるために働く配偶者という社会通念を重視して上記収入基準によって判断する運用を改めるべきである。

第**8**部
人権保障制度の
現状と課題

第1 各種権利保障の在り方の改革

1 子どもの人権

> ・子どもをめぐる立法・法改正に際しては、子どもの権利条約の趣旨に立ち返り、子どもは人権の主体であることを再確認して、子どもの人権が真に保障される制度を作るべきであり、日弁連及び弁護士会は、子どもの権利基本法の制定へ向けた提言を含めた積極的な提言を行なうべきである。
> ・少年法の理念を守り、少年の成長発達権を保障するため、日弁連及び弁護士会はより良い制度改正へ向けた運動をするとともに、付添人・弁護人として、少年法の理念に沿って少年の権利利益を守る活動をするべきである。
> ・家庭・学校・施設・地域など社会のあらゆる場で、子どもの人権保障が全うされるよう、弁護士・弁護士会としては子どもに対する法的支援をいっそう進めるべきである。

1）子どもの人権保障の重要性

　子どもは、明日の社会を生きていかなければならない。この世に生を受けた以上、みな等しく人格の価値を尊重され、それぞれの特性に応じた成長発達が保障されるべき存在である。成長の過程で人間としての尊厳と成長発達する権利を十分に保障されてこなかった子どもは、子ども時代に非行などの問題行動という形でSOSを発することもあれば、大人になってから、犯罪に走ることもあり、また、心の病に罹って長期間苦しむ者も多い。子どもの人権が保障され、成長発達することができて初めて、将来、子どもが大人になった時に、他者の人権を尊重することのできる人間になれるのである。

　また、子どもは大人社会の鏡でもある。したがって、子どもの人権保障は、大人の人権保障達成度の尺度でもある。

　ところが、日本においては、子どもの権利条約が批准されて発効（1994〔平成6〕年5月22日）した後においても、子どもは「保護の客体」であるという意識が根強く、一人の「人権主体」として扱うという視点が欠けている。子どもは、一人一人が人権の享有主体であり、とくに「子ども期」に特有の人権として「成長発達権」「意見表明権」（憲法13条等）が保障されなければならないということを再確認する必要があろう。

　そのためには、国レベルでは子どもの権利基本法を制定し、また、東京都のレベルでは子どもの権利条例を制定して、子どもが権利の主体であること、成長発達権と意見表明権を有することを明記した上で、具体的な立法や行政の中で生かしていくこと必要であり、政権交代を踏まえ、日弁連・弁護士会としての真剣な取り組みが求められる。

2）少年司法制度をめぐる問題

(1) 少年司法制度の目的

　少年司法制度の理念・目的は、少年の健全育成であり（少年法1条）、非行に陥った少年に対しても、応報的な観点から厳罰を下すというのではなく、教育・福祉・医療などを含めた総合的な見地からの対応がなされなければならない。なお、「健全育成」という言葉は、少年を権利の主体として見るのではなく、保護の客体と見るニュアンスがあるため、最近では、少年司法制度の理念を、少年の成長発達権保障という観点から捉え直すべきであるという考えがもはや常識である。

　少年の成長発達権保障（健全育成）とは、少年が未来に開かれた可能性を秘めており、試行錯誤を繰り返しながら成長してゆく過程にあることを前提とし、教育的配慮及び対応によって、非行に陥った少年が再び

非行に走ることなく，自らの力で立ち直り生きてゆくことを支援することに他ならない。少年は，経験・学習を積み重ねながら，日々成長して人格を形成していくが，この過程は，人間存在の根本に連なるものとして，国家・社会などがみだりに干渉すべきでない憲法上の権利（憲法13条，25条，26条など）であると言うべきである。

もとより，試行錯誤の過程において非行に走った少年に対しては何らかの支援が必要である。そして，その支援としての少年審判手続及び保護処分は，少年自身や被害者，家族・関係者などの人間の尊厳，基本的人権の尊重などについて，少年を啓発するものでなければならない（子どもの権利条約40条参照）。

このような視点からすれば，少年に対する保護処分は，刑罰でもなければ社会防衛処分でもないのであり，少年の成長発達権を保障するものでなければならない。

ところが，現実には，少年法は，2000（平成12）年を皮切りに，2007（平成19）年，2008（平成20）年，2014（平成26年）と相次いで「改正」され，刑事裁判化，刑罰化・厳罰化が志向された。4度の「改正」を経ても，少年法1条が規定する「少年の健全育成」という理念は変わらないとされるが，実際には，制度の変更は理念の変容をもたらし，少年審判のあり方や調査官調査のあり方が変容しているというのが現場の実感である。そのために，少年の成長発達権保障がないがしろにされる事態が生じている。なお，2000（平成12）年以降の「改正」の歴史についての詳細は，2014（平成26）年度版政策要綱を参照。

このような変容は，時の経過とともに不可避である担い手の変化が大きい。すなわち，2000（平成12）年から14年を経て，当時の「改正」をめぐる議論を知らない者たちが，今の少年審判を担う裁判官・調査官・付添人になっている。そのため，「改正」法の解釈運用も立法当時に議論されていたような厳格なものではなくなってきて，安易な検察官関与や観護措置期間の特別更新がなされたという事例や，少年法の理念に反する逆送事例なども報告されているところである。

少年法が徐々に「改正」されてきたことに対し，日弁連は常に反対してきたが，残念ながら，「改正」を阻止することはできなかった。反対運動にもかかわらず「改正」されてしまった以上，我々弁護士は，個々の事件において，弁護人・付添人として活動する中で，少年法の理念を守る守護者にならねばならない。

(2) 全面的国選付添人制度実現へ向けた運動

少年事件に付添人を付する必要性は，成人の刑事事件の弁護人選任の必要性に勝るとも劣らない。この必要性は，2000（平成12）年の少年法「改正」により，ますます強まった。

ところが，少年法は，少年及び保護者に付添人選任権を認めるが，資力のない少年に実質的に付添人選任権を保障する制度にはなっていなかった。2000（平成12）年改正少年法は，検察官関与のある事件について国選付添人制度を規定したが，検察官関与のない通常の事件について，付添人選任権を保障するものではなかった。

そこで，少年の付添人選任権を実質的に保障するため，福岡県弁護士会は，2001（平成13）年2月より，当番付添人制度（身柄全件付添人制度）を発足させ，目覚しい成果を上げた。

東京も福岡に続くべく，法友会・法友全期会は，2003（平成15）年7月，「当番付添人制度実現を提言する決議」を行い，2004（平成16）年4月からの東京での当番付添人制度実現に向けてさまざまな取り組みを行った。

その結果，東弁では，2004（平成16）年7月28日の臨時総会において財政的手当てを行い，2004（平成16）年10月より，東京家裁本庁の事件について当番付添人制度を発足させ，多摩支部では，2005（平成17）年4月より制度実施に至った。その経過の詳細については，2014（平成26）年度版政策要綱273頁参照。

このような運動の成果は，2007（平成19）年「改正」少年法の唯一評価できる点として，検察官関与を前提としない国選付添人制度の創設という形で現れた。

しかし，国選付添人選任の対象となるのは，①故意の犯罪行為により被害者が死亡した事件，②死刑又は無期若しくは短期2年以上の懲役若しくは禁錮に当たる罪の事件，③被害者等が審判傍聴の申出をした事件，に限定されるうえ，裁判所の裁量的選任であるために，実際に国選付添人が選任される事件は，身体拘束事件全件のうちのわずかに過ぎなかった。

2009（平成21）年に被疑者国選弁護事件の対象がいわゆる必要的弁護事件に拡大した後は，法制度としては，被疑者国選弁護人が選任された少年について，その弁護人が，家裁送致後には少年から「去って行って

しまう」という不合理な事態になりかねないものとなっていた。そのため，国選付添人選任の対象事件を少なくとも身体拘束事件全件に広げるためにも，各弁護士会が独自に当番付添人制度（全件付添人制度）を発足させ，人的対応能力を示した上で，少年が付添人の援助を受けることが，少年の権利保障の観点はもちろん，少年の更生にも不可欠であるという実績を示すことが必要であった。そこで日弁連は，2009（平成21）年3月，全面的国選付添人制度実現本部を立ち上げ，制度実現へ向けた内外への働きかけを本格的に開始した。

そして，全国で全件付添人制度（当番付添人制度）を実現・維持していくためには，援助制度の充実・継続が不可欠であり，そのための財政的な手当てを講じることが必要であった。そこで，日弁連は2007（平成19）年10月より，少年保護事件付添援助事業を含めた各種法律援助事業を，法テラスに委託して実施することとした。そして，この事業を支える財源の手当の必要性があったことから，法友会・法友全期会は，2008（平成20）年7月，「少年保護事件付添援助制度等を維持・発展させるための財源手当を求める決議」を行い，新しい基金の創設を推進してきた。その結果，2008（平成20）年12月の日弁連臨時総会において，「少年・刑事財政基金」の創設とそのための特別会費徴収（1人当たり1か月3,100円）が決まった。

ところが，必要的弁護事件以外の被疑者弁護の受任が促進されたこと，付添人活動が全国的に充実してきたことから，早くも2009（平成21）年には援助制度利用件数が想定件数を上回り，このままでは2010（平成22）年中に基金が枯渇する事態になった。そこで，2010（平成22）年2月の臨時総会にて，特別会費徴収額を1人当たり1か月4,200円に増額することが決まった。

そして，このような取組みの成果として，2014（平成26）年4月11日，国選付添人制度の対象事件を拡大する少年法改正案が可決成立した。

ただし，この改正に伴い，検察官関与対象事件が拡大したこと，少年の厳罰化が進行したことは，少年法の理念に反する「改悪」であった。その経緯と立法過程における日弁連の対応の問題点については2014（平成25）年度版政策要綱275頁参照。

(3) 少年矯正制度の改革

広島少年院での複数の法務教官による在院少年に対する暴行事件（以下「広島少年院事件」という。）があったことが，2009（平成21）年5月22日に広島矯正管区が発表したことで明らかになった。

これを受け，日弁連は，同日に会長談話を発表し，さらに同年9月に，「子どもの人権を尊重する暴力のない少年院・少年鑑別所への改革を求める日弁連提言」と題する意見書を公表し，「視察委員会（仮称）」等の設置を提言した。併せて，法務省内に設置された少年矯正を考える有識者会議（以下「有識者会議」という。）に，日弁連子どもの権利委員会委員長を推薦して，有識者会議における議論の推移を見守ってきた。

そして，有識者会議が法務大臣に対して最終報告書を提出することが見込まれた2010（平成22）年10月には，日弁連として改めて「少年矯正のあり方に関する意見書」を公表し，「随時の視察や被収容者との面談等を行うことで処遇の実情を適切に把握し，処遇や運営について把握し，これに対して必要に応じて意見や勧告を行う機関として少年院監督委員会，少年鑑別所監督委員会（仮称）を矯正施設ごとに創設すべき」ことなどを提言した。そして，2011（平成23）年11月4日，法務省から少年院法改正要綱素案が発表されたが，少年の人権保障を大原則にするという発想に乏しいので，日弁連は，同年12月2日，「少年院法改正要綱素案に関する意見書」を発表した。その後，よりよい法律案となるよう，日弁連と法務省とで非公式の意見交換を続け，日弁連の意見が一定程度取り入れられた法案が，2012（平成24）年3月に国会に上程されたものの，混乱する国会情勢の中で廃案となり，なかなか成立しなかったが，2014（平成26）年6月4日に，ようやく可決成立し，1年以内に施行の予定である。

今後は，少年院・少年鑑別所改革を具体的に実施する段階になるので，日弁連として，少年院視察委員会・鑑別所視察委員会にふさわしい人材を供給していくことなど，少年矯正制度の改革のために積極的に関与していかなければならない。視察委員の活動が決して形骸化することのないよう，東京三会は都内にある3つの少年院と2つの少年鑑別所の視察委員を，責任をもって送り出し，そのバックアップ体制も考えるべきである。

3）学校内の子どもの人権
(1) いじめ

相変わらず、いじめを苦にした自殺事件が発生するなど、いじめ問題は後を絶たない。

教育現場におけるいじめは、子ども同士の葛藤、軋轢などを背景にして、いつでもどの子どもに起き得る現象である。これに加えて、国連子どもの権利委員会が指摘する我が国の競争主義的教育環境におけるストレスの増大等の要員が加わり、いじめが深刻化している。そして、近年は、携帯電話やネット産業の普及に伴って、携帯メールやサイトを利用したいじめが横行するようになり、いじめの態様が見えにくく、陰湿化していると見られている。

ところが、社会がいじめ問題に関心を持つのは、ときにマスコミが自殺事件を大きく報道したときだけであると言っても過言ではない。例えば、近年では、2011（平成23）年10月に滋賀県大津市の公立中学2年生の男子生徒が自殺した事件が2012（平成24）年7月になって大きく報道されるようになると、社会の関心はにわかに高まった。

大津事件は、学校関係者が、いじめを察知していた被害生徒の同級生らのSOSに耳を傾けなかったために、自殺を防止できなかったこと、自殺が起きた後の中学校と教育委員会の調査の体制・方法に問題があったことから、教育現場の自立的な問題解決能力に疑問符が付くこととなったという問題があるが、学校や教育委員会の対応のまずさが、社会の怒りを呼び起こし、それが加害生徒や保護者に対する過剰なバッシングとなり、加害者側の人権侵害が生じてしまっているという点も大きな問題である。本件の学校関係者に対する不信感が、教育現場に警察が介入することを歓迎する世論を醸成してしまったことは非常に危険なことであり、いじめ問題への対策には、子どもの成長発達権保障の観点から、冷静な議論が求められるところである。

そこで、日弁連は、2012（平成24）年7月、「滋賀県大津市の公立中学校2年生の自殺事件に関する会長声明」を発表し、子どもの権利条約に立ち返った抜本的な対策を提言した。大津市は、弁護士を委員に含む第三者委員会を設置し、第三者委員会は2013（平成25）年1月、調査報告書を公表した。調査報告書は、単に自殺原因を究明するだけでなく、将来にわたるいじめ予防策として学校での弁護士の活用などの提言も含むものである。

また、国も、2013（平成25）年6月28日、いじめ防止等のための対策を総合的かつ効果的に推進するためのいじめ防止対策推進法を制定するなど対策に動き出した。この法律は、いじめに関する基本法が制定されたという意味では歓迎すべきことであるが、内容面では、問題もある。例えば、道徳教育の充実が謳われているが、子どもを国家の考える価値観に基づく理想像に押し込め、多様な価値観を認めようとしない教育から培われる子どもたちの意識が、「普通」から外れた個性を持った子どもをいじめの対象とすることにつながるという指摘もあるところであり、道徳教育が逆効果になりかねない。また、加害者と被害者を対立構造でとらえている点やいじめの四層構造を踏まえていない点も問題である。日弁連は、法律制定に先立ち2013（平成25）年6月20日、「『いじめ防止対策推進法案』に対する意見書」を発表していたが、これが反映されないまま法律が成立した。法律制定を受けて、学校現場が実際にどうなっていくのかを注視する必要がある。

なお、いじめ問題に対応するときには、いじめる側が、実は家庭で虐待を受けていたり、過去のいじめの被害者であったり、教師から体罰を受けていたり、その子自身が深刻な問題を抱えている可能性が高いことを頭に置きつつ対応することが必要となる。いじめる側にも適切な援助をするのでなければ、問題の根本的な解決にならないことが多い。

したがって、相談を受けた弁護士としては、場当たり的な対応ではなく、いじめの背景をも視野に入れて対応する必要がある一方、いじめられている子どもを非難するようなこと（「あなたも悪いところがあったんじゃないの」など）は決して言ってはならない。また、被害者を励ましたつもりが、かえって追い込んでしまうこともある。このように、いじめ相談については、弁護士の側でも特殊な知識・素養が必要なので、弁護士会としても継続的な研修制度の充実に努めるべきである。

また、いじめ予防のためには、子どもたちに、人権の視点からいじめについて考えてもらうことが必要なので、弁護士によるいじめ予防授業を学校現場に浸透させていくべく、東弁ではかねてより学校からのニーズに応じて弁護士を派遣する実践を積み重ねているところ、学校からの依頼は年々増加している。なお、日

弁連では、2013（平成25）年12月に初めて講師養成講座を実施するなど、弁護士側のスキルアップに努めているし、東弁でもいかに講師の質を保つかを検討中である。

(2) 体罰

体罰は、学校教育法11条で厳に禁止されているにもかかわらず、各地の弁護士会が実施している子どもの人権相談などでは、依然として、体罰に関する相談が多数ある。これは、学校・教師・保護者・地域に依然として体罰容認の意識が残っていることが原因であると思われる。

そのような中、2012（平成24）年12月に、大阪市立桜宮高校の生徒がバスケットボールの顧問から体罰を受けていたことを苦に自殺した事件が発生し、世間を騒がせた。その過程で、体罰をもって厳しく指導してもらうことを歓迎する保護者や生徒の声も表に出てきた。このように、いまだに体罰肯定論が根強いために学校現場での体罰根絶につながらないという実態が改めて明らかとなった。

弁護士・弁護士会としては、体罰が子どもの尊厳を犯し、自尊感情を低める人権侵害行為であることを言い続けていかなければならない。

(3) 教育基本法「改正」

2003（平成15）年3月、文部科学省・中央教育審議会は、「新しい時代にふさわしい教育基本法と教育振興基本計画の在り方について（答申）」を発表した。その後のさまざまな政治情勢の中で、法案確定までに紆余曲折があったが、教育基本法改正を公約に掲げる安倍政権の下で、2006（平成18）年12月、教育基本法改正法案は、与党の賛成多数で可決成立した（それ以前の経緯については、2011〔平成23〕年版政策要綱202頁参照）。

これを受けて、同年6月には、学校教育法、地方教育行政組織法、教育職員免許法などの教育関係三法「改正」法が、多くの問題を先送りしたまま成立した。

改正教育基本法が看過できない問題をはらんでいることについては、第6部10「教育基本法改正問題」を参照されたい。

新しい教育基本法の下で、教育改革は着々と進み、2014年（平成26）年10月21日、文部科学大臣の諮問機関である中央教育審議会（中教審）は、「道徳に係る教育課程の改善等について（答申）」を発表した。この答申は、学校教育法施行規則及び学習指導要領において、道徳の時間を「特別の教科　道徳」（仮称）として位置づけ、検定教科書を導入し、子どもの道徳性に対して評価を加えること等を内容とするものである。

東弁は、これに先立つ2014（平成26）年7月11日に、「道徳の『教科化』等についての意見書」を公表した。その内容は、「道徳教育の充実に関する懇談会」が道徳の教科化について提言していたのに対し、「国家が公定する特定の価値の受け入れを子どもに強制することとなる点で、憲法及び子どもの権利条約が保障する、個人の尊厳、幸福追求権、思想良心の自由、信教の自由、学習権、成長発達権及び意見表明権を侵害するおそれがあり、見直されるべきである」とするものである。

ところが、上記の中教審答申の内容は、東弁の意見書において指摘した懸念が払拭されていないばかりか、「道徳教育の充実に関する懇談会」の報告と比較していっそう、子どもの内心や人格に対する不当な干渉となるおそれが強まっているため、2014（平成26）年11月12日、東弁は「道徳『教科化』に関する中教審答申を受けての会長声明」を発表した。

今後も、教育現場で「道徳教育」の名の下に子どもの人権が侵害される事態は進行しかねないので、注視が必要である。

4）家庭内の子どもの人権〜児童虐待〜

(1) 児童虐待防止法の成立

2000（平成12）年5月、児童虐待防止法が与野党一致の議員立法として成立した。児童虐待の定義を明確に定め、虐待の禁止を法定して、国及び地方公共団体に児童虐待の早期発見及び被虐待児の迅速かつ適切な保護を義務づけ、守秘義務を負う医者や弁護士などが児童相談所に虐待通告した場合は守秘義務違反を問われないと定められるとともに（もっとも、虐待親から「子どもを殴ってしまうがどうしたらよいか」などの相談を受けた弁護士については、守秘義務が優先するのではないかとの議論がある。）、虐待を行った者は、たとえ親権者であっても刑法上の責任を免れないこと、児童相談所長等は、児童を保護した後、保護者の面会又は通信を制限することができることなどを明文で定めた。

この内容そのものは、とくに新しい制度や権限を創

設したものではなく，従来，通達により，児童福祉法や民法，刑法の解釈・運用の中で実施してきた児童虐待に関わる制度について，明文で定めて明確な法的根拠を与えたというに過ぎない。

(2) 児童虐待防止法制定による効果と課題

児童虐待の防止そのものを目的として児童虐待防止法が成立したことは，社会に虐待問題を周知させ，その防止に向けて社会全体で取り組む原動力になるという意味で，喜ぶべき第一歩であった。実際，児童相談所の虐待受理件数は急増し，2000（平成12）年度に全国の児童相談所が受付けた相談は約1万9000件，2001（平成13）年度は約2万5000件だったものが，その後毎年増加し，2007（平成19）年度は初めて4万件を超え，2010年（平成23）年度には5万件を，2012（平成24）年度には6万件を，2013（平成25）年度には7万件を超えた（厚生労働省調べ）。

ところが，児童虐待の通告先である児童相談所は，人的・物的手当てがほとんどできておらず，十分な対応ができていないという現状である。児童相談所の人的・物的設備の充実が望まれるとともに，被虐待児救出のためには，民間の専門機関とも協力する必要があると言える。

また，弁護士の積極的な関与も期待される。そのため，各地の弁護士が，児童相談所の代理人として活動するようになってきており，大阪や横浜に続いて，2004（平成16）年度からは東京でも，各児童相談所の非常勤弁護士として弁護士が関与する仕組みができた。しかし，週に1回程度の非常勤では，本来弁護士の目が入ることが望まれる場面において，十分な働きができているとは言い難い状況があり，非常勤弁護士の数を増やして，弁護士が毎日，児童相談所に詰めるようなことも検討されるべきである。また，市区町村のレベルで虐待対応をする組織（「子ども家庭支援センター」等）や要保護児童対策協議会にも弁護士が関与していくことが期待される。

(3) 児童虐待防止法の改正

児童虐待防止法は，成立から3年後の2003（平成15）年に見直されることになっていたところ，この見直しに向けて，日弁連は，同年5月に「児童虐待防止法制における子どもの人権保障と法的介入に関する意見書」を発表するなど，積極的な意見を述べてきた。

そして，2004（平成16）年4月，児童虐待防止法が改正された。しかし，改正法は，前進はあったもののなお不十分であった。

2006（平成18）年に，2度目の法律改正が行われ，「この法律は，児童虐待が児童の人権を著しく侵害」するものであるとの文言が第1条に盛り込まれたことは，法律が，子どもが人権の主体であることを明示したという意味で画期的であった。

そして，2007（平成19）年の改正では，裁判所の令状による強制立入りの制度が規定されることになった。

(4) 親権制度の見直し

現行民法の親権制度は，さまざまな問題があるが，とくに虐待を受けた子どもの保護の場面では，親権制度の見直しの必要性が言われていたところ，2009（平成21）年6月，法務省が「児童虐待防止のための親権制度研究会」を設置し，いよいよ親権制度の見直しに向けて動き始めた。

日弁連は，従前から，親権制度の見直しについてさまざまな提言を行ってきたが，改めて，2009（平成21）年9月，「児童虐待防止のための親権制度見直しに関する意見書」をまとめた。そこでは，親権の一部停止・一時停止など，目的に応じた柔軟な制度の創設を提言している。また，親子分離に際して司法審査を導入することや，子どもの代理人制度を創設することを提言している。司法審査の導入については，最高裁の抵抗も予想されるところであるが，虐待を受けた子どもをより良く保護するために必要な制度的手当は，人的・物的対応態勢を整えることとセットで速やかに行われるべきである。

2011（平成23）年5月，虐待防止の観点からの親権制度の見直しが行われ，親権の一時停止や未成年後見制度の改正を含む民法の改正が実現した。日弁連の意見からすると十分な改正とは言えない点も多々あるが，今次の改正を，虐待を受けた子どもの保護のために有効に活用するとともに，さらなる改正へ向けて，弁護士・弁護士会としての引き続きの取り組みが求められる。

(5) 未成年後見制度の改善

親権制度の見直しに伴い，未成年後見制度も改正され，従前よりも利用しやすい制度に改められたことと，折しも，2011（平成23）年3月11日の東日本大震災により，両親を亡くしたり，ひとり親を亡くしたりして親権者がいなくなった子ども（いわゆる震災孤児）が

被災三県で229人（2011〔平成23〕年7月29日現在）発生し，未成年後見人の選任が必要な子どもが多数生まれたこともあって，弁護士が未成年後見人として活躍することが期待される状況が生まれた。

従前，未成年後見制度は，後見人の身上監護義務の負担が大きいことなどから，弁護士がその担い手になることを躊躇する例もあり，また，裁判所も弁護士後見人を活用する姿勢が乏しかったと言える。子どもの権利保障の観点からは，未成年後見制度の運用が低調なことが問題であった。今般の民法改正により未成年後見制度が以前よりは使いやすいものになり，弁護士も後見人に就任しやすくなったとはいえ，いまだ，身上監護義務に伴う損害賠償義務の負担が大きいことや未成年後見人の戸籍事項が被後見人の戸籍に載ることなど，弁護士が職務として後見人に就任することの壁は残っている。

そこで，日弁連は，2012（平成24）年2月，「未成年後見制度をより使いやすくするための制度改正と適正な運用を提案する意見書」を発表し，家庭裁判所が積極的に弁護士を未成年後見人に選任すべきであると提言するとともに，弁護士後見人の負担を過大なものとしている現行制度の改善を求めるとともに，親族後見人の不正防止という観点から最高裁が導入を進めてきた後見制度支援信託制度を未成年後見に利用することの慎重な運用を求めた。

民法改正を受け，2011（平成23）年以降，日弁連と最高裁は，継続的に各地の運用状況について協議を続け，制度の円滑な運用のために協力していく姿勢で進んできている。各地でも家裁と弁護士会との間の協議を継続して，子どもの権利保障の観点からよりよい運用を模索すべきであるし，弁護士会としては，責任をもって，専門性のある未成年後見人を推薦できるように研修体制や候補者名簿の作成に取り組む必要がある。

(6) 司法面接制度の導入の必要性

虐待や犯罪の被害者になった子どもや目撃者となった子どもからの聴き取りは，子どもの特性に合わせた専門的訓練を積んだ者が原則として1回で行うことにより，可及的に信用性の高い子どものありのままの供述を得るとともに，二度三度の聴き取りによる二次被害を防ぐことが必要である。そこで，関係機関が一堂に会してバックヤードで見守る中で，訓練を積んだ面接者が子どもからの聴き取りを行い，その様子を全てビデオでとり，それを捜査機関も福祉機関でも，また司法手続の中でも生かしていく司法面接という制度が我が国でも導入されるべきである。日弁連は，2011（平成23）年8月に，「子どもの司法面接制度の導入を求める意見書」を発表した。

刑事訴訟の中での証拠の取扱いについての検討課題は残っているが，縦割り行政の中で関係機関の連携が必要であるので，日弁連が主導権を発揮して，関係機関との協議を進めて制度創設を現実化していく必要がある。

5）児童福祉施設内の子どもの人権
(1) 児童福祉施設の現状

被虐待児の受け皿である児童養護施設等の児童福祉施設は，現在，危機に瀕していると言っても過言ではない。なぜならば，処遇が困難な被虐待児の入所が増加しているにもかかわらず，政府の定める「児童福祉施設最低基準」による人的・物的水準はあまりに低位であり，しかも，かつては，最低基準を上回る基準を定めていた東京都では，逆に職員の定員が削減されたのが現状である。とくに，心理職員の配置が不十分なため，心に深い傷を負った子どもたちに対して，適切なケアを行うことができないことは大きな問題である。

さらに，子どもを保護する入口である児童相談所の一時保護所は，定員を超える子どもを収容しているために，手厚い処遇ができず，子どもに過度な規制をすることで秩序を保とうとしたり，通学ができなかったり外部交通が保障されていなかったりして，子どもの人権侵害的な処遇がなされているという実情がある。虐待で傷ついた子どもたちの成長発達権保障に悖る施設になってしまっていることは由々しき事態である。

(2) 施設内虐待

また，児童養護施設等における体罰・虐待等は後を絶たない。もっとも，児童養護施設等の閉鎖性と，中にいる子どもたちが声を上げる術を持たないことから，問題が公になることは少なく，施設内虐待の実情把握は容易ではない。

しかし，千葉県の恩寵園における虐待は，園長らの刑事事件（有罪が確定）にまで発展した。

また，2002（平成14）年9月には，茨城県の筑波愛児園を相手に，東京弁護士会に人権救済申立がされ，東京弁護士会では，同年11月，同園における十数年に

わたる虐待行為を認定し，施設に対して警告を，監督権限を持つ東京都と茨城県に対して勧告を行った。

その他にも，全国で複数の施設での体罰・虐待の事実が明らかになっている。

家庭の中で虐待を受けてきた子どもたちが，施設でも虐待を受けるというのは悲劇である。これを防止するための1つの方策として，外部の目が入ることが不可欠であるところ，一部施設の中には，オンブズパーソンを受け容れているところもあるが，問題のある施設ほど，外部の人間を入れたがらないという傾向がある。

東京都では，社会福祉事業団が運営する旧都立の児童養護施設において，2000（平成12）年10月から半年の試行期間を経て，2001（平成13）年4月からオンブズパーソン（正式名称は「サービス点検調整委員」）制度が導入されたものの，東京都の児童福祉行政の方針により，この制度は，2002年（平成14）年度をもって終了してしまった。

弁護士が社会の隅々にまで入っていくべしという司法制度改革の流れからしても，児童福祉施設のオンブズパーソンも弁護士が担うことが必要になってくるというべきであり，弁護士・弁護士会としては，オンブズパーソン制度の必要性を説いて制度の創設を行政に働き掛けるとともに，適切な人材を，責任を持って送り込んで行くべく，人材の要請が望まれる。

6）子どもの権利条約

1994（平成6）年，日本は子どもの権利条約を批准し，2014（平成26）年は，批准後満20周年を迎えた。そこで，東弁では，2014年（平成26）年12月13日に，子どもの権利条約批准20周年記念シンポジウム「決めないで。私の幸せ，わたし抜きでは。～子どもの権利条約が求めるもの～」を開催し，子どもを人権・権利の主体として見ることの意味と子どもの権利を実現するために弁護士による法的支援が重要であることを訴えた。

この20年間の中で，我が国における子どもの権利保障は，前進した点もあるが，まだ子どもの権利条約に則った法律の制定や行政の運用がされているとは言い難い。子どもの権利条約44条1項に基づき，各国政府は，国連子どもの権利委員会に対して，同条約の実現状況を定期的に報告すべき義務を負っている。政府の報告書提出とそれに対する日弁連のカウンターレポートの提出，それらを踏まえた国連子どもの権利委員会の審査の経過については，2011年（平成23）年度版『政策要綱』204頁に詳しく述べたとおりである。

日本政府は，第1回及び第2回の国連子どもの権利委員会が，いずれも我が国の条約実施状況が不十分であることを指摘した最終見解を採択したにもかかわらず，最終見解を無視した施策を続けた上，2008（平成20）年4月に，予定より2年遅れて第3回政府報告書を提出した。

これを受けて，日弁連は，2009（平成21）年7月，カウンターレポートとして「子どもの権利条約に基づく第3回日本政府報告に関する日本弁護士連合会の報告書」を作成した。

弁護士・弁護士会としては，最終見解を踏まえて，子どもの権利条約を社会の隅々にまで浸透させるための地道な活動を今後も行なっていかなければならない。とくに，司法手続の中で子どもの権利条約が生かされることがほとんどないことは問題であり，司法関係者の意識改革が必要であり，そのためには弁護士活動の中での実践の積み重ねという地道な努力が不可欠であろう。

7）子どもの権利に関する自治体の取組みと条例の制定

子どもの人権救済に関わるオンブズパーソンは，全国的な制度としては整備されていないが，自治体レベルでは，兵庫県川西市（1999〔平成11〕年），神奈川県川崎市（2000〔平成12〕年），埼玉県（2002〔平成14〕年）などで実現している。

東京都では，子どもの権利擁護に関する権限を有する第三者機関の設置に向けて，1998（平成10）年11月から，「子どもの権利擁護委員会」による子どもの権利擁護システムが試行的にスタートした。財政難や子どもの「権利」に対する反発等さまざまな障害が発生して，しばしば廃止の危機がささやかれたが，2004（平成16）年4月から，「子どもの権利擁護委員会」は形式的には廃止するものの，東京都福祉局子ども家庭部が所管する「子どもの権利擁護専門相談事業」として，「子どもの権利擁護専門員」が従前とほとんど変わらない権利擁護活動を本格実施することになった。ただし，あくまでも福祉局の策定する要綱に基づいて実施

される事業であり，子どもの権利条例制定の目途は立っていない。専門員が子どもの権利擁護活動を全うするためには，行政からの独立性確保が必須であり，行政に対する権限規定が明文化されることが不可欠である。

弁護士・弁護士会としては，全国の自治体で子どもの権利条例が制定され，子どもの人権の特殊性に配慮した，独立し，かつ十分な権限を有する人権救済機関が作られるよう，条例制定段階から積極的に提言を行う必要があろう。

8）子どもの問題専門の法律相談窓口

(1) 東京弁護士会「子どもの人権110番」

東京弁護士会では，1986（昭和61）年より，子どもの人権救済センターを設置し，子どもの問題専門の法律相談窓口として，電話相談と面接相談をいずれも無料で実施してきた。

ここ数年は，年間600件前後の相談がある。必ずしも一般に（とくに子どもたちに），その存在が周知されていないので，広報のあり方に課題が残るものの，着実な実績を残している。

ただ，平日の午後1時30分から4時30分までしか相談業務を実施していなかったため，日中，学校に行っている子ども本人からはアクセスしにくいのではないかとか，仕事をしている大人からの相談も難しいのではないかという問題点が指摘されていた。

(2) 子どもの人権110番の拡張

2004（平成16）年6月から，都市型公設事務所である東京パブリック法律事務所の全面的な協力を得て，同事務所内で，平日の午後5時から8時までの夜間相談（電話・面接とも）と土曜日相談（午後1時から4時）を実施することになった。

相談件数は倍増の勢いであり，夜間・休日の法律相談業務を実施することの重要性が明らかとなった。

社会の中の「弱者」の中でも一番の弱者である子どもがアクセスしやすい法律相談窓口を設置・拡充することは，全国の弁護士会で取り組むべき大きな課題であろう。

(3) 民間組織との連携

子どもの人権110番に寄せられる相談のうち，少なからぬ相談が，「今夜泊まる場所もない子ども」に関するものである。子どものための一時的な居場所（避難場所）作りは，子どもの人権110番の相談担当者の長年の願いであった。

そこで，2004（平成16）年6月，子どもの人権110番の相談活動に携わってきた弁護士が中心となって，NPO法人カリヨン子どもセンターを設立し，子どものためのシェルターを開設した（2008〔平成20〕年3月に社会福祉法人カリヨン子どもセンターとなった）。そして，東京弁護士会子どもの人権救済センターとカリヨン子どもセンターとの連携システムを作り，子どもの人権110番の相談担当者が，子どもの緊急な保護が必要と判断した場合には，カリヨン子どもセンターが運営するシェルターへ保護することが可能となった。

子どもの人権保障を全うするためには，単に相談活動を行うだけでなく，実際に子どもを救済するための受け皿が必要であり，弁護士会とNPO法人の連携として，各地の弁護士会からも注目されているところである。

その後，全国の弁護士が少しずつ立ち上がり，2007（平成19）年に神奈川，愛知，2009（平成21）年に岡山，2011（平成23）年に広島，2012（平成24）年に，京都，福岡で，2013（平成25）年に北海道で，2014（平成25）年に千葉と新潟で，それぞれ弁護士を中心にNPO法人が設立され，子どもシェルターが開設された。

これらの動きの中で，日弁連は2011（平成23）年2月「『子どものためのシェルター』の公的制度化を求める意見書」を発表した。これを受けて，厚生労働省が，子どもシェルターを，児童福祉法上の児童自立援助ホームの一形態と位置づけられるように要綱を改正したので，2012（平成24）年度からは，補助金が出ることになり，子どもシェルター開設の動きが促進されることが期待される。ただし，補助金は，必要な運営費のすべてを賄えるわけではない。全国で子どものニーズに応じた数だけ子どもシェルターを開設し，安定的な運営をするには，公費のよりいっそうの投入が不可欠である。そのためのさらなる働き掛けが必要となる。

弁護士・弁護士会は，各種民間組織と連携しながら，子どものための相談活動・人権擁護活動を実効あらしめるべく，新しい取り組みが求められていると言えよう。

(4) 子どもに対する法律援助

これらの活動に対する弁護士費用は，日弁連が法テ

ラスに委託した各種人権救済関連自主事業の１つである「子どもに対する法律援助制度」を使うことになる。

従前，法律扶助協会東京都支部の独自事業として行われていたものが全国に広まることとなったものであるが，それに伴い，従前の援助対象が削られてしまったり，申込手続が子どもの特性に対する配慮を欠いたものとなったりしているという難点もある。

そのため，制度の柔軟な運用や援助対象の拡大を図るなど，子どもの人権救済活動に当たる弁護士の経済的負担を軽減することにより，活動の担い手を拡充し，ひいては，これまで法的救済の埒外に置かれていた子どもたちが広く弁護士の援助を受けられるような仕組みを作るべきである。

9）子どもの代理人制度
(1) 自主的な取組みとしての子どもの代理人活動

我が国では，行為能力の制限ある子どもに親権者から独立した代理人選任権があるとは考えられていなかったし，ましてや国費で子どもに代理人が選任されるという制度は存在しない。しかし，上記の子どもに対する法律援助事業を利用して，弁護士が子どもの代理人として活動する事例は増えており，国費による子どもの代理人制度創設の必要性は高い。

そこで，以下のような制度の実現を目指して，立法提言，社会運動等の政治的取り組みを進めるべきである。

① 児童福祉法等の改正により，虐待を受けた子どもが行政手続によって親子分離された際，子どもに国選代理人が選任されるような制度の創設。

この方式をとり，国選弁護人や少年保護事件の国選付添人のように，国選代理人の指名通知等の業務を法テラスの本来事業とすることにより，法テラス予算（国費）の中で賄うことになる。

② 児童相談所が関与しないが親子関係に問題がある事案において，子どもに弁護士による法的援助が必要な場合に，子どもが民事法律扶助制度を使えるような制度改正。民法，家事審判法，総合法律支援法等の改正が必要となる。

これは，選任権は子ども本人であるが，弁護士費用を法テラス予算（国費）の中で賄うというというものである。

(2) 家事事件手続法の子どもの手続代理人

2011（平成23）年５月，家事審判法が全面的に改正されて家事事件手続法が成立し，2012（平成24）年１月に施行された。その中で，子どもが家事事件手続に参加する制度ができ，参加の際に弁護士を代理人として選任できるという制度が作られた。法文上は「手続代理人」であるが，これは子どもの代理人制度の一類型であると言え，子どもの代理人の選任が法律上の根拠を持ったという点では日弁連の意見を反映させた画期的なものだと言える。ただし，その費用の手当ができておらず，子どもによる代理人選任権が画餅と化しかねないという問題がある。すなわち，家事事件手続法の規定では，裁判所が手続代理人を選任する場合（国選代理人）に，その費用は子どもが負担することが原則とされており，極めて不合理な制度である。また，子ども自身が弁護士を選任する場合（私選代理人）に，行為能力の制限がある子どもは，償還義務の負担のある民事法律扶助利用契約を単独で締結することができない。そこで，日弁連は，2012（平成24）年９月，「子どもの手続代理人の報酬の公費負担を求める意見書」を発表して，法務省との協議を行ったが，公費化の目処が立たないままに制度が始まり，子どもの代理人選任件数はほどんどない状態で推移している（第5部第2の2）。

これに対し，最高裁と日弁連の間では一定の問題意識の共有が図られ，2014（平成26）年9月から始まった民事司法改革に関する最高裁・日弁連協議の中で，子どもの手続代理人制度の充実部会が開催されることとなった（第5部第1の8参照）。今後，一定の成果が得られることが期待されるが，日弁連・弁護士会としては，社会に対しても，子どもの手続代理人の有用性を訴えて制度の改善につなげていく必要がある。

10）民法成年年齢見直しの動き

2007（平成19）年5月に成立した日本国憲法の改正手続に関する法律（国民投票法）が，国民投票の投票権者の範囲を18歳以上と定めるとともに，「選挙権を有する者の年齢を定める公職選挙法と，成年年齢を定める民法その他の法令の規定について検討を加え，必要な法制上の措置を講ずるものとする」と規定したことを受け，2008（平成20）年2月，法務大臣は，法制審議会に民法成年年齢引き下げの是非を答申した。

この経過からも明らかなとおり、民法成年年齢の引き下げの是非が問われることになったのは、それ自体として、引き下げを必要とする立法事実があったということではなく、あくまでも国民投票法に引きずられたものである。しかし、国民投票の投票年齢や選挙年齢の引き下げと民法の成年年齢を、必ずしも一致させる必要はない。諸外国でも、成年年齢と選挙年齢が一致していない（成年年齢の方が高い）国は3分の1近くある。

したがって、民法成年年齢の引き下げ自体にそれを必要とする立法事実があるのか、また、逆に、引き下げることによる弊害はないのか、という点が慎重に検討されなければならない。

この点、日弁連は、多角的な検討を行った結果、2008（平成20）年10月21日付けで「民法の成年年齢引下げの是非についての意見書」を発表し、「現時点での引下げには慎重であるべき」としていた。

そして、法制審民法成年年齢部会における検討を経て、2009（平成21）年10月28日、法制審議会は「現時点で直ちに成年年齢の引下げの法整備を行うことは相当ではない」としながらも、将来的には「民法の成年年齢を18歳に引き下げるのが適当である」とする答申を行った。ただし、答申は、引下げを可とする条件として、かなり高いハードルを設けている。すなわち、「民法の成年年齢の引下げの法整備を行うには、若年者の自立を促すような施策や消費者被害の拡大のおそれ等の問題点の解決に資する施策が実現されることが必要である。現在、関係府省庁においてこれらの施策の実現に向け、鋭意取組が進められているが、民法の成年年齢の引下げの法整備は、これらの施策の効果が十分に発揮され、それが国民の意識として現われた段階において、速やかに行うのが相当である。」としている。

にもかかわらず、答申の結論部分だけが独り歩きして、答申が条件としているさまざまな法整備をしないままに、ただ民法成年年齢を引き下げるということがないように、日弁連・弁護士会としては、監視の目を光らせる必要がある。

そもそもの立法事実の有無や他法への影響についての検討の詳細は、2011（平成23）年度版『政策要綱』207頁を参照されたい。

法制審答申を受けた後、しばらくは具体的な動きはなかった。しかし、憲法改正を党是とする自民党が政権に復帰してからは、いつ、動き出すとも限らず、その際、国会が拙速に走ることのないよう、日弁連・弁護士会は積極的な働き掛けをする必要がある。

2　高齢者の人権

> 介護や能力補完を必要とする高齢者の人権と福祉を考えるに当たっては、ノーマライゼーションの理念を基礎として、高齢者の自己決定権を十分に尊重し、その残された能力を最大限に活用して、生き生きとした生活を送ることができるように援助することが必要である。

1）基本的視点

(1) 高齢者問題の現状

我が国は、医学の進歩による平均寿命の伸びと少子化により、諸外国に例を見ないほど急激な早さで高齢化社会を迎えている。65歳以上の高齢者の全人口に占める割合は、1970（昭和45）年に7.1％であったが、2013（平成25）年には25.1％と初めて25％を超え（総務省統計局人口推計）、さらに2025（平成37）年には、30.3％に達するものと推計されている（国立社会保障・人口問題研究所推計）。また、認知症率、要介護率が急速に増加する75歳以上の後期高齢者の全人口に占める割合も、2013（平成25）年で12.3％に達している（総務省統計局2013〔平成25〕年データ）。

高齢者世帯についてみると、核家族化、少子化による高齢者と子どもの同居率の低下を原因として高齢者世帯が著しく増加している。

平均寿命の伸びによる高齢者絶対数の増加によって，単に「高齢者」という，一括りにできない様々な人々が含まれることになり，高齢者問題も多岐にわたることになった。

比較的若年の高齢者の中には，就労を希望している者も多数存在するが，近年の雇用情勢の悪化は，高齢者に，より厳しい結果をもたらしている。介護期間の長期化で，在宅介護において，親族等の介護者の負担加重等から高齢者に対する虐待等の人権侵害が行われたり，他方，介護施設においても，プライバシーに対する配慮がなされていなかったり，老人病院において，認知症のある老人に対し，薬剤を使って「寝たきり」状態にしたり，ベッドや車椅子に縛っておく等の人権侵害が行われている事例が数多く見られる。また，判断能力の低下や孤独を抱える高齢者を狙った財産侵害や悪徳商法による消費者被害も多発している。

(2) 高齢者の権利擁護と基本的視点

上記の通り「高齢者」と言っても一括りにできない多様な人々が含まれる以上，一人一人が住み慣れた地域で自分らしく生き生きとした生活が送れるために必要とされる援助は，異なっている。高齢者の人権と福祉を考えるに当たっては，すべての人が，同じ人間として普通に生活を送る機会を与えられるべきであるというノーマライゼーションの理念を基礎として，高齢者の自己決定権を十分に尊重し，その残された能力を最大限に活用し，住み慣れた地域で生き生きとして生活を送ることができるように援助することが必要である。

2) 成年後見制度の活用

(1) 成年後見制度の利用促進

2000（平成12）年4月から施行された介護保険制度により，介護サービスの利用は措置制度から契約関係に移行した。これに伴い，認知症等の判断能力の低下・喪失がみられる高齢者が契約上の不利益を被らないよう成年後見制度が導入された。

この間，成年後見制度の利用は飛躍的に進み，後見・保佐・補助の3類型の開始審判認容件数は2000（平成12）年度が3,492件であったところ，2013（平成25）年は34,548件と実に9.9倍に増加し，同年12月末時点における成年後見制度（成年後見・保佐・補助・任意後見）の利用者数は合計で176,564人となっている（最高裁判所発表「成年後見関係事件の概況」）。今後，団塊の世代が高齢者になるに伴い，さらに成年後見制度の活用が見込まれる。

家庭裁判所も事件数の増加への対応に追われているが，さらに利用しやすい制度の構築，家庭裁判所の人的・物的拡充による審理の迅速・適確化が必要である。

(2) 親族後見人等による権利侵害への対策

また，成年後見制度の普及に伴い，後見人等による財産侵害等の権利侵害も現実化している。特に，親族後見人等による不正行為は，2010（平成22）年6月から2011（平成23）年6月までの13ヶ月間に242件，被害総額26億7,500万円とされており，これに対する有効な対策を講ずることは，成年後見制度への信頼，ひいては判断能力の低下した人に対する権利擁護の観点から喫緊の課題である。弁護士会としては，後見人・後見監督人等候補者に適切な人材を供給して，未然に被害を防止するとともに，不正が疑われる案件に関し複数後見による早期是正を図るなど，職責を果たす体制を整備すべきである。

また，東京家裁の弁護士・弁護士会に対する信頼を回復するため，東弁は，2013（平成25）年度に，他会に先がけて弁護士会による後見人・後見監督人候補者の推薦方式（団体推薦方式）を強化し，研修や事案検討会の充実・強化を図り，報酬の5％を弁護士会に納付させることを通じて業務遂行状況を把握するなど，弁護士会としての管理監督体制を，個々の弁護士の独立に反しない限度で行う体制を作った。

なお，2011（平成23）年に最高裁が親族による横領等の不祥事を防止するための方策として，信託協会の協力を得て「後見制度支援信託」という仕組みを提唱し，その試行的運用を開始した。しかし，後見制度支援信託は，成年後見制度が本人の自己決定権の尊重を理念とし，本人のための柔軟な財産管理や身上監護を目指している制度であるのに対し，これに悖る疑義がある。そのため，日弁連は，2011（平成23）年10月，「最高裁提案の『後見制度支援信託』の導入の条件及び親族後見人の不祥事防止等についての意見書」を発表し，その導入に原則として反対する姿勢は維持せざるを得ないとしつつ，専門職団体として，制度の運用について関与し，検証と必要な見直しを求めていくことを表明した。

東京三弁護士会は，東京家庭裁判所における後見制

度支援信託の試行的運用にあたって，その運用が本人のための後見制度の趣旨に悖らないよう，事案の内容に応じて適切な運用がなされるよう協議を尽くしてきた。現状，東京家庭裁判所では，本人の状態に応じて手元金の余裕を認め，むしろ本人の財産のうち一部のみを信託に付して最低限の財産を保全するなど，柔軟な運用がなされている。

(3) 弁護士後見人等への信頼の確保

残念ながら，弁護士後見人等による不祥事も相次いで報道されている。弁護士会の役職を務めた者も複数含まれており，弁護士への信頼を根底から覆す事象であり，不祥事防止のために積極的に有効な対策をとることは喫緊の課題である。

この点，司法権の独立（憲法76条）と，これを支える弁護士の独立性確保を強調する立場から，個々の弁護士が受任する事件に関する弁護士会の指導・監督については，消極的な意見がみられる。しかし，弁護士会が強制加入団体であり，個々の弁護士に対する資格審査，懲戒などの監督が弁護士会にのみ認められている弁護士自治の趣旨に鑑みれば，弁護士による不祥事を防止するために積極的な手立てを講じ，社会的責任を果たすことは，弁護士自治を守り，弁護士の国家権力からの独立性を維持するために避けては通れない課題である。

後見人等に対する監督は，第一義的には家庭裁判所の役割である。しかし，専門職後見人等としての弁護士の職務の適正に関して，弁護士会は独自の立場で，判断能力の低下した被後見人等の権利擁護の観点から，弁護士の職務の適正をチェックし，あるいは，弁護士が不祥事に陥らないよう業務を支援する体制を整備すべきである。なお，東弁の不祥事対策は，第2部第1の7の7）の(6)を参照されたい。

3）高齢者虐待

介護保険制度の普及，活用が進む中，一方では高齢者に対する身体的・心理的虐待，介護や世話の放棄・放任等が，家庭や介護施設などで表面化し，社会的な問題となっている。2005（平成17）年6月，介護保健法が改正され，高齢者等に対する虐待の防止及びその早期発見その他権利擁護のため必要な援助等の事業が市町村の必須事業とされるようになった（介護保険法115条の38第1項4号）。この事業の内容として，成年後見制度を円滑に利用できるよう制度に関する情報提供を行うことが挙げられており，2006（平成18）年4月から発足した全国の市町村が設置する地域包括支援センターが，この事業を担うこととされている。また，2006（平成18）年4月から高齢者虐待防止法が施行された。

高齢者虐待防止法は，①身体的虐待，②介護・世話の放棄・放任，③心理的虐待，④性的虐待，⑤経済的虐待を「虐待」と定義している。

虐待者は，被虐待者と同居している者が88.6％と多数を占め，虐待されていることを自覚している高齢者は約半数にとどまっている。

高齢者虐待を覚知した自治体には，家族からの虐待から避難させなければならない場合等において老人福祉法上の措置により施設入所等を行うことや，財産上の不当取引等の被害を防止するため成年後見制度の申立等が義務づけられているが，法律上の専門的相談まで地域包括支援センターの職員が担当することは現実的でなく，弁護士等法律専門家とのネットワークの構築により，必要に応じて連携・役割分担して被虐待高齢者を救済していくことが求められている。

このため，弁護士会としては，各自治体及び地域包括支援センター等からの要請に応じて臨機に専門的相談を提供できるネットワーク作りを重要な活動の一つと位置づけなければならない。低所得者への対応など，法テラスとの協力関係も構築すべきである。

4）認知症高齢者の医療をめぐる問題点

2006（平成18）年4月，介護報酬・指定基準等の見直しが行われた。その一つとして，指定介護老人福祉施設において，一定の看護・医療体制の確保を条件に，医師が一般に認められている医学的知見に基づき回復の見込みがないと診断した者に対する「看取り介護」への介護報酬加算が創設された。

しかし，本人の意思確認が困難となる終末期においては，従前の本人の意向と家族の意向とに相克が生じることも予想される。後見人等には医療同意権は付与されていない現状，代諾権者が誰か判然としない状況下で，安易に家族の意向を優先させれば，生命の維持という最も根本的な人権が侵害されかねない。

「看取り介護」の実施状況を調査するとともに，適正な実施のための提言，実施状況の監視が必要である。

5）消費者被害

　判断能力の低下や孤独感などから，高齢者を狙った財産侵害や悪徳商法による消費者被害が多発している。

　これらの被害の再発防止は成年後見制度の活用によるとして，被害の回復には弁護士による法的助力が不可欠である。2004（平成16）年6月に施行された総合法律支援法は7条において，「総合法律支援の実施及び体制の整備に当たっては，国，地方公共団体，弁護士会，日本弁護士連合会及び隣接法律専門職者団体，弁護士，弁護士法人及び隣接法律専門職者，裁判外における法による紛争の解決を行う者，被害者等の援助を行う団体その他並びに高齢者又は障害者の援助を行う団体その他の関係する者の間における連携の確保及び強化が図られなければならない」と規定する。

　この趣旨に則って，弁護士会は，高齢者又は障がい者の援助を行う地域包括支援センターや社会福祉協議会，その他援助団体との連携関係を築き，関係を強化していかなければならない。低所得者への対応など，法テラスとの協力関係も構築すべきである。

3　障がい者の人権

> 　障がいのある人は，社会の一員としてすべての基本的人権を完全かつ平等に享有し，固有の尊厳を有する権利の主体であるという「障がいのある人の権利に関する条約」の基本理念を我が国でも改めて確認し，その理念に則った法律の制定や，制度の実効性確保のための施策が必要である。

1）基本的視点

　世界的には，2006（平成18）年に国連において「障がいのある人の権利に関する条約」（Convention on the Rights of Persons with Disabilities）（以下「権利条約」という。）が採択され，2008（平成20）年5月に発効した。同条約の基本理念として，障がいのある人は，社会の一員としてすべての基本的人権を完全かつ平等に享有し，固有の尊厳を有する権利の主体であることを表明した。そして，「障がい観」をそれまでの医学モデルから社会モデルへと大きく転換させ，「障がいのある人が個々に必要な支援を得て社会の対等の一員として位置づけられること（インクルージョン）」という理念に基づき，障がいのある人が地域で暮らす権利を保障した。さらに，「差別」には直接差別・間接差別のみならず，合理的配慮を行わないことも含まれることを明確にした。

　ところが，我が国においては，長らく障がいのある人は「権利の主体」ではなく「保護の客体」として従属的地位に置かれてきた。また，地域における受入れ環境が整わないために退院することができずに，人生の大半を病院で送る「社会的入院」状態の障がいのある人が何十万人といる現状がある。その背景には，国連加盟各国のGDP（国内総生産）に対する障がい者関係支出額の比率を対比すると，我が国の障がい政策公的支出費用比率は0.67％とされ，加盟30か国の中で下から3番目であり，我が国の障がいのある人の権利保障の水準は国際水準に照らして，憂慮すべき低い水準に置かれているということがある。

　日本政府は，2007（平成19）年9月に権利条約に署名した上で，2009（平成21）年12月に障害者制度改革推進本部を設置し，権利条約の批准に向けて国内法の整備が行われてきたが，遅々として国内整備が進まない状況があった。しかし2014（平成26）年1月20日に遂に日本政府も権利条約を批准した。しかし，我が国の法整備は今なお不十分であり，障がいのある人たちは「あらゆる人権及び基本的自由の完全かつ平等な享有」には程遠い状況に置かれている。

2）障害者自立支援法から障害者総合支援法へ

　障害者自立支援法違憲訴訟において，国（厚生労働省）（以下「国」という。）と障害者自立支援法違憲訴

訟原告団・弁護団とが2010（平成22）年1月7日，基本合意文書を調印し，自立支援法の2013（平成25）年8月までの廃止を確約した。

そして，政府では，2009（平成21）年12月から権利条約批准の実現を目的として，障がい者制度の集中的な改革を行う「障がい者制度改革推進本部」，障がいのある人を半数以上の構成員とする「障がい者制度改革推進会議」（以下「推進会議」という。）を設置し，当事者の意見を踏まえずに拙速に施行して障がいのある人の尊厳を傷つけた障害者自立支援法の轍を踏まないように，55人からなる「総合福祉部会」が設置され，障害者自立支援法廃止後の新たな総合的な法制について精力的な議論がなされ，新しい法律の骨格が提言されてきた。これを踏まえ，障害者自立支援法（自立支援法）は2013（平成25）年4月1日に「障害者の日常生活及び社会生活を総合的に支援するための法律（障害者総合支援法）」に変更される旨の法律が2012（平成24）年6月20日に参議院で可決成立，同年6月27日に公布された。

2006（平成18）年に施行された障害者自立支援法は，障がい者に対する福祉サービスを行政の「措置」から「契約」に転換し，福祉サービスの利用量に応じた自己負担を伴う応益負担を制度の骨格とするものであり，障がいゆえに生じる「必要な支援」を「利益」とみなし，本人の責任に帰する仕組みであった。これに対して，障害者総合支援法では，基本理念として，「全ての国民が，障害の有無にかかわらず，等しく基本的人権を享有するかけがえのない個人として尊重される」こと，「全ての国民が，障害の有無によって分け隔てられることなく，相互に人格と個性を障害者及び障害児が基本的人権を享有する個人としての尊厳にふさわしい日常生活又は社会生活を営むことができるよう，必要な障害福祉サービスに係る給付，地域生活支援事業その他の支援を総合的に行い，もって障害者及び障害児の福祉の増進を図るとともに，障害の有無にかかわらず国民が相互に人格と個性を尊重し安心して暮らすことのできる地域社会の実現に寄与することを目的と」（第1条）し，「全ての国民が，障害の有無によって分け隔てられ」ないこと，「障害者及び障害児が可能な限りその身近な場所において必要な日常生活又は社会生活を営むための支援を受けられることにより社会参加の機会が確保されること」，「どこでだれと生活するかについての選択の機会が確保され，地域社会において他の人々と共生することを妨げられないこと」，「障害者及び障害児にとって日常生活又は社会生活を営む上で障壁となるような社会における事物，制度，慣行，観念その他一切のものの除去に資すること」を基本理念として支援がなされなければならないとされた（第1条の2）。

そして，従前の身体障害・知的障害・精神障害という障害類型から外れる難病等の障害者にも必要な支援を谷間なく提供できるよう，「障害者」の範囲の見直しがなされる。また，「障害の程度（重さ）」ではなく，支援の必要性を基準として「障害支援区分」が定められる。さらに，地域の中で生活できるよう社会基盤の整備，地域移行支援事業の整備が行われる。

弁護士会としても，障がい者の地域移行支援を促進するため日弁連から日本司法支援センターへの委託援助事業「精神障害者・心身喪失者等医療観察法法律援助」の積極的な活用，後見・保佐・補助の受け皿づくりに，尽力すべきである。

3）障害者差別解消法の成立

前述のとおり，2006（平成18）年に権利条約が採択された後，我が国もその批准に必要な国内法の整備を進めてきたが，遅々として進まなかった。

国際的には，1990（平成2）年に「障がいのあるアメリカ人のための法律」が包括的に差別を禁止し，その後，1992（平成4）年にオーストラリアで，1993（平成5）年にニュージーランドで，1995（平成7）年にイギリスで障害者差別禁止法が制定され，さらに2000（平成12）年にはEUで「雇用・就労と職業における均等待遇のための一般的枠組み設定に関する指令」が採択され，EUにおいて障がい分野の差別を禁止する立法を有しない加盟国は無い状況となっている。アジアにおいても，2010（平成22）年に韓国で「障害者差別禁止及び権利救済等に関する法律」が制定された。

このように先進国と言われる国において，障がい分野の差別を実効的に禁止する何らかの法律の制定をみない国は我が国以外にない状況になっていたが，ようやく2013（平成25）年6月19日，「障害を理由とする差別の解消の推進に関する法律」（以下「障害者差別解消法」という。）が制定された。しかし，この法律の内容は，権利条約及び日弁連が従前から求めてきた

内容と比べると不十分な点があるので、日弁連は、2013（平成25）年6月19日、以下の問題点を指摘する会長声明を発している。
① 差別の一類型である合理的配慮義務違反につき、行政機関等は法的義務となっているのに対し、民間事業者は努力義務にとどまっていること。
② 権利侵害の救済機関として新たな組織を設けず、既存の機関を活用していくことが想定されているが、実効性ある権利救済のためには、第三者性のある救済機関が必要であること。
③ 本法律は、差別的取扱いや合理的配慮の具体的内容など、重要事項の定めをガイドラインに委ねているが、このガイドラインは、障害者権利条約の各則の趣旨に適合する内容となるよう具体化するとともに、障害のある人の実状にあった内容となるよう、国会の関与などの制度的担保が必要であること。

本法律の施行は、2016（平成28）年4月であり、施行から3年経過時に、所要の見直しを行うこととされているが、上記の問題点解消のため、施行後3年を待たず、可及的速やかに本法律を見直すべきであり、日弁連・弁護士会としてもさらなる運動が必要である。日弁連では、2014（平成26）年10月の第57回人権擁護大会において、シンポジウムを開催するとともに、「障害者権利条約の完全実施を求める宣言」を発表したが、引き続き、社会の意識を変えるための取組みが必要である。

障害者差別解消法とは直接関係するものではないが、従来、成年被後見人の選挙権が剥奪されていたことに対し、日弁連はかねてより「成年後見制度に関する改善提言」を発表するなどして、公職選挙法の改正を求めていた。そして、2013（平成25）年3月14日、成年被後見人の選挙権を剥奪する公職選挙法の規定を違憲無効とする東京地裁判決が出たのを受け、2013（平成25）年5月27日、公職選挙法が改正され、成年被後見人に選挙権が認められることになった。このことは障がい者の差別を解消して社会参加を進めるという点で前進と言える。今後は、障害者差別解消法の内容も踏まえ、被後見人の選挙権が実質的に保障されるような施策が求められるし、我々弁護士も、後見人などとして障がい者の支援に当たる際には、選挙権の行使についても意を払わなければならない。

4）障害者虐待防止法の実効性確保

(1) 障害者虐待防止法の概要

2011（平成23）年6月18日、障害者虐待防止法が成立し、2012（平成24）年10月1日に施行された。

同法の立法趣旨は、障がい者に対する虐待が障がい者の尊厳を害するものであり、障がい者の自立及び社会参加にとって障がい者に対する虐待を防止することが極めて重要であること等に鑑み、障がい者に対する虐待の禁止、国等の責務、虐待を受けた障がい者に対する保護及び自立の支援のための措置、養護者に対する支援のための措置等を定めることにより、障がい者虐待の防止、養護者に対する支援等に関する施策を促進し、もって障がい者の権利利益の擁護に資することにある。

障がい者に対する虐待を、行為類型別に①身体的虐待、②ネグレクト、③心理的虐待、④性的虐待、⑤経済的虐待、主体別に①養護者による虐待、②障害者福祉施設従事者による虐待、③使用者による虐待と定義し、虐待の禁止、虐待の早期発見、虐待に対する措置を定めた。市町村・都道府県に「障害者虐待防止センター」、「障害者権利擁護センター」が設置された。法律の施行後3年を目途に再検討が予定されている。

(2) 養護者による虐待に関する弁護士の役割

養護者による虐待の背景には、障がい者及びその養護者の孤立があることが指摘されている。障がい者及び養護者が家庭内で孤立することのないよう社会的に支援していくことが必要である。養護者への支援・見守りでは障害者への虐待を防げない場合には、障がい者を養護者から分離し、成年後見制度の活用などにより障がい者の権利を守り、障がい者が社会の中で生活できるよう支援する必要がある。

弁護士は、虐待された障がい者の権利を守る立場での関与、虐待をしたとされる養護者からの依頼をいずれも受ける立場にあるが、いずれの場合であっても、障がい者本人の権利擁護を中心に据えて、利害調整に当たらなければならない。

(3) 施設従事者による虐待に関する弁護士の役割

施設内における虐待は、障がい者自身が被害を訴えることが困難であったり、家族が「面倒をみてもらっている」意識から声を上げにくかったりすることから、施設内における虐待が発覚しにくい側面があった。障害者虐待防止法の施行、公益通報者保護法により、施

設従事者による虐待が顕在化し，虐待防止が促進されることが期待される。

弁護士は，障がい者及びその家族，公益通報者，施設設置者，都道府県等からの依頼を受ける立場にある。障害者虐待防止法の趣旨を踏まえ，虐待の事実の確認，虐待を受けた障がい者の保護，公益通報者の保護，再発防止策の策定などに遺漏なきよう助言しなければならない。

(4) 使用者による虐待に関する弁護士の役割

使用者による虐待は，使用者による直接的な虐待のみならず，従業員間の虐待を放置することも使用者による虐待に当たる（ネグレクト・安全配慮義務違反）。

弁護士は，障がい者及びその家族，公益通報者，使用者，都道府県等からの依頼を受ける立場にある。障害者虐待防止法の趣旨を踏まえ，虐待の事実の確認，虐待を受けた障がい者の保護，公益通報者の保護，再発防止策の策定などに遺漏なきよう助言しなければならない。特に，労働局による使用者への指導監督等は体制の整備が遅れている。適切な権限行使に向けて，弁護士が果たす役割は大きい。

(5) 3年後の見直しに向けて

今回の立法においては，学校，保育所等，病院における虐待は，通報義務や行政による措置など法による権限行使の対象から外された。しかし，現実には，学校においては，障がいのある児童に対する教員による虐待や生徒によるいじめが生じている。これに対して，学校現場が有効な対策を取れているとは言い難い。また，精神病院等に社会的入院で長期入院を強いられている障がい者に対する虐待も後を絶たない。学校及び病院における虐待も障害者虐待防止法の対象とするよう，働きかけていくべきである。

5) 罪を犯した知的・精神障がい者の支援

刑務所等の矯正施設入所者の中には知的障がいや精神障がいにより生活上のさまざまな困難を抱えながら，従来，福祉的な支援を受けられずに罪を犯してしまった障がい者が含まれている。新規受刑者の約22％に知的障がいがあるとの指摘もある。

(1) 刑事手続の中での支援

社会の中での生活よりも刑務所等での生活の方が期間が長くなっている中・軽度の知的障がいや精神障がい者は，障がいのわかりにくさゆえに社会の中に居場所がなく，孤立し，排除されて，罪を犯してしまうことが少なくない。そして，刑事手続の中でも，障がいの特性に気づかれることなく，「反省の色がない」などとして十分な弁解もできず刑務所等に排除されている。

弁護人として関わる弁護士には，

① 被疑者・被告人の障がいに気づき，取調べや刑事裁判の中において知的・精神障がい者の防御権を十分に行使できるよう援助する。

② 福祉的支援を受けていなかった被疑者に福祉機関を関与させ，起訴猶予・身柄拘束からの解放を実現する。

③ 社会内処遇に向けて福祉機関等の社会資源を活用したサポート体制をコーディネートし，執行猶予判決を得る。

などの活動が求められる。

(2) 刑務所等を出るときの支援

2011（平成23）年度までに都道府県に設置された「地域生活定着支援センター」を中心に，「地域生活定着促進事業」が展開されている。その他，市区町村の福祉事務所，社会福祉協議会，病院，福祉作業所，グループホームなどの関係機関と連携し，障がい者が社会的に排除されて刑務所等に戻らなくてすむよう支援していくべきである。

弁護士会は，これらの罪を犯した障がい者の支援に関する基本的知識を，全ての刑事弁護に関わる弁護士に周知すべきである。

4 両性の平等と女性の権利

> ・憲法14条1項及び24条に定める両性の平等を実現すべきである。また，従来「両性」とは男性と女性を指していたが，セクシュアル・マイノリティの人権保障ないし平等も実現すべきである。
> ・選択的夫婦別姓，婚外子差別の撤廃，婚姻適齢の平等化，再婚禁止期間の再考をなすべきである。また，養育費の算定につき，見直しを行うべきである。
> ・労働の分野においては，①男女間の処遇・賃金格差，②女性労働者の非正規化，③男女間の勤続年数の格差の問題を解決せねばならない。また，労働現場におけるマタニティー・ハラスメントを根絶する取り組みをすべきである。
> ・法曹界における両性の実質的平等を実現すべきである。

1）基本的視点

憲法第14条1項で，性別に基づく差別が禁止され，第24条で，家族生活における個人の尊厳と両性の平等を定めている。にもかかわらず，いまだにあらゆる場面で男女間格差や差別は存在し，実質的平等は実現されていない。また，近時，「両性」ではくくれない性的少数者（セクシュアル・マイノリティ）の人権保障の必要性がようやく認識されるようになったが，その差別的扱いが問題となっている。

女性の社会進出が謳われつつも，厳然として存在する性別を理由とする差別につき，法改正を軸として，全ての人間の実質的平等を実現していかねばならない。

2）婚姻制度等の改正

法制審議会は，1996（平成8）年2月，①「選択的夫婦別姓」の導入，②婚姻適齢を男女とも18歳に統一すること，③女性の再婚禁止期間を100日に短縮すること，④婚外子の法定相続分を婚内子と同等とすること，⑤「5年以上の別居」を離婚原因とすること，等を内容とする「民法の一部を改正する法律案要綱」を答申した。さらに，2010（平成22）年にも国会への提出を目指して上記要綱と同旨の法律案が政府により準備されたが，いずれも保守派を中心とする反対にあい，国会提出には至っていない。

(1) 選択的夫婦別姓

氏名は個人の人格権の一内容を構成する（最高裁昭和63年2月16日判決）。しかし，現行民法750条の夫婦同姓の規定は，婚姻に際して姓を変更したくない者に対しても姓の変更を強いることになるので，人格権を侵害するものであるという強い意見もある。

もし，婚姻をしても姓を変えたくないのであれば，事実婚という方法を選択せざるを得ない。そのため，婚姻の条件として姓の変更が挙げられていることとなり，憲法24条1項の「婚姻は，両性の合意のみに基づいて成立する」旨の規定にも違反するという主張もされているところである。

たしかに，現行民法750条において，女性が姓を変更することは条文上強制されていないが，我が国において，改姓するもののほとんどが女性であり，実質的平等が実現されているとは言い難い。女性の社会進出が進んでいる現代社会において，職場で通称名を用いても，公的書類は戸籍上の氏名を用いなければならないため，混乱や不都合が生じている。

一方で，夫婦同姓を望む意見も存在するので，同姓か別姓かを押し付けるのではなく，同姓・別姓の選択を認める，選択的夫婦別姓の導入が重要である。

この点，女子差別撤廃条約第2条は，女性に対する差別法規の改廃義務を定め，同条約16条（b）は，「自由に配偶者を選択し及び自由かつ完全な合意のみにより婚姻をする同一の権利」を定め，同条（g）は，「夫及び妻の同一の個人的権利（姓及び職業を選択する権利を含む。）」を定めており，国連女性差別撤廃委員会も，夫婦別姓を実現するよう，日本政府に対し，繰り返し改善勧告を行っている。

しかし，夫婦別姓を求める人々が，現行民法750条は憲法及び上記条約に違反しているとして損害賠償を

求めた事件の控訴審において、東京高裁は、2014（平成26）年3月28日、控訴を棄却した。

もともと、日本においても夫婦同姓が採用されたのは1898（明治31）年であり、それまでは女性は結婚後も実家の姓を名乗っていたものであり、「家制度」が導入された旧民法から夫婦同姓が始まったものである。そのため、夫婦同姓が我が国固有の歴史ある制度とはいえず、すでに廃止された「家制度」の名残である夫婦同姓を維持する意義は乏しい。

現時点では、もはや夫婦同姓の原則を採っている国は少数となっており、個人の尊厳と両性の実質的平等を実現すべく、夫婦同姓制度の改正を積極的に提言していくべきである。

(2) 婚外子差別の撤廃

2013（平成25）年9月4日、最高裁大法廷は、子が数人あるときに婚外子の相続分を婚内子の2分の1とする規定（民法900条4号但書前段）につき、憲法14条1項に違反すると判示する決定を行った。この判断はこれまでの日弁連及び東京弁護士会の主張と合致する画期的なものであり、高く評価されるものである。

これを受けて、2013（平成25）年12月5日、民法900条4号但書前段を削除する民法改正案が可決成立し、相続面における婚外子差別がようやく解消された。

なお、根本的には、「嫡出子」「非嫡出子」という区別自体が、差別的であるので、その用語も改めるべきである。さらには、出生届に婚外子か婚内子かの区別をいまだに記載しなければならないとされる戸籍法も改正されるべきである。これについては、「最高裁が違憲としたのは民法900条4号但書前段だけ」という詭弁を用いて、戸籍法改正に反対した国会議員も存在し、2013（平成25）年の臨時国会において、参議院では、民法改正と戸籍法改正にも踏み込む改正案が野党議員から提案されたが、わずか1票差で否決された。

このように、国会が最高裁の決定を受けても、最低限度の改正しか行っていない現状に鑑み、日弁連としては粘り強い取り組みを行って、婚姻差別条項の抜本的な見直しの実現を図るべきである。

(3) 婚姻適齢の平等化

現行民法731条では、男性は18歳、女性は16歳で婚姻できると定められており、男女で婚姻適齢に2歳も差がある。

これに対し、日本政府は、女子差別撤廃委員会から何度も婚姻適齢を男女とも18歳にするように勧告されていたが、同委員会は、2013（平成25）年9月3日付で、改めて「勧告が履行されていない」旨の見解を出した。世界的には、16歳での結婚は「児童婚」とされており、女性から教育の機会を奪うという意味もある。日本は世界的に見て、児童ポルノの取り締まりが甘いといわれており、児童婚を容認することも、女性を蔑視する一連の流れと見られる。

そのため、両性の実質的平等のために、早急に現行民法731条の改正を実現すべきである。

(4) 再婚禁止期間と無戸籍の子

現行民法733条1項で、女性のみ6か月間の再婚禁止期間が設けられている。そのため、離婚後300日以内に生まれた子は、遺伝子上の父ではなく、前夫が子の父親と推定されるために、子の出生届を出さない母親がおり、無戸籍の子が存在するに至っている。この場合、医師の証明や裁判上の手続で対応をしているのが現状であり、手続きが煩雑である。

父性の推定の重複を避け、法律関係を早期に安定させて子の福祉を図るためという立法理由は、立法当時は合理性があったものの、DNA鑑定の技術が進んで、現在は遺伝子上の父親が科学的に立証できるまでに至っている。そして、DNA鑑定を行わなくとも、6か月間も再婚を禁止する合理的理由はなく、100日に短縮することで足りる旨、上述の1996（平成8）年2月の法制審議会総会決定「民法の一部を改正する法律案要綱」も指摘している。

しかし、女子差別撤廃委員会は、再婚禁止期間が女性のみに課せられていることを問題とし、再婚禁止期間の短縮ではなく、撤廃を勧告している。

これらは、婚姻の当事者だけではなく、子まで巻き込む重大な問題となっているので、議論を重ね、子の福祉を第一に考えて改正を行うべきである。

(5) 養育費の算定

離婚後、子の養育費については、主に女性から男性に請求することが多い。これは、女性が親権を得ることが多いというだけではなく、自力で十分な収入を確保できない女性が多いという、男女間格差にも起因する。

しかし、家庭裁判所において一般的に用いられている養育費の算定表は、東京・大阪の裁判官の共同研究（東京・大阪養育費等研究会）で作られ、判例タイム

ズ1111号で2003（平成15）年に発表されたものであった。

現在の裁判所では、この算定表が動かし難い基準として運用されている傾向があり、事案に応じた弾力的な運用がなされているか疑問がある。さらに、この算定表で算出される養育費が、最低生活水準にも満たないという事態となっており、母子家庭の貧困を一層推し進めている。

そこで、日弁連は2012（平成24）年3月15日に「「養育費・婚姻費用の簡易算定方式・簡易算定表」に対する意見書」を出し、新たな算定表の作成を試みている。これまで、養育費の支払い確保に関して日弁連では過去2回、「離婚後の養育費支払確保に関する意見書」（1992〔平成4〕年2月）及び「養育費支払確保のための意見書」（2004〔平成16〕年3月19日）を発表している。しかし、養育費算定の方法や算定金額についての意見はいまだ出したことはない。

養育費の履行の確保はもちろん必要であるが、支払われる養育費が不十分であれば、子どもの教育の機会が失われ、貧困が連鎖するという事態を招く。そのため、養育費の算定を見直し、かつ、それが確実に履行されるようにしなければ、子の福祉は実現しない。したがって、子どもの権利保障という観点から、養育費の算定の見直しも具体的に検討されるべきである。

(6) ドメスティック・バイオレンス、ストーカー、リベンジポルノ

夫や恋人など、親しい関係の男性から女性に対する暴力（ドメスティック・バイオレンス、略して「DV」）について、国連は、DVが女性に対する人権侵害ないし性差別であり、かつ、全世界に共通する看過し得ない問題であるとの認識から、1993（平成5）年12月に「女性に対する暴力撤廃宣言」を採択し、1995（平成7）年の北京宣言では、「女性及び少女に対するあらゆる形態の暴力を阻止し、撤廃する」と表明した。

これを受けて、日本でも2001（平成13）年4月、「配偶者からの暴力の防止及び被害者の保護に関する法律」が成立し、同年10月13日施行された。

2004（平成16）年6月及び2007（平成19）年7月の一部改正により、「配偶者からの暴力」の定義を拡大し、離婚後に元配偶者から引き続き受けるこれらの暴力又は言動も含めるものとした。さらに、保護命令制度の拡張、退去命令の期間の拡大、再度の申立も認めた。そのうえ、生命・身体に対する脅迫を受けた被害者も保護命令の申立ができることとし、被害者に対する電話・電子メール等の禁止命令、被害者の親族への接近禁止命令も認めることとした。

その後、デートDVと呼ばれる交際相手からの暴力が社会的に問題となり、2013（平成25）年6月の改正（2014〔平成26〕年1月3日施行）により、法律名が「配偶者からの暴力の防止及び被害者の保護等に関する法律」に改められた。ただ、交際相手といっても、「生活の本拠を共にする交際相手」に限定されているため、範囲が非常に狭い。生活を共にしていなくとも、交際相手からの暴力にさらされている被害者は多数存在するのであるから、これについては、対象を拡大すべきである。

そして、DVからストーカーに発展する事案が非常に多い。ストーカー殺人は後を絶たず、警察に相談していたが、被害を防げなかった事案も多数報告されている。

そこで、2000（平成12）年5月、「ストーカー行為等の規制等に関する法律」が成立した。しかし、立法当初予定していなかった、電子メールの連続送信や、被害女性の実家での殺傷行為等の被害事案も生じていたので、2013（平成25）年6月、①連続して電子メールを送信する行為を規制対象に追加、②被害者の住所地だけでなく、加害者の住所地などの警察・公安委員会も警告・禁止することができる、③警察が警告したときはその内容を被害者に通知し、警告しない場合は理由を書面で通知する等の改正が行われた（同年10月3日施行）。

しかし、「LINE」「フェイスブック」等のSNS（ソーシャルネットワークサービス）上のメッセージの送信について規制が及んでいなかったので、警察庁の有識者検討会は、2014（平成26）88月5日、SNS上のメッセージの送信も規制対象とする法改正をすべきである旨の報告書をまとめた。これについては、インターネット及びスマートフォンの普及により、被害が増大している現状に鑑みると、早急に法改正を進めるべきである。

そして、元交際相手の裸の写真をインターネット上でばらまく、「リベンジポルノ」も世界中で問題となっている。一度、インターネット上に出回った写真は、加害者でも回収・削除が不可能となることから、被害

者が長期間にわたって回復困難な被害を被ることとなり，重大な人権侵害となっている。このような社会情勢を受けて，2014（平成26）年11月19日，私事性的画像記録の提供等による被害の防止に関する法律（リベンジポルノ防止法）が成立し，一定の規制ができた。

これら主として女性に対する犯罪に関して，弁護士は，警察と連携しながら，被害者の安全な避難先の確保や住所等の漏洩防止措置等にも積極的に関与していく必要があろう。

(7) セクシュアル・マイノリティ

性というものはグラデーションであり，「男」「女」と単純に分けられるものではない。

これまで，セクシュアル・マイノリティは「男女」で分ける「両性」の枠外に置かれがちであったが，その権利の侵害は厳然として存在する以上，「両性」にはあらゆる性別を含むものとし，セクシュアル・マイノリティの人権・権利も保護すべきである。

異性間の事実婚カップルは法律婚カップルに近い法的保護を受けられるのに対し，同性間の事実婚カップルは，「夫婦」としての法的保護の対象外とされており，財産の承継に関しても養子縁組や公正証書遺言等で対応するしかない状態である。

また，性同一性障害者の性別の取扱いの特例に関する法律も，「現に婚姻をしていないこと」，「現に未成年の子がいないこと」，「生殖腺がないこと又は生殖腺の機能を永続的に欠く状態にあること」等，性別の変更の要件が厳しい。そのため，性別変更のために意思に反して離婚せざるを得なかったり，子が成人するのを待たねばならなかったり，望まないにもかかわらず生殖腺の機能を欠く手術を受けなければならないこととなり，あらゆる場面での自己決定権の侵害が起りうるといえる。よって，要件について再考が必要である。

さらに，社会全体にセクシュアル・マイノリティに対する理解を浸透させるために，弁護士会でも，学校ないし一般市民向けに，セクシュアル・マイノリティについての法教育を実施していくべきである。

そして，セクシュアル・マイノリティから法律相談を受けた際に，弁護士が適切な対応ができるように，弁護士向けにセクシュアル・マイノリティについての研修を行うべきである。2014（平成26）年6月から，東弁で月1回のセクシュアル・マイノリティ専門の電話法律相談が始まったが，月に1回では，その日に電話できない相談者もおり，使い勝手が良いとはいえないので，相談日を増やして，セクシュアル・マイノリティが法的アクセスしやすい環境を整えるべきである。

(8) その他の問題

2014（平成26）年6月18日開催の都議会において，女性議員に対して男性議員から，「自分が早く結婚した方がいい」「産めないのか」等の複数の野次が飛び交い，同年4月の衆議院総務委員会でも，女性議員に対し，「早く結婚して産まないとダメだぞ」などの野次が発せられた。

これは女性差別発言であり，女性は家庭に入るものという偏見を助長し，かつ，女性の妊娠や出産を自己決定として尊重するリプロダクティブヘルス・ライツ（性と生殖に関する健康とその権利）の視点が欠如している旨，2014（平成26）年7月28日付で東弁が会長声明を出している。

このほかにも，まだまだ女性の権利と両性の平等に関する問題は山積している。我々は，このような多種多様な問題提起がなされていることを認識し，両性の実質的平等が実現されるように努めなければならない。

3）女性の労働権

(1) 基本的視点

2012（平成24）年度の統計では，女性の就業者のうち，雇用者は2,357万人，家族従業者は145万人，自営業主は140万人となっており，雇用者は就業者全体の88.8％を占めている。それゆえ，働く女性の大部分は雇用労働であるといえる。にもかかわらず，雇用労働における女性の現状を見ると，①男女間の処遇・賃金格差，②女性労働者の非正規化，③男女間の勤続年数の格差の問題がある。

①について，役職者に占める女性の割合は，2012（平成24）年度の統計によると，部長級4.9％，課長級7.9％，係長級14.4％となっており，平成23年度より減少している。さらに，一般労働者の正社員の男女間の賃金格差についてみると，男性を100とすると，女性は，きまって支給する現金給与額で71.5となっており，平成23年度の71.9に比べて格差が拡大している。

②については，1985（昭和60）年には女性の正規雇用は67.9％であったが，2012（平成24）年には45.5％となっている。他方で，2012（平成24）年の女性の非正規労働（パート，アルバイト，その他）は54.5％に

達しており，前年より6万人増加し，1,247万人となっている。したがって，女性の過半数は非正規労働者である。しかし，男性の正規雇用は，2012（平成24）年は80.3％にものぼり，大きな男女格差が見られる。

③については，2012（平成24）年の統計で，勤続10年以上の男性は49.3％，女性は32.2％であり，平均勤続年数は，正社員の女性は9.8年，正社員男性は13.9年で，男女差は4.1年であった（ただし，企業規模10人以上）。女性の勤続年数が短いのは，仕事と家庭の両立を図ることが困難であるためであり，日本の女性の年齢階層別労働力率は，出産・育児期の30歳代に低くなる，いわゆる「M字カーブ」現象が見られる。出産・育児後に再就職しようとしても，正規雇用が困難であるため，非正規雇用を選択せざるを得ないという現実もある。

また，職場における女性に対するハラスメントは多様化し，セクハラ・パワハラの他に，働く女性が妊娠・出産をきっかけに職場で精神的・肉体的な嫌がらせを受けたり，妊娠・出産を理由とした解雇や雇い止めで不利益を被ったりするなどの不当な扱いを意味する言葉である，マタハラ（マタニティー・ハラスメント）も登場するに至った。

以上のことからして，女性の権利の確保，両性の平等の実現は，労働の権利の確保の場面でも非常に重大であり，女性の労働環境を整えることは，急務であるといえる。

(2) 性別を理由とする昇進及び賃金における差別の禁止

男女雇用機会均等法6条で，労働者の配置，昇進，降格等につき，性別を理由として差別的取り扱いをすることを禁じている。

そして，男女雇用機会均等法施行の約40年前の1947（昭和22）年には，労働基準法4条が「使用者は，労働者が女性であることを理由として，賃金について，男性と差別的取扱いをしてはならない。」と定め，男女同一賃金の原則を規定している。

労働基準法4条にいう「女性であることを理由として」とは，通達によれば，「労働者が女子であることのみを理由として，あるいは社会通念として又は当該事業場において女子労働者が一般的又は平均的に能率が悪いこと，勤続年数が短いこと，主たる生計の維持者でないこと等を理由」とすることと解されている

（1947〔昭和22〕年9月13日発基17号）。そのため，同一職種に就業する同学歴の男女間の主任級の差別は，一般的に労基法4条違反となる。

しかし，男女雇用機会均等法6条の「性別を理由として」とは，通達によると，例えば，労働者が男性であること又は女性であることのみを理由として，あるいは社会通念として又はその事業所で，男性労働者と女性労働者との間に一般的に又は平均的に，能力，勤続年数，主たる生計の維持者である者の割合等に格差があることを理由とするものであり，個々の労働者の意欲，能力等を理由とすることはこれに該当しないとされる。

同じく，労働基準法4条についても，通達では，「職務，能率，技能等によって賃金に個人的差異のあることは，本条に規定する差別待遇ではない」としている。

そのため，現在ではあからさまに男女に賃金差や昇進差をつける規定を置いている会社は存在しないと思われるが，人事評価や賃金制度が不透明であり，事実上の男女格差が存在しても，「能力の問題である」との抗弁が通ってはならない。そこで，使用者側は，公正・透明な賃金制度，人事評価制度の整備を行うべきである。ただし，女性管理職を増やすなどのポジティブ・アクションは，これまでの男女格差是正の良い機会であり，男女雇用機会均等法8条でも認められている。

安部内閣では，2014（平成26）年6月24日，「『日本再興戦略』改訂2014－未来への挑戦－」（以下「再興戦略」という）を閣議決定した。そこでは，女性の活躍推進へ向けた目標として，「待機児童解消加速化プラン」「2020（平成32）年に女性の就業率（25歳から44歳）を73％（現状68％）にする」「2020（平成32）年に指導的地位に占める女性の割合30％」（以下「2020・30」という。）が掲げられ，「女性の活躍を促進することを目的とする新法の提出に向けて検討を開始することとした」とされている。これを受けて，総務省，厚生労働省の各審議会において女性の活躍推進のための法整備が検討されていたが，同年12月の衆議院解散によって廃案となり，先行きは不透明である。

世界的には，2020・30は，「女性の人権保障」や「性差別の是正」という視点で語られている内容である。それに対して，安部内閣の再興戦略では，2020・30の目標等は，あくまで日本社会における働き手を確保す

ることを目的とした施策として位置付けられている点が問題である。そこで、東弁は、2014（平成26）年10月1日、「真の『女性の活躍推進』となる充実した法制度を求める会長声明」を発表した。

今後も弁護士会としては、上記再興戦略に対して、単なる「働き手の確保」という観点ではなく、ジェンダー平等の実現や性差別の是正、女性の人権保障を意義・目的とした施策と位置づけることを求め、策定される法律が女性の人権保障に適うようにせねばならない。

(3) 労働者派遣法改正案の問題点

2014（平成26）年6月20日に廃案となった労働者派遣法の改正案と同様の法案が、再度国会に提出された。

これまでは、特定の26業種以外の業務について、3年を超えて同じ業務に派遣労働者を受け入れることはできなかった。しかし、改正案では、課を異動すれば、3年を超えて引き続き派遣のまま雇用を続けることが可能となっている。

また、改正案では、派遣労働者個人レベルで上限期間を設定し、派遣労働者が就業継続を希望するときは雇用安定措置をとることとされたが、雇用安定措置には私法上の効果がないため、実効性がないといえる。また、有期雇用派遣労働者の場合、事業所の過半数労働組合若しくは過半数労働者の意見を聴きさえすれば、それが反対意見であっても引き続き3年派遣労働者の受け入れを延長でき、その3年後にも同様に延長できるため、事実上、派遣先が派遣労働者を受け入れる期間制限が撤廃されたに等しい。

厚生労働省「平成24年派遣労働者実態調査」によると、女性派遣労働者のうち、53.4％の女性派遣労働者が自分自身の収入だけが収入源である。しかし、厚生労働省「賃金構造基本統計調査」（平成25年）によれば、一般労働者の賃金は1,919円であるのに対し、男性派遣労働者は1,495円、女性派遣労働者に至っては1,236円である（所定内実労働時間数で除した値）。派遣は、その地位が不安定であるだけでなく、賃金が低いことからも、働きつつも貧困から脱却できないという、ワーキング・プアを招いている。

2012（平成24）年改正法では、派遣労働者の保護の観点から有期雇用の派遣労働者（雇用期間が通算1年以上）の希望に応じ、①期間の定めのない雇用（無期雇用）に転換する機会の提供、②紹介予定派遣（派遣先に正社員や契約社員などで直接雇用されることを前提に、一定期間スタッフとして就業する形態）とすることで派遣先の直接雇用を推進、③無期雇用の労働者への転換を推進するための教育訓練などの実施、のいずれかの措置をとることが、派遣会社の努力義務となった。さらに、労働契約申込みみなし制度、すなわち、派遣先が違法派遣と知りながら派遣労働者を受け入れている場合、違法状態が発生した時点において、派遣先が派遣労働者に対して直接雇用の申込みをしたものとみなす制度が、2015（平成27）年10月1日から施行予定である。

とはいえ、一度、派遣労働者となった者が、正規雇用労働者になるのは難しいのが現状である。そのため、労働者派遣法改正案が通れば、ますます派遣労働者の固定化が進み、地位の不安定と貧困の問題は解決しない。そして、改正案は常用代替防止の大原則を事実上放棄したものであるため、正規雇用労働者から派遣労働者への労働力の置き換えも進む可能性が高い。

そこで、日弁連は2014（平成26）年1月29日、「労働政策審議会建議『労働者派遣制度の改正について』に反対する会長声明」を出し、派遣労働者の雇用安定を確保し、常用代替防止を維持するための労働者派遣法改正を行うよう求めている。東弁も、2014（平成26）年3月27日付で「労働者派遣法改正案に反対し、労働者保護のための抜本的改正を求める会長声明」を出し、常用代替防止の理念の有名無実化を懸念し、雇用の安定化を強く求めている。引き続き、派遣労働者の問題については尽力しなければならない。

(4) マタニティー・ハラスメント（マタハラ）

男女雇用機会均等法9条で、婚姻・妊娠・出産等を理由とする不利益取扱いの禁止が定められている。改正前は、女性労働者について婚姻・妊娠・出産等を理由とする解雇のみの禁止規定であったが、現在の均等法では、これらを理由とする解雇以外の不利益扱いも全面的に禁止している。また、これまで明確でなかった母性健康管理措置についても不利益取扱いを禁止し、妊娠・出産に起因する労働能率の低下に対しても不利益取扱いを禁止したことは重要である。

にもかかわらず、妊娠・出産を理由に、配置転換・降格をされたり、解雇・派遣切りをされるというマタハラが増加し、訴訟も提起されている。

少子化が社会問題となりながらも、妊娠・出産した

女性を労働の現場から不当に排除することは、さらなる少子化を招く。そして、これは「女性は家で子育てをしろ」というメッセージでもあるので、性別役割分担の押しつけであり、女性の労働権を著しく侵害し、ひいてはリプロダクティブヘルス・ライツ（性と生殖に関する健康とその権利）を侵害することにもつながる。

マタハラについては、包摂する問題が重大であるので、我々は根絶に向けて、積極的に取り組まねばならない。

4）法曹界における問題点

司法試験合格者に占める女性の割合は増加しているにもかかわらず、その家族が、法曹である女性に家庭責任を重く担わせているために、家庭責任を理由に要職に就かない女性法曹が多いとすれば、それはゆゆしき事態である。

さらに、女性司法修習生への法曹三者によるセクハラの報告も多数存在する。法を担い、範となるべき者が自ら人権侵害を行うことは許されるものではない。東弁及び日弁連では、セクハラの相談窓口を設けており、さらに、東弁では新規登録弁護士研修や倫理研修時にセクハラ研修を行っているが、さらなる啓発が必要である。

また、法律事務所において、事件の割り振りの際に、女性弁護士に家事事件ばかりを担当させることも、ジェンダーバイアスによるものであるので、性別にとらわれず、自由に事件を選択できるようにすべきであるという意見もある。

長らく、男性中心であった法曹界において、両性の実質的平等を実現すべく、女性の積極的登用、会務の時間的拘束の工夫、セクハラ研修等の充実による啓発、産休・育休のガイドラインの策定等を行うべきである。

5　外国人の人権

> 弁護士会は、外国人の人権に関する諸問題を解決するため、次の取組みをすべきである。
> ・外国人のための相談、救済活動の一層の拡充を行うこと
> ・我が国の入管制度、難民認定制度について法制度上及び運用上の問題点を見直すための調査、研究活動を行うと共に、その成果に基づき日弁連として法改正や行政各省庁の取扱いの是正を求めるための活動をより積極的に行うこと
> ・国際人権規約の選択議定書をはじめとする外国人の権利保障に関連する諸条約の批准促進運動を展開すること

1）入管行政の問題

日本に在留している外国人の人権状況に大きな問題があることは、法友会の政策として繰り返し指摘したところである。2010（平成22）年3月、日本において調査を行った国連人権委員会のホルヘ・ブスタマンテ特別報告者（移民人権問題担当）は、調査を終えた際のプレス発表において、日本には未だ根強く国籍に基づく人種主義・差別意識が根強く存在していること、司法機関や警察が外国人の人権を無視する傾向があること、日本には外国人の人権を保護する包括的な移民政策が存在しないこと等を指摘し、外国人住民の権利を守る取り組みを強化すべきであるとの見解を示した。さらに、2014（平成26）年7月24日には国際人権（自由権）規約委員会の総括所見が、同年8月29日には人種差別撤廃委員会の総括所見が発表されたが、それぞれヘイトスピーチ問題、外国人技能実習生制度、難民・移民の創刊手続中の非人道的取扱いの禁止、移住労働者や難民庇護希望者等に対する日本政府の取組みの不十分さを厳しく指摘する内容となっている。

このように、外国人の人権について従来指摘した問

題点については、なお改善されないままのものが多いうえに、近時、次のような新たな問題点も生じてきている。

(1) 新たな在留管理制度の施行

❶ 在留管理の強化を目的とした新たな在留管理制度を構築する2009（平成21）年7月の入管法一部改正及び従来の外国人登録制度を廃止して外国人住民を住民基本台帳に記載することとする住民基本台帳法の改正が、2012（平成24）年7月9日に施行された。これら改正法の施行には、すでに成立前から、弁護士会、外国人を支援するNGOなどからの懸念が表明されてきた。例えば、以下の点が問題とされてきた。

① 非正規滞在者の社会保障や行政サービスへのアクセスが困難となる可能性があること

新しい在留管理制度のもとでは、非正規滞在者も対象としていたこれまでの外国人登録制度が廃止される。外国人登録に代わる在留カード（特別永住者については特別永住者証明書）及び外国人住民票は、一時庇護許可者及び仮滞在許可者・出生又は国籍喪失に伴う経過滞在者を除き（ただし、これらの者についても在留カードは交付されない）、非正規滞在者を対象としない。従来、非正規滞在者であっても、外国人登録を通じて各地方自治体がその存在を把握し、母子保健（入院助産、母子健康手帳、育成医療等）及び保健衛生（予防接種、結核予防、精神保健等）の対象とすること、就学予定年齢に達した子どもへの就学案内の送付を行うこと等が可能であった。しかしながら、新しい在留管理制度の下で各地方自治体において非正規滞在者の存在を把握する方法がなくなれば、こうした最低限の社会保障や行政サービスすら事実上受けられなくなるおそれがある。前述のブスタマンテ特別報告官は、その報告の中で、この問題について、「非正規滞在者は、地方自治体にとって見えないものとなるので、彼らが基本的な健康サービスにアクセスできるのか、彼らの子どもたちに対し公立学校の就学通知が送付されるのかについて疑問がある。政府はこのようなサービスの提供は継続されると約束しているが、実際に実現するかは不透明である。」と指摘している。

この問題について政府は、上記2009（平成21）年住民基本台帳法改正に関する衆議院法務委員会での審議において、これまで提供されてきた行政サービスの対象範囲が変更されることはないと答弁し、また同改正法附則23条は、非正規滞在者についても、行政上の便益を受けられることとなるようにするため、必要な措置を講じることとされている。

しかしながら、施行後2年以上が経過した現時点において、各地方自治体が誤った対応をし、非正規滞在者について、これまで提供されてきた行政サービスが拒否されたという実例が報告されている。また、これまで非正規滞在者も対象としてきた外国人登録制度の廃止に伴い、非正規滞在者については住所等を証明する手段がなくなり、例えば銀行口座が開設できない、住居を借りられないなどの事実上の不利益も起きている。

従って、今後も、制度の動向を注視し、各地方自治体の誤った対応については是正を求め、非正規滞在者についても把握できる制度の構築を目指すべきである。

② 在留資格取消事由の拡大

2013（平成25）年7月9日の改正入管法施行により、これまで在留資格取消制度の対象ではなかった日本人又は永住者の配偶者としての在留資格を有する者について、「配偶者の身分を有する者としての活動を6月以上行わない」で在留した場合には、正当な理由がない限り在留資格の取消事由とされた。この改正については、改正法成立前、例えば日本人の夫の暴力から逃れるために身を隠している被害者女性まで取消制度の対象となってしまうとして強く批判されていた。そこで、法改正にあたり、DVによる別居など配偶者としての活動を行わないで在留していることに正当な理由がある場合は取消事由とはならないことが条文に明記された経緯がある。

しかしながら、配偶者としての活動のあり方というのは、夫婦によって様々であり、本来法務大臣や入国管理局が判断すべきものではないし、また、別居の事情についてもDV以外にも様々なものがある。従って、このような抽象的な要件により配偶者としての在留資格を取消制度の対象とすることは、在留外国人の地位をいたずらに不安定にするものである。

❷ 上記のような問題点のある改正入管法施行について、東弁は2011（平成23）年11月24日に、日弁連は同月25日に、施行に伴う施行令案及び規則案に意見を述べ、また、日弁連は、施行日にも、上記問題点を改めて指摘した会長声明を発表した。さらに、改正法施行

前に弁護士会が実施した都内各市区町村に対するアンケートでは，住民基本台帳の対象となる非正規滞在者は行政サービスの対象にならないような誤解に基づく回答や，在留資格取消制度等についての多言語での広報不足・政府から各自治体への情報提供不足などを指摘する回答もあり，上記問題点の指摘が杞憂ではないことを裏付けた。弁護士会はこのアンケート結果に基づく意見書を2013（平成25）年6月7日に発表したが，現時点で実際に問題が発生していることは前述のとおりであり，従って，引き続き，施行後の実態についての調査・研究が必要である。

(2) 外国人の出入国・在留に関する監視を強化する体制の構築

近年，政府等において，テロの未然防止等の名のもとに，外国人の出入国・在留に関する管理・監視を強化する新しい体制を構築する動きが急速に進められてきた。

2007（平成19）年11月，2006（平成18）年5月の入管法一部改正（以下「2006年改正法」という。）に基づき，日本に入国する全ての外国人（特別永住者，16歳未満の外国人などを除く）について，個人識別情報の提供（指紋の電磁的採取及び顔写真撮影）が義務化された。政府はこれまで，入国時に取得された個人識別情報について，犯罪捜査や在留管理に利用することを否定していない。また，これを契機に，予め提供された指紋情報などを利用して出入国審査の迅速化をはかる「自動化ゲート」も導入された。さらに，改正入管法は，公衆等脅迫目的の所定の犯罪行為，その予備行為又はその実行を容易にする行為を行うおそれがあると認めるに足りる相当な理由があると法務大臣が認定した者及び国際約束により日本への入国を防止すべきものとされている者を退去強制することができるとする退去強制事由を追加した。

また，2007（平成19）年改正雇用対策法により，すべての事業主などに対して，新たに雇い入れた外国人の氏名・在留資格・在留期間・国籍などの個人情報を厚生労働大臣に報告することが罰則をもって義務づけられ，当該情報が在留管理に関する事項の確認のために，厚生労働大臣から法務大臣に提供されることになった。また，前述のとおり，2009（平成21）年には，従来の外国人登録制度を廃止し，入国時の指紋採取，顔写真撮影と一体化したIC在留カードの常時携帯を義務づける法案が可決され，2012（平成22）年7月に施行された。

しかし，これら改正法等には，以下のような問題点がある。

すなわち，日本に入国する全ての外国人に対し個人識別情報として生体情報の提供を義務づけることは，外国人のプライバシー権を侵害し，国際人権自由権規約（以下「自由権規約」という。）7条が定める品位を傷つける取扱いの禁止に違反するものである。さらに，日本人と生活実態が異ならない定住外国人からも生体情報を取得することは，自由権規約26条が禁止する外国人差別である。

また，入国時に取得した生体情報を全て保管し，犯罪捜査や在留管理に利用しようとすることは，外国人の自己情報コントロール権を侵害し，外国人全体が危険な集団であるかの偏見を生み出すおそれがあると指摘されている。

さらに，上記退去強制事由の追加，すなわち法務大臣がいわゆるテロ関係者と認定した者の退去強制を可能とした点については，日本に定住している外国人の生活の根拠を奪う重大な結果を生じさせるものであるにもかかわらず，認定要件が極めて曖昧かつ広範であり，かつ，十分な不服申立の機会が制度的に担保されていない。退去強制手続における不服申立てとして口頭審理手続が存在するが，その審理の対象は，「テロリスト関係者であると法務大臣が認定した者であるか否か」であって，真実「テロリスト関係者」であるか否かは審理の対象とならないことになりかねない。自分がいかなる根拠で「テロリスト関係者」であると認定されたかを知る機会も争う機会も保障されないのである。とりわけ，難民の場合には，出身国と政治的に対立していることが少なくないところ，出身国において反政府活動をしている者やその支援者がテロリスト関係者として認定され，不服申立の機会が保障されないまま退去強制される可能性も否定できない。このような退去強制は，ノン・ルフールマンの原則（難民条約33条1項，拷問等禁止条約3条1項）に違反するおそれがあると言わざるを得ない。

さらに，自動ゲート化については，日本人や特別永住者も対象となるが，この仕組みによって提供された情報についても犯罪捜査その他に利用することは可能となることが法案審議の中で明らかになっている。情

報提供者はそもそもこのような目的外の利用を想定していないし、今後、自動化ゲートの利用が事実上強制されることなどが危惧され、いわゆる「監視社会」の招来の危険が指摘されているところである。

　この間の動きに対し、日弁連は、2005（平成17）年12月、「外国人の出入国・在留管理を強化する新しい体制の構築に対する意見書」を発表して、こうした動きにはプライバシー権や自己情報コントロール権、外国人に対する差別的取扱いの禁止等の観点から重大な問題があることを指摘した。さらに、2006（平成18）年5月には、改正法案の国会審議の中で新たに明らかになった点なども含めて法案の問題点を指摘し、市民生活に重大な影響を与えるとして成立に反対する会長声明を発表した。2007（平成19）年10月には、2006（平成18）年改正法について、①提供を義務づける個人識別情報として指紋情報を規定すべきではない、②個人識別情報について、旅券上の情報や過去の退去強制歴などとの照合を完了した時点で直ちに消去し、外国人の入国後もこれを保管して犯罪捜査や在留管理の目的のために利用すべきではなく、そのことを省令に明記すべきである、との意見書を発表した。さらに、2007（平成19）年11月に開催された第50回人権擁護大会において、「人権保障を通じて自由で安全な社会の実現を求める宣言」を採択し、「テロや犯罪の防止のために必要であるとする施策について、どのような法益が、どのような具体的蓋然性をもって危険にさらされているのかを客観的に分析して真に必要な施策であるかを判断し、必要があるとしても人権の制約が必要最小限かつ明確な基準によるものであるかなどを厳しく吟味すること」、「国や地方自治体が、住民基本台帳ネットワークシステムや外国人の入国・在留管理などを通じて、また、国家間の情報の共有によって、あるいは市民や事業主からの報告を義務付けることにより個人情報を取得する制度が創設されつつあり、その情報を統合し、利用することが模索されている。憲法13条の個人の尊厳、幸福追求権の保障に含まれる自己情報コントロール権尊重の見地から、『改正』入管法などの制度の見直しを行うとともに、このような個人情報の統合、利用を厳格に規制し、特に警察などが市民の生活や思想を監視するために情報を利用することを防止すること」などを提言した。また、2007（平成19）年改正雇用法による外国人雇用状況報告制度については、2007（平成19）年2月、雇用対策法の目的を逸脱し、健全な雇用関係の成立を阻害するおそれがあること、外国人のプライバシー権や自己情報権を侵害するものであること、人種差別撤廃条約に抵触するものであること理由として上記制度に反対する意見書を発表している。そして、IC在留カードについては、同様の理由により、繰り返し反対の意見を表明している。

　テロの防止という目的そのものに反対はないが、テロの防止のためであっても人権や基本的自由の保障を侵害してはならないことは、2005（平成17）年8月の国連人権委員会決議などで採択されている。人種差別や人権侵害のない安定した社会こそが最大のテロ対策とも考えられる。今後も弁護士会としては、法改正や運用の実態を注視し、必要であれば新たな法改正に向けた運動に取り組んでいくことが必要である。

(3) 難民問題

　2001（平成13）年10月にアフガニスタン人難民申請者が一斉に収容された事件や、2002（平成14）年5月に中国瀋陽の日本総領事館で起きた事件をきっかけに、「難民鎖国」と呼ばれる我が国の難民認定制度の在り方が問題となり、2004（平成16）年6月には大幅な法改正がされた。そこでは、従来から難民条約違反の疑いが強いと指摘されていた60日ルールが撤廃されるなど前進もあるが、まだまだ不十分なところも多い。これまで指摘された問題点には、次のようなものがある。

❶　参与員制度

　2004（平成16）年6月改正法（以下「2004年改正法」という）により、難民認定手続の異議審査段階で参与員という第三者を関与させることとなったことは、一定の前進という評価はできる。しかし、本質的にはやはり、法務省入国管理局が所管する異議申立手続を改め、入国管理や外交政策を所管する省庁から独立した異議申立機関を設置すべきである。

　そして、現行の参与員制度にも、次のような問題点がある。

① 人選

　参与員制度を実りのあるものにするためには、その人選が最も重要である。

　2003（平成15）年12月24日に出された第4次出入国管理懇談会の意見書では、「事実認定を含む法律実務の経験豊富な法曹実務家」の他に「海外情勢を審査・判断に正確に反映させるという観点から、地域

情勢や国際問題に明るい元外交官・商社等海外勤務経験者・海外特派員経験者・国際政治学者・国連関係機関勤務経験者」,「法律的知識・素養も求められることから,国際法・外国法・行政法等の分野の法律専門家等」の中から選任されることが望ましいとされている。

しかし,参与員の人選に当たっては,あくまで難民条約の定義を明確に理解しているかどうかという,能力面のみを重視すべきであり,その出自に安易に依拠したり,肩書きにとらわれたりすることは絶対に避けるべきである。

法改正に当たって衆参両議院では,「参与員の人選にあたり専門性を十分に確保する観点から,国連難民高等弁務官事務所,日本弁護士連合会及びNGO等の難民支援団体からの推薦者から適切な者を選任するなど留意するとともに,難民審査参与員の調査手段が十分に確保されるよう体制の整備を図ること」という附帯決議がされているが,この趣旨を生かし,UNHCRや日弁連などからの推薦者を尊重するだけではなく,他の候補者が参与員として適任者かどうかにつき,UNHCR等の意見を聴取し,尊重する仕組みを作るべきである。

また,これまでの日本の難民認定制度が,入国管理政策や外交的配慮によって,本来のあり方から歪められている可能性が高いことを踏まえ,入国管理局職員経験者を含む法務省関係者及び元外交官からの選任は避けるべきである。

② 研修

参与員は,法務大臣が行った一次審査について,専門性を有する第三者としてその適法性や妥当性をチェックする責務を負っているのであるから,UNHCRが示す難民認定基準や諸外国で蓄積された難民認定実務等の専門的知見を有することが必要である。しかしながら,①異議申立てを棄却する決定に付記された参与員の意見の要旨を見る限り,諸外国で確立されている難民該当性判断の手法に反していることが多いこと,②難民申請者に対する面接についても,参与員による審尋の際,難民該当性を判断するに十分な質問がなされていないケースが多数あること,などがこれまで報告されており,参与員が難民申請者に対する面接の手法等の専門的知見を有していないことを窺わせることなどからして,参与員は,必ずしも難民認定基準や難民認定実務に関する専門的知見を有していないおそれがあると言わざるを得ない。

このような参与員の現状からすれば,参与員がその専門性を高める機会を継続的かつ計画的に確保しなければならない。具体的には,UNHCRや研究者などの難民認定実務に関する高度な知見を有している者の関与のもとに立案された継続的かつ系統的な研修が行われるべきである。

③ 記録の開示

現在の異議申立手続では,異議申立人に対し,一次審査において難民調査官が収集した資料や,異議申立手続において難民調査官が追加して収集した資料などの記録の開示が行われていない。

そのため,異議申立人は,参与員に提供された記録の内容を把握することができず,異議申立人が的確な意見を述べたり,釈明をしたりする機会が十分に与えられない結果となっている。こうした実態は,難民認定手続の適正手続保障の観点から問題であり,2004年改正法の審議の際,衆参両議院において,難民認定手続における客観性及び透明性を確保するため,適切な措置を講ずることという内容の附帯決議がなされている趣旨にも反している。

したがって,異議申立手続においては,一次審査手続,異議申立手続,退去強制手続におけるすべての記録を開示し,異議申立人に釈明の機会を実質的に保障すべきである。

❷ 仮滞在許可制度

改正法により,難民認定申請者のうちで一定の要件を充たす者については,「仮滞在許可」が認められ,許可を受けた者は難民認定申請手続中(異議段階を含む),収容や退去強制はされないこととなった。しかし,2010(平成21)年の法友会政策要綱でも指摘されたとおり,その要件や効果の点で極めて不透明,不適切な点が存在する。

① 仮滞在許可制度における除外事由の運用について

2004年改正法は,難民申請者の法的安定性のため,仮滞在許可制度を導入したが,仮滞在許可の除外要件として,i)本邦に入った日から6月を経過した後に難民申請を行ったものであること(やむを得ない事情がある場合を除く),ii)迫害を受けるおそ

れがあった領域から直接本邦に入ったものではないとき、などを挙げている（法61条の2の4第1項各号）。こうした要件については、改正の時点から、合理性がないとして批判も強く、改正時の衆参両院の法務委員会において、「仮滞在許可に当たっては、本邦への直接入国、上陸後6ヶ月以内の申請、証拠資料の提出等の要件について、申請者の事情を十分に斟酌し、実情に即した運用が行われるよう留意すること」、「第三国を短期間で経由した者や経由国で有効な保護を受けられない者を許可の対象から排除しないように、上陸後6ヶ月以降の申請の場合も申請者の事情を十分斟酌し実情に即して但し書きを適用するようにすること」という内容の附帯決議がなされているところである。

仮滞在許可制度の除外事由がどのように運用されているのか必ずしも明らかではなく、除外条項が上記附帯決議の趣旨と合致しない形で広く解釈されているおそれがあると言わざるを得ない現状に鑑みれば、実務上どのように運用されているかについて、第三者による検証が可能となるような資料が公にされるべきである。

② 仮滞在許可の審査期間について

近時、難民認定申請数の増加、とりわけ空港における上陸審査の際の難民認定申請数の増加もあってか、仮滞在許可の審査期間が長期化しているとの指摘が、難民問題に関わる弁護士やNGOからなされている。とりわけ、後者のケースにおいて、上陸の許否の判断も仮滞在の許否の判断もされないまま、1ヶ月以上にわたり、ホテルの部屋から外出できない状態に置かれたケースや、仮滞在の不許可事由がないにもかかわらず、仮滞在の許否の判断がなされないまま収容令書によって収容されたケースが報告されている。

そもそも仮滞在許可制度は、在留資格のない者が難民認定申請を行った場合、収容されて退去強制手続が進められることのないようにするために創設された制度である。その制度趣旨からすれば、上陸前であっても、難民申請者に対し長期間に事実上の身柄拘束を行ったり、仮滞在許可の許否の判断をしないまま、収容令書によって収容されたりすることは、本末転倒である。

仮滞在許可の許否についての審査期間を短縮し、また、決定がされるまでの間、事実上の身体拘束や、在留資格を有しないことを理由として退去強制手続、刑事手続に付されることなどが行われないようにすべきである。

③ 就労

自由権規約6条1項は、すべての者が自由に選択し又は承諾する労働によって生計を立てる権利を保障している。そして、仮滞在許可を受けた者が就労できないとする明文は存在しないのであるから、特に条件が付されない限りは、当然就労ができることになる。

仮滞在許可を受けた者全てに十分な生活援助がなされる保障があるのであれば格別、そうでなければ、原則として就労に関する条件は付すべきでない。この点、出入国管理及び難民認定法施行規則56条の2第3項3号では、就労を禁止しているが、全く実態を無視した規定であり、喫緊の改正が求められる。

日弁連が行った2004年入管法改正後1年を踏まえたシンポジウムにおいて、UNHCR駐日事務所のナタリー・カーセンティ主席法務官は、「難民申請者の生活は慈善事業ではなく人権問題だ。生活できなければ、意に反して帰国しなければならなくなる。これは間接的ルフールマンである」と述べた。まさに的確な指摘である。

とりわけ、近年、難民異議手続の審査に要する期間が長期化しており、異議申立から裁決まで数年を要することも珍しくない。従って、審査期間中の就労許可を含む生活保障は、急務である。

❸ このほか、2004年改正法では、難民と認定された者にも在留資格が自動的に認められない場合があること、難民認定された後の生活支援について何ら具体的な政策が採られなかったこと、不認定処分後の訴訟準備ないし係属中の退去強制手続の停止が法制度化されなかったなど、問題点は山積である。前述した規約人権委員会の2014（平成26）年7月の総括所見も、難民不認定処分に対する停止的効果を持つ独立した不服申立制度の欠如を指摘し、また、人種差別撤廃委員会の2014（平成26）年8月総括所見は、地方自治体及び地域社会の間で、難民および庇護希望者に関する非差別と理解を促進することを勧告している。

(4) 入管収容施設内での処遇問題

入国管理局収容施設、とりわけ日本に3ヶ所ある入

国者収容所（茨城県牛久市所在の東日本入国管理センター，大阪府茨木市所在の西日本入国管理センター，長崎県大村市所在の西日本入国管理センター）における非正規滞在外国人の収容・処遇については，従前より，批判が強かった。

収容の根拠となる退去強制令書が，裁判所の司法審査を経ることなく入管当局のみの判断で発付されていること，原則として全件収容となっており，難民申請者・子ども・退去強制令書発付処分や難民不認定処分について取消訴訟を提起して裁判中の者なども収容されていること，期限の定めのない収容であり，1年以上の長期収容者が数多く存在し，ときには2年を超えるような収容があること，一旦仮放免という形で身柄が解放されても，再収容・再々収容される事例が多発していること，医療等処遇についての不服申立制度が十分に機能していないことなどの問題点が指摘されてきた。毎年，自殺及び自殺未遂，処遇の改善や身柄の早期解放を求めてのハンガーストライキなどが繰り返されている。さらに，医療態勢の不備も従前から強く批判されてきたが，2010（平成22）年には，東京入国管理局や東京入国管理センターにおいて，複数の結核患者の発生が報告され，また，2013（平成25）年10月には，東京入国管理局の被収容者が倒れてから救急車が呼ばれるまで1時間近くを要し，当該被収容者が入院先でくも膜下出血で死亡するなどの事件も発生しており，改めて医療態勢の改善が急務との指摘がなされるに至っている。

このように多発する収容・処遇に関する問題の指摘を受け，2009（平成21）年入管改正法は，入国者収容所等視察委員会を設置した（施行は2010〔平成22〕年7月1日）。現在，東日本と西日本に，それぞれ10名の委員を擁する委員会が2つ存在する。委員には弁護士も含まれており，日弁連内に，バックアップ委員会が設置されている。また，2010（平成22）年9月9日，日弁連と法務省は，入管の収容問題についてより望ましい状況を実現するための「出入国管理における収容問題等協議会（仮称）」の設置について合意した。

このような取組みにもかかわらず，2014（平成26）年3月，東日本入国管理センターにおいて，わずか3日の間に2名の被収容者が死亡する事件が発生した。これについては，東弁も2014（平成26年）4月23日，法務省入国管理局および東日本入国管理センターに対し，真相解明のための第三者機関による徹底的な調査の実施と調査結果を踏まえた再発防止策の導入を求める会長声明を発表した。

なお，前述の規約人権委員会総括所見は，退去強制手続中の虐待事例が報告されていること，十分な理由がなく，収容の是非を判断する独立した審査もないまま長期的な行政収容が行われていることに懸念を表明し，人種差別撤廃委員会の総括所見は，庇護希望者が長期にわたり収容施設内の不適切な条件下で収容されていることに懸念を表明している。

(4) 弁護士会の取組み

以上のほか，外国人の人権に関連しては，多くの課題がある。

弁護士会としては，これら外国人の人権に関する諸問題の解決に向けて，次のような取組みをすべきである。

第1は，外国人のための相談，救済活動の拡充である。この点について，1995（平成7）年8月以降，東京三会及び法律扶助協会（当時。その後，法テラスに業務が引き継がれた）が，平日は毎日交替で外国人のための法律相談を実施し，また，関東弁護士連合会が，茨城県牛久市に所在する東日本入国者収容所での出張相談を，東京三会と東相協外国人部会が日弁連の委託を受けて東京入国管理局での法律相談を実施するなど，相談体制は充実の方向にある。また，2010（平成22）年9月9日には，日弁連と法務省入国管理局との間で，電話相談や出張による臨時の法律相談の態勢づくりなど，弁護士による被収容者に対する法律相談等の取組をともに促進する合意が成立した。さらに，東京三会では，2012（平成24）年10月1日から2013（平成25）年3月までの間，羽田空港の上陸審査手続における当番弁護士制度の試行を行い，また，2013（平成25）年9月からは，東京パブリック法律事務所三田支所における夜間の外国人法律相談の試行を開始し，夜間相談のニーズを裏付ける結果となっている。

しかし，外国人相談や救済窓口を担っている弁護士の数はまだまだ限られており，現在の取組みをさらに進めるために，弁護士会は外国人事件に取り組む弁護士の増加と組織化及び新たに取り組む意欲を有する弁護士に対する研修の充実を図る必要がある。

また，近年繰り返されている在日外国人の排斥等を主張し，人の生命・身体に対する直接の加害行為や人

種的憎悪や民族差別を扇動する集団的言動（いわゆるヘイトスピーチ）について，弁護士会は，2013（平成25）年7月31日，政府に対し，人種的憎悪や民族差別を煽り立てる言動を根絶するための実効性ある措置をとるよう求める会長声明を発表した。今後も，弁護士会として，外国人の人権が侵害されるとき，そのおそれがあるときには，積極的に救済活動を行っていくべきである。

第2に，我が国の入管制度，難民認定制度について，法制度上及び運用上の問題点を見直すための調査，研究活動を行うとともに，その成果に基づき，法改正や行政各省庁の取扱いの是正を求めるための窓口となるべき組織作りを進めるべきである。

第3に，非正規滞在外国人の収容及び収容中の処遇の問題については，引き続き，入国者収容所等査察委員会への情報提供や弁護士委員へのバックアップ，法務省との協議会での議論などを通じ，改善に向けての取り組みが必要である。

第4は，外国人の権利保障に関連する諸条約の批准促進運動を展開することである。

特に，規約人権委員会への個人による救済申立の途を開く，自由権規約や拷問等禁止条約の選択議定書の批准は，我が国の人権状況を国際的監視下に置き，とりわけ遅れている外国人の人権問題について救済の途を拡大するために極めて重要である。1993（平成5）年の規約人権委員会は，我が国に対して同議定書の批准をするよう正式に勧告をしているにもかかわらず，批准に向けた手続は進んでいない。2014（平成26）年の規約人権委員会総括所見においては，この点を含め，「委員会は第4回・第5回定期報告の審査の後に出された勧告の多くが実施されていないことを懸念する」と非難し，繰り返し第一選択議定書の批准を求めている。さらに，2008（平成20）年10月31日に発表された規約人権委員会総括所見においても，第一選択議定書の批准が強く求められている。

日弁連は，1996（平成8）年10月25日，大分県別府市で開催された第39回人権擁護大会において，「国際人権規約の活用と個人申立制度の実現を求める宣言」を行い，また，2008（平成20）年10月31日，規約人権委員会の総括所見に対し，勧告の実現のために全力で努力していくとする会長声明を発表している。今後もなお，その批准に向けた積極的な運動が求められている。

2）外国人の刑事手続上の問題

来日する外国人数の増加に伴って，刑事事件のうち外国人事件が占める割合が相当程度を占めるようになってからすでに久しい。ところが，以下に述べるとおり，刑訴法と出入国管理及び難民認定法（入管法）との調整不備状態が長年放置された結果，外国人事件においては，刑事手続としての勾留・保釈・釈放・刑の執行などと，入管手続としての収容・仮放免・退去強制などとが相互に衝突し，その不利益を外国人当事者が被るという事態が放置されたままとなっている。その他にも，法廷通訳人の資格制度が整備されていない点，通訳過程の可視化が進まない点といった積年の課題が山積する。これに加えて，裁判員裁判制度の下においては，外国人刑事事件や司法通訳に関して新たな問題点も浮上しつつある。

弁護士会としても，喫緊に取り組まなければならない課題である。

(1) 刑訴法と入管法の調整不備

刑訴法と入管法との調整不備という問題に関しては，ここでは要点を記すにとどめるが，残念ながら問題点は一向に改善される気配がない。

すなわち，この問題に関しては，まず，退去強制されたタイ人参考人の検面調書の証拠能力が問われた1995（平成7）年6月20日最高裁判決（刑集49巻6号741頁）において，大野正雄裁判官が補足意見として「……刑訴法と出入国管理及び難民認定法には，……調整を図るような規定は置かれていない。このような法の不備は，基本的には速やかに立法により解決されるべきである」と述べたことに端を発し，最高裁の裁判官が度々立法の不作為の問題を指摘し続けるという異常事態が続いているのである。

2012（平成24）年8月に再審無罪が確定した大きな話題となった電力会社OL殺人事件のネパール人男性についても，遡れば，一審無罪判決後の勾留の適否が争われた際，藤井正雄裁判官と遠藤光男裁判官がそれぞれ，「この問題は，退去強制手続と刑事手続の調整に関する規定の不備によるもの」「正に法の不備といわざるを得ないが，法の不備による責任を被告人に転嫁することは許されるべきことではない。」と反対意見の中で述べていたという経過がある（2000〔平成

12〕年6月27日最高裁決定〔刑集第43巻6号427頁〕）。

さらには、スイス人被告人の薬物事件の無罪後勾留にかかる2007（平成19）年12月13日最高裁決定においても、近藤崇晴裁判官の補足意見（田原睦夫裁判官も引用）が、「このような事態に対処するためには、退去強制手続と刑事訴訟手続との調整規定を設け、退去強制の一時停止を可能とするなどの法整備の必要があるのであるが、12年判例において遠藤裁判官の反対意見と藤井裁判官の反対意見がそれぞれこの点を強く指摘したにもかかわらず、いまだに何らの措置も講じられていない。」と述べ、異例な表現で強い苛立ちを表明している。

この間、入管法は多数回改正され、刑訴法もまた複数回改正されている。にもかかわらず、上記の問題へ対応する改正は全くなされないままであった。これら最高裁裁判官の度重なる意見に現れているように、現在の刑事手続は、今日のような外国人被疑者・被告人の増加に全く対応しておらず、入管手続との調整をはじめとして、様々な面で不備を露呈しており、その不利益を当事者が被るという状況が放置されているものである。

(2) 身体拘束をめぐる問題点

上記の刑訴法と入管法との調整不備問題が、具体的弊害となって現れているのが、在留資格のない外国人の身体拘束をめぐる問題であるので、この点に関して若干敷衍して述べる。

❶ 無罪後勾留

前掲の電力会社OL殺人事件やスイス人被告人の薬物事件においては、一審で無罪判決を受けて入国管理局収容場に収容されていた外国人被告人を、高裁が職権で再度勾留する決定を行い（最高裁もこれを是認）、これら被告人は無罪判決を受けながらも引き続き勾留され続けるという事態に陥った。

これら一連の収容・勾留による同被告人の身体拘束の継続は、出国の自由（憲法22条、市民的及び政治的権利に関する国際規約〔以下「自由権規約」という〕12条2項）及び人身の自由（憲法18条、自由権規約9条1項）を不当に奪い去るものであり、重大な人権侵害である。加えて、被告人が日本人であれば、無罪判決によって勾留の効力が失われたまま控訴審の審理を行うのが通例であることも踏まえれば、これは「裁判所その他の全ての裁判及び審判を行う機関の前での平等な取扱いについての権利」を保障した、あらゆる形態の人種差別の撤廃に関する国際条約5条（a）にも明白に違反するというべきである。

❷ 保釈

しかも、外国人被告人の身体拘束を巡る「法の不備」という問題は、これだけに留まらない。たとえば、外国人被告人が在留資格を有しない場合には、保釈に伴い拘置所もしくは警察署の留置施設から解放されたとしても、即時その場で入国警備官により入管の収容場に収容された上で退去強制手続が進められるのが通例であり、身体拘束は継続することになる。しかも、入管は刑事裁判の係属を無視して収容・送還を執行する実務をとっており、保釈されると、入管の判断で仮放免されない限り、第1回公判期日までに送還が執行されてしまうこともある。あるいは、送還されないまでも、入管収容状態では刑事公判への出頭も認めないのが入管実務なので、刑事公判が開廷できない事態も予想される。そのため、裁判官も外国人被告人の保釈許可について消極的な姿勢をとっている実情にある。この点も改善される気配がない。

これら無罪後勾留や保釈の問題は、刑訴法と入管法との調整不備が生んだ典型例であるが、これ以外にも、様々な問題が調整不備に起因して発生しており、抜本的な解決が急務である。

(3) 通訳人をめぐる問題点

また、外国人被疑者・被告人に対する刑事手続のあらゆる段階において、公正かつ正確な通訳人を確保すべきことは、手続の適正を担保するための最低条件であるし、自由権規約14条3(a)も、かかる権利を保障している。

この点、裁判所、捜査機関、弁護士会ともに、通訳人名簿を作成して適宜通訳を依頼しているものの、通訳人名簿の登載にあたっての資格要件や試験などはなく、継続的な研修を施すシステムも存在しない。他方、通訳人の処遇はおしなべて不安定であり、有能な職業通訳人が定着しにくいという問題も抱える。

米国、カナダ、オーストラリアなどでは、「法廷通訳人」という資格制度を設け、能力に応じた報酬を与えて公正な裁判を確保するための制度的な裏付けを与えているのであり、同様の制度の導入が急務である。

さらに、裁判員裁判においても外国人被告人の事件があるが、法廷通訳を通したやりとりで、果たして裁

判員が正確に心証を得ることができるかどうか、という新しい問題点が指摘されている。

そこで、日本弁護士連合会は、2013（平成25）年7月18日付で「法廷通訳についての立法提案に関する意見書」をとりまとめ、通訳人の資格制度の創設、継続研修の義務付けなどを提言した。同意見書の提言を実現するための法改正、規則改正、運用改善に向けた取組が必要である。

(4) 取調過程の可視化の必要性

近時議論が活発な取調べ過程の可視化という要請は、要通訳事件の場合にこそ、最も大きいといえる。

要通訳事件の被疑者取調べは、捜査官の日本語での発問⇒（通訳人の頭の中で翻訳）⇒通訳人の外国語での発問⇒供述者の外国語での回答⇒（通訳人の頭の中で翻訳）⇒通訳人の日本語での回答⇒捜査官が問答を日本語で文章化して記述⇒完成した調書を捜査官が日本語で読み上げ⇒（通訳人の頭の中で翻訳）⇒通訳人が外国語で告知⇒供述者に内容を確認させた上で、日本語の供述調書に署名・指印をさせる—という気の遠くなるような伝聞過程を経るのが通常である。

しかし、被疑者が、通訳人の口頭で述べた内容自体は正確に理解したとしても、そもそも通訳の正確性を客観的に担保する方策は、ほとんど全くといってよいほど講じられていない。

仮に、後日、被疑者が、適切に通訳されなかったために誤信して調書に署名・押印した等と主張しようとしても、その事実を浮き彫りにすることは事実上不可能に近い。法廷で調書作成時の通訳人が「適切に、忠実に通訳した」と証言すれば、これを覆すことは至難の業である。

このような事態を解決する手段として、取調べ過程の録画等は非常に有効である。1990（平成2）年10月12日浦和地裁判決（判時743号69頁）は、早々にその必要性を指摘しているものであり、弁護士会の可視化議論の中においてもぜひ要通訳事件の取調への導入の有効性が強調されるべきである。

(5) 今後の方針

外国人の刑事事件は、日本の刑事司法の問題点や不備な点が象徴的に現れるところである。東弁のみならず日弁連全体の問題ととらえて、改善のための法改正・運用の改善や、制度の設立を具体的かつ積極的に働きかけて行くことが求められている。

6 犯罪被害者の保護と権利

- 犯罪被害者の権利の拡充に向けて、弁護士会は今後も積極的に活動していくべきである。
- 現行の犯罪被害者等給付金を抜本的に見直し、被害後の生活保障型の新しい犯罪被害者補償制度の創設を求めるべきである。

1) 犯罪被害者支援の必要性

刑法犯認知件数は2003（平成15）年以降減少傾向にあるとはいえ、毎年多くの痛ましい事件が発生している。2012（平成24）年には1,000件を超える殺人、3,600件を超える強盗、1,200件を超える強姦事件が認知され、新たな犯罪被害者が生まれている。安全と言われる日本においても、国民の誰もが犯罪に巻き込まれる危険と隣り合わせである。国民全員にとって明日の我が身であって、犯罪被害者の権利の保障は、社会全体が担っていかなければならない課題である。

犯罪被害者は、生命を奪われ、家族を失い、傷害を負わされ、財産を奪われるといった犯罪から直接に被った被害に加え、周囲からの好奇の目や、誤解に基づく中傷、時には関係者の無理解な言動や不適切な対応によって傷ついている。

弁護士及び弁護士会は、こうした犯罪被害者の置かれた状況を正しく認識し、不幸にも被害に遭った犯罪被害者をさらに傷つけるようなことがあってはならない。犯罪の被害者やその遺族・家族の権利の拡充に向けた積極的な活動と、個々の被害者の救済に尽力しな

ければならない。

2）犯罪被害者支援をめぐる立法の経緯

1981（昭和56）年，犯罪被害者給付法が施行された。しかし，基本的に犯罪被害者に対し国が見舞金を支給するという考え方に立っており，給付対象も故意の生命・身体に対する犯罪に限られ，欧米に比べると，内容は質量ともに貧弱であった。

2000（平成12）年，犯罪被害者保護二法（「刑事訴訟法及び検察審査の一部を改正する法律」「犯罪被害者等の保護を図るための刑事手続に付随する措置に関する法律」）が制定・施行された。これによって，①性犯罪の告訴期間の撤廃，②ビデオリンク方式による証人尋問の導入，③証人尋問の際の証人の遮蔽物，④証人尋問の際の付添人，⑤被害者等の傍聴に対する配慮，⑥被害者等による公判記録の閲覧謄写，⑦公判手続における被害者による意見の陳述，⑧民事上の和解（示談合意）を記載した公判調書の執行力付与（刑事和解），が認められ，ここにおいて，犯罪被害者は，「支援を受け保護されるべき存在」としてようやく認知されるに至った。しかし，権利性が付与されていないなど，支援や保護の内容や程度は未だ十分ではなかった。

2004（平成16）年4月，犯罪被害者等基本法が施行され，「すべての犯罪被害者について個人の尊厳が重んぜられ，その尊厳にふさわしい処遇を保障される権利を有すること」が基本理念として定められた。そこでは，国・地方公共団体や民間団体の連携の下，犯罪被害者のための施策を総合的かつ計画的に推進し，犯罪被害者の権利や利益の保護を図ることが目的とされた。

そして，2005（平成17）年12月に閣議決定された犯罪被害者基本計画の中で，①損害賠償請求に関し，刑事手続の成果を利用する制度を新たに導入する方向での検討及び実施，②公判記録の閲覧・謄写の範囲拡大に向けた検討及び施策の実施，③犯罪被害者等に関する情報の保護，④犯罪被害者等が刑事裁判に直接関与することのできる制度の検討及び施策の実施，⑤民事訴訟におけるビデオリンク等の導入が挙げられ，法制審議会の審議の結果，2007（平成17）年2月に答申が出された。

3）日弁連の取組み

日弁連は，2003（平成15）年10月17日の人権擁護大会において，

① 犯罪被害者について，個人の尊厳の保障・プライバシーの尊重を基本理念とし，情報提供を受け，被害回復と支援を求めること等を権利と位置づけ，かつ，国及び地方公共団体が支援の責務を負うことを明記した犯罪被害者基本法を制定すること。
② 生命・身体に対する被害を受けた犯罪被害者が，十分な経済的支援を受けられる制度を整備すること。
③ 多様な犯罪被害者支援活動を推進するための民間支援組織の重要性に鑑み，財政面を含めその活動を援助すること。
④ 殺人等の重大事件の犯罪被害者が，捜査機関・裁判所・メディアに対する対応等に関し，弁護士の支援を受け，その費用について公的援助を受けることを可能とする制度を創設すること。
⑤ 捜査機関が犯罪被害者の訴えを真摯に受け止めて適切に対応するよう，警察官・検察官に対する教育・研修を徹底するとともに，犯罪被害者に関する捜査機関の施策の改善のために立法等必要な措置をとること。
等の施策をとることを国に求める決議をした。

弁護士会として，犯罪被害者基本法（2004〔平成16〕年4月）及び犯罪被害者基本計画（2005〔平成17〕年12月）を前提に，犯罪の被害者やその遺族・家族の保護と権利の拡充に向けての活動を，今後もさらに積極的に推進していく必要がある。

4）犯罪被害者と刑事司法

(1) 犯罪被害者等基本法

2004（平成16）年12月1日，犯罪被害者等基本法が成立した。同法は，全ての犯罪被害者等（被害者本人，その家族及び遺族）がその個人の尊厳にふさわしい処遇を保障される権利を有することを明記し（同法3条1項），国及び地方公共団体に対し犯罪被害者等のための施策を策定及び協力する責務があることを明らかにしている。

同法を受けて刑事訴訟法が改正され，2008（平成20）年12月1日には，刑事裁判に犯罪被害者等が参加する被害者参加制度，有罪判決後に刑事事件の裁判所が被告人に対して被害者への損害賠償を命ずる損害賠償命令制度が施行された。

(2) 被害者参加制度

被害者参加制度において、被害者参加人は、証人及び被告人に対し直接質問をしたり（刑事訴訟法第316条の36、同37）、事実又は法律の適用及び量刑に関して意見を述べたりすることが出来る（同法同条の38）。

本制度について、日弁連は、導入前に、法廷が被害者による鬱憤晴らしの場になるとか、被告人と被害者が同席することにより訴訟進行に混乱が生じる怖れがある、被告人が被害者に遠慮をして自由な証言が出来なくなるなどとして、「将来に禍根を残す」制度であると反対した。

しかし、2012（平成20）年12月に本制度が施行された後しばらくは、そのような懸念が現実化して刑事裁判が混乱した例はないと言われていた。むしろ、法廷において被告人が被害者参加人を恫喝し証人威迫罪で逮捕されるに至った事件が発生している（東京地裁）と被告人の側の態度を問題視しつつも、被害者参加制度自体は肯定的にとらえる見方が、犯罪被害者支援委員会を中心として日弁連内にも存在する。もちろん、制度が存在する以上、被告人が被害者を恫喝するというようなことはあってはならず、被告人が被害者参加人の権利を不当に妨害することのないよう、裁判所による適切な訴訟指揮が必要であることは言うまでもない。現行制度の下において、我々弁護士は、被害者参加弁護士として活動する場合のみならず、弁護人として活動するときにも、被害者参加制度を前提に刑事訴訟が適切に運用されるよう配慮しなければならない。

ただ、被害者参加制度が始まってから5年を経て、改めてこれをどう評価すべきかというと、今なお日弁連内部には、否定的な意見が強い。日弁連は、全国の弁護人経験者や被害者参加制度を利用した被害者側の弁護士（被害者参加弁護士経験者）からアンケートをとるなどして、実情を分析した結果、被害者や遺族が被告人を激しく誹謗中傷したり、被告人に殴りかかったりする等の事態が発生していることが明らかになった。

そのため、日弁連は、2012（平成24）年11月15日に「現行の被害者参加制度の見直しに関する意見書」を発表し、①被害者が参加した事件において、被害者参加人は、刑事訴訟法第292条の2により被害者等の意見陳述制度を利用できないものとすべきである、②公訴事実等の存否に争いがある事件においては公訴事実等の存否を判断する手続と刑の量定の手続を二分する制度を創設した上で、手続が二分された事件においては被害者等の手続参加は刑の量定の手続においてのみ許可し得ることとすべきである、と主張した。

一方、犯罪被害者支援委員会を中心に、現行の被害者参加制度はまだ被害者の権利保護の観点から不十分であるとして、被害者参加人を公判前整理手続にも参加させるべきだという意見もある。

公判前整理手続に付された事件においては、同手続の中で、検察官、被告人・弁護人双方の主張が開示され、これらを前提に審理計画が策定されてしまうので、公判手続を充実したものとするためには、被害者も公判前整理手続に出席して、被告人・弁護人の主張内容を実際に確認しておく必要性が高いこと、被害者参加人がいないところで公判期日が決められてしまうことは法の趣旨に反していることを理由とする。この問題は、法務省で2013（平成25）年1月から開催されている「平成19年改正刑事訴訟法に関する意見交換会」で議論され、被害者側の委員から強く主張されているところである。

これに対して、日弁連としては、前述のとおり、被害者参加制度自体に否定的なので、公判前整理手続への参加にも反対という立場は崩していない。

弁護士を含む法曹は、これまで刑事裁判の意義を真実発見及び被告人の刑事処遇と捉え、被害者問題に対する視点が十分でなかった。このような態度に反省を迫り、事案の真相を明らかにすること及び刑事法令を適性かつ迅速に適用実現するという刑事訴訟法の目的と、被害者参加制度が相容れないものではないとして、被害者参加制度を肯定する意見も当然ながらある。

しかし、そもそも「犯罪被害者の権利」と「被疑者・被告人の権利」を、対立概念で捉えること自体が誤りであると言わざるを得ない。我々弁護士・弁護士会としては、被害者・被告人の権利を保障しつつ、被害者の権利をいかにして保障すべきかという命題は、常に問い続けなければならない。

(3) 国選犯罪被害者参加弁護士制度

資力の乏しい被害者参加人は、国費で被害者参加弁護士を委託することが出来る（国選犯罪被害者参加弁護士制度）。犯罪被害者参加制度を実効的なものにするために設けられた制度である。

新聞やテレビなどのマスコミで被害者参加制度が取

り上げられたり，弁護士会においても広報活動を行ったりした結果，国選被害者参加弁護士の選定例も増えつつあるが，2012（平成24）年度の司法統計によっても被害者等参加を許可された人員が1,000名であるところ，国選被害者参加弁護士への委託がされた被害者等は324名にとどまっている。現行法下では，弁護士会は，さらに関係各機関と連携し，被害者が被害者参加制度を利用するために弁護士にアクセスしやすい環境を構築する必要がある。

なお，現行の国選被害者参加弁護士制度は，公訴提起後に参加決定を受けた後でなければ使えない。しかし，被害者が弁護士に求める法的支援の内容は，刑事公判での被害者参加に至る以前に，被害届の提出，刑事告訴，事情聴取の同行，マスコミ対応等，多岐にわたる。現行法では，このような法的支援を行うことまでが国費で賄われる制度にはなっていない。そこで，弁護士を依頼するには，日弁連の法テラス委託援助事業を利用するしかない。しかし，いつ誰が遭遇するかもしれない犯罪の被害者の支援に要する費用は，本来，社会全体が負担すべきことであり，資力のない被害者が弁護士を依頼するための費用も，国費で賄われるべきものである。そこで，日弁連は，2012（平成24）年3月15日，「被害者法律援助制度の国費化に関する当面の立法提言」を行った。

(4) 損害賠償命令制度

損害賠償命令制度は，刑事裁判所が，犯罪被害者等の申立てに基づき，有罪判決後，引き続き当該被告人に対する民事上の損害賠償請求について審理及び決定する制度である。

これにより，犯罪被害者等は，改めて民事訴訟提起のために多額の印紙を負担することや，民事訴訟用に刑事記録を謄写して証拠を作成することなく，わずか2,000円の申立費用で，刑事手続の成果をそのまま利用して，簡易迅速に被告人に対する損害賠償命令決定を獲得することが出来る。

しかしながら，損害賠償命令を申し立てることができる事件は多数に上るにもかかわらず，2012（平成24）年度の司法統計においても損害賠償命令既済事件数は246件にとどまっている。制度の利用が進まない背景には，被害者等が損害賠償命令を申し立てることができることを知らない場合や，被告人によるお礼参りを怖れて泣き寝入りをしている例があるものと思われる。

弁護士及び弁護士会は，損害賠償命令による簡便な被害回復手段があることを周知させ，制度の利用促進に努めるべきである。

5）犯罪被害者給付金制度

犯罪被害者給付金は，国が，故意の犯罪行為によって死亡，重度の傷害及び後遺障害等の被害を受けた被害者又は遺族に支払う給付金で，遺族給付金，重傷病給付金及び障害給付金の3種類がある。

このうち，重傷病給付金は，負傷又は疾病発症から1年の間に実際にかかった医療費及び療養のための休業補償金を給付するもので，上限は120万円とされている。

しかし，特に性犯罪被害者は，身体的傷害が完治しても，PTSDやフラッシュバックが治まらず，休職期間が長引く傾向にある。また，同程度の被害を受けた被害者の中でも，早く立ち直る人もいれば，事件をきっかけにうつ病などに罹患し，社会復帰まで長期間かかる人もいる。

また，遺族や後遺障害被害者に支払われる給付金も，交通事故の遺族が任意保険又は自賠責保険等で受け取ることのできる金額に比較すれば低額にとどまる。

犯罪被害は，誰もが遭遇してもおかしくはなく，被害者が被害前の生活を取り戻すために必要な保障は，社会全体で負担していくべき性質のものである。

したがって，現在ある犯罪被害者等給付金制度を抜本的に見直し，不幸にも犯罪被害に遭ってしまった被害者が再び平穏な生活を取り戻し，途切れない支援を受けることができるようにするために，生活保障型の犯罪被害者補償制度の創設を求めるべきである。

6）日本司法支援センターにおける取組み

2006（平成18）年にスタートした日本司法支援センター（以下「法テラス」という）において，その業務のうちに犯罪被害者支援業務も盛り込まれた。2004（平成16）年5月に成立した総合法律支援法には，情報・資料の提供，被害者支援に「精通している弁護士を紹介」すること等が明文化されている（同法30条1項5号）。

しかし，単なる情報提供や弁護士の紹介では，実質的には現在と比べて，被害者支援が推進されるもので

はない。財団法人法律扶助協会が自主事業として行ってきた犯罪被害者法律援助が，扶助協会の解散により日弁連に継承され法テラスに委託されているが，弁護士会としてもこれに積極的に協力し，犯罪被害者の法律相談等の充実に向け，全国レベルで対応していくべきである。

7　冤罪被害者の保護と権利

> 冤罪被害者に対する十全な補償をなすことは，捜査権，訴追権そして刑罰権を行使する国の責務であり，被疑者補償法及び非拘禁者補償法を早期に制定すべきである。

1）冤罪被害者に対する補償の意義

冤罪を防止することは，刑事司法に課せられた重大な使命であり，今後ともこれを防止するための改革がなされなければならない。しかし，他方で刑事司法は，捜査権，訴追権の行使を誤り，冤罪をもたらす危険を常に孕んでおり，その危険を免れることはできない。そうだとすれば，冤罪に対する十全な補償をなすことが不可欠であり，これなしには，刑事司法の正当性を維持し，信頼性を確保することができない。冤罪被害者に対する補償制度を整えることは，国の使命である。

憲法40条が「何人も，抑留又は拘禁された後，無罪の裁判を受けたときは，法律の定めるところにより，国にその補償を求めることができる」と規定しているのも，そのような趣旨に理解されるべきである。

また，犯罪被害者については，近年，国による補償が図られるとともに，刑事手続への被害者参加などの施策もとられてきた。これに対し，冤罪被害者に対する補償は，旧態依然とした状況にあり，早急に整備を図る必要がある。

その課題として，被疑者補償法及び非拘禁者補償法の制定の2つがあり，早急にこれらを実現すべきである。

2）冤罪被害者に対する補償の現状

憲法40条の規定とその趣旨に基づき，次のとおり刑事補償に関する立法がなされてきた。

① 刑事補償法は，「もし免訴又は公訴棄却の裁判をすべき事由がなかったならば無罪の裁判を受けるべきものと認められる充分な事由があるとき」（同法25条1項）についても，無罪の裁判と同様に，補償を請求することができるとする。

② 1976（昭和51）年の刑訴法改正によって，無罪の判決が確定したときは，被告人であった者に，その裁判に要した費用を補償する「費用補償制度」が創設された。

③ 1992（平成4）年，「少年の保護事件に係る補償に関する法律」が制定され，審判に付すべき少年に犯罪その他の非行が認められなかった場合にも補償を行うこととされた。

④ 1957（昭和32）年，法務大臣訓令として被疑者補償規程が定められ，未決の抑留又は拘禁を受けた後，不起訴処分となった場合，罪を犯さなかったと認めるに足りる十分な事由があるときは，刑事補償法と同様の補償を行うこととした。

3）被疑者補償法の制定を

刑事補償法による補償が権利性を付与された請求権であって，裁判所の決定により補償額が決定され，この決定に対しては即時抗告も可能であるのに対し，被疑者補償規程による補償の申出は，検察官の職権発動を促すものに過ぎず，権利性がないものと解釈されており，検察官がなした補償をしないとの裁定は，行政不服審査法による審査にも服さないとされている。

そのため，国会においては，幾度となくこの被疑者補償の問題が審議されており，法案が提出されたことも幾度もあったが，成立するには至っていない。

実際にも，「罪を犯さなかったと認めるに足りる十分な事由があるとき」との被疑者補償規程による補償

の要件に該当することを疑う余地のない事案であるのに，検察官が補償をしない旨の裁定をしたという事案が生じている。

2008（平成20）年12月，日弁連は，「被疑者補償法の制定を求める意見書」を公表した。同意見書は，被疑者補償請求権として構成すること及び補償をしないとの裁定に処分性を付与することについては，起訴便宜主義等の見直しをも視野に入れなければならないことから，今後の検討に委ねることとしたが，被疑者補償法をもって，検察官の補償をしないとの裁定の性質に応じた不服申立ての制度を創設することとし，その審査機関を検察審査会とすること，を提案している。

この被疑者補償法の早期制定を図るべきである。

4）非拘禁者補償法の制定を

現行刑事補償法においては，無罪の裁判を受けた者が，刑訴法等によって未決の抑留又は拘禁を受けた場合には，国に対して抑留又は拘禁による補償を請求することができるとされているのに対し，非拘束期間中については，補償の対象外となっており，刑事訴追を受けて無罪の裁判が確定した場合であっても，身体拘束を受けなかった者や身体拘束を受けなかった期間については何らの補償もされていない。

しかし，身体拘束を受けず，あるいは保釈等になった場合であっても，訴追を受けた者は，公務員であればその意に反して休職とすることができるとされており，その場合，原則として給与は支給されないし，民間企業に勤務する場合においても休職処分に付されたり，事実上，退職を余儀なくされたりする場合も多く見られるなど，様々な不利益を受け，有形無形の圧迫や制約を受けることとなるのであって，これらの被害に対する定型的補償をなすのは，国の責務だというべきである。

無罪判決が確定したものの非拘束の被告人であったために刑事補償が受けられなかった最近の例として，いわゆる「名古屋刑務所革手錠事件」の刑務官のケースがある。

日弁連は，この問題を含む課題につき，1965（昭和40）年，「刑事補償法及び刑事訴訟法改正案」を策定して公表し，その後，費用補償制度が実現しているが，非拘禁者補償の制度は未だ実現していない。そこで，2009（平成21）年3月，改めて，「非拘禁者に対する刑事補償制度を求める意見書」を公表した。

その早期実現を求めるべきである。

5）その他の課題

刑事補償全般の課題として，補償額の下限の引き上げの問題がある。刑事補償法制定当時は，補償額が「200円以上400円以下」と定められており，上限は下限の2倍であったが，1980（昭和55）年改正以降，下限は1,000円のまま現在まで据え置かれ，他方，上限はその後も引き上げが行われたため，現在は，1,000円以上12,500円となっており，上限は下限の12.5倍に達している。今後こうした課題についても検討がなされるべきである。

8 死刑の廃止問題

> 弁護士及び弁護士会は,「生命権」及び「個人の尊厳」を保障するため,以下の行動をするべきである。
> ・死刑制度の廃止について早急に検討を深め,国民に対して,的確な判断材料を提供しながら,死刑廃止についての全社会的議論を呼びかけること
> ・政府及び国会に対して,一定の期間,死刑の執行を停止し,その間,国会内に死刑制度調査会を設置して死刑制度のあり方を全面的に見直すことを内容とする死刑執行停止法の制定を強く求めること
> ・法務大臣に対して,①死刑制度の運用状況に関する情報の公開,②死刑制度の廃止について全社会的議論の深化を図るための施策,③死刑の執行を差し控えることなどを強く求めること

1) 死刑制度の是非について

死刑制度の是非をめぐっては,存置論と廃止論との激しい対立がある。

存置論者は,①刑罰は犯した罪の重大さと均衡するものでなければ不公平であり(応報刑主義),殺人罪には死刑のみが罪刑に均衡し,死刑のみが償いである,②被害者遺族の被害感情が余りに激しい場合には,死刑により自らの命をもって償わせ,被害者遺族の怒りと悲しみを癒すことが正義につながる,③刑事政策的観点から,死刑には凶悪犯罪に対する抑止効果がある,④世論調査の結果によれば国民の多くが死刑の存続を望んでおり,死刑廃止は民主主義に反する,⑤我が国には仮釈放のない終身刑がない以上,社会復帰後に再犯の可能性がある,と述べて,死刑は存置すべきと主張する。

他方,廃止論者は,①「奪われた命に均衡する罪刑は死刑のみ」という同害報復の考え方は,自由刑による犯罪者の改善更生を刑罰の主目的と捉える(教育刑)近代刑法の理念に合致しない,②個人の生命権は最も重要な人権であり,国家権力が刑罰でこれを奪うことは非人道的である,③死刑執行後に誤判が判明した場合は取り返しがつかない,④死刑の凶悪犯罪に対する抑止効果については科学的実証はない,⑤加害者を死刑にすれば被害者遺族の精神的救済が常に得られるわけではなく,被害者支援は別途検討されるべきである,⑥世界の大多数の国々で死刑は廃止されており,日本の死刑制度に対しては国際的な懸念や批判がなされている,等の理由により,死刑は廃止すべきと主張している。

なお,死刑存置論者が特別予防の観点から主張する「我が国には仮釈放のない終身刑がない以上,社会復帰後に再犯の可能性がある」という論に対しては,死刑廃止論者の中でも意見が分かれる。仮釈放のない終身刑を創設すればよいという意見もあるが,終生拘禁が続く終身刑は死刑以上に非人道的だ,時間をかけて教育的処遇をしても更正しない犯罪者はいないので終身刑は不要だという意見もあるところである。いずれにしろ,再犯のおそれを刑罰の根拠にすることは,人権侵害につながる保安拘禁に結びつく考え方であって,ましてそれ以上に,命を絶つという死刑が,再犯のおそれがあることを理由として正当化されるというものではないはずである。

死刑制度の是非の問題は,個人の思想や哲学にも繋がり,難しい議論である。「死刑の凶悪犯罪抑止力」は科学的実証がない限り平行線の議論である(しかし,死刑を廃止した国で犯罪が増えていないというデータもあるし,実際に起きた凶悪事件の犯人像から,死刑が抑止力にはなり得ていないという実態も見えてきている。)。また,奪われた命と均衡する刑罰を強く望む被害者遺族に対し,「死刑の残虐性」や「死刑廃止の国際的潮流」等を強調して廃止論を述べても,なかなか理解を得ることは難しいであろう。

しかし,生命権は個人の尊厳にとって最も重要なものであり,また,人には常に更生の可能性(可塑性)

があることに鑑みるとき，いかに他人の命を奪った者であっても，刑罰として報復的にその者の生命権を国家権力が奪うことについては本来認められるべきではなく，その意味で「死刑制度のない社会が望ましい」ことは，誰しも否定はしないであろう。とりわけ，冤罪で死刑が執行されてしまったら取り返しがつかないことを考えれば，死刑制度の廃止あるいは少なくとも執行の停止は，我々弁護士及び弁護士会が真摯に検討し，その実現に向けて全社会に議論を呼びかけなければならない問題である。

2）死刑をめぐる内外の状況

我が国では，1983（昭和58）年から1989（平成元）年にかけて，4つの死刑確定事件（免田・財田川・松山・島田各事件）について再審無罪判決が確定しているが，2014年3月には袴田事件についても死刑及び拘置の執行停止並びに再審開始の決定がなされ，改めて死刑判決にも誤判があり得ることが広く世に知られるようになった。しかし他方，同じく死刑確定事件である名張ぶどう酒事件の第8次再審請求は2014年5月に却下されてしまい，一貫して無実を主張し再審請求も予定されていたのに死刑が執行されてしまった飯塚事件も冤罪であった可能性が強く主張されている。このように，誤判の危険性は人間の行う裁判においては避けられないものであり，死刑制度が存在する限り，かけがえのない生命を誤って奪う危険性は常に存在している。

また，国際的には，国連において，世界人権宣言3条（生命権条項）の完全保障のために死刑廃止を目指し，死刑のより制限的な適用のため，いわゆる「死刑廃止条約」が1989（平成元）年12月15日の国連総会で採択され，1991（平成3）年7月11日に発効した。2012（平成24）年10月31日現在，同条約は，74ヶ国が批准し，35ヶ国が署名して後日批准を約束している。アムネスティ・インターナショナルの調べによると，毎年死刑廃止国が増えており，2012（平成24）年10月31日現在，死刑存置国が58ヶ国に対し，廃止国はヨーロッパを中心に140ヶ国（過去10年以上死刑を執行していない事実上の廃止国を含む）となり，今や世界の3分の2以上の国々が死刑を廃止ないし停止している。

3）我が国の死刑判決及び死刑執行の状況

近年，殺人罪など凶悪犯罪の認知件数に有意な増加がないにもかかわらず，死刑判決は著しく増加し，死刑執行も極端に増加している。

まず，死刑判決数については，1991（平成3）年から1997（平成9）年の7年間と，2001（平成13）年から2007（平成19）年までの各7年間の死刑判決言渡し件数（死刑判決を維持したものを含む）を比較すると，地方裁判所では31件が95件に（約3.1倍），高等裁判所では22件が96件に（約4.4倍），最高裁判所では26件が63件に（約2.4倍），それぞれ激増した（司法統計年報）。また，2009（平成21）年7月に裁判員裁判が導入され，市民が死刑判決言渡しの判断にかかわることを求められる社会となったが，裁判員裁判における死刑求刑事件では，死刑判決が22件，無期懲役が7件となっている（いずれも民間調査より）。

次に，死刑執行数については，前述の内外の状況のもとで，1989（平成元）年以降3年4ヶ月にわたって死刑執行は事実上停止されていたが，1993（平成5）年3月26日より死刑の執行が再開され，再開後の執行者数は現在まで合計93名に達している。2014（平成26）年も既に3名に対し死刑が執行され，死刑確定者数は2014（平成26）年11月27日現在で128名である（いずれも民間調査より。袴田氏も，死刑執行停止中ではあるが再審無罪決定はまだ出ていないので含む）。

なお，死刑が執行されるたびに，日弁連や関弁連，各地の弁護士会が法務大臣に対し，死刑制度の存廃の国民的議論が尽くされるまでは死刑の執行を差し控えるなどの慎重な対応を求める会長（理事長）談話ないし声明を発表している。

4）我が国の死刑制度に対する国際評価

国際的には，2007（平成19）年12月18日，2008（平成20）年11月20日，2010（平成22）年12月21日，そして2012（平成24）年12月30日と4回にわたって，国連総会が，日本を含むすべての死刑存置国に対して死刑廃止を視野に死刑執行の停止を求める決議案を賛成多数で採択している。

また，2008（平成20）年10月30日には国連人権（自由権）規約委員会が，市民的及び政治的権利に関する国際規約（以下「規約」という。）の実施状況に関する第5回日本政府報告書審査の結果である総括所見を

発表し，その中で日本政府に対して，
(1) 規約6条・7条及び10条に関連してパラグラフ16（死刑執行）で，『①政府は世論にかかわらず死刑廃止を前向きに検討し，必要に応じて国民に対し死刑廃止が望ましいことを知らせるべきである。当面の間，死刑は規約6条2項に従い，最も深刻な犯罪に限定されるべきである。②死刑確定者の処遇および高齢者・精神障害者への死刑執行に対し，より人道的なアプローチをとるよう考慮すべきである。③死刑執行に備える機会がないことにより蒙る精神的苦痛を軽減するため，死刑確定者及びその家族が，予定されている死刑執行の日時を適切な余裕をもって告知されることを確実にすべきである。④恩赦，減刑及び執行の一時延期は，死刑確定者にとって真に利用可能なものとされるべきである』との勧告を行った。
(2) また，規約6条及び14条に関連してパラグラフ17（死刑制度）では，「①死刑事件においては，再審査を義務的とするシステム（必要的上訴制度）を導入し再審請求や恩赦の出願による執行停止を確実にすべきである。②死刑確定者と再審に関する弁護士とのすべての面会の厳格な秘密性を確保すべきである。規約7条及び10条にパラグラフ21（独居拘禁）で，死刑確定者を単独室拘禁とする規則を緩和し，単独室拘禁は限定された期間の例外的措置にとどまることを確実にすべきである。」との勧告を行った。
最近では，2012（平成24）年10月31日の国連人権理事会作業部会による「日本の人権状況に対する普遍的定期的審査（UPR）」においても，意見を述べた42ヶ国の内24ヶ国もの国が，日本の死刑制度及びその運用に変更を求めて勧告を行っている。

5）我が国の死刑制度に対する弁護士会の対応

死刑制度に関して，このように国内ばかりか国際社会の注目が集まっている現在，日弁連が我が国の死刑制度に対してどのような姿勢・態度を取るのかが注目されている。

日弁連は，まず，2004（平成16）年10月8日の第47回人権擁護大会で，「死刑執行停止法の制定，死刑制度に関する情報の公開及び死刑問題調査会の設置を求める決議」を賛成多数で採択し，「①死刑確定者に対する死刑の執行を停止する旨の時限立法（死刑執行停止法）を制定すること，②死刑執行の基準，手続，方法など死刑制度に関する情報を広く公開すること，③死刑制度の問題点の改善と死刑制度の存廃について国民的な議論を行うため，検討機関として，衆参両院に死刑問題に関する調査会を設置すること」を求めた。

この第47回人権擁護大会における決議を受けて，従来の「死刑制度問題に関する提言実行委員会」を改組・拡大し，前記提言及び決議の実現のため，新たな体制を構築して死刑執行停止法の制定に向けた取組みを強めるため，「日弁連死刑執行停止法制定等提言・決議実行委員会」が設立され，2008（平成20）年10月31日には「国際人権（自由権）規約委員会の総括所見に対する会長声明」を，2009（平成21）年11月6日には「政府に対し，死刑廃止を前向きに検討することを求めている国連機関・人権条約機関による勧告を誠実に受け止めるよう働きかける」と述べた「人権のための行動宣言2009」を，それぞれ発表している。

そして，日弁連は，2011（平成23）年10月7日，第54回人権擁護大会で，「罪を犯した人の社会復帰のための施策の確立を求め，死刑廃止についての全社会的議論を呼びかける宣言」を賛成多数で採択し，国に対し，「①罪を犯した人の社会復帰の道を完全に閉ざす死刑制度について，直ちに死刑の廃止について全社会的な議論を開始し，その議論の間，死刑の執行を停止すること。議論のための死刑執行の基準，手続，方法等死刑制度に関する情報を広く公開すること。特に犯罪時20歳未満の少年に対する死刑の適用は，速やかに廃止することを検討すること。②死刑廃止についての全社会的議論がなされる間，死刑判決の全員一致制，死刑判決に対する自動上訴制，死刑判決を求める検察官上訴の禁止等に直ちに着手し，死刑に直面しているものに対し，被疑者・被告人段階，再審請求段階，執行段階のいずれにおいても十分な弁護権，防御権を保障し，勝死刑確定者の処遇を改善すること。」の施策の推進ないし実現を求めた。

6）現在の日弁連の取組み

日弁連は，前記第54回人権擁護大会宣言を受け，「日弁連死刑執行停止法制定等提言・決議実行委員会」を「死刑廃止検討委員会」に改組し，①死刑廃止についての全社会的議論の呼びかけ，②少年に対する死刑の

速やかな廃止，③死刑執行停止，④死刑に関する刑事司法制度の改善，⑤死刑に関する情報公開の実現，⑥死刑に代わる最高刑についての提言の策定，⑦過去の死刑確定事件についての実証的な検証，⑧死刑に直面する者の刑事弁護実務のあり方についての検討，⑨死刑確定者の処遇の改善，等に取り組んでいる。

こうした活動の一環として，日弁連は，2012（平成24）年10月15日に「死刑廃止を考える日」と銘打った市民集会を開催し，多数の参加を得ることができた。また，現在死刑廃止と終身刑導入についての基本方針を定めるべく作業を進めている。2013（平成25）年6月10日には，全国の弁護士会や連合会に対し「死刑廃止について全社会的議論を呼びかける活動の全国的な展開」を要請し，これを受けて東京弁護士会も，各関連委員会の委員による「死刑制度検討協議会」を立ち上げ，会内勉強会や市民シンポジウム等の活動を進めている。

7）おわりに

死刑制度の問題は，人の命の重さを考えれば「死刑のない社会が望ましい」ことに異論はないであろうし，人の命に関わる問題である以上，世論の動向に左右されるべきでもない。政治家の多くは，世論が死刑存置を望んでいることを理由に，死刑制度廃止に消極的だが，これまでに死刑を廃止した諸外国が，当初は世論の多数が死刑に賛成しているにもかかわらず，政治家が強い意志をもって死刑を廃止していった例に学ぶべきである。

とはいえ，我が国における，「人の命を奪った者は自らの命をもって償うべき」という公平な報復を求める根強い国民感情と，国民感情を盾に死刑制度を見直そうとしない国会の状況を考えれば，「死刑のない社会」の意義が社会全体に理解されなければ，現実に我が国において死刑制度廃止を実現することは容易ではない。

その意味で，いかにすれば「死刑の必要のない社会」にしていけるのか，どうすれば「加害者の改善更生」と「被害者遺族の精神的救済」を矛盾せず実現できるのか，「人の命の重さ」を社会全体でどのように考えていくのか，幅広い全社会的議論が必要である。

しかし，その社会的議論の前提となるはずの死刑そのものの情報が，我が国においては極めて少ない。死刑囚の置かれた状況はどのようなものなのか，どのようにして死刑執行は決定されるのか，死刑執行の方法や実態はどのようなものなのか等，現在の死刑制度の実態に関する情報の公開が，死刑制度の是非の全社会的議論のためにはもっと必要があろう。

我々は，基本的人権の擁護を使命とする弁護士ないし弁護士会として，一番尊重されるべき「生命権」及び「個人の尊厳」を保障するため，死刑制度の廃止を重要な課題と受け止め，早急に検討を深め，国民に対し，死刑執行停止法案や死刑制度廃止法案を含めた的確な判断材料を提供し，死刑廃止について全社会的議論を呼びかけていくべきである。

そして，冤罪誤判の場合の取り返しのつかない結果を考えれば，まずは政府及び国会に対し，「一定期間死刑の執行を停止して，その間に国会内に死刑制度調査会を設置し，死刑制度のあり方を全面的に見直すこと」を内容とする死刑執行停止法の制定を，強く求めていくべきである。また，法務大臣に対しても，①死刑制度の運用状況や死刑執行の実態に関する情報の公開，②死刑廃止条約の批准の是非を含む死刑制度の廃止について国会をはじめ国民の間で議論の深化を図るための施策，③それまでの間は死刑の執行を差し控えるべきことなどを，強く求めていくべきである。

9　犯罪報道と人権

> 　犯罪報道により，刑事被疑者・被告人やその親族その他関係者さらには被害者までもが名誉やプライバシーを侵害される深刻な被害を受けている。マスメディアは，報道の自由を守る意味でも，人権意識に裏打ちされた客観的かつ公正な報道を行うよう自主的努力を重ねるほか，適切な救済制度を早急に確立すべきである。
> 　また2009（平成21）年より裁判員裁判がスタートし，裁判報道のあり方についても数多くの議論が行われている状況にある。弁護士会は，これら諸問題を含め，積極的に報道関係者との懇談協議の場を設け，共通の認識を深めながら，基本的なルール作りを目指すべきである。

1) 犯罪報道上の問題点

　報道の自由は，民主主義の根幹をなす市民の知る権利に奉仕するものとして最大限尊重されるべきであるが，報道が市民の人権侵害に及ぶ場合には，報道の自由に対する制限が正当化されることも当然である。

　日弁連は，1987（昭和62）年に開催された第30回人権擁護大会において，報道による人権侵害の防止と被害の救済のために全力を尽くすことを宣言したが，依然として報道被害は後を断たない。そこで，日弁連は1999（平成11）年の第42回人権擁護大会において，知る権利の確立と報道被害の防止・救済に向けた取組みを今後より一層強化し，基本的人権の擁護と民主主義の確立のために努力することを誓う旨の決議をした。

　我々は，今後も，かかる決議の趣旨を踏まえ，早急に報道被害の防止と救済に向けた適切な方策を検討する努力を継続しなければならない。

2) 犯罪報道被害の現状

　犯罪報道による被害は，被疑者・被告人・弁護人などの言い分を取材せず，安易に捜査情報に依存した実名による犯人視報道や，営利目的に流された興味本位のプライバシー侵害報道等によって生じている。被疑者の顔写真の取り違え報道被害も発生した。これらの報道により，いったん犯人扱いされ，あるいはプライバシーを暴かれた被疑者・被告人・親族その他関係者らが被る被害の深刻さは計り知れず，完全な被害回復は不可能に近い。

　また，過熱報道による被害は，被疑者・被告人の側ばかりか犯罪被害者の側にも及んでおり，事件と直接関係のない被害者の私生活を暴き立て，死者に鞭打つ上に被害者の死亡によって悲嘆にくれる親族その他関係者らに耐え難い苦痛を与えるという事件も起きている。

　このような報道被害に対しては従来，救済が十分でないとの批判が強くあり，近年は，従来よりも高額な賠償額を認めるケースが増えてきている。しかし，他方で，賠償の高額化は表現の自由に対する萎縮的効果を及ぼすものであり，特に私人よりも著名人に対する損害賠償について高額化の傾向が顕著であるとして，このような流れに反対する声も後を絶たない。現在も，賠償額の高額化については，賛否両論の議論が激しく展開されている状況にある。

3) マスメディアの自主的努力の必要性

　日弁連は，2009（平成21）年の第52回人権大会において，「いま表現の自由と知る権利を考える—自由で民主的な社会を築くために」とのテーマの下，シンポジウムを開催した。

　民主主義社会において最重要の人権として尊重されるべき表現の自由については，昨今，様々な規制・制限が加えられている実情にあり，重大な危機を迎えているとも言うべき状況にある。他方で，他者の人権を顧みない報道が存在することも現実であり，これらは民主主義社会で尊重されるべき報道であるとは到底言えず，このような他者の人権を顧みない報道が続けば，現状よりも一層広く表現の自由に対する権力の介入を

許す格好の理由を与えることにもなりかねず，それにより表現の自由への制約がより一層幅広く及ぶことが強く懸念される。

報道と人権の調和は，権力や外部からの強制によるのではなく，マスメディア自身の自主的努力によって図られるべきものである。

マスメディアは，権力の監視という報道に課せられた重要な役割を自覚し，捜査情報への安易な依存をやめ，個々の事件についての報道の要否を慎重に検討し，人権意識に裏打ちされた客観的かつ公正な報道を行うとともに，原則匿名報道の実現へ向けて匿名の範囲をより一層拡大するなどの努力をすべきである。

4）弁護士・弁護士会の取組み

放送についてはBPO（放送倫理・番組向上機構）が2003（平成15）年に設立され，新聞各社についても自社の新聞記事に関する検証機関を設ける傾向が増大してきた。このこと自体は歓迎すべきであるが，雑誌を含めた横断的な報道評議会等の審査救済機関については，未だ導入されるには至っていない。

我々は，報道に対する権力の介入や干渉の実例を調査し，権力の干渉を排除するための方策を検討するとともに，近時の賠償額の高額化といわれる傾向についても適切な評価・検討を加え，さらに，報道被害の実態を調査し，積極的に報道関係者との協議・懇談の場を設け，被害実態および犯罪報道改善の必要性についてメディアと認識を共通にした上で，適切な報道被害の防止・救済制度の実現，ひいては両者の間で取材・報道に関する基本的なルール作りを目指して努力すべきである。

10　警察活動と人権

> 近時，警察の活動は，市民生活の隅々にまで広く浸透している。警察法改正や全国での暴力団排除条例の制定，暴力団対策法の改正により，警察権限は拡大の一途をたどっている。
>
> 他方，警察の不祥事は後を絶たない。それだけに，警察活動の行き過ぎや不祥事，人権侵害に対し，人権救済申立事件の調査勧告活動を強化するなど，市民の立場から監視を行い，警察による人権侵害事案に対して，外部の有識者等を入れた調査委員会を創設して徹底した調査を実施してその結果を公表する仕組みを創設すべきであり，さらに警察に対する民主的コントロールを確立するため，警察情報の公開，公安委員会の改革，市民による監視システムの創設に向けて努力しなければならない。

1）拡大する警察活動について

警察は，公共の安全と秩序の維持が本来の職務であるが，戦前の警察がこの本来の任務を逸脱して，国民生活に干渉したという反省に立って，戦後しばらくの間は，その任務の範囲を厳格に規制していた。ところが1970年代以降，警察庁は，個人の生命・身体・財産の保護といった本来の警察活動の範囲を超えて，市民生活の広い範囲にわたってその活動領域を拡大させてきた。

1994（平成6）年の警察法改正では，市民生活の安全と平穏を確保するとの理由で生活安全局が新設されたが，それ以後，警察と防犯協会が一体となって，全国の都道府県や区市町村で「生活安全条例」の制定が推進されてきた。

これは，「防犯」を自治体と住民等の共同責任とした上で，警察主導の新たな防犯システムを作ろうとするもので，市民生活に対して警察活動を一層浸透させてきた。

警察庁は，2003（平成15）年8月，「緊急治安対策プログラム」を発表し，今後3年間で治安対策とテロ

対策を強化し，警察官の大幅な増員を図ることを目標として掲げた。

2003（平成5）年12月，政府の犯罪対策閣僚会議が発表した「犯罪に強い社会の実現のための行動計画」は，今後5年間を目途に，国民の治安に対する不安感を解消し，犯罪の増勢に歯止めをかけ，治安の危機的状況を脱することを目標として行動計画を定め，警察官の増員や警察活動の拡大が盛り込まれている。

2004（平成16）年3月の警察法改正では，刑事局に「組織犯罪対策部」，警備局に「外事情報部」等を新設することを柱とする組織改正を行うとともに，警察の任務として，「国外において日本国民の生命，身体及び財産並びに日本国の重大な利益を害し，又は害するおそれのある事案」に対処することが追加され，有事立法の整備やイラクへの自衛隊派兵を前提として，有事体制の維持やテロ対策の領域にも警察権限を拡大しようとしている。

2008（平成20）年12月22日，政府の犯罪対策閣僚会議は，2003（平成5）年12月の行動計画を改訂した「犯罪に強い社会の実現のための行動計画2008」を定めたが，そこでは，2003（平成5）年の行動計画策定後5年間で，警察官等治安の維持に当たる公務員が大幅に増員されたほか，地域における防犯意識の向上に伴い，防犯ボランティア団体構成員数は，2007（平成19）年には約234万人に増加したことなどが説明され，今後も，地方警察官や警察庁職員の増員など人的・物的基盤の強化が挙げられている。

犯罪対策閣僚会議は，2013（平成25）年5月28日，「犯罪に強い社会の実現のための新たな行動計画の策定の基本方針について」を決定し，同年12月を目途に，同決定の基本方針に基づく新たな行動計画を策定する予定である。その基本方針の中では，「子どもや女性を対象とする犯罪，特殊詐欺等の生活の安全や国民の安心感を脅かす犯罪への対策を強化する。」とか，「防犯ボランティア活動等の促進や犯罪に強いまちづくりの推進を始めとするこれまでの取組は，公共空間における街頭犯罪や住宅等における侵入犯罪等の犯罪の発生の抑止等に一定の効果が認められることから，これらの治安対策を一層強化する。」と述べられており，その実現のために，地方警察官や警察庁職員の増員や予算の増加などが実施される可能性がある。

2011年（平成23年）10月から，東京都の「暴力団排除条例」が施行され，沖縄県の「暴力団排除条例」も同日施行されたことにより，全国の47都道府県において，暴力団排除条例が施行された。これは暴力団の影響を排除するための条例であるが，暴力団関係者と接点を持つ可能性がある私人も対象としている点で，警察権限の拡大に繋がることは否定できない。

2012（平成24）年7月26日，抗争事件を起こしたりする暴力団を新たに「特定危険指定暴力団」「特定抗争指定暴力団」に指定するなどを盛り込んだ改正暴力団対策法が成立した。

特定危険指定暴力団とは，みかじめ料などを拒んだ民間企業に対し，発砲など暴力的な報復をする恐れのある暴力団と規定されているそして，指定された暴力団について，いわゆる「縄張り」と呼ばれる活動区域を「警戒区域」とし，区域内で構成員が不当な要求行為をした場合には，行政命令の中止命令や再発防止命令を経ることなく逮捕できることになる（いわゆる直罰規定）。また，特定抗争指定暴力団とは，暴力団同士の対立抗争で市民が巻き添えとなる事態を引き起こしている暴力団と規定されている。双方の暴力団の縄張りを警戒区域とし，構成員らの集合や事務所新設など抗争を誘発する行動を直罰の対象としている。

今回の改正により，特定暴力団に指定された暴力団の構成員に対する警察権限が拡大したことは明らかである。

2）警察活動に対する内部的な統制について

2003（平成15）年末ころから，北海道，福岡，静岡などの警察署において組織的かつ大規模な裏金作りが次々と暴露され，警察官による各種犯罪の続発，取調べ時における暴行，調書のねつ造等の違法な取調べ等の人権侵害も相変わらず見受けられる。2007（平成19）年には，被疑者の取調べの在り方が根本的に問われるような無罪判決が相次いだ（選挙違反事件，佐賀・北方事件，富山・氷見事件など）。

このような事態を受けて，警察庁は，2007（平成19）年12月，「警察捜査における取調べの適正化に関する有識者懇談会」を立ち上げ，2008（平成20）年1月，「警察捜査における適正化指針」を策定し，管理部門による取調べ監督制度や苦情申出制度などの新設を決め（その内容は，2008〔平成20〕年4月3日国会公安委員会規則第4号「被疑者取調べ適正化のための

監督に関する規則」として成文化されるとともに犯罪捜査規範も改正されている。)，2009（平成21）年4月1日から施行されている。

警察改革要綱策定から10年目に当たる2010（平成22）年9月，国家公安委員会及び警察庁は，これまでの取組みを総括的に評価し，今後の施策展開の方向性を示すものとして，総合評価書「警察改革の推進」を取りまとめている。同評価書では，警察改革はおおむね所期の目的を達成したとする一方，その基本的な考え方は将来においても堅持すべきものであること，依然として不祥事案が発生していること等を指摘し，今後は，警察改革に盛り込まれた個々の施策について，日常的に推進される施策の中で更なる定着化・深化を図ることとしている。

しかしながら，その後も，全国における非違事案は続いており，特に，2011（平成23）年になって大幅な増加を示すとともに，翌年もその傾向が続いたことから，警察庁は，2012（平成24）年4月，「『警察改革の精神』の徹底等に向けた総合的な施策検討委員会」を設置し，部外有識者，都道府県公安委員会委員及び都道府県警察から意見を聴取して現状の問題点や具体的な取組方策につき議論し，「『警察改革の精神』の徹底のために実現すべき施策」としてとりまとめた。その内容は，「被害の不安に困り苦しむ人に応える警察の確立」，「警察行政の透明性の確保と自浄機能の強化」及び「警察活動を支える人的基盤の強化」の3点に基づき，12の施策を定めるものであった。

警察庁長官は，この施策を実現するために，警察庁長官通達「『警察改革の精神』の徹底のために実現すべき施策」に基づく各施策の着実な実施について」（2012〔平成24〕年8月9日付警察庁甲官発第222号ほか）を発出している。

その後も，警察の不祥事は続いており，これらの施策の実施による現実的効果を注視する必要がある。

3）警察活動に対する監視・是正のあり方

警察活動に対する監視・是正については，まだ内部組織や公安委員会に多くを期待することができない現実のもとでは，警察活動に対する民主的コントロールを目指して，弁護士会，マスコミ，市民グループによる監視・是正の活動が不可欠であり，特に，弁護士会による人権救済申立事件の調査・勧告の活動の強化が重要である。

また，警察官による人権侵害事案については，内部調査に委ねるのではなく，外部の有識者等を入れた調査委員会を設置し，徹底した調査を実施して，その結果を公表する仕組みを創設すべきである。

今後の課題としては，新たな刑事立法を含む警察権限の無限定な拡大の動きに反対する運動を市民とともに組織するとともに，警察の閉鎖性や秘密体質を打破するために，情報公開制度を活用するなどして弁護士会が市民とともに警察活動を市民の側から監視し，チェックしていく活動を確立し，拡大していくことや，警察における内部告発者保護制度の導入に向けた働きかけが必要である。

11　民事介入暴力の根絶と被害者の救済

> ・暴力団等の不当要求行為は，その姿を潜在化，匿名化し，手口を多様化させているので，その対策を実効性のあるものにするためには，情報及び対策等において弁護士（会），警察及び暴追センター等との連携が不可欠である。
> ・民暴被害の真の救済を図るためには，被害予防とともに，組長責任訴訟等の実践によって，その被害回復についても実現していかなければならない。

1）はじめに

暴力団等の反社会的勢力が，民事紛争に介入して不当な利益を上げる民事介入暴力に対する対策は，その不当な介入を事前に予防し，差止め，事後に被害回復

等を図る人権救済活動であり、まさに「法の支配」を社会の隅々に貫徹させる実践の場である。

2）民事介入暴力の現状

暴力団は、伝統的な資金獲得活動に加え、その組織実態を隠蔽して企業活動を仮装し、一般社会における資金獲得活動をしている。また、各種公的給付制度を悪用したり、いわゆる特殊詐欺集団等を裏で操ったりするなど、詐欺的な方法による資金獲得活動も行っている。近年、暴力団等によるとみられる事業者襲撃等事件、暴力団排除運動に対する嫌がらせや反撃事件が発生しており、拳銃や手りゅう弾といった殺傷能力の高い武器が使用されており、事業者はもとより地域社会に対する大きな脅威となっている。

3）民事介入暴力対策の整備

全国の弁護士会は、民事介入暴力の根絶と迅速な被害救済を行うために、次のような対策をさらに充実させていくべきである。

(1) 民事介入暴力被害者救済センター

被害者の救済及び被害の予防を目的とする「民事介入暴力被害者救済センター」をさらに充実・活性化し、相談のあった民暴被害の救済に当たるとともに、会員からの共同受任要請に対応していく。

(2) 研修会の実施

会員に向けて、民暴事件の手口やその対応方法に関する研修を行う。

(3) 他の諸機関との連携

民事介入暴力対策において、警察、暴追センター、特防連、及び法務局人権擁護部（えせ同和行為対策等につき）等との連携は不可欠である。具体的には民暴相談等で連携したり、民暴研究会を実施したりして、連携を図っていく必要がある。

4）今後の課題

社会全体による暴力団排除活動を進めていくことが重要である。企業の経済活動から反社会的勢力を排除するために、犯罪対策閣僚会議では「企業が反社会的勢力による被害を防止するための指針」を策定し、取引関係を含めた一切の関係を持たないよう求めている。また、全国の地方自治体において暴力団に対する利益供与の禁止等を内容とする暴排条例を定め、企業や市民が反社会的勢力から被害を受けないための環境づくりを進めている。弁護士会も、上記企業指針及び暴排条例の周知と普及に協力し、企業に対し内部統制システムに暴力団排除を組入れる等サポートをしていくべきである。

暴力団対策法は、①暴力団によるグレーゾーン行為を暴力的要求行為として規制し、②国・地方公共団体の責務として暴力排除活動の促進を規定した。また、③威力利用資金獲得行為に関する代表者等の損害賠償責任を規定するとともに、④損害賠償請求等に対する妨害行為を規制し、⑤対立抗争等に関する賞揚等の規制も図っている。さらには、2012（平成24）年7月の改正によって、特定抗争指定暴力団、特定危険指定暴力団等の指定の制度及び都道府県暴力運動推進センターによる事務所使用差止請求制度等が導入され、暴力的要求行為の範囲も拡充された。我々は、これらの制度を利用し、民暴被害の救済に役立てなければならない。

12 患者の人権（医療と人権）

> 我々は、患者中心の医療を確立するとともに、医療事故の原因分析・再発防止と被害救済に努める責務がある。そのため、「医療事故調査制度」の整備及び適切な設計・運用、「医療基本法」の制定、「無過失補償制度」の整備を目指すとともに、公正中立で迅速な医療訴訟の実現を求めていかなければならない。
> また、会員研修の強化等を通じて医療事件の専門弁護士の養成に努め、医療ADRのさらなる充実のために人的・物的体制を整えるとともに、山積した医療問題に弁護士会として対応できる基盤を作らなければならない。

1）患者中心の医療の確立

医療と人権の問題を考えるに当たっては，患者中心の医療という視点が重要である。安全で質の高い医療を実現するには，患者の権利を中心に据えた医療を確立するという発想が求められる。

2）医療基本法の制定にむけて

(1) インフォームド・コンセント

患者は，医療を受ける際に，自己の病状，医療行為の目的・方法・危険性，代替的治療法等について，正しい説明を受け理解した上で，自主的に選択・同意・拒否できる。これがインフォームド・コンセントの原則である。患者・医療従事者間に真の信頼関係を構築し，医療の科学性・安全性・公開性を高めるためには，不可欠の原則である。

1999（平成11）年12月の第3次医療法改正にて「医療の担い手は，医療を提供するに当たり，適切な説明を行い，医療を受ける者の理解を得るよう努めなければならない」（同法1条の4第2項）と定められた。しかし，同条項は，患者の「同意」が必要であることまで明示しておらず，努力規定の体裁を取っていることから，一定の限界がある。インフォームド・コンセントの権利性を明確にするためには，法整備を行う必要がある。

(2) 診療記録開示請求権

患者の自己決定権を確立するためには，患者に対する診療記録の開示が不可欠である。診療記録は，患者の個人情報を記載するものであり，当然に自己情報コントロール権の対象となる。

1988（昭和63）年「カルテ等の診療情報の活用に関する検討会報告書」は，診療記録開示の法制化を提言したが，1999（平成11）年，医療審議会の中間報告において法制化は先送りされた。しかし，2003（平成15）年5月，個人情報保護法関連5法が成立し，同年9月，厚労省は「診療情報の提供等に関する指針」を公表した。日本医師会等の各種団体や各医療機関でも開示指針が定められる等して，診療記録の開示は定着しつつある。他方，今なお，高額な開示費用を請求したり，開示理由を尋ねたりする等，手続上・事実上の障壁があるケースも少なくないとの指摘もある。

診療記録の開示は，医療機関による単なるサービスではなく，患者の権利に基づいて行われるものである。権利性を曖昧にしないためには法制化が求められる。

(3) 医療基本法制定の必要性

患者の権利保障を医療現場の隅々にまで行き渡らせ，患者の人権を真に確立するためには，上記(1)(2)に加え，最善で安全な医療を受ける権利，医療に参加する権利等の患者の諸権利を中心に据えた「医療基本法」の制定が必要である。

ことに，近年，勤務医の不足及び過労死・過重労働，地域や診療科目による医師の偏在，重症患者の救急搬送受け入れ拒否等が，報道されている。その一因と指摘されているのは，1980（昭和55）年以降，国が実施してきた医療費抑制政策により，医療体制の整備に十分な予算措置がとられてこなかったことである。勤務医の劣悪な労働環境は，安全で質の高い医療を受ける権利を脅かすことにつながる。昨今では，経済的な理由により医療機関の受診を控えざるをえない患者の存在すら指摘されている。「医療基本法」は，適切な医療体制の提供が国・自治体の責務であることを改めて明示するためにも，必要である。

日弁連は，1992（平成4）年第35回人権擁護大会にて「患者の権利の確立に関する宣言」を，2008（平成20）年第51回人権擁護大会にて「安全で質の高い医療を受ける権利の実現に関する宣言」を採択し，「患者の権利法」の制定が必要であるとした。また，2009（平成21）年4月，「ハンセン病問題に関する検証会議の提言に基づく再発防止検討会（ロードマップ委員会）」は，患者の権利擁護を中心とした医療基本法の制定を提言した。2011（平成23）年10月，日弁連第54回人権擁護大会は「患者の権利に関する法律の制定を求める決議」を採択し，2012（平成24）年3月には日本医師会医事法関係検討委員会が「『医療基本法』の制定に向けた具体的提言」を答申し，2013（平成25）年9月には患者の権利法を作る会が「医療基本法要綱案世話人案」を公表している。患者の諸権利を中心に据えて，国，地方公共団体，医療施設開設者，医療従事者，事業者，保険者及び国民の各責務を整理・整備する「医療基本法」制定の機運は，高まっている。

我々も，患者の権利を中心に据えた「医療基本法」制定に向けて努力していかなければならない。

3）医療事故の再発防止と被害救済のために

(1) 医療事故防止対策の現状と課題

　1999（平成11）年以降，医療事故報道が相次いだことを契機に，医療界において医療安全対策が重視されるようになった。2002（平成14）年8月の医療法施行規則一部改正により，医療機関の管理者に医療安全管理体制の確保が義務付けられた。2004（平成16）年9月の医療法施行規則一部改正により，特定機能病院等に重大な医療事故事例の報告が義務付けられた。2004（平成16）年には日本医療機能評価機構が医療事故情報収集を開始した。2005（平成17）年には「診療行為に関連した死亡の調査分析モデル事業」が開始された。

　医療安全を実現するためには，医療事故の原因分析と再発防止のための制度を整備することが不可欠である。日弁連第51回人権擁護大会（2008〔平成20〕年）で採択された「安全で質の高い医療を受ける権利の実現に関する宣言」にて，医療機関の内外に公正な医療事故調査制度を整備することを求めていた。

　2008（平成20）年6月，厚労省は「医療安全調査委員会設置法案（仮称）大綱案」を公表したが，政権交代に伴い頓挫した。2013（平成25）年5月，厚労省内の検討部会が「医療事故に係る調査の仕組み等に関する基本的なあり方」を公表し，同月，日弁連は，医療事故調査制度につき検討すべき問題点を指摘する会長声明を出した。同年10月，日弁連は，「医療事故に係る調査の仕組み等に関する基本的なあり方」に関する意見書も公表した。2014（平成26）年7月の医療法改正にて医療事故に係る調査の仕組みが法制化され，医療事故（死亡・死産事故）が発生した場合に，医療機関に，第三者機関（医療事故調査・支援センター）への報告や院内調査等が義務付けられた（2015〔平成27〕年10月施行）。ただし，対象となる医療事故の範囲，医療事故調査・支援センターへの報告内容，求められる院内調査の内容等，制度の詳細は，現在検討中の厚生労働省令に委ねられているため，今なお不明確な点も多い。

　我々は，改正医療法に基づく医療事故に係る調査の仕組みが，真に医療事故の原因分析と再発防止の目的を達することのできる，独立性・中立性・透明性・公正性・専門性を有する組織として適切に制度設計・運用されるよう，求めていかなければならない。

(2) 医療被害救済の現状と課題

　医療被害に関する無過失補償制度としては，医薬品副作用被害救済制度，生物由来製品感染等被害救済制度，予防接種被害救済制度（定期接種を対象），2009（平成21）年開始の産科医療補償制度（分娩に関連して発症した重症脳性麻痺児を対象）があるに過ぎない。厚労省内の検討会で，2011（平成23）年には医療事故無過失補償制度が，2012（平成24）年には抗がん剤副作用被害救済制度が検討されたが，制度化は見送られた。そのほか，臨床試験・臨床研究による健康被害の無過失補償の民間保険はある。

　日弁連人権擁護委員会は，2001（平成13）年3月，裁判制度とは別個の新しい医療被害防止・救済システムとして「医療被害防止・救済機構」構想を示し，過失の有無を問わず医療被害を救済する制度を提言している。

　我々は，既存の被害救済制度に限界があることを踏まえ，新たな被害救済制度の確立に向けて努力していかなければならない。その際，被害者に対する金銭補償だけでなく，医療事故の原因分析と再発防止を併せて実施することが不可欠であり，それによって真の被害救済と患者の権利保障が実現できることを忘れてはならない。

4）医療訴訟の充実

(1) 医療訴訟の現状と課題

　司法改革制度審議会意見書（2001〔平成13〕年6月）は，医事関係訴訟の充実・迅速化を図ることを求めており，そのために専門委員制度の導入，鑑定制度の改革，法曹の専門化の強化を提言した。最高裁は，同年7月に医事関係訴訟委員会を設置し，医療界の協力を得て鑑定人候補者の選定を行っている。東京地裁と大阪地裁は，2001（平成13）年4月，医療集中部による審理を開始し，現在，全国10地裁に医療集中部が設置されている。裁判所・弁護士会・医療関係者の三者による医療訴訟連絡協議会も，全国各地裁で実施されている。

　早期の被害救済・紛争解決のためには迅速な裁判が必要であるが，医療被害者は拙速な裁判を望んでいるわけではない。これまでの医療訴訟改革により，審理期間は相当程度短縮してきており，さらなる迅速化を求める余り，手続の公正中立性が軽視されるようなこ

とがあってはならない。

昨今，医療訴訟の認容率は，低下の一途をたどっている。2003（平成15）年には44.3％だった認容率が，2008（平成20）年以降20％台が続いている。2006（平成18）年以降，医療裁判が医療崩壊の一因であるとする論調の高まりがあり，この影響を指摘する意見もある。

謂われのない裁判批判や悪しき医療慣行に流されず，患者の権利保障・被害救済に対する司法の役割を踏まえた適切な審理運営がなされるよう，我々は，求めていく必要がある。

(2) 公正中立な鑑定のために

医療訴訟が遅延する要因の1つとして，鑑定人選任までに時間がかかることが指摘されていた。近年では，各地裁単位の医療訴訟連絡協議会において，鑑定人確保のためのシステム構築に向けて努力がなされ，東京地裁では複数鑑定人によるカンファレンス鑑定が行われている。しかし，鑑定人の「数」が確保できれば内容的に公正中立な鑑定が行われるわけではない。今なお，医療界が同僚批判を避ける傾向にあることに鑑みると，鑑定には医学的根拠の明示を求める，鑑定書を公開して事後的に評価できる仕組みを作る等，鑑定の「質」確保のための施策が必要である。また，当事者の権利として当然，鑑定人質問の機会が与えられるべきである。

(3) 医療界と法曹界の相互理解の促進

東京地裁の医療訴訟連絡協議会は，2008（平成20）年から毎年，「医療界と法曹界の相互理解のためのシンポジウム」を開催している。適切な審理・紛争解決のために，法曹界は，医療界の協力を得て適切な専門的知見を得るとともに，医療界に，民事訴訟手続の特徴を理解してもらうことも必要である。医療界と法曹界は，適切な紛争解決と被害救済のために，相互に理解を深めていくべきである。

2006（平成18）年の福島県立大野病院事件の医師逮捕を契機に，医療界から，医療事故への刑事司法介入に対する批判的意見が強く主張されている。しかし，医療事故の原因分析・再発防止を実施する制度が未整備であること，医師に対する行政処分が十分に機能していないこと，医療界には全医師強制加入組織すらなく自律性が不十分であること，刑事罰が必要な悪質事案もあること等の現状を踏まえると，刑事司法の関与は必要である。他面，近年，医療事故の業務上過失致死傷事件にて，連続して無罪判決が出ていることも考慮すると，医療事件における刑事司法介入のあり方について，法曹界として検討していく必要がある。

5）弁護士・弁護士会としての取組み

(1) 専門弁護士の養成

東京地裁医療集中部は，医療訴訟の適正迅速な審理を目指す審理運営指針を公表している。この指針の下では，専門弁護士でない限り適切な訴訟活動を行うのは困難ではないかとの懸念もある。患者の権利保障と適切な被害救済のために，弁護士会は，会員研修を強化する等して，医療事件の専門弁護士の養成に努める必要がある。その際，個別事案の損害賠償請求だけにとらわれるのではなく，医療事故の原因分析を通じて，医療事故の再発防止に貢献する活動のできる弁護士の養成を目指していかなければならない。

(2) 医療ADRのより一層の充実

東京三会の紛争解決・仲裁センターは，2007（平成19）年9月，医療ADRを創設した。医療訴訟の経験が豊富な弁護士をあっせん人とし，法的責任の議論にしばられない対話的紛争解決の仕組みとして，社会の期待は大きい。弁護士会は，より一層充実した医療ADRの実現のため，人的物的な体制を整えていくべきである。

(3) 医療部会の委員会化

医療と人権に関わる問題としては，公共政策としての医療の諸問題のほか，触法精神障がい者問題，障がい新生児の治療中止，遺伝子治療，出生前診断，終末期医療等，広範な問題が山積している。

これらの問題に弁護士会は対応できていないのが現状である。これらの問題を検討し，提言・集会・法整備に向けての活動等を行うためには，日弁連や東京弁護士会において，医療部会を人権擁護委員会の一部会ではなく独立の委員会活動に昇格させることを考える必要がある。

6）脳死臓器移植

(1) 改正までの論議

臓器移植法は，1997（平成9）年10月16日から施行されたが，移植を推進する立場から，①15歳未満の者からの臓器摘出を禁止しているため，国内で小児の臓

器移植ができない、②書面による臓器提供の意思表示が要件とされている点が厳格にすぎるため、移植数が増加しない、との指摘があった。また、2008（平成20）年5月、国際移植学会は、「移植が必要な患者の命は自国で救える努力をする」という趣旨の「臓器取引と移植ツーリズムに関するイスタンブール宣言」を採択した。他方、臓器移植の場面に限り脳死を人の死とするため、死の概念が不明確である等として、移植の推進に消極的な意見もあった。

(2) 2009（平成21）年改正法

2009（平成21）年7月、改正臓器移植法が成立し、翌2010（平成22）年7月から施行された。改正法は、①脳死を一律に人の死とし、②臓器提供に年齢制限を設けず、③本人の生前の拒否の意思表示がない限り家族の同意で臓器提供できることとするものである。また、親族（配偶者と親子）への優先提供が認められる。

改正法の議論に際しては、特に小児の脳死について、①子どもの自己決定がないがしろにされる、②脳死宣告後の長期生存例がある等、小児の脳死判定基準に疑義がある、③虐待の見逃しにつながる、といった反対論も多く、脳死を一律に人の死とすることによる混乱も懸念された。

日弁連は、2009（平成21）年5月、「現段階で、脳死を一律に人の死とする改正及び本人の自己決定を否定し、15歳未満の子どもの脳死につき家族の同意と倫理委員会等の判断をもって臓器摘出を認める改正を行なうことを到底認めることはできない。」とする会長声明を発表している。

(3) 改正法施行後の状況

1997（平成9）年10月の臓器移植法施行から2010（平成22）年7月の改正法施行までの脳死臓器提供事例は86例であったのに対し、改正法施行後2011（平成23）年10月11日までの約1年3ヶ月間に63例の脳死臓器提供があった。改正法施行後の脳死臓器提供事例の大部分は本人の書面による意思表示がなかったケースであり、家族承諾による脳死臓器提供が可能になったことにより、明らかに増加が認められる。

今後も脳死臓器移植が、安定した医療として日本に定着するためには、臓器提供を望まない患者や臨床的に脳死状態となった患者に、最期（心臓死）まで十分な医療が保障されることが必要であろう。また、家族承諾ケースについての検証作業も今後必要となろう。

弁護士会としては、臓器移植と人の死をめぐる残された問題点について、積極的に発言していく必要がある。

7）生殖医療と法律問題

生殖医療に関する医療技術の進歩はめざましい。もはや生殖医療は特殊なものではなく、少子化対策のひとつの課題ともされている。

そもそも生殖医療技術の利用を認めるのか、認めるとしてその要件はどうか、どこまでの技術を認めるかという点について、すでに20年以上も前から法的規制の必要性がいわれていた。しかし、国民的な議論がなく、法的規制が進まないまま、事実先行で新しい生命が次々と誕生しているという実態がある。そのため、生殖医療技術を利用して生まれてきた子どもの親子関係をどう定めるのかがしばしば問題となり裁判にもなってきた。

日弁連は、2000（平成12）年3月に「生殖医療技術の利用に対する法的規制に関する提言」を発表し、次いで2007（平成19）年1月に「死後懐胎と代理懐胎（代理母・借り腹）について」という補充提言を発表した。

日本産科婦人科学会は、法的・生命倫理的に最も問題となる代理懐胎については、2003（平成15）年9月に「『代理懐胎』に関する見解」において、代理懐胎の実施を認めず、その斡旋もしてはならない旨を発表した。

厚生科学審議会生殖補助医療部会の「精子・卵子・胚の提供等による生殖補助医療制度の整備に関する報告書」（2003〔平成15〕年4月）も、「代理懐胎は禁止する」との結論が出した。法制審議会生殖補助医療関連親子法制部会の「精子・卵子・胚の提供等による生殖補助医療により出生した子の親子関係に関する民法の特定に関する要綱中間報告案の補足説明」（2003〔平成15〕年）では、代理懐胎を禁止し、その有償斡旋等の行為を罰則を伴う法律で規制するといった方向性を示唆した。

しかし、現実には、第三者からの卵子提供が国内でも行われるようになり、外国での代理出産の事例報告も続いている。生殖医療技術の利用については、早急な法整備が求められている。

そのような中、2013（平成25）年12月10日、最高裁は、性同一性障害の男性が妻との間で第三者からの精子提供を受けて出生した子どもと男性との父子関係を認める初の判断を示した（民集67巻9号1847頁）。自

由民主党内においても生殖医療技術に関する法律案が検討されてきたが、2014（平成26）年11月、代理懐胎を限定的に認める法案をとりまとめたと報道されている。

日弁連は、2014（平成26）年4月、「第三者の関わる生殖医療技術の利用に関する法制化についての提言」を公表し、生殖医療技術について、①人間の尊厳及び家族の在り方に対する影響の重大性への慎重な対応、②生殖医療技術自体の安全性の確保、③子どもの法的地位の安定や出自の知る権利の保障など、法制化において欠かせない点について、提言している。

今後は、この提言の実現に向けて力を注いでいかなければならない。中でも、上記③に関しては、近時、非配偶者間人工授精によって生まれてきた子どもの立場の当事者が、出自を知る権利の重要性を訴えるとともに、そもそも自分の生を肯定できないとして、第三者が関わる生殖医療に否定的な意見を述べていることが明らかになってきている（『自由と正義』2012〔平成24〕年10月号、『自由と正義』2014〔平成26〕年10月号参照。）。これまでの生殖医療をめぐる議論は、子どもを持ちたい親（利用者）の側の権利という観点が強く押し出される傾向にあったが、今後行われる法整備においては、生まれてきた子どもの声を真摯に受け止め、その権利と尊厳を守るために、出自を知る権利等を法律に明記して保障していくことが強く求められる。

13　消費者の人権

> 消費者問題は、現代社会における事業者と消費者間の不平等な力関係の下で生じる。弁護士会は、社会的弱者の立場にある消費者サイドに立ち、次のような活動をすべきである。
> ・消費者の権利擁護のための立法措置及び行政措置が適切に実現されるよう、監視・研究・提言の活動を積極的に行う。特に、消費者を主役とする行政が行われるために創設された消費者庁及び消費者委員会が、当初の目的どおり機能して、消費者被害の予防や被害の迅速な救済に資する行政システムが実現するよう提言や運動を展開する。
> ・消費者が批判的な精神を持って主張し行動し社会参加する「消費者市民社会」を実現させるために、そのような精神を涵養し、ひいては被害を予防できる「消費者教育」の実施及び充実を図る。

1）消費者の権利の重要性

消費者問題は、今日の大量生産、大量販売による大衆消費社会の中で、事業者と消費者という不平等な力関係の下で生じる。現代社会において、市民生活と生存を基本的に保障するためには、この生産、流通、消費の構造が健全に機能することが必要である。ここに消費者保護の必要が生じ、「消費者の権利」確立の必要が生じる。

アメリカでは、1963（昭和38）年のケネディ教書において、①安全であることの権利、②知らされる権利、③選択できる権利、④意思を反映させる権利の4つの権利が消費者の権利として宣言された。その後、消費者の権利は先進諸国で確立され、我が国においても、後述のとおり、2004（平成16）年に改正された消費者基本法において、「消費者の権利」が明記され、その重要性が確認されるところとなった。

2）消費者問題の現状

消費者の権利の重要性が認識されて来ているにもかかわらず、消費者被害は後を絶たず、ますます複雑化・多様化している。

(1) 悪質商法

悪質商法は相変わらず形を変えて，消費者被害をもたらしている。

モニター商法，内職商法，アポイントメント商法，資格商法，マルチ商法，悪質リフォーム被害，悪質リース商法など従来からある被害は後を絶たない。軽貨物運送代理店被害，健康食品の送りつけ商法，投資用マンションの強引な売りつけ商法などの被害や，原野商法の二次被害も指摘されている。判断力が低下した高齢者をターゲットとする悪質商法では，繰り返し被害に遭っているケースも少なくない。

(2) 金融商品取引

金融商品取引についての消費者被害も深刻である。金融ビッグバン以降，金融商品についての規制緩和が進んできたが，一方の消費者保護法制は未だ十分とはいえず，自己責任の名の下に大きな消費者被害が生まれている状況である。

最近では「ノックイン型投資信託」などのデリバティブを組み込んだ複雑な商品を消費者が銀行や証券会社を通じて購入し，元本割れの被害が顕在化してきている。一方，海外先物取引や「ロコ・ロンドン」・CFD取引といった貴金属の価格指標と連動した差金決済取引による被害は商品先物取引法による規制によって沈静化したが，未公開株や未公開会社発行社債による被害や法規制のすき間を突いたCO_2排出権取引など，詐欺的商法による被害が後を絶たない。

近時は，高齢者が，第三者を装う者から未公開株や社債を買い取りたいので当該株式や社債を会社から購入して欲しいと持ちかけられ，これを購入した後に勧誘業者がいなくなるなどという「劇場型」の被害が急増し，国民生活センター等が注意を呼びかけているにも拘わらず，被害が減らない。これらの被害は，相手方の特定すら不可能な事案がほとんどであり，その救済が極めて困難な状況となっている。

(3) ネットによる消費者被害

インターネットや携帯電話・スマートフォンの普及により，ネットを利用した消費者被害は急増している。十分な法整備ができていないことや，そもそも匿名性などの特徴を持つため，被害救済は困難である。

最近は，ネット上での「情報商材」の購入や競馬情報・パチンコ必勝情報の購入，出会い系サイトにおけるメール交換でのポイント購入などが決済代行システムによるクレジット利用などと相俟って大きな問題となっている。

また，親が知らない間に子どもが被害に遭ってしまう例も目立っている。

(4) 深刻な多重債務問題

多重債務問題は依然として存在する。裁判所への自己破産申立て件数は減少してきているものの，なお全国で年間数万件に及んでいる。貸金業法の改正により出資法の制限金利が引き下げられたが，消費者金融や信販会社の金利は「低金利」とはいえず，最近は特に不安定な雇用状況や世界的な不況の影響から，深刻な貧困問題も発生し，多くの低所得者が多重債務に陥り，そこから抜け出せない状況となっている。

一方，質屋を装って年金から高利を回収する「偽装質屋」の存在も指摘されている。

(5) その他の被害

美容医療契約のトラブル，結婚紹介サービスのトラブル，学習塾・家庭教師でのトラブルや開運グッズ購入に関わるトラブルなども多く見られている。

(6) 食の安全・製品の安全

2011（平成23）年3月の東日本大震災に起因する福島第一原子力発電所の事故により放射性物質が大量に放出され，原発周辺地を中心に野菜や魚，乳製品，牛肉などから放射性物質が検出される事態となった。

国は基準値を設けて規制を図っているが，その検査体制や規制手段，情報の開示方法など食の安全に直接関係する様々な問題が現在進行形で起きている。

その他，健康食品の表示問題や偽装表示の問題など，食に関する不十分な表示の問題も生じている。

一方，茶のしずく石鹸による小麦アレルギー被害事件や，カネボウの化粧品による白斑被害事件など，欠陥製品による大規模消費者被害事件も生じている。

3）消費者行政の充実の必要性

(1) 消費者庁及び消費者委員会の創設

上記のとおり多くの消費者問題が発生してきたが，従来，行政は産業育成省庁の視点から対応し，縦割り行政の弊害によって迅速な対応がなされなかったため，消費者行政の一元化の必要性が強く認識されることとなり，2008（平成20）年6月27日には「消費者行政推進基本計画」（以下「基本計画」）が閣議決定された。この基本計画は，副題である「消費者生活者の視点に

立つ行政への転換」という目的を達成するために,「消費者を主役とする政府の舵取り役」としての消費者行政を一元化する新組織が創設される方向を示した。

その後,消費者庁関連三法が2009(平成21)年5月29日,全会一致にて成立し,同年9月1日,「消費者庁」が新しい省庁としてスタートするとともに,民間委員から構成される監視組織「消費者委員会」も発足した。

(2) 新組織の位置付け及び消費者安全法

上記基本計画では,新組織の創設を,消費者基本法の理念である「消費者の利益の擁護及び増進」「消費者の権利の尊重及びその自立の支援」の観点から積極的に見直すという意味で,行政の「パラダイム(価値規範)転換」の拠点であり,真の意味での「行政の改革」のための拠点であると位置付けている。また,新組織は強力な権限を持ち消費者行政の司令塔的役割を果たすべきものであり,消費者側にも意識改革を促し,この改革が「消費者市民社会」の構築に向けた画期的第一歩として位置付けられるべきものとしている。

これを受けて発足した消費者庁は,従来の縦割り行政の枠組みを超えて消費者の権利擁護の立場から基本的な施策を行う組織であり,他の省庁が所轄していた30本もの法律の移管を受け,一元的な相談窓口を設置したり,情報の集約,さらには消費者被害の防止措置を行ったりする組織となっている。また,消費者委員会は,消費者庁や他の省庁を監視する組織として,民間委員から構成され,消費者のための施策実現のために極めて重要な地位を占めている。

さらに消費者庁関連三法の一つとして成立した消費者安全法は,事故情報の収集と提供について定め,また,どこも所轄しない「すきま事案」について消費者庁が勧告などの権限を発動するという極めて重要な法律である。

(3) 消費者行政の現状と今後の課題および地方消費者行政の充実の必要性

消費者行政の一元化は,日弁連や弁護士会にとって20年以上前からの悲願であったが,上記のとおり今般,「消費者庁」という形で達成され,このこと自体は大変画期的なことである。しかし,消費者庁は発足後5年余を経てもなお上記基本計画のいう「消費者を主役とする政府の舵取り役」としての新組織としては人員面・財政面ともの不十分であり,上記基本計画の掲げる理想の消費者行政が実現されるよう,弁護士会は,消費者庁の活動を監視し提言を行うほか,人材供給を含めてバックアップする運動を展開していくべきである。

また,消費者行政については,消費者に直接接する地方消費者行政が極めて重要である。しかし,地方消費者行政の財政面及び人員面は極めて脆弱な状況にあり,財政的支援が引き続き極めて重要である。

4) 消費者の権利擁護のための諸立法および今後の展開

立法面でも消費者被害の救済や防止のため,近時,多くの消費者関連法が制定・改正されており,今後も頻繁に立法がなされると考えられる。弁護士会は,次々と発生する消費者問題に適切に対応するための立法の提言を,タイムリーに行っていくべきである。

以下,最近の主な立法の動きと新たな展開について触れる。

(1) 消費者基本法

同法は「消費者政策の憲法」といわれ,近時の消費者問題の状況や事業者との格差を踏まえて,2004(平成16)年に,1968(昭和43)年に制定されて以降初めて改正された(「消費者保護基本法」から改称)。

同法は消費者と事業者との間の情報の質及び量並びに交渉力等の格差にかんがみて,消費者の権利の尊重とその自立支援を基本理念と定め,国と地方公共団体,事業者の責務を明らかにし,施策の基本的事項を定めることとしている。そして,基本理念の中で消費者の権利として,①国民の消費生活における基本的な需要が満たされ,②健全な生活環境が確保される中で,③安全の確保,④選択の機会の確保,⑤必要な情報の提供,⑥教育の機会の確保,⑦意見の反映,⑧被害の救済がなされることを明示した。同法が掲げる消費者の権利が真に実現されるよう具体的な施策を盛り込んだ「消費者基本計画」が策定され,同計画は5年の期間が満了して2010(平成22)年3月に新計画が策定された。その実現度は常に検証して行く必要がある。

(2) 割賦販売法・特定商取引法改正

悪質商法の横行とクレジットによる被害拡大を防止するため,特定商取引法と割賦販売法について2008(平成20)年に画期的な改正がなされ,2009(平成21年)12月1日に完全施行されている。

同改正では,クレジットにおける割賦要件の廃止,

過量販売解除権や個別式クレジットについての既払金返還義務，適正与信義務や過剰与信防止義務，指定商品制の廃止，通信販売の返品特約など極めて重要な制度が法定された。

特に特定商取引法規定の5類型の個別クレジットについて，登録制が導入されたほか，不実告知などがなされた場合には販売契約だけでなくクレジット契約も取り消せることでクレジット会社に対する既払金返還請求が可能とされたことの意味は大きく，悪質商法の温床といわれてきた個別クレジットに対する厳しい規制によって，実際に被害は激減している。

一方，包括クレジットについては規制が緩く，決済代行会社を介したクレジット利用がネットを通して行われており，出会い系サイト事件や無価値な情報商材の販売などに利用され，消費者被害を生んでいる。十分な規制を求めていくべきである。

なお，近時，多くの被害が発生していた訪問買取については2012（平成24）年の特商法改正により「訪問購入」が規制されることとなった。

(3) 貸金業法及び出資法改正

貸金業法43条のみなし弁済について，近時最高裁は，業者側に極めて厳しい判決を立て続けに出したが，これらの判例の流れを受けて，2006（平成18）年12月に出資法の改正がなされ，出資法金利が見直され，またいわゆる「グレーゾーン」も廃止された。さらに貸金業法も大幅な改正がなされ，みなし弁済制度の廃止のほか，業務規制の強化，過剰融資規制などが盛り込まれた。

改正の過程では業者側による巻き返しも強かったが，市民が反対の意見を表明し，弁護士会もこれを主導して消費者側に有利な改正が勝ち取られている。

最近は再び金利を上げる方向で見直す動きが生じているが，多重債務問題の根源が高金利にあることを十分に認識し，弁護士会は勝ち取ったこの改正を実のあるものにし，決して後戻りさせないように活動を継続すべきである。

(4) 金融商品取引法・商品先物取引法

証券取引法が改正されて「金融商品取引法」となり，2007（平成19）年9月30日から施行された。同法により広範な金融商品について横断的な規制がなされることとなった。業者に対する行為規制も盛り込まれ，一定の消費者保護に資する内容となっている。同法の改正に伴い，金融商品販売法も改正され，消費者保護が強化されている。

また，最近の海外先物取引・海外先物オプションや貴金属証拠金取引などの差金決済の被害が多かったが，商品取引所法が改正され「商品先物取引法」と改称し，規制が強化された。同改正法は2011（平成23）年1月に施行され，海外先物取引などの被害は激減した。

ところで，近時，証券取引所と商品取引所とを統合する総合取引所構想の下で，現在，商品先物取引において禁じられている不招請勧誘についての規制緩和の動きがあったが，金融庁は平成26年8月の金融商品取引法の政令・府令改正において不招請勧誘禁止を堅持した。一方，この動きとは別に経産省・農水省から商品先物取引法の不招請勧誘禁止緩和についての省令改正案が急遽提出されており，予断を許さない状況が続いている。従来の悲惨な商品先物取引被害は不招請勧誘をきっかけに展開されてきた。被害撲滅には不招請勧誘禁止は必要不可欠であり，間違っても規制緩和がなされないよう弁護士会は活動する必要がある。

また，いわゆるプロ向けファンド（適格機関投資家等特例業務）についても，金融商品取引法の規制が緩和されているため，これを悪用した業者による被害が後を絶たず，規制強化が急務である。

さらに，前述のとおり，未公開株や未公開会社社債，ファンドなどの被害は相変わらず多く，また，法の間隙を突いた医療機関債，CO_2排出権取引，通貨売買などの被害も生じており，法規制強化で被害を減少させることが焦眉の急である。弁護士会は有効な規制が行われるよう活動していくべきである。

(5) 消費者団体訴訟制度

2006（平成18）年に消費者契約法が改正され，消費者被害についての消費者団体による差止請求権・団体訴権制度が立法化され，2007（平成19）年に施行となった。この制度は，消費者団体が消費者全体の利益のために，不当条項・不当な勧誘行為についての差止を求めて提訴するというものであり，消費者被害の未然防止・拡大防止に極めて有効な手段である。

意欲的な消費者団体の活動により，実際に差止が実現した例も増えており，今後も同制度の充実がなされるよう弁護士会は活動するべきである。

(6) 債権法改正・消費者契約法の実体規定改正

第5部第2の7で詳述するとおり，民法の債権法改

正の動きが具体化している。

債権法改正の議論において、消費者契約法の内容をそのまま民法に入れ込む有力案もあったが、安易に民法に組み込まれると、消費者契約法が事業者と消費者の力の格差から消費者を保護しようとした精神が忘れられかねないし、また、機動的に改正ができなくなるという懸念もあるところであり、結局、同法は債権法に入れ込む方向にはならなかった。

その他個別の条項には消費者に関わるものも多く、債権法改正においても消費者保護が十分に図られるように弁護士会は引き続き注意していくべきである。

一方、消費者契約法は2001（平成13）年の施行から既に13年が経過しており、実体法部分についての見直しの必要性が生じている。改正に向けての検討が2014（平成26）年から消費者庁において具体化しており、取消事項の拡充や重要事項規定の見直しなど、消費者保護が不十分な規定についての改正がなされるよう弁護士会も活動していく必要がある。

(7) 消費者裁判手続特例法および違法収益の吐き出し

消費者被害は少額の被害者が多数発生する傾向が強いため、泣き寝入りをしないためにも集団的な消費者被害救済制度が必要性が従来から指摘されてきたが、2013（平成25）年12月、消費者裁判手続特例法（消費者の財産的被害の集団的な回復のための民事の裁判手続の特例に関する法律）が成立した。同法では、特定適格消費者団体が、事業者が共通の事実上及び法律上の原因に基づき金銭支払い義務を負うことの確認を求める一段階目の訴訟を起こし、その訴訟で事業者の共通義務を認める判決が確定した場合に、特定適格消費者団体が被害消費者に呼びかけて、個々の消費者の債権を確定する二段階目の手続を行うという制度を定めており、今後の消費者被害の救済に広く活用されることが期待されている。

また、一方で、悪質業者から違法収益を吐き出させる制度の創設も検討されている。違法な収益を吐き出させることで「やり得」を許さず、正義を実現するという他に将来の被害防止についても有効と言える。そして、違法収益を吐き出させて被害者に分配する制度ができれば多くの被害者が救済される。現に、振り込め詐欺被害について「犯罪利用預金口座等に係る資金による被害回復分配金の支払等に関する法律」が制定されて被害者救済に利用されている。

これらの制度は真の消費者被害救済・防止のために必要不可欠であり、今後、弁護士会としても適正な運用や制度の実現化に向けて、提言をしていく必要がある。

(8) 不当景品類及び不当表示防止法改正

ホテル・百貨店・レストラン等において、メニュー表示と異なった食材を使用して料理を提供していた事案が続いたことから事業者の表示が社会問題化し、これに対処するための改正不当景品類及び不当表示防止法が2014（平成26）年11月に成立した。この改正では、不当表示を行った業者に対する課徴金制度を検討する旨が規定された点が画期的であり、これは上記（7）で指摘した違法収益の吐き出しの面もある。今後、実効性ある制度となるよう弁護士会も提言していくべきである。

5）消費者が主役の社会へ—「消費者市民社会」の実現

(1)「消費者市民社会」の実現

上記のとおり、消費者庁が発足して消費者行政も大転換期を迎え、消費者問題関係の立法も活発化しているが、さらに市民側が「消費者市民社会」を目指すことで、安全で公正な社会が実現できると考えられる。

「消費者市民社会」とは、「個人が、消費者・生活者としての役割において、社会問題、多様性、世界情勢、将来世代の状況などを考慮することによって、社会の発展と改善に積極的に参加する社会」であり（2012〔平成20〕年版「国民生活白書」）、批判的な視点を持って社会変革に参加することによって、よりよい社会が実現できるというものである。

この考えは、北欧で浸透しつつある、Consumer Citizenshipという考えに基づいており、今後、我が国でも実現が期待されるべきものであって、2009（平成21）年の日弁連人権大会・第3分科会のテーマは「安全で公正な社会を消費者の力で実現しよう―消費者市民社会の確立を目指して」というものであった。消費者被害に直接接する弁護士としても、消費者被害が少なくなるよう「消費者市民社会」の実現を呼びかけていくことが期待されている。

(2) 消費者教育の実施、充実

上記の「消費者市民社会」における消費者の自覚のためには、充実した消費者教育が必要である。我が国

ではそもそも具体的な被害防止のための消費者教育も十分に行われていない実情があるが、被害予防のための消費者教育とならんで、消費者市民教育も実施されるべきであると弁護士会は考えてきた。

そのような中で、2012（平成24）年8月、「消費者市民社会」を担う市民を育成するための教育を理念として掲げた消費者教育推進法が成立した。同法は「消費者市民社会」について「消費者が、個々の消費者の特性及び消費生活の多様性を相互に尊重しつつ、自らの消費生活に関する行動が現在及び将来の世代にわたって内外の社会経済情勢及び地球環境に影響を及ぼしうるものであることを自覚して、公正かつ持続可能な社会の形成に積極的に参画する社会」と定義している。

今後は、そのような消費者市民社会を作るための教育が飛躍的に重要となる。消費者教育推進法に基づいて2013（平成25）年6月に消費者教育基本方針が策定されたが、その後、これを受けて、地方公共団体による推進計画の策定がなされ、消費者教育推進地域協議会も設置されてきており、関係諸機関の連携も重要視されている。このような中で、消費者被害の実態を知っている弁護士が積極的に役割を担うことが期待されており、日弁連でもパンフレットやマニュアルなどを発行して活動が活発化している。

(3) ネットワークの構築

上記「消費者市民社会」では消費者が連帯して行動をすることも極めて重要であり、個々の消費者のみならず、消費者団体や弁護士会などがネットワークを構築し、消費者の権利擁護のための制度確立のために運動を展開することが目指されるべきである。

14 貧困と人権

> 我が国で近時拡大する貧困の現状は憲法25条が保障する生存権を侵害していることに鑑み、全ての人々が健康で文化的な最低限度の生活を維持し、貧困に陥らないために、日弁連・弁護士会は政府・地方自治体に対し、貧困や経済的格差を是正する実効ある諸施策を求めてゆくべきである。とりわけ、政府の「日本再興戦略」、「規制改革実施計画」の閣議決定等の中で、経済成長の手段として雇用規制の緩和を利用したり、生活保護費の削減を求めたりしているが、これらの政策の見直しを求めていくべきである。
>
> 具体的には、日本の労働者の現状は、非正規労働やワーキングプア問題の拡大に代表するように、窮乏化を極めており、安易な雇用規制の緩和はなされるべきでなく、かえって、貧困拡大の原因となっている非正規雇用について規制する労働法制及び労働行政の抜本的な見直しを求める。
>
> さらに、政府は生活保護基準の大幅引き下げと生活保護制度改悪を進めているが、それに断固反対し、逆に政府・地方公共団体に対して、生活保護制度の積極的活用を図るとともに、さらに充実した生存権保障法制を構築することを求める。

1）我が国における「貧困」の拡大の現状

国内総生産（GDP）世界3位の経済大国である我が国で、近時、貧困や経済的格差が急速に拡大している。憲法25条は「健康で文化的な最低限度の生活を営む権利」を保障しているが、この最低限度の生活を維持できない人の数が、2008（平成20）年9月のいわゆる「リーマンショック」に伴う派遣切り以降、2011（平成23）年3月11日の東日本大震災を経て、増加傾向を示し、多くの地域で雇用情勢、生活状況を悪化させている。

厚生労働省が2014（平成26）年7月15日に発表した2012（平成24）年の相対的貧困率は，全体で16.1%，17歳以下の子どもで16.3%ということで，前回の2012（平成24）年の発表（全体16%，17歳以下の子ども15.7%）と比較して，それぞれ0.1%，0.6%の上昇であり，過去最低であり，1985（昭和60）年の統計開始以来，初めて子供の貧困率が上回った。このように，我が国では貧困と格差が広がっている。

これらの貧困は，主に不安定な雇用や低収入に起因しており，働いても人間らしい生活を営むに足る収入を得られない「ワーキングプア」が急増している。具体的には，非正規労働者（パート，派遣，契約社員等）の割合は，2014（平成26）年4月～6月期で，1922万人，全体の36.8%と高水準で推移している。他方，失業率は2013（平成25）年の4.0%より，2014（平成26）年9は3.6%と若干減少している。その点は，昨年同様，いわゆる「アベノミクス」の影響かもしれないが，それが今後も続くか懐疑的な意見がある上，さらに，景気に関する実感とは違和感がないわけではない。そして，派遣切りなどによって，仕事を失うだけでなく，住居も失われ，家族も崩壊するという深刻な事態が生じ，そして，いったん貧困状態に陥るとそこから抜け出すことは困難であり，貧困問題が，さまざまな社会問題を引き起こしている。加えて，貧困が固定され，子供らの世代にも引き継がれ，貧困が拡大再生産される「貧困の連鎖」が生じていることも指摘されている。

2）我が国の「貧困」の背景と原因
(1)「貧困」拡大の要因

貧困の拡大及び深刻化の主な原因は，近時我が国政府が推進してきた構造改革政策，とくに市場中心主義及び規制緩和政策や，「官から民へ」に象徴されるような「小さな政府」の政策にあると指摘されている。規制緩和は労働分野にも及び，雇用の非正規雇用が増大し，さらに，大量の失業者が発生した。加えて，「不良債権処理」の名の下に多くの企業が金融機関から資金の引き上げ圧力に遭い，経営的に厳しくなって生き残りをかけた「リストラ」策に走らざるを得なくなり，大量の失業者が発生した。また，構造改革による規制緩和の結果，市場競争が激化し，企業間の業績の差を拡大させ，富裕者と生活困窮者との間における経済的格差を一層大きくさせることに繋がった。なお，その背景には経済のグローバル化があることは，いうまでもない（例えば，労働者派遣法の改正，人材派遣の自由化については，在日米国大使館のホームページ掲載の，いわゆる「年次改革要望書」の1996（平成8）年版参照）。

(2)「日本再興戦略」に基づく労働法制の規制緩和の動き

政府は，2013（平成25）年6月14日，「日本再興戦略」とそれを受けた「規制改革実施計画」を閣議決定した。「日本再興戦略」においては，産業競争力会議や規制改革会議等の答申を基に，我が国の経済を再生するために，労働法制の分野では，「多様な働き方の実現」のためにとして，多様な正社員モデルの普及，労働時間法制の見直し，労働者派遣制度の見直し等が検討対象とされている（日本再興戦略第Ⅱ-2③）。また，規制改革実施計画においても，人口減少が進む中での経済再生と成長力強化のため，「人が動く」ように雇用の多様性，柔軟性を高めるものとして，ジョブ型正社員の雇用ルールの整備，企画業務型裁量労働制の見直し，有料職業紹介事業の規制改革，労働者派遣制度の見直しが個別措置事項とされている（規制改革実施計画Ⅱ4）。

(3) 各種社会保障制度の実情と，生活保護制度改悪の動き

一方，各種社会保障制度は，このような貧困層の増大局面でこそ本来の機能を発揮すべきであるが，実情は全く不十分であり，このことが貧困問題を一層深刻化させている。具体的には，社会保障の最後のセーフティネットである生活保護制度の運用が，利用者を極めて限定する方向にあることが指摘され，捕捉率（制度を利用しうる人のうち現に制度を利用できている人が占める割合）は2～3割程度に止まっていると推計されている。それは，多くの地方自治体における，生活保護の申請の窓口において，様々な理由で申請を受け付けないという，いわゆる「水際作戦」の結果ともいわれており，昨今の生活保護制度の改悪を受けて，さらに加速している。

さらに，生活保護における老齢加算が廃止された上，さらなる基準額の切り下げの動きや，将来的には住宅扶助基準と冬季加算の削減方針も視野に入れられている。今回の基準額の引き下げの必要性は，労働者の低所得者層の収入水準が生活保護受給額よりも低いとい

う逆転現象の解消を理由として主張されるが，逆転現象は要するに本来，生活保護を受給すべき人々が受給していないことを示すものであり，上記の生活保護の捕捉率が低いことこそ問題にされるべきである。

にもかかわらず，生活保護受給者が216万人を突破し，過去最多を継続している中で，生活保護に対するバッシング報道等を受けて，政府は生活保護基準の大幅の引き下げ，生活保護制度改悪を進めてきた。具体的には，生活保護基準の見直しにより生活保護費を3年間で総額670億円削減することを決めた。削減幅は平均6.5%（最大10%）で，生活保護費削減によって，受給額が減る世帯は96%に上る。また，これまで，窓口での申請ついて，口頭申請も可能であったのに，原則として，申請の際，申請書や資産や収入に関する添付書類の提出を義務づけたり，保護を受けようとする人の親族に，扶養できない理由や収入などの報告を求めたり，不正受給者に対する罰則を強化するなどの生活保護法改悪の動きもある。これらは，①違法な「水際作戦」を合法化し，②保護申請に対する一層の萎縮効果を及ぼすという重大な問題がある。

我が国では，労働保険等の社会保障制度がセーフティネットの役割を果たしていない中，生活保護基準の引き下げや生活保護制度の改悪は，最後のセーフティネットであるはずの生活保護を，さらにセーフティネットとして脆弱化するものであり，いったん失業や病気などをすると生存権すら保障されない生活へ一気に滑落してはい上がれない「すべり台」社会となっている。

3）貧困問題の解決への施策と弁護士の関与

(1) 基本的人権の侵害

憲法25条は「健康で文化的な最低限度の生活を営む」生存権を保障し，憲法13条は個人の尊厳原理に立って幸福追求権を保障している。また，「経済的，社会的及び文化的権利に関する国際条約」11条は「自己及びその家族のための相当な食費，衣料及び住居を内容とする相当な生活水準」を維持する権利の実現を求めている。我が国で現在まさに起こっている「貧困」が，これらの憲法上の権利や国際条約上の権利を侵害するものであることは明らかである。

我々弁護士は基本的人権を擁護する使命からして，このような人権侵害状態を放置することはできず，貧困撲滅のための諸活動を行うことが今まさに求められている。

そして，貧困問題の解決のためには，まず，政府や地方公共団体に対して，貧困が拡大しているという現実を認識させて貧困問題を解決する諸施策の実施を求める活動が行われるべきである。

(2) 労働法制の規制緩和に関する政府や地方公共団体に対する働きかけ

この問題については，具体的には，①すべての労働者に同一価値同一賃金原則を実現し，解雇に関する現行のルールを維持すべきこと，②労働時間法制に関しては，安易な規制緩和を行わないこと，③有料職業紹介所の民間委託制度を設ける場合には，求職者からの職業紹介手数料の徴収，及び，民間職業紹介事業の許可制を廃止すべきではなく，また，中間搾取の弊害について，十分に検討，配慮すべきこと，さらに，④正規雇用原則の観点から，労働法制と労働政策への抜本的な見直し，⑤有期雇用を含む非正規雇用は合理的理由がある例外的場合に限定すべきこと，⑥労働者派遣について，派遣対象業種を専門的なものに限定し，登録型派遣の禁止，日雇い派遣の全面禁止，重大な違法派遣に適用される直接雇用のみなし規定の創設等の労働者派遣法抜本改正，⑦労働契約法を改正して，均等待遇を立法化し実効的な措置をとるべきこと，⑧最低賃金の大幅引き上げを実現すること，⑨労働基準法等の監督体制を充実強化すること，⑩利用しやすく効果の高い職業養育，職業訓練制度を確立すること，⑪企業に社会的責任を果たさせることが重要である。

また，国や地方公共団体の発注する公共工事や業務委託契約において，「官製ワーキングプア」を生み出さないように，受注条件として最低賃金の支払いを義務づける「公契約法・公契約条例」の制定運動に取り組む等，人間らしい働き方と暮らしを取り戻すために，抜本的な労働政策の見直しがなされるように強く訴えていくべきである。

この点，2012（平成24）年に労働者派遣事業の適性な運営の確保及び派遣労働者の就業条件の整備等に関する法律等の一部を改正する法律や，有期労働契約についての法制度を整備する，労働契約法の一部を改正する法律が成立したが，それでも不十分な点が多く，さらなる法改正が必要であったはずである。しかし，昨今の政府の「日本再興戦略」，「規制改革実施計画」

の閣議決定を受けた，労働者派遣法改正案が，通常国会，臨時国会に提出されたが，衆議院解散により廃案になっている。これは企業が派遣労働者を受け入れる期間の制約（最長3年）を事実上撤廃するものであった。この労働法制の規制緩和の動きは，この昨年に成立した法律とも逆行するものであり，端緒についたばかりの労働者保護規制を捨て，再び規制緩和の方向に舵を切ることは，労働者全体の雇用不安をまたもや増大させるものであり，経済の安定的な発展に対しても負の影響を及ぼすことは必至である。

(3) 生活保護制度の改悪に関する政府や地方公共団体に対する働きかけ

一昨年度（2013〔平成25〕年度）の政策要綱では，生活保護法の改正と運用の改善等ということで，①水際作戦等の違法な権利侵害を不可能にする制度的保障，②保護基準の決定に国会による民主的コントロールを及ぼすこと等の生活保護法の改正，老齢加算の復活，生活保護の積極的な活用を国民に周知させ，違法な水際作戦をなくす等の運用の改善がなされるべきである。さらに，③捕捉率等の貧困調査の実施の行政への義務づけ，④雇用保険制度の拡充，職業訓練・職業教育機関の整備・充実等がなさるべく，安心して暮らせるセーフティネットの構築がなされるよう働きかけをしてゆくべきであるとした。

しかし，2013（平成25）年に実施された生活保護基準の大幅引き下げと，また，同年12月6日の会期末に成立した「生活保護法の一部を改正する法律案」等の生活保護制度改悪の動きは，この生活保護法の改正と運用の改善等に反するものであり，上記の①「水際作戦」の合法化，②一層の萎縮的効果を及ぼす点で問題である。今後は，改めて，生活保護の充実，セーフティネットの拡充のための真の意味の法改正を求める運動が必要である。

(4) 奨学金問題

近時，大学の学費高騰と雇用環境の悪化による家計収入の低下により，奨学金制度利用者は年々増加している。現在，大学学部生（昼間）の約50%が何らかの奨学金制度を利用しており，約3人に1人が独立行政法人日本学生支援機構の奨学金を利用しているが，奨学金制度の利用者が増加する一方で，返済金の延滞者の増加も問題となっている。この子どものおかれた経済状況にかかわらず，全ての子どもに等しく教育を受ける権利を保障するため，日弁連・弁護士会は，高額教育の無償化を求めつつ，政府及び日本学生支援機構に対して，①給付型の奨学金制度の導入，②貸与型奨学金に関する利子，延滞金の付加の禁止，③個人保証の禁止，④返済猶予，返済免除等，返済困難者への救済制度の拡充，⑤返済期限の猶予，返還免除等の各制度の柔軟な運用等の奨学金制度の充実を求めるべきである。

15 環境と人権

> 環境利益と経済的利益を対立するものととらえるのではなく，環境が持続可能な発展に不可欠の前提をなすとの視座に立った地球温暖化対策，エネルギー政策，まちづくり等の施策の実現が求められる。
> そして，自然環境や都市環境を守るためには，環境基本法などに環境権や自然享有権・文化財享有権を明文化することで，環境利益を具体的権利として確立することが必要である。

1）総論

環境利益は，現在世代の経済的利益と対立することが多く，その保護は容易ではない。

例えば，地球温暖化問題は，エネルギー政策と密接不可分の関係にあり，解決のためには化石燃料に依存した経済構造からの転換をいかに図るかが問われることになる。また，国土の狭い我が国では，土地の高度利用による経済発展が求められてきたため，自然環境

や都市環境は常に開発利益により脅かされ，多様な生態系や都市における良好な景観，文化財が急速に失われていっている。

しかしながら，我が国では，四大公害事件を初めとした深刻な公害問題を経験し，その反省に立って，経済と調和する限度で環境の保全を図るいわゆる経済調和条項を公害対策基本法から削除し，環境政策の基本法である環境基本法がこれを受け継いだ歴史がある。

環境利益の保護を，経済発展を阻害するものとして捉えるのではなく，環境が持続可能な発展に不可欠の前提をなすとの視座に立った取組みが求められるといえる。

2）地球温暖化問題―排出量取引制度

今後我々が持続可能な発展を続けるためには，地球温暖化対策は避けては通れない問題である。

気候変動に関する政府間パネル（IPOC）が2007（平成19）年に発表した第4次報告書によれば，地球温暖化は，もはや疑う余地がなく，多くの地域での洪水・干ばつ・氷河の崩壊といった，生態系への重大な影響が報告されている。気温上昇を2度程度に抑えるには，温暖化ガスの排出量を2050年までに2000年比で半減させる必要がある。

1997（平成9）年には，京都市で開催されたCOP3において京都議定書が採択され，同議定書は日本を含めた先進国について，削減についての数値目標を設定した。ただ，京都議定書には，米国，中国，インドなど温暖化ガスの大量排出国が枠組みの外にあるという致命的欠陥があり，この欠陥は，現在でも解消されていない。

京都議定書を受け，日本においても，1998（平成10）年に「地球温暖化対策の推進に関する法律」が成立し，2005（平成17）年には京都議定書目標達成計画が閣議決定された。このような動きの中で，日弁連は，2006（平成18）年に「地球温暖化防止対策の強化に向けて」の提言を発表し，さらに2008（平成20）年9月18日には，国内排出量取引の試行にあたって，産業・電力・大口業務・運輸部門の排出総量を規制し，それを各事業所に割振り各事業所の排出量を厳格に規制した上での排出量取引制度（義務参加型キャップアンドトレード型）の導入を求めた。また，日弁連は，2009（平成21）年5月8日には気候変動／地球温暖化対策法の制定及び基本的内容について提言し，そこで再度，直接排出で我が国のCO_2総排出量の70％近くを占める発電所等の大規模排出源に対し，排出上限枠を設定して行う排出量取引制度の早期本格導入を求め，その排出量取引制度の概要を明らかにした。東京都では，環境確保条例が改正され，2010（平成22）年から，2020（平成32）年までに東京都の温室効果ガス排出量を2000（平成12）年比で25パーセント削減するために，エネルギー消費量の多い事業所に対して削減義務化が始まっている。併せて国内で初めてとなる義務的なキャップアンドトレード型排出量取引制度が導入されている。

3）エネルギー政策―再生可能エネルギーへの転換

我が国の産業や国民生活が今後，持続可能な発展をするためには，化石燃料に依存した経済構造から脱却し，他のエネルギー源への転換（省エネなど，エネルギー利用の効率化も含む。）をしなくてはならない。問題は何を化石燃料に代替するエネルギー源と考えるかである。

我が国は，原子力をこの代替エネルギーの中核として位置づけてきた。そのためか，代替エネルギーを論じる際，原発推進VS脱原発（＝再生可能エネルギー推進）の2項対立で捉えられがちであり，結果として，感情論も含めた原発の肯否やどちらのコストが安いか，現在の電気料金がいくらになるかなどに，議論が矮小化されているように思う。

だが，代替エネルギーの問題の本質は，前述のとおり，中長期的にみた安全保障や地球温暖化などによる生態圏破壊の回避にある。そのため，代替エネルギーは，持続可能でなければならない。もちろん，今ある産業や国民生活に生じる不利益の軽減も重要な課題ではあるが，あくまでこれは二次的な問題であることに留意しなければならない。このように考えた場合，原子力を代替エネルギーの中核と考えるのは困難であることが分かる。すでに核燃料サイクルは事実上破綻しているため，原子力には持続可能性がないからである。その上，放射性廃棄物の管理は，極めて長期間に及ぶ。また，チェルノブイリに並ぶかそれを超えるほど深刻かつ広範な影響をもたらした福島第一原発事故により，環境に対するリスクが再認識されると共に，賠償問題

など経済的なリスクが明らかになったことで投資が集まらなくなり，世界的にみて，新設が事実上困難になっている。

結局，代替エネルギーとなり得るのは，再生可能エネルギー（太陽光・風力・バイオマス・中小規模水力・地熱・太陽熱など）のみであるといえるが，これを普及するためには諸条件を整備しなくてはならない。

第1は，コストの問題である。再生可能エネルギーは，これが普及していく中でコストの低減が見込まれているが，現状ではまだコストが高い。この点で注目されるのは，2011（平成23）年8月26日に成立した「電気事業者による再生可能エネルギー電気の調達に関する特別措置法」である。これは，再生可能エネルギー（現時点では，太陽光，風力，3万kW未満の水力，地熱，バイオマスが対象）の固定価格での全量買取（住宅用は余剰買取）を定めるものであり，諸外国では再生可能エネルギー普及の仕組みとして一般化しつつある。我が国でも，同法に基づき，2012（平成24）年7月1日から再生可能エネルギーの固定価格買取制度が始まった。同制度は，買取価格及び買取期間の決定に透明性・予測可能性が担保されなければ，投資への極端な過熱や抑制がもたらされるおそれがあることから，今後の運用が注目される。また，同法では，送電網への接続が原則義務化されているものの，「電気の円滑な供給の確保に支障が生ずるおそれ」などがある場合には接続を拒むことが出来るとされている。接続義務の履行を確保するためには，例外事由の有無に関する情報公開が必要不可欠だといえる。

第2は，供給の安定性の問題である。これは，①需給調整の問題と，②サプライ・セキュリティの問題に分けられる。

①の需給調整の問題については，一般に再生可能エネルギーは，発電量の変動幅が比較的大きいため，原子力と比較して，ベース電源にはなり得ないといわれる。しかし，供給は，各種電源の積み上げにより行うものであり，ピーク需要に対しては，例えば急速な変化への対応が容易な揚水発電などによれば足りる。事実，スペインでは，変動幅が大きい風力をベース電源とするが，停電が増えたなどの報告はない。さらに，供給側からの一方通行であった既存の電力網を，IT（情報技術）によって情報化し，多様な供給者と需要者の間で電力の需給に関する情報をやり取りするスマートグリッドが整備されれば，より対応は容易になるといわれている。なお，アメリカにおけるスマートグリッドは，電力需要を「見える化」すると共に，時間帯別料金を導入して消費者によるピークシフトを誘因するものであり，前述のコンセプトとは違った文脈で用いられていることに留意する必要がある（JREPP「自然エネルギー白書2011」23頁）。

次に，②のサプライ・セキュリティについては，原子力など大規模発電の場合，これがトラブルを起こすことで供給不足が一気に引き起こされるリスクがあるが，再生可能エネルギーは一般に小規模分散型であり，例えば風車がいくつかトラブルを起こしても供給不足を起こす程の影響は通常生じない。

第3は，系統（送電網）の問題である。再生可能エネルギーは，ポテンシャルでいえば，化石燃料に代替するのに十分であるが，例えば，風力は北海道，東北，九州など地方に偏在している。また，既存の送電網につながれていないことも多い。そのため，まず既存の送電網につなぐために送電網を新設する必要経費を誰かが負担しなければならないし，大需要家である大都市に送電するためには，電力会社による地域独占の結果，串形に整備された系統（送電網）ではいずれ対応出来なくなる。系統（送電網）の在り方は，今後再生可能エネルギーを普及させる上で，重要な検討課題である。

4）まちづくりと環境

(1) まちづくりの重要性

我が国は，長らく高度経済成長を背景に，経済活動最優先の思想の下，無秩序な開発を行ってきた。その結果，里山，農地などの緑地や，水辺空間は減少し，まちなみは破壊され，まちの没個性，都市の無秩序な拡大，コミュニティの崩壊といった都市の危機を招いてきた。このような危機的状況への反省から，各地でまちづくりが見直されている。さらには単なる地域の特性に基づく地域住民の意思によるまちづくりというだけでなく，低炭素社会・循環型社会に適合したまちづくりが必要となる。低炭素社会に適合したまちづくりを考えれば，発電網一つでも，膨大な資金が必要となるが，進めていかなければならない。また少子高齢化社会を考えれば，高齢化社会に合ったまちづくりも必要となる。

(2) 自治体と条例

地域のまちづくりでは，住民及び住民が組織する様々な団体，NGOや会が重要な役割を果たすのに加え，都道府県，市町村といった自治体もまた，重要な役割を果たしている。

自治体がまちづくりにおいて果たす重要な役割の一つが，条例の制定である。各地域の実情や固有の自治方針に適合した法規の整備を可能にする条例は，まちづくりにおいてもその特質を発揮する。実際に数多くの自治体が様々なまちづくり条例や景観条例等を制定しており，天守閣の高さを建築物の高さ制限の基準にしているユニークな地域も存在する。

まちづくりにおいて，自治体が条例を制定する場合に大きな制限となるのが法律の存在である。土地の利用の規制は法律によるとするのが政府の採用している原則であり，土地などの所有権の大きな制限を伴うまちづくり条例の制定においては，規制の範囲の確定に当たって，法律が強力な制限となっているのが現状である。

地方分権改革に伴い，機関委任事務は原則廃止され，自治体の独自の権限は，すでに，かつての機関委任事務以外の限定された事務だけではないはずである。しかし，現行法制度は大半が機関委任事務を前提として制定されているため，なお自治体が独自の方針を実現しようとする場合の大きな制限となっている。

このような現状において，自治体が地方分権の趣旨に則り独自のまちづくり条例を制定しようとする場合，自治体関係者は関係現行諸法規を単に理解して機械的に執行するだけではなく，その趣旨目的を把握しながらそれらと矛盾抵触しないことに留意しつつ，自治体独自の方針を実現しなければならない。

そして，その場合に問題となる土地利用法規や都市計画法規などは，複雑である上に膨大である。これらの諸法規を把握する労力と時間の多さに加えて，本来政府と自治体は対等の関係にあるにもかかわらず，法律と法律に根拠をもつ政省令の条例に抵触しないことに，ときには必要以上に細心の注意を払わなければならない自治体の現状は，自治体関係者が，強制力によって実行性の担保を可能にする条例に則って独自の方針を実現することを躊躇させる状態を生み出していると考えられる。

このような場合，必要とされるのは，上記のような制限のあるまちづくり条例の制定に必要な専門的知識を有する法律家が常に自治体関係者を支え，その疑問や質問に迅速に回答できる体制であると考えられる。既存の法規の解釈と運用に必ずしもとらわれず，自治体関係者の様々なアイデアに気軽に相談に乗り，その発想の段階から現実的なアドバイスが与えられる法律家は，自治体関係者が独自のまちづくりを実現しようとするに当たって重要な役割を果たすと考えられる。

(3) 住民の役割

そして，このことは，地域の住民や各種の団体，NGOなどにとっても同様である。住民が独自のまちづくり活動を行う場合に加えて，自分たちのアイデアに地域行政を巻き込んでさらに恒常的で規模の大きなまちづくり活動を行おうとするときに，関係する複雑で膨大な関係諸法規について詳しく，行政との折衝にも慣れた法律家が常駐しており，手軽に相談できる体制が整えられていることは，住民主導のまちづくりの実現にとって重要であると考えられる。

さらには，条例や各種要綱などを自主的に制定することを住民の方から自治体に求める場合などには，計画段階からの行政への関与を現実的に可能にするために，そのような法律家は重要な存在となると考えられる。

(4) 司法による救済

景観の保護に関しては，広島県福山市の瀬戸内海国立公園の景勝地鞆の浦の埋め立て・架橋計画に反対する住民が，広島県を被告として公有水面埋め立て免許の差止めを求めた「鞆の浦景観訴訟」において，2009（平成21）年10月1日，広島地裁が，住民の訴えを認めて免許の差止めを命じる判決（判時2060号3頁）を下したことは注目に値する。この判決では，公有水面埋立法において，景観利益が法律上の保護に値する利益であるとして，住民の原告適格を認め，鞆の浦の歴史的，文化的価値を有する景観が瀬戸内海環境保全特別措置法等が保護しようとしている国民の財産というべき公益であり，事業完成後の復元がまず不可能な性質のものであるとした。その上で，事業の必要性・公共性の根拠について調査，検討が不充分であるとし，埋め立てを認めることが裁量権を逸脱したものとして，埋め立て免許の差し止めを命じた。この判決は，初めて景観利益を理由に公共事業に関する処分の事前差止めを認めた画期的な判決といえ，2004（平成16）年の

改正行政事件訴訟法により認められた差止訴訟の制度の趣旨を踏まえたものといえる。

しかしながら，司法は，全体としてみれば，未だに景観利益等を被侵害利益として原告適格を認めるのに消極的であり，今後も国民の権利利益の救済の観点からの原告適格の拡充が求められるといえよう。

5）環境訴訟制度の拡充
(1) 具体的権利性の確立

自然環境や都市環境といった環境利益は，生命身体の安全に関わらない限り，多くの場合単なる公益であると考えられ，私法上も公法上も個々人の具体的な利益ではないとされることが多い。その結果，民事訴訟では，請求権がないとして訴えを断念せざることも少なくない。また，行政訴訟では原告適格がないと判断し，本案にすら入れない。

自然環境や都市環境を守るためには，環境基本法などに環境権や自然享有権・文化財享有権を明文化することで，環境利益を具体的権利として確立することが必要である。

(2) 市民参加

環境を保護し，持続可能な発展を実現するためには，市民参加が不可欠である。市民参加が実効的なものになるためには，市民の「情報アクセス権」「意思決定への参加」「司法アクセス権」の保障が求められる。

意思決定への参加については，事業の計画段階から関与できる仕組み作りが必要である。例えば，現在の環境影響評価制度は，事業計画が策定された後になされるため，事業の正当性を追認することを目的としたような評価になりがちであるし，問題が見つかっても事業の見直しを求めるのは容易ではない。計画段階で市民が意思決定に参加することが重要であり，戦略的アセスメント制度の導入などが求められる。この点で，2011年（平成23年）4月の「環境影響評価法の一部を改正する法律」により，事業の位置・規模等の検討段階における配慮書手続が導入されたことは，注目される。

司法アクセスについては，環境保護団体などの一定の適格団体に当事者適格を認める「団体訴訟制度」の導入や訴訟費用の「片面的敗訴者負担制度」の導入に向けた議論が求められる。さらに環境裁判などの一部の裁判について，民事裁判における裁判員制度も議論されても良いだろう。これらの問題点一つ一つについて，弁護士会としては，何らかのバックアップや，問題点を明らかにして改善策を立案するなどの啓発活動をしていくべきであろう。

6）東京弁護士会をめぐる状況
(1) 環境宣言

2010（平成22）年3月24日に東京弁護士会でも環境宣言が発せられた。この環境宣言について，会員各自が，その「基本理念」を深く自覚し，その「環境方針」に書かれていることを実現していくことである。

東京弁護士会の環境宣言を確認すると，その基本理念は，「東京弁護士会，地球環境の保全が社会の持続的発展に欠くことのできない最重要課題の一つであることを認識し，現在及び将来の全会員及び職員とともに，『地球市民』として，各自が役割と責任を自覚し，環境保全に関する施策を総合的・計画的に推進して環境負荷の低減を図り，もって循環型社会・低炭素社会・自然共生社会の実現に寄与することを宣言する。」というものである。またその環境方針は，「1 当会は，環境問題について，研究，研修及び啓蒙活動の様々な環境改善活動を通じ，環境保全の重要性を訴え，循環型社会・低炭素社会・自然共生社会の実現に取り組む。2 当会は，その活動が，環境に及ぼす影響を可能な限り低減させるため，適切な環境保全策を総合的・計画的に実施し，そしてその評価を定期的に行い，継続的な改善を図る。3 当会の全ての活動に関し，計画から終了に至る全ての段階において，以下の項目に取り組む。（1）省エネ・省資源活動の推進，（2）廃棄物の減量・再資源化，（3）環境配慮型製品購入の推進。4 現在及び将来の全会員，職員が環境問題に対する自覚を深化させ，ひとりひとりが環境負荷低減活動を意欲をもって積極的に行動できるようにする。」である。

(2) 弁護士会の取組み

環境宣言は，単なる「お飾り」であってはならず，行動が伴わなければならない。会員は，環境宣言の基本理念と環境方針を深く自覚し，低炭素社会・循環型社会・自然共生社会の構築に向け，積極的に取り組むべきである。会員は，弁護士会内のみならず，各自がそれぞれの所属事務所において，環境負荷の低減活動を行う必要がある。

また個々の弁護士が環境問題について深く理解する

ことが前提であるが，会としても事業者や市民が行う環境保全活動や低炭素社会・循環型社会・自然共生社会に対する積極的な啓発活動，提言活動，シンポジウムなどを行うことが必要である。

現在，弁護士会で行われている温室効果ガスその他の環境負荷に対する低減の取り組みについても，一層推し進めるべきである。各会員は，会内のみならず，それぞれの事務所において，どの程度の資源を消費しているかを計量して自覚することが必要で，その上で，できることから，少しずつ活動に取り組むことである。例えばメールを活用しコピー用紙そのものを減少させること，用紙の表裏印刷（裁判所の準備書面についても，同様の問題があるが，裁判所でも部により，認める，認めないの判断は一定していないようである。），裏紙の利用，温度管理の徹底，3R（リデュース，リユース，リサイクル）を徹底して廃棄物の量を減らしていくことである。また，購入する物品やサービスについては，「国等による環境物品等の調達の推進等に関する法律」を参考にし，価格の問題はあっても，環境負荷の少ない製品等を積極的に選択するように努めたい。さらに，弁護士会館屋上は現在はヘリポートとなっているが，いずれは太陽光発電も検討すべきである。

(3) 環境マネジメントシステムの導入について

環境マネジメントとは，各事業者が活動する過程で生み出す環境への影響を考慮して組織の運営を行うことをいう。環境マネジメントシステムについては，日弁連・第二東京弁護士会では導入されており，東京弁護士会においても，その導入が検討されたが，見送りとなった。

環境マネジメントシステムについてはISO14001規格が世界的な標準となっているが，弁護士会でISO14001を導入するのは現実的でなく，もっと簡易なものにせざるを得ない。また，ビジネス上，ISO140011の導入が必要とされるのは，取引上の必要性や環境問題への迅速な対応・環境リスクの事前回避や，効率的な省資源・省エネルギーによるコスト削減等であり，弁護士会での導入理由とは，やや異なる面もある。環境マネジメントシステムについては，様々なものがあり，その導入についてエコアクションなども検討されたが，当会において主として検討されたのは，「KES」である。「KES」は，日弁連や第二東京弁護士会・京都弁護士会等が導入されていることが，その一つの理由であるが，その他「KES」は，①取得にかかるコストが比較的低廉であること，②段階的に取り組める二つのステップがあること，である。

ところで，検討してみると，環境負荷の低減について，紙・ゴミ・電気の初歩的なレベルのシステムであれば，すでに当会でもある程度のことは実施されていることが確認された。そして，さらに進んだレベルの活動を求めていくとなると，費用が低廉といってもやはりある程度はかかり，研修も必要となることや，システムを支えていく柱となるべき会員が必要となり，その会員には相当な負担がかかること，関与する職員の負担もかなりのものとなること，導入には事業所の長である弁護士会長が環境マネジメントに取り組む強い決意表明を持続的に行う必要があり，会長の強いリーダーシップが必要となるが，会長には任期があることなどから，当面は見送りとなったものである。

しかしながら，環境負荷の低減において，PDCAサイクルによって，目標と結果を数字で表していく環境マネジメントシステムは，本来有効なものであり，高度なステップにおける環境負荷低減を目標とすることは，望ましいことである。社会の情勢や第一東京弁護士会の導入状況をみながら，その導入を再度，検討すべきである。

16 情報公開法・公文書管理法

> 情報公開法について弁護士会は，従前から，知る権利の明記，裁判管轄の見直し，ヴォーン・インデックス手続，インカメラ審理の導入等を主張してきたが，今後も改正法に盛り込まれるよう積極的に運動を展開していく必要がある。
>
> 情報公開制度に実効性を持たせる制度として2011（平成23）年4月1日に施行された「公文書等の管理に関する法律」（公文書管理法）については，同法の目的において「公文書等が，健全な民主主義の根幹を支える国民共有の知的資源として，主権者である国民が主体的に利用し得るものであること」が明記されたこと，意思決定過程文書の作成義務が明記されたこと等は評価し得るが，国会や裁判所における公文書の作成・保存義務が明記されていないこと，検察庁保管の刑事確定訴訟記録や軍法会議記録は対象外となっていることなどの点において，不十分な内容となっている。施行5年を目途とした見直しに向け，国民の知る権利の実効化という観点から，上記不十分な点について法改正が行われるよう，積極的な取り組みを行う必要がある。

1）情報公開法

(1) 情報公開法の成立

1999（平成11）年5月，「行政機関の保有する情報の公開に関する法律」（情報公開法）が可決成立し，2001（平成13）年4月1日から施行されている（情報公開法成立に至るまでの経緯については，『法友会政策要綱1997（平成9）年度版』205頁以下，同1999（平成11）年度版214頁以下を，情報公開法の問題点と今後の課題については，『法友会政策要綱2000（平成12）年度版』196頁以下を参照）。

また，2001（平成13）年11月，特殊法人，独立行政機関等を対象機関として定めた「独立行政法人等の保有する情報の公開に関する法律」が可決成立し2002（平成14）年10月1日から施行されている。これらの法律は国民に行政機関が保有する情報について開示を請求する権利を認めたもので，行政運営の民主化に大いに貢献するものと期待されている。

なお，「2011（平成23）年度における行政機関・独立行政法人等の情報公開法及び個人情報保護法の施行状況調査結果の概要」によれば，2011（平成23）年度の開示請求件数は，行政機関で96,677件，独立行政法人等で6,162件，これに対する開示決定件数（一部開示を含む）は，行政機関で81,671件，独立行政法人等で4,876件であり請求件数，開示件数共に増加傾向にある。

(2) 情報公開法の問題点

❶ 「知る権利」の保障について

「知る権利」の保障を情報公開法に明文で規定することについては，制定時に議論されたものの，最終的には規定されなかった。前記報告書においても，「『知る権利』の文言の有無は，解釈の原理や立証責任の配分等との関係で必ずしも問題とはなっていないように見られる」として，法改正を求めないこととされている。

しかし，情報公開訴訟や不開示決定を違法であるとする国家賠償請求訴訟において，行政機関は，情報公開法には知る権利が規定されておらず，情報公開法に基づく情報公開請求権は憲法に基づく権利ではないことを理由に損害賠償責任を負わないと主張している。情報公開請求権の権利性の重要性を明確にするため，情報公開法に憲法上の権利である「知る権利」を明記することは必要である。

❷ ヴォーン・インデックス手続及びインカメラ審理の導入

ヴォーン・インデックス手続とは，不開示処分取消訴訟において，不開示とされた情報について，行政機関に対し当該不開示部分の内容及び不開示の理由を詳細に説明することを求める手続を言う。

情報公開請求をした者が，不開示処分となったため不開示処分の違法性を争う場合，不開示処分の対象となった部分にどのような情報が記録されているのか，不開示処分が情報公開法の規定する不開示事由に当てはまるのかがわからないため，被告が不開示部分ごとに不開示事由への当てはめ状況と理由を主張することになるが，被告の主張が真実なのか否かが不明のまま裁判所は判決を下さなくてはならないことになる。

そこで，不開示処分取消訴訟の実効性を確保するために，ヴォーン・インデックス手続の導入が必要である。また，ヴォーン・インデックス手続によって不開示部分ごとに不開示事由が明らかにされても，その説明内容が真実であるか否かの判断はできないから，裁判所にヴォーン・インデックス手続の内容が正しいかを確認する手段を与えるためにインカメラ手続の導入が必要である。

❸ 情報公開法見直しの経緯

政府機関についての情報公開法の附則には，「政府は，この法律の施行後4年を目途として，この法律の施行状況及び情報公開訴訟の管轄の在り方について検討を加え，その結果に基づいて必要な措置を講ずるものとする」と規定されているため，総務省は法律の見直しを検討するため，「情報公開法の制度運営に関する検討会」を立ち上げ，2004（平成16）年4月から活動を開始した。

日弁連は，同検討会でのヒヤリング手続において，改正意見を述べ，意見書を提出するなどして，知る権利の明記，裁判管轄の見直し，インカメラ審理（アメリカでは，その説明が十分でない場合に裁判所が当事者の立会いなしに当該情報を閲覧するインカメラ審査を行っている。日弁連は2004〔平成16〕年8月，「情報公開法の見直しにあたっての裁判手続におけるヴォーン・インデックス手続及びインカメラ審理の導入の提言」を発表した。）の導入等を訴えたものの，同検討会がまとめた報告は，日弁連が改正を求めた前記諸点を含めて，法改正は一切認めず，手続遅延の防止などの運用の改善のみを求めるというものであった。

かつて日弁連・弁護士会による情報公開法の制定に向けての諸活動は，今般の情報公開法の制定に大きな影響を与えてきた（情報公開法の制定に向けての弁護士会の取り組みについては，政策要綱1999〔平成11〕年度版218頁以下参照）。上記附則や附帯決議は，行政改革委員会行政情報公開部会（1994〔平成6〕年12月に設置され，1996〔平成8〕年4月に「情報公開法要綱案（中間報告）」を，同年12月に「情報公開法要綱案」（最終報告）をまとめて内閣総理大臣に意見具申した。）がまとめた要綱案の作成，法案審議の過程で，日弁連が強く主張していたところを取り入れたものである。検討会の見直し作業は極めて不十分なものであり，今後も上記諸点が改正案に盛り込まれるよう積極的に運動を展開していく必要がある。

2）公文書管理法

(1) 公文書管理法の成立

2009（平成21）年6月24日，「公文書等の管理に関する法律」（公文書管理法）が可決成立し，2011（平成23）年4月1日から施行されている。

この法律は，行政文書の管理に関する統一的なルールを定めるものであり，情報公開制度とともに国民の知る権利の具体化に資する制度として期待されている。

(2) 公文書管理法の問題点及び見直し

情報公開と車の両輪をなす公文書管理法が成立・施行されたこと，同法の目的に「公文書等が，健全な民主主義の根幹を支える国民共有の知的資源として，主権者である国民が主体的に利用し得るものであること」が明記されたこと，意思決定過程文書の作成義務が明記されたこと，さらに行政文書ファイル簿の廃棄についての内閣総理大臣の同意等が要件とされたことは評価できる。

しかしながら，日弁連が公文書管理担当機関として設置を求めていた「公文書管理庁」が実現していないこと，国会や裁判所の公文書，検察庁保管の刑事確定訴訟記録や軍法会議記録は同法による管理の対象外となっていることなどの点において，同法による公文書管理は不十分なものにとどまっている。

また，東日本大震災後，震災関連会議15組織のうち10組織で会議の議事録が作成されていないなど，原発事故の議事録がほとんどないという状態も明らかになったが，そもそも公文書が存在しなければその管理もあり得なくなってしまう。重要な政策決定過程をきちんと記録し，その文書を必ず保存するという公文書管理法の基本を，行政に遵守させる必要があるが，行政任せにしておいたのでは難しいだろう。

しかも，2013（平成25年）12月7日に，特定秘密保

護法が成立し，特定秘密に指定されている間は，公文書管理の対象外となってくるという重大な問題を含んでいる。

日弁連は，2013（平成25）年11月22日，公文書管理法音の適用除外規定の削除などを求め「公文書管理法の改正を求める意見書」を発表したが，引き続き，法律施行5年後を目途とした見直しに向け，国民の知る権利の実効化という観点から，上記不十分な点について法改正・法整備が行われるよう積極的な取り組みを行う必要がある。

17 個人情報保護（自己情報コントロール権の確立）

> 憲法13条が定める個人の尊厳の確保，幸福追求権の保障の中に自己情報コントロール権が含まれることを再認識し，住基ネットの稼働の停止，実効性を伴った個人情報保護法制の確立，統一的なセキュリティ基本法の制定，プライバシー保護の観点からの「税と社会保障共通の番号」制度についての慎重な議論の要請など，自己情報コントロール権を情報主権として確立すべきことを提言し，これを実現させるために，あらゆる努力を尽くすべきである。

1）自己情報コントロール権とは

情報化社会の進展に伴い，憲法13条の定める個人の尊厳の確保・幸福追求権の保障としては，「ひとりで放っておいてもらう権利」というプライバシーの権利の自由権的側面の保障のみならず，自己情報コントロール権（情報プライバシー権）の保障も重要である。

自己情報コントロール権とは，自己の情報が予期しない形で，あるいは無限定に収集・管理・利用・提供されることを防止し，自己の情報がどこにどのような内容で管理され，誰に利用・提供されているかを知り，これら管理された情報について誤りがあれば，これの訂正を，また不当に収集された情報については，その抹消を求めることができる権利を意味する。

コンピュータの機能の進展とインターネットの発達により，個人に関する情報（個人情報）が行政機関などによって集中的に管理されつつある今日においては，この自己情報コントロール権を権利として保障する意義はひときわ大きいと言わざるを得ない。

2）個人情報保護関連法の問題点

個人の情報の保護に関する法律（個人情報保護法），憲法13条が定める個人の尊厳の確保，幸福追求権の保障の中に自己情報コントロール権が含まれることを再認識し，住基ネットの稼働の停止，実効性を伴った個人情報保護法制の確立，統一的なセキュリティ基本法の制定など，自己情報コントロール権を情報主権として確立すべきことを提言し，これを実現させるために，あらゆる努力を尽くすべきである。行政機関の保有する個人情報の保護に関する法律（行政機関個人情報保護法）など，行政，民間を広く規制の対象とした個人情報保護関連5法が成立し，2003（平成15）年5月30日から施行された。

しかし，自己情報コントロール権の確立，表現の自由の尊重という観点からは，官への厳格な規制と民間への柔軟な規制がなされるべきであるにもかかわらず，あたかも逆の規制がなされている感があり，問題があると言わざるを得ない。

まず，個人情報保護法については，個人の権利として訂正請求権や利用中止請求権を新たに盛り込んだことなどは，個人の自己情報コントロール権の確保という点から一定の評価ができ，適用除外がやや拡大されたことも評価し得る。しかしながら，民間事業者一般に対し具体的義務を課した上，個人情報保護のための独立した機関を置かずに，主務大臣が助言，勧告，命令等の権限を持っており，また，命令違反には罰則を設けていることから，事業者に対する広範な介入を招くおそれがあり，個人情報保護の名の下に民間の情報を国家がコントロールする民間規制法とも言うべき，

表現の自由を規制する危険性の高い法律であることは否定できないものである。

また、行政機関個人情報保護法についても、日弁連が提案した、第三者機関による適正なコントロールという制度は採用されず、行政機関の判断による利用目的の変更、目的外利用・外部提供を広く認めており、個人情報を保護するというより、行政機関が効率的に個人情報を利用するための法律になってしまうおそれがある。さらに、裁判管轄が全国の地方裁判所に認められないことから、個人の司法救済を求める権利が著しく制約されており、司法制度改革に逆行するものであると言える。

3）住民基本台帳ネットワークシステム（住基ネット）の問題点

住民基本台帳ネットワークシステム（住基ネット）は、国民すべてに11桁の番号を付し、しかも、全国的なコンピュータネットワークによって「本人確認情報」を流通させるものである。このようなシステムは、確かに、行政効率の観点からは有益であるかもしれないが、確実なセキュリティを全国一律に確保することがほとんど不可能な現状において、個人情報が十分保護されず、プライバシー侵害の危険性が極めて高いものである。

また、行政機関に蓄積された個人情報を住基ネットで流通する本人確認情報と結合させることによって、国民ひとりひとりの情報を住民票コードで分類整理する意味を持つことになり、技術的に容易に「名寄せ」することが可能となる。個人情報保護の法制が十分に整備されることなく、住基ネットが稼働されることは、まさに「番号による人間の管理」の危険性が現実のものとなると言わざるを得ない。

しかしながら、日弁連その他の団体等からの反対にもかかわらず、政府は、個人情報保護法案などが成立していない状況の中で、政令で定めた2002（平成14）年8月5日に住民基本台帳法改正法を施行し、住基ネットの稼働を開始した。

そのため、住基ネットをめぐって各地で憲法訴訟が提起されたが、2008（平成20）年3月6日、最高裁は、「個人の私生活上の自由の一つとして、何人も、個人に関する情報をみだりに第三者に開示又は公表されない自由を有するものである」としながら、「行政機関が住基ネットにより住民である被上告人らの本人確認情報を管理、利用等する行為は、個人に関する情報をみだりに第三者に開示又は公表するものということはできず、当該個人がこれに同意していないとしても、憲法13条により保障された上記の自由を侵害するものではない」などと判示し、「住民基本台帳ネットワークは憲法に違反しない」と初の合憲判断を下した。また、2011（平成23）年2月4日には、市が住基ネットに接続していないことが違法であり、それに伴う公金支出が違法であるとして市民が市長に対し、その支出の差し止め等を求めた住民訴訟において、「市町村は、都道府県知事に対して住民票の記載等に係る本人確認情報を電気通信回線を通じて送信するため、住基ネットに接続する法律上の義務を負うというべきである」とし、住基ネットへの不接続を違法と判断した裁判例（東京地判平成23年2月4日〔判時2109号23頁〕）も出された。

この間に、個人情報保護法や行政機関個人情報保護法などが成立したものの、前記のとおり、これらは個人情報の保護法制としてはまだまだ不十分なものである。特に住民票コードによって多くの個人情報が名寄せされる危険性が高まり、そのチェックシステムすら欠いたままであるため、国民のプライバシーが侵害される危険性は高い。いわゆる国民総背番号制（国民一人一人に重複しない番号を付与し、それぞれの個人情報をこれに帰属させることで様々な業務処理の効率化を図る制度）として国家による公民の監視・管理につながる可能性も指摘されていたところであるが、それが現実となり、次に述べる共通番号制度（マイナンバー制度）の創設につながった。こうして国民の行動が政府によって把握され、監視される事態となる。また、膨大な端末をもつ住民基本台帳の巨大なネットワークシステムのセキュリティも依然として不十分であるとの指摘がなされている。

4）「税と社会保障共通の番号」（共通番号）制度の問題点

「税と社会保障共通の番号」制度（共通番号制度）は、国民の一人ひとりに固有の番号（共通番号）を付し、年金、医療、福祉、介護、労働保険の各社会保障分野と国税、地方税の各税務分野の窓口等で共通番号を利用することで、行政機関ごとに有する国民の情報が共

通番号を通じて同一人の情報であることを確認するための制度である。

この制度の目的は、「正確な本人確認を前提に、3.(1)で定義する「番号」(以下「番号」という。)を活用した所得等の情報を把握し、それらの情報を社会保障や税の分野で効果的に活用するとともに、IT化を通じ効率的かつ安全に情報連携を行える仕組みを国・地方で連携し協力しながら整備することにより、国民生活を支える社会的基盤を構築すること」(「社会保障・税番号大綱」4頁)とされている。

2013 (平成25) 年5月、「行政手続における特定の個人を識別するための番号の利用等に関する法律 (マイナンバー法)」を含む「番号関連4法」が成立した。

その経緯と問題点については、国家による国民の管理・統制 (監視) という観点から、第6部9で論じているので、そちらを参照されたい。

共通番号制度は、①個々の国民や在留外国人の勤務先や家族の状況、各種納税・社会保険料支払いに関する情報、社会保障給付に関する情報の他、各種経済取引活動・消費活動に関する情報 (その制度設計によっては、消費の嗜好や思想傾向までも) が、正確・確実に名寄せされ突合されうることになる。よって、一般の国民や在留外国人は、同番号により、その生活全般に関する機微にわたるプライバシー情報を、丸ごと国に把握されてしまう。また、②共通番号制度は、公的年金、医療、介護、雇用保険に関して、負担と給付に関する情報を、番号を用いて個人単位で名寄せ・突合して明確にする仕組み (「社会保障個人会計」) の導入につながりかねない。しかし、そもそも社会保障は、個人単位で負担と給付のバランスを考えるべきものではなく、社会的な相互助け合いの制度である。「社会保障個人会計」のような考え方は、例えば負担に比して給付の多い障がい者などを、社会的に排除することにつながりかねず、社会保障の理念を根底から崩す危険性を有するものと言わざるを得ないなどの問題がある。

にもかかわらず、法律が制定されてしまった以上、我々は、その運用を監視し、国民や在留外国人のプライバシーが不当に侵害されることのないよう目を光らせていかねばならない。

5) 自己情報コントロール権の確立に向けて

憲法13条が定める個人の尊厳の確保、幸福追求権の保障のためには、デジタル化されたネットワーク社会においてこそ、自己情報コントロール権が欠かせないものであることを再確認し、あらためて住民基本台帳ネットワークシステムの稼働の停止、共通番号制度についての慎重な議論、家賃等弁済情報提供事業の抜本的な見直しを求めるとともに、真に自己情報コントロール権を確立するための法整備、統一的なセキュリティ基本法の制定がなされることを求めるべきである。

第2 人権保障制度の提言

1 国内人権機関の設置

> 　公権力及び私人による差別を含む人権侵害に対する効果的な人権救済を初め，憲法及び国際人権基準の国内における実施・実現のために，人権救済・人権に関する政策提言・人権教育の権限を有する，政府から独立した国内人権機関の設置が必要である。
> 　日本政府は，国連人権諸機関から繰り返し，政府から独立した国内人権機関の早急な設置を勧告されている。弁護士会は，「国家機関（国内人権機関）の地位に関する原則」（1993〔平成5〕年国連総会決議，通称「パリ原則」）に合致した国内人権機関の設置の早期の実現に向けて粘り強く運動を展開するべきである。

1）国内における動きと勧告

　政府は，2002（平成14）年，「人権委員会」設置のための「人権擁護法案」（以下「法案」という。）を国会に上程した。しかし，同法案は，「人権委員会」が法務省の所轄とされ，政府からの独立性という重要な点で，「国家機関（国内人権機関）の地位に関する原則」（1993〔平成5〕年国連総会決議，通称「パリ原則」，以下「パリ原則」という。）に適合しておらず，報道の自由，市民の知る権利を侵害する恐れが指摘されるとともに，公権力による人権侵害の多くが救済の対象とはされないなど種々の問題点があったことから，日弁連を初めとする多くの市民団体やメディア等から強い反対を受け，2003（平成15）年に衆議院の解散により廃案となった。

　その後，政府は，2012（平成24）年9月，新たに「人権委員会設置法案」を閣議決定したが，同法案もまた，パリ原則の遵守の観点からは，問題点が残るものであった。

　この間も，国連人権理事会の普遍的定期的審査，及び，各国際人権条約の総括所見において，日本に対し，繰り返しパリ原則に合致した国内人権機関の設置が勧告されている。

2）日弁連・弁護士会の取組みと課題

　日弁連は，政府から独立した国内人権機関の設置を求める国内外の声に応え，2008（平成20）年，日弁連が求める国内人権機関の組織と活動の原則を制度要綱に取りまとめ，法務大臣に提出した。さらに，国内人権機関設置の具体的実現を目指して，2009（平成21）年には，国内人権機関実現委員会を設置し，マスコミ，各種NGOとの意見交換会の開催，院内集会の開催，パンフレットの作成による市民への広報活動等を積極的に行っている。

　また，各地の弁護士会においても，独立した国内人権機関の設置の早期実現を求める決議が採択されている。

　今後も，日弁連・弁護士会は，パリ原則に合致した国内人権機関の設置の早期実現に向けて，弁護士及び市民の間での関心を高めるために，国内人権機関の必要性・重要性の広報等の積極的な運動を，粘り強く続けていくべきである。

2 国際人権条約の活用と個人通報制度の実現に向けて

> ・弁護士は，法廷その他の弁護士活動において，国際人権条約の積極的活用を図り，国内における人権保障の向上に努めるべきである。
> ・弁護士会は，各弁護士が国際人権条約の積極的活用を図るため，国際人権条約に関する研修会，勉強会等を積極的に行うべきである。また，同様の内容の講義を，司法修習生に対する弁護実務修習の合同講義の一環として行うべきである。さらに，国際人権に関する講義が，多くの法科大学院において行われるよう，法科大学院に対し働きかけるべきである。
> ・弁護士会は，日本が，条約機関に対する個人通報制度を受け入れるよう，積極的な運動を展開すべきである。

1）国際人権条約の積極的な活用

　日本が締結している市民的及び政治的権利に関する国際規約（自由権規約），社会的，経済的及び文化的権利に関する国際規約（社会権規約），女性に対するあらゆる差別の撤廃に関する条約（女性差別撤廃条約），子どもの権利に関する条約（子どもの権利条約），あらゆる形態の人種差別の撤廃に関する条約（人種差別撤廃条約），拷問及び他の残虐な，非人道的な又は品位を傷つける取扱い又は刑罰に関する条約（拷問等禁止条約），障害者の権利に関する条約（障害者権利条約）等の国際人権条約は，憲法98条2項により，国内法的効力を付与され，国家機関である行政府，立法府，司法府は，条約実施の義務を負う。

　国際人権条約は，憲法よりも人権の保障に厚く，あるいは，より具体的である場合がある。そして，締約国の国内裁判所や国際人権諸機関の判例・先例の蓄積により人権保障を広げる方向に発展していることなどから，日本における人権問題の議論や裁判において，国際人権条約を主張の根拠や憲法その他の国内法の解釈の補強や指針として援用することは有用である。

　これまでも，刑事裁判における外国人被告人が無償で通訳を受ける権利（自由権規約），外国人の宝石店への入店・公衆浴場での入浴拒否（人種差別撤廃条約），受刑者の刑務所における訴訟代理人との自由な面会の制限（自由権規約），女性労働者に対する採用区分が異なることを理由とする賃金差別（女性差別撤廃条約）等の問題について，下級審裁判所において，積極的に国際人権条約を援用した判決や和解が見られ

る。また，最高裁においても大法廷で，2008（平成20）年6月4日の国籍法違憲判決（民集62巻6号1367頁），及び2013（平成25）年9月4日の婚外子相続分差別違憲決定（民集67巻6号1320頁）が，理由中で国際人権条約に言及した。

　また，国際人権条約を活用すべき場面は裁判に限られず，国会，行政への要請や意見交換・協議，弁護士会への人権救済申立や委員会の意見書等においても，国際人権条約の積極的な援用は有意義であり，奨励される。近年採択された数々の人権擁護大会の宣言・決議においても，国際人権条約がしばしば援用されている。

2）個人通報制度

　自由権第一選択議定書は，自由権規約に規定する権利が侵害されたとの個人からの申立について自由権規約委員会が審査するという個人通報制度を定める。

　申立が，国内で利用可能な救済手段（一般には国内裁判）を尽くしていること（国内救済原則）を含む受理要件を満たしている場合には，委員会は，申立について，条約違反の有無，条約違反を認定した場合には締約国がとるべき措置を内容とする「見解」を示すことになる。

　したがって，個人通報制度を受け入れることにより，国際人権条約に基づく人権の国際的保障が強化されるだけでなく，国内救済原則があるために，国内裁判所でまず国際人権機関の解釈に照らした条約違反の有無の検討がなされることから，国内における条約実施の強化も期待される。このような個人通報制度は，自由

権規約のほか，女性差別撤廃条約，人種差別禁止条約，拷問等禁止条約，強制失踪条約，障害者権利条約，社会権規約，子どもの権利条約等についても設けられているが，日本は，条約機関からの度重なる勧告にもかかわらず，1つも受け入れていない。

日弁連では，2007（平成19）年に，個人通報制度受け入れの実現を目的とする「自由権規約個人通報制度等実現委員会」が設置され，広報のためのリーフレットの作成や，国会議員との意見交換会の実施，市民集会の開催等の活動を精力的に展開している。

しかし，その後も，日本政府はこれを受け入れないため，国連人権理事会の普遍的定期的審査，及び各国際人権条約の報告書審査の総括所見において，日本に対し，繰り返し個人通報制度の受け入れが勧告されている。外務省に2010（平成22）年，人権人道課の下に「個人通報制度の受け入れの検討や準備を進めるための人権条約履行室」が新設されたが，その後，個人通報制度の受け入れに向けた具体的な動きは見られない。

全国の弁護士会が関心を持ち決議を挙げる取組みを継続すると同時に，市民の間で関心を高めるための活動，政府関係各府省との協議や国会議員への働きかけ等をさらに積極的に進め，全力で取り組むべきである。

個人通報制度の受け入れが実現した暁には，弁護士自身も，裁判実務の中で，国際人権条約に基づく主張の可能性を検討し，主張を行う必要が出てくる。個人通報制度の実現に向けた準備の一環という意味においても，弁護士会は，国際人権規約に関する研修会・勉強会等を積極的に開催するとともに，司法修習生に対する合同講義において同規約の問題を取り上げたり，法科大学院の講義科目に取り入れたりする等して，同規約に対する若手法曹の理解を深めるような取り組みを，一層，積極的に行うべきである。

第9部
弁護士会の機構と運営をめぐる現状と展望

第1 政策実現のための日弁連・弁護士会の組織改革

1 司法改革の推進と弁護士改革実現のための方策

　司法改革が具体化するに伴い，弁護士会が，司法制度，弁護士制度，人権課題，法制度等につき，積極的かつ迅速・的確に提言し，責任をもって実践することが，社会から期待され，また弁護士自治を付託された弁護士会の責務であるといえる。

　法曹人口増員や裁判員裁判の実施など，司法改革が具体的に実施される中，日弁連の司法改革運動はまさに正念場を迎えている。司法制度改革審議会意見書の提言を後退させないことはもちろん，それを足がかりに市民とともに司法の抜本的改革を実現していくためには，弁護士会が果たすべき役割が重要である。司法改革の実施に当たり様々な問題が生じているが，司法改革の基本的方向性を疑うべきではない。

　2002（平成14）年3月19日に閣議決定された司法制度改革推進計画においても，「日弁連に対し，司法制度改革の実現のため必要な取組みを行うことを期待する」と明記され，弁護士会への期待感が表明されている。司法制度改革推進法にも日弁連の「責務」が謳われたことは，司法改革実現のための弁護士会の役割の重要性が社会的にも明確に認知されたことを端的に示しており，その役割を担うに足りる弁護士会のあり方の抜本的改革が求められている。

　このような観点からみた場合，弁護士会に求められている主な課題は，以下の点に集約される。

　① 中・長期的展望に基づいた総合的政策の形成。
　② 当該政策を具体的に実施するための実施体制の整備。
　③ 上記の取組みの基盤となる適切な会内合意の形成と会員への情報提供体制の整備。

　以下で，これらの課題についての具体的内容と実現のための体制づくりを提言する（なお，以下の各論点は，相互に密接な関連性を有するものであり，各論点についての提言には，一部重複するものもある）。

1）中・長期的展望をもった総合的司法政策の形成

(1) 総合的司法政策の必要

　従来の弁護士会の司法制度問題をめぐる活動は，厳しい言い方をするならば，問題に直面するまでは取組みを先送りし，直面したら当面の対応に追われ，当面の問題が落ち着いたら取組みが急速に停滞するという弱点を構造的に抱えてきた。これは，32,016人（2012〔平成24〕年10月1日現在）の弁護士が民主的手続を経て会内合意を図る必要があるということや，日々の事件活動に従事しつつ弁護士会活動に取り組まなくてはならないという弁護士の宿命による面とともに，弁護士会において，未だ中・長期的展望に基づいた総合的な司法政策が確立されていないことがその大きな原因になっていた。

　しかし，司法制度改革の課題に取り組む中で，弁護士会においても，各個別課題を司法全体のあり方との有機的関連の中に自覚的に位置づけながら，総合的な司法政策の形成を図る努力がなされている。2002（平成14）年3月19日，前記閣議決定と日を同じくして日弁連が公表した「日本弁護士連合会司法制度改革推進計画——さらに身近で信頼される弁護士をめざして——」は，あくまで司法制度改革推進本部の立法作業を射程に置いたものと言わざるを得ないが，弁護士会としての総合的な司法政策の形成への取組等の内容を明らかにしている。2008（平成20）年には，日弁連内に立法対策センターと立法対策室が設置され，立法企画，情報収集，立法のための運動などを行う体制ができたこともその対応の一例といえる。

(2) 継続的な調査研究

　委員会活動を基盤としてきたこれまでの弁護士会活動のあり方は，多くの弁護士を弁護士会活動に吸収し，幅広い活動を展開するために積極的な意義を有してきた。しかし，1年間を区切りとしたその活動形態と任期制は，継続的な調査研究に不向きな一面を有していることも否定できない。

　中・長期的展望に立った政策と運動論の形成のため

には，継続的な調査研究活動を支える体制づくりが重要である。そのためには以下のような点が検討，実施される必要がある。

① 日弁連は2001（平成13）年8月，司法制度改革担当嘱託の制度を発展させる形で，常勤の弁護士と若手研究者等によって構成される司法改革調査室を創設し，同調査室が司法制度改革の制度作りに果たした役割は大きい。これを好例として，日弁連の弁護士嘱託制度をさらに充実し，委員会活動との役割分担と連携のあり方，執行部との関係をはじめ，日弁連組織内での位置付けと役割について整理していく必要がある。

また，日弁連のみならず，東弁をはじめとした各単位会においても同様の形での調査研究部門の強化を検討する必要がある。

② 複数年にわたる活動計画を前提とした委員会活動を実施するとともに，委員会の下での研究会活動を活性化させるなどの方法によって，委員会の自主的な調査研究活動を充実させる。

③ 法務研究財団における調査研究活動を活性化させ，その成果を弁護士会活動に活かしていくというスタイルを確立すること。とりわけ，日弁連・弁護士会からの委託研究の方式を有効に活用する。

④ 司法制度の検討に際して，比較の対象となる諸外国（米英独仏等）について，日弁連国際室または司法改革調査室を軸に，現地在住あるいは留学中の弁護士に対して嘱託弁護士の形式で協力を要請するなどして，当該国の司法制度等についての資料収集，調査，調査団派遣の際の諸手配等を迅速かつ継続的に実施するシステムを確立する。

(3) 政策スタッフの充実強化と政策プログラムの策定

中・長期を展望しつつ現下の情勢に対応できる政策と運動論を，現在の社会情勢の中で適切に形成し，実行に移していくためには，委員会（推進本部，センター等を含む）活動を基本としつつも，政策立案部門の充実強化を体制的にも図っていく必要がある。そのためには以下のような点が検討，実施される必要がある。

さらに，継続的な調査研究活動に裏付けられた総合的な政策形成を具体化するためには，政策実現のための適切なプログラムの作成が必要である。とりわけ，弁護士改革の課題，弁護士任官の推進，日本司法支援センターのスタッフ弁護士の充実，法科大学院における実務家教員の充実等，今次の司法改革の課題には，弁護士・弁護士会の主体的な努力によって進められるべき課題が少なくない。これらの課題は，社会に対する公約になるものであり，その重要性は一層大きいものといえる。

① 司法改革調査室の創設をモデルとしつつ，政策立案及び執行部門についても同様に，常勤嘱託を軸とした組織の創設を検討すること。現在，日弁連には，調査室，広報室，国際室，司法改革調査室，法曹養成対策室，人権救済調査室，情報統計室，広報室，研修・業務支援室，司法支援センター対応室，裁判員対策室といった組織を設けて，弁護士嘱託を中心として専門的な政策立案・実施事務局などの役割をはたしており，さらにそれらの部門の強化が求められる。

また，日弁連のみならず，東弁においても同様の形での政策立案部門の強化を検討する。

② 上記の室や委員会において，それぞれの分野の学者，有識者との関係を幅広く，継続的なものとして位置付け，日弁連及び各単位会において弁護士会活動を支える緩やかなシンクタンクの形成を展望すること。また，このような取組みを，より円滑に進めるという観点からも，弁護士改革の課題との連携を意識しつつ，学者の弁護士登録のあり方を緩和すること。

③ 法務研究財団の研究活動と弁護士会の政策形成とが結びつくよう，同財団との連携を緊密にとっていくこと。

2）会員への迅速かつ正確な情報提供の確保

上記のような会内民主主義の観点から，迅速な双方向的情報伝達システムの確立が必要であるが，それだけでなく，最も正確な情報を最も迅速に入手する立場にある日弁連執行部が，情報を会員に適切に提供することが不可欠である。そこで，次の課題が検討される必要がある

① 日弁連執行部から会員に対する適切な情報の提供。なお，その際には，情報の正確性，情報伝達の迅速性とともに，当該情報の重要性，必要とされる会内合意形成の緊急性，会内合意に向けての具体的プロセスに対する正確な情報の提供が不可欠である。

② 弁護士会から各会員への情報伝達と会員から弁

護士会への意見具申のためのホームページ，Eメールを積極的に活用する。
　③　いわゆるキャラバン方式の積極的な活用によって，全国各地への最先端の情報の伝達と，これに基づく意見交換の場を各地で頻繁に持っていく。
　④　ホームページには従来の市民への広報という主要な位置づけのみならず，適切な会内合意を形成するという趣旨から，会員との双方向的な情報伝達機能を持たせることが必要である。そのために必要であれば，会員のみがアクセスできる会員専用ページのさらなる充実が図られてよいだろう。

3）市民との連携と世論の形成

(1) 市民的基盤の強化

　法曹人口増加，裁判員，日本司法支援センターなど，司法改革課題の多くは市民生活に密接に関わるものであり，市民の理解と協力なくしてはその成果を上げることはできない。また，弁護士会の活動の公益性に鑑み，弁護士会運営の透明性を確保し，市民に対する説明責任を実行することは，弁護士や弁護士会にとって非常に重要である。
　そこで，東京弁護士会では，かねてより東京弁護士会市民会議や市民交流会（旧市民モニター制度）など，弁護士・弁護士会のあり方について市民の意見を取り入れる場を設けており，日弁連も有識者による市民会議を定期的に行う等，司法改革に取り組む市民団体との交流を継続的に行っている。
　このように，弁護士・弁護士会の側から，積極的に市民の意見を求め，市民感覚の共有に努めることは，弁護士・弁護士会が市民的基盤を強化する上でも重要となる。そのためには，従来の活動に加え，以下の点が検討されるべきである。
　①　各種課題に取り組む市民団体と定期的な懇談の場を持つこと等を通じて，継続的な連携を持つこと。また，個別に各種課題に精通した市民委員に継続的に意見を求めること。
　②　日弁連，各単位会に市民団体との連携のための「市民団体課」といった担当部署を設け，市民団体との連携強化を組織的にも明確にすること。

(2) 市民向け広報の充実

　弁護士・弁護士会の主張・活動を市民に「理解・共感」してもらうためには，テレビ・新聞・インターネットその他多様な媒体を活用した市民向け広報を継続的に実施していくことが不可欠である。具体的には，以下の点が検討，実施されるべきである。
　①　マスコミ等からの取材窓口を一本化し，迅速な対応を可能とするための「広報官」ポストを設置すること。
　②　意見書発表の際にコンパクトな説明要旨をつけるなど，分かりやすく，かつ市民の求めに応じたタイムリーなプレスリリースを心がけること。
　③　市民向けの重要な広報ツールであるホームページを，「市民が求める情報は何か」という視点からさらに充実させること。
　④　政策実現のための行事や各種イベント等の広報についても，各部署や委員会毎に行うだけではなく，広報担当窓口で統一的に戦略を立てて企画，推進していくこと。
　⑤　東京弁護士会では2011（平成23）年7月，ツイッターの活用を開始したが，今後もソーシャルネットワーク等，新たな広報媒体についても常に情報を収集しながら適宜活用していくこと。

(3) 世論形成のための迅速・的確な行動

　司法改革の課題を具体的に実現するためには，弁護士会の政策を支持する世論を形成することが不可欠である。そのためには市民及び市民団体のみならず，マスコミ関係者，学識経験者，国会議員等に対する効果的な働きかけが必要であり，具体的には以下の点が検討，実施されるべきである。
　①　市民・市民団体に対する働きかけについては，上記「市民的基盤の強化」で挙げた方策を通じ，弁護士会の政策に対する理解を得ていくこと。とりわけ，問題となっている課題に関係している市民団体に対する働きかけを当該課題との関係では重視すること。また，裁判傍聴運動に取り組む市民団体への働きかけを重視すること。
　②　マスコミ関係者については，日弁連のみならず各単位会において定期的な懇談会を実施し，その時々の弁護士会が取り組む課題について意見を聴取するとともに，理解を得ていくこと。また，懇談会の成果について日弁連に迅速に情報を集約するシステムを確立すること。
　③　司法改革調査室における協力研究者方式，法科大学院センターカリキュラム部会における協力研究

者方式の実績等を参考にしつつ，司法改革に関心の深い学者，有識者との関係を幅広く，継続的なものとして位置付け，日弁連及び各単位会において弁護士会活動を支えるネットワークや，緩やかなシンクタンクの形成を展望すること。その上で，具体的な課題については，これらのメンバーを中心に理解を求めていくこと。

④　これらの市民・市民団体，マスコミ関係者及び学識経験者に対し，インターネットや各種刊行物によって，弁護士会の情報が迅速かつ継続的に伝達されるシステムを確立すること。

4）立法，行政機関等への働きかけ

日弁連は，司法制度改革の立法作業に主体的に関わる中で，制度改革の実現にとって重要なことは，意見の正しさだけではないことを多くの場面で経験してきた。「検討会の場でのプレゼンテーションに全力をあげるだけでなく，検討会委員との個別意見交換，顧問会議メンバーへの要請，各政党・国会議員・関係官庁などへの働きかけ，国民運動を同時並行的にかつ強力に進めることがきわめて重要であり，成果をかちとる力となることを実感」（日弁連新聞第344号）した。

国会審議の場において，廃案となった弁護士報酬敗訴者負担法案と維持できなかった司法修習生への給費制の帰趨を分けたのが，マスコミ論調の共感を得られたか，国民を説得する理と言葉を持っていたかにあったこと（日弁連新聞第371号）を思い起こすと，これらの活動が功を奏するためには，世論，とりわけマスコミ関係者（記者，論説・解説委員等）の理解が不可欠であり，そのための活動がいかに大切であるかは論を俟たない。

日弁連が得たものは，これらの経験にとどまらない。日弁連は，司法制度改革に主体的に関わる中で，国民，市民の中で，国会，政党，各省庁との関係でも，存在感を有する団体としての確固たる地位を占めるに至った。これは，緊張感を持った協同作業をともに担ってきた実績に基づいたものである。この実績に裏打ちされた存在感を，国民から真に期待され信頼を寄せられるものとすることが，司法制度改革が実行の時代に移り，さらには，皆で改革を担う持続可能な新しい時代を作っていくべき現在における日弁連の大きな課題である。1つは，司法制度改革の成果を国民が実感できるよう，日弁連がその責務を果たすことであることは言うまでもないが，もう1つは，国民が司法制度改革の成果を実感する中で益々期待と存在感が高まるであろう日弁連が，それに相応しい取組みをすることである。

そのためには，これまで取り組んでいることも含めて，以下のような施策の実行が求められる。

①　国の施策全般に及ぶ日弁連の活動に的確に対応するために，法務省・最高裁にとどまることなく，内閣，省庁，政党，経済団体，労働組合，消費者団体，市民団体，隣接法律専門職者等の公開情報（ホームページ，機関誌等）を収集し，必要な情報を整理分析の上，関係セクションに適宜提供するには，長期的総合的な戦略的対応を可能とする組織が必要である。これら機能を期待し，2008（平成20）年，立法対策センター及び立法対策室が設置されたが，未だ，その組織の任務役割が確立していないのが現状である。日弁連の情報統計室と立法対策室を統合し，「総合企画室」という枠組みでさらなる機能強化を図ることも検討されてよい。

②　政策形成過程に的確に日弁連意見を反映させるため，適宜に会内の意見形成が出来る体制を構築するとともに，必要な人材を，責任を持って送り込めるよう，緊張感を持った協同作業のパートナーとしての位置づけを獲得すべきである。

③　政策形成過程に関与する経済団体，労働組合，消費者団体，市民団体，隣接法律専門職者等，世論形成の中心を担うマスコミ関係者（記者，論説・解説委員等）との日常的な交流，意見交換を積極的に推進すべきである。

④　創立60周年が経過し存在感を増している日本弁護士政治連盟の活動を，より強固なものとするため，支部の全国設置，組織率のより一層の強化を図るべきである。

2　弁護士会運営の透明化

> ・弁護士自治が弁護士の使命が人権擁護と社会正義の実現にあることに照らして認められたものであることに照らし，弁護士会には，その使命の根幹を維持しながら，有識者の意見や一般市民の声を反映するシステムを構築することが求められている。東京弁護士会が設置している市民会議や市民交流会制度は，この観点から重要である。不定期に開催されるマスコミとの懇談会についてもより充実させることが必要である。
> ・自治団体としての実質維持の観点からも，会員にとっての会運営の透明化は重要である。特に，日弁連の会運営の在り方は，弁護士人口増大の中にあっては，弁護士自治を守る観点からも，とりわけ重要である。

1）司法制度改革審議会の求めるところ

司法制度改革審議会意見書は，「弁護士会運営の透明化」の例示として「会務運営について弁護士以外のものの関与を拡大するなど広く国民の声を聴取し反映させることが可能となるような仕組みの整備」を挙げている。

弁護士会は人権擁護の砦として活動し，国による権力の濫用をチェックする役割を担っている。その弁護士会の活動が国民の意識から乖離するようでは人権擁護を図ることはできず，権力の濫用のチェック機能が国民の支持を得ることができない。国民の支持に基盤を持つ弁護士会となるためには，会運営について国民の目に見えるものであることが求められる。

会員の不祥事が連続し，国民の弁護士・弁護士会に向けられる目は厳しくなっている。会運営の透明化に限らず，国民の意見が会に反映されるシステムの工夫を求める声も当然である。しかし，人権の擁護は少数者の人権の擁護に核心がある。時の多数派の国民意識に迎合するような透明化であってはならない。

弁護士会は，特に自治を認められた人権擁護と社会正義の実現を図る団体として，その根幹を維持しながら，有識者の意見や一般市民の声を反映するシステムを構築することが求められている。

2）弁護士自治との関係

弁護士会は専門集団として人権の擁護を図れば足りるとの考えから，会務運営に弁護士以外の者の関与を必要としないという考えや，会務運営に弁護士以外の者の関与を許すことは弁護士自治の崩壊につながるとの批判がある。

しかし，人権擁護や社会正義の実現は独り善がりのものであってはならず，自治団体として，組織決定の自治，人事の自治が厳守される限り，弁護士以外の者の関与を認めたからといって自治が崩壊するものではない。会運営を国民の目に見えるものにして国民の支持を拡大することは弁護士会の役割の増大につながる。

弁護士以外の者の会運営に関与する制度として，例えば，国政における審議会や公聴会の制度に類した制度の採用が考えられる。また，会務を国民に広報して，国民の支持を受ける弁護士会，透明感のある弁護士会を築くことが重要である。

3）東京弁護士会の制度

東京弁護士会には2004（平成16）年度から市民会議が設けられた。1991（平成3）年度から設けられた市民モニターの制度は，市民交流会と形を変えて存続して活動している。

前者は有識者や都内各界代表から成るものであり，弁護士会，弁護士の制度・活動について理解を求め，課題について忌憚のない意見を反映させようというものである。年に4回程度開催されている。後者は市民の応募者の中から毎年30名の方にモニターとして，弁護士会や司法制度についての見学や意見交換会，簡単な模擬裁判に参加してもらい，会務や司法制度について理解を深めてもらい，市民の意見を会務に反映さ

せようとするものである。

また，理事者や個別の委員会とマスメディアとの懇談会が不定期に開催され，意見交換を行い，同時に，広報に努めている。

4）会員にとっての透明化

個々の会員にとっては，所属する単位会の運営は比較的に透明である。しかし，会員数の急増によって若手会員にとって透明か否か不安がある。電子メールその他のツールを利用することが期待される。

日弁連や連合会の運営は一般会員にとって透明とは言い難い点もある。関心を持とうとしない会員の意識に問題があるともいえるが，日弁連や連合会においては，各理事や委員による各単位会の会員への周知活動が十分になさることが求められる。また，日弁連レベルの課題についての地域による受け取り方の温度差を解消するべく，日弁連ではファクスやメルマガにより課題の提示と報告を行って会員に周知を図る努力をしている。

会運営が，増大する会員から遊離することなく，透明化によって会員の理解と協力を得られることが従来以上に求められている。

3　日弁連の機構改革と運営改善

1）会長選挙の在り方の検討

（1）直接選挙制の在り方

日弁連会長の現在の直接選挙制は，日弁連の民主的な改革の素地を作ったものであるが，弁護士数の大幅な増加が続く中，今後ともこれを現在のままの形態で維持することには困難が生じてくると考えられる。通信費が過大となること，若い期の票の動向が結果に決定的影響をもたらすこと，候補者の政策や人柄などを会員に充分に伝えることが難しくなってきていることなど，検討すべき課題は多い。

今後の日弁連会長選挙の在り方について，直接選挙制の見直しを含めた検討をすべき時期にきている。

まず，現在の直接選挙制については，極力「金のかからない」政策中心の選挙が実施される工夫が必要である。そのためには，候補者側の自主的な努力に期待するだけではなく，直接選挙制を前提としながら，候補者側の金銭的負担を軽減できるような会長選挙のあり方も検討すべきである。例えば，①選挙公示前の立候補準備活動に一定のルールを設けること，②選挙事務所として弁護士会館の使用を認めること，③日弁連が保有している会員への伝達ツールを，選挙活動に必要な範囲で候補者に無償で提供すること，④FAXによる認証された広報を認めることや，IT技術を利用したより幅広い広報の可能性について検討すること，⑤公聴会の実施の簡素化とテレビ会議システムや録画データの利用を図ることなどを早急に検討すべきである。

また，直接選挙制をより機能させる観点からは，会員の投票に際しての判断要素となる，候補者の人柄や政策が，会員に適切に伝達されるための一層の工夫が図られる必要がある。前記④の広報手段や，⑤の公聴会のテレビ会議システムや録画データの利用などは，このような観点からも意味ある取り組みとして検討されるべきであるし，日弁連会長選挙が高い社会的関心を集め，マスメディアを通じた会員への情報伝達が行われている現状に鑑みるならば，より自由な選挙活動の在り方についても検討される必要があるだろう。

また，直接選挙制の見直しの是非を検討するに際しては，例えば会員数が5万人に達した場合の直接選挙のコストのシミュレーションを行い，制度論とともに，間接選挙との実証的な比較検討を行うことなどが検討されるべきである。

日弁連の動きを促すために，法友会がこの問題に先鞭をつけ問題提起することも検討すべきである。

（2）当選要件の問題

❶　再投票，再選挙の実施

2010（平成22）年2月に行われた日弁連会長選挙では，直接選挙制移行後初めて再投票となり，さらに2012（平成24）年2月の日弁連会長選挙では再投票でも決着がつかず，次年度に入った4月の再選挙でようやく当選者が決まった。

このため，当選者決定が会長任期開始後の4月以降にずれ込むことによる会務運営上の弊害が大きいことが認識され，任期開始前に決着がつくような会長選挙

制度の改正が検討される契機となった。

❷ 直接選挙制移行の経緯

日弁連会長選挙制度は1974（昭和49）年2月23日の臨時総会において，それまでの代議員による間接選挙制から直接選挙制に移行した。

1964（昭和39）年8月に臨時司法制度調査会が発表した臨司意見書に対し，日弁連は強い反対意見を述べたが，その過程で日弁連の執行体制の脆弱性と内部意思の不統一が強く認識され，日弁連機構の強化のために，1965（昭和40）年日弁連機構改革委員会が設置された。そして1969（昭和44）年2月，同委員会から，会長任期2年制とともに，会長選挙の直接選挙制が建議された。

当時の代議員による間接選挙制では，時に一部の有力な会員らの話し合いによって会長選出が実質的に左右されることがあり，これが一般会員の日弁連に対する無関心，執行体制の弱体につながっていったことから，多くの会員が直接選挙を求め，またそれが日弁連機構の強化につながるものと考えられた。

しかしながら，1970年代前半ころの全会員の中の東京三会と大阪に所属する会員の比率は現在よりも高く（1972〔昭和47〕年の全会員9,106名中4会所属は5,638名で61.9％，2012〔平成24〕年の全会員3万2134名中4会所属は1万8947名で59.0％），直接選挙制では日弁連が大規模会優位の運営になることを危惧する声が地方単位会から上がった。この点，間接選挙制では，代議員がまず各単位会に3名割り当てられた上で，会員50名あたり1名（2009〔平成21〕年の会則改正で100名あたり1名に変更）がさらに割り当てられ，会員数が約1万人だった1974（昭和49）年当時は，単位会割当代議員156名，人口割当代議員約200名であり，代議員による間接選挙は会員の人口比率以上に地方会のウエイトが大きくなる構造だったのである。

そして，長い議論の末，1974（昭和49）年2月の臨時総会において，日弁連会長選挙は自然人会員による直接選挙としつつ，最多得票者が全国の3分の1以上の単位会で最多票を取ること，すなわち，いわゆる3分の1要件を当選の要件とする制度が採択された（日弁連会則61条2項）。

❸ 再投票・再選挙時3分の1要件の問題点

ところが，この会則改正では，最多得票者が3分の1要件を満たさず当選者がいなかった場合は得票数の多い候補者2名で再投票となり，この再投票時にも3分の1要件が適用され（会則61条の2），さらに再投票で最多得票者が3分の1要件を満たさないときは再選挙となるが，この再選挙にも本選挙の規定が適用されるので，結局再選挙にも3分の1要件が適用されることとなった（会則61条の3）。そのため，理論的には何度再投票・再選挙を繰り返しても，3分の1要件を満たさないために当選者が決定できない可能性もある制度となってしまった。

この点について，1974（昭和49）年2月の臨時総会においても当選者が決定できない可能性を指摘する意見があったが，現実には考えにくいとの声が多数となり，現行の会則改正が成立したのであった。

❹ 会長選挙制度に関するワーキンググループ

ところが，前述のとおり2012（平成24）年2月に実施された日弁連会長選挙において，再投票でも当選者が決まらず，ついに3月末を越えて4月に再選挙を実施し，ようやく当選者が決まるという事態が生じた。

そこで，日弁連執行部は2012（平成24）年8月，全国8つの弁護士会連合会と日弁連選挙管理委員会，日弁連弁護士制度改革推進本部などから委員を選出して，会長選挙制度に関するワーキンググループを作り，会長選挙制度の改正について諮問した。

ワーキンググループでは6回にわたって審議をし，その結果，2012（平成24）年10月10日，「年度内に当選者を確定するため」再投票の際にはいわゆる3分の1要件を適用せず，最多得票者を当選者とすべきである，との答申をまとめた。

しかしながら，再投票時の3分の1要件不適用にはワーキンググループ26名中12名の委員が反対するなど，必ずしも答申に大多数が賛成したわけではなく，少数意見も併記された。

❺ 日弁連理事会での審議

この答申を受けて，2012（平成24）年10月及び11月の日弁連理事会で議論がなされ，併せて各単位会に意見照会がなされた。東京・大阪以外の単位会からの反対意見が多く，なおかつ，これといった対案が出るわけでもなく，結局，日弁連会長選挙制度の改正は見送られることとなった。

❻ 2014（平成26）年の日弁連会長選挙

選挙制度改正見送り後の2014（平成26）年2月に

行われた日弁連会長選挙では，幸い，最多得票者が3分の1要件を満たし，再投票・再選挙の問題は生じなかった。

❼ **法友会の立場**

法友会としては，会員数最多の単位会である東京弁護士会に属する政策団体として，日弁連の運営における小規模単位会の危惧感を考慮しつつも，直接選挙制であること，全国の弁護士一人一人が日弁連の会員であることを前提に，会長選挙制度は結論において当年度内に最多得票数を得た候補者が当選する制度であるべきと考える。

この点，東京三会と大阪弁護士会で日弁連会員の約6割に達しているのに対し，東京三会と大阪弁護士会選出の日弁連理事が全71名中19名（約26％）にとどまっているという状況に根本的な変化がない限り，「当年度内に最多得票者が当選する」制度の実現は困難であるように思われる。しかし，法友会としては，全国的な理解を得るように努めて，引き続き，制度改正に向けた努力を続けていくべきであろう。

3) 政策実施の体制の整備

(1) 財政基盤の確立

財政基盤の確立は，司法改革運動を支える体制づくりの大前提になる。そのためには，財政の圧倒的部分を会員の会費に依存している現状を改革するとともに，財政支出のあり方についての検討をしていく必要がある。会員の会費負担の問題も議論される中で，合理的な会費と会費以外の収入の確保による財務基盤の確立が急務である。具体的には以下の点を検討する必要がある。

① 日弁連，各弁護士会に対する寄付金の受け入れ制度を整備する。

② 委員会開催のための交通費等に相当程度の予算が割かれている財政支出について不断に改善する。

③ 財務を掌る財務委員会を中心に，その健全化を不断に実施する。

(2) 執行体制の強化

社会における弁護士会の役割がますます重要かつ幅広いものとなる中で，形成された政策と運動論を具体的に実践するための執行体制の強化が求められている。

具体的には以下の点が検討される必要がある。

① 執行部門についても同様に，弁護士嘱託を軸とした組織を強化する。研修・業務支援室，司法支援センター対策室，裁判員対策室など政策実施においても嘱託が活躍する場が増えている。

② 日弁連事務次長の充実，事務総長室付嘱託制度の創設等を通じて，日弁連総次長室の体制強化を図る。

(3) 大規模会と中小規模会

司法改革運動の実践に際し，大規模会と中小規模会とでは財政面においても人的側面においても大きく条件が異なる。2012（平成24）年度の日弁連会長選挙に象徴されるような東京と地方会といった意見の対立構造も生じている。

他方，政策立案は各単位会が独立して行うものとしつつ，運動を全国的に展開するという側面においては，日弁連による全国的な調整と単位会の枠を超えた協力関係が必要である。

このような状況で，日弁連として大規模会と中小規模会の意思疎通をどのように図っていかなければならないのか，どのように適切な意思形成を行っていけばよいのかを検討しなければならない。そのためには次の点が検討される必要がある。

① 日弁連内の人的協力関係の一層の推進

理事会や委員会などの場での人的交流が全国弁護士の交流の重要な場である。

② 弁護士会連合会単位での活動の活性化

弁護士会連合会は日弁連と単位会にある中間組織として各地域の弁護士会連合会（ブロック）の役割が重要である。これまでは，あまりその役割が重要視されてこなかったが，今後会員数が増加するに従い，その機能はこれまで以上に，日弁連との連携を含めて強化される必要がある。

③ 関東10県と東京三会，関弁連との関係の再検討

東京三会と東京10県会はこれまで決して良好な関係とは言えなかった。しかし，上記のように弁護士会連合会の機能を強化すべきときに，関弁連のメンバーが協力して意思を決定し，その政策を実行する基盤がなければならない。そのために，東京三会も，関弁連執行部に会長経験者を送り出すなどの関係強化策を実行すべきである（詳細は第9部第1の5「関東弁護士会連合会の現状と課題」参照）。

④ 日弁連の調整による各単位会の財政負担の均質

化

日弁連財務について，各単位会の負担が均衡してないとの批判があるが，会員数などを反映して財務負担を均衡する必要がある。

4）適切な会内合意のあり方の検討

日弁連における迅速・適切な会内合意形成の要請がますます強まっていく中で，会内民主主義を確保しつつ，これを実現する方法も検討しなければならない。

2010（平成22）年6月に設置された法曹人口政策会議での法曹人口問題の議論，2011（平成23）年3月27日の法曹養成制度の改善に関する緊急提言の議論の過程を見るにつけても，司法改革の非常に速い流れへの適時適切な対応と，民主的な会内合意形成との間に深刻な緊張関係が存在することが改めて認識された。

この問題の解決のためには，33,546人（2013〔平成25〕年11月1日現在）を擁する日弁連において，現在の会内合意のあり方と政策立案・執行のあり方を抜本的に再検討する必要がある。

特に，総会・代議員会・理事会・正副会長会という機構をどのように改革していくかが課題である。代議員制度の活用など日弁連総会のあり方又はそれに代わる制度について検討を加えることのほか，基本的政策の部分についてはこれまでの直接民主主義的会内合意方式で充分な議論を尽くして決定し，個別課題への対応については理事会，執行部等に委ねていくこと，委員会が政策提言や政策実現に果たしてきた役割を重視しつつも，その機能について再検討し，適時適切な政策立案・執行の部分については執行部，嘱託を軸とした常駐スタッフを適切に活用することなどを含め，幅広く，本質的な検討が行われる必要がある。

（1）総会

3万人を超える会員数を前提として，実際の総会出席者については会館のスペースが限られている中で，その2～3パーセントしか出席が可能ではない。結局，白紙委任状による代理出席が多くなり，現実に会員の意見を集約しているのか疑問である。

本来，総会は，個々の会員が意見を述べて投票する機会が保障されているという意味で，民意を反映する場として重要である。そして，総会に個々の会員が参加する機会が与えられているという点で，実際に出席するかどうかはともかく，総会で決定されたことについて会員の理解を得られやすい。

したがって，個々の会員が，①十分な情報の提供を受けること，②総会前の単位会照会の際に単位会で自分の意見を述べる場を提供されるとか，総会で意見を述べる機会を与えられるなど，意見表明の機会が保障されていること，③現実の出席や委任状により出席して投票する機会が保障されていること，が重要である。③の機会の実質的保障の一助として，電子投票制度は，その導入を目指しての検討を早急に進めるべきであるし，その前提としてのテレビシステムによる総会の中継も考えなければならない。

（2）代議員会

代議員会については，会長の直接選挙制度が導入されて以後，その機能低下が指摘されているが，会員が3万人を超えている現在，その機能を再検討するべきである。会長の直接選挙及びその他法律事項以外は代議員会に意思決定を委ねてもよいのではないかという意見もあるが，総会について上記のように考えれば，むしろ形式的となっている代議員会を廃止して意思決定の二重構造を是正することも考えてよい。

（3）理事会

理事会については，その運営の工夫をすべきである。現在のように，大量の配付資料をもとに，多くの議題を討議するような方法では，実質的な議論を尽くすことの限界がくるのではないかと思われる。審議事項を，常務理事会などに委ねて，重要事項審議に集中することも考えてよい。

（4）正副会長会

現在，毎月複数回の正副会長会が開催されて，合議体で会務執行が議論されているが，この制度がよいのかも検討されるべきである。確かに，1年任期の副会長では担当副会長だけで決定することで適切な判断ができるか疑問があるかもしれない。しかし，担当以外の副会長がすべての議題について実質的な議論と判断ができているかという疑問もある。複数担当制，複数任期制にするなどの方法も検討されてよい。

（5）スタッフ部門

継続性を担保した意思決定にはスタッフ部門の充実が欠かせない。総長・次長・嘱託といった弁護士職員の充実と一般職員の協力の下で日弁連の効率的・効果的な運営を図るべきである。なお，これらのスタッフは，以下の委員会活動と適切な連携及び役割分担がで

きるだけの，専門性と能力を備えていることが必要である。

(6) 委員会の機能

委員会は，日弁連の活動の中心である。その諮問・研究機関（単なる学術研究ではなく，政策立案・政策実現の重要な原動力としての実績も大きい）としての機能は今後も維持されるべきである。

しかし，月1回程度の委員会で迅速な意思決定をして，それを執行するには時間がかかりすぎる。そこで，そのような事項を担当するために本部やワーキンググループが組織されている。

他方，専門分野における委員会の役割は大きく，その機能をさらに強化することも検討されるべきである。すなわち，委員会方式であっても，事務局を設置して，機動的に活動することもあり得るし，現にそのような方式をとっている委員会も多い。

委員会の機動性を確保しつつ，専門性を生かして政策立案することにより，執行部を中心とした活動との適切な連携と役割分担を図るべきである。

4 日弁連の財務について

1）会員増加と財務問題

(1) 会員の増加と収入の増加

日弁連が対応すべき課題は山積しているが，限られた財源を重要施策に配分して重要課題に取り組む必要がある。その中で今後の会員増と適切な予算配分が課題となっている。

2008（平成20）年以降，新司法試験合格者数は2,000名程度が続いている。あるべき司法試験合格者数については議論があるが，ここ数年毎年2,000名程度の会員が入会していること及び短期的には同程度の会員の入会があることを前提として，財務の在り方も考える必要がある。

2012（平成24）年度の一般会費収入決算額は49億1,524万円であって（総収入額は53億1,052万円），2013（平成25）年度の一般会費収入予算額は51億4,600万円と2012（平成24）年度と比較して2億3,076万円の増加となっている（総収入額では1億9,179万円の増加）。

このように毎年おおよそ2億円程度の収入増を見込むことができる。

(2) 適切な予算配分の必要性

このような会費の増加分について，これまでも日弁連の重要施策の実行のために重点的に配分されているほか，後に述べるように，各施策により会費の減免が議論されており，単年度単位だけではなく，数年後を見据えて財務的裏付けを持った積極的な施策を講じる必要がある。

そして日弁連や弁護士の広報活動の重要性も指摘されており，広報費・広告費の予算増加にも取り組むべきである。

日弁連が対応すべき課題は増加しており，その事務を扱う人員も必要と考えられるが，事務の効率化を一層図って職員の増加を必要最小限度に抑えるなどして，事業費に多く配分ができるような努力が必要である。

(3) 委員会費の支出に関する問題

委員会費は各委員会の活動費であるが，支出の内訳の多くは委員の旅費，調査費及び全国各地で開催されるキャラバン又は協議会に参加する旅費・宿泊費と開催費である。

2013（平成25）年度の委員会費予算は10億2,500万円となっており，事業費予算10億円と同等程度となっている。これまでは，委員会予算は事業費予算より約2億円多い予算が配分されていたが，日弁連のテレビ会議システムによる委員会の開催などにより，経費削減効果が現れているものと評価できる。さらに，活発な委員会活動を維持しながら，一層経費削減の努力を怠ってはならない。

2）少年・刑事財政基金と法律援助基金特別会計の財源問題

(1) 法テラス委託援助事業と特別会計

2007（平成19）年4月から，日弁連の事業として被疑者弁護援助，少年保護事件付添援助，犯罪被害者援助などの法律援助事業を開始し，同年10月から法テラスにこれらの事業を委託している。

これらのうち，被疑者弁護援助・少年保護事件付添援助は，少年・刑事財政基金特別会計によって，これ

以外の犯罪被害者援助などの法律援助事業（以下「その他援助事業」という。）の事業費等については法律援助基金特別会計によって管理されている。

(2) 特別会費の徴収

少年・刑事財政基金は，被疑者国選弁護制度の本格的実施を踏まえて，それまでの当番弁護士等緊急財政基金に代えて，2008（平成20）年12月の日弁連臨時総会で特別会費3,100円としてスタートしたものである。

他方，法律援助基金は，法律扶助協会からの引継金（寄付）と贖罪寄付を主な収入源（弁護士会と2分の1ずつ分け合っている）としてスタートした。

しかしその後，財源不足を解決するため，2011（平成23）年2月の日弁連臨時総会において，少年・刑事財政基金の特別会費を4,200円に増額し，法律援助基金の特別会費として月額1,300円を新たに徴収することが決まった。

これらの援助事業については，国費化に向けて日弁連・弁護士会挙げての積極的な運動が必要である。少年保護事件については国選付添人制度の対象事件を拡大する改正少年法が2014（平成26）年5月に成立し，6月から施行されたものの，対象事件が身体拘束事件全件ではないことや裁判所の裁量選任であることから，選任率は日弁連が期待したほどには高くなく，少年・刑事財政基金が不要になる状況には至っていない。

(3) 特別会費徴収期限の延長

これら特別会費の徴収期限は2014（平成26）年5月までの時限となっており，2013（平成25）年12月6日の日弁連臨時総会にて，少年・刑事財政基金に関しては，上記国選付添人の対象事件拡大を見込んで，月額3,300円，法律援助基金に関しては，月額1,100円に減額した上での徴収期限延長が決まった。

その後，2014（平成26年）7月に取りまとめられた法制審議会特別部会で，被疑者国選弁護制度の対象事件が勾留全事件に拡大されることが答申されたため，特別会費のさらなる減額が期待されるところではある。

しかし，その実施時期が不確定であることや，依然として残る逮捕前の援助制度の必要性からして，特別会費額を減額することができたとしても，基金そのものの存続は必要である。

3）東日本大震災への対応

日弁連は東日本大震災・原子力発電所事故等対策本部を設置して，被災者の支援及び被災地の復興支援に取り組んでいる。日弁連に寄せられた義捐金6,928万円，災害復興支援活動のための寄付金2,271万円，一般会計からの繰入金3億円の合計3億9,201万円の予算規模で取り組んできた。また，日弁連の積極的な活動により，「東日本大震災の被災者に対する援助のための日本司法支援センターの業務の特例に関する法律」が成立し，被災者に対する法的支援体制が整備されている。

生活再建，復興にはさらに複数年の支援が必要であり，新たな寄付金募集を含めて財政的な面も十分に考慮して支援活動に取り組む必要がある。

4）その他の主な議論状況

2013（平成25）年12月6日の日弁連臨時総会で，育児支援のための会費の免除期間の設定及び弁護士名簿登録料の減額（司法研修所修了後3年目までに登録する場合の登録料は1万円に減額）が可決承認された。

会員の負担軽減に関する施策については，その重要性は首肯できるものの，それぞれの施策は会員増による会費収入を見込んでのものが多い。

この他にも，登録後3，4年目の会費の減額や，弁護士過疎・偏在対策のための特別会費の徴収終了などの施策も検討されているところである。減額できるものは減額すべきであろうが，それぞれの施策ごとでは財務に与える影響が少なくとも，すべての施策を総合的に考えたときに財務に与える影響を十分に検討して結論を導く必要がある。

5　公益財団法人日弁連法務研究財団

1）日弁連法務研究財団の公益認定

財団法人日弁連法務研究財団（以下「財団」という。）は，1993（平成5）年に日弁連理事者会内に調査研究を行うワーキンググループ（その後設立実行委員会）が設置され，1998（平成10）年4月に，弁護士に限定せず，広く法律実務に携わる者，研究者のための研

究・研修・情報収集提供の目的で設立された。そして2008（平成20）年に設立10周年を迎え，盛大な記念行事，各地で各種シンポジウムが行われた。

2010（平成22）年10月1日，公益認定を受け，公益法人に衣替えした。

事業内容としては，法学検定試験や，法科大学院統一適性試験などの試験事業をはじめ，「法曹の質」の研究や法科大学院の認証評価事業などがマスコミに注目されているが，これらに限らず，財団の目的に合致する事業を広く展開し，弁護士の研究・研鑽に寄与してきている。

2）財団の組織

財団では，一般会員（個人）・特別会員（法人）・名誉会員の会員制度を設け，弁護士に限らず，司法書士，税理士，公認会計士，弁理士などの実務家や研究者を会員に迎えている。

財団の運営は，理事会・評議員会によるが，業務に関する企画運営については，理事会及び各委員会がその実質を担い，それを弁護士，司法書士，税理士などで構成する事務局が補佐している。財団の活動を支援するために，日弁連内組織として，公益財団法人日弁連法務研究財団推進委員会が設置されている。また，北海道・愛知・大阪・福岡の各地区会が設立され，地区の実情に合わせた活動も展開されている。

一般会員は1万円の入会金と年1万円の会費を負担する。2014〔平成25〕年3月末日現在の正会員（個人）数は4,552人（うち4,382人が弁護士）（前期比457人減），29法人（同3法人減）である。2013年度中の新規入会者数は266人（うち259人は弁護士），退会者数は726人（うち503名は弁護士）であり，多くは会費未納による退会である。

3）財団の活動
(1) 研究事業

財団はこれまで80以上のテーマについて研究に取り組み，その成果物の多くを7冊の紀要（「法と実務」）16冊の叢書（「JLF叢書」）にて，出版・公表している。研究活動は，1テーマ50万円（追加50万円）程度の予算枠を得られることもあり，多くの会員，研究者，行政庁からの申し入れがあり，充実した活動が展開されている。

大規模な研究としては，「ハンセン氏病事実検証調査研究」（厚生労働省からの研究委託により実施された。），「日本の民事裁判制度についての意識調査」，日弁連からの委託研究で現在も継続している「法曹の質の研究」などの他，「東日本大震災地コミュニティの法務支援事業の在り方に関する研究」「情状弁護の質的転換に関する研究－更生支援型弁護士の展開とその可能性」など時宜を得た研究も引き続き追加されている。

(2) 法科大学院適性試験事業

2003（平成15）年6月に，財団と公益社団法人商事法務研究会が適性試験委員会を発足し，同年に第1回統一適性試験が実施されている。実受験者数は初回1万8,000名で，その後徐々に減少（志願者数の減少）し，2013（平成25）年は4,945名（2回合計）となった。

従来，財団の統一適性試験の他に，独立行政法人大学入試センターによる適性試験があったが，大学入試センターが事業から撤退し，2011（平成23）年度から財団，商事法務研究会及び法科大学院協会を中心とした新しい組織で一本化した試験が実施されている。

また，日弁連は，今後とも財団の法科大学院適性試験事業に積極的に協力し，法曹に適した人材がロースクールに採用されるよう努める責務があるといえよう。

(3) 法科大学院の認証評価事業

財団は2004（平成16）年8月31日付で，法科大学院の認証評価機関として認証を受け，2006（平成18）年秋学期以降に本評価の事業を開始した。すでに実施された大学院を含め，29校と契約しており，順次，評価を行っている（法科大学院の認証評価事業の概要は，財団のホームページ https://www.jlf.or.jp/work/dai3sha.shtm 参照）。

法曹人口増員問題の最重要課題が「法曹の質」の維持であり，法科大学院を中核とする法曹養成制度の未成熟さが法曹の質の低下を招来しているのではないかと指摘されている。その未成熟さの中味として，法科大学院の予備校化，卒業認定の甘さ，教授・講師など人的体制の不備などが指摘され，その一方で財団を含め3つの認証評価機関の評価基準や評価のあり方についても議論を呼んでいる。なお財団はこれまで7校に対し，適格ではあるが再評価要請を付した。

認証評価事業は，適性試験制度とともに弁護士会の

法曹養成制度への参加の証として財団が担うことになったのであり，財団の責任は重大である。そして，かかる事業の費用は，日弁連がその多くを寄付という形で負担している。

(4) 法学検定試験・法科大学院既修者試験

法学検定試験は，財団と商事法務研究会が主催し，4級・3級試験を2000（平成12）年から，2級試験を2001（平成23）年から開始した（1級は未実施）。

同試験は法学に関する学力水準を客観的に評価する唯一の全国試験であり，大学の単位認定，企業の入社・配属時等の参考資料など様々に利用されている。受験者数は4級・3級でそれぞれ4,500名程度，2級で1,500名強であり，合格率は4級・3級で50％強，2級で15％程度となっている（財団の法学検定試験事業の概要は財団のホームページ参照）。

(5) 情報収集提供事業

2001（平成13）年5月より，毎月1回，前月に裁判所ホームページを含む公刊物に掲載された重要判例，最新成立法令，新刊図書案内を中心とした「法務速報」を編集・発行しており，希望者にはメーリングリストを通じて配信している。法務速報掲載判例について，会員専用ホームページ上で，キーワード・判決年月日等による「判例検索」が可能であり，利用は無料である。

また，会員間の情報交換ツールとして会員間メーリングリストを提供している。

さらに，3ヶ月に1回，会誌「JLF NEWS」を発刊し，財団の活動の紹介，法律問題に関する情報などを掲載して，全会員に届けている。

財団ホームページの更新，デザイン変更等，各関係者からの要請も踏まえて，随時作業を行っている。今後も，ページの構成やコンテンツ・システム等の再構築を進めていく。

(6) 研修事業

財団の当初からの事業の柱の一つが研修事業である。近時は，各弁護士会や日弁連（ことに新人向けのeラーニング）の研修事業が充実しており，財団独自の研修事業のあり方が問われている。各地での高名な講師による研修の開催が主軸であり，ことに専門家養成研修，特別研修など専門性の高い研修に特化している。また隣接業種等への研修実施も重要な活動である。

なお，債権法改正研修について，研究事業の一環として，1,000万円の予算規模で，中間試案発表後2013（平成25）年5月から2014（平成26）年5月まで，弁連・単位会との共催で，全国8ブロックで計9回実施された。いずれも，内田貴東京大学名誉教授・法務省参与らの最前線の民法研究者3名の講演と，これらの研究者と日弁連選出の法制審民法部会の委員・幹事及び財団研究員に，各弁連・単位弁護士会の会員が参加してのパネルディスカッションの2部構成で行われた。毎回，8名の財団研究員とともに単位弁護士会の会員がテーマの選定及び問題提起に関与した結果，債権法改正における理論と実務の架橋を目指す研究・研修が展開され，相互理解が深まったと評価されている。なお，この研究の財団研究員8名の内，6名が法友会会員であった。

(7) 隣接業種向けの研修・弁護士法5条研修

2002（平成14）年度より，各種関連団体から，研修を実施する際の教材作成・教授方法の検討といった研修支援事業に関する依頼が寄せられた。

そこで，日本司法書士会連合会の依頼により，司法書士の簡裁代理権付与のための能力担保研修となる特別研修の教材作成を行っている。

日本弁護士連合会の依頼による「弁護士法5条に基づく研修」における教材作成や，日本土地家屋調査士会連合会及び全国社会保険労務士会連合会の依頼によるADR代理権付与に当たっての能力担保のための特別研修用の教材作成（土地家屋調査士研修ではその考査問題作成も含む）も行っている。

弁護士会が広い意味での国民の裁判を受ける権利を拡充するための活動としては，単に弁護士活動のみを念頭におけば良い時代は過ぎ去りつつある。隣接士業の職域拡大に関する動向には批判的見地を堅持すべきは当然だが（第3部の2参照），現行法令が認める各業種の権能の適正を担保するために弁護士会は，これら周辺業種の資格者の能力向上のための活動や非司法研修所出身者の弁護士登録における研修には積極的に関与すべきである。

(8) 紀要・叢書の発行

2011（平成23）年度までには，紀要7号と叢書16号が発刊された。なお，紀要は会員に1冊無償で配布される。

4）財団の課題

公益財団では，財務の透明性，健全性が強く求められ，必要以上の内部留保は公益性に沿うものではないから，公益目的財産として公益事業に計画的に支出することが義務付けられている。

財団は，創立当初以来の寄付（会費）と日弁連の支援により財政的に余裕があったが，この数年来，認証評価事業を初めとする公益事業の飛躍的拡大に伴い事業費が膨らみ，会員数の減少も加わって，単年度収支では慢性的に赤字となり，その都度内部留保を取り崩してきた。そして，上記のとおり公益財産支出により内部留保も少なくなると，いよいよ財団の存立の基盤が揺らいでいくことになる。

日弁連がシンクタンクとして財団を創設した原点に返って，財団の存在の意義を問い直すとともに，先の債権法改正研修（研究）に見られたように，意欲ある献身的な研究員を集め，各地の弁護士会の活動へ根を広げることにより，各地の意向を汲みとったうえで新たなニーズに応える，最先端の充実した企画を産み出し続けることにより，日弁連そしてその基礎をなす各地の弁護士会との協力関係の強化を図ることが求められている。

6　関東弁護士会連合会の現状と課題

1）関弁連の現状

(1) 関弁連の組織

関弁連とは関東弁護士「会」連合会のことで，東京高等裁判所管内の東京の三弁護士会（東京，第一東京，第二東京），関東地方の弁護士会（横浜，埼玉，千葉県，茨城県，栃木県，群馬），甲信越の弁護士会（山梨県，長野県，新潟県）及び静岡県の弁護士会が連合した組織である。東京三会以外の弁護士は十県会という組織を構成しているので，関弁連は，東京三会と十県会の弁護士会で作っている組織といえる。関弁連に所属する弁護士の数は2014(平成26)年7月1日現在，20,795名（うち16,238名が東京三会）で，日本の弁護士の約60％が関弁連に属しており，日本最大の弁護士会連合会である。

理事長，副理事長以下，東京三会の会長・関弁連担当副会長，十県会の会長，十県会選出の日弁連副会長などの常務理事と理事がおり，20の委員会がある。定例の常務理事会は毎月1回，日弁連理事会の終了後に開催されている。

(2) 活動

① 関弁連定期大会，シンポジウム

毎年秋に開催される関弁連定期大会，シンポジウムは，関弁連最大の行事である。

2014（平成26）年9月26日に茨城県つくば市つくば国際会議場で開催された関弁連シンポジウムにおいては，「自己決定権と現代社会〜イレズミ規制のあり方をめぐって〜」をテーマに，「自己決定権と現代社会」として「イレズミ」に対する規制の是非を取り上げた。シンポジウムは熊本保健大学の小野友道氏の基調講演，文化人類学部会，現状調査部会，憲法法令部会からの報告に続き，小野氏及び都留文科大学の山本芳美氏らを招いてパネルディスカッションが行われた。

続いて開催された定期大会においては，会務報告・財務報告等がなされた後，「武力ではなく対話による平和の実現を求め，集団的自衛権行使を容認する閣議決定の撤回並びに当該閣議決定に基づく「日米防衛協力のための指針」及び諸関係法令の改定又は改正に反対する決議」と「東日本入国管理センター被収容者の連続死亡事件に関する決議」が採択された。定期大会の後には創立60周年記念式典が開催され，弘中惇一郎氏による「弁護士と権力〜刑事弁護とは何か〜」と題する記念講演が行われ，日弁連会長，つくば市長等から来賓祝辞を頂いた。

なお，かつては関弁連大会，シンポジウムの運営は関東十県会が交代で担ってきたが，2003（平成15）年度の常務理事会で東京三会も担当することが決定され，その後，東京三会も運営を担うようになったという経緯がある。

② 各種委員会活動

委員会には，総務委員会，財務委員会，会報広報委員会の他，地域司法充実推進委員会，弁護士偏在問題対策委員会，人権擁護委員会，環境保全委員会，外国人の人権救済委員会，民事介入暴力対策委員会，

弁護士偏在問題対策委員会，研修委員会，法教育センター，法曹倫理教育に関する委員会等の委員会があり，それぞれ活発に活動している。ここ数年委員会活動は活発化し，特に若手の参加者数が伸びている。

③ 地区別懇談会

日弁連執行部と関弁連管内単位弁護士会会員との連絡調整をはかるために毎年2回開催している。事前に各会から出された質問・会場からの質問に日弁連執行部が回答する形式で行われるが，毎回白熱した議論が交わされる。2014（平成26）年度は7月1日に長野弁護士会の担当により長野市で，1月27日に新潟弁護士会の担当により新潟市で地区別懇談会が開催された。

④ 法曹連絡協議会と司法協議会

関弁連と東京高裁管内の裁判所・検察庁との間で運営の実態の把握と適正な改善を図るために，年1回の法曹連絡協議会（関弁連主催）と年3回の司法協議会（東京高裁主催）が開かれている。

⑤ 東日本大震災被災者支援

2011（平成23）年3月11日に発生した東日本大震災への対応として，関弁連では3月25日に東日本大震災災害対策本部を設置するなどして，復興支援に取り組む体制を強化した。4月以降，福島県相馬市への弁護士派遣を皮切りに，継続的に被災地への弁護士派遣活動を行ってきたが，11月に福島県での原子力損害賠償支援機構による法律相談が始まってからは，東京三会と分担して，現地での法律相談のために弁護士を派遣すると共に，関弁連独自に弁護士を派遣する活動も行ってきた。

2014（平成26）年度は，東京三会主催の研修会に関東十県会の弁護士会会員が積極的に参加できるよう一定の交通費の補助をするなどして，関弁連全体で被災者支援に取り組む会の支援を行うなどして支援を強化してきた。7月1日（長野市）及び1月27日（新潟市）に開催された地区別懇談会の前に災害対策本部事務局会議が開催され，各弁護士会の取組状況，要望等について意見交換がなされた。

⑥ 集団的自衛権行使に反対する一斉行動

集団的自衛権行使を容認する閣議決定に対し，関弁連管内の各弁護士会は，2014（平成26）年7月31日から8月7日にかけてこれに反対する街頭宣伝行動，市民集会等の活動を行ったほか，関弁連は同年9月26日に開催された関弁連定期弁護士大会において「武力ではなく対話による平和の実現を求め，集団的自衛権行使を容認する閣議決定の撤回並びに当該閣議決定に基づく「日米防衛協力のための指針」及び諸関係法令の改定又は改正に反対する決議」をした。

2）関弁連の課題

(1) 東京三弁護士会とその他の関弁連所属の単位会の関係

もともと，関東十県会は持ち回りで研修会を行うなど人的交流も活発で，関係が深かったという歴史的経緯もあるが，今でも東京三弁護士会と他の単位会との意思疎通の機会はあまりなく，相互の協力体制は十分ではない。のみならず，過去の日弁連選挙の結果からみると，十県会所属の弁護士は，北海道，東北，中部，中国，四国及び九州の各弁連の弁護士よりも，東京三会の推す候補者と異なる候補者に投票している傾向が見られ，十県会と東京三会の間には溝があったと言わざるを得ない。

しかしながら，現在では以下のような取り組みを続けることによって，その溝は緩和する方向に向かっている。

(2) 日弁連と関弁連との連携の強化

関弁連と東京三会，横浜弁護士会で締結した協定により，2010（平成22）年度から，関弁連理事長による日弁連理事枠の確保が実現し，これまで以上に日弁連と関弁連の連携強化へ向けての具体的第一歩となった。

(3) 東京三会の関弁連理事長候補推薦のあり方

かつて，関東十県会には，関弁連理事長推薦に当たり，各弁護士会会長経験者を推薦しているものの，東京三会では，会長経験者ではない会員が理事長候補として推薦されていたことから，東京三会と関東十県会とのバランスを欠き，関東十県会内では，東京三会が関弁連を軽視しているのではないかとの不満が少なからずあった。しかし，2009（平成21）年度，2011（平成23）年度及び2013（平成25）年度は，それぞれ第二東京弁護士会，第一東京弁護士会の会長経験者が理事長に就任し，2014（平成26）年度は東弁からも会長経験者が理事長に就任した。

(4) 関弁連の理事長選出会の決め方

関弁連では、慣行として、4年の内3年は東京三会、1年は十県会から理事長が選出されていたが、2014(平成26)年度からは東京三会と十県会から交互に理事長が選出されることとなった。他の弁連（東北・中部・近畿・四国・九州）では、定期大会開催地から理事長を選出するなどして、弁連活動の活性化を図っているが、関弁連においても上記理事長選出の慣行を変更も踏まえ、東京で定期大会を開催するときは、定期大会担当会と理事長選出会を一致させるために定期大会開催担当会の順番を変更した。

(5) 関弁連管内各弁護士会訪問等

例年、正副理事長及び常務理事数名が関弁連管内の13弁護士会を訪問し、重点課題を説明、各弁護士会からも各会の実情・要望を伺っている。2014（平成26）年度、各弁護士会との懇談において主要なテーマになったのは①2014（平成26）年度関弁連活動の重点政策について、②法曹倫理教育の充実に向けた取組について、③各弁護士会活動の概況報告及び関弁連への要望について、④当連合会の組織の在り方、意義・役割等について、⑤関弁連定期弁護士大会・創立60周年記念式典について、⑥定期弁護士大会における「集団的自衛権に関する決議」の提案について、⑦地域司法充実に向けた各弁護士会における取組みについてなどであった。

(6) その他の諸活動における参加・連携

これまで十分とはいえなかった東京三会の定期大会、各種委員会などへの積極的な参加を促進すべきである。そのためには、「関弁連だより」と「関弁連会報」等の機関誌の充実、ホームページの充実などの広報活動の充実が重要であるが、やはり東京三会からの参加者を増やすことが現実的な方策かと思われる。

各種委員会では、中小規模の単位会から各1～2名ずつの熱心な会員が参加して活動しているが、各単位会の情報交換の場以上の機能を果たすためには、東京三会、特に法友会からさらに多数の委員を送り、関弁連の活動を積極的に支えていくことが望まれる。

第2 東京弁護士会の会運営上の諸問題

1 会内意思形成手続の課題

1）問題提起

弁護士会の最高意思決定機関は会員による総会である。自治組織としての弁護士会は，総会において会員の権利義務に関わる重要な意思決定を行うし，強制加入団体である以上，総会での決定事項に従わなければ懲戒処分もあり得る以上，総会での意思決定が実質的に会員の多数の意思を反映したものとなっていることが必要である。そうでなければ，弁護士会への帰属意識が薄れ，弁護士自治の崩壊につながりかねないからである。

ところが，近時，総会で会則改正を行う際に必要な200人の特別定足数を満たすことに苦労を伴うようになってきたことから，2013（平成25）年6月，理事者から，特別定足数を廃止して通常定足数の80人とすることの可否について，関連委員会及び会派に対して諮問がなされた。

（注）弁護士法39条は，「弁護士会の会則の変更，予算及び決算は，総会の決議によらなければならない」と定め，同法33条は，弁護士会の組織，運営等に関する基本的な規範を列挙している。東弁には現実の運用状況として，弁護士法の定める「会則（総会の決議事項）」以外に，「会規（常議員会の決議事項）」，「規則」がある。

2）諮問の理由

諮問の理由は以下のとおりである。

① 近時，総会での会則改正で200名の特別定足数を集めることが困難になりつつあり，理事者や各会派がこれを満たすために動員に苦労をしており，その数自体が形骸化している。

② 「会規」改正は80名の定足数で足りるのに，「会則」改正は200名もの定足数を求めるが，実際には，「会則」の中にも「会規」と同じように事務的な規程も多く，両者の手続に違いを設けるほど合理的な差異はない。

③ 東弁以外の大きな単位会で，このような厳しい定足数を定めているところはない。

④ 総会の実態は，出席する会員と質疑・討論を行う会員は，概ね固定されており，80名の通常多数決であっても十分中身のある議論は可能である。

⑤ これを受けて，代理権行使の数を一人3個から一人10個までに増やすべきである。

3）諮問の背景

このような諮問がされた背景事情として，以下のような実態がある。

① 総会において，議決が行われる可能性のある時間帯（コアタイム）に議場に居てくれるように理事者ないし各会派の執行部等が会員に依頼して何とか乗り切っている実態がある。会員数の増加がある中にあっても，この実態は変わらず，実際に平日の午後1時から4時ないし5時までの全時間を継続して議場に多数の会員が居ることは，関心の低さ故か，時間的余裕のなさ故か，期待できない状況にある。そのため，理事者は各会派に人数を割り振り出席要請をし，法友会においても執行部，各部幹事長等が会員に対して協力要請をして乗り切っていることが少なくない。

② 総会において，採決に入る「コアタイム」と称される短時間に議場に200名を動員する努力は，「動員する人」「動員される人」の双方が，総会の特別決議を形式的手続きに過ぎないのではないか疑問を持つことも有り得る。なぜなら，もし会則改正が慎重な議論を尽くすところにこそ重要な本質があるとすると，実際に常議員会，会員集会，あるいは各会派内において，慎重に議論されていることも少なくはないからである。

③ 確かに，定足数が加重されているからと言って，直ちに議論が活発・活性化するとは限らないし，慎重な議論を尽くしたと言い切ることもできないであろう。

4）諮問の結果

しかし，諮問に対しては，以下のような反対・慎重

な意見が出て，定足数の減員は見送ることとなった。

① 2011（平成23）年の定時総会において，80名の定足数すら満たすのに危ういときもあった。そのために定足数を減らして乗り切ろうという発想では，200名どころか80名の定足数さえも緩和の方向に陥るのではないか。7,000名を超える東弁の総会が数十名の出席で審議可決されてよいのか。

② 2002（平成24）年の臨時総会途中で，出席者が200名を割り会則改正案件が流れたことがあったが，それ以来，会則改正で定足数割れは発生していない。200名の参加が困難であるという立法事実はない。

③「会則」の中に「会規」で定めるに適当な事務的規定もあるのは事実である。しかし，それなら会規に落とすべきであって，そのような規定が散見されるからと言って直ちに「会則」改正も「会規」同様でよいとは乱暴であり，本末転倒である。「会則」は，「会規」とは異なり，弁護士法で定めることが義務付けられている重要規程であり，改正手続が厳格であるのは合理性がある。

④ 1960（昭和35）年にそれまでの特別定足数が100名だったものを200名になぜ改正したのか，その趣旨を検討すべきである。

⑤（若手）会員に対して，多少無理のある総会出席への働きかけが必要になったとしても，総会に出席経験を持ったことから会務に関心を抱くきっかけになる可能性があるとの期待もある。

⑥ 会員数が増加している状態において，出席者を確保することが困難であることをもって重要事項の総会決議に必要な定足数（7,000名のうち80名とするならば，わずかに1.14%であり，200名としても2.86%である）を半数以下に減らすことが，会議体のあり方として適当か否か。近年は，毎年300名前後の会員増加が見られる。

⑦ 結局，東弁理事者あるいは各会派のリーダーが適時的確な会則改正が必要だと確信したとして，ときに煩瑣な形式手続を履践するだけのような思いに駆られても，民主的基盤に立つべき多数の賛同を得る努力を継続しなければならないのではないか。

5）今後の取組み

結局，定足数の減員→出席者確保の努力をしない→ますます出席者の減少→通常定足数さえ満たせなくなる，という悪循環に陥りかねないのであって，会員数の増加の中での定足数の減員は時代に逆行するといえよう。

法友会としても，ただ「コアタイムに議場にいてくればよい」という形の出席要請をして総会の議論を形骸化させてしまうのではなく，会員が議案内容に関心をもって，自らに関わる重要課題と認識した上で総会に出席し，若手会員も自由に発言できるような雰囲気作りに努める必要がある。

なお，現行の会規会則に関し，内容的に，会則として規定されていることの合理性が見出し難いものが含まれているという指摘については，会則と会規の峻別をする必要があり，そのために必要な手順を踏むべきであろう。

2　役員問題

1）はじめに

東京弁護士会の運営は，弁護士自治を確実に担保するために，自治的に運営されなければならない。そのためには，会員一人一人が自覚を持って弁護士会の会務に参加する必要がある。そして，法友会が弁護士会において政策集団としての役割を果たそうとするのであれば，その実行者である人材も適材適所に責任をもって送り出す必要がある。

東弁の役員，とりわけ副会長についても，弁護士自治の視点からすれば，法友会において責任を持って，毎年積極的に適任者を推薦していかなければならない。他方，会員各自においても，弁護士自治を維持推進するという自覚のもとに，積極的に役員に就任して行くべきである。

これまで法友会は，毎年，適任者を推薦し続けてきた。しかし，近年，法友会のみならず他会派においても，東弁副会長候補者擁立が困難となっているという現実がある。人事委員会において，「なってほしい人」として，名前が挙がっても，立候補を辞退する会員が多数に上る。この立候補辞退の原因は，主として東弁

会務量の増大に伴う副会長会務の過重負担にあると思われる。

そこで、2013（平成25）年度法友会幹事長の発議により「会務問題PT」が結成され、この立候補辞退の要因分析・副会長の負担軽減策の提言を目標として活動することとなった。

本稿は、現時点における問題の所在を明らかにし、併せてその対策につき検討するものである。

2）副会長の人数

東弁の副会長は現在6名である。しかし、会務の量が増大する中で、平日は毎日常勤状態であり、週末も行事等への出席を要し、副会長の負担はあまりにも大きく、副会長の人数は6名でよいのか議論する必要がある。

ちなみに、第二東京弁護士会では選挙を回避するという実質的理由で副会長の定員を1名増加済みで、第一東京弁護士会では会務量の増大から2014（平成26）年4月1日より1名増員する予定となっている。

以下、増員論と現状維持論の主な論拠は以下のとおりである。

(1) 増員論

第1に、会内事務量が年々増加しているため（1985〔昭和60〕年当時は全体6名で32の委員会を分担していたが、現在一人の副会長が30に近い委員会、協議会等を分担している）、副会長の負担が大きくなっていること、第2に会員の増加（6名制を採用した1985〔昭和60〕年より会員数も2.5倍に迫ろうとしている）を反映して、会員の代表である理事者の人数も増加するのが自然ではないか、というものである。

また、会員の増加とも関連するが、若手会員が増えていることから、若手会員の代表といえる世代の副会長も必要ではないかということも言われている。そして、若手会員が副会長に就任するとなると、時間的拘束の長さによる経済的打撃がより大きいと考えられるので、負担の軽減がより重要になってくる。

なお、東弁の理事者は会長も含めて合議制で会務執行を行っているが（会則第43条第1項）、そのためには、充実した議論が必要であり、人数が増えることは議論の希薄化につながるという危惧が言われることもある。これに対しては、副会長を増員しても、過去の経験に照らして、理事者会での集中的かつ密度の濃い合議により理事者間の信頼関係と共通認識の形成は比較的容易であり、理事者間の一層の努力により迅速な執行力は確保できるという反論がある。

また、東弁全体の機構改革の中で増員の可否を考えるべきであるとの現状維持論がある。これに対しては、副会長の負担増の軽減という現状の問題を先送りするものであり、また、そもそも、若手の意見・感性も含めた役員会がリードして、機構改革を実現すべきものではないかとの疑問があり、増員こそが会務執行の適正迅速化、執行力強化に資するものであるから、増員の実現を図るべきであるとの反論がある。

(2) 現状維持論

上記の増加論に消極的な意見は、増加論の主たる根拠である負担の軽減について、人数が多くても決して各人の負担の軽減にはならず、また、執行力の強化にもならないとして、現状維持が最適であるとする。

その理由を若干敷衍すると、第1には、副会長が増えれば負担軽減となる必然性はないということは過去の増員の歴史から明らかである。

第2には、比較的少数の理事者による濃密な議論により、充実した結論が得られる（会長及び副会長の合議制による。会則第43条第1項）。また、少数理事者の徹底した議論による固い結びつきと一体感があって初めて強力な執行力が生まれる。

第3には、東弁会務について執行の責任を負う会長・副会長は、広範にわたる会務について理解力が高く豊かな見識と指導性を備えた者でなければ、質の高い会務活動はできない。これらの資質を備えた副会長を現状の人数でさえ毎年選任することが昨今難しくなっている。増員は実質的に困難である。

第4に、若手の代表を選任するという点に関し、仮に、副会長の人数が多いとそのうちの1〜2名が若手会員から選任されたとしても発言力は弱く、東弁の会務に影響力を持ち得ない。むしろ、副会長のうち1名は例えば登録15年未満の会員から選任することにすれば、少人数の副会長のうちの1名であるがゆえに、発言は格段に重くなり影響力も大きくなる。

さらに、多摩支部の会員の一部からは同支部から副会長を毎年選出したいとの意見があり、その関係で増員したいとの意見もあるが、多摩支部選出の副会長も本会および多摩支部全体にまたがる職務について他の副会長と職務分担すべきであるから、上記意見をもっ

て増員することには慎重にならざるを得ない。

　以上より，増員については，適正な負担による副会長の人員確保という要請と役員会の充実という要請との調和を考えなければならないというものであり，その結果，かねてより副会長の増員論はしばしば主張されつつも，現状維持のまま推移して久しいと言ってよいだろう。

3）東弁副会長の職務

　それでは，現在の副会長の職務内容は，どのようなものか。大まかに以下の内容である。

①　理事者会・常議員会・総会への出席
②　各種決裁業務
③　委員会・協議会への出席（副会長一人あたり30を超える）
④　各種会合への出席及び地方出張（日弁連総会・地方弁連・人権大会等）
⑤　その他（各種行事出席・各種交渉折衝・クレイマー対応等）

　これらの職務を，現在6名の副会長が，分担あるいは協同して遂行しているが，平日はほぼ常勤状態であり，加えて週末・休日等を会務に費やさなければならないことも多くなっており，その結果，本来の弁護士業務に多大な影響を及ぼさざるを得なくなっている。

　その結果，例えば，

①　東京地裁・高裁の弁論出席程度は可能であるが，和解・証拠調べは困難である。
　所属事務所のパートナー・勤務弁護士に代わってもらうが，依頼者の十分な理解を得られないことがある。
②　弁護士会館4階の面談室等を利用して，打ち合わせ・相談等はある程度可能であるが，時間不足ゆえ，一部依頼者ないし案件にとどまる。
③　講演・セミナー等も困難なため，顧問先等との信頼関係維持も困難となる場合がある（「クライアントは人（弁護士）につく」）。
④　結果的に，収入が減少し副会長任期終了後の業務縮小が生じることがある。

　これらの問題が，副会長立候補辞退の最大の要因と考えられる。

4）対策案

(1) 執務時間の軽減

　副会長の負担は，結局のところ，時間の負担に集約される。

　そこで，①毎日2～3時間の「会務オフ時間」を設けるか，②思い切って副会長間で交替で，各自週1日乃至半日の「会務オフ日」を設けることによって，多少なりとも負担を軽減できないかが議論されている。

　この案に関しては，「一日理事者室を空けてしまうと，各種決裁の遅滞等が生じるので，無理だと思われる。半日であれば可能かも知れないが，その場合でも，その間の業務のしわ寄せが後に来ないか配慮すべきである。」という意見がある。

　これに対して，「最初に時間負担軽減を考えるのではなく，各種委員会の統合等業務負担軽減を図った上でそれに応じて時間負担軽減を議論すべき」との意見もある。

(2) 嘱託弁護士の活用

　この点に関し，従来，法友会政策要綱では「有能な嘱託弁護士が多数在籍しているが，その能力を生かすために2～3名を会長・副会長の補佐とする」という提言をしている。

　その場合，副会長の責任と権能に鑑み，先に3(1)であげた副会長の職務のうち，何をどの程度までを嘱託弁護士に委ねることが可能かが検討課題となる。任期2年として再任可能とすれば事務の連続性は確保できると考えられたからである。

　しかし，2014（平成26）年度理事者は，従来からいる嘱託弁護士を活用するという方法ではなく，新たに，理事者付きの嘱託弁護士を採用するという方針を打ち出した。それは，単に，副会長の職務軽減を目的とするのみならず，若手が理事者付きとなることで，会務全般に通暁して次世代をリードする人材育成への期待もあってのことである。

　2014年（平成26）年度当初は21名の嘱託弁護士が活動していたところ，同年7月の常議員会において，嘱託弁護士の採用方針について可決承認され，公募により機会の透明性を確保するとともに，多様な人材を採用することを目指した。そして，執務条件は，有能な人材が応募しやすいように配慮して，月15時間の執務（「ハーフ嘱託」と呼ぶことになり，月25時間執務の「フル嘱託」の半分程度の執務時間である。）で

13万円の報酬とした。その結果，30名の応募があり，全員について副会長と職員の複数組み合わせにて面談を行い，その希望と適性を慎重に検討のうえ，9名の採用を行った。

従前，嘱託弁護士は，ややもすると担当委員会の事務処理の補助や，対会員の連絡調整などに力点があったが，ハーフ嘱託は全て理事者付きとして，全会的な政策や事務需要に応じて機動的に業務配点が行われると同時に，会則，規則，細則などのルールや手続にも慣れてもらうことを意識しており，2014（平成26）年11月初旬のハーフ嘱託の業務が正式スタートした。

(3) 執行力の強化

前記副会長の増員論にかかわらず，次の点の改革を検討すべきである。

委員会・協議会について，役員の出席に代わる意思疎通の工夫をする。

有能な嘱託弁護士が多数在籍しているが，その能力を生かして2～3名を会長・副会長の補佐とする（上記(2)と同様）。

(4) 役員の任期

現在任期は1年である。かねてから1年では役員の職務遂行に慣れ，公約等の課題を取り組むに熟した頃に役員を終えることになり，1年任期制の当否が話題となっていた。充実した公約施策を実現するためには2年任期の採用を検討すべきである。常勤に近い勤務状態という点では日弁連会長，事務総長，事務次長の任期が2年であることが参考となる。

5) むすび

副会長の増員問題は，急激な人口増と業務領域の拡大も見据えれば，多様な考えや世代感覚をできるだけ反映した役員構成が望まれる。そして，将来的な展望をもって企画立案にも精力を充てたいところである。そのリードによって時代に即応した機構改革が成し遂げられることは，喫緊の課題である。

以上の問題を解決するために，至急，関係機関による検討が開始されるべきである。

なお，過去に副会長の2名増員が検討された折には，1984（昭和59）年に検討が開始され，1985（昭和60）年には総務委員会の答申を経て，常議員会，臨時総会において圧倒的多数で可決した。

3 委員会活動の充実強化

1) 委員会活動の重要性

東弁は，弁護士自治を堅持し，その社会的使命を果たすため，従来から，多種多様な委員会，協議会，対策本部等を設け，活発な活動を続けてきた。

2002（平成14）年7月13日に，法友会・法友全期会が「公益活動の義務化に関する決議」を行ったことを契機として，2004（平成16）年4月，公益活動等に関する会規（現在は会務活動等に関する会規に改称）が改正され，公益活動が義務化されるとともに，委員会活動も義務的公益活動の一つに含まれることとなった。これらの委員会等の組織は，現在，4独立委員会，15常置委員会，34特別委員会が設置され，これらに協議会・対策本部等22を含めるとその数は75に達し，多くの会員が献身的に活動・運営に当たっている。

特に，近時は，法曹人口増大により，年々，若手会員数が大幅に増大してきている中，若手会員の活発な委員会参加・活動が目立っている。2011（平成23）年度現在，委員会所属者数はのべ3,399名となっているが，このうち若手会員が占める割合が増大している。2007（平成19）年当時の登録5年目までの会員（55期以降）の委員会所属者数は500名，委員会所属者数全体の約18％であったところ，2012（平成24）年現在の登録5年目までの会員（60期以降）の委員会所属者数は967名，全体の28％に及んでいる。

なお，東弁においては，新規登録弁護士について，弁護士自治に対する理解を深め会務活動への参加を促進するために，弁護士登録をした日から1年以内に始まる年度において，1つ以上の委員会に「研修員」もしくは「委員」として参加することを会務研修として義務づけており，これにより，委員会活動の意義と重要性を啓発している。

東弁の活動の中枢部分は各種の委員会等が担っており，その活性化なくしては，人権擁護をはじめとする弁護士会本来の使命を果たすことはできない。個々の

弁護士や弁護士会が，社会情勢を的確に把握し，柔軟に対応しつつ，社会が求める役割を果たしていくためには，弁護士会の既存の委員会活動をより一層活性化していくとともに，従来の枠に縛られることなく，現代社会のニーズ・情勢に適応した新たな委員会を設置するなど，新たな試みを推進していく必要がある。

2）委員会活動の充実強化

今後，これらの委員会活動をより一層充実強化し，専門性・継続性を確保し，的確な意見・行動を発信していくためには，以下の事項が重要である。

① 委員の選任にあたり，ベテランと若手とのバランスに配慮し，ことに新規登録から5年目程度の若手会員が，所属するだけではなく活動に参加しやすいようにすること，また，若手会員に委員会の活動を理解してもらうために，既存の委員会運営を工夫すること。一方で，委員会活動の継続性，とりわけ弁護士会の政策を理解してもらうために政治家やマスコミ，市民団体と連携する上では個々の委員の活動の継続性が重要であることから，ベテラン委員にも力を発揮してもらえる環境を作ること。

これに関連して，近時，会務活動の義務化の成果と会員数の増加とが相俟って，委員会活動に参加しようとしても，委員会の定員との関係で，必ずしも委員に就任できない例が増えている。そこで，2013（平成25）年10月の常議員会決議を経て，議決権のある委員以外の立場で，実質的に委員会活動に参加してもらうため資格として，委員長の指示を受け，議案の整理，資料の収集及び調査研究等を行う「幹事」と，委員長の諮問を受け，専門的な立場から情報提供，助言等を行う「参与員」を置くことできるようになった。

② 若手会員が活動に参加しやすく，かつ，時代のニーズに合った新たな委員会を必要に応じて柔軟に設置していく一方で，既存の委員会についても統廃合などの合理化を図ること。

③ 小委員会，部会，プロジェクトチーム，主査制度などを活用し，全員参加を図り，また活動・運営の効率化を図ること。

④ 協議会方式などを活用し，関係委員会間また適宜他の単位会間の横の連携を密にし，適切かつ効果的な合意形成を図ること。

⑤ 日弁連の各種委員会と対応関係にある委員会の委員については可能な限り兼任するなどして，日弁連・他の単位会との情報の流れを円滑にすること。

このような趣旨から，近時様々な新委員会等が設置されている。

2006（平成18）年度には，若手大増員時代における若手の意見の重要性に鑑み，特に登録5年目までの新人・若手会員の声を吸い上げ広く発信すべく，登録5年目までを参加資格とする新進会員活動委員会が新たに設置された。また，若手会員が多く所属する法教育センター運営委員会では2008（平成20）年・2010（平成22）年の2度にわたり定数の増員を行い，若手会員の希望に対応している。

また，2007（平成19）年度には，公益通報者保護特別委員会が設置され，2008（平成20）年度には，民法（債権法）改正に向けた大きな動きに迅速かつ適確に対応すべく，法制委員会の定数及び所属者数が大幅に増員された。労働審判の実施に伴う労働事件実務に関する協議については労働法制特別委員会の定数を，成年後見実務の充実や近時増加している障がい者に対する人権擁護のために高齢者・障害者の権利に関する特別委員会の定数を，いずれも2008（平成20）年度・2011（平成23）年度の2度にわたって増員を行って対応している。さらに，2008（平成20）年度には弁護士紹介センター協議会を，2011（平成23）年度にはチューター制度運営協議会を設置し，弁護士増員による社会的ニーズに対応した動きを行っている。

さらに，2013（平成25）年度には，各委員会宛に委員定数を一定数増員することの可否についての諮問を行い，人権擁護委員会，非弁護士取締委員会，税務特別委員会，公害・環境特別委員会，消費者問題特別委員会など多くの委員会において定数の増員を行った。

東日本大震災への対応についても，三会災害対策本部が設置され，全般的な対策を講じて活動したほか，各委員会においても，例えば，子どもの人権と少年法に関する特別委員会が，避難所（元赤坂プリンスホテル）に学習室を開設するなど，市民のニーズに応えるための様々な活動を行っている。今後も，東弁の活動を支える各種委員会等は，その役割を十分認識した上で，時代に応じた使命を全うすべく，必要に応じて統廃合を図ったり，新委員会等を設置したり，委員会運営を工夫したりなどしながら，活動の効率化，活性化

に務めていかなければならない。

3）委員会活動円滑化のための条件整備

司法改革の進行とともに、弁護士が取り組むべき課題が増え、それに伴い、委員会やプロジェクトチーム、協議会等の数が必然的に増え、弁護士会全体での会議開催の数が増えている。

ところで、委員会で決議を行う場合、これまでは、委員会議事規則の定足数の定めにより、現に選任されている委員数の5分の1以上であり、かつ5人以上の出席を要することとされていた。

しかしながら、委員会によっては、その性質上、一堂に会して委員会議事を行わなければその目的を達し得ないというものではなく、個々の委員が行う実践活動に重点が置かれている委員会もあり、このような委員会では、出席委員が多くないために定足数を満たさないことがあり得るが、会議の結果が必ずしも無意味なものとなるわけではない。そのため、2013（平成25）年度において、委員会活動の円滑化を目的として、定足数の緩和を希望する委員会については、委員会議事規則の定めにかかわらず、現に選任されている委員の数の10分の1以上の出席があれば決議できる旨を規定する各委員会規則の改正を行った。

また、委員の増加に伴い、出席率のよい委員会では、椅子が足りなくなるほどの状況になっているところもある。委員会等が、献身的に公益的な活動を行うために会議を開催する必要があっても、会議室が確保できないために、開催を断念せざるを得なかったり、委員が集まりにくい時間帯に開催せざるを得なかったり、また、会議室の物理的な面積の問題で委員を収容仕切れないというような事態は、委員会活動を萎縮させる原因となってしまい、委員会活動を活性化させようとした趣旨に悖る。

弁護士会として、市民の期待に応える司法制度改革の推進や人権擁護活動の取り組みを進めるに当たって、委員会の活動の充実は重要である。したがって、それぞれの委員会が十分な活動をできるよう、東弁でも日弁連がやっているように、貸会議室の利用も含めた物理的な面での条件整備のほか、委員会開催時間の見直しや資料の事前配布やペーパーレス化のためのマイストレージの利用など、委員会活性化のための更なる制度改正や環境整備を行うべきである。

4　事務局体制

1）事務局体制の現状とコンピュータ化

東弁の事務局にとって現在欠かせないものは、コンピュータシステムである。現在、専用のサーバシステムを中心として、原則として職員1人あたり1台の割合でクライアントPCが稼動している。現状のシステムは、次の3種類から構成されている。
① データベース・システム
② 文書管理グループウェア・システム
③ 会議室予約などのリソース管理・システム

また、このコンピュータシステムを管理する部署として、従来、事務局サイドでは東弁OAセンターが置かれており、弁護士サイドではコンピュータ運用協議会が設置されていた。

しかし、コンピュータシステム自体が、新会館建設当時の技術水準によるものであり、当時としては画期的なものではあったが、昨今のITネットワーク普及に対しては想定外の部分も多く、十分対応できなくなってきていた。特に情報保護に十分対応したセキュリティシステムの構築は急務となった。

このため、2004（平成16）年度より、システムの全面刷新を視野に入れて、コンピュータシステムの管理体制自体をまず抜本的に改革することになった。

具体的には、コンピュータシステムの統括責任者であるCIO（Chief Information Officer；情報執行役員）を会員の中から1名選任した。従前、情報関連の場面で弁護士が関与するものとしては、コンピュータ運用協議会という会議体しかなかったため、とかく事務局サイドで適宜運用管理させることになってしまっており、事務局の負担も大きく、結局のところ保守業者に依存して、システム全体がブラックボックス化してしまっていた。これに対する反省から、情報について詳しい弁護士が専属で全般を統括することが最適とされ、システム監査技術者の資格と実務経験を有する会員がCIOとして選任され、コンピュータ運用協議

会は解散された。このCIOの下，システムの全面刷新を念頭に置いて，東弁OA刷新PTと東弁OA刷新WGが新設され，集中的に協議検討を開始した。

2005（平成17）年度は，東弁の業務分析を行って，いかにして効率的な刷新OAシステムを構築するか，外部のシステムコンサルタント（社団法人日本経営協会）に発注してその前提データ等の収集に当たった。コンピュータシステムは，本来は業務全般の効率化を図るものであるため，コンピュータシステムのみならず，東弁の運用体制そのものに対する分析や問題点が検討されるべきであり，業務分析の結果，システムのブラックボックス部分が明らかになる成果を上げた。

2005（平成17）年度の業務基本計画の作成及び2006（平成18）年度のシステム基本化計画とセキュリティポリシーの作成を経て，2007（平成19）年3月12日東弁臨時総会において「OAシステム開発に関する件」が承認され，東弁は上限を5億6,100万円とするシステム開発に着手した。2008（平成20）年度を「早期対応が必要な改善（第1フェーズ）」，2009（平成21）年度を「全体的に効果の大きい改善（第2フェーズ）」，2010（平成22）年を「さらなる品質向上を目指す改善（第3フェーズ）」と位置づけ，順次，システム開発が行われた。

2）今後の課題

(1) 基本的な視点

前述のとおり，現在のITネットワークに完全に対応した情報セキュリティを実現するためには，システムの全面刷新は避けて通れない。また，東弁事務局の電子化率を高めることによって，東弁を運用する事務コストを下げるとともに会員サービスの増進に寄与することを目指すべきである。ただ，システムの全面刷新には高額の初期構築費がかかることも避けられない。

弁護士会として高度な情報セキュリティを維持するためには，企業並みのインフラの整備が必要であり，このためには10年先を見据えたシステム構築がなされなければならず，初期構築費をかけるべきことは当然だからである。かように初期構築費がかかっても，効率的なシステムが構築されれば，事務処理の効率化・省力化がなされるわけであり，今後の会員数の圧倒的増加を考えると，人件費等の経費は初期構築費に見合う以上に抑えられるはずである。

また，震災対策として，データのバックアップ体制の構築は欠かせない。

(2) 窓口業務のオンライン化とキャッシュレス化

現在，東京弁護士会の窓口業務は主に会館6階の各課受付カウンターで，人手を介して直接行っている。しかしこれをオンライン上（インターネット）で受け付けられるようにすれば，わざわざ会員が会館に赴く必要がなくなり極めて会員の便益に資すること，また，オンライン窓口を活用すれば，人的窓口業務が可及的に少なくなり，事務局の事務処理負担が低減していくことといったメリットがある。したがって，早期に窓口業務のオンライン化を進めていくべきである。とりわけ，会員のニーズが高いと思われるのが，弁護士会照会のオンライン化，東弁が関与する当番・国選・各種相談等に関する事務手続（例えば，報告書の提出や契約の審査）の完全ペーパレス化，IDカードによる会員情報管理の一元化（合同図書館を含む），研修や委員会への出欠管理等であろう。

この際，オンライン窓口のUI（User Interface）として具体的に想定されるのが，現在すでに運用されている東弁ホームページの会員専用ページ（マイページ）である。現在，研修センターが企画する一部の研修については，事前に受講料を振込んで受講証の発行を受け，当日それをバーコードリーダーで読みとることにより，オンラインで出欠管理をしているが，いまだ十分に普及していない。また，法律相談や刑事弁護の日程の確認・交替については，会員マイページにアクセスし，オンラインで自ら行う仕組みが構築されている。

もっとも，窓口業務の中には，綱紀懲戒関係のように直ちにオンライン化に馴染まないものもあるが，そうでないものについては，会員の便宜を考慮して極力多くのものを受付段階からオンライン化すべきである。会員情報はもとより，弁護士法23条の2照会申請についても，オンライン化を積極的に検討すべきであろう。2014（平成26）年度の照会申請は，昨年同月比で1.2～1.3％伸びており，手数料収入は毎月約1300万円から1600万円で推移しているので，2013（平成25）年度の年間合計額約1億3742万円を超えるのは確実な状況にある。また，印鑑証明書の発行システムや各種手数料の収受システムの導入が進められるべきである。

この点，窓口業務とオンライン窓口の併存によって，当面の事務局負担増になるのではないかとの意見もあるが，オンライン窓口によって窓口業務が漸減することは間違いなく，むしろオンライン窓口の受付範囲拡大と活用継続によって，終局的には人的事務処理負担が減るという長期的観点を考慮する必要がある。目先の負担増の可能性を回避するために，長期的な会及び会員の便益を犠牲にしてはならない。

さらに，事務局の負担軽減の観点からは，窓口業務から現金を排除できないかも将来的な検討課題である。窓口で現金を扱うために，現金の管理のための労務コストは大きい。ネット送金手続，プリペイドカード（含む，Suica）等を導入できれば，事務局の負担は大幅に軽くなると思われる。

(3) サーバーの有効利用及びデータのバックアップ

会務文書の電子データ化の推進は，最も重要な課題の一つである。委員会等の過去の文書がせっかくパソコン上で作成されても，これが各職員のクライアントPCの中だけに保存され適宜処分されてしまうのでは，過去のデータが統合蓄積されることにはならない。このため，2001（平成13）年度秋に，サーバー1台を入れ替え，各種データはこのサーバーに保存できるようなシステムが導入された。

これによって電子データの蓄積は可能になっていくものと期待されるが，どのようなデータを蓄積してゆくか，また，どのような形で検索・再利用ができるようにするか，今後の運用上のガイドラインの策定と適宜改訂を施してゆく必要があろう。

なお，震災後，情報のデータバックアップをどうするのかという課題が強く意識されるに至った。サーバー群を距離が離れた複数拠点に持つことが理想であるが，コストがかかり，実現は難しいであろうとされていた。しかし，2014（平成26）年1月から，福岡県弁護士会と提携し，同会のサーバーに東弁の保存データを毎月送信・保存することにより，万が一に備えるバックアップ体制が敷かれた。

(4) 会員の電子メール利用の促進

会員及び事務局間の連絡方法について，電子メールの活用を進め，ファックスの利用を減ずるようにすべきである。将来的には，どこかの段階で，ファックスによる事務連絡を廃止すること望まれる。このために，会員の電子メールアドレスを申告させる方策を推進する必要がある。

また，会務でのペーパレス化促進のためには，外部クラウド（オンラインストレージ）の採用が検討されるべきである。これまで資料の配付などにストレージを利用した委員会は民事介入暴力対策特別委員会など少数の委員会にとどまっていたが，2015（平成27）年1月から，弁護士業務領域拡大推進本部と若手会員総合支援センターの会議では，ペーパレス化を実験的に試みることになった。

(5) グループウェアの完全導入

従来，職員や理事者間で共有すべきデータや共同して行うべき作業は，「ロータス・ノーツ」というグループウェアを利用し，専用のサーバーを1台設置して行われてきた。しかし，ロータス・ノーツは，大企業における全社的共同作業にも対応できるような大掛かりなソフトウェアであり，可能性は十分具有しているものの，この性能を十分発揮させるようにするためには，職員の充実と習熟だけでは対応は困難であり，また，外部業者に対するソフトウェア設計の発注が必要になってくる場面が生ずる。さらに，事務局や理事者のスケジュール管理と委員会管理，会議室管理など，全般にわたって本来であればグループウェアによって把握すべきところ，これが統一的になされていないという問題点があった。

そこで，2008（平成20）年秋に，新たに「サイボーズ・ガルーン」というグループウェアを導入した。今後，職員の充実と習熟を図り，このグループウェアの機能を十分に発揮するように努力すべきである。

(6) 2011（平成23）年7月のシステム完全稼働とその検証

東弁が2008（平成20）年度に着手した3次にわたるOAシステム開発は2011（平成23）年7月に完成し，当該システムは完全稼働した。5億6,100万円（税抜き）のOAシステム開発計画が東弁総会で承認された際に，当時の東弁理事者は当該OAシステム開発による事務処理の効率化・省力化によって投資額以上の効果が得られると説明した経緯からしても，当該システムの費用対効果の検証作業は必須である。換言すれば，有料によるセカンドオピニオンの制度を導入しなかった当該システムの開発費用が適正であったのかが検証されなければならない。

5 弁護士会館の今後の課題

1）現状と課題

　弁護士会館は，竣工後満18年を経過した。この間，司法改革をはじめ，日弁連・東京三会の弁護士会活動は拡大の一途をたどっている。

　また，弁護士数も飛躍的に増加している。

全国

1995（平成7）年（会館竣工時）	約15,100人
2000（平成12）年（4月現在）	約17,100人
2013（平成25）年（4月現在）	約33,676人

東京三会

	東弁	一弁	二弁	計
1995（平成7）年	約3,350人	約1,740人	約1,860人	約7,150人
2000（平成12）年	約4,040人	約2,020人	約2,200人	約8,230人
2013（平成25）年	約6,978人	約4,246人	約4,491人	約15,715人

（外国法事務弁護士除く）

　ここ18年間で，弁護士数は，全国で約18,500人の増加，東京三会で約8,500人の増加となっている。

　日弁連と東京三会の会務活動の活発化と拡大化および弁護士数の増加は，必然的に弁護士職員の増加をもたらす結果となる。

弁士会館内で働く職員数（嘱託・派遣等を含む）

	日弁連	東弁	一弁	二弁	計
1995（平成7）年	80人	58人	25人	27人	190人
2000（平成12）年	116人	65人	30人	36人	247人
2011（平成23）年	267人	136人	45人	64人	512人

2013（平成25）年内訳

	正職員	嘱託	派遣	パート	その他
日弁連	171人	0人	17人	0人	研究員・看護士8人，弁護士嘱託81人
東 弁	66人	16人	6人	36人	図書館職員7名
一 弁	41人	6人	0人	12人	契約職員1名
二 弁	50人	8人	0人	8人	アルバイト3名

　弁護士会活動の活発化・拡大化・弁護士数の増加・職員数の増加が弁護士会館にとって，①「会議室不足」「事務局スペース不足」，②「エレベーターの混雑・待ち時間の長さ」，③「会館全体のOA機器の統合化・合理化による効率的運用の必要性」，④一般会計から会館特別会計への繰入額の減額の必要性の有無，⑤4階の和室を会員の一時保育用に使用することの可否，⑥会館設備の老朽化対策，⑦女性会員室利用方法の見直し，⑧弁護士会館敷地使用料の大幅値上げ要求への対応等といった問題点を生んでいるが，その他今後の問題としては⑨20年目の大規模修繕に向けての取り組みの準備が挙げられる。

2）対策

　前記課題を解決するための対策であるが，①の会議室不足・事務局スペース不足については，日弁連及び東京三会は，場当たり的に使用することなく，場合によっては，関連業務の活動拠点を別に設けることも含め，弁護士会館内で行うべき事業の優先順序を長期的展望に立って検討すべきである。

　2010（平成22）年度に，会館委員会で5階の会議室の利用状況について調査したが，現状ではピーク時には100％に近い利用があるが，午前中や，週の前半などでは，必ずしも会議室の利用が一杯ではなく，空きがあることもわかった。とりあえずは，委員会の開始時期を午前中に出来ないか検討したり，必要以上に広い部屋を取るのではなく，人数に見合った部屋取りを利用者にお願いすること等の対策を採ることが現実的な対応策といえる。

　その他，近時浮かびあがってきたのは，会館業務の一部を別の拠点で行えないか，という観点からのいわゆる第2弁護士会館構想である。この点，東京弁護士会の今後の10年の問題点について会長より関連委員会や会員・会議に諮問がなされ，その中には，狭義の弁護士会業務と異なる研修業務を行う研修施設を別の場所に貸借する構想等が提案されている。今後も引き続いて，議論されるべき重要問題である。

　②のエレベーターの混雑の待ち時間の緩和については，一昨年，エレベーター5基全てを一括して管理するソフトに変更し，10％程度の混雑・待ち時間の改善結果が出ている。今後は，利用時間が集中する正時前後10～15分間をずらす形で会議開始時間を設定する等の対策も併せて行なう必要がある。

　一昨年度からは，理事者からの要請もあり，いくつかの委員会に於いて開始時間を15分前後正時からずらして開始する例が見られるようになった。この取組

みについては一弁，二弁，日弁連にも提案し全館的な取組みに発展させたい。

③のОＡ機器の改善については，2009（平成21）年の東弁総会において，ОＡ化を促進し，コンピューター管理の徹底による「会員サービスの効率化を目指す決議」が可決された。これとともに，光ファイバーケーブルの会館全体の導入等，ОＡ機器のよりアップトゥデートな改善が望まれる。この点，東弁での取り組みには，コストの問題もあり，二弁等の取り組みに比べて，やや遅れていたが，2010（平成22）年7月に事務局関係のＯＡの合理化が一応の形を得るに至った。

現時点では事務処理能力は，三会で一番優れているとも言われている。

従前から指摘されていた「現場の使い勝手の良いＯＡ」を目指し，関係者の意見を聴取し，出来得る限り改良を重ねた結果であり，その効果のますますの改良が望まれる。

④の会員が納付する一般会計から会館特別会計への繰入額については，2004（平成16）年7月28日の東京弁護士会臨時総会決議により，同年4月1日以降，一般会費のうち，1人当たり月額3,500円を会館特別会計に繰り入れることとなっている（ただし，司法修習終了後4年目までの会員については，2年目までは繰り入れず，その後3年目と4年目は月額1,500円の繰入額とするとなっている）。

この繰入額がこれまで継続されてきた結果，会館維持管理会計の次期繰越収支差額は，2008（平成20）年度決算の段階で732,637,885円となっており，同会計の年間支出2億円弱の3倍以上となっている。

会館維持管理会計の目的からすると，同会計の収入は，基本的に当該年度の会館維持に必要な支出に見合うものでなければならないが，2008（平成20）年度の決算の実績において，32,744,523円の黒字であり，2009（平成21）年度から多摩支部の賃料3200万円が追加支出となるとしても，さほど大幅な赤字となるとは考えられず，今後会員数の増加による会費収入増も見込めることから前記したような7億円を超える巨額の繰越金を貯蓄し続ける意義を見出し得るのか疑問とされていた。この点，2010（平成22）年度の臨時総会決議により，当分の間繰り入れを停止することになった。この措置は，一般会計が逼迫している昨今の東弁会計を一時的にであれ健全化させ収支の均衡を回復するためのカンフル剤となったが，今後改めて議論を要する課題である。

⑤の4階の和室を会員の一時保育用に使用することについては，子供を持つ会員が充分な会務活動が出来るよう東弁としてバックアップすることは，当然の要請といえ，東弁は2010（平成22）年度から開放に踏み切っている。

事前の予約についてもその要件は，緩和されており，原則3日前までに予約すれば，利用可となっている。

現状では，利用実績が少ないようであるが，今後は，より一層利用されるよう東弁に於いても広報にも努めて頂きたい旨希望する。

⑥の会館設備の老朽化対策についてであるが，1995（平成7）年に竣工した弁護士会館も2011（平成23）年段階で16年を経過し，東弁専用部分の各設備にもかなりの老朽化が目立つようになった。

そのため，東弁専用部分のほとんどのフロアーのカーペットを貼り替え，5階508号室の椅子が重く移動が困難とされ，職員から何年も前から改善の要望が出ていた点も考慮したりして，同室の椅子を軽くて移動しやすい椅子に取り替え，また，業務の効率化に資するよう事務局の椅子も全面的に取り替えた。5階会議室のワイヤレスマイクも改善が必要なものについては取り替え，円滑な会議に資するよう改善した。4階第2会議室のマッサージチェアー3台も最新式であるが，値段的には廉価なものに取り替えるとともに女性会員室にもマッサージチェアーを新たに設置した。テレビも地デジ化に対応するよう，全て買い替えを行い，必要に応じて会員が映像情報を得られる態勢を整えた。

さらに，大震災以後の電力不足を踏まえ，今後はＬＥＤ化の積極的導入が検討されて然るべきである。

⑦の女性会員室について，男女共同参画推進本部等から女性会員室の内部改築と，同室内での飲食を可とするよう利用基準を改めるべきとの要望が出ている（現在，暫定的に女性会員室は飲食可となっている。）。

これについては，女性会員室を利用する女性会員の多くの意見を聴取したうえで，対応していく必要がある。

その意味で，現在検討と対策が練られている段階である。

⑧弁護士会館敷地使用料の大幅値上げ要求への対応

については，これまで定額であった弁護士会館敷地の使用料（地代）につき，国側の管轄省庁である法務省から，なかば強硬かつ唐突な値上げの打診があった。使用料の内，ゆうに3割を超える負担割合に任じる東弁としても，到底看過できぬ問題であり，会財政に甚大な影響を迫られることが必至の情勢であった。

東弁としては，最後まで値上げ反対の意見で交渉にあたったが，最終的には日弁連・一弁・二弁と歩調を合わせ，国が東京都に支払った市町村交付金以下の金額は，使用料として認められないとする法務省側の最終提示案に応じざるを得なかった。

このような事態がこれからも続けば，会財政の健全化は遠のくばかりであり，東弁としても，これからは，これまで以上に真剣に取り組む必要があるといえる。

この点日弁連・一弁・二弁もこの点の認識では一致しており，「四会市町村交付金協議会」では，国から都へ支払われる「市町村交付金」の額について見直しを申し入れる活動を展開した。具体的には法務省のみならず，東京都とも粘り強く交渉を続け，「弁護士会の公益性・将来性」を訴え続けたところ，法務省は，2010（平成22）年度の敷地使用料提示案が過去の経緯を看過したものであったことを事実上認め，会館敷地使用料につき，「市町村交付金」と「使用料」が連動するとしたこれまでの立場を維持しつつ，「市町村交付金」が減額された場合には，「使用料」も減額する方向で決定していくことを認めた。その結果，2012（平成24）年度は市町村交付金額が減額されることに伴い，敷地使用料も減額となった。

なお，この問題の原因として法務省及び東京都と弁護士四会のコミュニケーション不足があったことが挙げられたため，2012（平成24）年5月からは，法務局と弁護士四会との間で弁護士会館移転の経緯，使用料と交付金，近傍類似地，関係諸法令の調査・研究等を課題とする合同研究会が開かれた。

かような法務省との交流とその過程における弁護士四会からの使用料減額要求にも拘わらず，2013（平成25）年度使用料について，法務省は，今回，増額を告知してきた。その理由について，法務省は，国が東京都の増額要請もあったため，既に東京都に対し，弁護士会館敷地の固定資産額見合いの交付金を既に支払っており使用料を交付金未満に出来ない（「逆ザヤ」は許されない）と説明している。これに対し，東弁は2014（平成26）年2月6日付上申書を発表し，直ちに応じ兼ねる旨の意思を明らかにした。

2020（平成32）年に東京オリンピック開催を踏まえ，今後東京都内の地価の継続的上昇が見込まれることから，このような増額要請は連動して続くことが予想される。

弁護士四会としては，これまでの経緯を踏まえ，弁護士会館が弁護士の公益的活動の拠点として，収益目的の商業ビル施設とは基本的性格が異なることをねばり強く主張し，法務省のみならず東京都と話し合いをしていく努力が必要である。

⑨の20年目の大規模修繕に向けてのこれまでの取り組みについてであるが，現在の弁護士会館は1995（平成7）年に峻工されその後，10年経過した2005（平成17）年に1回目の大規模修繕工事が行われている。その際には，建物の枢体・構造関係については大成建設株式会社，上・下水道等の配管・水廻り関係については新菱冷熱株式会社，OA・電気関係については株式会社きんでんとの密接な検討・打ち合わせの下に行われ，会館委員会委員を中心とする弁護士会チームが責任窓口として，対費用効果を厳密に検討し，準備期間も含め，約3年を掛けて無事に終了した。

この大規模修繕工事は，10年毎に行うこととされており，次回の20年目の大規模修繕工事は，2015（平成27）年に予定されている。

ところで，第1回目の大修繕工事以後，東日本大震災の発生を教訓とする災害対策の必要性や，省エネ・エコ対策の必要性が新たに重視すべき検討課題として浮かびあがってきている。東弁では今後毎年300名を超える会員増が続くことが予想され，弁護士会館をより安全かつ効率的で使い勝手の良いものに改善することが特に求められている。

この20年目の大改修工事に関し，（四会）会館運営委員会は2014（平成26）年2月14日付提案書を東弁，一弁，二弁，日弁連の四会に対し提案した。同提案書は，20年目の大改修につき，10年目と同様に進めるべきとするものであるが，総額で52億円が必要とも言われている大改修工事につき，既存業者に随意契約で依頼することには強い異論も出されてい

る。

問題は、コストの増大を適正かつ合理的な範囲で如何に抑制することが出来るかという点ではあるが、適正手続の観点からは広く本会館規模の共同事務所ビルの大改修工事を行った実績のある業者を公募し、厳正、中立かつ、公平な入札手続を以って選定することが考えられて然るべきである。この点、会館委員会の知識経験の不充分さ、中立的なコンサルタント業者より助言を得て進めていくことも有力な一方法と考えられる。

会館特別会計からの多額の支出が予想されるこの20年目の大規模修繕工事については、大いに注目していく必要がある。東弁は一般会員にも、この活動の推移を随時報告すべきであり、全ての東弁会員が自己の問題として注目していくべき重要な問題と考えられる。

6 会の財政状況と検討課題

1) 一般会計の現状

2013（平成25）年度の一般会計繰越収支差額は12億円余に達した（前年度比2億5713万円余増）。これは、一般会計の資金ショートを救済するための会館特別会計への操出しの停止措置（2010〔平成22〕年11月30日臨時総会決議「一般会計健全化のための特別措置」に基づく最長7年間限りの臨時措置）に伴う仮初めの姿であることを忘れてはならない。本来は繰り出すべき約1億6150万円（2013〔平成25〕年度）を一般会計に止めた結果である。この停止効果を控除して観察するなら、2013（平成25）年度の収支差額の増加は前年度比9563万円増に止まる。

今後生じうる大きな収支変動としては、破産管財人負担金の廃止（2014〔平成26〕年11月時点において理事者から関連委員会に諮問がされた。）に伴う、毎年度約1億0200万円（2013〔平成25〕年度）の減収（見込み）が挙げられる。他の要因を捨象すれば、繰越収支差額は637万円減となるもので、上記の停止措置の期限切れ後には、一般会計の繰越金は、若干、減少過程に入るかもしれない。

近時の法律相談センターの赤字に対する適切な処方箋が描かれなければ、次期繰越金を取り崩していくこととなる。

救いは、会費の自然増である。東弁の最大の収入源である会費収入は、会員増に伴い、趨勢的に大きく増額傾向にある。2009（平成21）年度を100とすると、2013（平成25）年度は121に当たる12億7656万円に達した（大づかみに言って、毎年度、前年度比5000万円の増収をみている。）。事業活動収入（17億0951万円）の74.7％を占める地位にある。

そして、会員増に伴って増加してもおかしくない管理費の主な項目である事務局給料手当・嘱託弁護士給料が上記の期間、残業の削減、新規正規職員の縮減（2009〔平成21〕年度69人⇒2013〔平成25〕年度65人）等が奏功して、減少傾向にあるという点である（2009〔平成21〕年度において100とすると、2013〔平成25〕年度には93である。2013年において6億円弱。）。

会費の自然増効果及び管理費の抑制が、管財人負担金の廃止が行われた場合の減収効果等、会館特別会計への操出し措置の復活を償って余りあるかどうか。会費の自然的な著増を今後も見込んでよいか（一弁、二弁との関係で東弁が魅力的たり得るのかどうか。）。事務局職員のモラールを引き出し、その理想的な年齢構成を維持しつつ、今後も管理費を押さえ込むことが可能かどうかを検討すべきである。今後、正規職員の増員や、東弁の活動のために外部会議室の手当等が必要にならないかどうか等、むしろ、厳し目に考えていくのが無難である。

2) 一般会計について検討すべき事項

東弁の一般会計で検討すべき事項として、次の諸点を挙げることができよう。

(1) 事務局職員の給与、賞与及び退職金

東弁は、労使対応室（2009〔平成21〕年設置）において、事務局職員の給与、賞与及び退職金等に関する事項を含め検討を進めている。この検討については、時の理事者だけでなく、会員からの意見・後押しが重要である。

(2) OAシステムの改修費等

OAシステムは、毎年度2000万円の改修費が確実

に発生し（この部分は、事業準備等積立資産の積立で手当している。）、今後OA刷新による業務システムの10年目見直し費用として数億円レベルの費用が発生する可能性がある。情報システムの刷新に必要な費用は、予測を超える可能性がある。東弁の財務に大きな影響を与える情報システムの刷新については、当会としても、その在り方の検討について積極的に参画していくべきである。

(3) 大規模災害等に備えた積立ての要否

2013（平成25）年度の会員集会で配付された「一般会計における今後の財政上の課題」においては、大規模災害が生じた場合において、一時的に会費等の収入が確保できなくなる可能性を指摘しつつ、その中で弁護士会を維持・運営するための事務局の人件費の確保、臨時相談等の災害に係わる事業が求められることに対応するために特定資産を新設するかどうか等について検討すべき旨、指摘されている。当会としても、大規模災害被災地の弁護士会に照会する等して、被災時に備えた資金手当の必要性を研究すべきである。

3）特別会計について検討すべき事項

特別会計のうち会館特別会計について指摘する。

会館特別会計は、会館維持管理会計（会館の毎年の維持管理　2013〔平成25〕年度決算時において残金5億3000万円余）、会館修繕積立金会計等（会館の大規模修繕等　2013〔平成25〕年度において残金52億5000万円余）等に区分されている。

会館修繕積立金会計については、2016（平成28）年から大規模修繕を行う予定になっており、約20億円前後の支出を要すると見込まれる。業者の選定については、随意契約と競争入札の各利害得失を検討しつつ、公共工事においては入札によることが原則とされていること、業者選定に関する透明性の確保にも配慮して、適切な方法を検討すべきである。

建築工事、OAシステム等構築等の支出については、その見積の適否を判断し難いものがある。相見積をとるだけでなく、適切なアドバイザーを得る等、東弁が事業者の計画や見積を適切に評価しているかどうかを注視していくべきである。

なお、今般の修繕を経て、30年目の修繕、40年目の修繕も視野に置き、かつ、あり得べき大規模災害後の修繕も勘案して、修繕積立金会計にどの程度を残していくかを議論していく必要がある。

7　選挙会規の問題点

1）東京弁護士会選挙会規の大改正

2007（平成19）年11月30日、次の事項につき選挙会規の大改正がなされた。

① 不在者投票の期間と時間の変更

日弁連選挙の不在者投票と一致させるため、「投票日直前4日間、12時〜13時」に変更された。

② 推薦候補の廃止

③ 納付金の廃止

役員候補については納付金を廃止して預託金制度（没収は、会長候補は有効投票の10分の1未満、副会長60分の1未満、監事20分の1未満）となり、常議員・代議員候補については立候補に当たり、金銭は一切徴収しないこととなった。

④ 文書制限の緩和

役員候補者又はその承認を受けた会員について、従前の葉書だけでなく、FAX文書送付による選挙運動も可とされた。

2）選挙規則の制定

東京弁護士会の場合、以前は「選挙会規」以外に選挙の細則について定めた規約はなく、候補者に配布される「選挙の手引き」が長年、事実上その役割を果たしてきた。

しかしながら、選挙の細則については、規則で規約化する必要があるとする問題意識のもと、2009（平成21）年1月13日、新たに「役員、常議員及び連合会代議員選挙に関する規則」が制定された。

3）郵便投票制度

(1) 制度導入に向けた動き

これまで、東京弁護士会では、役員等の選挙について、本来の投票日の他に不在者投票日が設けられてい

たが、郵便投票制度は存在しなかった。しかし、会員の中には、傷病、育児、介護等の理由で弁護士会館での投票が困難な会員や、組織内弁護士、多摩地域に事務所がある会員など弁護士会館での投票について負担が大きい会員も相当数存在する。そこで、郵便投票制度を導入することが検討され、2013（平成25）年11月に開催された東京弁護士会臨時総会において、選挙会規の一部改正がなされ、郵便投票制度が導入され、2015（平成27）年度役員等選挙より実施されることとなった。

郵便投票制度については実際に実施したことで明らかになる問題点、改善点等を検討し、より良い制度にしていくことが望まれる。

(2) 郵便投票制度の概要

郵便投票制度の概要は次のとおりである。

① 郵便投票請求権者

傷病、出産、育児、介護、看護等業務外の理由により、投票日及び不在者投票の期間に投票所で投票することができない者。

東京地方裁判所立川支部の管轄区域内に法律事務所を有する者、弁護士法第30条第1項第2号に該当し、その届出をしている者のうち常時勤務を要する者（営利を目的とする法人等の取締役、執行役、従業員等に就任した者）。

日本弁護士連合会会則第28条の3第1項に該当し、その届出をしている者（任期付公務員等常時勤務を要する報酬ある公職に就いた者）。

② 郵便投票請求の期間、方法

選挙公示の日から、投票日から起算して8日前の午後4時までに、選挙管理委員会に郵便投票用紙の請求用紙を持参又はファクシミリ送信することによって行う。郵便投票は、投票用封筒に投票用紙を密封し、これを返信用封筒に入れてさらに密封し、その裏面に氏名等を記載して、投票日の前日の午後4時までに選挙管理委員会に必着するように郵送して行う。

4）今後の課題

(1) 選挙運動の方法の制限に関する検討

東弁の選挙においては、文書制限が、2007（平成19）年度に緩和され、役員候補については、ファクシミリ文書の利用も認められたが、活発に利用されているとはいえない。文書制限の緩和の方法として適切であったのか、改めて検討する必要がある。

また、選挙運動の方法としてウェブサイトや電子メールを活用することも、その弊害を十分研究した上で、実現に向けて検討するべき時期に来ていると思われる。

さらには、他の弁護士会の中には、選挙運動の方法に関し何ら制限を設けていない会も存在する。弊害の有無等について調査・研究の上、選挙運動の方法制限の要否について改めて検討すべきである。

(2) 同姓同名の場合

現状では、同姓同名の候補者が出た場合の区別、特定の方法が何も規定されていない。今後、会員数が増加した場合には混乱が予想されるので、対応を検討しておく必要がある。

(3) 多摩支部会館での投票の実施について

多摩支部における投票を要望する声もあるが、本会と支部の会員資格が厳格に分けられていない以上、複数の投票所を認めることは困難であり（日弁連選挙の投票も多摩支部会館では認められていない。）、実施にはさらなる検討が必要である。

(4) 公聴会の立候補者参加義務と、東弁ホームページにおける公聴会の放映

現在、公聴会への候補者の参加を義務付ける根拠規定は存在せず、公聴会に参加しない立候補者も現れている。

しかしながら、会員が立候補者の生の声を聞き、直接質疑が可能な機会は公聴会の場のみであり、立候補者は、公聴会に出席し会員からの質疑に応じるべきである。

そこで、役員選挙においては、立候補者には公聴会への参加を会規又は規則により義務付けるべきである。

また、公聴会は平日の昼間に行われるため、都合がつかず出席できない会員も大勢いると思われる。そこで、公聴会の映像を、東弁のウェブサイトでいつでも見られるようなシステムも必要と思われる。

8 会員への情報提供（広報の充実）

1）情報提供の重要性

　高度情報化社会において，組織による情報提供の重要性は論を俟たない。東弁においても，一般市民に対する情報発信と会員に対する情報発信を積極的に行っている。

　そして，むしろ重要なのは，いかなる内容の情報を，いかなる手段で提供するかという点にある。これに対しては，正確かつ多くの情報を，迅速かつ効率的（予算的に合理的）な手段で，提供すべきことが重要であるといえよう。

2）情報提供の現状（会報，ウェブサイト，メールマガジン，メーリングリスト等）

　現在，東弁が会員に対して提供している情報は多岐にわたるが，概ね，会員の業務に役立つ情報（事件処理のノウハウ，各種研修案内，裁判所等からの周知要請事項等）や会員に対する協力依頼（各種アンケート等），東弁の活動（各種提言，シンポジウム開催等）に分類されると思われる。そして，これらの情報を提供する手段として，紙媒体による発送・配布物（会報LIBRA），ファックス，ウェブサイト，メールマガジン等がある。

　このうち，急速に充実しつつあるのがインターネットを利用した情報提供である。2001（平成13）年度には会員専用ウェブサイトを開設し，2008（平成20）年には同ウェブサイト内にマイページを設け，東弁が把握している会員の個人情報等を会員自身が確認できるようになった。さらに，東弁は，会員への発送物の電子化（「当会の広報活動に関する提言～今後3年間に向けて」〔2013[平成25]年2月12日常議員会承認〕）の一環として，2014（平成26）年12月より，「とうべんいんふぉ」の冊子による配布を廃止し，電子データへの一本化を行った。

3）情報提供の方策（メール，ウェブサイトの利用）

　とりわけ今後重要性を帯びてくるものは，インターネットを利用した情報提供である。インターネットを利用した情報提供は，紙幅の制限がなく，添付ファイル等を利用すれば相当豊富な情報を盛り込めるという点で，充実した情報提供が可能となる。また，紙媒体と異なって，印刷や配布の手間と費用が比較的少なく，迅速かつ効率的な情報提供手段として特筆すべきものがある。かような利点からすると，インターネットを利用した情報提供を充実させようという方策は極めて評価でき，今後も一層の充実・利用が期待される。

　特に，会員が増加しつつある状況の下で，迅速かつコストを抑えた情報提供手段として期待されるのは，メールマガジンである。メールマガジンは，広報室が会長声明や意見書，各種イベントの案内等の情報を掲載して毎月2, 3回ほど，メールアドレスを登録している会員に対して発行している。しかしながら，東弁にメールアドレスを登録している会員は全会員の60数パーセントにとどまっている。東弁は会員に対してメールアドレスの登録を呼びかけているが，できるだけ多くの会員にメールアドレスの登録をしてもらうための方策を引き続き検討していく必要がある。

　また，会内情報のITを利用した発信方法として2002（平成14）年度以降，目を見張る進化を遂げたのが，相次ぐメーリングリストの実用化である。委員会ごとにメーリングリストを開設すること（ただし，2012〔平成24〕年1月6日，個人情報及び機密情報保護の観点から，外部の無料メーリングリストの使用を原則として禁止する等の通達が出された。）によって，月1回程度の定例会合の下準備を行い，充実した会務活動が可能となる。もとより，面談の会合の重要性は否定できるものではないが，事務所に居ながらにして瞬時に情報交換のできるIT活用は，今後益々情報流通の中心になってゆくであろうし，これによって，これまで会務に余り参加してこなかった会員が積極的に情報流通に参画するようになった意義は極めて大きい。

　今後は，ウェブサイトとメールマガジン，メーリングリストをそれぞれ使い分けて有効な利用方法を考えていくことが急務である。その前提として，ウェブサイトに対する予算枠を十分に与えて執行していくべきである。

9 福利厚生

1）補償制度の廃止

東京弁護士会の補償制度は，2005（平成17）年4月の保険業法の改正により，東京三会及び日弁連とともに制度が廃止されることになった。現在は，会員の福祉の観点から，保険業法に反しないよう留意しながら，一般会計の中から社会的儀礼の範囲（概ね10万円程度）で弔慰金が支払われている。

補償制度の廃止により，会員の福利厚生が大きく後退することのないように，現状に対応した弔慰金制度・年金制度・弁護士退職金制度等の総合ライフプランニングの提案をLIBRAや東弁ホームページの会員サイト等に重ねて広報すべきである。

2）各種保険，協同組合の充実

各種保険・共済・互助年金制度の整備と拡充の問題がある。東京弁護士会の団体定期保険は一般の定期保険に比べ有利なものであるが，これまでの保険内容を維持するためには35％以上の加入率が必要であったが，会員数の増加に比べ保険への加入が少ないため，2011（平成23）年6月1日以降，最高保険金額が4,000万円から2,800万円と減額になってしまった。さらに加入率が減少した場合には，制度の維持自体が困難となる。会員及び家族等を対象とした保険・年金等の説明会（勉強会）を定期的に開催するなどして，弁護士の安定した生活基盤の確立に寄与すべきである。

東京都弁護士協同組合は，1968（昭和43）年に設立されて以来，組合員数は2014（平成26）年12月9日現在，全体で14,823名（89％），うち東弁は6,658名（91％）であり，また全国弁護士協同組合連合会も結成されているが，組合員の拡大，全国連合会との連携強化を進め，より一層の内容の充実を図るとともに，協同組合の事業内容を組合員のみならず非組合員にもPRすべきである。また，協同組合は，中小企業事業団との提携で退職金共済制度を行っているが，より会員に周知徹底すべきである。

3）東京都弁護士国民健康保険組合

国民健康保険組合については，未加入会員への積極的な加入勧誘により，組合の資金的・人的拡充を図り，会員及び家族の健康維持増進を図るべきである。

4）健康診断の実施

健康診断は，春は国民健康保険組合，秋は東京三会主催で行われている。

早期発見・早期治療は病気を治療する上での基本であり，健康診断は治療のきっかけとして重要なことは言うまでもない。さらに，普段の生活（過労，飲酒，喫煙等）を見つめ直す機会ともなり，健康な生活を心がけるという生活習慣病の予防的効果も大きい。

今後も健康診断の運営事務を合理化し，安価で充実した健康管理を目指すべきである。

5）メンタル相談

近年，傷病給与金や退会給与金の申請の理由として，いわゆる心の病を挙げるケースが珍しくなく，東京弁護士会の厚生委員会最重要の検討課題となっていた。

うつ病その他の病気や症状の場合は，症状によっては，いったん速やかに「現在の仕事や人間関係」から遠ざかる方が早期に回復するものもあり，当人の治療に留意しつつ，事件処理の継続が困難であれば，他の弁護士に補助ないし事件の引取りを依頼するなどの処置が必要となる。

弁護士という職業は，こうした心の病の重要な原因の一つであるストレスに晒されていること，弁護士という仕事に，これまで以上に不安を抱える会員が増大している可能性があることから，東京弁護士会は，これまで実施されてきた健康診断だけではなく，専門家によるメンタル相談窓口の設置が実現した。2014（平成26）年4月からは，東京都弁護士国民健康保険組合が組合員及び家族向けにメンタルヘルス・カウンセリング事業を開始したことから，非組合員もこれまで同様の相談をうけられるよう，弁護士国保に加入していない東京弁護士会会員およびその配偶者と被扶養者向けに同様のメンタルヘルス・カウンセリング事業を開始した。

現在，メンタル窓口には，会員本人及び家族から相当数の相談が寄せられており，今後も会員の心のケアのために制度を維持すべきである。

6）国民年金基金

国民年金基金は，老齢基礎年金の上乗せの年金を支

給することにより，国民年金の第1号被保険者の老後生活に対する多様なニーズに応えることを目的とする公的制度である。

日本弁護士国民年金基金は，弁護士・専従配偶者及び事務職員のための，職能型（全国単位）の国民年金基金である。年金基金の掛金は，全額が社会保険料控除の対象となり，所得税・住民税が軽減される。

充実した老後を送るためにも，多くの会員が加入することが望まれる。

10 出産・育児支援について

1）出産や育児の負担を抱える弁護士の現状

弁護士の多くは自営業者であって，伝統的には，事務所に勤務弁護士という形で所属している場合でも，雇用という法律関係にはないと考えられていた。また，即独や早期独立など，出産・育児期間にすでに経営者となって働いている弁護士も多い。

そのため，出産や育児という場面においては，産休・育休が必ずしも保障されておらず，事務所の内規があればそれに従い，ない場合には，事務所の経営を行う代表弁護士（いわゆるボス弁）の指示で決まるというのが実情である。事務所に内規があったところで，給与程度しか定めておらず，産休・育休については何ら定めていない事務所も多数存在する。また，事務所の代表弁護士や，経費負担をするパートナー弁護士が産休・育休を取るにあたっては，事務所経営という立場や顧客との関係及び経済的理由から，難しいことがある。

実際は，法人格のない法律事務所においても，雇用保険に加入でき，休業中に給与の半分が支払われるので，この制度を活用することが望ましいが，雇用保険に加入している事務所は少ない。

女性弁護士だけが産休・育休の悩みや負担を抱えているわけではなく，男性弁護士が育休を取るという場面でも，男性弁護士の育休についての内規がある事務所は少数派である。東京弁護士会には日本最多の弁護士が登録しているといえども，10人以下の事務所が多数存在し，少人数の事務所においては，1人欠けた場合に補い合うことが難しいため，男女ともに長期の休みをとりにくい状態にある。そうなると，産休・育休の取得については，困難を伴うことになり，女性弁護士の離職，男性弁護士の育児不参加を招くことになりかねない。

近年，女性修習生の間で裁判官ないし検察官志望が増えてきているが，その理由の一つとして，子どもが3歳に達するまでの育児休暇の取得が挙げられることがある。他方，弁護士が登録を維持するには，会費を負担することが原則であったので，これがネックとなって登録を抹消する弁護士も存在した。

長きにわたって，男性が圧倒的多数であった法曹界において，女性法曹が着実に増えている現在，検察官・裁判官のみならず，弁護士会においても，個々の弁護士が育休及び産休をとりやすいような施策を充実させ，男女ともに働きやすい環境を確保せねばならない。

そこで，日弁連及び東京弁護士会も，徐々に産休・育休支援のための制度を確立してきたものである。

2）日弁連の取組み

日弁連は，2007（平成19）年5月の定期総会において「日本弁護士連合会における男女共同参画の実現をめざす決議」を採択し，同年6月には，男女共同参画推進本部を設置した。さらに，2008（平成20）年3月には「日本弁護士連合会男女共同参画推進基本計画」を承認し，2012（平成24）年までに取り組むべき基本的目標として，仕事と家庭の両立支援など12の項目を掲げた。

この結果，2013（平成25）年12月の臨時総会において，男女を問わず子育て中の会員は，子の出生から2歳に達するまでの間の任意の6ヶ月以内の期間，日弁連会費を免除する旨の規定が可決承認された。そして，2014（平成26）年9月18日開催の理事会において，育児期間中の会費及び特別会費の免除制度を2015（平成27）年4月1日から施行すること及び2015（平成27）年4月以降の育児に適用することが承認され，育児期間中の会費免除制度が始まることとなった。

また，休業中の会費負担を回避するために，これまで，登録を一旦抹消する女性弁護士がいたが，再登録

した際，登録番号が以前のものと変わってしまうという問題があった。そこで，上述の2013（平成25）年12月の臨時総会において，再登録時に以前使用していた登録番号を継続使用できるように制度変更がなされた。

3）弁護士会の取組み

東京弁護士会においても，日弁連の取り組みを受けて，2008（平成20）年3月には「東京弁護士会男女共同参画推進要綱を定めた。そして，同年6月には，東京弁護士会男女共同参画推進本部を設置した。

また，東京弁護士会では，2010（平成22）年3月の会規改正により，会務活動参加義務の免除事由として，出産育児が明文化されたほか，育児目的のために弁護士会館4階の和室の時間外利用を認める運用が認められた。そして，2011（平成23）年10月11日に常議員会で制定された東京弁護士会男女共同参画基本計画の行動計画にも，「出産・育児，介護等の家庭生活と仕事との両立支援」が定められており，会務活動や弁護士会の研修に参加する際の弁護士会4階の和室の時間外利用につき，弁護士会が費用負担するなど，制度を利用しやすくすることが記載された。

さらに，東京弁護士会では，2011（平成23）年，会則変更を行い，従来の産前産後の会費免除規定に加え，育児従事期間につき，一定要件の下で最長8ヶ月間，会費を免除する規定を新設した。この会費免除・会費還付の要件として，育児に従事するために弁護士業務に従事する時間が週20時間以内となることが見込まれるというものが挙げられているが，申請に当たっては，誓約書や育児従事報告書を提出することが必要であった。これについて，「本当に弁護士業務が週20時間以内であったのか」及び「具体的にどのような育児を週何時間行ったか」等の厳密な立証は不要とされた。会費を免除するには，どこまでの報告が必要かという議論は存在したが，プライバシーの問題もあり，かつ，立証が難しいということからも，簡単な書類での申請で足りることになったものである。育児という私的領域に踏み込み過ぎずに，制度を利用しやすいものにするという姿勢は評価されよう。

他方，日弁連の育児期間中の会費免除制度では，免除期間中は毎月，育児の実績を記載した書類を提出する必要があるとされており，東弁より厳格な手続が必要である点については，問題があると思われる。

しかし，日弁連と東弁では，会費免除期間に相違があり，しかも，育児実績を記載した書類の要否，週20時間勤務要件の有無等，差異があったため，日弁連の制度に東弁も合わせる方向で検討が進められた。確かに，要件の差異をなくすことは統一性が取れるという側面では良いが，育児実績の報告がプライバシーの侵害とならないか，週20時間勤務の要件を不要として良いのか，期間は6ヶ月で良いのか，もう少し議論を重ね，よりよい制度に変えていくべきである。

4）出産・育児支援の意義

弁護士だけではなく，働く男女において，キャリアの形成と家庭生活の両立は必須である。仕事か育児かの取捨選択を迫られ，仕事を断念するということは，仕事という自己実現の手段を奪われたり，あるいは子どもを抱えながら経済的困窮を選択せざるを得ないということにつながる。

そして，男女ともに出産・育児支援を受けることができなければ，出産をする女性が，続けて育児も担わねばならなくなり，同時に，男性の育児参加の機会も奪われることとなる。男性の育児参加の機会を奪うということは，「男性は仕事，女性は家庭」という性別役割分担を容認することとなり，ジェンダーの観点から望ましいものとはいえない。また，出産・育児から離れている弁護士に，会務活動等のしわ寄せが行き，負担増となることも望ましくないため，育児中の弁護士が会務に参加しやすい仕組みを作ることは，育児中ではない弁護士にとっても望ましいことである。

厳しい試験をくぐり抜け，経験を積んだ優秀な人材が出産・育児を理由に弁護士業務を離れなくてはならないことは，個々の顧客だけではなく，社会の大きな損失でもある。憲法に掲げられた両性の平等を実現することは，当事者個人の幸福につながるだけでなく，社会全体の利益にもつながるということである。

そのため，弁護士会においても，出産・育児支援は多大な意義があり，欠かせないものなのである。

5）今後の検討課題

今後，以下のようなことが検討されるべきである。

(1) 研修等の際の弁護士会館での一時保育の実施

現在，弁護士会館4階の和室で，育児目的での時間

外使用を認めているが，ベビーシッターは会員が手配しなければならず，当日申込は難しい等，使い勝手の良い制度とは言えない。育児中の弁護士が会務や研修に積極的に参加するためにも，一時保育制度の改善を実現すべきである。

(2) 雇用保険の加入の奨励

前述のとおり，法人でない法律事務所も，雇用保険に加入でき，産休を取る弁護士に雇用保険から手当てが支払われるので，加入を奨励していくべきである。

(3) 産休・育休ガイドラインの作成

産休・育休制度については，事務所の個別の裁量に委ねられてきたため，所属事務所によって待遇にばらつきがある。そこで，男女ともに育休が取れるよう，拘束力はないにしても，一定のガイドラインを提示し，事務所規模に応じたスタンダードを定めておくべきである。

その中で，代表弁護士やパートナー弁護士が産休・育休を取る場合には，経費負担を免除ないし減額させる方針を盛り込むことも検討すべきである。

(4) インターネット配信による研修のさらなる充実，スカイプ等の利用による会務参加

インターネット環境をさらに充実させることによって，産休・育休中の弁護士の研修及び会務活動の参加を促すべきである。全ての研修についてインターネット配信での研修を可能にし，自宅にいながらも会務活動に参加できるとすれば，産休・育休中でもキャリアの研鑽及び公益活動による社会貢献が可能となろう。

そうすることによって，産休ないし育休を取っていない弁護士に会務活動の負担が偏ることもなくなり，会員間の不平等感もある程度解消できるのではないかと思われる。

(5) 会員ネットワークのサポート

育児中の弁護士同士で，どのベビーシッターが良いか等，経験に基づく情報を共有したいという需要が存在する。そのため，弁護士会としては，より多くの情報交換が可能となるよう，会員同士の情報交換のネットワークを設けるサポートを行うべきである。

そして，代表弁護士やパートナー弁護士の立場にある弁護士が，会員ネットワークを通じて，信頼できる他の弁護士に仕事を引き継いだり，共同受任することも可能であろう。

11　合同図書館の現状と問題点

1）図書館における正職員及び非正規職員について

(1) 図書館職員（正職員）について

① 図書館職員の役割

図書館にある資料は単に書架に並べてあっても利用されなければ存在しないのと同じであり，必要とする利用者に対して提供できて初めて存在意義がある。その意味で蔵書を生かすも殺すも司書の能力次第といえる。そのため，合同図書館は，「現代における図書館の優劣は，蔵書の量や質よりも，その職員の専門的能力に依存している。図書館の質は，図書館職員の質によって定まるといっても良いのである」という考えに基づき，これまで政策要綱において図書館職員の質の向上及び拡充を求め続けてきた。

その結果，2009（平成21）年12月，雇用の安定を図り，更なる専門職制を充実させるため，原則として異動のない「図書館職員」という職制が東弁に新たに創設され，現在は，司書資格を有する図書館職員により合同図書館が運営されている。

② 図書館職員の待遇改善について

図書館職員の待遇については，2009（平成21）年12月に就業規則が制定され，その後，2011（平成23）年度に給与，退職金及び賞与について改善がなされたが，依然として東弁職員の待遇とは格差が大きいことから，待遇改善を継続して検討すべきである。

主な検討事項としては，退職金が発生する勤続年数の見直し，表彰要件の見直し，リフレッシュ休暇の創設，東弁職員給与規則により東弁職員には支給されるが図書館職員就業規則に規定がない手当の創設，及び，夏期特別休暇の取得期間の見直しがある。

このうち，退職金が発生する勤続年数の見直し（現行の勤続3年を2年に改正），表彰要件の見直し（現行の10年以上の勤務を5年以上の勤務に改正），リフレッシュ休暇の創設，東弁職員給与規則により東弁職

員には支給されるが図書館職員就業規則に規定がない手当（職能資格手当及び被服手当）の創設については、東弁職員就業規則及び東弁職員給与規則に合わせるものであり、すぐに実現可能である。

夏期特別休暇取得期間については、合同図書館では、毎年8月初旬に5日間程度休館して書架整理を行っており、その期間中、図書館職員は夏期特別休暇を取得することができないため、図書館職員が夏期特別休暇を取得できるのは、就業規則上の取得可能期間7月20日から8月31日までの30日間から書架整理期間（5日間）を除いた25日間となる。そして、図書館職員7名の夏期特別休暇の取得日数の合計は49日（7名×7日間）であり、25日間の中で取得するには、ほぼ毎日2名が夏期特別休暇を取得する状況となる。しかしながら、夏期特別休暇取得期間中、夏期休暇取得者2名以外に病欠などの休暇取得者が出た場合、図書館業務に支障を来す可能性が出ることから、夏期特別休暇取得者は、できる限り1日1名までが望ましい。そのため、現在は、運用により夏期特別休暇の取得期間を7月1日から9月30日までにして夏期特別休暇取得者が2名となる日を0日としているが、毎年同じ状況であることから、運用ではなく図書館職員の就業規則を改正して夏期特別休暇の取得可能期間を明記することが望ましい。

(2) 非正規職員に関する問題について

合同図書館においては、正職員である図書館職員の他、非正規職員としてパート職員が3名雇用されている。そして、東弁の「嘱託職員及びパートタイム職員就業規則」により雇用条件が定められている。

しかし、同規則によるとパート職員は勤務時間が週35時間未満と定められていることから月曜日から金曜日まで毎日7時間勤務とすることができず、毎日午後4時45分から午後5時45分までの時間帯にパート職員がカウンター業務（図書の貸出・返却、所蔵調査など）を行うために現在のパート職員の勤務時間は午前10時30分から午後6時となっている。その結果、開館時間（水曜日を除いて午前9時30分）から午前中の来館者のピークである午前10時30分までの忙しい時間帯に図書館職員をサポートすることができない状況となっている。一方、非正規職員を嘱託職員とした場合は35時間未満という制限がないため午前10時からの勤務が可能となるが、給与・賞与などの費用がパート職員より大幅にかかることになる。

そこで、東弁職員の就業規則とは別に図書館職員に関する「合同図書館職員就業規則」を制定した様に、非正規職員についても、勤務時間、給与体系など合同図書館の特色に合った独自の就業規則を制定すべきである。また、合わせて図書館職員が産休・育休、介護休暇など長期に休職となった場合に補充する臨時の職員についても検討すべきであることから、現在、「嘱託図書館職員及び臨時図書館職員就業規則（仮）」の制定について2014（平成26）年度中の制定を目指して協議を行っているところである。

2）書架スペース不足問題について

ここ数年、合同図書館においては毎年約2,000冊強の図書が購入される他、会員や他会の弁護士から合同図書館に寄贈される図書が約500冊ある。合同図書館の書架に収蔵可能な蔵書数は約165,000冊であるところ、現在の蔵書数は、図書が約9万冊、雑誌が約1,140タイトル、判例集・法令集等があり、今後も毎年約2,500冊の図書の受入れを継続すると、近い将来収蔵が不可能となることが予想されるため、近年は資料の廃棄等の対策を講じてきた。

今年度は、合同図書館が弁護士会の図書館であるという観点から、弁護士会が発行している資料を含めて幅広く資料を収集・保存すべきであるという考えに基づき、使用頻度がそれ程高くないが廃棄することが困難な図書（著名な学者の著書の過去の版など約3,000冊）について外部倉庫への預け入れを行った。合わせて書架レイアウトを変更し、これまで7階に配架されていた公法分野（憲法、行政法、税法など）の図書を8階の書架に移動し、今後数年分の書架スペースの確保を行った。

3）合同図書館におけるサービスの拡充について

(1) 会館の大規模修繕について

弁護士会においては、次年度以降、会館の大規模修繕を予定しているが、これに合わせて合同図書館においては、車椅子の利用者、高齢の利用者が8階を利用する際に階段や合同図書館外のエレベーターを使用することなく、安全・便利に移動することができるように合同図書館内にエレベーターを設置することを検討

している。この他，本年度に公法分野の図書を8階に移動したことにより，これまでより電動書架の使用頻度が多くなることが予想されるところ，電動書架が老朽化してきていることから，大規模修繕に合わせて電動書架の入れ替えを検討している。

(2) 若手会員対策について

弁護士会は，近年，若手会員対策に力を入れているが，事務所を持たない若しくは事務所に業務に必要な資料が十分にない若手会員にとって，合同図書館は非常に大きな役割を果たしている。合同図書館で資料を探している若手会員は，抱えている案件のために合同図書館を訪れているのであり，このような若手会員に対して，合同図書館が窓口となり，弁護士会の他の委員会などと協力したサポートの可能性を検討する価値はあると考えられる。

(3) まとめ

以上，合同図書館は，所蔵している資料の貸出を行うだけではなく，より積極的に利用者へ様々なサービスを提供する場となりうる可能性を有しており，そのためには冒頭に掲げた図書館職員の質の向上及び拡充が何よりも重要となってくる。

12　多摩地域・島嶼地域における司法サービス

1）多摩地域・島嶼地域の現状

(1) 多摩地域の現状と裁判所

東京都の多摩地域には，30市町村があり，その面積は東京23区の1.8倍，人口は約420万人に及び（東京都の総人口の32％），裁判所の管轄人口的には横浜地裁の488万人に次ぐ大きさである。産業経済活動も，事業所数は全国12位，小売業の年間販売額も全国11位等，非常に活発である。

2014（平成26）年4月25日時点で，弁護士会多摩支部に登録している会員（会員資格に制限無し）は，合計1,403人（多摩地域に事務所のある弁護士は436人）に達している。

多摩地域の裁判所としては，2009（平成21）年4月にそれまでの地裁・家裁の八王子支部が立川に移転して地裁・家裁立川支部となり，それ以外に八王子簡裁，立川簡裁，武蔵野簡裁，町田簡裁，青梅簡裁がある。

地家裁立川支部の取扱裁判件数は，全国の本庁・支部別統計において横浜地家裁本庁やさいたま地家裁本庁に肩を並べるほど多いが，法廷の数や裁判官・職員の数は不足しており，物的設備や人的規模を本庁並みとすることが，かねてより弁護士会から要望されていた。

(2) 島嶼地域の現状と裁判所

また，島嶼地域は広大な地域に伊豆諸島，小笠原諸島が点在しており，伊豆大島家裁出張所・簡裁，新島簡裁，八丈島家裁出張所・簡裁があるのみであり他の離島等の過疎地同様に，司法サービスもまた，その充実が求められている。

2）多摩地域における今後の司法及び弁護士会の課題

(1) 東京地方・家庭裁判所立川支部の物的設備・人的規模の拡充と「本庁化」問題

立川の新裁判所支部（立川簡裁も移転）の庁舎は，敷地面積15,000㎡（旧八王子支部が8,500㎡），床面積26,000㎡（旧八王子支部が12,600㎡）である。

しかしながら，これらを有効に活用し司法機能を充実させていくためには，単に広さだけではなく，諸設備の充実を図り，裁判官・職員の人数等の人的規模を拡大して，利用者にとって利用しやすい裁判所にしていく必要がある。

のみならず，400万人以上の市民が居住し，全国有数の事件数を抱える裁判所であるにもかかわらず，あくまで支部であるために，人事・予算など重要事項の決定権がなく，また行政事件は取り扱われず（労働審判事件については2010〔平成22〕年4月から取り扱っている），地家裁委員会もない状況にあり，多摩地域の弁護士たちからは，司法サービスの拡充のために，立川支部の「本庁化」および八王子支部の設置が強く要請されている。これを受け，二弁では改革総合対策PTが本庁化を是とする答申を会長宛に行い，一弁でも本庁化された場合の問題を検討する委員会が設置され，東弁にも多摩支部本会化検討PTが設置されて，それぞれ本格的な検討が始められている。

もっとも，裁判所立川支部の本庁化は，弁護士会多摩支部の本会化にもつながるものであり，検討すべき課題は多い。

(2) 弁護士会多摩支部の本会化

現在，多摩地域には東京三会（東京弁護士会・第一東京弁護士会・第二東京弁護士会）の会員が，それぞれの支部に所属する形で東京三弁護士会多摩支部が存在するが，実際には東京三会の支部が独自の活動をするのではなく，「三会多摩支部」として協働する形で，多摩地域の司法サービスを提供している。

多摩地域は400万人を越える人口を有しているが，東京23区の1.8倍という広大な地域に分散して存在しており，その実態は都下23区の特色である人口集中による「都市型」の人口分布と異なる「地方型」の人口分布を有していて，司法サービスの提供についても独自の手法が必要とされる場面も多く，その実態は，都道府県単位で運営される「地方会」としての対応が望ましいといえる。

また，前述した，東京地方・家庭裁判所立川支部の「本庁化」が実現した場合には必然的に対応する「単位弁護士会」の設立が必要となる。かような状況を踏まえ，東京三会多摩支部，特にその内でも東京弁護士会多摩支部（以下「東弁多摩支部」という）と第二東京弁護士会多摩支部（以下「二弁多摩支部」という）は，「多摩には多摩の弁護士会を」とのスローガンを掲げ，本会化を求める動きを模索している。東京弁護士会は，このような動きを踏まえ，2010（平成22）年11月10日制定の「東京弁護士会多摩支部本会化プロジェクトチーム設置要綱」に基づき，20名のメンバーを選任し，2011（平成23）年6月から東弁多摩支部の本会化への移行実現に向けて動き出した。

同プロジェクトチームは，2012（平成24）年7月2日付けの「多摩には多摩の弁護士会を！－東京弁護士会多摩支部の本会化に向けての意見書（以下「第1意見書」という）」を発表するとともに，2013（平成25）年7月10日付けの「多摩には多摩の弁護士会を！（2）－東京弁護士会多摩支部の本会化に向けての短期・中期・長期各課題とそれらに対する対応についての提言－（以下「第2意見書」という）」を引き継いで発表した。

この2つの意見書は，同プロジェクトチームが掲げる，①本会化する場合に必要な組織並びにその運営及び維持のための調査，研究及び分析を行うこと，②本会化を推進する必要性について会員の問題意識の共有及び醸成を図り，理解を深めるための措置を講ずること，③本会化推進のために，必要な基本計画を発表し，その内容を東弁会員全体の問題として提示すること，という3つの基本目的を踏まえて作成されており，極めて示唆に富む内容となっている。

このような検討が継続している過程で，東京弁護士会では，5年の経過措置を前提に，多摩支部会員資格を多摩地区に事務所を有する会員に限定する形での会規改正が，2013（平成25）年3月13日の臨時総会で議決された。（第二東京弁護士会では，総会での議決を踏まえ，2012（平成24）年9月より，多摩支部会員の新規登録要件を多摩地区に事務所を有する会員のみとする支部会員資格制限を実施している。）

前記した第2意見書は，第1意見書が指摘した諸課題について東弁多摩支部の本会化の実現予定期間を10年以内と設定し，概ね2〜3年以内の「短期的な課題」，5年以内の「中期的課題」，10年以内の「長期的課題」の3つのグループ分けを行ったうえ，その克服への提言を行っている。

短期的な課題として現時点で議論されているのは，多摩支部の財政自治権の拡大問題である。

現在の多摩支部は，財政面でいえば，各年度の予算・決算は，東二弁で支部会員から独自に徴収する1人当たり年間2万4000円の支部会費の使い道も含め，すべて各本会での承認を得なければならず，個々の支出では，1万円以上の支出はすべて三会本会の承認を得なければならない。

今後，独立に向けての運動を進めるにあたっては，日常的な支出と考えられる10万円までの支出は，支部で決められるように変更していくことは現実的であり必要なことではなかろうか。

結局，多摩支部の本会化の問題は，東京三会の問題であり，「東京多摩弁護士会（仮称）」を実現することにより，市民にとってより利用しやすく，分かりやすく，頼りがいのある司法とすることを目指す，いわゆる司法改革の重要な一分野の問題であるとの共通認識のもと，東京三会が今後議論を進めていくことが望まれる。

(3) 多摩地域の司法拠点の複数化

立川に従前より規模の大きい支部裁判所ができたこ

とは，司法サービスの拡充の見地からは望ましいことであるが，多摩地域の面積の広大さ，生活圏の分散化（北多摩，西多摩，南多摩），交通網の不便さ等を考慮するならば，それだけで多摩地域の裁判事件をすべてカバーできるかについては疑問がある。そもそも，人口も取扱事件件数も多い多摩地域において，支部裁判所が1つしか存在しないということ自体が問題であり，本来，八王子以西地域や町田地域からのアクセスを考慮するならば，支部裁判所も立川支部の他，八王子支部・町田支部がそれぞれ並存する方が，より合理性があり多摩地域の住民のニーズにも合致するものである。

残念ながら，支部裁判所の立川移転により，八王子には簡易裁判所しか残されなかった。弁護士会としては，八王子と町田にも少しでも多くの司法機能が拡充されるよう，財政問題の解決も含め，多摩地域の自治体，議会，市民と連携して今後も運動していく必要がある。

(4) 八王子の旧弁護士会館の処分・利用問題

支部裁判所の八王子から立川への移転に伴い，それまで八王子の裁判所前に位置していた三会の多摩支部会館も立川への移転が必要となり，紆余曲折の経緯の結果，2009（平成21）年4月に，裁判所近くの多摩都市モノレール高松駅前のアーバス立川高松駅前ビルの2階を賃借して移転した。三会の新会館の面積は約207坪であり，隣接して東弁が単独で賃借した東弁会議室約50坪が併設されている。

この弁護士多摩支部会館の移転に当たっては，旧会館の土地・建物が東京三会の共同所有物であり，多摩支部の運営自体が三会の共同運営・共同費用負担（東弁・一弁・二弁が2：1：1）であったことから，2007（平成19）年度に三会でかなりの折衝・議論がなされ，その結果，2008（平成20）年2月20日付で「多摩支部新弁護士会館に関する覚書」が締結されて，立川新会館設立の条件として，「八王子の会館は，新会館開設後速やかに売却処分する」「八王子相談センターは，JRまたは京王八王子駅近辺に移転のうえ継続させる」と三会で合意されている（当時の一弁の強い要望であり，二弁も同調）。

これに対し，2009（平成21）年7月，東弁多摩支部及び二弁多摩支部の連名で，2009（平成21）年度の三会会長宛に，あらためて，上記2008（平成20）年2月20日付三会覚書を白紙撤回し，八王子の旧弁護士会館を存置し，同会館内での法律相談センターを継続するよう求める要請書が出された。その理由は，①旧弁護士会館における法律相談センターの継続は，他の賃貸ビルに移設する場合と比較して，市民の利便の観点からも経済性の観点からも優位であること，②八王子市からの会館存続の要望があること，③多摩の地域司法において旧会館建物には，いろいろな利用価値があること，等が述べられている。

結局，この問題については，当面は継続検討事項とされ，旧八王子会館は未だそのままの状態で維持され，八王子法律相談センターとして利用されているに留まる。しかしながら，旧八王子会館建物とその敷地の処分をどうするかについては，いずれは東京三会で結論を出さなければならない問題である。

東京三会としても，財政的観点と多摩地域の現状（必要性・利便性の正確な検証も含めて）を考慮しながら，慎重に検討すべきである。

(5) 被疑者国選制度及び裁判員裁判制度並びに少年事件全件付添制度への対応

2009（平成21）年4月から，多摩地域においても被疑者国選制度が始まった。しかし，現実には全事件数の約3分の1を支部会員でない本会の弁護士が担当しており，多摩地域に事務所がある実働弁護士の数が三会合わせて約300名程度の状況では，多摩地域の弁護士だけでは到底，今後の多摩地域における被疑者全件国選の刑事弁護体制に十分対応できるとは思われない。少年事件についても全件に付添人が就く取り組みが求められるところであり，多摩地域においても対応できる体勢の整備が求められる。

また，2009（平成21）年7月からは裁判員裁判制度が多摩地域でも始まったが，新しい制度の中で被告人のために十分な弁護を行なうためには，新しい弁護技術等の研修を受けた相当数の弁護士が必要である。多摩地域においても，その研修態勢は整いつつあるが，裁判員裁判担当者名簿の登録者数は，現時点では多摩地域に事務所のある弁護士より23区内事務所の弁護士の方が多い状況であり，引き続き多摩地域において裁判員裁判対応可能弁護士を継続的に養成していくことが必要である。

東弁は，これら多摩地域における刑事事件の新たな需要に対応していくために，2008（平成20）年3月

に東弁4番目の公設事務所（刑事事件対応型）として立川市に多摩パブリック法律事務所を設立し，現在はこの多摩パブリック法律事務所の約10名の所属弁護士が多摩地域における重大事件等の多くの刑事事件を担っているが，それだけで問題が解決するものではなく，将来的には，多摩支部所属の会員が多摩地域の刑事事件を全て担えるよう覚悟と努力が必要である。もちろん23区内に事務所がある弁護士が今後いかにして協力できるか，全弁護士会的な対応策を今後も検討する必要がある。

(6) **多摩地域における弁護実務修習問題**

2009（平成21）年4月に裁判所立川支部がスタートしたことに付随し，これまで行なわれていなかった多摩地域における司法修習生の実務修習も開始されている。弁護士会多摩支部の方で，弁護実務修習の担当者の確保については鋭意準備し努力しているようであるが，東弁本会としても，多摩支部に協力して人材を確保し，合同修習のあり方等も検討していく必要がある。

3）**島嶼部偏在対策**

島嶼部には弁護士がおらず，かつ，法律相談も弁護士による相談は年1回程度のものであった。しかし，東京三会は，大島において月1回の相談制度を始め，小笠原について2004（平成16）年度から月1回の法律相談制度を始めている。八丈島については法友全期会が定期的な無料法律相談会を実施し島民の期待に応えている。定期的に相談会を実施することにより島民の必要性に応える努力を継続していかなければならない。

第3 会内会派としての法友会の存在意義と組織強化のあり方

1 会内会派としての法友会

1）法友会，会内会派の概要

　本書の発行主体である法友会について，便宜，本稿においてまずその概要をご紹介したい。

　法友会は，東京弁護士会の会員弁護士により構成される団体である。

　会員相互の親睦及び識見の向上，ならびに弁護士会の民主的運営と機能の充実を図り，もって弁護士の使命達成に寄与することを目的としており（会則3条），それぞれに沿革を有する第1部易水会，第2部二六会，第3部縦横会，第4部緑新会，第5部公正会，第6部至誠会，第7部自由革新法曹会，第8部春秋会，第10部法曹緑会，第11部達成会，及び，第12部法曹同志会といった合計11の単位会派をもって組織されている。（すなわち，法友会の会員は，上記いずれかの単位会の会員でもある。会則5条）

　法友会の会員は，
1. 広く知識を世界に求めて国際司法文化の進展に寄与する。
2. 司法の民主化と法曹一元化の完成を期し，平和日本の建設に邁進する。
3. 新憲法の精神に則り，裁判の公正に協力し，あまねく基本的人権を擁護する。
4. 人格を陶冶し，識見を磨き，常に法曹としての品位の向上に努力する。
5. 会員相互の親睦を図り，相携えて生活協同体の実現を期する。

とうたう「法友会綱領」にある価値観を普遍のものとして共有する。

　また，法友会の会員中，司法修習終了後15年未満の会員は，いわば単位会横断的な組織としての「法友全期会」を構成する。法友全期会は，新進弁護士の観点から各種調査研究を行うなど，法友会，さらには弁護士会の運営に寄与することを目的としている（法友全期会会則3条）。

　東京弁護士会内には，法友会のほかにも，多数会員によって構成される法曹親和会，期成会，水曜会といった団体があり，これらの会派（会内団体）が，それぞれに独自の活動に取り組んでいる。

　法友会は，所属会員数3,000名に迫る東京弁護士会内の最大会派である。

2）法友会の組織構成

　法友会は，通常年3回開催される総会をもって最高意思決定機関としており，幹事長，事務総長らにより構成される執行部がその実務的な会の運営，すなわち会務にあたっている。

　また，法友会内には，所掌の任務を有する5つの常設委員会と，現在3つ設置されている特別委員会があり，それぞれが各委員らにより旺盛な活動を展開している。本要綱の編集は，上記常設委員会の中の政策委員会の所掌である。

2 法友会の存在意義

1）弁護士自治の基礎単位としての法友会

　東京弁護士会は，会員数やがて1万名にも迫ろうかという巨大組織である。

　自治団体である弁護士会に課された使命は多様であり，弁護士会が取り組むべき課題は実に広汎に及ぶが，本来，弁護士の多くは，所属事務所のほかには強制加入団体である弁護士会以外に特定の組織に属さない自営業者であり，かつ，自由業者である。

　少なくとも，上記のとおり多数の会員を擁する東京弁護士会においては，それぞれ活動目的が特化した弁護士会内の各種委員会活動などを通じるだけでは，お互いの親睦を図り，相互の信頼感を醸成しつつ，弁護士会の自治的運営に総合的，自律的に参画していくことは現実的に困難と言わざるを得ない。

法友会のような会内会派は，そのような参画を可能とする素地と契機を各弁護士に提供する。

会内親睦の機会は，ベテランが若手に対し各自の経験に根ざし弁護士，弁護士会，会務活動のあり方を伝授し，逆に若手がベテランに対し進取に富んだ最先端の知識や感性を発信する世代を超えた得がたい相互交流の場でもあり，比ゆ的にいうならば弁護士自治の生きた学校である。

法友会は，前記組織目的のもと，弁護士自治を支え，これを実効的に機能させるための基礎的な単位として非常に重要な存在意義を有するといえる。

また，弁護士が崇高な使命を実現するためにはそれにふさわしい経済的基盤の確立が必要である。前掲綱領の5に「生活協同体の実現を期する」とあるとおり，自営業者がもっぱらであるところの弁護士がその職責をまっとうするに足る十分な経済的基盤を確立するため，これに組織的に取り組む運動体としての職域的意義も法友会の存在意義として見逃せないといえよう。

2）法友会の政策提言機能

法友会は，前記綱領にうたわれている国際司法文化の進展への寄与，司法民主化・法曹一元の推進，憲法の精神に則った平和日本の建設，裁判の公正の実現，基本的人権の擁護といった崇高な理念にかかわる諸問題をはじめとして，まさに本要綱各所で論じられている重要な政策テーマに関し，発足以来絶え間なく，積極果敢な建策と提言を続けてきた。

多士多彩かつ幸いにして多数の会員数を擁する法友会の政策提言は，東京弁護士会内においてはもとより，関弁連，日弁連の政策形成過程においてもきわめて大きな影響力を保してきたものであり，ひいては，これが我が国の政策，とりわけ司法改革をめぐる政策にも無視しえぬ発信力を及ぼしてきたことは特筆に値するといえよう。

法友会は，こころざしを同じくする在野法曹の集団としてはもっとも有力な政策立案能力を有する団体のひとつであり，文字通り代表的な政策団体といえる。法友会，法友会会員は，この自負を胸に，今後もまさに綱領にうたわれる理念達成のため，日々の研鑽を重ね，積極的な発言を続けていく必要がある。

3）人材給源としての機能

法友会が取り組むべき政策課題は，まさに本要綱に網羅されているとおり実に多岐にわたる。

法友会は，価値観を共有し相互信頼の土壌を有する東京弁護士会内の最大会派として，その目的を達成するため，東京弁護士会，さらには関弁連，日弁連の会務運営に積極的に参画すべきは当然である。

ところで，会務の担い手はもとより個々の会員なのであって，具体的には組織としての弁護士会内の要所に配される各役職にどういった人材を得るかが有意義な会務運営にとって肝要である。

多数の会員を擁する法友会は，前記のとおり有力な政策団体であるとともに，有為な人材の宝庫でもあり，法友会には，こういった人材の給源としての機能も大いに期待される。

しかしながら，弁護士会・日弁連の会長，副会長，監事，事務総長，事務次長，関弁連の理事職，さらには各種委員会委員長等々，いずれも個々の弁護士にとっては自らの弁護士業務への支障をいとわぬ相当の覚悟なしには務められない非常な激務である。

実際，これまで法友会は上記会長職をはじめ，各所に多数の有為な人材を輩出してきたところではあるが，あえていうならそれは各会員のなかば自己犠牲的な精神に都度依存してきた側面も否めない。

そのため近年では，法友会が必ずしも最大会派にふさわしい人材供給を果たしえていないのではないかとの指摘も少なくない（第2，2，1））。

たとえば，日弁連の事務次長に関しては，日弁連の度重なる要請と法友会歴代執行部の努力にもかかわらず，久しく会員の就任を見ていない。

より深刻なのは，司法研修所弁護教官の人選である。

法友会として，将来の司法を担う人材育成に積極的に取り組むべきは当然であるが，その現場の担い手である研修所教官には，事実上日頃の弁護士業務に複数年にまたがる中断をしいられる専心が求められるため，毎年，適材適所的な候補者の人選には会内で非常な苦心惨憺の実情がある。

法友会の会務は，任期1年間の執行部のもとおおむね年度単位で執行され，運営されており，こういったいわゆる人事についてもその範疇を出ない観があるが，こと人事問題については，いわば複数年にまたがる育成的な視点，さらには補償面も視野に入れたある程度

長期的な対応について検討が必要な段階にさしかかっているといえよう。

3 法友会に求められる組織強化

1）いわゆる会務ばなれと多重会務問題

　自治団体である弁護士会の使命をとげるための会務活動，さらには，会派内会務活動には，多くの時間と労力が必要となる。

　他方において，弁護士増員といまだ途上にあると言わざるを得ない職域拡大のはざまで，各弁護士はとくに若手を中心として日々の弁護士業務のまっとうにこれまで以上に忙殺されており，容易にはそのような時間と労力を会務には割け得ない実情がある。

　そのため，とくに近時，弁護士会会員の中に会務活動等を敬遠する傾向が顕著に見られるようになり，研修制度や負担金制度導入など弁護士会の取組みにもかかわらず，会務等にまったく参画しない会員すら多く見受けられ，総会等のいわゆる定足数確保ですら必ずしもつねに楽観できない現状がある（第2，1）。

　そして，いわばその裏返しとして，会務活動等の担い手が特定の熱意ある会員に集中し，そういった会員がさらに個人的な弁護士業務にしわよせを強いられるという，いわゆる多重会務問題が生じている。

　弁護士会は加入強制の自治組織であり，弁護士会の全会員が弁護士会の運営・活動による福利を享受している。当然，これにともなう負担も全会員によって広く分担されるべきであり，会務ばなれと多重会務の実情は，およそ好ましい状況といえない。会務の担い手の顔ぶれが半固定的となれば，会内に存在すべき多様多彩な価値観が必ずしも弁護士会の運営に反映されなくなる恐れすら否定できない。

　弁護士自治は一部の篤志的な会員のみによっては到底担い得るものではない。会務への無関心といわゆるフリー・ライドが蔓延するようなことになれば，弁護士会の活動は形骸化し，長い目でみたとき，結局それが個々の弁護士の職域に致命的な不利益としてはねかえってくることともなろう。

　会務ばなれと多重会務問題の悪循環は弁護士自治にとって危機的とも称せる負の連鎖であり，法友会としてもこれを断つことに組織をあげて取り組む必要がある。

2）いわゆる無所属会員の増加問題

　以上にみた会務ばなれの問題と密接に関連するのがいわゆる無所属会員の増加問題である。

　厳密な統計こそないが，近時，東京弁護士会内にあってどの会内会派にも所属しない，いわゆる無所属会員が増加の傾向にある。

　すでに述べたとおり，東京弁護士会のような巨大弁護士会にあって，弁護士自治の基礎的担い手たる会内会派の存在意義は多大であり，弁護士自治の契機となる会派内活動への参加は，個々の弁護士にとってもすこぶる有益なものである。無所属会員が積極的に弁護士会の会務に参加するための心理的なハードルも決して無視できない。

　また，第2部，第1，7，7）でも見たとおり，弁護士の孤立，相談相手の不在が弁護士が不祥事に陥る一因との分析があることも見逃せない。

　弁護士自治の基礎的担い手である会派に参加し，会員相互の親睦の輪に加わることは，個人としての弁護士自身の自衛にもつながる。

　無所属会員の増加は，前記会員の会務ばなれ・多重会務問題とも決して無縁ではない。無所属会員増加の傾向は決して好ましい傾向といえない。

3）法友会に求められる取組み

　いわゆる無所属会員を会内会派に迎え，ともに弁護士自治の担い手として会務に積極的に参画するよう勧誘することは，いうまでもなく非常に有益なことである。法友会としても，無所属会員の勧誘には組織をあげて全力で取り組むべきであり，そのことは前記有力政策団体としての法友会にとって必須の使命であるとさえいえよう。

　会員の新規獲得によって組織のすそ野を広げることは，有為多彩な人材をさらに増強し，会派活動の負担をともに分かち合うこと，ひいては，法友会として綱領達成のため組織的に取り組む「組織力」を強化することに直結し，法友会が目指す真の司法改革への大きないしずえとなるはずである。

ところが，遺憾ながらこれまでの法友会は，かかる勧誘には必ずしもつねに積極的とは言いがたかった。

新たに東京弁護士会に入会した会員が，最初に勤務した法律事務所の法友会員たる所長弁護士らにそのまま勧誘され，なかば自動的に法友会（法友会を構成する1部から12部までのいずれかの単位会派）に入会する，というのがほとんどの入会の機縁であり，法友会として新規会員獲得のための積極的なPR活動などを行った事例は少ない。

以上の反省に立ち，法友会としては組織強化委員会を中心として，2014（平成26）年度は，手始めとして広報チラシの作成・配布などのPR活動を開始した。かかるチラシの起案・デザインなどについては，気鋭の新進会員の意見を全面的に取り入れるなど，新しい感性の反映につとめているところである。

さらに，2015（平成27）年以降，弁護士会新入会員歓迎会などの機会をとらえ，広報ブースを設置してのPRなど，より積極的な勧誘活動の展開も視野に入れている。

もちろん，新会員勧誘のためには，なにより法友会の活動が新会員の目に，より魅力的に映じることが必要であり，スポーツ・文化活動その他懇親の場，あるいは，実務に有益な研修活動をさらに充実させ，その最先端の魅力を上記PRの機会に更に効果的に発信していく努力が必要である。

また，体験入会的な制度を会として導入するかどうかについても議論を深めるべき段階にある。現状は，法友会員は，1部から12部までのいずれかの単位会派に所属することによって自動的に法友会の会員となり，単位会派を通じて法友会の会費も納付するというシステムがとられている。このシステムに特例として，いわゆる「お試し期間」を設定し，一定の年限はいずれの単位会派に所属しなくても法友会の活動に参加でき，また，会費の納入も免ぜられる，その間に法友会の魅力を肌で実感してもらう…といった制度をもうけることなどが具体的な検討課題となる。

こういった現実的な取組みによって，無所属会員を法友会に勧誘し，こうして多彩な会員を迎えることそれ自体によって法友会の魅力と価値をさらに高め，その組織的基盤を強化し，政策団体としての立案，提言機能をいっそう向上させる。さらに，東京弁護士会，日弁連，司法研修所等々へ有為な人材を供給する給源としての機能を活性化し，まさに弁護士会の民主的運営と機能の充実を図り，もって弁護士使命の達成に寄与すること（法友会会則3条）が必要である。

弁護士会の活動も，法友会の活動も，ひとりでも多くの同志会員によって担われ，ともに分かちもたれるべきである。

2015（平成27）年度政策要綱執筆者・見直し担当者一覧 (50音順)

相川 泰男
伊井 和彦
伊藤 茂昭
臼井 一廣
太田 雅幸
金子 正志
川村 百合
小林 元治
篠塚 力
杉村 亜紀子
関 義之
高橋 俊彦
辻本 雄一
中井 陽子
中村 知己
濱口 博史
廣瀬 健一郎
本間 正浩
村林 俊行
山下 環
米田 龍玄

赤羽 宏
石本 哲敏
稲村 晃伸
内野 真一
屋宮 昇太
椛嶋 裕之
岸本 有巨
斎藤 理英
下田 久
鈴木 健二
髙岡 信男
竹之内 明
角田 伸一
中尾 正浩
西中 克己
早野 貴文
深澤 岳久
松井 菜採
矢吹 公敏
山下 幸夫
若旅 一夫

秋山 知文
伊豆 隆義
岩田 修一
伯母 治之
尾谷 恒孝
嘉村 英隆
桑田 英雅
笹浪 義収
下谷 祐
鈴木 大順
高須 俊
瀧澤 秀子
寺町 東洋
中込 一智子
中野彦 坂浩一
福島 昭宏
松田 純一
山内 雅哉
山本 真由美
和田 聖仁

天田 圭介
市川 尚弘
氏原 隆弘
太田 晃弘
大谷 美紀子
川 義郎
児玉 晃一
佐瀬 正俊
菅 芳郎
鈴木 善和
高田 弘明
田島 正広
豊崎 寿昌
中村 秀一
野村 吉太郎
平澤 慎一
藤原 靖夫
道 あゆみ
山﨑 健広
由岐 和広
渡部 典子

● 編集後記

　私たち弁護士が，まずは日ごろの業務の足元を見つめ直し，これをさらに実りあるものへと掘り下げていくとともに，職域として未開拓な分野にも，もっと積極果断に取り組むこと。これこそが業務改革の眼目であり，法の支配をわが国の津々浦々に，そして市民生活の隅々にまで行き渡らせる，それこそ真の自由と正義の実現である。しかし，われわれはこれまで以上にもっともっと市民のふところに自らの身を投じ，市民により近い場所で，ときに苦しみや喜びを共有しつつ，さらになによりも弁護士としての大きな矜持を胸に，プロフェッショナルとして発信し，研究し，行動しなければならない。

　そういった問題意識から，本書を「身近な司法――利用者の期待に応える司法の充実を目指して――」と題した。

　本書を通覧いただくことによって，その意とするところを少しでもおくみとりいただけたら幸いである。

　もとより，業務改革問題のみならず，これと密接に関連する法曹養成過程にかかる問題，隣接士業とのいわゆる業際問題，さらには，最新の議論状況をふまえた民事司法，刑事司法のあり方，各方面にわたる人権保障のありようについての提言，東日本大震災からの復興にかかる課題…等々，この間の重要検討テーマは枚挙にいとまがなく，実に多彩，かつ，広範にわたった。しかし，そのそれぞれについて，法友会会員各位から，限られた時間の中，非常に充実した重厚な原稿を頂戴することができ，こうして今，本書をまとめあげることができた。特に，いわゆる集団的自衛権にかかわる議論状況をふまえた憲法論は，本要綱にいっそうの深みを加えるものとなった。

　そのような本要綱は，しかし，法曹として最先端の激務に追われる先生方の，まったくのボランティア精神によるご寄稿の結晶なのである。まさに法友会がいかに人材の宝庫であり，他に類を見ない政策集団であるかを実感する。

　改めて，執筆者の先生方，また，政策検討会にご参加下さり熱心なご議論をいただいた先生方に感謝申し上げる次第である。

　私自身は，政策要綱策定部会の部会長をお引き受けして「改めて読み直してみた」などともいえぬほど，これまで要綱を真剣に通し読みしたことすらない不勉強の，また，政策論議にも熱意の足らぬ，ほとんど名ばかり部会長といってもよいふつつか者。本書の完成は，ひとえに，法友会政策要綱担当副幹事長の川村百合先生，また，同政策委員会委員長の相川泰男先生の献身的なお骨折りに負うものであり，また，日夜をわかたず，また休日返上で裏方作業に取り組んでくださった法友会副幹事長，事務次長の先生方のご奮闘のたまものである。ここに改めて川村先生，相川先生，法友会執行部の諸先生方に感謝申し上げます。

　最後になりましたが，私のような者を本年度政策要綱策定部会長にご推挙くださった法友会幹事長篠塚力先生に心からお礼申し上げます。

2014（平成26）年12月

東京弁護士会　法友会
政策委員会　政策要綱策定部会　部会長　市川　尚

身近な司法
利用者の期待に応える司法の充実を目指して
【2015（平成27）年度法友会政策要綱】

2015年1月15日　第1版第1刷発行

著　者：東京弁護士会法友会
　　　　www.hoyukai.jp
発行人：成澤壽信
発行所：株式会社現代人文社
　　　　〒160-0004　東京都新宿区四谷2-10　八ッ橋ビル7階
　　　　電話：03-5379-0307（代表）　FAX：03-5379-5388
　　　　Eメール：henshu@genjin.jp（編集部）
　　　　　　　　hanbai@genjin.jp（販売部）
　　　　Web：www.genjin.jp
　　　　振替：00130-3-52366

発売所：株式会社大学図書
印刷所：株式会社ミツワ
装　丁：清水良洋（Malpu Design）

検印省略　PRINTED IN JAPAN
ISBN978-4-87798-600-1 C3032
©2015 TOKYO-BENGOSHIKAI HOYUKAI

本書の一部あるいは全部を無断で複写・転載・転訳載などをすること，または磁気媒体等に入力することは，法律で認められた場合を除き，著作者および出版者の権利の侵害となりますので，これらの行為をする場合には，あらかじめ小社また編集者宛に承諾を求めてください。